Rom

„Wenn man so eine Existenz ansieht, die zweitausend Jahre und darüber alt ist, durch den Wechsel der Zeiten so mannigfaltig und vom Grund auf verändert und doch noch derselbe Boden, derselbe Berg, ja oft dieselbe Säule und Mauer, und im Volke noch die Spuren des alten Charakters, so wird man ein Mitgenosse der großen Ratschläge des Schicksals..."
J.W.v. Goethe: *Italienische Reise*

Seit über zweitausend Jahren bezaubert Rom den Besucher. Die Ewige Stadt scheint ihn heimlich zu beobachten, wie er in ihre Gassen eindringt, um ihre zahlreichen Facetten zu entdecken. Jeder Schritt ist eine Entdeckung, hinter jeder Kurve liegt eine Überraschung: eine Kirche, ein Palast, ein Brunnen oder ein Obelisk taucht plötzlich vor dem bezauberten Besucher auf. Zunächst geht man aufmerksam eine Straße mit viel Verkehr und Lärm entlang, dann biegt man in eine Gasse ein und ist jetzt von einer Stille umgeben, die man einen Augenblick vorher nicht für möglich gehalten hätte und die dem Bild der märchenhaften, reichen Paläste, der alten Ruinen und der Läden von ausgestorben geglaubten Berufen erst die richtige Aura verleiht. Als Ewige Stadt bietet Rom dem aufmerksamen Besucher unzählige Eindrücke. Reich an historischen Zeugnissen aus allen Epochen, unsterblich geworden dank der Werke von Architekten, Bildhauern und Malern, die, Meister ihrer Kunst, der Stadt ihre besten Werke gewidmet haben, zeigt sich Rom als eine Mischung aus Gegenwart und Vergangenheit in ewiger Bewegung. Auf den Geist der Antike konzentriert, begegnet man plötzlich dem Christentum. Man taucht ein in die harmonischen Proportionen von Renaissancepalästen und barocken Plätzen, und zugleich steht man mitten im Leben der Gegenwart - tagsüber auf den Märkten am Campo dei Fiori oder an der Porta Portese, abend an der belebten Piazza di Spagna, wo die Spanische Treppe hinauf die Jugend Roms sich mit fröhlichen Scherzen versammelt, wenn si nicht an der mondänen Via Veneto sich beim Bummel sehen läßt oder sich am Pincio ein romantisches Rendezvous gibt.

Inhaltsverzeichnis

Zeichenerklärung — 4
Hinweise zur Benutzung — 5
Karte der Streckenvorschläge — 6
Karte der Hauptsehenswürdigkeiten — 10
Plan Stadtmitte — 12

Einführung — 15

Geschichte im Überblick – Das antike Rom – Das christliche Rom – Rom heute – Die Kunst Roms – Literatur – Musik – Film – Das Rom der Römer

Rom — 49

Appia Antica – Aventino – Bocca della Verità – Campidoglio-Capitolino – Campo dei fiori – Castel San't Angelo – Catacombe di Priscilla – Colosseo-Celio – E.U.R – Fontana di Trevi-Quirinale – Fori Imperiali – Foro Romano-Palatino – Gianicolo – Isola Tiberina-Torre Argentina – Montecitorio – Monte Mario – Pantheon – Piazza Navona – Piazza del Popolo – Piazza di Spagna – Piazza Venezia – Piramide Cestia-Testaccio – Porta Pia – San Giovanni in Laterano – San Lorenzo fuori le Mura – San Paolo fuori le Mura – Santa Maria Maggiore-Esquilino – Terme di Caracalla – Trastevere – Vaticano-San Pietro – Via Veneto – Villa Borghese-Villa Giulia

Umgebung — 267

Lago di Bracciano – Castelli Romani – Ostia Antica – Palestrina – Tivoli

Praktische Hinweise — 287

Vor der Abreise – Unterkunft – Gastronomie – Tips und Adressen – Shopping – Besichtigung Roms – Unterhaltung – Parks – Buch- und Filmvorschläge – Veranstaltungskalender

Besichtigungsbedingungen — 303
Wörterverzeichnis — 311
Register — 313

Zeichenerklärung

★★★ **Sehr empfehlenswert**

★★ **Empfehlenswert**

★ **Interessant**

Sehenswürdigkeiten

⊙	Besichtigungsbedingungen am Ende des Bandes	►►	Ebenfalls sehenswert
	Beschriebene Strecke Ausgangspunkt der Besichtigung	AZ B	Markierung einer Sehenswürdigkeit auf dem Stadtplan
	Kirche		Informationsstelle
	Synagoge – Moschee		Schloß, Burg – Ruine(n)
	Gebäude		Staudamm – Fabrik, Kraftwerk
	Statue, kleines Gebäude		Festung – Grotte, Höhle
	Bildstock		Megalith-Steindenkmal
	Brunnen		Orientierungstafel – Aussichtspunkt
	Befestigungsmauer – Turm – Tor		Sonstige Sehenswürdigkeiten

Sport und Freizeit

	Pferderennbahn		Ausgeschilderter Weg
	Eisbahn		Freizeiteinrichtungen
	Freibad – Hallenbad		Vergnügungspark
	Jachthafen		Tierpark, Zoo
	Schutzhütte		Blumenpark, Arboretum
	Luftseilbahn, Kabinenbahn		Vogelpark, Vogelschutzgebiet
	Museumseisenbahn		

Sonstige Zeichen

	Autobahn oder Schnellstraße		Hauptpostamt – Telefon
❶	Autobahneinfahrt und/oder -ausfahrt		Markthalle
	Fußgängerzone		Kaserne
	Gesperrte oder zeitweise gesperrte Straße		Bewegliche Brücke
	Treppenstraße – Weg		Steinbruch – Bergwerk
	Bahnhof – Omnibusbahnhof	B F	Fähre
	Standseilbahn, Zahnradbahn		Auto- und Personenfähre
	Straßenbahn – U-Bahnstation		Personenfähre
Bert (R.)...	Auf den Stadtplänen vermerkte Einkaufsstraße	③	Kennzeichnung der Ausfallstraßen auf den MICHELIN-Stadtplänen und Karten

Abkürzungen und besondere Zeichen

	U-Bahnlinie A (Ottaviano-Anagnina)		U-Bahnlinie B (Rebibbia-Laurentina)
ⓐ	Hotel		

Während der Hauptreisezeit ist die Zahl von freien Zimmern in Hotels oft knapp. Wir empfehlen Ihnen, Ihr Zimmer rechtzeitig zu reservieren.

Hinweise zur Benutzung

• Die Karten auf Seite 6–10 helfen Ihnen bei der Reisevorbereitung; so können Sie leichter die Ziele auswählen, die Sie am meisten interessieren; die Karten S. 12 hingegen zeigen Ihnen, wie Sie sich im römischen Verkehr zurechtfinden.
Vor der Abreise wäre es von Vorteil, die Einführung zu lesen, die Ihnen in groben Zügen die Geschichte, Kunstgeschichte und Literatur dieser faszinierenden Stadt umreißt.
• Der Hauptteil des Werkes führt Sie zur Entdeckung der Ewigen Stadt mithilfe von Wegbeschreibungen, die alphabetisch geordnet sind. Jeder Wegstrecke, die man (wenn nichts anderes angegeben ist) zu Fuß zurücklegt, ist ein Stadtkartenausschnitt beigegeben. Am Rand stehen in blauen Lettern die angrenzenden Viertel. Auf diese ist auch am Ende des jeweiligen Kapitels verwiesen. So kann der Besucher leicht feststellen, welche weiteren Sehenswürdigkeiten sich in der Nähe befinden, die ihn besonders interessieren, und unnötige Wege und Mühen vermeiden.
Nach dem Besuch der Stadt bieten sich einige besonders interessante Orte in der nächsten Umgebung an, auf die im Anschluß eingegangen wird.
• In die einzelnen Kapitel sind manchmal hellblaue oder rosarote Kästen eingelassen. Die erstgenannten geben praktische Auskünfte oder machen Sie aufmerksam auf besonders reizvolle Lokalitäten, etwa eine *Trattoria* (kleines Restaurant) mit familiärer Küche, oder auf besondere Bars und Cafés. Die rosaroten Kästen hingegen weisen auf besondere Erklärungen hin, auf Anekdoten, Sagen oder Merkwürdigkeiten.
• Dem Namen eines Museums, einer Sehenswürdigkeit oder einer Kirche ist häufig eine kleine blaue Uhr beigefügt. Sie verweist auf das Schlußkapitel des Führers, wo sich die Öffnungszeiten und die Eintrittsbedingungen finden. In diesem Kapitel ist auch angegeben, welche Feste und sonstigen Ereignisse sich alljährlich abspielen, wo man einkaufen kann, worauf bei der Planung der Routen zu achten ist und welche Verkehrsmittel ratsam sind: also ein kleines Vademekum zum leichteren Zurechtfinden.
• Wenn Sie sicher gehen wollen, sich in den Gassen der Stadt nicht zu verirren, greifen Sie zu dem von Michelin neu herausgebrachten Stadtplan von Rom. Zusammen mit dem Roten Michelin-Führer Italien, der Hotels und Restaurants aufführt, ergänzt er Ihre Hilfsmittel für die Reise.

Über Verbesserungsvorschläge freuen wir uns immer!

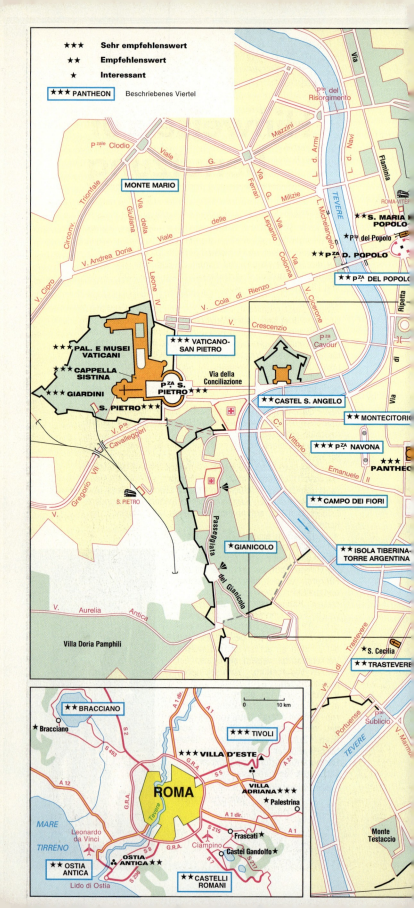

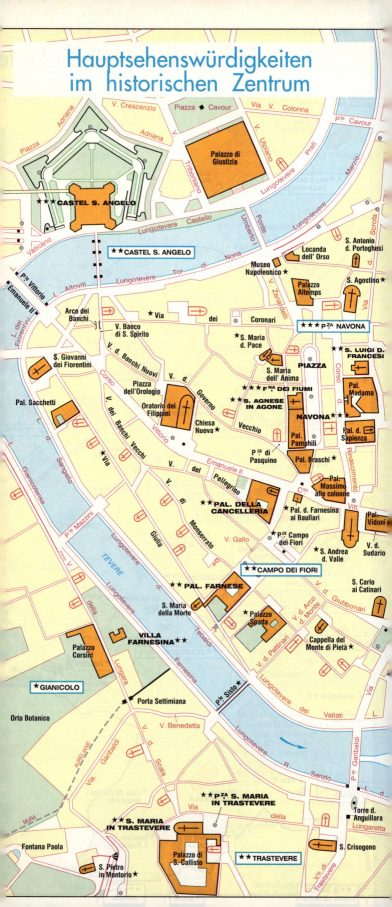

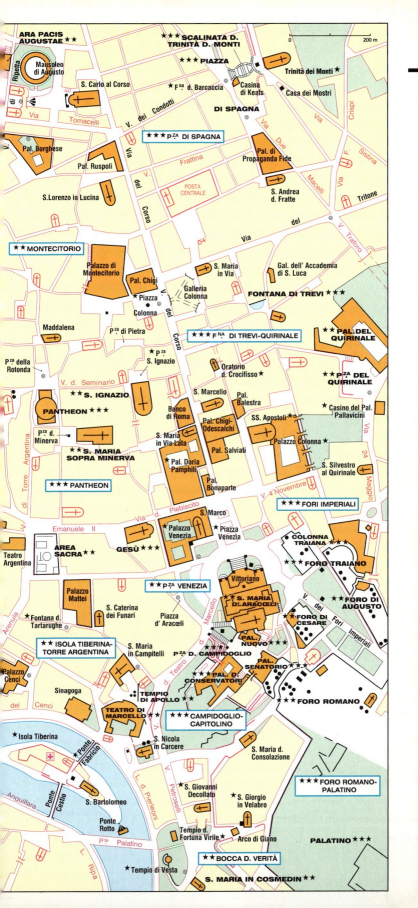

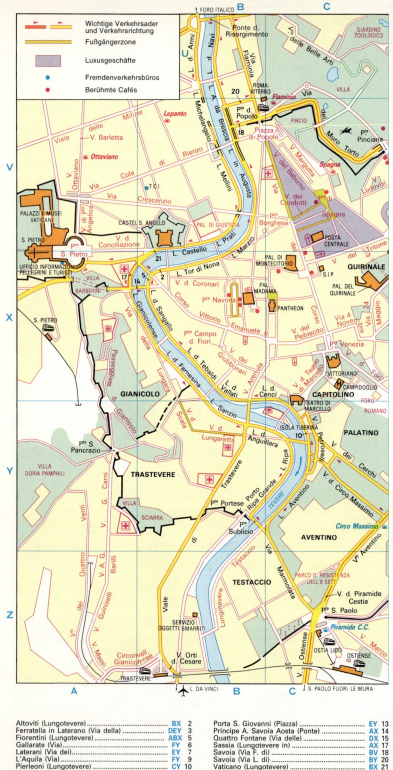

Altoviti (Lungotevere)	BX 2
Ferratella in Laterano (Via della)	DEY 3
Fiorentini (Lungotevere)	ABX 5
Gallarate (Via)	FV 6
Laterani (Via dei)	EY 7
L'Aquila (Via)	FY 9
Pierleoni (Lungotevere)	CY 10
Porta S. Giovanni (Piazza)	EY 13
Principe A. Savoia Aosta (Ponte)	AX 14
Quattro Fontane (Via delle)	DX 15
Sassia (Lungotevere in)	AX 17
Savoia (Via F. di)	BV 18
Savoia (Via L. di)	BY 20
Vaticano (Lungotevere)	BX 21

ÖFFENTLICHE EINRICHTUNGEN

FUNDBÜRO (Oggetti smarriti)	BZ
POLIZEI (Questura Centrale)	DX
HAUPTPOSTAMT (Posta centrale)	CV
INTERNATI. TELEFONVERBINDUNGEN (SIP)	CX
BUSBAHNHÖFE (Autostazioni):	
in Richtung CASTELLI ROMANI	EY
in Richtung TIVOLI	DV
BAHNHÖFE (Stazioni):	
OSTIA LIDO	CZ
OSTIENSE	CZ
ROMA S. PIETRO	AX
TERMINI (AIR TERMINAL)	EX
TIBURTINA	FV
TRASTEVERE	BZ
TUSCOLANA	FZ
VITERBO	BCU

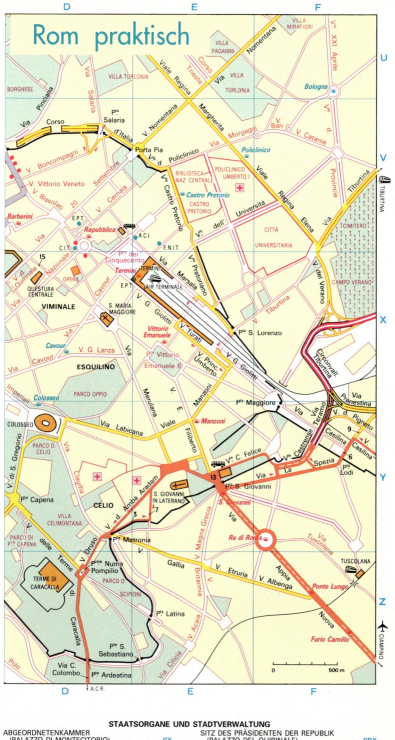

STAATSORGANE UND STADTVERWALTUNG

ABGEORDNETENKAMMER (PALAZZO DI MONTECITORIO) CX	SITZ DES PRÄSIDENTEN DER REPUBLIK (PALAZZO DEL QUIRINALE) .... CDX
RATHAUS (CAMPIDOGLIO) .... CX H	SENAT (PALAZZO MADAMA) .... BX

BEDEUTENDE BAUDENKMÄLER

KIRCHEN:
S. GIOVANNI IN LATERANO .... EY	COLOSSEO .... DY
S. MARIA MAGGIORE .... DX	PALAZZI E MUSEI DEL VATICANO .... AV
S. PAOLO FUORI LE MURA .... CZ	PANTHEON CX
S. PIETRO .... AVX	TEATRO DI MARCELLO .... CXY
CASTEL SANT'ANGELO .... BV	TERME DI CARACALLA .... DZ
	VITTORIANO CX

FREMDENVERKEHRSBÜROS

ACI – AUTOMOBILE CLUB D'ITALIA .... EV	EPT – ENTE PROVINCIALE PER IL TURISMO ... DV-EX
ACR – AUTOMOBILE CLUB DI ROMA .... DZ	TCI – TOURING CLUB ITALIANO .... BV
CIT – COMPANIA ITALIANI TURISMO .... DV	UFFICIO INFORMAZIONI PELLEGRINI
ENIT – ENTE NAZIONALE PER IL TURISMO .... EV	E TURISTI (VATICANO) .... AX

Deckengewölbe im Petersdom

Einführung

Geschichte im Überblick

DIE KÖNIGSZEIT (753-509 v. Chr.)

753	Legendäre Gründung Roms auf dem Palatin durch **Romulus**. Tatsache ist, daß sich die latinischen und sabinischen Dörfer, die auf den Hügeln entstanden waren, im 8. Jh. zusammenschlossen (**Septimontium**).
715-672	Herrschaft des sabinischen Königs **Numa Pompilius**. Das religiöse Leben organisiert sich.
672-640	Herrschaft des sabinischen Königs **Tullus Hostilius**.
640-616	Herrschaft des sabinischen Königs **Ancus Marcius**.
616-578	Herrschaft des etruskischen Königs **Tarquinius Priscus**. Das Forum Romanum wird angelegt (s. FORO ROMANO-PALATINO).
578-534	Herrschaft des etruskischen Königs **Servius Tullius**. Der Name Rom taucht zum ersten Mal auf.
534-509	Herrschaft des etruskischen Königs **Tarquinius Superbus**.
509?	Rom befreit sich von der etruskischen Vorherrschaft. Gründung der Republik.

DIE REPUBLIK (509-27 v. Chr.)

Das republikanische Zeitalter Roms war von den Kämpfen zwischen Patriziern und Plebejern geprägt. Um einen Gegenpol zu den „gentes" zu bilden, d. h. den durch einen Komplex von Riten und Kulten miteinander verbundenen Patrizierfamilien, in deren Händen sich der größte Teil des für Ackerbau und Viehzucht geeigneten Landes befand, schufen die Plebejer schließlich eigene Strukturen, entzogen der Stadt dadurch ihre Arbeitskraft und der Armee ihre Teilnahme. Diese Epoche stand unter dem Zeichen der Eroberung der italienischen Halbinsel und der Länder am Mittelmeer. Durch die wachsende Rolle der Armee verstärkte sich der Einfluß der Generäle, die dem politischen Leben Roms ihren Stempel aufdrückten und damit die Autorität des Senats minderten.

450	Erste Ernennung von 10 Volkstribunen, die als unantastbare Amtsträger ein Vetorecht gegen die Entscheidungen des Magistrats besitzen.
440	Im Zwölftafelgesetz werden die Rechte kodifiziert.
395	Eroberung der etruskischen Hauptstadt Veji durch die Römer.
390	Die Gallier fallen in Rom ein (s. Campidoglio-CAPITOLINO).
366	Zulassung der Plebejer zum Konsulat.
321	Römische Niederlage in den Caudinischen Pässen gegen die Samniten, ein Volk aus dem südlichen Apenningebirge.
312	Baubeginn der Via Appia zwischen Rom und Capua, die nach dem Zensor und Konsul Appius Claudius Caecus benannt wird.
300	Die Plebejer erlangen den Zutritt zu allen Ämtern.
295	Sieg der Römer bei Sentinum über die Samniten. Rom beherrscht Mittelitalien.
282-272	Krieg mit Tarent und seinem Verbündeten Pyrrhos, König von Epirus. Der Sieg von Benevent sichert Rom die Vorherrschaft über ganz Süditalien.
264-241	**Erster Punischer Krieg**. Karthago überläßt Sizilien den Römern.
218-201	**Zweiter Punischer Krieg** im westlichen Mittelmeerraum.
218	Der Karthager Hannibal überquert von Spanien aus Pyrenäen und Alpen und liefert den Römern verlustreiche Schlachten.
217	Sieg Hannibals am Trasimenischen See.
216	Vernichtende Niederlage der Römer in Cannae.
210	**Scipio d. Ä.** nimmt Karthago ein und erobert Spanien.
202	Sieg des Scipio „Africanus" in Zama vor den Toren Karthagos. Vorherrschaft Roms über das gesamte westliche Mittelmeerbecken.

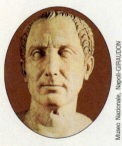
Cäsar

Augustus

Tiberius

148-146	**Dritter Punischer Krieg** gegen Karthago.
146	Eroberung und Zerstörung Karthagos.
133-121	Wachsender Konflikt zwischen Patriziern und Plebejern. Die als Volkstribunen gewählten Gracchen verkünden die Landzuteilung aus Gemeindebesitz (Ager publicus) an die Proletarier. Der Senat reagiert mit dem Befehl, die Gracchen Tiberius (133) und Caius (121) zu ermorden.
121-109	Die Senatoren führen ein autoritäres Regime ein.
107	Der im Krieg gegen den Numiderkönig Jughurta wie auch gegen die Kimbern und Teutonen siegreiche General **Marius** wird von der Volkspartei gegen die Senatspartei zum Konsul gewählt.
92-89	Bundesgenossenkrieg. Marius und sein Gegenspieler Sulla kämpfen um den Oberbefehl im Krieg gegen Mithridates.
88	General **Sulla** wird zum Konsul gewählt. Adel und Senatspartei stehen auf dem Gipfel ihrer Macht.
82	Diktatur Sullas. Im Jahre 79 v. Chr. muß er auf Druck des Senats abdanken.
73-71	Sklavenaufstand unter Spartakus.
70	Crassus, der den Sklavenaufstand niedergeschlagen hat (6 000 gekreuzigte Gefangene), wird gemeinsam mit **Pompeius**, dem Sieger über Mithridates in Kleinasien, zum Konsul ernannt.
60	**Erstes Triumvirat** (Pompeius, Cäsar und Crassus).
59	Cäsar wird römischer Konsul.
58-52	Eroberung Galliens durch Cäsar.
49-45	Bürgerkrieg. Cäsar besiegt Pompeius und dessen Anhänger.
49	Cäsar wird Diktator auf Lebenszeit.
48	Pompeius wird in Ägypten ermordet.
44	Iden des März (15. März): Ermordung **Cäsars.**
43	**Zweites Triumvirat** : Oktavian (Westen des Imperiums), Antonius (Osten des Imperiums) und Lepidus (Afrika). Ermordung Ciceros.
31	Schlacht von Actium zwischen den Heeren des **Antonius** (Gatte der Kleopatra) und Oktavians, welcher die römische Tradition vertritt.
30	Oktavian nimmt Ägypten ein. Selbstmord von Antonius und Kleopatra.
27	Oktavian erhält den Ehrennamen **Augustus** und führt eine neue Herrschaftsform ein, die den Weg für die Kaiserzeit freimacht.

PRINZIPAT – FRÜHE KAISERZEIT (27 v. Chr.– 3. Jh. n. Chr.)

Julisch-Claudische Kaiser

Augustus (27 v. Chr.-14 n. Chr)	Der Historiker **Titus Livius** (59 v.Chr.-17 n. Chr.) beschreibt die Geschichte Roms. Sextus **Propertius**, Properz genannt (um 50 v. Chr.-15 n. Chr.), Dichter von Elegien. **Ovid** (43 v. Chr.-17 n. Chr.), römischer Dichter und Erzähler. Verfasser der Metamorphosen, einer von der griechischen Fabelwelt inspirierten Dichtung. Der Feldherr **Drusus** (38-9 v. Chr.), Adoptivsohn von Augustus, erringt Siege in Germanien und erreicht als erster Römer die Elbe.
Tiberius (14-37)	Der Feldherr **Germanicus** (15 v. Chr.-19 n. Chr.), Sohn von Drusus, führt Feldzüge gegen die Germanen. Jesus wird als Gotteslästerer verurteilt (29).
Caligula (37-41) **Claudius (41-54)**	
Nero (54-68)	Grausame Christenverfolgung nach dem Brand Roms (64). Martyrium von Petrus (erster Papst) und Paulus. **Seneca** (etwa 4 v. Chr.- 65 n. Chr.), philosophischer Schriftsteller, Senator und Erzieher Neros, der ihn später zum Selbstmord zwingt. Nachfolgekämpfe: Herrschaft von Galba, Otho und Vitellius.

Nero

Vespasian

Marc Aurel

Flavische Kaiser

Vespasian (69-79) | **Plinius d. Ä.** (23-79), Verfasser einer *Naturgeschichte* in 37 Bänden, kommt bei der Beobachtung des Versuvausbruchs ums Leben, durch den Pompeii, Herculaneum, Stabiae und Oplontis zerstört werden.

Titus (79-81)
Domitian (81-96) | Christenverfolgung (95). Pontifikat Klemens' I. (88-97).

Adoptivkaiser

Nerva (96-98) | **Martial** (etwa 40-104), satirischer Dichter.
Trajan (98-117) | **Tacitus** (etwa 55-120), Politiker und Schriftsteller.
Plinius d. J. (62-114?), Politiker und Schriftsteller.
Apollodorus von Damaskus (etwa 67-129), Baumeister unter Trajan und Hadrian.

Hadrian (117-138)
Antoninus Pius (138-161) | **Juvenal** (etwa 60-140), römischer Redner und Dichter gesellschaftskritischer Satiren.

Marc Aurel (161-180) | **Sueton** (etwa 69-125), kaiserlicher Biograph.
Commodus (180-192) | **Apuleius** (125-180?), Romanschriftsteller *(Der goldene Esel)* und Philosoph.

Severische Kaiser

Septimus Severus (193-211) | Ein Edikt untersagt die Bekehrung zum Christentum. Pontifikat Zephryns (199-217).

Caracalla (211-217) | **Tertullian** (etwa 155-220), herausragender Rhetoriker und Kirchenschriftsteller, greift das mangelnde Engagement der Gläubigen an.

Heliogabal (218-222) | **Origenes** (etwa 182-253), Kirchenschriftsteller.

Alexander Severus (222-235) | **Das Ende der Herrschaft des Severischen Hauses** ist von anarchischen Zuständen geprägt. Die meisten Kaiser werden von ihren Soldaten proklamiert („Soldatenkaiser" von 235 bis 305) und sterben durch Mord. Das Reich fällt unter dem Vordringen germanischer und orientalischer Völker auseinander.

Decius (249-254) | Edikt gegen die Christen (250). Pontifikat von Fabianus (236-250).
Valerian (253-260) | Verbot, christliche Gottesdienste abzuhalten und Zwang, den Göttern zu opfern. Pontifikat Stephans I. (254-257) und Sixtus' II. (257-258).
Aurelian (270-275) | Wiederherstellung der Reichseinheit. Rom wird befestigt.

SPÄTE KAISERZEIT (3.-4. Jh.)

Diokletian (284-305)
Maximian (286-305) | Begründung der **Tetrarchie** bzw. der Viererherrschaft. Diokletian herrscht, unterstützt von Galerius, über das **Ostreich**; Maximian und Constantinus Chlorus herrschen über das **Westreich**.

Constantinus Chlorus (293-306) | Keiner der Regenten residiert in Rom (Diokletian in Nikomedia, Maximian in Mailand, Constantinus Chlorus in Trier und Galerius in Sirmium).

Galerius (293-311) | Christenverfolgung (303). Pontifikat von Papst Marcellinus (296-304). Galerius gewährt den Christen wieder ihre Religionsfreiheit (311).

Konstantin (306-337) | Konstantin, Sohn des Constantinus Chlorus, schlägt 312 Maxentius, den Sohn Maximians, und wird Kaiser des Westreiches. Im **Toleranzedikt von Mailand** (313) wird den Christen die freie Ausübung ihres Kultes garantiert. Ab 324 ist Konstantin der Große Alleinherrscher des Römischen Reiches, das seit 293 (und wieder ab 395) in das West- und das Ostreich aufgeteilt war. 330 verlegt er die Reichshauptstadt nach Byzanz, das in Konstantinopel umbenannt wird. Nach seinem Tode wird das Reich unter seinen drei Söhnen aufgeteilt.

Julian Apostata (360-363) | Versuch, die nichtchristlichen Religionen wieder zu stärken (s. FORO ROMANO, Portico degli Dei Concenti).

Theodosius der Große (379-395) | Verbot aller heidnischen Kulte (391). Nach seinem Tod wird das Römische Reich unter seinen beiden Söhnen geteilt. Arcadius erhält den Osten, Honorius den Westen, mit Ravenna als Hauptstadt.
Der **Kirchenvater Ambrosius** (etwa 340-397), Bischof von Mailand, übt großen Einfluß auf die Politik des Kaisers Theodosius aus.
Der **Kirchenvater Hieronymus** (etwa 347-420), Berater von Papst Damasus, übersetzt die Bibel ins Lateinische (Vulgata). **Augustinus** (354-430), der berühmteste der Kirchenväter, tritt 386 zum Christentum über; Hauptwerke: *Gottesstaat* und *Bekenntnisse*.

DIE INVASIONEN (5.-6 Jh.)

Alarich, König der Westgoten, erobert Rom (410).
Geiserich, König der Vandalen, verwüstet Rom (455).
Odoaker, König der Heruler, entthront Kaiser Romulus Augustulus: **Ende des Weströmischen Reiches** (476).

Justinian (527-565) | Der byzantinische Kaiser verjagt die Ostgoten aus Rom (536-552). Langobardeneinfall (568).

DIE ZEIT DER PÄPSTE (6.-19. Jh.)

Gregor I. der Große (590-604) — Nach dem Untergang des Weströmischen Reiches wird Rom (de jure) von Byzanz beherrscht; ein Exarch (Statthalter) vertritt den Kaiser in Ravenna. In Wirklichkeit wird der Papst durch die Übernahme von Funktionen wie Verteidigung und Versorgung allmählich zum weltlichen Herrscher der Stadt Rom.

Stephan II. (752-757) — 752 – Rom wird von den Langobarden bedroht; der Papst ruft den Frankenkönig Pippin zu Hilfe.
756 – **Pippinsche Schenkung in Quierzy-sur-Oise**. Entstehung des Kirchenstaats *(s. VATICANO-SAN PIETRO)*.
800 – Karl d. Große, durch den Sieg über die Langobarden deren neuer König, wird in Rom von Papst Leo III. zum Weströmischen Kaiser gekrönt.
9. Jh. – Das Karolingerreich zerfällt. Der Papstthron gerät in die Hände mächtiger Adelsfamilien, darunter der Adelige Theophylakt, die Familie Crescenzi (10. Jh.) und die Grafen von Tusculum (Anfang 11. Jh.).

Johannes XII. (955-964) — 962 – Italienfeldzug des Sachsenkönigs Otto I., der zum König der Langobarden gekrönt wird. Nach seiner Kaiserkrönung gründet Otto das **Heilige Römische Reich**, dessen Throninhaber auch kirchliche Würdenträger in ihr Amt einsetzt.

Stephan IX. (1057-1058) — 1057 – Stephan IX. wird ohne Zustimmung des Kaisers zum Papst gewählt.
Gregor VII. (1073-1085) — 1075 – **Verbot der Laieninvestitur**. Beginn des Investiturstreits zwischen dem Papsttum und den Kaisern.
1084 – Heinrich IV. fällt in Rom ein.

Callixtus II. (1119-1124) — 1122 – Wormser Konkordat. Der Kaiser verzichtet auf die Investitur.
Innozenz II. (1130-1143) — 1130-1155 – Arnold von Brescia versucht, in Rom eine gegen den Papst gerichtete Republik zu gründen.

Eugen III. (1145-1153) — 1153 – Vertrag von Konstanz: Friedrich I. Barbarossa übernimmt den Schutz des Papstes. Arnold von Brescia wird gefangengenommen und gehängt. Erneuter Konflikt zwischen Papst und Kaiser. In Rom werden von den Ghibellinen (Anhänger des Kaisers) und den Guelfen (Anhänger des Papstes) Festungen errichtet **(Roma turrita)**.
Hadrian IV. (1154-1159) — 1309-1377 – **Exil des Papsttums in Avignon.**
1347 – Cola di Rienzo übernimmt die Herrschaft in Rom *(s. CAMPIDOGLIO, Aracoeli-Treppe)*.
1378-1417 – **Großes Schisma** (Gegenpäpste in Avignon und ab 1409 in Pisa).

Martin V. (1417-1431) — 1417 – Rom wird wieder Hauptstadt.
Nikolaus V. (1447-1455) — 1453 – Eroberung Konstantinopels durch die Türken. **Ende des Oströmischen Reiches.**

Alexander VI. (1492-1503) — 1494 – Karl VIII. dringt auf seinem Marsch nach Neapel in Rom ein. Er wird von einer Koalition mehrerer Länder, der auch Alexander VI. angehört, aus Italien vertrieben.
1498-1502 – Das Papsttum zieht gegen die italienischen Feudalherren zu Felde. Cesare Borgia, der Sohn Alexanders VI., erobert mit Unterstützung des Königs Ludwig XII. von Frankreich, der Mailand besetzt hat, die Romagna.

Julius II. (1503-1513) — 1508-1512 – Der Papst führt Krieg. Zunächst, um die Romagna zu behalten (Unterstützung Ludwigs XII.), dann, um Ludwig XII. zu vertreiben.
Leo X. (1513-1521) — 1520 – Veröffentlichung von Luthers Thesen, die die Grundlage der **Reformation** bilden.
Klemens VII. (1523-1534) — 6. Mai 1527 – Die Truppen Karls V. verwüsten Rom (Sacco di Roma).
Paul III. (1534-1549)
Pius IV. (1559-1565) — 1545-1563 – **Konzil von Trient**: grundlegende Reorganisation der katholischen Kirche und zugleich Beginn der Gegenreformation.

Pius V. (1566-1572) — 1571 – Seeschlacht bei Lepanto (Griechenland) und Sieg der Christen über die Türken, der Pius V. in einer Offenbarung verkündet wird, noch ehe die Nachricht des Sieges in Rom eintrifft.

Gregor XV. (1621-1623) — 1618-1648 – Dreißigjähriger Krieg.

Urban VIII. (1623-1644)
Innozenz X. (1644-1655)
Pius VI. (1775-1799) — 1791 – Verzicht auf Avignon und die umliegenden Ländereien, die nun wieder zu Frankreich gehören.

Raffael: *Papst Julius II.* (Uffizien, Florenz)

Pius VII. (1800-1823)	**1797** – **Friede von Tolentino** zwischen Napoleon und dem Papst. **1798** – Rom wird von französischen Truppen besetzt. Ausrufung der Römischen Republik. Pius VI. stirbt im Exil in Valence. **1800** – Pius VII., in Venedig zum Papst gewählt, begibt sich nach Rom. **1801** – Konkordat zwischen Pius VII. und Bonaparte. **1805-1806** – Konflikt zwischen Pius VII. und Napoleon (Ehescheidung von Jérôme Bonaparte, Weigerung des Papstes, sich an der Kontinentalsperre zu beteiligen usw.). **1806** – Franz I. verzichtet unter dem Druck Napoleons auf den Kaisertitel. Ende des Hl. Römischen Reiches Deutscher Nation. **1808** – Napoleon besetzt erneut das 1799 zurückeroberte Rom. Der Papst zieht sich auf den Quirinal zurück. **1809** – Der Kirchenstaat wird Frankreich einverleibt. Verbannung von Pius VII. nach Savona (1812) und später nach Fontainebleau. **1814** – Pius VII. kehrt nach Rom zurück.

DIE HAUPTSTADT ITALIENS

1820-1861	Kämpfe um die Einheit Italiens. Ausrufung des Königreichs Italien mit Turin als Hauptstadt und Victor Emmanuel II. als König. Der Kirchenstaat wird auf die Umgebung Roms reduziert.
1846-1878	Pontifikat Pius' IX.
1869	Das erste Vatikanische Konzil tritt zusammen, wird jedoch 1870 wegen des Einmarschs italienischer Truppen in Rom unterbrochen.
1870	Rom wird zur Hauptstadt des Königreichs erklärt. Der Papst lehnt das Garantiegesetz (päpstliche Unabhängigkeit) ab und zieht sich in den Vatikan zurück *(s. VATICANO-SAN PIETRO)*.
1914-1922	Pontifikat Benedikts XV.
1922-1939	Pontifikat Pius' XI.
28./29. Okt. 1922	Marsch der Faschisten auf Rom.
1926	Mussolini wird Regierungschef.
1929	Lateranverträge *(s. VATICANO-SAN PIETRO)*.
1939-1958	Pontifikat Pius' XII.
19. Juli 1943	Rom wird bombardiert.
4. Juni 1944	Befreiung Roms.
Juni 1946	Gründung der Republik nach einem Volksentscheid. Italien wird in 20 Regionen eingeteilt. Rom ist die Hauptstadt der Region Latium.
1957	Römische Verträge zur Gründung der EWG.
1958-1963	Pontifikat Johannes' XXIII.
1960	Olympische Spiele.
1962-1965	Zweites Vatikanisches Konzil.
1963-1978	Pontifikat Pauls VI.
1970-1980	Politisch motivierter Terrorismus.
1978	Aldo Moro wird von den Roten Brigaden in Rom ermordet. Johannes Paul I. stirbt nach nur 33tägiger Amtszeit. Karol Wojtyla besteigt als Papst Johannes Paul II. den apostolischen Stuhl.
18. Februar 1984	Änderung der Lateranverträge.
1992	Beginn der Gerichtsprozesse „Saubere Hände" (Mani puliti) gegen die Korruption in Politik und Wirtschaft. Ermordung der Anti-Mafia-Richter Falcone und Borsellino.
1994	Gründung der II. Republik.

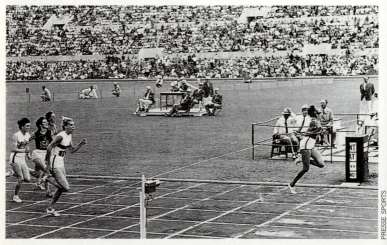

Olympische Spiele 1960: Sieg von Nilma Rudolph im 200 m-Lauf

Das antike Rom

DIE GEBURT ROMS

Gründungslegende: Am Anfang waren Venus und Mars – Die römischen Historiker (z. B. Livius in seiner *Römischen Geschichte* oder Vergil in der *Aeneis*) schreiben, daß Aeneas, der Sohn der Venus und des sterblichen Anchises, auf der Flucht aus der zerstörten Stadt Troja zur Mündung des Tibers gelangte und dort Lavinia, die Tochter des Königs von Latium, heiratete. Zusammen mit Euandros, dem Gründer von Pallanteum auf dem Palatinhügel besiegte er Turnus, den Führer der Rutuler, und gründete Lavinium (heute Pratica die Mare). Nach Aenaeas' Tod überließ sein Sohn Ascanius (oder Iulus) Lavinium seiner Mutter Lavinia und unternahm die Gründung von Alba Longa *(s. dort)* Der letzte König dieser albanischen Dynastie war Amulius. Er entthronte seinen Bruder Numitor und zwang dessen Tochter Rhea Silvia, Vestalin zu werden.

Aus der Verbindung zwischen dem Gott Mars und der Priesterin der Vesta stammten die Zwillinge Remus und Romulus, die Amulius im Tiber aussetzte. Der Fluß ließ die beiden jedoch an dem Ufer unterhalb des Palatins zurück; dort wurden sie von einer Wölfin gesäugt. Ein Hirtenpaar, Faustulus und Larentia, zog sie auf. Als Heranwachsende setzten sie ihren Großvater Numitor wieder auf den Thron von Alba Longa und begaben sich an die Stätten ihrer Kindheit, um dort eine Stadt zu gründen. Dort zog Romulus, nachdem

Die Capitolinische Wölfin

er den Vogelflug beobachtet, d. h. als Orakel befragt hatte, eine Furche zur Begrenzung des geheiligten Raumes, innerhalb dessen die neue Stadt entstehen sollte. Zum Spaß übersprang Remus diese Furche. Romulus tötete seinen Bruder daraufhin, weil er die heilige Umgrenzung (pomerium) verletzt habe. Dies alles soll auf dem Palatin geschehen sein, und zwar zu einem Zeitpunkt, der dem Jahr 753 v. Chr. entspricht. Romulus rief Gesetzlose und Asoziale in sein Dorf, um es zu bevölkern, und gab ihnen Sabinerinnen zur Frau *(s. Piazza del Campidoglio)*. Daher die Verbindung dieser beiden Völker. Sabinische und latinische Könige wechselten sich ab, bis die Etrusker kamen.

Geschichtliches – Sieben Jahrhunderte nach diesen Geschehnissen, zur Zeit des Augustus, verfaßten Livius und Vergil ihre Sicht der frühen Geschichte Roms – und Cicero und Dionysios von Halikarnaß die Darstellung des Königtums nieder. Moderne Historiker stützen sich, wenn sie die Entstehung Roms nachzeichnen, auf die Ergebnisse der archäologischen Forschung und der Inschriftenkunde und unterstreichen den legendenhaften Charakter der frühen Stadtgeschichte. Sie unterscheiden Tatsachen und Interpretationen, die auf einen überbordenden Patriotismus zurückgehen. Auch die Theorie, nach der die Berichte des Livius als eine Übertragung indoeuropäischer Mythen anzusehen seien, in denen sich eine Dreiklassengesellschaft aus Priestern, Kriegern und Bauern widerspiegle, fließt in ihre Überlegungen ein.

Ein günstiger Standort – Das untere Tibertal war im Nordwesten (auf dem rechten Ufer) von den Etruskern, im Süd- und Nordosten (auf dem linken Ufer) von den Latinern und Sabinern besiedelt. Auf dem linken Ufer boten einige Hügel am Rande der vulkanischen Albaner Berge *(s. Kapitel: CASTELLI ROMANI)* für die Verteidigung beachtenswerte Vorzüge: Besonders günstig lag der von Sümpfen umgebene Palatin mit seinen steilen Hängen und mehreren Gipfeln, die eine gute Sicht auf den Tiber ermöglichten. Darüber hinaus war der Ort ideal an der Salzstraße (Via Salaria) zwischen den Salinen an der Tibermündung und dem Land der Sabiner gelegen. Die Entstehung einer sabinischen und latinischen Siedlung mit Mittelpunkt auf dem Palatin ist mit Sicherheit auf diese Vorteile zurückzuführen.

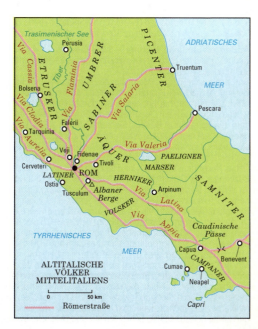

Im 6. Jh. v. Chr. mußten die Etrusker auf ihrem Eroberungszug in Campanien den Tiber überqueren. Sie nutzten die schon befestigte latinisch-sabinische Siedlung an der Stelle, wo das sumpfige Schwemmland sich relativ einfach überqueren ließ, als Brückenkopf. Damals begann Rom, sich zu einer Stadt zu entwickeln *(s. FORO ROMANO – PALATINO)*.

DIE HAUPTSTADT DES REICHES

Verschiedene Gründe trieben die Römer aus ihrem Dorf heraus und zur Eroberung eines Reiches: Begehrlichkeiten in Bezug auf die benachbarten Ländereien, aber auch Furcht vor der Bedrohung durch andere Staaten mit Expansionsbestrebungen. Da die neueroberten Landstriche verteidigt werden mußten, standen die Römer ständig unter Waffen. Hinzu kamen materielle Anreize (Beute für die Soldaten, neue Gebiete, die man ausbeuten konnte, von den Besiegten zu zahlende Steuern...) sowie die Sucht nach militärischem Ruhm.

Außergewöhnliche Männer – **Julius Cäsar** (101- 44 v. Chr.), Feldherr und Staatsmann, Redner und Schriftsteller, bemerkenswertes Beispiel eines Herrschertyps, legte den Grundstein für das Römische Reich.
Schon als sehr junger Mann bewies Cäsar erstaunliche Entscheidungsstärke: Kaum der Gefangenschaft bei Piraten entronnen, die ihn auf dem Ägäischen Meer in der Nähe von Milet aufgebracht hatten, ließ er sie durch eine Flotte verfolgen und vernichten. 59 v.u.Z. wurde er Konsul; sein Durchsetzungsvermögen zeigte er ebenfalls im Verhalten gegenüber dem zweiten Konsul Bibulus. Dessen Meinung zählte so gut wie nichts bzw. er wurde erst gar nicht gefragt, so daß, wie Sueton berichtet, „einige Scherzbolde nicht 'unter dem Konsulat von Cäsar und Bibulus', sondern 'unter dem Konsulat von Julius und Cäsar' schrieben". Im Jahre 58 erhält Cäsar die Statthalterschaft der Provinzen Gallia Cisalpina, Illyricum und Gallia Narbonensis; 51 ist er Herr über ganz Gallien. Im Januar 49 überschreitet der Bezwinger der Gallier den Rubicon und marschiert auf Rom, mit dem Ziel, die Macht an sich zu reißen. Pompeius, alleiniger Konsul seit 52, und der Senat fliehen, der Bürgerkrieg beginnt. Die Armee des Pompeius erleidet eine Niederlage in Pharsalos (Griechenland); Pompeius selbst kommt in Ägypten um. Anfang 44 wird Cäsar zum Konsul und Diktator auf Lebenszeit ernannt. Er sitzt auf einem goldenen Thron, läßt Münzen mit seinem Abbild prägen, tauft seinen Geburtsmonat (Juli) auf seinen Namen; verzeiht seinen Gegnern; mindert die Macht des Senators, indem er ihre Zahl auf 900 erweitert. Am 15. März (Iden des März), dem Tag, an dem der Senat ihm erlauben soll, den Titel „Rex Orientis" (König des Morgenlandes) zu tragen wird er von einer Gruppe Senatoren in der Curia Pompeia, dem von Pompeius erbauten Sitzungslokal des Senats erstochen.
Nun beginnt der Aufstieg des **Oktavian**. Der Sohn einer seiner Nichten wurde kraft Cäsars Testament durch Adoption zum Erben. Oktavian, ein erst 19jähriger Mann von eher schwacher Gesundheit, kann sich bis dato keiner militärischen Tat rühmen, wird aber unvergleichliche Selbstdisziplin, Beharrlichkeit und politische Um- und Weitsicht beweisen.

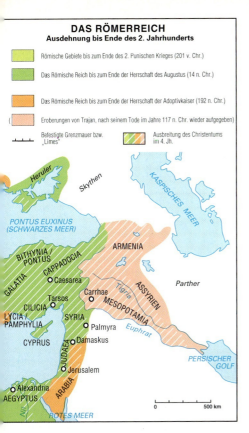

DAS RÖMERREICH
Ausdehnung bis Ende des 2. Jahrhunderts

- Römische Gebiete bis zum Ende des 2. Punischen Krieges (201 v. Chr.)
- Das Römische Reich bis zum Ende der Herrschaft des Augustus (14 n. Chr.)
- Das Römische Reich bis zum Ende der Herrschaft der Adoptivkaiser (192 n. Chr.)
- Eroberungen von Trajan, nach seinem Tode im Jahre 117 n. Chr. wieder aufgegeben)
- Befestigte Grenzmauer bzw. „Limes"
- Ausbreitung des Christentums im 4. Jh.

Ihm entgegen steht Marcus Antonius, Cäsars Mitkonsul und Anwärter auf die Nachfolge. Nachdem Octavian seinen Gegner geschwächt hat, verbündet er sich mit ihm und bildet gemeinsam mit Lepidus, Cäsars Reiteroberst, das zweite Triumvirat (43 v. Chr). Im Jahre 13 v. Chr. stirbt Lepidus. Es bleibt Antonius, der sich in den Augen der Römer diskreditiert, indem er Octavia, die Schwester Oktavians, verstößt und die ägyptische Königin Kleopatra heiratet. Oktavian greift Kleopatra an. Sein Sieg bei Actium (Griechenland – 31 v. Chr.) treibt Antonius in den Selbstmord. Auch Kleopatra nimmt sich das Leben, nachdem sie erfährt, daß Oktavian sich nur deshalb für sie interessiert, weil er sie als lebendige Kriegsbeute im Triumphzug präsentieren will. 27 v. Chr. verleiht der Senat Oktavian den Titel „Augustus" (der Erhabene) und damit sakralen Nimbus. Eine neue Herrschaftsform entsteht, der Prinzipat. Schritt für Schritt wird **Oktavian-Augustus** sich politische, religiöse und Befugnisse der Gerichtsbarkeit aneignen und bei Aufrechterhaltung der republikanischen Fassade zum ersten römischen Kaiser werden.

Sein Werk ist beachtlich: Er schuf Frieden im Reich, restrukturierte die dekadente Gesellschaft und unterteilte Rom in 14 Regionen (siehe S. 25). Das Ende seines Lebens war überschattet durch den Lebenswandel seiner Tochter und seiner Enkelin, den beiden Julias. Er untersagte deren Bestattung im Familiengrab. Sueton erzählt, daß Augustus verschied, nachdem er seine Freunde gefragt hatte, ob er die Farce des Lebens ihrer Meinung nach gut zu Ende gespielt habe. Nach seinem Tode wurde er vom Senat zur Gottheit erhoben und sein Name, verbunden mit dem Roms, breitete sich aus über das ganze Reich. Schon bald nach seinem Tode bezeichnete man die Zeit seiner Herrschaft als das augustäische Zeitalter.

Einige der Nachfolger des Augustus zeigten in ihrer Regierungszeit einen ausgeprägten Haß auf die Menschheit und große Grausamkeit. So. z. B. **Tiberius**, der Stiefsohn des Augustus, von Augustus selbst nur mit Widerwillen nach dem vorzeitigen Tod seiner beiden Enkel Caius und Lucius Cäsar auserwählt. **Caligula** war ein wahrer Psychopath. Er gefiel sich darin, Gebirge einzuebnen; Massaker, Hungersnöte und andere Katastrophen waren von ihm geradezu erwünscht, wenn nur sein Name dadurch in die Geschichte eingehen konnte. Als sich die Nachricht von seiner Ermordung verbreitete, wagte niemand, seine Freude zu äußern, da alle eine Falle befürchteten. **Claudius** vermochte die Dinge in seiner Umwelt nach einem Gehirnschlag nur mehr sehr langsam zu erfassen. Seneca schrieb:„ Als er sein Begräbnis sah, begriff er, daß er tot war." Der unheimliche **Nero** hielt sich für einen Theatermann; „Welch ein Künstler wird mit mir untergehen!", sagte er, bevor er sich das Leben nahm.

Vespasian war endlich wieder ein guter, auf die Sicherheit des Reiches bedachter Kaiser (siehe FORO ROMANO – PALATINO, Tempel des Vespasian). Er zeigte Sinn für Sauberkeit und Wirtschaftlichkeit, denn er ließ kleine Bauten errichten, die dazu beitrugen, Roms Straßenhygiene zu verbessern. Heute noch tragen die öffentlichen Toiletten Vespasians Namen (it. vespasiano). Für deren Benutzung mußte man einen Obolus entrichten; diejenigen wiederum, die sie nicht benutzten, wurden mit einer Geldstrafe belegt. **Titus**, die „Liebe und Wonne des Menschengeschlechts" (Sueton), herrschte nur zwei Jahre; die Regierungszeit seines Bruders **Domitian** hingegen galt gleichbedeutend mit 15 Jahren Unglück.

Die Epoche der **Adoptivkaiser** verdiente den Beinamen „Goldenes Zeitalter", denn das Römische Reich stand auf dem Gipfel seiner Macht. **Trajan**, „der beste der Kaiser", war einer von ihnen. In Spanien geboren, war er der erste Kaiser, den die Provinz hervorbrachte. Der intelligente und dynamische Mann setzte gewaltige Bauvorhaben ins Werk: Er ließ ein Forum anlegen, vergrößerte den Hafen von Ostia, baute die Via Trajana von Benevent nach Brindisi und errichtete die Brücke von Alcántara sowie den Aquädukt von Segovia. Seine Siege in Dakien (s. FORI IMPERIALI, Trajanssäule) und die damit verbundene Erbeutung des Dakischen Goldes trugen in großem Maße zur Finanzierung dieser Unternehmungen bei. Auf ihn folgte der vom Hellenismus begeisterte **Hadrian**. Dieser, ein unermüdlicher Reisender, war praktisch nie in Rom: Von 121 bis 125 reiste er durch das ganze Römische Reich; 128 begab er sich nach Afrika, und von 128 bis 134 hielt er sich im Orient auf. Es war ihm jedoch gelungen, eine Verwaltung aufzubauen, die auch in seiner Abwesenheit funktionierte.

ROM ZUR KAISERZEIT

(1 Jh. v. Chr. bis 4. Jh. n. Chr.)

Amphitheater Castrense	V
Ara Pacis	IX
Area Sacra del Largo Argentina	IX 3
Arx	VIII 4
Basilika des Neptun	IX 6
Circus Flaminius	IX
Circus Maximus	XI
Circus des Nero	IX
Circus des Varus	V
Curia des Pompeius	IX
Domus Augustana	X 9
Domus Aurea	III
Domus Flavia	X 10
Forum Boarium	XI
Forum Holitorium	VIII-IX-XI
Forum Romanum	IV-VIII-X
Gärten der Lamia und der Maia	V
Gärten des Licinius	V
Gärten des Lucullus	VII
Gärten des Maecenas	III
Gärten des Sallustius	VI
Grabmal der Scipionen	I
Janusbogen	X 12
Kaiserforen	IV-VI-VII-VIII
Kaserne der Prätorianergarde	VI
Konstantinsbasilika	IV 5
Konstantinsbogen	X 1
Kolosseum	III
Ludus Magnus	III
Magazine	XIII
Mausoleum des Augustus	IX
Mausoleum der Flavier	VI
Mausoleum des Hadrian	IX
Naumachia des Augustus	XIV
Naumachia des Vatikan	
Palast des Tiberius	X
Pantheon	IX
Odeum des Domitian	IX
Pons (Brücke)	
Pons Aelius	IX
Pons Aemilius	XI-XIV
Pons Agrippae	IX-XIV
Pons Aurelius	IX-XIV
Pons Cestius	XIV
Pons Fabricius	IX-XIV 12
Pons Neronianus	IX-XIV
Pons Probi	XIII-XIV
Pons Sublicius	XI-XIV
P.ta = Porta (Tor)	
Porta Appia	I
Porta Ardeatina	I-XII
Porta Asinaria	II-V
Porta Aurelia	XIV
Porta Caelimontana	II-III
Porta Capena	I-XII
Porta Collina	VI
Porta Cornelia	IX
Porta Esquilina	III-IV
Porta Flaminia	VII-IX
Porta Latina	I

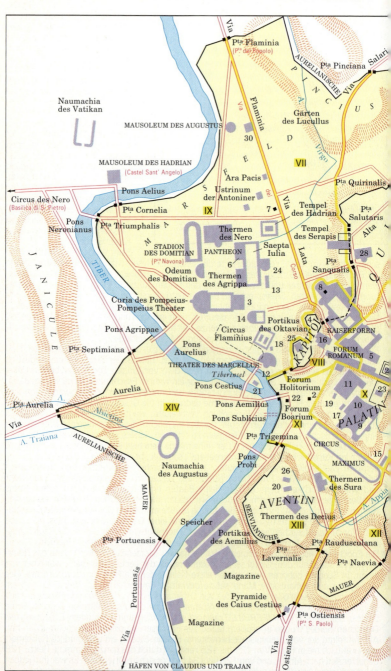

Name	Bezirk	Nr.
Porta Lavernalis	XIII	
Porta Metronia	I-II	
Porta Naevia	XII	
Porta Nomentana	VI	
Porta Ostiensis	XII-XIII	
Porta Pinciana	VI-VII	
Porta Portuensis	XIV	
Porta Praenestina	V	
Porta Querquetulana	II	
Porta Quirinalis	VI-VII	
Porta Raudusculana	XII-XIII	
Porta Salaria	VI	
Porta Salutaris	VI-VII	
Porta Sanqualis	VI-VII	
Porta Septimiana	XIV	
Porta Tiburtina	V	
Porta Trigemina	XI-XII	
Porta Triomphalis	IX	
Porta Viminalis	IV-VI	
Portikus der Aemilius	XIII	
Portikus der Argonauten	IX	13
Portikus des Balbus	IX	14
Portikus der Livia	III	
Portikus der Oktavia	IX	
Pyramide des Caius Cestius	XIII	
Saepta Julia	IX	
Säule des Marc Aurel	IX	7
Säule des Trajan	VIII	8
Septizonium	X	15
Sessorium	V	
Speicher	XIII	
Stadion des Domitian	IX	
Tabularium	VIII	16
Tempel des Aesculap	XIV	21
Tempel des Apollo (Palatin)	X	17
Tempel des Apollo Sosianus	IX	18
Tempel des Claudius	I-II	
Tempel der Cybele	X	19
Tempel der Diana	XIII	20
Tempel der Fortuna Virilis	XI	22
Tempel des Hadrian	IX	
Tempel des Heliogabal	X	23
Tempel der Isis und des Serapis	IX	24
Tempel des Jupiter Capitolinus	VIII	25
Tempel der Minerva	XIII	26
Tempel des Serapis	VI-VII	
Tempel der Venus und der Roma	IV	27
Theater des Balbus	IX	14
Theater des Marcellus	IX	
Theater des Pompeius	IX	
Thermen des Agrippa	IX	
Thermen des Caracalla	XII	
Thermen des Decius	XIII	
Thermen des Diokletian	VI	
Thermen der Helena	V	
Thermen des Konstantin	VI	28
Thermen des Nero	IX	
Thermen des Sura	XIII	
Thermen des Titus	III	29
Thermen des Trajan	III	
Ustrinum der Antoniner	IX	
Ustrinum der Familie des Augustus	IX	30

VERWALTUNGSBEZIRKE UNTER AUGUSTUS

I	PORTA CAPENA
II	CAELIMONTIUM
III	ISIS ET SERAPIS
IV	TEMPLUM PACIS
V	ESQUILIAE
VI	ALTA SEMITA
VII	VIA LATA
VIII	FORUM ROMANUM
IX	CIRCUS FLAMINIUS
X	PALATIUM
XI	CIRCUS MAXIMUS
XII	PISCINA PUBLICA
XIII	AVENTINUS
XIV	TRANSTIBERIM

RÖMISCHER ALLTAG

Politik und Gesellschaft – Die römische Familie räumte dem Vater die absolute Verfügungsgewalt über Schicksal und Leben von Frau und Kindern (und der Sklaven) ein. Die Mutter wurde jedoch als Hüterin des Hauses geachtet. Zu jedem adeligen Geschlecht *(gens)* gehörten die „Klienten" („Hörige"), die ihren adeligen Schirmherrn nicht zuletzt politisch unterstützten. Die römische Gesellschaft baute ursprünglich auf der Ungleichheit zweier Geburtsstände auf. Man gehörte entweder zu den mit Vorrechten ausgestatteten und mit der Staatsführung betrauten **Patriziern** oder zu den politisch rechtlosen **Plebejern**, denen der Zugang zu den Staatsgeschäften untersagt war. Die **Patrizier** herrschten über zahlreiche Sklaven, den elendesten Teil der Bevölkerung, wenn sie auch von ihren Herren in die Freiheit entlassen werden konnten.
In der Republik orientierte sich die soziale Stellung eines Menschen zunehmend an seinem Reichtum. Die reich gewordenen Plebejer nahmen nach und nach ihren Platz im politischen Leben Roms ein. Politische Entscheidungsgewalt wurde zwei **Konsuln** anvertraut, die auf ein Jahr gewählt wurden.
Im **Senat**, dessen Mitglieder auf Lebenszeit ernannt wurden und dem ab dem 4. Jh. v. Chr. auch Plebejer angehörten, wurden die Gesetze erlassen und die Richtlinien der Politik bestimmt. Die von den römischen Legionen eroberten Provinzen wurden von Prätoren, Proprätoren und Prokonsuln verwaltet.
Während der Epoche des Reichs konzentrierte sich die zuvor von den Konsuln ausgeübte Macht in den Händes des **Kaisers**. Er war Chef des Heers, Inhaber der Entscheidungsgewalt über Krieg und Frieden und verantwortlich für die Ernennung von Senatoren, deren Rolle auf ein reines Ehrenamt geschrumpft war.
Im späten Kaiserreich besaßen die Kaiser absolute Macht. Die Schlichtheit, die das römische Leben in seiner frühen Geschichte charakterisierte, wich nach und nach, aufgrund der zunehmenden Kontakte mit dem Orient, einem unermeßlichen Luxus.

Grabmal an der Via Appia

Totenkult – Die römischen Nekropolen und Friedhöfe befanden sich außerhalb der Stadtmauern. Häufig reihten sich die Gräber am Rand der Einfallstraßen in die Stadt.
Die Römer praktizierten Erd- und Feuerbestattung. Die ältesten Gräber bestanden – im ersten Fall – aus einer **Grube** und einem, zuweilen aus einem Baumstamm gehauenem Sarkophag und – im zweiten Fall – aus einer Art **Schacht**, in dessen Innern die Amphore oder die Urne mit der Asche des Verstorbenen aufbewahrt wurde.
Die Bedeutung der Grabstätten nahm mit dem Einfluß der Etrusker zu; zur Zeit der Republik schuf man Gräber mit mehreren Kammern, die die Sarkophage bargen.
Die bescheidenste Art, ein Grab anzuzeigen, bestand im Aufstellen eines einfachen steinernen Blocks, **Cippus** genannt, der eine Inschrift trug.
Die feiner gearbeiteten **Stelen** aus Stein oder Marmor wurden durch Schmuckelemente noch aufgewertet. Mausoleen schließlich waren den reichen Familien vorbehalten.
Erst sehr viel später entstand das **Columbarium**, eine Grabstätte für das Volk: Es bestand aus mehreren unterirdischen Gängen, deren Wände in Nischen aufgeteilt waren, welche die Urnen bargen. Die Ärmsten und die Sklaven wurden hier bestattet.
Häufig wurden den sterblichen Überresten der Verstorbenen Gegenstände beigegeben, die ihnen in ihrem zweiten Leben dienlich sein sollten: Kleider, Waffen und Werkzeug den Männern; Gewänder, Schmuck und Kosmetikartikel den Frauen; Spielzeug den Kindern.

Wohnformen – Wie alle römischen Städte bestand auch Rom aus mehrstöckigen Mietshäusern, den **Insulae** *(s. unter OSTIA)*, aus kleinen Wohnhäusern und den großen Wohnpalästen der Patrizier, die dem Typus der **Domus** entsprechen. Mit ihrem fensterlosen Äußeren wirkten sie sehr bescheiden, waren im Inneren aber um so luxuriöser ausgestattet.
Das Wohnhaus der einfachen Leute bestand aus einem **Atrium**, einem großen rechteckigen Raum, dessen Mittelteil nicht überdacht war, so daß man das Regenwasser in einem **Impluvium** genannten Becken sammeln konnte. Zum Atrium hin, dessen hinterer Teil vom Arbeits- und Empfangsraum des Familienoberhaupts belegt war, öffneten sich weitere, im allgemeinen kleine Räume. Hohe Beamte, reich gewordene Siedler in den römischen Kolonien und wohlhabende Kaufleute fügten diesem Haus ein weiteres, eleganteres Gebäude im griechischen Stil hinzu, das ausschließlich der Familie vorbehalten war. Es setzte sich aus Räumen

zusammen, die nur zu bestimmten Zeiten benutzt wurden und sich um mehrere Atrien sowie um ein mit Garten, manchmal mit Schwimmbecken versehenes **Peristyl** (ein von Säulen gesäumter Hof) gruppierten. Im **Triclinium**, dem Speisesaal, nahmen die Gäste in halbliegender Position am Mahl teil. Die Liegen waren in Hufeisenform um den Tisch herum aufgestellt.
S. *Die Kunst in Rom, Monumente der Römischen Kunst.*

Religion – Alle öffentlichen und privaten Ereignisse hatten eine religiöse Bedeutung. Rom entlehnte seine Gottheiten mehreren Mythologien. Zwölf besonders bedeutende Götter und Göttinnen bilden das **römische Pantheon** und lassen sich vom griechischen Olymp ableiten.
In Klammern ist immer der griechische Name genannt.
Jupiter *(Zeus)* ist der oberste Gott dieses Pantheons; er herrscht über den Himmel, die Elemente und das Licht; häufig wird er zusammen mit einem Adler, den Blitz in Händen, und mit bekröntem Haupt dargestellt.
Juno *(Hera)*, seine Gemahlin, ist die Göttin der Fraulichkeit und des Ehestandes, ihr Symboltier ist der Pfau, ihr Attribut der Granatapfel.
Minerva *(Athena)* bildet mit Juno und Jupiter, ihrem Vater, die kapitolinische Triade. Aus dem Kopf des Vaters geboren, ist sie die Göttin der Gelehrsamkeit. Sie trägt einen Helm und recht häufig einen Schild (den Ägis), Attribute ihrer Aufgaben als Kriegerin; ihr Tiersymbol ist die Eule.
Apollo *(Apollo)*, Gott der Schönheit, der Sonne und der Künste, wird mit einer Lyra dargestellt und trägt, wie seine Schwester **Diana** *(Artemis)*, die Göttin des Mondes (daher der Halbmond über ihrem Haupt) und der Keuschheit, einen Bogen. Das Symboltier der Göttin ist der Hirsch.
Merkur *(Hermes)* ist der Schutzgott für Handel und Reise; seine Symbole sind die geflügelten Sandalen und der nach seinem griechischen Pendant benannte Hermesstab.
Vulkanus *(Hephaïstos)*, der Feuergott, arbeitet mit Hammer und Amboß in der Schmiede, während **Vesta** *(Hestia)*, die Hüterin der Herdfeuers, eine einfache Flamme, Symbol des häuslichen Feuers, trägt.
Mars *(Ares)*, der Kriegsgott, ist an seinen Waffen und an seinem Helm zu erkennen.
Venus *(Aphrodite)*, die Göttin der Liebe (daher ihr Tiersymbol, die Taube) und der Schönheit, ist aus dem Schaum des Meeres geboren und wird oft auf einer Muschel oder in Gesellschaft von Meeresgöttern wie dem mit dem Dreizack bewaffneten **Neptun** *(Poseidon)* dargestellt.
Schließlich ist da noch **Ceres** *(Demeter)*, die Beschützerin von Erde, Ernte und Fruchtbarkeit; sie wird gemeinhin mit Weizengarbe und Sichel gezeigt.
Die öffentliche Ausübung des Kults fand in den Tempeln statt; im privaten Umfeld wurde den Hausgöttern (Laren und Penaten) gehuldigt. Zahlreiche Häuser besaßen ein kleines Oratorium bzw. ein **Lararium**. In den Wohnhäusern erwies man ebenfalls den Manen (den Seelen der Toten) die Ehre.

Entspannung und Zerstreuung – Die Römer liebten Zerstreuungen – von Banketten bis zu Schauspielen und anderen Vorführungen – über alles. Im Theater (wie in dem des Pompeius oder dem des Marcellus) wurden Tragödien und Komödien aufgeführt. Das Amphitheater (z. B. das größte seiner Art, das Kolosseum) bot einen grandiosen Rahmen für die unterschiedlichsten Spiele, Rennen, Wettbewerbe und Kämpfe. Im Zirkus bzw. Stadion fanden Rennen aller Art statt. Als besonders geeignete Orte für Entspannung und geselligen Austausch erwiesen sich die Thermen.

Kolosseum

Das christliche Rom

Während die alte Welt unterging, weil sie von den sogenannten Barbaren angegriffen, von Elend und Sittenverfall erfaßt wurde, die Macht der Armee zu groß geworden war und sich alle Entscheidungsgewalt in den Händen eines einzigen Mannes konzentrierte, zeigte seit dem Augustäischen Zeitalter eine neue starke Bewegung Profil. Über Palästina und Syrien brachten die Jünger Jesu die Ideen des Christentums in die heidnische Welt. Auch in Rom fand Jesu Religion Anhänger, und als Paulus um das Jahr 60 in Rom eintraf, existierte dort schon eine christliche Gemeinde, deren Gründer man jedoch nicht kennt. Wahrscheinlich lebten seit der Herrschaft des Claudius (41-54) Christen in Rom. Sueton erzählt, daß dieser Kaiser die Juden, die sich, angestachelt von einem gewissen Chrestos, gegen ihn erhoben hätten, aus der Stadt vertrieben hätte; da das Christentum aus dem Judentum hervorgegangen war, wurden Juden und Christen zunächst miteinander verwechselt.

Das Christentum bot in einer unsicheren Zeit angesichts der Auflösung des Römischen Imperiums die Hoffnung auf Glück im Jenseits und in der praktizierten Nächstenliebe. Seit dem ausgehenden 1. bzw. dem frühen 2. Jh. verfügt die christliche Kirche über eine Organisation. Aus einer Sammlung von Texten, die in dieser Zeit von den Apostolischen Vätern verfaßt worden sind, geht hervor, daß die Kirche damals Diakone kannte, die das materielle Leben der christlichen Gemeinschaften zu organisieren hatten, sowie Presbyter, die mit der Durchführung der Riten betraut waren und sich um das spirituelle Geschehen kümmerten, und daß an der Spitze einer jeden Gemeinde ein Bischof stand. Christliche Zusammenkünfte und Eucharistiefeiern fanden in den Häusern von zum Christentum konvertierten Privatleuten statt. Ein solches Haus wurde **Titulus** (Titel) genannt.

EINFLUSSREICHE FAMILIEN IN DER RÖMISCHEN GESCHICHTE

Barberini – Römische Familie toskanischen Ursprungs. Der aus dieser Familie stammende Papst **Urban VIII.** (1623-1644) ließ den Palazzo Barberini auf dem Quirinal errichten *(Via delle quattro Fontane)*, an dessen Bau der junge Borromini sowie Bernini beteiligt waren. Das Gebäude beherbergt heute eine bekannte Gemäldegalerie. Auf der Piazza Barberini ließ Urban VIII. den Tritonenbrunnen und den Bienenbrunnen errichten. Der Freund Galileo Galileis war der erste Auftraggeber Berninis, welcher für ihn den Baldachin des Hauptaltars von St. Peter und eine Porträtbüste schuf.

Borghese – Eine Familie aus dem Sieneser Adel, die sich anläßlich des Pontifikats eines ihrer Mitglieder, nämlich **Pauls V.** (1605-1621), in Rom niederließ. In Rom gibt es noch immer den Palazzo Borghese *(im Zentrum)* und Paul V. in ein Museum umgewandelte Villa Borghese *(im Norden)*. Sie birgt bemerkenswerte Kunstwerke, die von den verschiedenen Generationen der Familie zusammengetragen wurden. Paul V. ist in der Cappella Paolina, die er in Santa Maria Maggiore erbauen ließ, bestattet. Ein weiteres in seinem Auftrag geschaffenes Werk ist der Brunnen (Fontana Paolina) auf dem Gianicolo.

Borgia – Die Familie Borgia stammte aus Spanien und stellte zwei Päpste: **Calixtus III.** (1455-1458) und **Alexander VI.** (1492-1503). Als Zeitgenosse der Entdeckung Amerikas, ließ letzterer die Decke von Santa Maria Maggiore mit dem ersten Gold schmücken, das aus Peru gekommen war; man kann dort sein Wappen sehen. Diesem Papst ist auch die Gestaltung der Gemächer der Borgia im Vatikan zu verdanken. Seine Kinder **Cesare** und **Lucrezia** sind berühmt, der Sohn für seine ungezügelte Machtgier, die Machiavelli zu seinem „Principe" (Fürst) inspirierte, und die Tochter als Spielball der politischen Machenschaften von Vater und Bruder – und als Protagonistin literarischer Texte (z. B. von Victor Hugo).

Chigi – Eine Familie römischer Bankiers, die aus Siena stammte und im 15. Jh. die Grundfesten ihrer Macht etablierte, dank **Agostino Chigi**, der dem jungen Raffael den Auftrag zur Ausschmückung seiner Residenz (Villa Farnesina) gab. Der Palazzo Chigi, in dem heute der Präsident des Ministerrates residiert, verdankt seinen Namen Papst **Alexander VII.** (1655-1667), der der Familie Chigi angehörte und den Palast im 17. Jh. erwarb. Er ließ von seinem Schützling Bernini die Kolonnaden von St. Peter bauen.

Colonna – Alte römische Adelsfamilie, die zwischen dem 13. und 17. Jh. in Rom sehr mächtig war. Mit der Wahl eines ihrer Mitglieder, **Martin V.** (1417-1431), auf den päpstlichen Thron während des Konzils von Konstanz wurden das Große abendländische Schisma und die achtundsechzigjährige Gefangenschaft der Päpste in Avignon beendet. Nachdem Martin V. das Papsttum wieder nach Rom gebracht hatte, setzte er sich dafür ein, dem Sitz der Kirche wieder zu Leben und Glanz zu verhelfen.

Von Anfang an bewegten sich die Christen Roms außerhalb der Legalität, denn der Kaiser war zugleich religiöses Oberhaupt (Pontifex Maximus); jeder Staatsbürger mußte demnach auch heidnischen Göttern huldigen, wollte er seine Staatstreue beweisen. Die erste gewaltsame Christenverfolgung Roms im Jahre 64 war das Werk Neros *(siehe SAN PAOLO FUORI LE MURA, Abschnitt über den Apostel Paulus).* Trajan dagegen empfahl, die Christen nicht systematisch aufzuspüren und nur die besonders Hartnäckigen zu bestrafen. Decius (249-251) und Valerian (253-260), deren Herrschaft von völliger Anarchie gekennzeichnet war, wollten die Christen zwingen, den Göttern zu opfern und damit dem Reich wieder zu moralischer Einheit verhelfen. Unter Diokletian (284-305) richtete sich die Verfolgung vor allem gegen die oberen Gesellschaftsschichten.

Erst nach dem **Mailänder Edikt** (313) und der Bekehrung des Konstantin (314) konnten Kirchen gebaut werden; die Kirche hatte sich gegenüber der heidnischen Religion durchgesetzt. Theodosius (379-395) war der erste Kaiser, der auf den Titel Pontifex Maximus verzichtete; während seiner Herrschaft, die unter dem Einfluß von Ambrosius, dem Bischof von Mailand, stand, war das Christentum zur Staatsreligion geworden.

Die kirchliche Organisationsstruktur entwickelte sich dahingehend, daß es bald nur noch einen Bischof für mehrere Gemeinden gab, und es verbreitete sich die Vorstellung, daß der erste Bischof einer jeden Gemeinde von einem Apostel ernannt worden sei. Der Bischof von Rom machte für sich das Recht des Ersten, und davon abgeleitet, eine Vormachtstellung (Primat) geltend *(siehe VATICANO – SAN PIETRO).* Und so kommt es, daß seit nunmehr fast 20 Jahrhunderten die Päpste die Geschichte der Kirche und der Christenheit prägen.

Ein Reformpapst – Am Ende eines Zeitraums, in dem mehrere Päpste vergiftet oder von einem betrogenen Ehemann umgebracht worden waren, in der die päpstliche Tiara ohne Skrupel verkauft wurde und Rom ein überaus schlecht beleumundeter Ort war, begann **Gregor VII.** (1073-1085) den Kampf gegen die beiden größten Übelstände der Kirche, den Kauf und Verkauf kirchlicher Ämter und Güter sowie die Priesterehe. In der Tat war es in den unruhigen Zeiten, die auf den Untergang des Reiches Karls des Großen

Della Rovere – Zwei große Päpste kommen aus dieser aus Savona stammenden Familie: **Sixtus IV.** (1471-1484) und **Julius II.** (1503-1513). Der erste war Initiator mehrerer großer Bautenwie der Sixtinischen Kapelle. Deren Ausgestaltung vertraute er den größten Malern seiner Zeit an – Botticelli, Ghirlandaio und Perugino. Julius II., der unbestritten politische Gaben besaß, erwies sich auch als außergewöhnlicher Mäzen: Ihm ist zu verdanken, daß Bramantes Plan für die St. Peterskirche ausgeführt wurde; auf ihn gehen die Stanzen zurück, die Raffael im Vatikan ausgeschmückt hat; sein von Michelangelo gestaltetes Mausoleum *(siehe Chiesa de San Pietro in Vincoli)* blieb unvollendet; die interessanten Sammlungen antiker Skulpturen gehen auf seine Initiative zurück. Er ließ auch am Tigerbogen die Via Giulia anlegen.

Farnese – Diese herzogliche Familie umbrischer Herkunft setzte sich in Rom dank **Paul III.** (1534-1549) durch, der 1545 das Konzil von Trient berief. Als Kardinal beauftragte er Sangallo d. Jüngeren mit dem Bau des Palazzo Farnese und vertraute Michelangelo dessen Vollendung an. Einmal Papst geworden gab das *Jüngste Gericht* der Sixtinischen Kapelle in Auftrag und vertraute Michelangelo die Leitung über die Bauarbeiten der Peterskirche an. Diese Familie stand ebenfalls an der Spitze der Herzogtümer von Parma und Piacenza (von 1545 bis 1731).

Medici – Die berühmte florentinische Familie von Kaufleuten und Bankiers herrschte vom 15. bis zum 18. Jh. über Florenz und die ganze Toskana. Sie stellte mehrere Päpste, darunter den Sohn Lorenzos d. Prächtigen, **Leo X** (1513-1521); er war ein gebildeter Kunstliebhaber und Mäzen, der Raffael und Giulio Romano mit der Ausschmückung der vatikanischen Loggien beauftragte. **Klemens VII.** (1523-1534), der Verbündete des französichen Königs Franz I., konnte die Verwüstung Roms durch die Truppen Karls V., den Sacco di Roma, nicht verhindern; es gelang ihm auch nicht, die Tragweite der lutherischen Reformen, die sich unter seinem Pontifikat manifestierten, zu ermessen. **Pius IV.** (1559-1565) schloß das Konzil von Trient ab. **Leo XI.** starb nur einige Tage nach seiner Wahl im Jahre 1605. Als er noch Kardinal war, hatte er die Villa Medici gekauft, die später der römische Sitz der französischen Akademie (Académie de France) werden sollte.

Pamphili – Ein Haus umbrischer Herkunft (9. Jh.), das sich im 15. Jh. in Rom etablierte. 1461 erhielten die Mitglieder dieser Familie den Titel „Grafen des Heiligen Römischen Reiches". Im 16. Jh. wurde Giovanni Battista unter dem Namen **Innozenz X** (1644-1655) Papst. Ihm sind der Wiederaufbau des Palazzo Pamphili an der Piazza Navona und die Umwandlung der angrenzenden Kirche Sant'Agnese in Agone (Fassade und Kuppel von Borromini) in eine Familienkapelle zu verdanken; Bernini beauftragte er mit dem Brunnenbau auf der Piazza dei Fiumi. Für den Bau des Palazzo di Propaganda Fide und für die Neugestaltung von San Giovanni in Laterano berief er Borromini, den Rivalen Berninis. Die Villa Doria Pamphili wurde für seinen Neffen, Camillo Pamphili erbaut. Heute heißt er Palazzo Doria Pamphili.

folgten, üblich geworden, daß Feudalherren sich ein Bistum, eine Abtei oder eine Pfarrei aneigneten, mit dem Zweck, diese zu beschützen, und daß die Kirchenleute sie dann käuflich erwarben. Nun zu Eigentümern geworden, nahmen sich die Priester eine Frau, um ihren Besitz weiterzuvererben, oder sie wandelten ihre Residenz in einen regelrechten Hof um. Gegen diesen Mißbrauch erließ Gregor VII. im Februar 1075 eine Reihe von Dekreten, die den Investiturstreit nach sich zogen. Vor der Übermacht der Truppen des deutschen Kaisers Heinrich IV. (1077 – Canossa) in die Engelsburg geflohen, rief der Papst den Abenteurer Robert Guiscard zu Hilfe. Rom wurde aufs Schrecklichste zerstört und geplündert, viele seiner Bewohner wurden als Sklaven verkauft.

Ein Papst und sein Nepotismus – **Sixtus IV.** (1471-1484) war ein sehr gebildeter Papst, Verfasser einer Abhandlung über das Blut Christi und einer Studie über die Unbefleckte Empfängnis. Auf ihn gehen die Sixtinische Kapelle und die Kirche Santa Maria della Pace und der Wiederaufbau von Santa Maria del Popolo zurück.
Um seinen beiden Neffen Hieronymus und Raphael Riario das Bistum und das Erzbistum von Imola zu verschaffen, begann er einen Konflikt mit Lorenzo de' Medici und wurde zum Komplizen der „Verschwörung der Pazzi", die zu der Ermordung von Giuliano de' Medici, Lorenzos Bruder, im Florenzer Dom führte und darin endete, daß die Verschwörer von einer entfesselten Menschenmenge getötet wurden. Raphael Riario besaß schließlich zwei Erzbistümer, fünf Bistümer und zwei Abteien. Als sehr kriegerischer Papst – in dieser Hinsicht stand er seinem Neffen Giuliano della Rovere, dem späteren **Julius II.** nicht nach – widersetzte er sich den anderen italienischen Staaten und besiegte Mohammed II., der Otranto eingenommen und die Bevölkerung umgebracht hatte.

Ein mondäner Papst – Auf den unruhigen Julius II. folgte Giovanni de' Medici, Sohn des Lorenzo de' Medici, ein Freund der Literatur und der Künste. Mit 7 Jahren war er Erzbischof, mit 14 Kardinal, und im Alter von 39 Jahren bestieg er unter dem Namen **Leo X.** (1513-1521) den apostolischen Stuhl. Als unermeßlich reicher Mann beging er seinen Amtsantritt mit einem Umzug von nie mehr erreichter Pracht, der vom Vatikan bis zum Lateran führte.
Seinen Vetter, Giulio de' Medici, den künftigen Klemens II., bedachte er mit dem Erzbistum Florenz und einem Kardinalshut. Während seines Ponitifikats war „der römische Hof der glänzendste des Universums", schreibt der französische Schriftsteller Stendhal, und er fügt hinzu, daß dieser Souverän „alles, was ihn aus der liebenswürdigen Sorglosigkeit eines dem Genuß zugewandten Lebens hinausdrängte, verabscheute". Leo X. war jedoch dem von Luther ausgelösten Sturm in der Kirche ausgesetzt. Hatte er der Heilige Stuhl nicht einem völlig verschuldeten deutschen Erzbischof vorgeschlagen, den Ablaß zu predigen? Der Ertrag sollte zur Hälfte an dessen Schuldner gehen und zur anderen Hälfte den Bau des Petersdoms zu finanzieren helfen. Am 15. Juni 1520 erließ Leo X. eine Bulle gegen Luther, in der er dessen Thesen und Überzeugungen verurteilte und befahl, seine Bücher und Schriften zu verbrennen.

Ein Papst als Baunarr – 1585 wurde Felix Peretti, der Sohn armer Dorfbewohner, zum Papst gewählt. Er nahm den Namen **Sixtus V.** (1585-1590) an und war während seiner Herrschaft von atemberaubendem Aktionsdrang. Mit der Hilfe von Domenico Fontana errichtete er die Obelisken der Piazza dell' Esquilino, der Piazza del Popolo, der Piazza San Pietro und der Piazza San Giovanni in Laterano; er ließ in der Basilika Santa Maria Maggiore als Grabstätte für sich selbst eine Kapelle errichten, ersetzte die Statue des Kaisers auf der Trajanssäule durch die des hl. Petrus, eröffnete die Via Sistina, legte die „Vierbrunnenkreuzung" (quattro fontane) an, realisierte zumindest teilweise sein städtebauliches Vorhaben, die bedeutendsten Basiliken und die verschiedenen Viertel Roms durch breite Straßen perspektivisch zu verbinden; er ließ einen Aquädukt (acqua Felice) bis zur Piazza San Bernardo führen, sorgte für den Wiederaufbau des Lateranpalasts, errichtete die Scala Sancta und drückte unzähligen Kirchen seinen Stempel auf.

Wappen des Vatikans

Rom heute

Auch wenn Rom immer noch das Emblem der Wölfin und die antike Formel S.P.Q.R. (Senatus Populus Que Romanus) hochhält und unter den neuen Straßenzügen noch der Grundriß der antiken Stadt durchscheint; auch wenn ganze Viertel noch ihr Aussehen aus der Zeit der Renaissance oder des Barocks bewahrt haben, ist Rom nicht mehr die Stadt aus Marmor, die Augustus und die Kaiser hinterlassen haben und auch nicht mehr die Stadt päpstlicher Prachtentfaltung. Um den Erfordernissen seiner Rolle als Hauptstadt des vereinigten Italien gerecht zu werden, die ihm 1870 zuteil wurde, mußte es seine Fläche verdoppeln, viel Beton, Glas und Metall verbauen, die neue Bevölkerungsgruppe der Beamten unterbringen, Verwaltungsgebäude errichten, Verkehrsmittel und Verkehrswege anlegen und modernisieren. Von den Aussichtspunkten des Gianicolo gleitet der Blick über zahllose Kuppeln, die aus den Ziegeldächern emporragen. In Roms Straßen mit den von Putten eingerahmten Madonnen, die offenbar das Leben in einer jeden Gasse schützen wollen, folgen die unterschiedlichsten Kirchenfassaden aufeinander – solche aus einfachen glatten Backsteinen oder prunkvoll verschnörkelte, wie der Barock sie liebte.

Die Stadt der Kirchen – Etwa 300 Kirchen stehen in Rom. Seit dem 7. Jh. zogen die Gräber der hl. Petrus und Paulus, die Katakomben und die Päpste Christen aus aller Welt hierher. Jede Ansicht der Stadt zeigt das Auf und Ab der vielen Kuppeln, und Tag und Nacht hört man die Glocken die Stunde schlagen, wobei sie einander wie ein Echo zu antworten scheinen.

Die Stadt der Brunnen und Obelisken – Jede Straße Roms führt zu einem Platz, in dessen Mitte sich ein Obelisk erhebt oder ein Brunnen Frische in die steinerne Umgebung bringt. Diese Brunnen sind hundertfach besungen worden. Als strömend und ruhend zugleich beschreibt sie Conrad Ferdinand Meyer, am Tag seien sie Licht, in der Nacht Musik, sagt der französische Kunsthistoriker Émile Mâle. Die Brunnen sind barock, wie die Fontana di Trevi, oder zartgliedrig, wie die Fontana delle Tartarughe (Schildkrötenbrunnen); und entsprechend strömt das Wasser aus den Tiefen der Brunnenschale, entspringt als Schwall oder als feiner Strahl dem Maul eines ägyptischen Löwen, eines Delphins oder eines Ungeheuers oder quillt aus einem Muschelhorn.

Die Obelisken ragen in Rom, ob aus Ägypten stammend, ob aus kaiserlicher oder aus päpstlicher Zeit, wie Bäume auf: Sie stehen auf lustige Weise auf einem Elefantenrücken, rivalisieren mit der Fassade des Pantheons oder bekrönen voller Hochmut den Vierflüssebrunnen (Fontana dei Fiumi).

Die Ruinen – Die auf den ersten Blick manchmal unscheinbaren und von der modernen Stadt umgebenen Ruinen zeugen von der antiken Größe. Der Verfallsprozeß hat hingegen die Authentizität dieser 2 500 Jahre alten Stadt nicht berührt. Rom trägt seine Widersprüche mit Würde, und dies ist letztlich einer der Hauptgründe für die Faszination der „ewigen" Stadt.

STÄDTEBAULICHE ENTWICKLUNG

In den zwanzig Jahren, die auf Roms Hauptstadtwerdung folgten, war die Stadt eine einzige Baustelle. Die städtebaulichen Pläne von 1871 bis 1883 verfügten den Bau von Wohnungen für die neuen Beamten in den Vierteln um die Piazza Vittorio Emanuele und die Piazza dell'Indipendenza sowie in den Vierteln Castro Pretorio und Prati, den Abriß verfallener Viertel im Zentrum der Stadt, den Bau von Verwaltungsgebäuden und die Anlage der großen Verkehrsadern der Stadt: Auf den Corso und die Via Nazionale, die bald nach dem Anschluß Roms an das Königreich Italien eröffnet worden war, folgten der Corso Vittorio Emanuele und die Via XX Settembre. Aus dieser Zeit stammen ebenfalls mehrere Bankgebäude und Pressehäuser.

Anfang des 20. Jh. s. – Die umwälzenden Bauarbeiten gehen weiter. 1902 wird der Quirinal durch den Tunnel Umberto I. mit dem Geschäftszentrum verbunden. Weit auslaufende Grünanlagen, die den bedeutenden Familien Roms gehören, werden als Parks der Öffentlichkeit zugänglich gemacht oder zwecks Errichtung von Wohngebäuden verkauft. Der Tiber wird eingedeicht, Teile des Kapitols müssen dem Denkmal für Viktor Emmanuel weichen. Anläßlich der Internationalen Ausstellung von 1911 entsteht das Viertel um die Piazza Mazzini. Die Stadt erhält ein großes, in schöne Gärten gebettetes Museum für Moderne Kunst. 1920 beginnt man – im Norden in der Nähe des Monte Sacro, im Süden in Garbatella – mit dem Bau von Gartenstädten.

Das Rom Mussolinis – Mit der Machtübernahme Mussolinis im Jahre 1922 tritt die Städtebaupolitik in eine neue Phase, die von einem aus der faschistischen Ideologie resultierenden Prestigestreben geleitet ist und in der die Rückkehr zur antiken Größe Roms gepredigt wird. Das antike Marsfeld soll zu neuer Bedeutung gelangen und wird für den Verkehr freigegeben, indem man die Durchbrüche des Corso del Rinascimento, der Via delle Botteghe Oscure und der Via del Teatro di Marcello schafft. Seit der Eröffnung der Via dei Fori Imperiali im Jahre 1932 kann man von der Piazza Venezia aus das Kolosseum sehen. 1936 markiert die neue Via della Conciliazione, für die das mittelalterliche Borgo-Viertel geopfert wird, die in den Lateranverträgen verbriefte Versöhnung zwischen Kirche und Staat. Rom soll sich, so ist es entschieden, in Richtung Meer ausdehnen; man beginnt mit dem Bau des E.U.R.- Viertels *(siehe E.U.R.)*.

Informationen zu den großen Bauten unserer Zeit findet man im Kapitel zur römischen Kunst vom 18. Jh. bis in unsere Tage.

Die Kunst Roms

Rom wurde zunächst aus sehr einfachen Materialien erbaut, aus **Tuff**, einem weichen, leicht bräunlichen Gestein, das vulkanischen Ursprungs ist oder auf Kalkablagerungen zurückgeht, sowie aus **Peperin**, einem ebenfalls vulkanischen Gestein, das den Namen seiner grauen Farbe und seinem feinkörnigen, an Salz und Pfeffer erinnernden Erscheinungsbild (it. pepe–Pfeffer) verdankt. Der weiße **Travertin**, ein wertvollerer Baustoff als die zuvor genannten, wurde während der ersten Jahrhunderte Roms nur sparsam verwendet; dieses Kalktuffgestein förderte man vor allem in Tivoli.
Marmor wurde vom 2. Jh. v. Chr. an zunächst nur zur Verzierung von Bauten benutzt; während des Imperiums entwickelte er sich zum bevorzugten Baustoff.
Ab dem 1. Jh. v. Chr. begann man **Ziegelsteine** zu verbauen; Ziegelmauerwerk, das einst mit Marmor verkleidet war, ist auch heute noch häufig anzutreffen.

DIE ANTIKE (8.-4. Jh. v. Chr.)

Etruskische Kunst

Sehr schöne Exponate etruskischer Kunst werden in den Vatikanischen Museen und im Museum der Villa Giulia aufbewahrt.

Keramik – Auf die „Impasto"-Technik der ersten primitiven Tonvasen folgte im 7. Jh. v. Chr. die „Bucchero"-Technik (schwarz gefärbte Terracotta). Die Vasen, die zunächst einfach mit gepunkteten Motiven geschmückt waren, nahmen bis zum 5. Jh., als sie schließlich Menschengestalt besaßen oder die Form von Fabeltieren nachahmten, immer kompliziertere Formen an. Zahlreiche Vasen wurden aus Griechenland importiert.

Goldschmiedekunst – Pracht und Vielfalt kennzeichnen die Schmuckstücke aus gravierter Bronze, filigranem oder granuliertem Gold oder fein ziseliertem Elfenbein.

Plastik – Die Etrusker arbeiteten nicht in Marmor, sondern in Bronze und Ton. Ihre Statuen zeigen ein geheimnisvolles Lächeln und große Augen mit fremd wirkendem Blick.

Architektur – Der auf rechteckigem Grundriß erbaute etruskische Tempel erhob sich auf einem recht hohen Sockel; man betrat ihn über eine vor dem Gebäude angelegte Treppe. Vor der Fassade befand sich ein Portikus, ein von Säulen getragener Vorbau. Dahinter bildeten drei jeweils einer Gottheit geweihte Räume (cellae) das eigentliche Heiligtum.

Römische Kunst

Aus der Zeit des Königtums und der frühen Republik sind nur Überreste von Zweck- und Versorgungsbauten erhalten geblieben: die Kanalisation der **Cloaca Maxima** (im 6. Jh. gegrabener Abwasserkanal), die **Stadtmauer** des Königs **Servius Tullius** (578-534 v. Chr.), die **Via Appia Antica** und die **Acqua Appia**, zwei Bauten, die auf **Appius Claudius Caecus** zurückgehen, der 312 v. Chr. Zensor war. Das Netz der Acqua Appia, der ältesten Wasserleitung Roms, umfaßte 16 km, die größtenteils unter der Erde lagen.

Die Römer lernten die Kunst im Kontakt mit den Etruskern kennen, deren Kunstwerke sie plünderten und deren Techniken sie sich aneigneten; großen Einfluß hatte aber auch der griechische „Orient", aus dem die siegreichen Heerführer, begeistert von den wunderbaren Dingen, die sie in Städten wie Athen und Alexandria gesehen hatten, häufig in Begleitung von Künstlern nach Rom zurückkamen.

Architektur – Auch wenn viele Elemente der römischen Architektur der griechischen Baukunst entlehnt sind, so unterscheidet sie sich doch von ihrem Vorbild aus drei wichtigen Gründen.
Zum einen kannten und beherrschten die Römer die Technik des Betonierens, so daß sie viel rascher und demnach viel mehr bauen konnten.

Ruinen der Caracallathermen

Zum zweiten benutzen sie den Marmor oder auch andere Gesteine von schönem Aussehen nur zur Verkleidung und nicht zur eigentlichen Errichtung eines Gebäudes. Deshalb zeigen die römischen Ruinen heute gewissermaßen nur die rot-graue Seele (Backstein und Zement) der herrlichen Bauwerke der Vergangenheit, während der Schmuck dem Zeitenlauf oder Plünderern nicht widerstehen konnte.

Schließlich beherrschten die Römer die Kunst der Wölbung, die sie in vielfältigen Ausprägungen – vom Bogen über Gewölbe und Halbkuppel bis zur Vollkuppel – anwendeten und deren Rundungen die aus der griechischen Architektur hervorgegangenen senkrechten und waagerechten Linien durchbrachen und belebten.

Betontechnik – Im allgemeinen wurde der Beton zwischen zwei Ziegelschichten gegossen, wenn man eine Mauer bauen wollte, oder auf ein Ziegelbett beim Bau eines Bogens, eines Gewölbes oder einer Kuppel. Holz benutzten die Römer in erster Linie zur Erstellung von Wölbungen oder Gerüsten; sie vermieden es jedoch, beim Ver- und Einschalen auf diesen Werkstoff zurückzugreifen, da er sehr teuer war. Ein Merkmal des römischen Zements und Betons ist, daß er im Laufe der Jahre, ja der Jahrhunderte immer härter wurde. Wenn man also heute Ruinen sieht, die wabenartig durchbrochen sind und an einen Bienenstock erinnern, so liegt die Erklärung für dieses Phänomen darin, daß die Mauerziegel mit der Zeit völlig zerfallen sind und von den Mauerschichten letztlich nur noch der Zement erhalten ist, der verband.

Die Ziegel wurden auf unterschiedlichste Weise aneinandergefügt: Oft wurden quadratische Ziegel diagonal zweigeteilt, so daß Dreiecke entstanden, die mit dem rechten Winkel zur Innenseite der Mauer gesetzt wurden, damit der dorthin gegossene Beton gut haften bleiben konnte. Andernorts wurden kleine Würfel nicht waagerecht, sondern schräg zueinander angefügt und bildeten so eine Art Gitter. Häufig wurden auch mehrere Ziegeltypen und unterschiedliche Techniken beim Bau einer Mauer angewendet.

Das Gewölbe – Die Römer verwendeten das **Tonnengewölbe**. Die Rundtonne, die die Cloaca Maxima im 2. Jh. v. Chr. bedeckte, ruft heute noch bei Archäologen Bewunderung hervor. Kreisförmige Räume wurden mit einer halbkugelförmigen Kuppel gedeckt. In die dicken Wandzylinder, die einen Rundbau umschlossen, waren gewölbte Nischen eingelassen, und statt eine Öffnung mit einem waagerechten Sturz zu überbrücken, schloß man sie mit einem Halbkreisbogen. Eindrucksvolle Reste antik-römischer Gewölbe findet man heute noch in der Domus Aurea auf dem Palatin, im Pantheon, in der Villa des Hadrian in Tivoli, in den Caracalla-Thermen und im Kolosseum. Die Römer gelangten beim Bau von Theatern auf ebenem Baugrund zu wahrer Meisterschaft. Diese Theater waren nicht mehr, wie bei den Griechen, an einen Hügel gelehnt und mußten daher, um den stufenförmig ansteigenden Zuschauerraum zu stützen, in der Technik des Gewölbebaus errichtet werden, so z. B. das Theater des Marcellus.

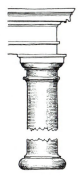   

Toskanische Ordnung | Ionische Ordnung | Korinthische Ordnung | Kompositordnung

Die Säulenordnungen – Die Römer benutzten die **Ordnungen** der griechischen Architektur, änderten sie jedoch ab: Bei der toskanischen oder römisch-dorischen Ordnung ruht die Säule auf einer Basis und nicht, wie bei der dorischen, direkt auf dem Boden; auch trägt sie keine Kannelüren. Die ionische Ordnung wurde in Rom wenig eingesetzt. Am beliebtesten war die korinthische, wobei die Römer zuweilen den Akanthusblattfries der Kapitelle durch glatte Blätter und die Blume in der Mitte durch unterschiedliche Motive (Tiere, Gottheiten, menschliche Figuren) ersetzten.

Den drei klassischen Säulenordnungen fügten die Römer eine vierte, die sogenannte Kompositordnung, hinzu. Charakteristisch für diese sind Kapitelle, in denen über die Akanthusblätter noch die Voluten der ionischen Ordnung gesetzt wurden. Das Gebälk (oberer Teil der Ordnung, bestehend aus Architrav, Fries und Kranzgesims) war reich mit Perlstab, Eierstab und Rankenornamenten geschmückt.

Zwei Architekten haben sich besonders hervorgetan: Rabirius (81-95) – er wirkte unter Domitian – und Apollodorus von Damaskus, der für Trajan (98-117) und Hadrian (117-138) tätig war.

Bauten und Monumente – Meist muß man seine Vorstellungskraft zu Hilfe nehmen, um die Bauten im Geiste wiederherzustellen.

Tempel – Die Tempel, die dem Kult der Götter oder der – seit Cäsar zu Gottheiten erhobenen – Kaiser geweiht waren, stehen in der Tradition etruskischer und griechischer Bauten. Ihre Grundrisse – von dem sehr einfachen des Tempels der Fortuna Virilis bis zu dem der Venus und der Roma gewidmeten – sind sehr unterschiedlich.

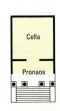

Theatermasken

Alle besitzen einen Raum, der allein für das Götterbild reserviert ist, die **Cella**. Der von einer Kolonnade begrenzten Cella ist eine Halle, genannt **Pronaos**, vorgelagert. Das Ganze steht auf einem **Podium**.

Theater – Das erste gemauerte Theater war das des Pompeius. Bis dahin waren alle Bühnen aus Holz gebaut worden. Die eigentlich für die Aufführung von Komödien und Tragödien entworfenen Theater dienten auch als Versammlungsräume für politische, literarische oder musikalische Zusammenkünfte; hier traten Komiker auf, wurden Wettbewerbe und Lotterien durchgeführt, und manchmal verteilte man in den Theatern auch Brot und Geld.

Im Unterschied zu den Griechen errichteten die Römer eine große Anzahl von Theatern auf ebenem Terrain, wobei sie zwecks Stützung der Stufen Gewölbe einsetzten. Das vordere Parkett war gemeinhin bedeutenden Persönlichkeiten vorbehalten oder aber von Statisten besetzt. Die Schauspieler betraten die im Vergleich zum Parkett erhöhte Bühne durch drei Türe in der Bühnenwand. Tiere und Wagen kamen von der Seite.

Die Bühnenwand war mit Säulen unterschiedlicher Ordnungen gegliedert, mit in Nischen plazierten Statuen geschmückt und mit Marmor oder Mosaikmotiven verkleidet. Dahinter befanden sich die Logen der Schauspieler, die Magazine und eine Säulenhalle, die sich zum Garten hin öffnete.

Die Bühnenarbeiter beherrschten auch Spezialeffekte: Rauch, Blitz, Donnerschlag, Erscheinungen und Apotheosen, vom Himmel herab- oder in ihn aufsteigende Götter. Die Identifizierung der dargestellten Personen erfolgte durch die Masken, die die Schauspieler trugen. Ein ganzes Arsenal gut durchdachter Vorkehrungen trug zu der perfekten Akkustik bei, darunter z. B. das über die Bühne geneigte Dach (Schalldeckel), durch das der Schall der gesprochenen Worte in Richtung der Zuschauer gelenkt wurde; die Töne gelangten u. a. dank der Bogengänge, die das Echo brachen, und dank der als Lautsprecher fungierenden „tönenden Vasen" unter den Stufen bis zu den Plätzen in den Kurven. Wenn die Künstler sangen, stützten sie sich gegen die Bühnentüren, die als Resonanzkörper konzipiert waren *(siehe Theater des Marcellus)*.

Amphitheater – Das Kolosseum illustriert hervorragend die römische Ingenieursleistung eines Amphitheaters. Die Amphitheater waren der Schauplatz von Turnwettbewerben, Wagenrennen und natürlich von Kampfvorstellungen. Die Gladiatorenkämpfe, bei denen zumeist Sklaven oder Gefangene miteinander rangen, sahen ursprünglich die Tötung des unterlegenen Kämpfers vor. In den Amphitheatern fanden ebenfalls Tierschauen statt, wobei die großen Wildkatzen nur besonders bedeutenden Vorstellungen vorbehalten waren, bei denen, ob in Rom oder in der Provinz, der Kaiser zugegen war. Die Römer schätzten diese blutrünstigen Spiele so sehr, daß die Kandidaten für ein öffentliches Amt sie als einen amüsanten Aspekt in ihre Wahlkampagne einbauten. Während der Vorstellung verbrannten oder versprühten Sklaven Duftstoffe, um den Gestank der Tiere zu neutralisieren; sie bestreuten den Sand der Arena mit rotem Pulver, um die Blutflecken zu verdecken, und sie schlugen mit einer Peitsche auf alle Menschen oder Tiere ein, die zu fliehen versuchten. Zu einem solchen Spektakel gehörte immer ohrenbetäubende Musik. Die Außenfassade der leicht ovalen Amphitheater zeigte drei übereinander angeordnete Arkaden, dann folgte eine Mauer, in der die Pfähle befestigt waren, welche das große Sonnensegel zum Schutz der Zuschauer trugen. Die zahlreichen Türen und Tore, die sich unter den Arkaden öffneten, die um die Arena aufsteigenden Galerien, Treppen und quer verlaufende Korridore (vomitoria) führten die Zuschauer zu ihren Plätzen. Gleichzeitig ermöglichten sie eine strikte Trennung der verschiedenen Gesellschaftsschichten, was erwünscht war, um gefährliche Prügeleien zu vermeiden. Die Gesamtheit der Sitzreihen nannte man **Cavea**; vorne befand sich ein im Verhältnis zur übrigen Arena erhöhtes und durch eine Balustrade geschütztes Podium, das für ranghohe Persönlichkeiten reserviert war.

Thermen – Diese Anlagen spielten im Alltagsleben der Römer, ganz besonders in der Zeit des Römischen Reiches, eine herausragende Rolle.

Als öffentliche und kostenfreie Einrichtungen dienten sie als Badeanstalt, Turn- und Sporthalle, als Rahmen für Spaziergang, Lektüre und Gespräch. Die Thermen waren von gewaltigen Ausmaßen, geschmückt mit Säulen, Kapitellen, Mosaiken, farbigem Marmor, mit Statuen und Fresken (Caracallathermen).

Basiliken – Etymologisch bedeutet das Wort „Königshalle". In Rom hielten sich in diesen Gebäuden die regelmäßigen Besucher des Forums auf, später dienten sie als Gericht und als Markthalle. Eine Basilika war eine geschlossene Halle, die von einem auf Säulen ruhenden Dach gedeckt wurde. Durch die Säulen wurde der Raum in Haupt- und Nebenschiffe eingeteilt. Die erste Basilika Roms war die heute nicht mehr existierende Basilica Porcia, die im Jahre 185 v. Chr. am Fuße des Kapitols erbaut worden war. Nach und nach entwickelten sich Basiliken für kultische Belange. Historisch gesehen versteht man unter einer Basilika demnach eine Kirche mit langgezogenem Grundriß und mehreren Schiffen *(im juristischen Sinne handelt es sich bei einer Basilika um eine Kirche, die nach kanonischem Recht gewisse Privilegien genießt).*

Triumphbogen – Monumentales Tor mit einem (Titusbogen) oder drei Bögen (Bogen des Septimius Severus und des Konstantin). Man geht davon aus, daß derartige Bauten ursprünglich religiösen Zwecken dienten; die Truppen mußten durch einen solchen Bogen schreiten, um sich ihrer Vernichtungskraft zu entledigen. Später errichtete man Bögen, um den Triumph eines siegreichen Feldherrn zu feiern und zu verewigen – oder aber um dort die Statue eines aus der Masse seiner Mitbürger herausragenden Sterblichen aufzustellen.

Zirkusbauten – In den weitläufigen Zirkusbauten mit ihren Tribünen fanden in erster Linie Wagenrennen statt. Die Zirkusse waren auf einem viereckigen Grundriß errichtet, dessen kürzere Seiten abgerundet waren. An einem Ende wurden sie von dem sogenannten **Oppidum**, einem Baukörper, der sich zur Piste hin öffnete, abgeschlossen. Im Zentrum der Piste befand sich die **Spina** (Ähre oder Gräte), um die die Wagen herumfuhren. Innerhalb der Zirkusmauern wurden auch Umzüge und Vorstellungen verschiedenster Art durchgeführt *(siehe AVENTINO, „Circo Massimo")*.

Stadien – Das ebenfalls langgezogene Stadion war der Leichtathletik vorbehalten. An der Stelle, an der sich früher das Stadion des Domitian befand, liegt heute die Piazza Navona.

Aquädukte – Die Wasserleitungen, von denen noch beeindruckende Bogenbauten erhalten sind, sind wahrscheinlich die Bauwerke, die am meisten zum Prestige der Römer beigetragen haben, denn durch sie hat sich die Technik des Hochbaus allgemein verbreitet. Der älteste Aquädukt ist die 312 v. Chr. von Appius Claudius Caecus errichtete Acqua Appia („Appisches Wasser"), die etwa hundert Meter lang ist.

Straßen – Die eine oder andere Straße (via) weist noch beträchtliche Reste ihres Belages auf. Der Begriff **clivus** bezeichnete ansteigende Verkehrswege; unter der Bezeichnung **vicus** verstand man Nebenstraßen.

Gräber und Wohnungen – *Siehe Kapitel Das antike Rom: „Das Alltagsleben der Römer".*

Plastik – In der Bildhauerei folgten die Römer am meisten dem griechischen Vorbild. Ihre Begeisterung für Statuen führte dazu, daß Rom von Standbildern geradezu bevölkert wurde. Man organisierte eine regelrechte Serienproduktion: So stellte man z. B. Körper her (mit einer Toga bekleidete Figuren), die jederzeit mit einem bestimmten Kopf versehen werden konnten. In Rom selbst gab es Werkstätten und Ateliers, in denen Griechen und heimische Künstler arbeiteten, aber man importierte auch Werke aus Griechenland: In der Nähe von Madhia in Tunesien fand man ein mit Standbildern beladenes Schiff, das – wahrscheinlich auf dem Weg nach Rom – etwa im 1. Jh. v. Chr. gesunken war.

Die Originalität der römischen Plastik liegt im **Porträt**. Diese Vorliebe für das Porträt geht auf die Sitte der Wachsmasken zurück, die man – so war es in den römischen Adelsfamilien üblich – vom Gesicht der Verstorbenen abnahm, um sie aufzubewahren (Totenmasken). Das Kennzeichen der römisches Porträtkunst ist eine intensive Suche nach Wahrheit. Stets scheinen Ruhe, Energie und Überlegenheit in den Porträts Cäsars durch. Bei Augustus, der mit leicht abstehenden Ohren dargestellt wird, sind es Gelassenheit und Kälte. Das Gesicht des Vespasian drückt Schalkhaftigkeit aus. Trajan muß in der Tat ein sehr ausladendes Gesicht gehabt haben, was durch seine Frisur nur noch betont wurde.

Auch im **Flachrelief** mit historischem Gegenstand waren die Römer Meister. Die mit Kampfszenen verzierten Sarkophage und die Trajanssäule sind wahre Modelle der Komposition und der handwerklichen Präzision.

Die Beispiele **dekorativer Plastik** verdienen es, vom Besucher ganz besonders aufmerksam betrachtet zu werden: Während sie in der Epoche der Republik praktisch inexistent war, wie der Sarkophag des Scipio Barbatus zeigt *(siehe Museo Pio-Clementino im Vatikan)*, erlebte die dekorative Plastik in der Ara Pacis des Augustus ihren künstlerischen Höhepunkt.

Schließlich gab es in der römischen Bildhauerkunst noch eine **volkstümliche Strömung**; im Flachrelief wurden Berufe oder Szenen des Alltagsleben dargestellt, welche die Grabstelen der einfachen Leute zieren sollten.

Vom 3. Jh. an ließ sich ein Verfall der bildnerischen Gestaltung feststellen: Die extrem tiefen Falten der Togen ließen die dargestellten Personen steif erscheinen; der Blick wurde aufgrund der Verwendung des Bohrers, durch den die Pupille zu sehr ausgehöhlt wurde, stier; Haar und Haartracht wurden vernachlässigt.

Santa Maria in Trastevere – Mosaik (Teilansicht)

Materialien – Die Römer liebten weißen und farbigen Marmor, dunkelrot gefleckten Porphyr und Alabaster. Sie arbeiteten ebenfalls mit Bronze (Standbild des Mark Aurel) *(siehe Museo Capitolino)*.

Malerei – Die Analyse pompejanischer Fresken ergab vier Perioden in der römischen Malerei. Der „erste Stil" zeigt sich in einfachen Tafeln, die an Marmorplatten erinnern; kennzeichnend für den „zweiten Stil" ist das Auftreten von in Trompe-l'œil-Technik (Illusionsmalerei) gemalten Architekturmotiven, denen sich im „dritten Stil" kleine illustrierte Tafeln zugesellen. Im „vierten Stil" nimmt die Trompe-l'œil-Malerei überhand und die Darstellung wird mit immer zahlreicheren Schmuckelementen überladen. Römische Malereien kann man noch im Haus der Livia, im Haus der Greifen und im Museo Nazionale Romano besichtigen.

Mosaik – Die Widerstandsfähigkeit der aus Zement bestehenden Bodenbeläge, wurde erhöht, indem man in das Mörtelgemisch aus kleinen Ziegelresten und Kalk Steinchen bzw. später Marmorstücke einlegte, mit denen man, wenn sie regelmäßig zugeschnitten und behauen waren, Muster und Ornamente gestalten konnte.

Die einfachste Methode, einen Mosaikfußboden herzustellen, bestand darin, kleine, gleich große Marmorwürfel in den Mörtel einzulegen. In den großen Baukomplexen (z. B. den Thermen) schuf man schwarze Figuren auf weißem Grund.

Zuweilen wurden die Würfel auch in unterschiedlichen Größen zugeschnitten, um mit gekrümmte Linien arbeiten zu können. Mit sehr kleinen Würfeln konnte man Hell-Dunkel-Effekte erzielen. Diese Technik wurde jedoch, da sie zu relativ empfindlichen Ergebnissen führte, nur für Wandschmuck oder für das Mittelfeld von Fußböden verwendet.

In den römischen Werkstätten hatte man auch die aus dem Orient stammende Technik des „**opus sectile**" übernommen. Dabei schnitt man ein Schmuckmotiv aus einer Platte aus und übertrug es auf eine Marmorunterlage; diese wurde genau nach der Vorlage ausgehöhlt, und in die so entstandenen Aussparungen legte man farbige Marmorstückchen ein. Beispiele dieser Technik sind am Eingang der Pinakothek des Konservatorenpalasts und im Museum von Ostia zu sehen.

Christliche Kunst

Die heidnische Verehrung von Götzenbildern und das in der Bibel ausgesprochene „Bilderverbot" erklären die Tatsache, daß die Entstehung der ersten christlichen Gemeinden nicht mit der Geburt einer neuen Kunst verbunden war.

Vielmehr entlehnte die christliche Kunst in ihren Anfängen dem heidnischen Repertoire verschiedene Elemente, die im christlichen Sinne umgedeutet wurden, so z. B. der Weinstock, die Taube, der Anker usw. *(s. APPIA ANTICA)*.

Malerei – Die frühesten christlichen Gemälde finden sich an den Wänden der Katakomben und sind auf die Fortführung der heidnischen Sitte zurückzuführen, die Gräber der Angehörigen auszuschmücken. Die ältesten Malereien gehen auf das 2. Jh. zurück.

Plastik – Im Museum der christlichen Kunst im Vatikan *(s. VATICANO-SAN PIETRO)* kann man die Entwicklung der christlichen Bildhauerkunst, vor allem im Hoch- oder im Flachrelief, von der Gestaltung einfacher Symbole bis zur Darstellung christlicher Helden (Christus, Petrus, Paulus) und biblischer Szenen nachvollziehen.

Architektur – Das christliche Bauwerk par excellence war die **Basilika** (nicht zu verwechseln mit der heidnisch-römischen Basilika, *siehe S. 34*). Die ersten Bauten dieses Typs wurden von Konstantin über den Gräbern der Apostel Petrus und Paulus (San Pietro in Vaticano; San Paolo fuori le Mura) und neben dem kaiserlichen Palast (San Giovanni in Laterano) errichtet.

DAS MITTELALTER (5.-14. Jh.)

Im 6. Jh. war Rom, das seine Hauptstadtrolle an Konstantinopel hatte abgeben müssen und Opfer mehrerer Invasionen geworden war, eine dem Verfall anheimgegebene Stadt, in der kaum mehr als 20 000 Menschen lebten. Vom 10. Jh. an war die Stadt Opfer der ständigen Auseinandersetzungen zwischen dem Papst und dem deutschen Kaiser. Bis ins 15. Jh. hinein entstanden nur recht bescheidene Bauten.

Architektur – Die profane Baukunst bestand vor allem aus Festungen, die von den Adelsfamilien an strategisch bedeutsamen Punkten errichtet wurden (Haus der Crescenzi; Torre delle Milizie).

Kirchen – Das Material zum Bau der Kirchen wurde antiken Bauwerken entnommen. Diese boten eine große Auswahl an Kapitellen, Friesen und Säulen, die man in all ihrer Pracht in Santa Maria Maggiore, Santa Sabina und anderen Gotteshäusern wiederfindet. Als schließlich diese Materialien immer seltener wurden, fügte man in ein und derselben Kirche Elemente unterschiedlicher Herkunft zusammen (so die Säulen von San Giorgio in Velabro, von Santa Maria in Cosmedin...).

Der **basilikale Grundriß** der ersten Kirchenbauten wird auch im Mittelalter beibehalten *(siehe Grundrisse von Santa Maria d'Aracœli, von Santa Maria in Cosmedin, von San Clemente)*. Er zeigt ein Rechteck, das in der Länge durch Säulen in drei oder fünf Schiffe aufgeteilt ist. Der Eingang liegt an einer der kurzen Seiten; auf der ihm gegenüberliegenden Seite befindet sich die mit einer Halbkuppel überwölbte Apsis. Ein Querschiff trennt die Apsis vom Langhaus. Das Mittelschiff, das höher ist als die Seitenschiffe, erhält durch Fenster im Obergaden Licht. Der Raum wird durch einen offenen oder hinter einer Flachdecke verborgenen Dachstuhl abgeschlossen. Vor der Fassade liegt mitunter noch ein quadratischer Peristylhof (Atrium) oder eine einfache Säulenvorhalle, die als Narthex diente (und in der sich die noch nicht getauften Kirchenbesucher aufhalten mußten).

KÜNSTLER IN ROM VOM 15. BIS ZUM 18. JH.

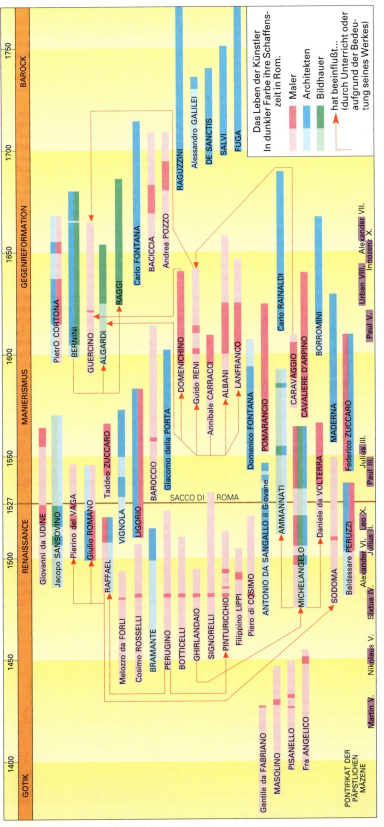

Neben der Fassade erhebt sich häufig ein Campanile (Glockenturm). In Rom zeichnet er sich durch die gliedernden Gesimse, die weißen, mit der Backsteinfläche kontrastierenden Säulchen und den farbigen eingelegten Keramikschmuck aus.

Vom 6. Jh. an trennen Balustraden die Räume, die den Gläubigen bzw. dem Klerus vorbehalten sind; die Geistlichen nehmen im **Presbyterium** beiderseits des in der Apsis stehenden Bischofsstuhls **(Cathedra)** Platz. Die Sänger wirken in der **Schola cantorum** am Gottesdienst mit. Unter dem Hauptaltar liegen das Grab oder Reliquien eines **Märtyrers** bzw. des Titelheiligen; man unterscheidet die **Konfessio**, die nur durch eine kleine Öffnung den Blick auf das Grab freigibt, von der Krypta, einem eigenständigen, unterirdisch – meist unter dem Chor – liegenden Raum zur Märtyrerverehrung. Der Hauptaltar wurde von einem Baldachin oder einem **Ziborium** bekrönt.

Plastik, Malerei und Mosaik – Vom 12. bis zum 14. Jh. beherrschte das Werk der **Cosmaten** das künstlerische Leben Roms. Das war eine Gruppe von Künstlern und Steinmetzen, die von einem gewissen Cosmas abstammten und mit denen eine weitere Familie von Marmorkünstlern, die Vassaletti, verbunden waren. Diese Werkstätten benutzten Reste antiker Materialien und schufen damit schöne Mosaikfußböden aus kleinen vielfarbigen Motiven sowie zahlreiche Elemente, die zum Mobiliar einer mittelalterlichen Kirche gehörten: Bischofsstühle, Ambonen (Kanzeln), Osterleuchter. Ihre ersten Werke, ganz aus weißem Marmor, sind von großer Schlichtheit. Später verwendeten sie außer dem weißen Marmor auch Porphyr und Serpentinmarmor (grün), schnitten den Stein in große geometrische Figuren (Scheiben, Rauten usw.) und verliehen manchem Kreuzgang durch die blauen, roten und goldenen Emailteilchen, die sie in die gewundenen Säulchen und in die Friese einlegten, eine heitere Note.

Der Florentiner **Arnolfo di Cambio** ließ sich um 1276 in Rom nieder (Ziborien von San Paolo fuori le Mura und Santa Cecilia; Statue des Karl von Anjou, *s. PALAZZO DEI CONSERVATORI*).

Freskenmalerei und Mosaik machten den Großteil mittelalterlicher Ausstattung und Ausschmückung aus. Die Römer hatten dabei eine ganz besondere Vorliebe für Anekdotisches und lebendige Farben.

Seit der Mitte des 5. Jh.s, aber vor allem im 6. Jh. stehen die Mosaizisten unter dem Einfluß von Byzanz. Damals kamen sie nämlich mit dem Gefolge von Kaiser Justinians Feldherrn Narses in Berührung, der im Jahre 522 Rom besetzt hatte. Im 7. Jh. kam der Kontakt mit orientalischen Mönchen hinzu, die nach Rom geflohen waren *(siehe Chiesa di San Saba)*. Die Mosaiken dieser Epoche zeigen häufig in prachtvolle Kleider gehüllte Figuren mit geheimnisvollem Gesichtsausdruck, den ganzen Mystizismus der Ostkirche zum Ausdruck bringen.

Die karolingische Kunst, die infolge der guten Beziehungen zwischen dem Papsttum und Pippin dem Kleinen nach Rom eingeführt wurde, verlieh den römischen Mosaiken größere Weichheit und lockerte sie auf; dies bezeugen die Werke, die unter dem Pontifikat von Paschalis I. (817-824) geschaffen wurden (San Prassede und Santa Maria in Dominica). Vom 11. bis zum 13. Jh. entstanden in römischen Werkstätten Werke von großer Pracht (Apsis von San Clemente). Der größte Künstler dieser Epoche war **Pietro Cavallini**. Er soll Ende des 13. und Anfang des 14. Jh.s in Rom gearbeitet haben. Der klare Stil dieses Malers und Mosaizisten, der die Einflüsse seiner Zeit virtuos in sein Schaffen integrierte und neue Elemente (z. B. die räumliche Dimension) einführte, ist vor allem durch das Mosaik zum Marienleben und durch das Fresko des Jüngsten Gerichts in Santa Cecilia bekannt. Seine Schüler waren **Jacopo Torriti** und **Filippo Rusuti**.

RENAISSANCE (15.-16. Jh.)

Die Renaissance bedeutete im Gegensatz zu Florenz für Rom keine Zeit schöpferischen Glanzes. Anfang des 15. Jh.s erinnerte in Rom, das erschöpft war von den Kämpfen des Mittelalters, nichts an eine Stadt der Künste. Am Ende des Jahrhunderts sah es anders aus: Nun war Rom zum Mittelpunkt der antiken Archäologie geworden und hatte sich zu einem ruhmreichen Zentrum künstlerischer Aktivitäten entwickelt, in dem Päpste und Prälaten einen Auftrag nach dem anderen vergaben. Papst **Martin V.** (1417-1431), der nach der Großen Kirchenspaltung herrschte, leitete diese glanzvolle Periode ein. Sie endete 1527 mit der Verwüstung der Stadt durch die Truppen Karls V. (Sacco di Roma).

Architektur – Den Ursprung der römischen Renaissancebauten muß man in den antiken Denkmälern suchen, z. B. im Kolosseum, dessen übereinander liegende Arkaden und Wandsäulen man im Innenhof des Palazzo Farnese wiederfindet; oder in der Maxentius-Basilika, deren Gewölbe zu jenen der Peterskirche inspirierten; oder im Pantheon, dessen Ziergiebel in Form von Dreiecken oder Kreissegmenten Schule gemacht haben.

Kirchen – Die Kirchen sehen eher nüchtern aus. Ihr Grundriß ist von einem mit einem Kreuzgratgewölbe gedeckten Mittelschiff gekennzeichnet, das von Seitenkapellen in Apsidialform gesäumt und von einem Querhaus mit abgerundeten Enden durchschnitten wird. Es entstehen die ersten Kuppeln (Santa Maria del Popolo,

Santa Maria del Popolo – Fassade

Sant' Agostino). Die flächigen Fassaden bestehen aus zwei übereinander angeordneten Teilen, die durch Voluten miteinander verbunden sind. Weite und glatte Flächen dominieren, statt Säulen verwendet man lieber Pilaster. Gegenreformation und Barock kündigen sich in deutlicheren Mauervorsprüngen an – und in der Gestaltung von Nischen und Säulen, die sich mehr und mehr von der Fassade zu lösen scheinen.

Die meisten Renaissancekirchen sind Papst **Sixtus VI.** (1471-1484) zu verdanken; während seines Pontifikats wurden Sant'Agostino, Santa Maria del Popolo und San Pietro in Montorio errichtet; er gründete Santa Maria della Pace und unternahm weitreichende Bauarbeiten an der Apostelkirche (Santi Apostoli).

Paläste – Die Paläste (Palazzi) bzw. Stadthäuser der Oberschicht wurden in den zwischen der Via del Corso und dem Tiber gelegenen Vierteln erbaut. Sie säumten die Straßen (Via del Governo Vecchio, Via dei Banchi Nuovi, Via dei Banchi Vecchi, Via di Monserrato, Via Giulia usw.), die Pilger und päpstlichen Umzüge nahmen, wenn man sich an hohen Feiertagen oder im zeremoniellen Rahmen vom Vatikan zum Lateran begab. Häufig ersetzten sie mittelalterliche Festungen; so hat z. B. der 1452 begonnene Palazzo Venezia die Zinnen des Vorgängerbaus übernommen. Von außen betrachtet boten sie einen nüchternen Anblick, das Erdgeschoß war oft mit Gittern versehen. Im Innern pflegte man ein sehr elegantes und feingeistiges Leben, an dem Literaten, Gelehrte und Künstler teilnahmen, umgeben von Gemälden und antiken Skulpturen.

Plastik und Malerei – Michelangelo und Raffael haben dieser Epoche ihren Stempel aufgedrückt. **Michelangelo,** der sich bereits von 1496 bis 1501 in Rom aufgehalten hatte, kam im Jahre 1505 auf Geheiß Julius' II., der ihn mit der Gestaltung seines Grabmals beauftragte, zurück. **Raffael,** der zunächst in seiner Geburtsstadt Urbino, dann in Perugia und Florenz gelebt hatte, kam 1508 nach Rom und wurde dort von Bramante Julius II. vorgestellt. In der **plastischen Dekoration** wurden feine Rankenornamente und florale Motive mitunter durch Vergoldungen noch betont (Türrahmen, Balustraden usw.). Mit **Andrea Bregno** und **Andrea Sansovino** erlebte die Kunst der Grabmalgestaltung eine Blüte. Beide Künstler wußten ihre Neigung für das Dekorative und ihre Liebe zur antiken Architektur miteinander in Einklang zu bringen. **Mino da Fiesole,** überwiegend in der Toscana tätig, hielt sich ebenfalls häufig in Rom auf. Er wurde durch seine Flachreliefs berühmt, die in betont schlichter Linienführung die Jungfrau mit dem Kinde darstellten.

Rom zieht die großen Talente an – Die Renaissance gelangte nach Rom, nachdem sie sich andernorts entwickelt hatte. Die Künstler kamen alle von außerhalb und brachten ihre regionalen Eigenheiten – die Umbrier ihre Sanftheit, die Florentiner ihre elegante und intellektuelle Kunst, die Lombarden ihren dekorativen Reichtum – mit.
Gentile da Fabriano und **Pisanello** wurden 1427 von Martin V. und Eugen IV. nach Rom gerufen, um das Langhaus von San Giovanni in Laterano auszuschmücken; ihr Werk wurde im 17. und 18. Jh. zerstört. Der Florentiner **Masolino** malte von 1428 bis 1430 die Katharinenkapelle in San Clemente aus. In den Jahren 1447 bis 1451 schmückte der ebenfalls aus Florenz stammende **Fra Angelico** die Kapelle Nikolaus' V. aus *(s. Musei Vaticani).* Sixtus IV. beauftragte **Pinturicchio, Perugino** und **Signorelli** sowie **Botticelli, Ghirlandaio, Cosimo Rosselli** und dessen Sohn **Piero di Cosimo,** die Wände der Sixtinischen Kapelle zu bemalen (1481-1483). Derselbe Papst lud **Melozzo da Forli** ein, in der Apsis der Apostelkirche (Santi Apostoli) eine Himmelfahrt zu malen – von der schöne Fragmente in der Pinakothek des Vatikans und im Quirinalspalast aufbewahrt werden. Um 1485 arbeitete **Pinturicchio** in Santa Maria d'Aracoeli und stellte das Leben des hl. Bernhardin dar; in Santa Maria del Popolo malte er eine Geburt Christi; von 1492 bis 1494 schmückte er für Alexander VI. die Gemächer der Borgia aus. Von 1489 bis 1493 bemalte **Filippino Lippi** die Cappella Carafa in Santa Maria Sopra Minerva. **Bramante** schuf den „Tempietto" (1502), errichtete den Kreuzgang von Santa Maria della Croce (1504), vergrößerte den Chor von Santa Maria del Popolo (1505-1509). Von 1508 bis 1512 malte **Michelangelo** für Julius II. die Fresken des Gewölbes der Sixtinischen Kapelle. 1513 begann er mit der Gestaltung des Grabmals für den Papst. Von 1535 bis 1541 malte er das *Jüngste Gericht.* Von 1547 bis zu seinem Tode im Jahre 1564 arbeitete er an der Kuppel der Peterskirche. Sein letztes Werk war die Porta Pia (1561-1564). Von 1508 bis 1511 erbaute **Baldassare Peruzzi** für den Bankier Agostino Chigi die Villa Farnesina. **Raffael** begann 1508 mit den Stanzen im Vatikan. Im Jahre 1510 zeichnete er den Plan der Chigi-Kapelle in Santa Maria del Popolo. 1511 beauftragt Chigi ihn mit der Ausschmückung der Villa Farnesina. Im Jahre 1512 schuf Raffael den Jesaja von Sant' Agostino, 1514 malte er die Sibyllen in Santa Maria della Pace. Der Mailänder **Sodoma,** der 1508 auf Einladung Julius' II. nach Rom gekommen war, um die Decke der Stanza della Signatura im Vatikan zu bemalen, arbeitete um 1509 in der Villa Farnesina. **Jacopo Sansovino** errichtete Anfang des 16. Jh.s für Leo X. die Kirche San Giovanni dei Fiorentini. 1515 begann **Antonio da Sangallo d. Jüngere** mit dem Bau der Villa Farnesina, an der ab 1546 auch Michelangelo arbeiten sollte.

DIE GEGENREFORMATION (16.-17. Jh.)

In der Epoche der Gegenreformation, die den Zeitraum vom Pontifikat Pauls III. (1534-1549) bis zur Amtszeit Urbans VIII. (1623-1644) umfaßt, mußte Rom die tiefe Verletzung, die es durch den Sacco di Roma erlitten hatte, verarbeiten, und, was historisch besonders wichtig ist, sich mit dem Protestantismus auseinandersetzen. Die Bewegung der Gegenreformation suchte Häretiker zu bekämpfen, den Primat Roms wiederherzustellen und die Gläubigen wieder in die Kirche zu führen. In den Jesuiten, der „Gesellschaft Jesu", die 1534 gegründet und 1540 vom Papst anerkannt worden war, fand sie eines ihrer wirksamsten Instrumente. Die verführerische Kraft der Kunst wurde damals ganz in den Dienst dieser gegenreformatorischen Bestrebungen gestellt. Auf eine erste kämpferische Phase folgte eine Periode, die ihre Triumphe feierte (Sieg von Lepanto im Jahre 1571, Übertritt Heinrichs IV. von Frankreich zum katholischen Glauben anno 1593, Erfolg der Jubiläumsfeierlichkeiten von 1600), aus der das Barockzeitalter hervorgehen sollte.

Architektur

Il Gesù – Fassade

Kirchen – Wegen der bedeutenden Rolle, die die Gesellschaft Jesu in allen Bereichen des Lebens spielte, spricht man bei den Kirchen häufig von „Jesuitenbarock". In ihrer Architektur verbindet sich würdevolle Schlichtheit mit dem Reichtum des Marmors: eine Kirche – Sinnbild des triumphierenden Katholizismus – mußte majestätisch und mächtig wirken. Da sie zahlreiche Gläubige aufnehmen sollten, waren die Gotteshäuser der Gegenreformation sehr groß. Ihr Modell war die einschiffige Kirche Il Gesù.

Das Kirchenschiff war breit und großräumig, damit der Altar von allen gesehen werden konnte und die Predigt auch jeden Kirchenbesucher erreichte. Statt der schlichten Renaissancefassaden sah man nun stark plastisch gestaltete Außenflächen, und an die Stelle der flachen Pilaster traten in die Wand integrierte Säulen.

Profane Baukunst – Unter den Päpsten Paul III., Julius III., Paul IV. und Pius IV., die wie Renaissancefürsten lebten, erlebte die Profanarchitektur eine Blüte.

Die Familie Borghese ist ein illustres Beispiel dieser Ära, Symbol einer Kirche, die sich behauptet und neue Macht gewonnen hat: Paul V. erwarb den Palazzo Borghese und ließ den nach ihm benannten Brunnen, die Fontana Paolina, errichten: sein Neffe, der Kardinal Scipio Borghese, lebte ein Leben in Luxus und Eleganz, von dem heute noch der Palazzo Pallavicini und die „Palazzina" Borghese, der Sitz des Borghese-Museums, Zeugnis ablegen.

Plastik und Malerei

Die Malerei der Gegenreformation hatte den Auftrag, den vom Protestantismus abgelehnten Themen und Glaubenssätzen – Jungfrauengeburt, Vorrang des hl. Petrus, Dogma der Eucharistie, Heiligenverehrung und deren Fürsprache für die Seelen im Fegefeuer – zu neuer Ausstrahlung zu verhelfen.

Die Künstler der Gegenreformation schufen ihre Werke in der „Manier" Michelangelos und Raffaels. Es gelang ihnen nicht, aus den Spuren dieser beiden Genies herauszutreten, daher der Begriff **„Manierismus"**, mit dem man die Malerei und die Plastik des 16. Jh.s belegt.

Im Bereich der Plastik sind die Werke der Bildhauer **Ammanati** (1511-1592) und **Guglielmo Della Porta** (1500?-1577), beide enge Schüler Michelangelos, bemerkenswert. Gegen Ende der Gegenreformation war **Pietro Bernini** (1562-1629), der Vater des großen Gian Lorenzo Bernini (s. unten), in Rom tätig.

Daniele da Volterra, einer der wichtigsten Maler der Zeit, war ein Mitarbeiter Michelangelos. **Giovanni da Udine, Sermoneta, Francesco Penni** und **Giulio Romano** gehörten der „römischen Schule" um Raffael an. Der Stil der nachfolgenden Generation, von **Federico** und **Taddeo Zuccari, Pomarancio, Cesare Nebbia**, dem **Cavaliere d'Arpino** u.a. läßt sich direkt vom Meister der Stanzen ableiten. Ein besonderer Platz gebührt **Barroccio**, dessen weicher Stil nie ins Preziöse abglitt.

Dadurch daß die manieristischen Gemälde Haltungen und Ausdruck der von Michelangelo und Raffael gemalten Figuren imitieren, wirken sie häufig gespreizt und unnatürlich. Die Farben sind bläßlich, so als seien sie vom Licht verschluckt worden.

Dekor und Schmuck sind überladen. Komplexe Marmorkompositionen, Stuckränder und Vergoldungen umgeben Räume und kleinere Flächen, die mit Fresken bemalt sind.

Die Reaktion – Die **Schule von Bologna** und das Schaffen Caravaggios leiteten das Barockzeitalter ein.

Die Bologneser wurden von den **Carracci** angeführt, die in Bologna eine Akademie (1585-1595) gegründet hatten. Dort wirkten Lodovico (1555-1619), der Gründer der Akademie, sein Vetter Agostino (1557-1602) und Annibale, sein Bruder (1560-1609), in ihrer Nachfolge Guido Reni (1575-1642), Domenichino (1581-1641) und Guercino (1591-1666). Anliegen dieser Künstler war es, im gestalterischen Ausdruck mehr Wahrheit walten zu lassen, ohne jedoch den idealistischen Ansatz aufzugeben.

Michelangelo Merisi (1573-1610), nach seinem Geburtsort in der Nähe von Bergamo **Caravaggio** genannt, war ein rebellischer Außenseiter. 1588 in Rom angekommen, begann er beim Cavaliere d'Arpino zu arbeiten. Ständig in Streit, ja Schlägereien und Messerstechereien verwickelt, mußte er 1605 die Stadt verlassen und nach Neapel fliehen. Jenseits aller Konventionen malte er mächtige Figuren, die von einem eigenartigen hellen Licht getroffen wurden und schuf unvergleichliche Licht- und Schattenkontraste. Caravaggios unsteter Lebenslauf gestattete ihm nicht, Schüler zu haben; seine Kunst aber übte auf Maler in ganz Europa solch prägenden Einfluß aus, daß man sie als „Caravaggisten" bezeichnete.

Bernini: *Verzückung der hl. Theresa* (Santa Maria della Vittoria)

BAROCK (17.-18. Jh.)

Unter dem Begriff „Barock" versteht man die Kunst des 17. und eines Teils des 18. Jh.s. Ursprünglich war diese Bezeichnung (nach port. *barrôco:* „unregelmäßige Perle") abschätzig gemeint; man wollte den unregelmäßigen, Proportionen nicht achtenden, in den Augen mancher Zeitgenossen extravaganten Aspekt dieses Stils betonen. Das Wort, das lange Zeit als Synonym für schlechten Geschmack benutzt wurde, verlor jedoch nach und nach seine negative Bedeutung, blieb aber dennoch mit unterschiedlichen Konnotationen behaftet. Als Ausdruck des Triumphes der Kirche über Kritiker und Ketzer breitete sich der Barock seit dem Pontifikat Urbans III. (1623-1644) in Rom aus, um schließlich von dort andere Gegenden und Länder zu erobern.

Die Hauptvertreter

Zwei Persönlichkeiten haben den römischen Barock berherrscht: **Gian Lorenzo Bernini** und **Francesco Borromini**.
Bernini (1598-1680) wurde in Neapel geboren. Schon an seinen ersten Arbeiten erkannte der Kardinal Scipion Borghese das außergewöhnliche Talent des jungen Künstlers und gab ihm den Auftrag für die Skulpturen seiner Villa, in der heute das Borghese-Museum untergebracht ist: Mit 17 Jahren schuf Bernini sein erstes Werk, *Jupiter und die Ziege Amaltheia.* Unter Urban VIII. war er offizieller Künstler des päpstlichen Hofes und der Familie Barberini. Nach dem Tod Madernas (1629) wurde er vom Papst zum Baumeister von St. Peter ernannt.
Während der Amtszeit Innozenz' X. (1644-1655) schuf er die großartige *Verzückung der hl. Theresa,* die in der Kirche Santa Maria della Vittoria zu sehen ist, sowie den *Vierflüssebrunnen (s. PIAZZA NAVONA).* Unter dem Pontifikat Alexanders VII. (1655-1667) errichtete er Sant'Andrea al Quirinale, die Kolonnade des Petersplatzes, entwarf die Cathedra Petri und die Scala Regia des Vatikanpalasts.
Bernini war nicht nur Architekt und Bildhauer, sondern auch Bühnenbildner, Dichter und Maler. Man geht davon aus, daß er etwa hundert Gemälde geschaffen hat. Als Schöpfer eines so reichen Werkes erlebte er einen rapiden Aufstieg. Er wurde mit zahlreichen Auszeichnungen geehrt, schon zu Lebzeiten als Genie anerkannt und galt seinen Zeitgenossen als zweiter Michelangelo. Man empfing ihn in den allerbesten Kreisen; er inszenierte für seine Freunde Theaterstücke, für die er die Bühnenausstattung fertigte, die Texte schrieb und auch selbst spielte. Nur kurz schien sein Stern – zugunsten von Borromini – etwas schwächer zu leuchten, nämlich als Urban VIII. von Innozenz X. abgelöst wurde. Aber mit seinem Projekt des Vierflüssebrunnens erlangte er wieder die Gunst des päpstlichen Hofes.
Borromini (1599-1667) hatte ein völlig anderes Schicksal. Als Sohn des Giovanni Domenico Castelli, eines Architekten der Mailänder Familie der Visconti, übte er sehr früh den Beruf eines Steinmetzen aus und erwarb große technische Fertigkeiten. Im Jahre 1621 kam er nach Rom und wurde Gehilfe von Carlo Maderno; an dessen Seite arbeitete er in St. Peter, Sant' Andrea della Valle und im Palazzo Barberini. 1625 erhielt er den Titel „Maestro"; 1628 nahm er den Namen seiner Mutter an, Borromini. Er nahm kaum am mondän-gesellschaftlichen Leben teil. Seine Kunst gründete er auf eine Strenge und Schlichtheit, die Marmorverzierungen oder Malereien ausschlossen. Bei Borromini entsteht die barocke Bewegung aus dem Spiel der Architektur selbst, deren Linien er meisterhaft zu brechen und zu krümmen wußte. Als Architekt warf er Bernini vor, Probleme mit oberflächlichen Schaueffekten zu lösen.
Sein erstes, von ihm allein geschaffenes Werk, San Carlo alle Quattro Fontane (1638), illustriert wahrscheinlich sein Genie am besten. Zur selben Zeit unternahm er die Gestaltung

San Carlo alle Quattro Fontane – Fassade

der Fassade des Oratorio dei Filippini, die für seine originelle und straff konzipierte Kunst typisch ist. Kardinal Spada, Berater des Nachfolgers von Urban VIII., Innozenz X., fand Gefallen an Borrominis Arbeit und nahm den Künstler unter seine Fittiche. Der Papst machte ihn zu seinem wichtigsten Künstler und beauftragte ihn, San Giovanni in Laterano zu erneuern. Die Fassade von San Carlo alle Quattro Fontane wurde erst im Jahre seines Todes ausgeführt. Borromini lebte in Unruhe und Unsicherheit und genoß niemals das Prestige seines Rivalen. In einer Nacht voll Leiden und Depression und nach einem verzweifelten Wutausbruch gegen seinen Dienstboten nahm er sich das Leben. Weiter arbeiteten in Rom **Carlo Maderna**, der Urheber der Fassaden von St. Peter und Santa Susanna, und **Giacomo della Porta**, nach 1580 der wahrscheinlich aktivste Architekt der Stadt. Sie waren große Bewunderer von Michelangelo. **Flaminio Ponzio** arbeitete für die Familie Borghese (Fassade des Palazzo Borghese, Fontana Paolina). Auf **Giovanni Battista Soria** wiederum gehen die Fassaden von Santa Maria della Vittoria und San Gregorio Magno zurück. Sehr harmonisch ist die Architektur des **Pietro da Cortona** (SS. Luca e Martino, Fassade von Santa Maria della Pace, von Santa Maria in via Lata, Kuppel von San Carlo al Corso). Der Name **Carlo Rainaldi** sollte wegen S. Maria in Campitelli (1655-1665) und der beiden Kirchen an der Piazza del Popolo erwähnt werden.

Der römische Barock

Die Barockkunst will durch Bewegung und Kontrast Wirkung erzielen. Wasser, sich kräuselnd, fließend, wogend und die Umwelt spiegelnd, war eines ihrer Elemente. Wertvolle Materialien wie Marmor oder Edelsteine wurden eingesetzt, um den Betrachter in Staunen zu versetzen. Sehr häufig benutzte man Stuck (eine Mischung aus Kalk, Gips und feuchtem Marmorstaub), mit dem man vielfältige Modellierungen erzielte. Ideen zu Allegorien (vier Kontinente, Flüsse, etc.) entnahm man dem 1594 erschienenen Wörterbuch von Cesare Ripa, der beschreibt, wie man einen abstrakten Gedanken gestalterisch umsetzen kann.

Architektur – Schon im Grundriß wird die Suche nach Bewegung deutlich (San Carlo alle Quattro Fontane, Sant'Andrea al Quirinale). Die Fassaden werden durch freistehende Säulen, kühne Mauervorkragungen, gekrümmte Linien und Nischen aufgelockert.

Plastik – In der Bildhauerkunst dominieren Figuren, die Gefühle ausdrücken und Draperien, die davonzufliegen scheinen. Die Altaraufsätze werden mit Relieftafeln aus Marmor und gewundenen Säulen verziert. Letztere waren schon in der Kunst der römischen Antike

Andrea Pozzo: Deckengemälde

bekannt; nachdem Bernini sie jedoch in den Baldachin von St. Peter integriert hatte, entwickelten sie sich zu einem der beliebtesten Gestaltungsmittel der Epoche. Das Innere der Kirchen bevölkern sich geradezu mit Engeln und Putten, die Gesimse und Giebelfelder zieren. Neben den Bildhauern, die als Berninis Schüler an dessen Werk beteiligt waren (Antonio Raggi, Ercole Ferrata, Francesco Mochi...) muß **Alessandro Algardi** (1592-1654) erwähnt werden, der bemerkenswerte Porträts und Reliefs aus Marmor geschaffen hat.

Malerei – Die Maler des Barocks, darunter **Pietro da Cortona**, auch Architekt, Dekorateur und Ausstatter, Giovanni Battista Gaulli genannt **Baciccia**, ein Schützling Berninis, und **Giovanni Lanfranco** (1582-1647), liebten es, mit perspektivischen Effekten, illusionistischen Techniken und mit auf Diagonale oder Schlangenlinien gegründeter Bildkomposition Wirkung zu erzielen. Der Jesuit **Andrea Pozzo**, Maler und Architekturtheoretiker zugleich, verfaßte ausgiebige Studien über Illusionsmalerei (Trompe-l'œil). Sein 1693 erschienenes Buch *Prospettiva de' pittori e architetti* wurde in ganz Europa gelesen.

Rom zog Künstler aller Herren Länder an. Nicolas Poussin starb im Jahre 1665 in Rom, Claude Lorrain 1682. Peter Paul Rubens, der Michelangelo, die Carracci und Caravaggio bewunderte, hielt sich mehrfach für längere Zeit in der Stadt auf; er vollendete die Malereien in der Apsis der Chiesa Nuova. Velasquez schuf hier das schöne Porträt von Papst Innozenz X. *(s. Galleria Doria Pamphili).*

VOM 18. JH. BIS IN UNSERE TAGE

Klassizismus – Diese Strömung, auch Neuklassizismus genannt, entwickelte sich von der Mitte des 18. bis zum Anfang des 19. Jh.s; sie ist geprägt von der Rückkehr zur griechischen und römischen Architektur, die man nach den Ausgrabungen von Herculaneum, Pompeii und Paestum mit Begeisterung wiederentdeckte. Der auf den Überschwang des Barocks folgende Neoklassizismus baute auf Schlichtheit und Symmetrie und wirkt zuweilen recht kalt. Das war die Zeit, in der **Johann Joachim Winckelmann**, seit 1763 Präsident der römischen Altertümer und Skriptor der vatikanischen Bibliothek, seine Werke über die antike Kunst veröffentlichte, in der Francesco Milizia den Barock mit seinem nutzlosen Zierrat heftig kritisierte, das Einfache und Erhabene der antiken Monumente dagegen als vorbildlich lobte.

Der Kupferstecher und Architekt **Giovanni Battista Piranesi** (1720-1778) ließ sich 1754 endgültig in Rom nieder. Sein Werk zählt etwa 2 000 Stiche; die 1750 veröffentlichten *Vedute di Roma* (Ansichten von Rom) sind von einzigartigem, melancholischem Reiz. Als Architekt entwarf Piranesi die hübsche Piazza dei Cavalieri di Malta.

Antonio Canova (1757-1821), der Lieblingsbildhauer Napoleons, war die beherrschende Persönlichkeit dieser Epoche. Die Ruhe und das Regelmaß seiner Werke begeisterten die Zeitgenossen. In der Architektur muß **Giuseppe Valadier** erwähnen, der die Piazza del Popolo (1816-1820) anlegte. Die Malerei wird vor allem von Ausländern wie dem Deutschen Anton Raphael Mengs und den Franzosen der Villa Medici vertreten. Insbesondere Jacques-Louis David kam zweimal nach Rom, 1774 und 1784, und malte seinen berühmten *Schwur der Horatier*. Die deutsche Künstlergruppe der **Nazarener** (Overbeck, Cornelius, Veit u. a.) versuchte in der ersten Hälfte des 19. Jh.s in Rom eine romantische religiös-patriotische Kunst zu entwickeln. Ende des 19. Jh.s arbeiteten in Rom Künstler wie C. Maccari (Fresken des Palazzo Madama) und G. A. Sartorio, der den großen Saal des Parlaments ausschmückte.

Zeitgenössische Künstler, Bewegungen und Werke – G. Balla (1861-1958), der Vertreter des römischen Futurismus, ließ sich 1895 in Rom nieder und unterzeichnete 1914, gemeinsam mit Depero, das Manifest der „Ricostruzione futurista del'universo", des futuristischen Neuaufbaus des Universums; nach 1930 nahm er in seiner Malerei wieder präfuturistische Themen auf. Zu den weiteren bedeutenden Künstlern zählen M. Mafai (1902-1965) und G. Bonichi genannt „ Scipione" (1904-1933), Vertreter der römischen Schule, mit denen 1931 auch Guttoso in Beziehung trat. Die Entwicklung der großen künstlerischen Bewegungen der Moderne kann man am besten in der Galleria nazionale d'Arte moderna nachvollziehen.

Architektur und Städtebau – Nach 1870 griff man in Rom nur noch auf alte Formensprachen zurück und verlor zuweilen jedes Maß, wie das Denkmal für Vittorio Emanuele zeigt. In der Zeit des Faschismus legte man zwar das Theater des Marcellus frei und setzte die Ausgrabungen der Ara Sacra del largo Argentina in Gang; die Eröffnung der Via dei Fori Imperiali war jedoch nur auf Kosten der Zerstörung großer Teile des Forum Romanum möglich. Man begann mit dem Bau des Hauptbahnhofs (Stazione Termini) und des E.U.R.-Viertels; das Sportzentrum des Foro Italico entstand.

Im Heiligen Jahr 1950 wurde die Via Cristoforo Colombo fertiggestellt, und die Stazione Termini konnte die zahlreichen Pilger empfangen. Für die Olympischen Spiele 1960 wurden das Flaminio-Stadion, der Palazzetto dello Sport an der Via Flaminia sowie der Palazzo dello Sport im E.U.R.-Viertel erbaut. Das Olympische Dorf (Via Flaminia), das die Sportler während der Spiele bewohnen sollten, entstand an der Stelle eines Slums. Der Corso di Francia entlastete den Norden der Stadt; der Corso verläuft auf einer anderen Ebene als die übrigen Straßen und stellt eine kühne Leistung des Straßenbaus dar. Im Westen wurde durch die Via Olimpica das Foro Italico an das E.U.R-Viertel angebunden. 1961 war es soweit, daß der internationale Flughafen Fiumicino (Leonardo da Vinci) den alten Flughafen Ciampino ergänzen konnte.

Im Jahre 1970 wurde der 70 km lange Umgehungsring (Grande Raccordo Anulare) fertiggestellt. Einige Bauten des modernen Roms sind besonders erwähnenswert – so z. B. die Rundfunkanstalt R.A.I. *(s. MONTE MARIO)*, die britische Botschaft *(s. PORTA PIA)*, einige Gebäude des E.U.R.-Viertels; im Vatikan – der von Pier Luigi Nervi erbaute Audienzsaal (1971) und die Museen für profane und christliche Kunst (1970); einige große Hotels wie das Hotel Jolly mit seinen Wänden aus goldfarbenem Glas, und das Hilton, dessen Bau auf dem Monte Mario eine Polemik auslöste.

Literatur

Seit der Dichter **Naevius** im 3. Jh. v. Chr. mit seinem Werk über den Ersten Punischen Krieg *(Bellum Poenicum)* das erste römische Nationalepos verfaßt hatte, hat Rom nicht aufgehört, die Vertreter der schreibenden Zunft zu inspirieren.
Unter ihnen waren: **Cicero** (106-43 v. Chr.), heute würde man sagen, ein Staranwalt, der Profiteure und Aufrührer an den Pranger stellte *(Reden gegen Verres, Pro Murena, Pro Milone, die Catilinarischen Reden, die Philippiken);* **Cäsar** (101-44 v. Chr.) schildert in seinen Schriften über *den Gallischen Krieg* (De Bello gallico) und über *den Bürgerkrieg* (De Bello civili) seinen Beitrag zur Größe Roms; **Sallust** (86-35? v. Chr.), der von einer Villa aus – die dort stand, wo heute die Via Veneto verläuft – erläuterte prägnant Ereignisse und Hintergründe der römischen Geschichte.
Titus Livius (im Jahre 17 gestorben) schrieb auf einhundertzweiundvierzig Papyrusrollen eine patriotische Geschichte Roms von seiner Gründung bis zum Jahr 9 n. Chr. nieder. Der Anwalt und Reichsbeamte **Tacitus** (55?-120?) wurde zum Geschichtsschreiber der kaiserlichen Regimes von Tiberius bis Nero und von Galba bis Domitian. **Plinius d. Jüngere** (62?-114), ein hoher Beamter unter Domitian und Trajan sowie Statthalter von Bithynien, zeichnete in seinen Briefwechseln ein anschauliches Bild der römischen Oberschicht. **Sueton** (69?-125?), Kanzleichef Hadrians, hinterließ ein interessantes biographisches Werk *(Vitae Caesarum)*, in dem er sehr lebendig Einzelheiten aus dem öffentlichen und privaten Leben der Kaiser von Julius Cäsar bis Domitian erzählt.
Neben den großen Geschichtsschilderungen gibt es das **Petronius** zugeschriebene *Satyricon*, eine beißende Schilderung des lasterhaft ausschweifenden Lebens in Rom.
Vom Mittelalter an bewegte sich die literarische Produktion Roms lange im Schatten von Lyrik und Prosa der Toskana. Erst mit dem Aufkommen des Humanismus profilierte sich das kulturelle Leben Roms wieder. Beweis dafür ist die Römische Akademie, eines dieser Zentren freier Studien, die man auch in Florenz und Neapel entstehen sah. 1690 wurde die literarische Akademie „**Arcadia**" gegründet, die dem angehenden 18. Jh. zum Vorbild werden sollte. Die „Pastori" (Hirten) der Arcadia – so nannten sich die Mitglieder der Gruppe – vertraten stilistische Konzepte der petrarkischen Tradition, die sie der „Monarchie des schlechten Geschmacks", die ihrer Meinung nach im 17. Jh. herrschte, entgegenstellten.
Von den Gründern der Gruppe, die wegen ihres literarischen Salons sehr angesehen waren, sind **Giambattista Felice Zappi** und seine Gattin **Faustina Maratti**, beide Vertreter der lyrischen Gattung, besonders erwähnenswert. Die Gattungen der „Canzonetta" und des Melodrams hingegen hatten in **Pietro Metastasio** und **Paolo Rolli** ihre Botschafter gefunden. Vor allem Metastasios Erfolg war beträchtlich und ging weit über Italiens Grenzen hinaus. Das Libretto seines Melodrams *Didone abbandonata* (Verlassene Dido) und seine Tätigkeit am kaiserlichen Hof zu Wien, dessen Hofpoet er war, legten den Grund zu seinem europäischen Ruhm.
Im Verlaufe der folgenden Jahrzehnte blieb ein klassizistischer Geschmack ein charakteristisches Merkmal der römischen Kultur; insbesondere in der archäologischen Literatur des **Alessandro Verri** fand dieser Ansatz seinen markantesten Ausdruck.
Wie die übrigen künstlerischen Ausdrucksformen wurde auch die Literatur von der Kirche beeinflußt. Als Beispiel sei die in Europa sich ausbreitende frühromantische Bewegung genannt. Sie war den kirchlichen Instanzen ein Dorn im Auge; die Werke J.-J. Rousseaus gehörten zu den prominentesten, die damals von der Kirche verurteilt wurden.
Die Literaten selbst schienen jedoch wahrzunehmen, daß Rom etwas Einzigartiges bedeutete, daß es aus dem Rahmen der übrigen kulturellen Zentren Europas und auch Italiens herausfiel. Diese Besonderheit der Stadt fand in enthusiastischen Urteilen, aber auch in unbändiger, heftiger Kritik ihren Niederschlag.
Für **Goethe** bedeutete der Rom- und Italienaufenthalt den Beginn eines neuen Lebensabschnitts und einer neuen Schaffensphase. Zwar mißfiel ihm das chaotische Durcheinander und der Höllenlärm des Karnevals auf der Via del Corso; dennoch betrachtete er den Tag, als er in Rom ankam, als den Tag seiner Neugeburt *(Italienreise).* **Mark Twain**, engagierter Verfechter des Rechts auf Freiheit, Gleichheit und Glück, drei nach der Unabhängigkeitserklärung gottgegebene Rechte, sah im Papsttum und in dem vom Aberglauben diktierten Verhalten, auf das er in Rom traf, Zeichen des Obskurantismus *(Reise durch die Alte Welt)*. **Leopardi** war von Rom enttäuscht: Er fand die Stadt verschlossen, geistig verarmt und abstoßend. Der Widerspruch zwischen der konkreten Wirklichkeit der Stadt Rom und den mit der Stadt verbundenen Assoziationen, Idealen und Projektionen war im 19. Jh. zu einem Höhepunkt gelangt.
Ein weiterer illustrer Gast der Stadt war der Turiner **Massimo d'Azeglio**, bekannt als Verfasser historischer Romane, der sich in Rom und in der Umgebung der Castelli Romani auch der Malerei widmete.
In der Romantik wurde neben zahlreichen anderen Themenbereichen auch der Dialektliteratur ein bedeutender Platz eingeräumt. In dieser Beziehung kann das Werk von **Giuseppe Gioacchino Belli** (1791-1863) mit dem seines Mailänder Pendants, der Dichter Carlo Porta, verglichen werden, wenn sich auch die beiden Autoren im Stoff unterscheiden. Die lombardische Kultur und die Werke von P. Verri, Beccaria und Parini waren in vielen Ländern Europas auf Interesse gestoßen und hatten dank ihrer verfei-

nerten Sprache der Dialektliteratur neue Impulse gegeben. Die römische Dialektliteratur konnte auf eine solche Tradition nicht zurückgreifen; sie legte Zeugnis ab von einer Gesellschaft, in der Klerus und Adel eine spontan und instinktiv, ohne Raffinement handelnde Unterschicht gegenüberstand. Belli wollte in seinen Gedichten die römische Realität darstellen so wie sie war. Erst in dem Werk **Giosue Carduccis** (1835-1907) wurde Rom wieder gefeiert; in **Cesare Pascarellas** (1858-1940) Texten schließlich kam die Dialektliteratur wieder zu ihrem Recht. Zwischen dem 19. und dem 20. Jh. taucht Rom immer wieder in den Werken **Gabriele D'Annunzios** (Lust) und **Giovanni Pascolis** (Carmina) auf. Eine besondere Stellung aber nehmen **Vincenzo Cardarelli** und **Antonio Baldini** ein, Mitarbeiter der Zeitschrift **La Ronda** (1919-1923), die eine privilegierte Beziehung zu Rom unterhielten.
Alberto Moravia (1907-1990) ist aus der Reihe der zeitgenössischen Autoren hervorzuheben. In seinem Roman Die Gleichgültigen beschreibt er die Apathie und die soziale Unfähigkeit des

Moravia

römischen Bürgertums; in Die Römerin, Römische Erzählungen und **Cesira** analysiert er minutiös die italienische Gesellschaft. Im Werk **Elsa Morantes** paart sich psychologische Innenschau mit phantastischen Elementen. **Pier Paolo Pasolini**, dessen filmisches und schriftstellerisches Werk ausgesprochen gegensätzliche Reaktionen hervorrief, war zwar kein Römer, zeichnete jedoch in Ragazzi di Vita und Una vita violenta ein extrem düsteres Bild des römischen Subproletariats.

Musik

2 000 Jahre musikalischen Schaffens – Die römische Musik der Antike, die in erster Linie auf Blasinstrumenten basierte, war stark von griechischen und etruskischen Vorbildern beeinflußt. Im Mittelalter verfeinerte Rom seine Musik, fand vor allem in religiösen Themen eine Inspirationsquelle. Der Gesang, der aufgrund der unterschiedlichen Herkunft der ersten Christen sehr heterogen war, wurde im 4. Jh. durch den lateinischen Ritus und durch die Kirchenreform Gregors d. Großen (590-604) – nach ihm ist der **Gregorianische Gesang** benannt – vereinheitlicht. Im 14. Jh. verbreitete sich in Rom die flämische kontrapunktische Musik, die von den zahlreichen ausländischen Musikern, die an italienischen Höfen tätig waren, in die Stadt gebracht worden war. **Giovanni Pierluigi da Palestrina**, der Komponist der Missa Papae Marcelli (Messe für Papst Marcellus), war einer der großen Meister der polyphonen Musik. Seine künstlerische Laufbahn führte ihn durch zahlreiche römische Kirchen; in St. Peter wurde er bestattet. Palästrina ist bekannt für den Einsatz des A-Capella-Stils, der für die sakrale polyphone Musik typisch ist und auf jede instrumentale Begleitung verzichtet. Mit dem hl. **Filippo Neri** (1515-1595), der aus Florenz stammte, jedoch überwiegend in Rom arbeitete, führte er den Brauch ein, der Predigt Chorgesänge zur Lobpreisung Gottes **(Laudi)** voranzustellen, um damit den Glaubenseifer der Kirchenbesucher zu intensivieren. Auf dieser musikalischen Grundlage entstand später das **Oratorium,** in dem Dialoge und Rezitative verstärkt von Solisten gesungen wurden. Der vollendetste Vertreter dieser Gattung war **Giacomo Carissimi** (1605-1674).
Als geistliches Zentrum hat Rom stets religiös inspirierte Musik produziert. Hier entwickelte man die **Kirchenkantate,** bei der die menschliche Stimme von Orgel, Theorbe und Geigen begleitet wurde. Ein Jahrhundert später schuf **Muzio Clementi** (1752-1823) als Vertreter der Instrumentalmusik Sonaten für Klavier, die das Potential dieses Instruments aufzeigten.
Im 20. Jahrhundert „beschrieb" der aus Bologna stammende, aber lange dem Konservatorium von Santa Cecilia verbundene Komponist **Ottorino Respighi** (1879-1936) Rom in seinen symphonischen Dichtungen Le fontane die Roma, I Pini di Roma, Feste Romane.

Die sehr bedeutenden Sehenswürdigkeiten ziehen naturgemäß sehr viele Touristen in ihren Bann.
Um sie ihrem Rang entsprechend würdigen und genießen zu können, sollte man diese Orte möglichst außerhalb der Zeiten des größten Andrangs besuchen.

Film

Rom als Thema und Produktionsstätte des Films – Der römische Film, das bedeutet vor allem **Cinecittà**. Die 1937 errichteten Studios dehnen sich entlang der Via Tuscolana auf einer Fläche von etwa 140 000 m² aus. Bei seiner Eröffnung gab es in Cinecittà sechzehn Studios, Büros, Restaurants und einen riesigen Swimming-pool, in dem die Wasserszenen gedreht wurden. Dieses eindrucksvolle Instrumentarium trug entscheidend dazu bei, die italienische Filmproduktion zu erhöhen, so daß sie sich sogar in der ersten Hälfte des Krieges noch behaupten konnte.
Hier findet man die Wurzeln des Neo-Realismus. Und wenn diese Bewegung auch Wert darauf legte, fern der Studios an Außenschauplätzen zu drehen, so haben doch einige ihrer großen Leitfiguren wie z. B. **Vittorio De Sica** und **Roberto Rossellini** manche ihrer ersten Filme in Cinecittà gedreht. Diese Regisseure standen für eine Rückkehr zum Konkreten, für eine neue Beobachtung der Realität des Alltagslebens. Sie wollten dadurch die Kluft zwischen der Wirklichkeit und ihrem Bild auf der Leinwand, die während des Faschismus immer größer geworden war, aufheben. Der Krieg und seine tragischen Folgen waren somit Hauptthema des Neo-Realismus'. In den Filmen *Rom offene Stadt* (1945), *Paisà* (1946) und *Deutschland im Jahre Null* (1948) setzte Roberto Rossellini die ganze Unterdrückungsmaschinerie des Nazismus ins Bild. De Sica wiederum entwarf in *Sciuscià* (Schuhputzer; 1946) und *Der Fahrraddieb* (1948) das Porträt des Nachkriegsitalien und schilderte die damals herrschende Arbeitslosigkeit in all ihrem Elend. Mit *Bitterer Reis* (1949) beschrieb **De Santis** das Milieu der einfachen Leute, die zwischen der Anpassung an die herrschende Ideologie und ihren revolutionären Bestrebungen hin- und herschwankten. Anfang der 50er Jahre fand der Neo-Realismus beim Publikum, das nicht mehr an die Nöte der Vergangenheit erinnert werden wollte, keinen Anklang mehr. Nun entstanden in Cinecittà, dem italienischen Hollywood, die großen amerikanischen Produktionen *Quo vadis* (1950), *Krieg und Frieden* (1956), *Ben Hur* (1959), *Cleopatra* (1963) usw.
Die 60er Jahre waren goldene Jahre für das italienische Kino. Die Filmproduktion erreichte, gestützt auf die mächtige industrielle Infrastruktur, die Cinecittà bedeutete, ein Volumen von über 200 Filmen pro Jahr, die noch dazu von sehr hohem Niveau waren.
Zu den Regisseuren der ersten Garde gehören **Federico Fellini** und **Luchino Visconti**. 1960 realisierte Fellini den Film **La Dolce Vita**, in dem er den sagenhaften römischen Nächten den Spiegel vorhielt. Die Liste seiner berühmten Filme *(Amarcord, Stadt der Frauen, Schiff der Träume, Satyricon, Ginger und Fred u. a.)*, in denen sich phantastische Bilder mit Traumvisionen abwechseln, ist eindrucksvoll. Visconti schuf u. a. *Die Erde bebt, Weiße Nächte, Der Tod in Venedig* (nach Thomas Mann) und *Ludwig II*. In den 60er Jahren begann eine neue Generation von Filmemachern von sich reden zu machen, Regisseure wie **Pasolini**, **Rosi** und **Bertolucci**, die ihr politisches und soziales Engagement auf die Leinwand brachten.
Seit den ausgehenden 70er Jahren erlebt der italienische Film wegen der Konkurrenz des Fernsehens und aufgrund des Zusammenbruchs des Marktes, eine tiefgehende Kreativitäts- und Produktionskrise. Autorenfilme – z. B. diejenigen von **Ettore Scola** *(Die Schmutzigen, die Häßlichen und die Gemeinen, La famiglia)* – konnten sich jedoch behaupten.
Seit den frühen 90er Jahren kann man einen neuen Aufbruch verzeichnen, der mit jungen Regisseuren wie **Nanni Moretti** verbunden ist. Moretti gibt in einem Sketch seines *Tagebuchs* eine aktuelle Beschreibung der ewigen Stadt und ihrer Randviertel.

Sophia Loren und Marcello Mastrioanni in „Ein besonderer Tag" von Ettore Scola (1977)

Das Rom der Römer

Gegenüber anderen Hauptstädten bietet Rom die Besonderheit: ausländische Staaten unterhalten hier gleich zwei diplomatische Vertretungen, eine bei der italienischen Regierung und eine zweite beim Heiligen Stuhl. So kommt es, daß ein Staatschef, der im Quirinal empfangen worden ist und danach den Heiligen Vater besuchen will, zunächst einen „Zwischenstop" in seiner Botschaft einlegen muß, bevor er sich zu den Diplomaten des Vatikans begibt. Hinzu zählen muß man für viele Länder die Botschaften bei der F.A.O. (UN-Organisation für Ernährung und Landwirtschaft). Als Rom 1870 Hauptstadt Italiens wurde, wohnten knapp 200 000 Menschen in der Stadt. 1986 zählte man 2 826 488 Einwohner. Die Gemeinde Rom nimmt eine Gesamtfläche von 1 500 km^2 ein und ist in **Rioni** eingeteilt. Diese sind aus den „Regionen" der Antike entstanden, den Bezirken unserer großen Städte vergleichbar und liegen innerhalb der Aurelianischen Mauer sowie auf dem rechten Ufer des Tibers *(siehe Karten Entwicklung der Stadt Rom, S.10, und Rom praktisch S. 12)*. Zwischen der Aurelianischen Mauer und dem großen Umgehungsring (Grande Raccordo Anulare) liegen die **Quartieri** (Viertel), in denen 75 % der Bevölkerung leben. Im Norden sind es typische Wohnviertel, im Osten, Südosten und Süden sind sie einfach und dicht besiedelt, im Westen ebenfalls einfach, aber nur schwach besiedelt.

Blick auf Rom vom Monte Pincio

Die westlichen Stadtteile werden von **Suburbi** gesäumt, die nach und nach, wenn sie mit Straßen und Infrastruktur ausgestattet sind, zu Quartieri werden. An der Grenze des Umgehungsrings und darüber hinaus erstreckt sich das relativ dünn besiedelte **Agro Romano**, wo vor der Melioration (Trockenlegung) die Malaria grassierte.

Erwerbszweige – Etwa 70 % der erwerbstätigen Bevölkerung arbeiten im Dienstleistungssektor, bei Ämtern und Behörden des Staates oder der Kommunen; in Transportwesen, Tourismus, Banken, Versicherungen und Handel.
In der **Landwirtschaft** finden 2 % der Erwerbstätigen Beschäftigung. Im Agro Romano existieren kleine Familienbetriebe. Im Norden Roms herrscht Viehzucht und Milchwirtschaft vor, im Süden und Südwesten überwiegend Schaf- und Rinderzucht sowie Getreideanbau. Erst 1962 entwickelte man einen Plan zur sinnvollen Ansiedlung von Industriegebieten am Rande Roms. Die wichtigsten liegen im Norden der Stadt am Tiber, im Südosten in San Palomba, im Süden entlang der Via Pontina, im Südwesten bei Acilia und in der Nähe des Flughafens Fiumicino, im Westen im Gebiet von Pantano di Grano.
Der Industrialisierungsschub setzte sich in der Gründung einer Vereinigung zwischen Rom und Teilen der Provinz Latina fort. An der Spitze der industriellen Unternehmungen der Zone Rom-Latina steht die Bauwirtschaft; es folgen Maschinenbau, Verlagswesen, Textil- und Lebensmittelindustrie, holzverarbeitende Betriebe, chemische Industrie und schließlich die Filmbranche.
Mit Ausnahme der Bau-, Lebensmittel-, Textil- und holzverarbeitenden Industrie, deren Produktionsaufkommen in erster Linie vom heimischen Markt verbraucht wird, werden die Industriegüter der Zone Rom-Latina zu 35% auf dem Binnenmarkt vertrieben und zu 20% ins Ausland exportiert.

Römisches Freizeitvergnügen – Wie alle anderen Städte wird auch Rom an Feiertagen von einer besonderen Lebendigkeit erfaßt. Die Menschen strömen in das historische Zentrum, flanieren in den malerischen Straßen und erstürmen geradezu die Cafés. Sehr beliebt sind auch die „Trattorien". Die jungen Leute mögen natürlich Diskotheken, aber auch andere Lokale, wo man bei guter Musik sein Getränk zu sich nehmen und Freunde treffen kann.
Wie überall in Italien leben auch in Rom zahlreiche Fußballfans, die sonntags als *Tifosi* (=„Typhuskranke") ihre Mannschaften (*Lazio* oder *F.C. Roma*) unterstützen.
In der Nähe der Basilika San Paolo fuori le Mura finden Windhundrennen statt; Pferderennen werden im Ippodromo Capanelle an der Via Appia Nuova ausgetragen.

Blick auf das Forum

Rom

APPIA ANTICA ★★

Für den Besucher am interessantesten ist der Teil der Via Appia Antica, der an den Katakomben und den antiken Monumenten entlangführt (Grabmal des Romulus, Circus des Maxentius, Grabmal der Caecilia Metella).
Von der Piazza di Porta S. Giovanni fährt ein Bus zu den Calixtus-Katakomben und zu den Katakomben des Sebastian und der Domitilla (besorgen Sie sich einen Plan der öffentlichen Verkehrsmittel).
Besichtigung laut nebenstehendem Plan: etwa 4 1/2 Stunden (1 Std. für die Calixtuskatakomben, 1 Std. für die Sebastiankatakomben, 1 Std. für die Domitillakatakomben). Freitag und Samstag sind alle Monumente und Katakomben geöffnet. Für die Strecke vom Grabmal der Caecilia Metella zum Casal Rotondo empfiehlt sich ein Auto bzw. Taxi.

Via Appia Antica

Die Via Appia trägt den Namen des damaligen Zensors Appius Claudius Caecus, der sie 312 v. Chr. angelegt hat. Vor dem Bau der Aurelianischen Mauer im 3. Jh. führte die Via Appia an der Porta Capena (s. TERME DI CARACALLA) aus der Stadt und folgte in etwa dem Verlauf der heutigen Via delle Terme di Caracalla und der Via di Porta San Sebastiano. Ursprünglich führte sie bis Capua, 190 v.Chr. wurde sie bis Brindisi verlängert. Grabmäler säumten diese Straße, da das Zwölftafelgesetz schon seit dem 5. Jh. v. Chr. Bestattungen innerhalb der Stadt untersagte. Im Mittelalter war die Via Appia ein unsicheres Pflaster. Die Fürsten Caetani, die aus dem Grabmal der Caecilia Metella eine Festung gemacht hatten, verlangten von den Passanten ein Wegegeld. Damals legte man parallel dazu die Via Appia Nuova an, und Ende des 17. Jh. die Appia Pignatelli als Querverbindung.
Heute ist die Via Appia Antica mit den Katakomben und der **Kirche „Domine, quo vadis?"** eine der wichtigsten frühchristlichen Stätten Roms.
Der Name dieser Kirche bezieht sich auf eine berühmte Legende. Der aus Rom vor Neros Verfolgung fliehende Apostel Petrus begegnete an dieser Stelle Christus und fragte ihn: „Domine, quo vadis?" (Herr, wohin gehst Du?). „Nach Rom, um mich erneut kreuzigen zu lassen", antwortete Jesus, hinterließ seinen Fußabdruck auf dem Pflaster und verschwand. Petrus schämte sich seiner Schwäche und kehrte nach Rom zurück, wo er den Märtyrertod erlitt.

DIE KATAKOMBEN

Im Mittelalter bezeichneten die Römer den Friedhof San Sebastiano in der Nähe einer Schlucht an der Via Appia mit dem lateinischen Ausdruck „ad catacumbas" (aus dem Griechischen *kata kumbos*, Bei der Schlucht). Als im 16. Jh. ähnliche Grabanlagen entdeckt wurden, gab man ihnen den gleichen Namen. Als Katakomben werden heute unterirdische, in langen Gängen über mehrere Stockwerke angelegte Bestattungsorte aus christlicher Zeit bezeichnet. Die Gänge wurden im allgemeinen sukzessive von oben nach unten angelegt. Wenn ein Gang belegt war, grub man darunter einen weiteren Gang, wodurch die Gänge, die direkt unter der Oberfläche liegen, meist auch die ältesten sind.
Katakomben wurden im Umkreis von Rom gefunden, in Neapel, auf Sizilien, in Nordafrika und in Kleinasien.

Die christlichen Katakomben – Bis in die Mitte des 2. Jh. gab es keine christlichen Friedhöfe im eigentlichen Sinn. Patrizierfamilien, die dem Christentum freundlich gesinnt waren und eine private Grabanlage besaßen, gestatteten Christen aus ihrem Bekanntenkreis, ihre Toten in der Familiengruft beizusetzen. Das änderte sich zu Beginn des 3. Jh., als Papst Zephryn den ehemaligen Sklaven Calixtus zum Vorsteher einer Grabanlage an der Via Appia ernannte. Seit dieser Zeit „normalisierte" sich die Bestattung von Christen, und auf Grundstücken, die der Kirche gehörten, entstanden die ersten Christenfriedhöfe. Lange Zeit waren die Katakomben einfach Friedhöfe, die von den Christen aufgesucht wurden, um am Grab eines geliebten Menschen zu beten. Die Zahl der Besucher nahm im 3. Jh. zu, nachdem bei den Christenverfolgungen (unter Septimius Severus im Jahr 202, unter Decius 250, unter Valerian 257 und unter Diokletian 295) viele Christen zu Märtyrern geworden waren und die Päpste den Gläubigen empfahlen, an ihren Gräbern zu beten. Es gab aber niemals eine Massenflucht von Christen in die Katakomben, um sich dort versteckt zu halten. Die kaiserliche Regierung wußte, wo sich die Katakomben befanden, und der Zugang war verboten, wenn ein Edikt gegen die

Christen erlassen wurde. Nur ausnahmsweise wurden Christen in den Katakomben getötet, und nur deshalb, weil sie diese Regel übertreten hatten. Nach einer Zeit großer Duldsamkeit im 4. Jh., die mit der Verbreitung des Christentums zusammenfiel, wurden die Katakomben schließlich aufgegeben (mit Ausnahme der Katakomben San Sebastiano, die ein Pilgerort blieben). Als das Umland von Rom im 5. und 6. Jh. durch Goten und Vandalen verwüstet wurde, überführte man die Reliquien der Märtyrer nach und nach in die Stadt und brachte sie in ihnen geweihten Kirchen unter. Erst im 16. Jh interessierte man sich wieder für die Katakomben, als der italienische Archäologe Antonio Bosio 1578 an der Via Salaria einen unterirdischen Friedhof entdeckte. Die systematische Erforschung der Katakomben geht in erster Linie auf den Archäologen Giovanni Battista De Rossi (1822-1894) zurück.

Wichtige Begriffe für die Besichtigung der Katakomben – Mit **Hypogäum** wird die unterirdische Grabstätte einer römischen Adelsfamilie bezeichnet. Ausgehend vom Hypogäum entwickelte sich das Netz unterirdischer Gänge. An den etwa 1 m breiten und 2 bis 3 m hohen Gängen lagen sogenannte **Cubicula**, geräumige Grabkammern, in denen man Sarkophage aufstellte; bisweilen verfügte das Cubiculum über ein **Luzernarium**, ein kleines Fenster in der Decke, durch das Luft und Licht eindringen konnten.

Wenn der Platz knapp wurde, grub man übereinanderliegende Nischen in die Wände, sogenannte **Loculi**, in denen die Toten, nur in ein Leinentuch gehüllt, ihre letzte Ruhestätte fanden. Als Verschluß der Nische verwendete man eine Marmor- oder Terrakottaplatte, auf der der Name des Verstorbenen und oft auch ein christliches Symbol eingeritzt war. Das **Arcosolium** ist ein Wandgrab unter einer oft bemalten Bogennische, das von einer waagrechten Marmorplatte verschlossen ist.

Mit dem Märtyrerkult entwickelte sich die dem Heidentum entlehnte Sitte des Totenmahls, das die Christen **Refrigerium** nannten. Anläßlich dieser gemeinsam in der Nähe eines Märtyrergrabes eingenommenen Mahlzeit baten die Gläubigen um die Fürsprache des Heiligen.

In der Nähe der Katakomben stößt man bisweilen auf ein **Kolumbarium**, ein Urnen-Gemeinschaftsgrab, das im allgemeinen Heiden bescheidener Herkunft vorbehalten war.

Grabschmuck und Symbole – Ursprünglich schmückten die Christen ihre Gräber mit Motiven, die auch auf heidnischen Gräbern zu sehen waren: Blumengirlanden, Vögel und Amoretten. Später kamen bildhafte Darstellungen von biblischen Gleichnissen und Erzählungen oder Kultsymbole auf. Die Bedeutung der Malereien und Symbole in den Katakomben ist aber nach wie vor umstritten.

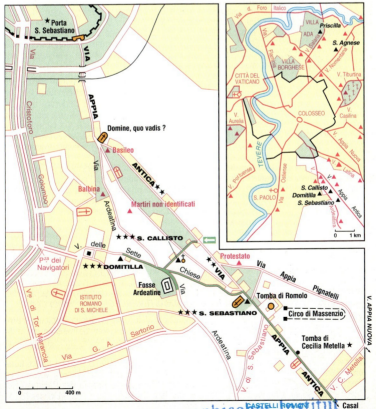

APPIA ANTICA

Die **Taube** mit dem Palmzweig im Schnabel symbolisierte die Versöhnung Gottes mit den Menschen. Der **Anker** als Symbol der Hoffnung wurde durch Betonung des Querstabs in ein Kreuz umgewandelt. Der **Fisch** bedeutete Jesus Christus – das griechische Wort „Fisch", *Ichthys*, wurde als Akronym gelesen, gebildet aus den Anfangsbuchstaben des Satzes „Jesus Christus, Sohn Gottes, Erlöser".
Der **Delphin**, der als Retter der Schiffbrüchigen galt, stand für „Christus, der Heilbringer". Der **Fischer** verkörperte den Prediger, in Anlehnung an die Worte Jesu an seine Jünger „Ich will Euch zu Menschenfischern machen". **Jonas** im Wal deutete die Auferstehung an. Der **Gute Hirte** oder Jesus, der das verlorene Schaf zurückbringt, war bei den ersten Christen eine der beliebtesten Darstellungen.
Zu den gängigsten Szenen gehörten das Wunder der Brotvermehrung, die Heilung des Gelähmten, die Taufe Jesu oder die Einsetzung der Taufe.

★★★ BESICHTIGUNG DER KATAKOMBEN

Von besonderem Interesse an der Via Appia und in unmittelbarer Umgebung sind die Katakomben des Calixtus, des Sebastian und der Domitilla.

Da die Besichtigung (nur mit Führung) wegen des großen Andrangs oft in relativ kurzer Zeit erfolgen muß und in den Gängen Halbdunkel herrscht, wird von dem Besucher besondere Aufmerksamkeit erwartet.

★★★ Catacombe di San Callisto ⊙

Die Calixtuskatakomben mit etwa 500 000 Grabstätten liegen zwischen der Via Appia, der Via Ardeatina und der Via delle Sette Chiese. Diese Grabanlage ist berühmt, da fast alle Päpste des 3. Jh. hier ihre letzte Ruhestätte fanden, und zeichnet sich durch außergewöhnliche Malereien aus. Laut De Rossi könnte der christliche Bestattungsort auf das Patriziergrab der Familie Caecilli zurückgehen. Im 3. Jh. gehörte das Gelände der Kirche, die hier einen großen unterirdischen Friedhof anlegte.
Wahrscheinlich spielte **Calixtus** bei dieser Wende in der Kirchengeschichte eine wichtige Rolle, so daß die Kirche zur rechtmäßigen Eigentümerin der Katakomben werden konnte. Dies geschah unter der Herrschaft des Kaisers Commodus (180-192) in einer für die Christen ruhigen Zeit – man sagt, daß seine Geliebte Marcia eine Christin war! Der wahrscheinlich aus Trastevere stammende Calixtus war der Sklave eines Christen, der ihn zu seinem Bankier machte. Nach dem Konkurs seines Herrn ergriff er die Flucht, wurde gefangengenommen, von Juden beschuldigt, ein Christ zu sein, und in die Bergwerke auf Sardinien verbannt. Nach seiner Begnadigung kehrte er nach Rom zurück, was den damaligen Papst Viktor veranlaßte, den verdächtigen Abenteurer erneut aus Rom zu verbannen. Unter Zephryn, dem Nachfolger Viktors, durfte Calixtus zurückkehren und wurde zum Diakon und Verwalter des unterirdischen Friedhofs ernannt. 217 trat er die Nachfolge Zephryns als Papst an. Fünf Jahre später starb Calixtus, doch wurde er nicht in „seinem" Friedhof in der Via Appia bestattet, sondern in der Nähe des Gianicolo-Hügels an der Via Aurelia auf dem Friedhof Calepode, wo sein Grab 1962 gefunden wurde.

Cripta dei papi – Nachdem Calixtus beschlossen hatte, die nach ihm benannten Katakomben zum offiziellen Bestattungsort der Päpste zu machen, wurden die Gebeine der Päpste des 3. Jh. in den Loculi untergebracht. Unter anderem befindet sich hier die letzte Ruhestätte von Sixtus II., der am 6. August 258 mit vier seiner Diakone den Tod fand: Sie wurden dabei überrascht, daß sie eine Versammlung in den Katakomben abhielten und dadurch gegen das Edikt des Kaisers Valerian verstießen, das jede christliche Versammlung verboten und die Bestattungsanlagen unter Zwangsverwaltung gestellt hatte.
Auf den Marmorplatten vor den Loculi sind die Namen der Verstorbenen und ihre jeweilige Funktion eingetragen. Für die Päpste Pontianus und Fabianus wurden die drei Buchstaben M T P hinzugefügt, die Stammkonsonanten des griechischen Wortes für „Märtyrer" (= „Zeuge"). Der nach Sardinien verbannte Pontianus verstarb 235. Fabianus fiel der erbarmungslosen Christenverfolgung unter Kaiser Decius zum Opfer. Die gedrehten Säulen und das Luzernarium stammen aus dem 4. Jh.
Ebenfalls im 4. Jh. ließ Papst Damasus zu Ehren der Märtyrer Verse in die Wände einmeißeln und eine Inschrift zum Ruhme aller Heiligen anbringen, die an diesem Ort ihre letzte Ruhestätte gefunden hatten.

Cripta di Santa Cecilia – Bereits im 7. Jh. wurde diese Krypta von Pilgern als Bestattungsort der hl. Caecilia verehrt. In dem Loculus, den eine Kopie der von Carlo Maderno geschaffenen Statue der Heiligen schmückt, soll Paschalis I. im 9. Jh. den Sarkophag der Caecilia gefunden haben *(s. TRASTEVERE, Chiesa di Santa Cecilia)*.

Sala dei Sacramenti – Die außergewöhnlichen Malereien in diesen Cubicula stammen aus dem späten 2. oder frühen 3. Jh., und man findet hier die meisten der üblichen Themen. Auffällig ist das Fehlen von Ziermotiven, die Szenen sind lediglich von schlichten Steinbändern eingefaßt.
Weitere Monumente in den Calixtuskatakomben sind die Krypta, in der Papst **Eusebius** (309-310) bestattet wurde. Er war auf Sizilien in der Verbannung verstorben (sein Nachfolger ließ seine Gebeine hierher überführen), die Krypta des Papstes **Caius** (283-296), sowie eine weitere Krypta, in der laut De Rossi der Papst **Miltiades** (311-314) seine letzte Ruhestätte gefunden hat.

APPIA ANTICA

Der nach einer römischen Adligen benannte **Lucina-Bereich** *(Zutritt nur für Forscher)* ist mit den Krypten der Päpste der älteste Teil der Calixtuskatakomben. Lucina soll die sterblichen Überreste von Papst Cornelius (251-253) hier in einer Krypta bestattet haben, in der Cornelius in Begleitung seines Freundes Zyprian, des Bischofs von Karthago, auf Malereien des 6. Jh. dargestellt ist. Bemerkenswert an der linken Wand einer anderen Grabkammer ist die recht verwitterte Darstellung der Eucharistie (2. Jh.): zwei Fische, zwei mit Brot gefüllte Körbe und Gläser mit Wein.

Unweit der Calixtuskatakomben befindet sich eine **Kapelle mit drei Apsiden**, die möglicherweise noch vor dem 4. Jh. errichtet wurde und die Gebeine des Papstes Zephryn aufgenommen haben soll.

★★★ Catacombe di Domitilla

Eingang Nr. 282, Via delle sette Chiese.

Dieses riesige Netzwerk unterirdischer Gänge soll auf den privaten Bestattungsort der aus dem Hause der Flavier stammenden Domitilla zurückgehen, einer Nichte des Kaisers Domitian (81-96). Im Jahre 95 wurde der Gemahl Domitillas, Flavius Clemens, als Christ denunziert und auf Anordnung Domitians hingerichtet; Domitilla schickte Hadrian auf die Insel Pandataria (heute Ventotene) in die Verbannung.

Im 4. Jh. kam Domitillas Anwesen zu Ehren, als man hier über der Grabstätte der Heiligen Nereus und Achilleus eine Basilika errichtete. Der Legende nach waren sie Diener der Domitilla, die sich wie ihre Herrin zum Christentum bekehrt hatten. Wahrscheinlicher handelte es sich jedoch um zwei Soldaten, die unter Diokletian (284-305) den Märtyrertod starben. Nicht weit von ihrem Grab ruhte die hl. Petronilla, deren Sarkophag im 8. Jh. in den Vatikan überführt wurde. Die Domitillakatakomben wurden im 16. Jh. von Antonio Bosio wiederentdeckt. Im 19. Jh. erforschten De Rossi und die Päpstliche Kommission für Sakralarchäologie diesen Ort.

Basilica dei Santi Nereo e Achille – Die dreischiffige Basilika entstand zwischen 390 und 395, wobei die zum ältesten Teil der Katakomben gehörenden obersten Gänge zerstört wurden. Die Sarkophage der Heiligen Nereus und Achilleus befanden sich wohl in der Apsis, unweit des Sarkophags der Petronilla. Einige Fragmente aus der Bauzeit haben wieder ihren ursprünglichen Platz gefunden, vor allem Fragmente der *schola cantorum*, die den Raum für die Chorsänger vom Schiff trennte. Rechts vor dem Chor ist eine Skulptur mit dem Martyrium des Achilleus zu sehen.

In dieser Basilika hielt Papst Gregor I. gegen Ende des 6. Jh. eine seiner Predigten, in der er das durch die Germaneneinfälle verursachte Elend in Rom anprangerte. Gegen Ende des 8. Jh. wurde die Basilika aufgegeben; die Gläubigen konnten die beiden Heiligen künftig innerhalb der Stadtmauern in der neuen Basilika verehren, die Leo III. errichten ließ *(s. TERME DI CARACALLA, Chiesa dei Santi Nereo e Achilleo)*.

Cubiculo di Veneranda – Das hinter der Apsis gelegene Cubiculum zeugt von der Beliebtheit der Grabanlage im 4. Jh. Damals wünschten sich die Gläubigen nichts sehnlicher, als neben einem Heiligen bestattet zu werden, wie jene Veneranda, der es gelang, ein Grab in unmittelbarer Nähe der hl. Petronilla zu erhalten. Die Malereien am Arcosolium stellen die hl. Petronilla und Veneranda beim Betreten des himmlischen Paradieses dar.

„Vestibolo dei Flavi" – Dieses Hypogäum der Flavier an der rechten Seite der Basilika, das die Form einer langen und breiten, mit Weinreben, Vögeln und Amoretten geschmückten Galerie hat, stammt aus dem 2. Jh. und soll zu den ältesten Teilen der

Der gute Hirte (Domitillakatakombe)

Katakomben gehören. Zu beiden Seiten dieser Galerie liegen die Cubicula für die Sarkophage. Gegen Ende des 3. Jh. entstand rechts vom Hypogäumseingang ein Refrigerium. Die Fresken des angrenzenden Cubiculums, wegen der Motive „Amor und Psyche" genannt, gingen zum Teil verloren, als später aus Platzmangel Loculi angelegt wurden.

Ipogeo dei Flavi Aureli *(nicht zu besichtigen)* – Diese Grabanlage an der linken Seite der Basilika, in der man eingeritzte Namen freigelassener Sklaven der Flavier und der Aurelianer fand, soll zu derselben Zeit wie das Hypogäum der Flavier angelegt worden sein. Zu sehen sind einige der ersten Zeichen aus frühchristlicher Zeit (Anker oder Monogramme).

Abgesehen von den erwähnten Grabstätten gibt es in den Katakomben der Domitilla noch unzählige Gänge und Cubicula (Cubiculum des Totengräbers Diogenes, Cubiculum des Ampliatus usw.).

In der Via delle Sette Chiese nach rechts in die Via Ardeatina einbiegen.

Die Gedenkstätte **Fosse Ardeatine** ist ein ergreifender Ort, der an ein besonders schmerzliches Kapitel des letzten Krieges erinnert. Am 24. März 1944 wurden hier von Hitlers Schergen 335 italienische Zivilisten umgebracht, als Vergeltung für ein Attentat, das Widerstandskämpfer in der Via Rasella in Rom verübt hatten (32 deutsche Soldaten fanden dabei den Tod). In einer Kapelle befinden sich die Gräber der Opfer.

In die Via delle Sette Chiese zurückgehen.

★★★ Catacombe di San Sebastiano ⊙

Hier, im Bereich der Sebastianskatakomben, führte die Via Appia durch eine Schlucht. An den Hängen wurden Häuser gebaut und Kolumbarien angelegt. Die im Talgrund errichteten ersten drei Mausoleen dürften der Ausgangspunkt dieser Friedhofsanlage gewesen sein. Als das Gelände im 3. Jahrhundert in den Besitz der Kirche überging, errichtete man über den Mausoleen eine Esplanade (triclia) in Form eines überdachten Hofes. Die von Mausoleen umgebene dreischiffige Basilika entstand im 4. Jh. über dem gesamten Komplex (die Mausoleen an der Südseite und um die Apsis sind erhalten). An diesem Ort, wo die Apostel Petrus und Paulus verehrt wurden, fand Sebastian, der während der Christenverfolgung unter Diokletian (284-305) den Märtyrertod erlitt, seine letzte Ruhestätte. Um diesem ausgesprochen populären Heiligen eine würdige Kultstätte zu geben, baute man im 5. Jh. am Ort seines Grabes eine Krypta. Die im 13. Jh. umgebaute Basilika verfiel in den folgenden Jahrhunderten. Im 17. Jh. beschloß Kardinal Scipione Borghese den Wiederaufbau an der Stelle des Mittelschiffs der ursprünglichen Basilika.

Bei der Besichtigung der Sebastiankatakomben ist ein Kolumbarium zu sehen; weitere gleichartige Grabstätten liegen parallel dazu.

Die drei Mausoleen – Diese drei Bauwerke (Ziegelfassaden; Frontispize und Türen mit Travertinplatten eingerahmt) dürften auf das 1. Jh. zurückgehen. Sie dienten zunächst als heidnische, dann als christliche Kultstätte. Im linken und im mittleren Mausoleum sind schöne Stuckverzierungen zu sehen. Den Ausschmückungen und Inschriften nach zu urteilen dienten sie anfangs religiösen Sekten, die sich parallel zum Christentum entwickelten. Im mittleren Mausoleum brachten Christen eine griechische Inschrift mit dem Ichthys-Symbol „Sohn Gottes, der Erlöser" an. Das mit Malereien ausgeschmückte rechte Mausoleum erhielt den Namen seines Eigentümers, Clodius Hermes.

Die „triclia" – Über die Bedeutung dieses Ortes liefern sich die Archäologen heiße Debatten. Aus den zahlreichen Wandinschriften, die sich auf die Apostel Petrus und Paulus beziehen, kann geschlossen werden, daß hier ab 258 Christen zusammenkamen, um ihrer zu gedenken. Die Frage ist, ob sie sich an diesem Ort nur deshalb versammelten, weil die Reliquien der Heiligen vorübergehend hier aufbewahrt wurden, bevor die Peterskirche im Vatikan *(s. Grab des hl. Petrus)* und die Kirche San Paolo fuori le Mura errichtet wurden.

Beachtung verdienen die Steinbänke, auf denen die Gläubigen zum Totenmahl Platz nahmen.

Catacombe e cripta di San Sebastiano – Das weitverzweigte Tunnelnetz, das sich vom 4. Jh. an um das Grab des Märtyrers ausbreitete, wurde im Mittelalter stark in Mitleidenschaft gezogen, als die Pilger in Scharen kamen, um den hl. Sebastian gegen die Pest anzurufen.

Mausoleo di Quirino e „Domus Petri" – In diesen beiden Räumen, sagte man, wären die Gebeine der Apostel Petrus und Paulus aufbewahrt worden. In einem Raum wurde die Inschrift „Domus Petri" gefunden, die vermuten ließ, daß es sich um die Grabstätte des hl. Petrus handelte.

Der andere Raum war das im 5. Jh. errichtete Mausoleum des hl. Quirin, der in Ungarn den Märtyrertod starb.

Heutige Basilika – Das einschiffige Gotteshaus mit der bemalten Holzdecke (17. Jh.) wirkt recht feierlich. In der Reliquienkapelle ist rechts der Stein zu sehen, auf dem Jesus seinen Fußabdruck hinterlassen haben soll. In der Kapelle des hl. Sebastian, die im 17. Jh. über seiner Grabstätte errichtet wurde, steht eine Statue des Heiligen (Werk eines Schülers von Bernini, 17. Jh.). Rechts in der Sakristei schönes Holzkruzifix aus dem 14. Jh.

APPIA ANTICA

CIRCO DI MASSENZIO UND TOMBA DI ROMOLO ⊙

Kaiser Maxentius (306-312) hatte seine Residenz an der Via Appia erbauen lassen. Zu diesem Komplex gehören das Grabmal seines Sohnes Romulus, der 309 in jungen Jahren verstorben war, und ein großer, elliptisch angelegter Circus (Wagenrennbahn mit Tribünen). Der Zirkus und die Stallungen sind gut erhalten, auch Reste der beiden Türme rechts und links der heute verschwundenen Logen, von denen aus Beamte das Startkommando gaben.

Tomba di Romolo – Dieser von einer Mauer umgebene Rundbau in der Art des Pantheons besteht aus einer kuppelgedeckten Rotunde und einem Pronaos (Säulenvorhalle). Das Grabmal ist teilweise hinter einem Haus verborgen, das in seinem vorderen Teil errichtet wurde.

★ TOMBA DI CECILIA METELLA ⊙

Dieses eindrucksvolle Grabmal, das kurz vor der Zeitenwende (Ende der Römischen Republik) errichtet wurde, erhielt im 14. Jh. einen Zinnenkranz, als die Fürsten Caetani es zum Wohnturm ihrer im 11. Jh. erbauten Festung machten, die sich einst zu beiden Seiten der Via Appia erstreckte. Das zylindrisch auf einem quadratischen Sockel angelegte Mausoleum war das Grabmal der Gemahlin von Crassus, dem Sohn jenes Crassus, der mit Caesar und Pompeius 60 v. Chr. das erste Triumvirat bildete. Die italienische Bezeichnung „capo di bove" (Rinderschädel) geht auf den Bukranion-Fries zurück.
Im Innern der Ruine der mittelalterlichen Festung sind Fragmente von an der Via Appia gefundenen Grabmälern *(rechts vom Eingang)* zu sehen.
Links vom Eingang befindet sich der Zugang zu der kegelförmigen Grabkammer.

Vom Grabmal der Caecilia Metella zum Casal Rotondo
5 km

800 m hinter dem Grabmal der Caecilia Metella wird die Via Appia zur Einbahnstraße.

Auch wenn die Monumente in schlechtem Zustand sind, können sich die Besucher in diesem Teil der Via Appia Antica an den Schönheiten des römischen Umlands erfreuen. Hier vermischen sich die Rottöne der Grabmäler und eines verfallenen Aquäduktes mit dem dunklen Grün der Zypressen und Pinien.
Die Grabmäler an der Via Appia gehörten zu den prunkvollsten Roms. Von diesen inzwischen meist überwucherten Anlagen in Form von Pyramiden oder Hügelgräbern sind zum Teil nur noch einfache Inschriften oder einige Skulpturen erhalten.
Hier befindet sich auch ein Monument, das lange Zeit als das **Grab eines der Curiatier** gegolten hatte, die einst gegen die Horatier angetreten waren *(s. TERME DE CARACALLA und CASTELLI ROMANI, Tomba degli Orazi e dei Curiazi)*. Es liegt hinter der Abzweigung der Via Erode Attico nach links an der rechten Straßenseite.
Die **Villa dei Quintili**, ein weitläufiges Anwesen, dessen Ursprünge auf die Zeit Hadrians (117-138) zurückgehen, wurde im 15. Jh. zur Festung umgebaut.
Casal Rotondo war ein zylindrisch angelegtes Mausoleum aus der republikanischen Zeit. Heute befindet sich hier ein Bauernhof. In Höhe des Casal Rotondo bietet sich links ein Blick auf die malerischen Ruinen eines Aquäduktes.

Sehenswürdigkeiten im Anschluß an den oben beschriebenen Weg finden Sie im Kapitel CASTELLI ROMANI (s. Umgebung von Rom). In der Via Casal Rotondo links abbiegen und auf der Appia Nuova (s.s. N° 7) in Richtung Grande Raccordo Anulare (G.R.A.) (Ringstraße) bis Albano weiterfahren.

AVENTINO★
Besichtigung: 1 1/2 Stunden

Ausgangspunkt: Piazzale Ugo La Malfa.
Der vierzig Meter hohe **Aventin**, einer der sieben Hügel Roms, besteht aus zwei Kuppen, zwischen denen in einer Senke der Viale Aventino verläuft. In den Anfängen der römischen Republik wohnten hier, in der Nähe der Tiberhäfen und der großen Kornspeicher, vor allem Händler und Handwerker. Von den zahlreichen antiken Kultstätten in diesem Stadtteil befanden sich die ältesten (der Tempel der Diana, der Ceres und der Minerva) zwischen der Via di S. Melania und der Via di S. Domenico.
Während der Kaiserzeit war der Aventin ein vornehmes Wohnviertel. Trajan lebte hier, bevor er Kaiser wurde, und sein Freund Licinius Sura ließ sich hier private Thermen errichten (nordwestlich der Kirche Santa Prisca); Kaiser Decius erhielt sein Badehaus im Jahre 242. Diese Pracht blieb den Westgoten nicht verborgen, die unter Alarich 410 in Rom einfielen und die Stadt drei Tage lang plünderten, wobei dieses Viertel vollkommen zerstört wurde.
Heute ist der Aventin ein ruhiges, grünes Wohnviertel, in dem viele kirchliche Institutionen liegen.

AVENTINO

Hochburg der Plebejer – Nach der Vertreibung des letzten Königs (509 v. Chr.) führte die Einrichtung der neuen politischen Organe der Republik zu Machtkämpfen zwischen Patriziern und den bäuerlichen Plebejern. Letztere, durch die endlosen Kriege zermürbt, verschanzten sich aus Protest zu einem Generalstreik auf ihrem heiligen Berg Aventin *(secessio plebis in montem sacrum)*. Menenius Agrippa, der sie zur Sicht des Senats bekehren sollte, erzählte ihnen das Gleichnis vom Staat als einem menschlichen Körper: Arme und Beine hatten es eines Tages satt, nur für das Wohl des untätigen Kopfes zu arbeiten, und beschlossen, ihre Tätigkeit einzustellen. Daraufhin starb der ganze Körper, was auch den Tod der Gliedmaßen zur Folge hatte. „Durch diesen Vergleich gelang es Menenius Agrippa, die Revolte der Plebejer gegen die Patrizier zu beschwichtigen" (Titus Livius). Nach dieser Krise wurden zwei Volkstribunen ernannt, die die Plebejer gegen die Willkür der Konsuln schützen sollten.

Theater im Freien?
Eine der zauberhaftesten Parkanlagen von Rom, der **Giardino degli Aranci** (Garten der Orangenbäume), auch unter dem Namen Parco Savello bekannt, dient im Sommer als Kulisse für traditionelle Theateraufführungen unter freiem Himmel, in denen das Rom vergangener Zeiten und seine ausdrucksvolle Sprache zum Leben erwachen.

Tod eines Tribuns – Der Volkstribun Caius Gracchus und sein Bruder Tiberius (die „**Gracchen**" genannt) gehörten zu jener Handvoll Bürger, die die Geschichte der römischen Republik entscheidend prägten. Caius Gracchus setzte das Werk seines 133 v. Chr. ermordeten Bruders Tiberius fort und schlug u.a. eine Reihe von Reformen vor, die das Besitzrecht der von Rom konfiszierten Ländereien der unterworfenen Volksstämme gerechter regeln sollten, die vom Senat verwaltet wurden und den reichsten Bürgern zugute kamen. Das Tribunat des Caius Gracchus endete auf dem Aventin, wo er vor den Soldaten, die einer der Konsuln gegen ihn eingesetzt hatte, Schutz suchte. Als er ihnen keinen Widerstand mehr entgegensetzen konnte, floh er über die Sublicius-Brücke und wurde 121 v. Chr. am Fuße des Gianicolo erschlagen.

BESICHTIGUNG

Vom Piazzale Ugo La Malfa bietet sich ein schöner **Blick**★ auf den Halbkreis der Ruinen der Kaiserresidenz Domus Augustana auf dem Palatin.
Auf dem Platz steht das Denkmal für **Giuseppe Mazzini** (**A**) (1805-1872). Im Jahre 1849 rief dieser Schriftsteller und Politiker die Römische Republik aus, der französische General Oudinot restaurierte jedoch die Macht des Papstes *(s. GIANICOLO)*.

„**Circo Massimo**" – Der Circus Maximus, größter Circus Roms und heute eine lange Esplanade, wurde zwischen dem Palatin und dem Aventin in der Murcia-Senke errichtet. Hier fanden Wagenrennen mit Zwei-, Drei- und Viergespannen statt (Biga, Triga und Quadriga), die die Massen wie keine andere Veranstaltung anzogen. Die Rennbahn selbst war über 500 m lang und von Zuschauertribünen umgeben, die im Südosten mit einer abgerundeten Seite endete, vor der ein Triumphbogen stand. An der Nordostseite befanden sich die Stallungen, darüber die Tribüne des Beamten (meist ein Ädil), der die Rennen leitete. Bereits im 4. Jh. v. Chr. wurde die Rennbahn der Länge nach durch einen „spina" genannten Wall geteilt, der die beiden „metæ" (Wendepunkte) verband.
Unter Kaiser Augustus wurde der Circus Maximus, der 10 v. Chr. auf der „spina" einen 23 m hohen Obelisken erhielt (heute auf dem Piazza del Popolo), zu einer grandiosen Anlage mit 150 000 Zuschauerplätzen ausgebaut. Unterhalb des Flavier-Palastes entstand eine prachtvolle Tribüne für den Kaiser und seine Familie.
Die nachfolgenden Kaiser trugen zu seiner Verschönerung bei. Claudius (41-54) ließ das Holz der „metae" durch vergoldete Bronze und den Tuffstein der Stallungen durch Marmor ersetzen. Sein Nachfolger Nero baute den Circus nach dem Brand im Jahre 64 und 600 m Länge und 200 m Breite aus. Domitian (81-96) und Trajan (98-117) vergrößerten die Zuschauertribünen auf 300 000 Plätze.
Die wichtigsten Rennen fanden während der Septemberspiele statt, die auf das 6. Jh. v. Chr. zurückgehen. Im Kaiserreich waren die Spiele eine Ablenkung für das Volk, doch trieb die Leidenschaft für Wagenrennen selbst die Kaiser bisweilen zu den schlimmsten Exzessen. Vitellius (68-69), der die „Blauen" protegierte (es gab vier Mannschaften, die nach Farben unterschieden wurden), ließ die Gegner seiner bevorzugten Wagenlenker schlichtweg hinrichten; Caracalla (211-217) unterwarf die Wagenlenker der „Grünen" dem gleichen Schicksal. Man muß sich den Circus Maximus an besonders gut besuchten Tagen vorstellen, wenn er mit Buden und Zelten „einer monströsen, ephemeren Stadt in der Ewigen Stadt" (Jérôme Carcopino) glich. Im 4. Jh. wurde die Anlage noch immer benutzt, und Constantius II. ließ einen zweiten Obelisken errichten, der heute auf der Piazza di San Giovanni in Laterano steht.
Die Überreste an der Porta Capena gehören zu dem von Trajan erbauten Teil.
Das Türmchen (**B**) auf derselben Seite, der Rest einer von der Adelsfamilie Frangipani errichteten Festung, stammt aus dem Mittelalter.

AVENTINO

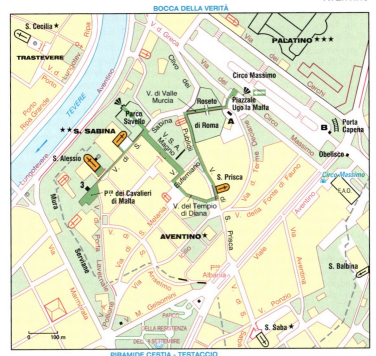

Rechts vom Mazzini-Denkmal in die Via di Valle Murcia einbiegen.

An dieser Straße befinden sich die Eingänge zum Rosengarten von Rom (**Roseto di Roma**). Die schönste Zeit für einen Spaziergang ist der Monat Mai.

Nach links in den Clivo dei Publicii einbiegen.

Chiesa di Santa Prisca – Diese Kirche wurde im 17. und 18. Jh. wiederaufgebaut. Sie soll auf das Ende des 2. Jh. zurückgehen und eine der ersten christlichen Kultstätten Roms sein.

Bewegende Legenden ranken sich um die Kirchenpatronin, die als erste Frau in Rom den Märtyrertod erlitten haben soll. Prisca soll von Petrus getauft, bei den kaiserlichen Behörden denunziert, gefoltert und schließlich an der Straße nach Ostia enthauptet worden sein. Im 13. Jh. wurde eigens ein antikes Kapitell zum Taufbecken umgestaltet *(rechtes Seitenschiff)* und mit der Inschrift versehen, daß der Apostel Petrus es zu Taufzwecken verwendet habe.

Laut einer anderen Legende war Priska die Gemahlin des Aquila, an den Paulus in seinem Brief an die Römer erinnert: „Grüßt Priscilla und den Aquila, meine Gehilfen in Christus Jesus, welche für mein Leben ihren Hals hingehalten haben...".

Bei Ausgrabungen stieß man auf ein Ende des 2. Jh. errichtetes **Mitra** ⊙ *(Zugang durch das rechte Kirchenschiff).* Aus der gleichen Zeit datiert ein zweischiffiges Bauwerk in einem benachbarten Gebäude, das die christliche Kultstätte sein könnte, auf deren Grundmauern die heutige Kirche errichtet wurde.

In der Nähe entdeckte man noch ältere Gebäude aus dem späten 1. und frühen 2. Jh., möglicherweise Überreste des Palastes von Trajan (98-117) oder der Residenz seines Freundes Licinius Sura, da sich seine Thermen an diesem Ort befanden.

Weiter durch die Via del Tempio di Diana, die Via Eufemiano und die Via S. A. Magno.

Parco Savello – Der an der Apsis der St. Sabina-Kirche gelegene Park wird auch **Giardino degli Aranci** genannt. Hier sind die Reste des Befestigungswerks zu sehen, das im 10. Jh. zur Verteidigung des Hügels errichtet und im 13. Jh. von der Familie Savelli als Festung benutzt wurde. Von der Mauer am Nordwesthang des Aventin bietet sich ein schöner **Blick★** auf Rom, vom Gianicolo über die Kuppel der Peterskirche, den Monte Mario mit der Fernsehantenne bis zum Nationaldenkmal für Victor Emanuel II. und zur Torre delle Milizie.

★★ **Chiesa di Santa Sabina** – Diese Kirche stammt aus dem 5. Jh. und wurde von Bischof Peter von Illyrien errichtet, der als Priester in dem mit „titulus" bezeichneten Vorgängerbau *(s. Einleitung, Das christliche Rom)* Gottesdienste abgehalten hatte.

Die Kirche war von Anfang an der hl. Sabina gewidmet. Aus der Überlieferung des 6. Jh. geht nicht hervor, ob die Heilige auf dem Aventin lebte und starb, oder ob ihre sterblichen Überreste aus Umbrien überführt wurden, wo sie unter Hadrian (117-138) den Märtyrertod erlitten hatte. Im Laufe der Jahrhunderte erlebte die Kirche

mehrere Umbauten. Der Glockenturm aus dem 10. Jh. wurde im 17. Jh. verkürzt. Im 13. Jh. schenkte Papst Honorius III. aus der Adelsfamilie Savelli die Kirche dem hl. Dominikus, der den Kreuzgang und das Kloster für die Mitglieder seines Ordens errichten ließ. Domenico Fontana, Architekt des baufreudigen Papstes Sixtus V. (1585-1590), veränderte im 16. Jh., zur Zeit der Gegenreformation, den Innenraum. Als auch noch der Barock dem Bauwerk seinen Stempel aufdrückte, hatte die Kirche Santa Sabina nichts mehr mit einem Gotteshaus des frühen Mittelalters gemein.
Die sorgfältigen Restaurierungsarbeiten unter der Leitung von Muñoz gaben der Kirche ihre frühchristliche Urform zurück.

Außenansicht – Der Seiteneingang an der Fassade zur Piazza Pietro d'Illiria erhielt im 15. Jh. einen Portikus. Die Vorhalle an der Hauptfassade war Teil eines Säulengangs (Quadriportikus), der ursprünglich das quadratische, im 13. Jh. durch den Bau des Klosters entfernte Atrium umgab.

Beachtung verdient das schöne **Portal**★★ aus Zypressenholz, das zum Hauptschiff führt. Es war bereits Teil der ursprünglichen Kirche und entstand um 432. Auf den beiden Türflügeln sind achtzehn geschnitzte Paneele mit Szenen aus dem Alten und Neuen Testament erhalten.

Bemerkenswert ist oben links die Kreuzigung, höchstwahrscheinlich eine der ältesten Darstellungen dieser Szene an einem öffentlich zugänglichen Ort.

★★ **Innenansicht** – Der harmonische, in sanftes Licht getauchte Innenraum ist ein bemerkenswertes Beispiel für die Entfaltung der frühchristlichen Kirchengemeinschaft.

Der basilikale Grundriß (die beiden Seitenkapellen stammen aus dem 16. und 17. Jh.) ist deutlich erkennbar: Das Hauptschiff ist durch jeweils eine Säulenreihe mit korinthischen Kapitellen von den beiden Seitenschiffen getrennt, wobei diese Säulen ohne Architrav die eleganten Arkaden stützen. Die Glasfenster im Obergaden sind originalgetreu restauriert.

Das Mosaik über dem Hauptportal ist der einzige Überrest der Mosaiken, welche die Wände der Kirche zwischen den Fenstern und den Säulen zierten; eine Inschrift in goldenen Buchstaben erinnert an die Errichtung der Kirche durch Bischof Peter von Illyrien unter dem Pontifikat Cölestins I. (422-432). Die beiden Frauengestalten zu beiden Seiten sind Allegorien und beziehen sich auf die christliche Kirche, die aus der Ekklesia der durch Petrus bekehrten Juden („Ecclesia ex circumcisione") und der Ekklesia der durch Paulus bekehrten Heiden („Ecclesia ex gentibus") entstanden ist.

Hauptschiff: Der Marmorfries mit Intarsienarbeiten über und zwischen den Arkaden stammt aus dem 5. Jh. Vor der Schola Cantorum (Raum vor dem Chor, der den Chorsängern vorbehalten war) ist die in den Kirchenboden eingelassene Mosaikgrabplatte eines 1300 verstorbenen Ordensmeisters der Dominikaner sehenswert.

Chor: Die von Sixtus V. entfernte Marmorausstattung (Schola Cantorum, Presbyterium, Ambonen) aus dem 9. Jh. wurde mit den noch vorhandenen Originalteilen wiederhergestellt. Die Ambonen und der Leuchter für die Osterkerze sind Nachbildungen. In der Apsis ersetzte ein im 19. und 20. Jh. überarbeitetes Fresko des Manieristen Taddeo Zuccari (16. Jh.) das Originalmosaik mit der Darstellung der in der Kirche verehrten Heiligen.

Santa Sabina

Rechtes Seitenschiff: Hier ist der obere Teil einer antiken Säule zu sehen, die bei Ausgrabungen unter der Kirche zum Vorschein kam. Möglicherweise gehörte sie zu jenem Privathaus des 3. oder 4. Jh., das als „Titelkirche" diente.
Am Ende des Seitenschiffs ließ Kardinal Poggio del Monte di Auxia im 15. Jh. eine Marienkapelle errichten. Sein schönes Grabmal ist ein Beispiel der lombardischen Steinmetzkunst im 15. Jh., die durch den Bildhauer Andrea Bregno mit zahlreichen Werken in Rom vertreten ist.

Linkes Seitenschiff: Die im 17. Jh. geweihte Barockkapelle der hl. Katharina von Siena mit dem farbigen Marmor, den Fresken und der bemalten Kuppel wirkt in dieser schlichten Kirche etwas befremdend.
Im Garten der Mönche *(Zutritt auf Anfrage beim Kirchendiener; Spende)*, einem beschaulichen Ort, an dem es nach Jasmin und Geranien duftet und Orangen- und Zitronenbäume Schatten spenden, sind die Statuen der zwölf Apostel beim Abendmahl (Gismondi, 1974) aufgestellt.

Chiesa di Sant'Alessio – Liebhabern von Legenden und Sagen ist diese Kirche zu empfehlen. Im linken Kirchenschiff ist die Treppe des hl. Alexis zu sehen. Dieser Sohn eines römischen Patriziers zog als Bettler ins Heilige Land und kehrte nach Rom zurück, um dort sein Leben zu beschließen. Doch seine Familie erkannte ihn nicht, und er mußte sein Dasein in einem Versteck unter der Treppe des väterlichen Hauses fristen. Die Legende vom „Armen unter der Treppe" gehörte zu den Hauptthemen der Mysterienspiele im 15. Jh.

Bis zur **Piazza dei Cavalieri di Malta** *weitergehen.*

Dieser reizvolle **Platz** aus dem 18. Jh. geht auf den Entwurf von Piranese zurück.
Am Portal der Villa del Priorato di Malta (Nr. 3) ist über dem Schlüsselloch eine Öffnung angebracht, durch die man in der Verlängerung einer Allee die Kuppel der Peterskirche erblicken kann.

Sehenswürdigkeiten im Anschluß an den oben beschriebenen Weg finden Sie in den Kapiteln BOCCA DELLA VERITÀ; PIRAMIDE CESTIA – TESTACCIO.

BOCCA DELLA VERITÀ★★
Besichtigung: 1 1/2 Stunden

Will man von diesem Stadtbezirk zwischen Capitol, Palatin und Tiber eine richtige Vorstellung bekommen, muß man sich 2 500 Jahre zurückversetzen, in die Zeit der Etruskerkönige und der Römischen Republik. Bereits im 6. Jh. v. Chr. herrschte auf dem Gemüsemarkt (Forum Holitorium) am Fuße des Kapitols und auf dem Rinder- und Fleischmarkt (Forum Boarium) am Fuße des Palatins ein reges Treiben. In diesem Bezirk befanden sich auch mehrere Kultstätten, darunter einige Tempel, die der König Servius Tullius (578-534) gebaut haben soll.
Gegen Ende der Republik begann Cäsar mit dem Bau des großartigen Marcellustheaters. Der in der Nachbarschaft gelegene Circus Flaminius, eine weitläufige ovale Rennbahn, auf der Wagenrennen, Jagdvorführungen und Paraden veranstaltet wurden, geht auf das Jahr 221 v. Chr. zurück.
Nach dem Niedergang Roms verfielen diese Bauten. Im Mittelalter war das Viertel, in dem sich vor allem Handwerker niedergelassen hatten, noch immer dicht bevölkert. Es gab unzählige kleine Läden, die von Juden geführt wurden, die sich hier ab dem 13. Jh. angesiedelt hatten. Durch die Auflösung des Ghettos im Jahre 1888, die 1926 begonnenen Ausgrabungen antiker Denkmäler und den Bau von Verkehrsadern verschwand ein Großteil der Gassen und der alten Häuser.

Forum Holitorium und Forum Boarium – In Rom gab es von frühester Zeit an, unweit des Forum Romanum, dem Mittelpunkt des administrativen und politischen Lebens, andere Zentren, die dem Handel vorbehalten waren. Der **Forum Holitorium** genannte Gemüsemarkt befand sich zwischen dem Portikus der Oktavia, dem Tiber und dem Vicus Jugarius. Südlich davon lag das **Forum Boarium**, ein Rinder- und Fleischmarkt, der sich bis zum Fuße des Aventin erstreckte; im Osten reichte er bis zum Janusbogen (Arco di Giano) und zum Bogen der Geldwechsler (Arco degli Argentari).
Diese beiden Märkte lagen in der Nähe des römischen Hafens. Die Schiffe, die den damals schiffbaren Tiber heraufkamen, legten am linken Ufer in Höhe der Aemilius-Brücke (Ponte Rotto) an. Die Verehrung von Göttern und Heroen in diesem Stadtteil reicht weit zurück. Hier soll der Sage nach Herkules im Forum Boarium den Rinderdieb Cacus besiegt haben. Sein Tempel erhebt sich nicht weit unter der Kirche Santa Maria in Cosmedin. Neben dem Apollotempel wurden die Überreste eines Heiligtums freigelegt, das der altrömischen Kriegsgöttin Bellona zugeschrieben wird. In der Kirche San Nicola in Carcere und in unmittelbarer Nachbarschaft sind noch einige Spuren dreier nebeneinander errichteter Tempel zu finden. Unweit der Kirche S. Omobono am Vicus Jugarius wurden mehrere Heiligtümer entdeckt. Etwas weiter liegt der Tempel der Fortuna, den Servius Tullius, der zum König ernannte Sklave, der Göttin geweiht haben soll, die in den Lauf des Schicksals eingreifen konnte. Das Heiligtum des Schutzgottes der Häfen, Portunus, befand sich gleichfalls hier, in Hafennähe; aufgrund einer früheren Interpretation ist der Portunustempel auch unter der Bezeichnung „Tempel der Fortuna" (Tempio della Fortuna Virile) bekannt.
Flußabwärts vom Forum Boarium und dem Hafen lag wahrscheinlich der Kriegshafen „Navalia inferiora" (später wurden am Marsfeld „Navalia superiora" angelegt).

BOCCA DELLA VERITÀ

Als Rom ab 338 v. Chr. die Meere zu erobern begann, kamen die Römer hierher, um die von den Latinern erbeuteten Schiffe zu bewundern, deren Schiffsschnäbel auf der Rednertribüne am Forum Romanum zur Schau gestellt wurden. In diesem Hafen legte 58 v. Chr. Cato von Utica an, als er von seiner Expedition nach Zypern mit den Schätzen des Königs Ptolemäus Auletus zurückkehrte.

- ★ **Piazza della Bocca della Verità** – Hier befand sich einst das Forum Boarium. Heute bietet dieser Platz mit seiner antiken, mittelalterlichen und barocken Bausubstanz sowie den Pinien, rosafarbenen und weißen Oleandersträuchern ein typisch römisches Bild.
Der Tritonenbrunnen vor der mittelalterlichen Fassade der Kirche S. Maria in Cosmedin kam im 18. Jh. hinzu.

Santa Maria in Cosmedin

- ★★ **Chiesa di Santa Maria in Cosmedin** – Der zu Beginn des 12. Jh. errichtete sechsstöckige **Glockenturm**★ mit den kühn geschwungenen Bögen gehört zu den elegantesten Roms.
Im 6. Jh. war das Viertel zwischen Aventin und Tiberufer von Griechen bewohnt, die sich wie die anderen ausländischen Kolonien in Rom zu einem Heer (Schola) zusammenschlossen. Um diese von Rom dringend benötigten Truppen zur Verteidigung gegen die Lombarden zu versorgen, sah sich die Kirche veranlaßt, sog. „Diakonien" zu gründen. Diese aus Laien und Geistlichen bestehenden Gemeinden übernahmen bestimmte Funktionen des Kaiserreichs, wie die Festlegung der Getreidepreise und die Ausgabe des Korns. Der Hauptsitz der Organisation, die von einem Präfekten geleitete „**Statio Annonae**", befand sich an dieser Stelle.
Die hier von der Kirche eingerichtete Diakonie mit einem Oratorium wurde im 8. Jh. unter Papst Hadrian I. ausgebaut und der griechisch-byzantinischen Gemeinde als Santa Maria in Schola Greca übergeben, bis sie schließlich als Erinnerung an ein Stadtviertel Konstantinopels in Santa Maria in Cosmedin umbenannt wurde. Beim Umbau zu Beginn des 12. Jh. unter den Päpsten Gelasius II. und Calixtus II. erhielt die Kirche eine Vorhalle und einen Campanile. Ihr heutiges mittelalterliches Aussehen geht auf die Restaurierung Ende des 19. Jh. zurück.

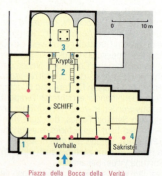

Piazza della Bocca della Verità
● Säulen der "Statio Annonae"

Besichtigung – In der Vorhalle befindet sich die große Steinmaske **Bocca della Verità** (1). Laut Überlieferung soll dieser „Mund der Wahrheit" jedem Lügner die Hand abbeißen; es heißt aber auch, daß die Maske so genannt wird, weil sie nie gesprochen hat. Es handelt sich um die Darstellung einer Meeresgottheit (Triton?), deren zwei Stierhörner die Energie des Wassers symbolisieren sollen. Die kreisrunde Maske diente möglicherweise in dem nahegelegenen Herkulestempel als Schachtdeckel.
Die großen, in die Mauer eingelassenen korinthischen Säulen im linken Seitenschiff, in der Nähe des Portals und in der Sakristei gehörten zu den Längs- und Schmalseiten der ehemaligen „Statio Annonae".

BOCCA DELLA VERITÀ

Aus der Zeit Papst Hadrians I. (8. Jh.) stammt noch der Chor mit den drei nebeneinanderliegenden Apsiden, dem typischen Grundriß der Ostkirchen. Die drei Kirchenschiffe sind durch Säulen abgeteilt, die von antiken Bauwerken stammen.

Der schöne Fußboden und die Marmorausstattung aus dem 12. Jh. (die Ambonen bzw. Kanzeln, der Kandelaber für die Osterkerze, das Ziborium über dem Altar und der Bischofsthron) zeigen den typischen Cosmaten-Stil. Die den Chorsängern vorbehaltene Schola Cantorum (**2**) und das den Geistlichen vorbehaltene Presbyterium (**3**) wurden im 19. Jh. ergänzt. Das Presbyterium wurde mit einer „Pergula" ausgestattet, einer Säulenreihe, an der Vorhänge befestigt waren, die zu bestimmten Zeitpunkten während des Gottesdienstes (byzantinische Liturgie) zugezogen wurden.

Die Krypta aus dem 8. Jh. *(Zutritt nur nach Vereinbarung)* mit den drei durch kleine Säulen abgeteilten Schiffen war damals eine Besonderheit, da man zu jener Zeit eher dem von Papst Gregor I. (590-604) entworfenen halbkreisförmigen Grundriß der „Confessio" des Petrus im Vatikan folgte.

Das schöne Mosaik (**4**) des 8. Jh. in der Sakristei stammt aus der Peterskirche.

Von der Piazza Bocca della Verità in Richtung Via del Velabro gehen.

Die **Velabro**-Senke zwischen Palatin und Capitol war lange Zeit ein sumpfiges Areal.

Arco di Giano – Der massive Janusbogen aus dem 4. Jh. war ein öffentlicher, in vier Richtungen geöffneter Durchgang und bildete die Grenze zum Forum Boarium. Sein Name leitet sich vom Schutzheiligen der Straßenkreuzungen, Janus, ab.

Arco degli Argentari – Dieser Triumphbogen schließt direkt an die linke Seite der Kirche San Giorgio in Velabro an. Er wurde im Jahre 204 von der Zunft der Geldwechsler *(Argentari)* zu Ehren von Kaiser Septimius Severus und seiner Gemahlin Julia Domna errichtet, die im Bogeninneren auf der Tafel rechts beim Darbringen einer Opfergabe vor einem Dreifuß dargestellt sind. Die tief eingeschnittenen Reliefs und die Fülle der Verzierungen sind typisch für die Kunst des 3. Jh.

★ **Chiesa di San Giorgio in Velabro** – Die schlicht ausgestattete Kirche, eine ehemalige Diakonie *(siehe weiter oben)*, entstand möglicherweise im 7. Jh. Papst Gregor IV. (827-844) ließ sie wiederaufbauen und vergrößern. Die stark beschädigte Fassade und der Glockenturm stammen aus dem 12. Jh. Die Vorhalle wurde unlängst entfernt. Da Rom im Mittelalter arm war, benutzten die Architekten die vorhandenen Grundmauern und errichteten die Kirche auf einem asymmetrischen Grundriß. Auch Säulen und Kapitelle wurden wiederverwendet, wie sie kamen. Das Fresko in der Apsis, auf dem der segnende Christus, umgeben von der Muttergottes und den Heiligen Georg, Petrus und Sebastian, dargestellt ist, wird Pietro Cavallini (1295) zugeschrieben.

In die Via di San Giovanni Decollato einbiegen.

★ **Oratorio di San Giovanni Decollato** ⊙ – Die gegen Ende des 15. Jh. gegründete Bruderschaft zum Enthaupteten Johannes hatte es sich zur Aufgabe gemacht, die zum Tode Verurteilten zur Hinrichtung zu begleiten. Wer sich vor seinem Tod zum Christentum bekannte, wurde unter dem Kreuzgang bestattet.

Im Oratorium kamen die Mitglieder der Bruderschaft zusammen. Hier sind von Michelangelo und Raffael inspirierte manieristische Malereien zu sehen. An der Wand rechts vom Altar verdienen folgende Fresken Beachtung:

Der Engel des Herrn spricht zu Sacharja (Jacopino del Conte); im linken Teil das *Porträt Michelangelos*, der Mitglied der Bruderschaft war.

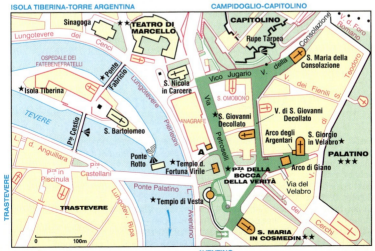

Heimsuchung und Geburt Johannes' des Täufers (Salviati)
Über dem Eingang:
Die Predigt Johannes' des Täufers und *die Taufe Jesu* (Jacopino del Conte)
An der Wand beim Eingang:
Die Verhaftung Johannes' des Täufers (Battista Franco)
Salomes Tanz (Pirro Ligorio)
Die Enthauptung des Johannes
Zu beiden Seiten des Altars:
Der hl. Andreas und der hl. Bartholomäus (Salviati)
Über dem Altar:
Die Kreuzabnahme (Jacopino del Conte)
Die Kirche neben dem Oratorium ist mit Malereien und Stukkaturen aus dem späten 16. Jh. verziert *(am 24. Juni geöffnet).*
Weiter in Richtung Via della Consolazione.

Chiesa di Santa Maria della Consolazione – Laut einer Chronik aus dem 14. Jh. geht der Name der Kirche, Maria die Trostspendende, auf den Wunsch eines zum Tode Verurteilten zurück, ein Bildnis der Muttergottes in der Nähe des Capitols, dem Ort seiner Hinrichtung, aufzustellen; dieses Marienbild soll noch vielen Unglücklichen vor der Hinrichtung Trost gespendet haben. Eine erste Kirche wurde 1470 errichtet; im frühen 16. Jh. kam ein Krankenhaus hinzu. Zwischen 1583 und 1600 wurde das Gotteshaus nach Plänen von Martino Longhi d.Ä. wiederaufgebaut; der gleichfalls begonnene Bau der Fassade konnte erst im 19. Jh. in einem von der Gegenreformation inspirierten Stil vollendet werden.

Durch die Via Petroselli zur Piazza Bocca della Verità zurückgehen.

Casa dei Crescenzi (A) – Dieser kleine mittelalterliche Palast, einer der wenigen Überreste der sog. „Roma Turrita" mit ihren unzähligen, turmbewehrten Befestigungsbauten, wurde im 12. Jh. als Festung zum Schutz der Aemilius-Brücke (Ponte Rotto) errichtet, an der die Adelsfamilie Crescenzi ein Wegegeld erhob. Die im Mittelalter übliche Plünderung antiker römischer Bauwerke und deren Wiederverwendung ist hier z.B. am Karnies (Gesims) und am Bogen über dem Portal deutlich erkennbar.

★**Tempio della Fortuna virile** – Die Namensgebung nach der (virilen) Fortuna erfolgte aufgrund einer falschen Zuschreibung. Manche Archäologen sehen in diesem antiken Monument ein dem Hafengott Portunus geweihtes Heiligtum. Der Ende des 2. Jh. v. Chr. errichtete Tempel ist einer der besterhaltenen Roms, an dem sich die strenge Nüchternheit ablesen läßt, die für die Römische Republik charakteristisch ist. In jener Zeit bauten die Römer, noch stark unter dem Einfluß der Etrusker, rechteckige Tempel auf einem hohen Podium. Der Tempel, wahrscheinlich bereits im 9. Jh. in eine kleine Kirche umgewandelt, wurde im 15. Jh. der hl. Maria (auf der Flucht nach Ägypten) geweiht. Im Innern kirchliche Malereien aus der Zeit um 880.

★**Tempio di Vesta** – Das Bauwerk erhielt lediglich wegen der Ähnlichkeit mit dem Rundtempel der Vesta auf dem Forum Romanum diesen Namen. Unbekannt ist, welcher Gottheit dieser Tempel geweiht war. Mit seinen wohlproportionierten kannelierten Säulen und den korinthischen Kapitellen ist er ein elegantes Zeugnis der Baukunst aus der Zeit des Kaisers Augustus. Die im Mittelalter in der Cella untergebrachte Stefans-Kirche wurde im 16. Jh. der hl. Maria (mit dem Sonnenstrahl) geweiht, benannt nach einem hier aufgestellten Bildnis der Muttergottes, das im Tiber in einer Schatulle gefunden worden war. Der Sage nach war dem Kästchen ein Lichtstrahl entwichen, als man es öffnete.

Sehenswürdigkeiten im Anschluß an den oben beschriebenen Rundgang finden Sie in den Kapiteln AVENTINO; CAMPIDOGLIO – CAPITOLINO; ISOLA TIBERINA – TORRE ARGENTINA; TRASTEVERE.

CAMPIDOGLIO – CAPITOLINO★★★
Besichtigung: 2 Std.

Dieser Rundgang führt auf das Kapitol, den kleinsten, aber bedeutendsten der sieben klassischen Hügel Roms, und seine zwei Kuppen: im Süden das Kapitol und im Norden die **Arx** (oder Zitadelle). In der dazwischenliegenden Senke erstreckt sich heute der herrliche von Michelangelo angelegte Platz. Im antiken Rom spielte diese Anhöhe gegenüber dem Forum eine bedeutende Rolle. Hier standen die beiden wichtigsten Tempel, der des Jupiter Optimus Maximus auf dem Kapitol und der der Juno Moneta auf der Zitadelle. In der Nähe des Jupiter-Tempels soll sich am Hang über der heutigen Via della Consolazione der legendäre **Tarpejische Fels** befunden haben – von dem aus man zu Zeiten der altrömischen Republik Vaterlandsverräter hinabstürzte.
Heute befindet sich der Sitz des römischen Bürgermeisters auf dem Kapitol.

CAMPIDOGLIO – CAPITOLINO

Tempel des Jupiter Capitolinus (Giove Capitolino) – Bereits im 6. Jh. v. Chr. ließ der Etruskerkönig Tarquinius Superbus (der Großartige) auf dem Kapitol einen Tempel errichten, der dem Jupiter Optimus Maximus geweiht war. Dieses Bauwerk galt unter den Römern (nach dem Himmel) als erste Heimstätte des Gottes. Bei Triumphzügen zogen die Feldherren, in Gold und Purpur gewandet, zu ihm hinauf und trugen dabei das Elfenbeinszepter mit dem Adler als Symbol Jupiters.

Der Tempel mit dem Grundriß eines Etruskertempels bestand aus drei Heiligtümern, die den drei kapitolinischen Göttern (Jupiter, Juno und Minerva) geweiht waren. Unter der Jupiter-Statue befand sich ein Schatz. Im Juno geweihten Saal hatten die Römer eine silberne Gans aufgestellt, die an die **Gänse des Kapitols** erinnern sollte. Als nämlich Rom von den Galliern angegriffen wurde (390-388 v. Chr.), sollen die der Göttin geweihten Gänse die in der Zitadelle verschanzten Römer mit ihrem Geschnatter gewarnt haben.

Der durch einen Brand zerstörte Jupiter-Tempel wurde von Augustus und zuletzt von Domitian wiederaufgebaut.

Aracœli-Treppe – Im Jahr 1346 wurde Italien von einer Pestepidemie heimgesucht. Rom blieb auf wunderbare Weise verschont und ließ diese majestätische Freitreppe als Weihgabe errichten. Als erster schritt **Cola di Rienzo** die Scalinata d'Aracoeli hinauf. Der Papst residierte damals in Avignon, und das von den Adelsfamilien beherrschte Rom versank in Anarchie. Cola machte es sich zur Aufgabe, Rom zu seiner einstigen Größe zurückzuführen. In kaiserlicher Tracht wandte er sich von der Treppenhöhe herab an das Volk und begeisterte es mit seinen Worten. **Petrarca** selbst hatte den Papst angefleht, der Hauptstadt ihren einstigen Glanz zurückzugeben. 1354 machte er sich auf den Weg, um Cola di Rienzo seine Unterstützung anzubieten. Doch noch bevor er das Kapitol erreichte, erfuhr er, daß der „Tribun von Rom" bei einem Aufstand zu Tode gekommen war; ein Diener der Familie Colonna hatte ihn ermordet.

Vom oberen Ende der Treppe bietet sich ein schöner Blick über die Kuppeln des Petersdoms im Hintergrund, der Synagoge zur Linken und der Kirchen Sant'Andrea della Valle und Il Gesù.

Tarpeia und der Raub der Sabinerinnen

Die Sage rührt aus vorhistorischen Zeiten her. Nachdem er seinen Bruder getötet und Rom gegründet hatte, machte Romulus sich Gedanken, wie seine Stadt zu einer Bevölkerung käme. Er setzte sich auf dem Kapitol fest und versprach allen Gesetzesbrechern Schutz, die sich ihm anschließen würden. Innerhalb kurzer Zeit kam eine ansehnliche Kolonie zusammen, die freilich nur aus Männern bestand. Der Frauenmangel brachte Romulus auf die Idee, die Mädchen und jungen Frauen der Sabiner zu rauben, die auf den Nachbarhügeln wohnten. Also gab er ein großes Fest und ließ während der Festivitäten alle jungen Frauen in heiratsfähigem Alter entführen. Titus Tatius, König der Sabiner, beschloß, die Verzweifelten zurückzuholen und marschierte auf Rom. Wie's der Zufall will, soll gleichzeitig Tarpeia, die Tochter des Wächters der römischen Zitadelle, sterblich in den Sabinerkönig verliebt gewesen sein. Sie bot ihm die Öffnung des Tors gegen seine Liebe. Titus Tatius ging darauf ein, drang in die Befestigung ein und ließ das Unglücksmädchen gleich von seinen Soldaten mit den Schilden niedermachen.

Der Kampf zwischen Römern und Sabinern soll schließlich vermieden worden sein: die Sabinerinnen hätten sich, so will es die Sage, zwischen ihre Brüder und ihre neuen Männer gestellt. Heraus kam ein Bündnis: Romulus und Titus Tatius herrschten fortan gemeinsam.

** CHIESA DI SANTA MARIA D'ARACŒLI

Die breite, flache Fassade der Kirche am Ende der Treppe gehört zu den bekanntesten Ansichten Roms. Die Treppe und die Kirche stehen dort, wo sich in der Gründungszeit Roms die Zitadelle (Arx) befand. Sie schützte den Palatin nach Norden hin, während er zur andern Seite durch den Tiber einen natürlichen Schutz erhielt. Während der Republik wurde hier ein Tempel für Juno Moneta errichtet (die einst die Stadt vor Gefahr gewarnt hatte). Der Legende nach soll an dieser Stelle Kaiser Augustus die Jungfrau mit dem Kind erschienen sein, nachdem er sich an die tiburtinische Sibylle gewandt hatte, um herauszufinden, ob es irgendwann jemanden geben werde, der ihn überträfe.

Nachdem der griechische Feldherr Narses im Jahr 552 in Rom einmarschiert war, entstanden in der Stadt mehrere griechische Klöster. Eines davon entstand bei jenem Oratorium, das dann von den Franziskanermönchen im Jahr 1250 zur Kirche Santa Maria di Aracoeli umgebaut wurde. Ihr Name soll auf einen Altar (ara) zurückgehen, der für eine Himmelsgöttin errichtet wurde, möglicherweise aber auch auf die Zitadelle *(Arx, s. oben)*.

Die kahle Backsteinfassade wird durch die beiden gotischen Fensterrosen und eine Renaissance-Tür nur wenig aufgelockert. Der leicht vorspringende obere Teil war früher von Mosaiken bedeckt. Der Innenraum hat basilikalen Grundriß; die Seitenkapellen und die Decken der Seitenschiffe kamen im 16. und 17. Jh. hinzu. Damals wurden auch der Chor und die oberen Teile des Kirchenschiffes dem Zeitgeschmack angepaßt.

Decke und Boden – Die Decke war ein Geschenk von Marcantonio Colonna, der in der Liga der abendländischen Flotten beim griechischen Lepanto am 7. Oktober 1571 die Türken besiegte. Der Fußboden gehört zu den am besten erhaltenen Werken der Kosmaten, der berühmten römischen Mosaizisten des 12. bis 14. Jh. *(s. S. 38)*.

CAMPIDOGLIO – CAPITOLINO

Grabmal des Kardinals von Albret (1) – Eines der schönsten Werke von Andrea Bregno. Beachtenswert sind die feingliedrigen Motive auf dem Sarkophag und die architektonischen Elemente wie Pilaster und Arkaden.

Grabstein von Giovanni Crivelli (2) – Er soll ein Werk Donatellos (1432) sein, dessen Signatur angeblich früher zu lesen war und die inzwischen abgetreten ist, da der Stein in den Boden eingelassen war.

Kapelle des hl. Bernardino von Siena (3) – Die **Fresken★** stammen von **Pinturicchio** (um 1485) und stellen das Leben und Sterben Bernardinos dar. Zu der Bestattungsszene an der linken Wand gehören mehrere realistische Porträts in einer eleganten Landschaftskomposition.

Eine Kolossalstatue von Gregor III. (4) steht der von Paul III. (5) gegenüber. Sie stammen aus der Zeit der Gegenreformation.

Im Durchgang zum rechten Seitenausgang beachte man das Grab eines jungen Mannes (6), Cecchino Bracci, entworfen von Michelangelo.

Hinausgehen, um das eindrucksvolle Portal von außen zu sehen.

Mosaik der Madonna mit dem Kind (7) – Außen über der Tür.
In diesem Mosaik aus den Ateliers der Cosmaten (s. S. 38) zeigt sich deutlich der Einfluß von Pietro Cavallini, des größten römischen Künstlers des Mittelalters. Sein Markenzeichen waren ausgewogene künstlerische Darstellungen, geschult an byzantinischen und antiken Modellen.

Die Treppe führt zum Kapitolsplatz. Wir empfehlen aber, sich dem Platz auf der „Cordonata"-Treppe zu nähern, um einen besseren Eindruck von seinem architektonischen Aufbau zu bekommen. In die Kirche zurückgehen.

Grabmal der Familie Savelli – Beim Grab Luca Savellis (8) handelt es sich um einen wiederverwendeten antiken Sarkophag. Die Mosaikteile und die kleine *Jungfrau mit dem Kinde* stammen von Arnolfo di Cambio (14. Jh.).

Ambonen (9) – Sie werden, wie der Fußboden, Lorenzo di Cosma und seinem Sohn Giacomo zugeschrieben und sind ein für das ausgehende 12. Jh. typisches, besonders eindrucksvolles Beispiel für die Arbeit der Kosmaten. Davor wurde im allgemeinen nur weißer Marmor verwendet.

Kapelle der hl. Helena (10) – Sie befindet sich in einer grazilen Ädikula mit Kuppel aus dem 17. Jh. Unter der Porphyrurne kleiner Altar aus dem 12. Jh. mit romanischen Skulpturen und Mosaikintarsien. Sie erinnern an die Muttergottes, die Kaiser Augustus erschien *(Lichtschalter)*.

Denkmal von Kardinal Matteo d'Acquasparta (11) – Ein typisches Grabmal der italienischen Gotik (senkrechter Aufbau, Engel, die die Vorhänge um dem Totenbett zuziehen). Das Bildnis der *Madonna mit dem Kind* erinnert an den Stil P. Cavallinis. Der 1302 verstorbene Kardinal und Franziskanergeneral erscheint in Dantes *Göttlicher Komödie* als derjenige, der die strenge Regel übertritt. Im linken Querhaus Kolossalstatue (12) von Leo X. (16. Jh.).

Kapelle des Santo Bambino (13) – Der Volksglaube spricht der kleinen Statue des Jesuskindes Wunderheilungen zu. Leider wurde der Santo Bambino, der unzählige Briefe aus der ganzen Welt erhält, am 1. Februar 1994 gestohlen.

3. Kapelle links (14) – Im 15. Jh. wurde sie mit Fresken von Benozzo Gozzoli, einem Mitarbeiter Fra Angelicos, geschmückt. Erhalten ist aber nur noch der hl. Antonius von Padua über dem Altar.

In der Weihnachtszeit versammeln sich in der **2. Kapelle links** (15) Kinder, die vor dem Santo Bambino „Predigten" aufsagen oder improvisieren.

Die Treppe von Santa Maria d'Aracœli hinunter- und links die „Cordonata" hinaufgehen.

Die „Cordonata" – Der Planung Michelangelos für diese Treppe wurde nicht exakt durchgeführt. Die beiden Löwen, die ihren Zugang bewachen, stammen aus Ägypten. Sie wurden auf dem Marsfeld gefunden und 1955 restauriert. 1582 wurden sie hier aufgestellt und 1588 von Giacomo della Porta zu Brunnen umgewandelt. Es gab Zeiten, zu denen aus dem einen Löwen an Festtagen Rotwein, aus dem anderen Weißwein hervorsprudelte.

Ein **Standbild** (**A**) wurde im 19. Jh. zu Ehren Cola di Rienzos an der Stelle errichtet, an der er den Tod fand.

Interessant für künftige Eheleute: die größte Zahl an Schneiderwerkstätten und Boutiquen für Hochzeitskleider und Accessoires befindet sich in Rom unter den Arkaden an der Piazza Vittorio Emanuele II. Außerdem findet jedes Jahr im Frühling die Messe „Roma Sposa" statt, bei der unzählige fliegende Händler alles nur Erdenkliche für Hochzeitspaare feilbieten.

CAMPIDOGLIO – CAPITOLINO

★★★ PIAZZA DEL CAMPIDOGLIO

Auch ein Besucher, der sich nur kurz in Rom aufhält, sollte einen Augenblick auf dem **Kapitolsplatz** verweilen. Er strahlt ruhige Schönheit und majestätische Würde aus.
Im Altertum standen auf diesem Hügel Denkmäler und Tempel, die alle dem Forum zugewandt waren.
Im Mittelalter war der Kapitolsplatz nur noch der „Monte Caprino", auf dem die Ziegen das Gras fraßen, das die Ruinen überwucherte. Im 16. Jh. schließlich wandelte sich sein Aussehen grundlegend.
Als Karl V. 1536 nach Rom kam, wollte Paul III. der Stadt, die 9 Jahre zuvor von den Truppen eben dieses Karl V. verwüstet worden war, wieder ein annehmbares Aussehen verleihen und beauftragte **Michelangelo** mit der Planung des Kapitols. Das Projekt, das sich über mehr als hundert Jahre hinzog, wurde teilweise abgeändert. An dem Platz stehen drei Paläste: der Senatorenpalast, der Konservatorenpalast und der Neue Palast. Der Platz wurde trapezförmig angelegt, um den Standort des bereits existierenden Konservatorenpalastes zu berücksichtigen. Michelangelo wandte den Platz der modernen Stadt statt dem antiken Forum zu. Die Brüstung und die etwas unproportionierten Statuen waren von Michelangelo nicht vorgesehen.
Samstags bietet der Platz ein ganz besonderes Schauspiel: Dutzende frisch vermählter Paare kommen aus dem Hochzeitssaal im Konservatorenpalast und lassen sich vor der Statue des Tibers und der römischen Wölfin oder auf der „Cordonata"-Treppe photographieren.
In der Mitte des schönen geometrischen Musters auf dem Boden, das bereits von Michelangelo geplant, jedoch erst in jüngerer Zeit verwirklicht wurde, befindet sich der Sockel des Standbildes Mark Aurels. Dieses Standbild, das lange Zeit den Mittelpunkt des Platzes gebildet hatte, wurde restauriert und steht heute im Kapitolinischen Museum. Im vorderen Teil des Platzes, zur „Cordonata"-Treppe hin, befindet sich eine Brüstung mit mehreren Statuen *(Beschreibung nachstehend)*.

★ **Dioskuren-Statuen** (**B**) – Die beiden Reiter *(s. FORO ROMANO – PALATINO, Tempio di Castore e Polluce)* sind neben ihren Pferden stehend dargestellt. Die Werke stammen vom Ende des römischen Kaiserreichs, wurden im 16. Jh. auf dem Marsfeld entdeckt und gründlich restauriert (einer der Reiter hat einen modernen Kopf).

„**Marius-Trophäen**" – So werden die Plastiken aus dem 1. Jh. v. Chr. genannt, die an die Siege Domitians über die Germanen erinnern. Bis ins 16. Jh. schmückten sie einen Brunnen auf der heutigen Piazza Vittorio Emanuele II.

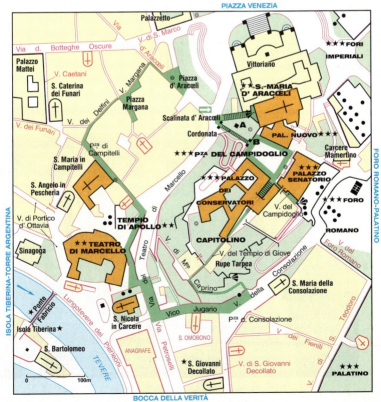

CAMPIDOGLIO – CAPITOLINO

Der Brauch der Römer, die Waffen der Besiegten zu sammeln, geht auf jene Zeit zurück, als sie auf dem Schlachtfeld Harnische, Helme und Schilde an einem Baum aufstapelten.

Meilensteine – Sie stehen in der Nähe der Denkmäler Konstantins und Konstantins II. Der eine zeigte die erste Meile an der Via Appia an, der andere die siebte.

★★★ **Palazzo Senatorio** – *Der Palast kann nicht besichtigt werden, da sich hier die Büros der Stadtverwaltung befinden.*
Im Jahr 114, mitgerissen von den Worten des Arnaldo da Brescia, ging die römische Bevölkerung gegen die Korruption des Klerus vor. Sie enthob den Papst seiner weltlichen Gewalt und richtete die Römische Kommune ein. Senatoren übernahmen die Regierungsgeschäfte. In dem Palast, der einer Festung gleich auf den Ruinen des Tabulariums errichtet wurde, kamen die Beamten zusammen.
Michelangelo ließ die Mauern des alten Bauwerks stehen, versah es aber mit einer neuen Fassade mit Kolossalpilastern. Zwischen 1582 und 1603 führten zunächst Giacomo della Porta und dann Girolamo Rainaldi die Pläne des Meisters aus.
Zwischen 1578 und 1582 errichtete Martino Longhi der Ältere den Glockenturm.
Lediglich die zweiläufige Freitreppe wurde zu Michelangelos Lebzeiten errichtet. Auf Initiative von Sixtus Quintus kam 1588 ein von Michelangelo nicht vorgesehener Brunnen hinzu. Die Göttin Roma, eine Statue aus Porphyr und Marmor, wirkt in ihrer Nische auf dem hohen Podest verloren. Daneben stehen Statuen, die für die Thermen Konstantins im Quirinal gefertigt wurden und den Nil und den Tiber darstellen. Die Tiberstatue *(rechts)* hatte zunächst die Gestalt eines Tigers, doch der Tigerkopf wurde schließlich durch den Kopf einer Wölfin ersetzt, und die Statue wurde zum Tiber.
In der kleinen Anlage links vom Senatorenpalast liegen mehrere Bruchstücke der antiken **Arx Capitolina** (Zitadelle).

Senatorenpalast (Palazzo Senatorio)

CAMPIDOGLIO – CAPITOLINO

Hof des Konservatorenpalastes (Palazzo dei Convervatori)

★★★ **Palazzo dei Conservatori und Palazzo Nuovo** – Der im 15. Jh. errichtete Konservatorenpalast diente zunächst als Versammlungsort für die Konservatoren, die die Stadt damals mit den Senatoren regieren. 1568 wurde er von Giacomo della Porta gemäß den Plänen Michelangelos umgebaut.
Der Neue Palast wurde erst 1654 von Girolamo und Carlo Rainaldi errichtet. Den Plänen Michelangelos entsprechend war er mit dem Konservatorenpalast identisch. Damals wurde auch die Via delle Tre Pile angelegt, und der Kapitolsplatz erhielt sein endgültiges Aussehen.
Die beiden Paläste ergeben ein elegantes Ensemble. Im Erdgeschoß sind sie mit Säulenhallen ausgestattet, ihre zweistöckigen Fassaden werden jeweils durch eine korinthische Kolossalordnung zusammengefaßt. Sie beherbergen zwei Museen, deren Sammlungen 1471 von Sixtus IV. zusammengetragen, 1566 von Pius V. erweitert und 1734 unter Clemens XII. der Öffentlichkeit zugänglich gemacht wurden und die zu den bedeutendsten Roms gehören.

Der lateinische Begriff moneta (Münze) geht auf den einstigen Juno-Moneta-Tempel der Mutter der Musen zurück, der auf dem Kapitol stand und in dessen Nähe Geld geprägt wurde.

★★★ **MUSEO DEL PALAZZO DEI CONSERVATORI** ⓥ

Besichtigung: 1 Std.

Da das Museum größtenteils wegen Renovierungsarbeiten geschlossen ist, wurde ein Teil der Sammlungen verlegt, und zwar in das ehemalige Elektrizitätswerk, die Centrale Montemartini, Viale Ostiense, 106. Dienstag bis Freitag 10-18 Uhr, Samstag, Sonntag 10-19 Uhr. Montag geschlossen. Eintritt 12 000 L. ☎ 06 69 91 191)

Im Innenhof sind rechts noch die gotischen Bogengänge des Palastes aus dem 15. Jh. zu sehen, sowie einige Fragmente des riesigen Konstantinsdenkmals, das in der Konstantinsbasilika auf dem Forum gestanden hatte.
Das Denkmal, eine Sitzfigur, dürfte mindestens 10 m hoch gewesen sein. Wahrscheinlich handelte es sich dabei um eine Akrolithstatue. Nur die aus der Kleidung hervorschauenden Körperpartien dürften aus Stein gewesen sein, während der Rest aus mit Bronze überzogenem Holz bestand. Beachtung verdienen auch die mit Figuren verzierten Flachreliefs, die die römischen Provinzen darstellen *(im Hof links)*. Sie gehörten zum Hadrianstempel auf der Piazza di Pietra.

Von der Vorhalle in den 1. Stock gehen.

Auf dem ersten Treppenabsatz **Flachreliefs**. Drei davon gehörten zu einem Triumphbogen, der im Jahr 176 zur Feier des Sieges von Mark Aurel über die Germanen und Sarmaten errichtet wurde. Sie stellen den Sieg (**1**), die Milde (**2**) und die kaiserliche Gnade (**3**) dar. Auf dem Triumphwagen ist der Platz neben Mark Aurel leer. Möglicherweise saß hier ursprünglich sein Sohn Commodus, der dann aber entfernt wurde, nachdem der Senat ihn wegen seiner Grausamkeit verdammt hatte. Das Flachrelief, das Mark Aurel bei einer Opferzeremonie darstellt, ist im Stil verhalten-konservativ. Die Nüchternheit der Darstellung wird durch die exakten Linien im Hintergrund zusätzlich verstärkt. Die Menge scheint sich in einem geschlossenen Raum zu bewegen. Das Werk verdient nicht zuletzt wegen der Darstellung des Jupiter-Capitolinus-Tempels hinten links Beachtung, von dem fast nichts erhalten ist.

Standbild Karls von Anjou (4) – Es soll ein Werk von **Arnolfo di Cambio** sein, der gegen Ende des 13. Jh. nach Rom kam. Er trat in den Dienst des Königs von Sizilien und schuf von ihm diese erste majestätische Darstellung. Es ist ein seltenes Beispiel für eine vollrunde Figur aus gotischer Zeit, in der Mosaiken und Malerei vorherrschten.

Sala degli Orazi e dei Curiazi (1) – Die Marmorstatue Urbans VIII. (5) ist ein Werk von Bernini und seinen Schülern. Die Römer warfen diesem Papst seine Verschwendungssucht vor und entrüsteten sich, als er sich noch zu Lebzeiten ein Denkmal auf dem Kapitol setzen wollte. Die Bronzestatue von Innozenz X. (6) ist ein barockes Meisterwerk, das zwischen 1645 und 1650 von Algardi angefertigt wurde.

Die Wandmalereien, nach denen der Saal benannt ist, sind ein Werk von Cavaliere d'Arpino. Sie wurden wie Wandteppiche in Pastelltönen gearbeitet und gehören zu den Werken, denen Caravaggio seine Lichtregie entgegensetzte.

Sala dei Capitani (2) – Dieser Saal erhielt seinen Namen wegen der Statuen der Ordensgeneräle des Kirchenstaates aus dem 16. und 17. Jh., darunter Marcantonio Colonna und Alessandro Farnese.

Die reich verzierte **Kassettendecke★** stammt aus einem zerstörten Palast des 16. Jh. An den Wänden stellen Malereien des ausgehenden 16. Jh. legendäre Szenen der römischen Republik dar, darunter *Brutus bei der Verurteilung seiner Söhne zum Tode* (7), *Die Schlacht am Regilla-See* (8), *Horatius Cocles bei der Verteidigung der Sublicius-Brücke* (9), *Mucius Scaevola und Porsenna* (10).

Sala degli Trionfi (3) – Schöne Holzdecke aus dem 16. Jh. Der Fries (15. Jh.) stellt den Triumph des Aemilius Paullus Macedonicus über Perseus, den König von Mazedonien, im Jahr 168 v. Chr. dar.

Der berühmte **Dornauszieher★★★ (11)** in der Saalmitte ist ein griechisches Original oder zumindest eine hervorragende Kopie aus dem 1. Jh. v. Chr. In der hellenistischen Zeit gehörten Kinder zu den Lieblingsthemen der Künstler. Ihre zarte und spontane Anmut finden Gefallen nach der klassischen Epoche, in der Festigkeit und Vernunft im Vordergrund standen.

Die anmutige Haltung dieses Kindes, das versucht, einen Dorn aus seinem Fuß zu entfernen, die Sorgfalt, mit der Haare und Gesicht dargestellt sind, machen die Plastik zu einem besonders eindrucksvollen Werk.

Die Bronzevase (12) gehörte zur Beute aus den Kriegen gegen Mithridates, den König vom Pontus, der im Jahr 63 v. Chr. endgültig von Pompejus besiegt wurde.

Die Büste des sog. **Junius Brutus★★ (13)** besteht aus zwei Teilen. Der Kopf aus dem 3. Jh. v. Chr. wurde auf eine Renaissance-Büste gesetzt. Man ging davon aus, daß es sich um das Porträt eines Gründers der antiken Republik handelte, dessen legendäre Strenge und Charakterfestigkeit zu diesem Gesichtsausdruck paßten. Wahrscheinlich gehörte der Kopf zu einem Reiterstandbild.

Der Camillus (14) – So nannte man die jungen Tempeldiener, die den Priestern bei einer religiösen Zeremonie zur Seite standen. Römisches Kunstwerk aus der Zeit des Augustus (1. Jh.).

Der Dornauszieher
(Konservatorenpalast)

Sala della Lupa (4) – Hier befindet sich die berühmte Bronzeplastik der **Wölfin★★★ (15)**, des Wahrzeichens von Rom *(s. Illustration S. 21)*. Die von Antonio Pollaiuolo geschaffenen Zwillingsfiguren von Romulus und Remus kamen in der Renaissance hinzu. Die Wölfin soll in der Antike auf dem Kapitol gestanden haben und im Jahr 65 v. Chr. an den Hinterläufen vom Blitz getroffen worden sein.

Dieses Werk aus dem 6. oder 5. Jh. v. Chr. könnte von einem etruskischen oder griechischen Künstler stammen. Man beachte die präzise Darstellung und strenge Stilisierung der Anatomie.

An den Wänden sind Fragmente der Fasti consulares et triumphales zu sehen. Diese Verzeichnisse, die sich auf dem Augustusbogen im Forum befanden, führten die Namen der Konsuln bis zum Jahr 13 und der großen Heerführer seit Romulus bis zum Jahr 12.

CAMPIDOGLIO – CAPITOLINO

Sala della Oche (5) – Dieser Saal wurde nach den zwei kleinen Bronzegänsen (16) benannt. Der schöne Hund aus grün gefleckten Marmor (17) ist einem griechischen Original aus dem 4. Jh. v. Chr. nachempfunden. Der Kopf der Meduse (18) ist ein Werk von Bernini. Die Decke, ebenso wie der Fries mit Ansichten von Rom vor 1550 stammen aus dem 16. Jh.

Saal 18 – In diesem Saal befindet sich die Grabstele des **Jungen Mädchens mit der Taube★** (19). Dabei handelt es sich um ein fein stilisiertes griechisches Werk aus dem frühen 5. Jh. v. Chr., möglicherweise von einem süditalienischen Künstler. Auch bei dem Löwenkopf (20) handelt es sich um ein griechisches Original des frühen 5. Jh. v. Chr., das noch einen gewissen orientalischen Einfluß zeigt.

Saal 17 – Der Amazonentorso (21) in der Mitte ist ein griechisches Werk von 510 v. Chr. Obwohl er aus der „strengen" Zeit stammt, die den Übergang zwischen der archaischen und der klassischen Kunst darstellt, weicht er von der Starrheit der Form ab zugunsten größerer Naturnähe.

Sala dei Magistrati (16) – Hier verdienen zwei Standbilder von Ädilen (22) Beachtung, die das Signal zum Start der Rennen geben (Ende 4. Jh.). Die relativ wuchtige Darstellung ist für die Kunst des spätrömischen Reichs typisch.

Den gleichen Weg zurückgehen und durch Saal 6 Saal 8 betreten.

Sala degli Arazzi (8) – Schön verzierte Decke aus dem 16. Jh. Die großen Wandteppiche wurden im 18. Jh. in einem römischen Atelier angefertigt. Auf einem der Teppiche (23) ist die *Wölfin mit den Zwillingen* zu sehen. Die Darstellung ist einem Gemälde von Rubens in der Pinakothek nachempfunden.

Nach dem Saal der Punischen Kriege (9) und der alten Kapelle (10) gelangt man in einen Flur (11), in dem sich früher das Archiv befand. Auf mehreren kleinen Gemälden des Holländers **Gaspar Van Wittel** (Vanvitelli genannt) sind Ansichten Roms aus dem 18. Jh. zu sehen. Der Tiber in der Nähe der Engelsburg war damals noch nicht kanalisiert und Rom bot einen eher ländlichen Anblick. Als Urheber der sogenannten „Vedutenmalerei", (Ansichten = italienisch „vedute"), brach dieser Maler mit den traditionellen Landschaftsdarstellungen mit antiken Ruinen.

Die drei Säle der Fasti moderni – Im ersten Saal (12) befindet sich das Verzeichnis der römischen Magistrate seit 1640. Im zweiten Saal (13) ist eine Büste von Kaiserin Faustina (24), der Gemahlin von Antoninus Pius, aus dem 2. Jh. zu sehen. Auf dem Forum sind ihnen Tempel geweiht.

★★ Galleria degli Orti Lamiani (15) – Die Skulpturen aus den Gärten dieses Konsuls des 3. Jh. wurden auf dem Esquilin gefunden. Das sitzende junge Mädchen (25) ist eine besonders eindrucksvolle griechische Plastik aus der hellenistischen Epoche (Ende des 2. Jh. v. Chr.). Die Statue ohne Kopf einer alten Bäuerin (26) ist ein bemerkenswert realistisches hellenistisches Werk.

Der Zentaurenkopf (27), ein griechisches Original der Schule von Pergamon oder zumindest eine sehr gute Kopie, wurde wahrscheinlich in Pergamon angefertigt, das eines der Zentren der hellenistischen Kunst in Kleinasien war.

Die Venus vom Esquilin (28): Statue eines jungen Mädchens, das seine Haare zusammenbindet (im Haar ist noch ein Fragment der Hand zu sehen). Das Werk soll aus der Schule von Pasiteles (1. Jh. v. Chr.) stammen. Dieser griechische Bildhauer war nach Süditalien gekommen und imitierte griechische Werke der klassischen Epoche.

Darstellung des Commodus als Herkules (29): der Vater des Commodus, Marc Aurel, hatte seinen Sohn in die Regierung aufgenommen, fürchtete jedoch seine Maßlosigkeit. Die Büste, die den Kaiser als Herkules darstellt, ist ein Werk des späten 2. Jh. In jener Zeit erreichte die römische Kunst ihren technischen Höhepunkt, und es gelang ihr, Marmor zu bearbeiten, als sei er ein weiches Material.

Sala Egizia (19) – Die in Rom geschaffenen oder zur Zeit der Römer importierten Werke gehörten zu römischen Bauwerken, die den alexandrinischen Gottheiten geweiht waren. Die größte Gruppe stammt aus dem Tempel von Isis und Serapis, der einst auf dem Marsfeld stand.

Sala dei Monumenti cristiani (20) – In diesem Saal sind epigraphische Bruchstücke von Sarkophagen des 3. und 4. Jh. zu sehen, sowie diverse Fragmente christlicher Werke.

Sala del Camino (21) – Zu sehen sind hier die Überreste eines Kamins (30) des 15. Jh. aus dem Konservatorenpalast, der aus antiken Fragmenten bestand. Außerdem ist in diesem Saal eine schöne **Sammlung mit Antefixen★** (31) untergebracht. Diese zum Teil reich bemalten Abschlußziegel zierten die First- und Traufecken der etruskischen Tempel von Kapua im 6. und 5. Jh. v. Chr. und bekunden die Vorliebe der Etrusker für phantastischen Schmuck.

Prima Sala Castellani (22) – Dieser Saal beherbergt Vasen des 7. und 6. Jh. v. Chr., darunter italische Vasen, an denen der Einfluß der griechischen geometrischen Kunst deutlich zu erkennen ist; etruskische Vasen, die dem korinthischen Stil nachempfunden sind; schwarze „Bucchero"-Vasen, eine etruskische Spezialität. Außerdem Nachbildung eines Wagens (32), auf dem bei Prozessionen die Bildnisse von Gottheiten aufgestellt wurden.

69

CAMPIDOGLIO – CAPITOLINO

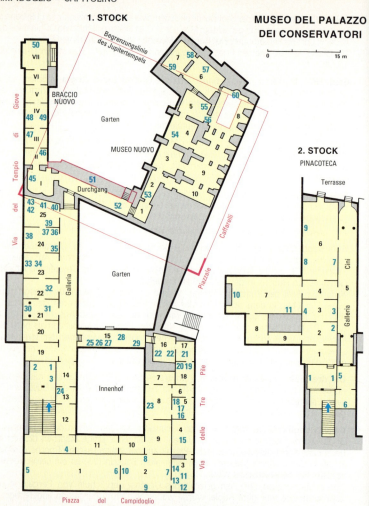

Seconda Sala Castellani (**23**) – Die Flachreliefs aus Peperin (**33**) gehörten zu einem etruskischen Sarkophag aus dem 6. Jh. v. Chr. In einem Schaukasten ist eine schöne Vase zu sehen (**34**). Darauf sind auf der einen Seite Odysseus und seine Gefährten beim Blenden des Polyphem dargestellt, und auf der anderen Seite zwei Boote, die ins Gefecht ziehen. Der etruskische oder griechische Künstler des 7. Jh. v. Chr. zeichnete über dem Kopf des Polyphem mit „Aristonothos".

Sala dei Bronzi (**24**) – Der überdimensionale Kopf (**35**) und die Hand (**36**) sind Bruchstücke einer Kolossalstatue des Kaisers Konstantin aus dem 4. Jh. Der kleine tanzende Gott (**37**), der in der einen Hand ein Trinkgefäß und in der anderen eine Schale hält, ist die gelungene Darstellung eines Laren, Schutzpatron von Haus und Heim (1. Jh.).
Zu sehen ist außerdem die Kugel (**38**), die die Spitze des Vatikan-Obelisken zierte, bevor dieser 1585 auf dem Petersplatz aufgestellt wurde. Sie trägt Spuren der Schüsse, die bei der Plünderung Roms im Jahr 1527 von den Soldaten des Konnetabel von Bourbon abgegeben wurden.

Sala degli Orti di Mecenate (**25**) – Hier sind Werke untergebracht, die in den von Maecenas im Jahr 25 v. Chr. auf dem Esquilin angelegten Gärten gefunden wurden. Der kämpfende Herkules (**39**), eine römische Plastik, ist einem Standbild nachempfunden, das im Kreise von Lysipp entstand.
Marsyas (**40**) hatte es gewagt, Apollo zu einem musikalischen Wettstreit herauszufordern. Er verlor, wurde an einen Baum gebunden und ihm bei lebendigem Leib die Haut abgezogen. Die Plastik ist eine gelungene römische Replik aus dem 2. oder 1. Jh. v. Chr. nach einem hellenistischen Original.
Das Flachrelief mit der **tanzenden Mänade**★ (**41**) ist die römische Kopie eines griechischen Werks von Kallimachos, eines herausragenden Vertreters der griechischen Kunst des 5. Jh. v. Chr. Die Gelassenheit der ersten Periode des Klassizismus ist vorüber. Euripides berichtete in einer seiner Tragödien von der extremen Gewalt, zu

CAMPIDOGLIO – CAPITOLINO

der diese Mänaden oder Bacchantinnnen fähig waren. So zerrissen sie im bacchantischen Delirium Pentheus, den König von Theben, weil er sich der Einführung des Bacchus- bzw. Dionysos-Kultes in seinem Reich widersetzt hatte.
Das Standbild des **Wagenlenkers** beim Besteigen seines Wagens (42), ein römisches Kunstwerk, ist einer griechischen Bronzeplastik aus der klassischen Epoche (470-460 v. Chr.) nachempfunden.
Der Amazonenkopf (43) ist eine gelungene Replik der Kresilas-Statue aus dem 5. Jh. v. Chr. Er hatte sich an der Seite von Phidias und Polyklet an einem Wettbewerb um die Amazone von Ephesus beteiligt.
Im 1. Jh. arbeiteten in Rom zahlreiche Künstler im neu-attischen Stil, der in Athen in Mode war, wo man die Klassik des 5. Jh. v. Chr. bewunderte.

Braccio nuovo – *Besichtigung nur für spezialisten*

Saal I – Hier ist auf einem Flachrelief Marcus Curtius dargestellt (45), der sich in den See im Forum stürzt.

Saal II und III – Grundriß des Tempels des Kapitolinischen Jupiter. (46). Auf dem Boden ist der Verlauf der Südseite des Heiligtums eingezeichnet. Durch eine Öffnung sind Fundamente zu sehen.
Unter den Porträts zeigt die Darstellung einer Person aus dem 1. Jh., die die Büsten ihrer Vorfahren hält (47), die hohe Porträtkunst der römischen Künstler.

Saal IV – Die Apollo-Statue (48) ist ein griechisches Original aus der 1. Hälfte des 5. Jh. v. Chr. Möglicherweise ist sie ein Werk des griechischen Künstlers Pythagoras von Samos, der sich um 470 v. Chr. in Rhegion (Reggio di Calabria) niederließ. Wahrscheinlich kam sie als Kriegsbeute nach Rom und wurde nach einigen Änderungen im Tempel des Apollo Sosianus aufgestellt.
Die Aristogeiton-Statue (49) ist die besterhaltene Kopie der Bronzegruppe der athenischen Tyrannenmörder (477-476 v. Chr.).

Saal VII – Der **Fries★** (50) mit der Darstellung eines Triumphzuges schmückte den Innenraum der Cella des Tempels des Apollo Sosianus.

Museo nuovo – *Wegen Umbauarbeiten geschlossen*

Dieses Museum wurde 1925 im Palazzo Caffarelli eingerichtet.
Im Durchgang ist ein Teil einer Wand (51) des Jupiter-Tempels aus dem 6. Jh. v. Chr. zu sehen. Die Urne (52) mit der Asche Agrippinas der Älteren wurde im Mittelalter als Getreidemaß verwendet.

Saal 2 – In einem Schaukasten (53) befinden sich mehrere Köpfe, darunter der eines Kindes. Dabei handelt es sich um eine schlicht gearbeitete griechische Plastik aus dem frühen 5. Jh. v. Chr. Der Kopf der Göttin ist das Werk eines großgriechischen (süditalienischen) Bildhauers aus dem späten 5. Jh. v. Chr.

Saal 4 – *Polyhymnia★* (54), die Muse der Pantomime und des Tanzes, ist die römische Replik eines hellenistischen Originals aus dem 2. Jh. v. Chr.

Saal 5 – Die Aphrodite ohne Kopf (55) ist eine Kopie der frühhellenistischen Praxiteles-Statue des Typus „Arles" im Pariser Louvre. Das Flachrelief mit Äskulap, dem Gott der Medizin(56), ist ein griechisches Original des 4. Jh. v. Chr.

Saal 6 und 7 – In Saal 6 ist die Grabstele eines römischen Schusters (57) zu sehen, zu erkennen an den Schuhen über der Büste des Verstorbenen. Sie ist ein Beispiel für das Flachrelief der volkstümlichen Gebrauchskunst. In Saal 7 gelungenes Porträt von Domitian (58) und schönes Zierwerk, darunter Friesfragmente und eine mit Akanthusblättern geschmückte Schale (59).

Saal 8 – Die Kolossalstatue der Athene (60) soll die Kopie einer griechischen Skulptur von Kresilas von ca. 430 v. Chr. sein. In der Saalmitte Bruchstücke des Jupiter-Tempels vom Kapitol.

★ Pinacoteca *(2. Stock)*

Auf dem Treppenabsatz vor dem Eingang hängen schöne Gemälde (1) mit Marmorintarsien, auf denen Tigerinnen dargestellt sind, die Kälber anspringen. Es handelt sich um römische Werke des 4. Jh. Diese „opus sectile" genannte Technik *(s. S. 36)* entwickelte sich vorwiegend in Ägypten. Die Inkrustationen wurden meist in ägyptischen Ateliers angefertigt und dann nach Rom gebracht. Die hier gezeigten Werke stammen aus der Junius-Bassus-Basilika, die bis zum 17. Jh. auf dem Esquilin stand.

Saal 2 – Die Taufe Christi (2), ein Jugendwerk Tizians, sowie mehrere Werke von Domenico Tintoretto (1560-1635), dem Sohn Tintorettos.

Saal 3 – *Romulus und Remus, die von der Wölfin gesäugt werden* (3), ist ein Werk des flämischen Barockmeisters Rubens. Das 1618 entstandene Gemälde, möglicherweise eine Erinnerung an den Romaufenthalt des Malers zehn Jahres zuvor, verblieb bei Rubens bis zu seinem Tod. Die Allegorie der Eitelkeit (4) ist ein relativ konventionelles Werk von Simon Vouet aus dem frühen 17. Jh.

CAMPIDOGLIO – CAPITOLINO

Galleria Cini (5) – Porzellan aus Sachsen und Capodimonte.
Die Heilige Familie von Pompeo Batoni (5) verdient wegen der sorgfältigen Farbenwahl und der eleganten Pinselführung Beachtung (18. Jh.). Die Darstellung Johannes des Täufers (6) ist ein Jugendwerk Caravaggios.

Saal 6 – Sehenswert sind in diesem Saal der *Raub der Sabinerinnen* (7) und das *Opfer Polixens* (8), zwei herausragende Werke des Barockmalers Pietro da Cortona, sowie eine kleinformatige Maria-Magdalena (9) von Guido Reni.

Saal 7 – Dieser Saal wird von einem riesigen Gemälde von Il Guercino (10) zu Ehren der hl. Petronilla beherrscht (1621), dessen Blau- und Braunharmonien besondere Beachtung verdienen. Die gewundene Linienführung ist ein Hinweis auf den Beginn des Barocks. Daneben hängen in diesem Saal weitere Werke der Akademie von Bologna (Il Domenichino, G. Reni, A. Carracci), sowie die *Wahrsagerin* (11) (1589), die Caravaggio zugeschrieben wird.

★★ MUSEO CAPITOLINO ⏱

Eingerichtet im Palazzo Nuovo.

Ein Brunnen im Hof ist mit der antiken Statue einer „**Marforio**" genannten Gottheit geschmückt. Der gemütlich ausgestreckte Koloß scheint gelangweilt das Wasser im Brunnenbecken zu betrachten. Im Mittelalter gehörte er zur Gruppe der „sprechenden Statuen" und trug deshalb gegen die Machthaber der Stadt gerichtete satirische Inschriften. Lange Zeit stand der Marforio neben der Kirche SS. Luca e Martina. Zur Finanzierung seiner Verlegung in Jahr 1595, die viel Geld kostete, beschloß die Regierung, den Weinpreis zu erhöhen. Daraufhin „schrieb" Marforio an Pasquino (eine andere „sprechende" Statue) und drückte sein Bedauern darüber aus, daß die Römer künftig auf Wein verzichten mußten, nur damit er einen Brunnen schmücken konnte.

★★ **Reiterstandbild des Marc Aurel** – Im Hof rechts. 1538 ließ Michelangelo die Statue vom Lateranplatz in die Mitte des Kapitolsplatzes verlegen. Voller Bewunderung für diese einst vergoldete Bronzestatue, die ein schönes Beispiel für den römischen Realismus des ausgehenden 2. Jh. ist, restaurierte er sie eigenhändig. Das Standbild war außergewöhnlich gut erhalten, da die Christen im Mittelalter es für eine Darstellung Konstantins, des ersten christlichen Kaisers, hielten. Mit Sicherheit hätten sie das Abbild eines Kaisers nicht geduldet, der die Verfolgung der Heiligen Blandina, Pothinus und Justinus untätig mitansah.

Säle im Erdgeschoß – Die Säle links vom Eingang befassen sich in erster Linie mit den orientalischen Kulten des Mithras und der Kybele. Zu sehen sind mehrere Darstellungen des Gottes Mithras beim Töten des Stiers, während die Kräfte des Bösen (Hund, Skorpion und Schlange) versuchen, das Opfer zu verhindern. Ein Altar trägt die Widmung der Vestalin Claudia, die ihren Gürtel zum Festmachen des Bootes verwendete, das den „schwarzen Stein" von Pessinunt geladen hatte. Ihr Lebenswandel galt als lasterhaft, und die Auguren hatten verkündet, daß das gestrandete Boot nur von einem keuschen jungen Mädchen bewegt werden könne.
Im Saal rechts vom Eingang wird auf einem römischen Sarkophag ein Kampf zwischen Griechen und Galatern dargestellt (2. Jh.). Die Galater waren Kelten, die einen Teil Kleinasiens, **Galatien**, besetzt hatten. Die Ornamentik geht zurück auf Modelle der hellenistischen Schule Pergamons. Im Nachbarsaal steht ein schöner Sarkophag mit Flachreliefs, auf denen das Leben des Achilles dargestellt ist. Darüber die verstorbenen Eheleute (3. Jh.).

Atrium – Die Riesenstatue des Mars ist derjenigen nachempfunden, die sich im Tempel des Mars Ultor im Augustusforum befand.

Eine Treppe führt in den ersten Stock.

Sala delle Colombe (I) – Dieser Saal wurde nach dem herrlichen **Mosaik**★★ (1) benannt, das den Fußboden der Villa Hadriana in Tivoli schmückte. Wahrscheinlich handelt es sich um die Kopie eines griechischen Mosaiks aus Pergamon des 2. Jh. v. Chr. Die Statue eines kleines Mädchens, das eine Taube in seinen Armen hält und sich gegen eine Schlange verteidigt (2), ist die römische Kopie einer hellenistischen Plastik des 2. Jh. v. Chr. Bei der Restaurierung wurde das ursprüngliche Tier (ein Hund oder eine Katze) durch eine Schlange ersetzt.

Galleria – Die *Betrunkene Alte* (3) ist möglicherweise die Replik eines hellenistischen Werks des 3. Jh. v. Chr. Der Realismus der Darstellung ist bemerkenswert.
Die als Venus dargestellte römische Dame (4) zeigt die bereits zur Zeit des Augustus herrschende Vorliebe der Römer für Verkleidungen. Das Gesicht der Statue ist das Porträt einer Dame aus der Zeit der Flavier (2. Hälfte des ersten Jh.), ihr Körper ist die Kopie eines griechischen Modells des 4. Jh. v. Chr.

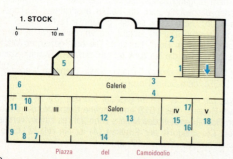

CAMPIDOGLIO – CAPITOLINO

★★ **Kapitolinische Venus** (5) – Das griechische Original, das den römischen Bildhauer dieser Venus inspirierte, war eine hellenistische Plastik, die der Venus von Knidos des klassischen Meisters Praxiteles nachempfunden war. Die kapitolinische Venus, die gerade aus dem Bad steigt, unterscheidet sich von dem klassischen Werk durch eine doppelte Geste der Scham.

Ein mit einem großen Krater (6) abgedeckter Brunnenschacht aus dem 2. Jh. ist mit den zwölf Divi Consenti geschmückt, denen im Forum eine eigene Säulenhalle gewidmet war.

★★ **Sala degli Imperatori** (II) – Nur selten sind so viele Porträts berühmter Persönlichkeiten an einem Ort zu sehen. Alle Kaiser sind abgebildet. Besonders hervorzuheben sind zwei Porträts von Oktavianus-Augustus, die hervorragend seinen kalten Willen zum Ausdruck bringen und seinen Ehrgeiz, sich als Kaiser zu behaupten. Das eine (7) stellt ihn zur Zeit der Schlacht von Aktium dar *(in der oberen Reihe)*; auf dem anderen (8) *(gegenüber dem Fenster)* ist er mit einem Myrtenkranz zu sehen.

Die Büste des Commodus in jungen Jahren (9) zeugt vom großen Geschick des Bildhauers bei der Bearbeitung von Marmor und von seiner subtilen Verwendung von Licht und Schatten.

Plotina (10) *(in der oberen Reihe)*, die Gemahlin Trajans, ist in nachdenklicher, trauriger Pose dargestellt. Sie kündigte den Senatoren beim Tode Trajans an, daß ihr Gemahl in letzter Minute Hadrian zu seinem Nachfolger bestimmt hatte.

Das Porträt einer Dame mit gelockter Hochfrisur (11) vom Ende des 1. Jh. (über einer Säule) gehört zu den schönsten Werken der Sammlung.

Sala dei Filosofi (III) – Saal mit fast 80 Büsten.

Salon – Beachtung verdienen die beiden Zentaurenstatuen, eine junge lachende (12) und eine alte weinende (13). Es handelt sich um römische Plastiken aus dunklem Marmor aus der Zeit Hadrians (117-138), die hellenistischen Bronzestatuen nachempfunden sind. Die **Verwundete Amazone**★ (14) ist die gelungene römische Kopie einer Kresilas-Statue, die mit den Kopien der Amazone von Ephesus von Phidias und Polyklet gleichgesetzt wird.

Sala del Fauno (IV) – In diesem Saal ist ein „Satyr" (15) zu sehen, ein Zeitgenosse der zwei Zentauren.

Unter den römischen Inschriften ist die in Bronze gravierte „Lex de imperio Vespasiani" (16) hervorzuheben. Mit diesem Gesetz stattete der Senat Vespasian am 22. Dezember 69 mit uneingeschränkter Macht aus. Cola di Rienzo kommentierte dieses Gesetz vor der Menge.

Statue eines Kindes, das den Hals einer Gans umschlingt (17). Der römische Bildhauer des 2. Jh. verwendete die Bronzeplastik des Griechen Boethos als Vorlage.

Sala del Gladiatore (V) – Der Saal erhielt diese Bezeichnung, weil man lange Zeit glaubte, daß die großartige Plastik (18) in der Saalmitte einen Gladiator darstellt. In Wirklichkeit handelt es sich um einen Galater (siehe vorhergehende Seite), den ein römischer Bildhauer von einer Bronzeplastik der Schule von Pergamon (Ende 3./ Anfang 2. Jh. v. Chr.) kopierte. Er dürfte zu einer Gruppe gehört haben, die an den Sieg des Königs von Pergamon, Attalos I., über die Galater erinnert. Das Leid und die Würde dieses Körpers im Todeskampf wurden auf bewundernswerte Weise dargestellt, weshalb der **Sterbende Gallier**★★★ zu den schönsten Stücken der antiken Kunst gehören dürfte.

Auf dem Kapitolsplatz rechts vom Senatorenpalast in die Via del Campidoglio einbiegen. Von dort bietet sich ein besonders interessanter **Blick**★★ über das Forum Romanum mit Tabularium, Portikus der Divi Consenti, Tempel des Vespasian und Concordiatempel.

Zum Kapitolsplatz zurückkehren. Die Treppe links vom Konservatorenpalast nehmen und dann in die Via del Tempio di Giove einbiegen.

Unterhalb der Via del Tempio di Giove sind einige Blöcke zu sehen, die eine Ecke des Jupitertempels bildeten. Danach erreicht man schöne Anlagen, die genau dort angelegt wurden, wo sich der Tarpejische Fels befunden haben soll. Es bietet sich ein **Blick** über das Forum Romanum, den Palatin, den Caelius-Berg und den Aventin.

AM FUSS DES CAPITOLS

In die Via di Monte Caprino einbiegen und links zur Piazza della Consolazione hinuntergehen.

Rupe Tarpea – Die Via della Consolazione, die an den Vico Jugario anschließt, führt am Südhang des Capitols entlang. Hier soll sich der **Tarpejische Fels** befunden haben (s.o.) Der Ort wurde nach Tarpeja, der Tochter des Hüters der Zitadelle auf dem Kapitol, benannt, der zur Zeit des Romulus den feindlichen Sabinern die Pforten geöffnet hatte *(s. Piazza del Campidoglio)*.

Der Vicus Jugarius (heute Vico Jugario), an dem im Altertum die Buden der Pflugschmiede standen, führte am Fuß des Kapitols entlang und verband das Forum Olitorium mit dem Forum Romanum. Am Anfang der Straße sind links die Überreste von Säulenhallen zu sehen, die zur Zeit der Republik am Fuß des Kapitols standen.

Die Via del Teatro di Marcello überqueren.

Chiesa di San Nicola in Carcere und Tempel des Forum Olitorium – Die kleine Kirche **San Nicola in Carcere** stand im 11. Jh. zwischen antiken Ruinen und wurde bis ins 19. Jh. mehrmals restauriert. Der Turm wurde im 12. Jh. errichtet, als das Viertel der Pierleoni-Familie gehörte. Die Worte „in carcere" erinnern an ein Gefängnis, das im 7. und 8. Jh. an der Stelle des früheren dorischen Tempels stand. Die Kirchenfassade von Giacomo della Porta stammt von 1599. Sie entstand auf den Überresten einer Gruppe heidnischer Bauten mit den drei nebeneinanderstehenden Tempeln des Forum Olitorium *(s. auch BOCCA DELLA VERITÀ).* So zeigt sich hier das Ineinandergreifen der Zeiten: Wo heute San Nicola steht, befanden sich einst die Cella und der Pronaos des mittleren Tempels. In den Seitenwänden der Kirche sind die Säulen des Podiums der seitlichen Tempel zu sehen. Rechts befand sich ein Tempel im ionischen Stil, und die beiden einzeln stehenden Säulen auf der rechten Seite der Kirche gehörten zu seiner rechten Wand. Vom dorischen Tempel auf der linken Seite sind 6 Säulen erhalten, die in die linke Kirchenwand eingebaut sind. Die drei Tempel, die Juno, Janus und der Hoffnung gewidmet waren, wurden im 1. Jh. v. Chr. wiederaufgebaut.

Ausgrabungen ⊘ – In der Krypta hat man die Fundamente der antiken Tempel freigelegt. Vom Dach der Kirche aus sind Fragmente des Frieses zu erkennen.

★★ **Teatro di Marcello** – Stendhal rühmt vorbildgebende Proportionen der Ruine des Theaters, dessen Bau Caesar veranlaßt hatte. Augustus vollendete ihn zwischen 13 und 11 v. Chr. und widmete ihn dem Sohn seiner Schwester Oktavia, Marcellus.

Über den beiden erhaltenen Arkadengeschossen erhob sich wahrscheinlich ein drittes Geschoß mit korinthischen Pilastern. Sie bildeten den kreisförmigen Teil des Bauwerks, der die Zuschauerränge umgab. Die heute nicht mehr vorhandene Bühne befand sich auf der Tiberseite. Das Marcellus-Theater war nach dem Pompejus-Theater auf dem Marsfeld das größte Roms und bot 15 000 Zuschauern Platz. Seine schmucklose, feierliche Architektur mit übereinanderliegenden Säulenordnungen ging der Errichtung des Kolosseums voraus, für das der gleiche Stein, Travertin aus einem Steinbruch in Tivoli, verwendet wurde. Am Tag der Einweihung war Augustus das Opfer eines Zwischenfalls, über den Suetonius berichtet: „Die Dübel seines kurulischen Stuhles hatten sich gelöst, und er stürzte rückwärts zu Boden."

Das Theater wurde durch den Brand im Jahr 64 sowie während der Machtkämpfe zwischen Vespasian und Vitellius beschädigt und schließlich im 4. Jh. aufgegeben. Kurz darauf wurde das Gebäude allmählich abgetragen und das Material anderweitig eingesetzt, unter anderem für die Reparatur der Cestius-Brücke im 4. Jh. Dann wurden an das Theater Häuser angebaut. Im Jahr 1150 wurde es zur Festung umgebaut und blieb nicht zuletzt deshalb erhalten.

Im 16. Jh. machte die Adelsfamilie Savelli das ehemalige Theater zu ihrem Palast. Heute sind die Überreste dieses von Baldassare Peruzzi errichteten Wohnsitzes über den antiken Bögen zu sehen. Danach kam der Palast in den Besitz der Orsinis. Das antike Theater wurde zwischen 1926 und 1929 bei Ausgrabungen freigelegt.

★★ **Tempio di Apollo** – Im 5. Jh. v. Chr. stand hier der erste dem griechischen Gott Apollo geweihte Tempel. Die Römer verehrten ihn zunächst wegen seiner Eigenschaft, Krankheiten fernzuhalten (Apollo medicus).

Tempel des Apollo Sosianus

CAMPIDOGLIO – CAPITOLINO

Im Jahr 34 v. Chr. ließ Caius Sosianus, der Statthalter Kilikiens und Syriens, den Tempel aus Marmor wiederaufbauen, der zu seinen Ehren in **Apollo-Tempel des Sosianus** umbenannt wurde. Die drei eleganten grillten **Säulen**★★ mit korinthischem Kapitell, die 1940 wiederaufgerichtet wurden, gehörten zum Pronaos des Tempels.

Zur Piazza di Campitelli weitergehen.

Chiesa di Santa Maria in Campitelli – Als Rom im Jahr 1656 von der Pest heimgesucht wurde, beteten die Römer unablässig zu einem Bildnis der Muttergottes in der Kirche Santa Maria in Portico (sie befand sich dort, wo heute die Gebäude des Einwohnermeldeamtes – Anagrafe – am Tiberufer stehen und ist heute verschwunden). Als die Epidemie zu Ende ging, beschloß man, für das angebetete Bildnis ein neues Gotteshaus zu errichten. Im September 1662 wurde der Grundstein für die Kirche S. Maria in Campitelli gelegt. Mit dem Bau wurde Carlo Rainaldi (1611-1691) beauftragt, der sein Werk selbst plante und ausführte.

Außen und innen beherrschen Säulen das Bild. An der Fassade heben sie sich deutlich ab und schaffen eine schöne Harmonie. Zahlreiche Vorsprünge, unterbrochene und geschwungene Frontgiebel sowie Kranzgesimse sorgen für Abwechslung und Bewegung. Im **Inneren**★ wird der Raum durch nach vorne versetzte Säulen begrenzt. Durch den originellen Grundriß in Form eines griechischen Kreuzes, das zur Apsis hin schmäler wird, die grandiose Kuppel und das eindrucksvolle Gewölbe, den Wechsel von Vorsprüngen und zurückversetzten Partien entstehen gewagte Perspektiven.

In der Kirche sind mehrere schöne Malereien des 17. Jh. zu sehen, darunter in der zweiten Kapelle rechts ein Gemälde, das die hl. Anna, den hl. Joachim und die Muttergottes darstellt. Es ist ein Werk des Barockmalers Luca Giordano (1632-1705). Der Rahmen wird von zwei schönen knieenden Engeln gehalten. Das barocke Gemälde links vom Chor ist ein Werk von Giovanni Battista Gaulli, genannt Baciccia (1639-1709), der auch die Decke der Chiesa di Gesù bemalte. Das Grab von Kardinal Massimi unter diesem Gemälde ist ein Werk von 1975, das von Verroi geplant und von Qualieri ausgeführt wurde. Über dem Hochaltar in einer barocken Glorie ein Emailbild der Muttergottes (11. Jh.) aus der Kirche Santa Maria in Portico.

Auf der Via dei Delfini bis zur Piazza Margana gehen.

Die Ruhe dieses typisch römischen Plätzchens läßt die Nähe des tosenden Verkehrs in der italienischen Hauptstadt vergessen. In der Via Margana, Hausnr. 40, steht der Margana-Turm. Er gehört zu einem Haus und wurde auf den Überresten einer antiken Säulenhalle errichtet, von der noch eine Säule mit ionischem Kapitell erhalten ist.

Weiter zur Piazza d'Aracœli.

Fontana di Piazza d'Aracœli – Der Brunnen ist ein relativ unscheinbares Werk von Giacomo della Porta (1589), dem großen römischen Brunnenarchitekten. Zumindest stammen die Pläne von ihm. Im 17. Jh. kam das Wappen der Chigi-Familie hinzu, und ein Jahrhundert später wurde der von Della Porta vorgesehene Sockel mit zwei Treppen durch das heutige runde Becken ersetzt.

Die Besichtigung kann an folgenden Orten fortgesetzt werden: BOCCA DELLA VERITÀ ; FORO ROMANO – PALATINO ; ISOLA TIBERINA – TORRE ARGENTINA ; PIAZZA VENEZIA.

CAMPO DEI FIORI★★

Besichtigung: 2 1/2 Std.

Der vorgeschlagene Rundgang vermittelt einen guten Eindruck von Atmosphäre und Geschichte dieses Viertels, das sich zwischen dem Tiber, dem Corso Vittorio Emanuele II und dem Fuße des Kapitols erstreckt. Im Süden des Marsfeldes *(s. PANTHEON)* wurde es in der Antike vor allem durch einen monumentalen Baukomplex ersten Ranges geprägt, der auf Pompeius zurückging (55 v. Chr.). Er bestand aus einem gewaltigen Theater, dem ersten aus Stein erbauten Roms, einem Venustempel und einer Curia. In dieser Curia, in der zuweilen die Sitzungen des Senats stattfanden, nahm die römische Geschichte eine entscheidende Wendung; hier wurde nämlich im Jahre 44 v. Chr. an den Iden des März zu Füßen der Pompeiusstatue Julius Cäsar ermordet. Nahezu nichts ist von diesem Bau übriggeblieben.

Nicht weit davon entfernt legten Archäologen 1926 Überreste eines religiösen Bezirks (Area Sacra del largo Argentina) aus der Zeit der antiken Republik frei.

Unter Papst Damasus, im Jahre 380, wurde in dem Viertel die erste christliche Kirche gegründet (San Lorenzo in Damaso).

Im Mittelalter wurden zahlreiche Kirchen und Festungen gebaut. Die häufig sehr einfachen Kirchen bargen die Devotionalien der Handwerker, die sich zu Zünften zusammengeschlossen hatten und den Charakter des Viertels prägten. Es gab sehr viele Lederzurichter (vaccinari), aber auch Kesselschmiede (calderari) oder Seiler (funari); heute noch erinnert der Name mancher Straße in der Nähe des Monte Cenci an diese alten Berufe.

Nach der Verwüstung Roms durch die Truppen Karls V. im Jahre 1527 nahm die Profanarchitektur neuen Aufschwung. Kardinal Riario investierte das Geld, das er beim Glücksspiel gewonnen hatte, in den Palast der Cancelleria und beschwichtigte damit die Skrupel seines Onkels, Papst Sixtus IV.

CAMPO DEI FIORI

Statue des Giordano Bruno auf dem Campo de' Fiori

Kardinal Farnese, der spätere Papst Paul III., erbaute einen Palast zum Ruhm seiner Familie, den er selbst zum Gipfel geführt hatte. *(s. nachfolgend Palazzo Farnese).*
Die engen Gäßchen rund um das Campo dei Fiori könnten allein schon genügen, einen unerfahrenen Rombesucher mit den typischen Seiten der Stadt bekannt zu machen, denn in den dunklen, „Vicoli"genannten Gäßchen, die so schmal sind, daß ein einfacher Bogen genügt, ihre beiden Seiten miteinander zu verbinden, stehen sehr bescheidene Häuser und erhabene Paläste in nonchalanter Schlichtheit nebeneinander, ohne daß irgend jemand etwas Besonderes daran fände.

★ PIAZZA CAMPO DEI FIORI

Der Name Campo dei Fiori (Blumen- oder Gemüsefeld) geht wahrscheinlich auf das Mittelalter zurück, auf eine Zeit, in der sich an dieser Stelle eine weite Wiese ausbreitete, beherrscht von den Festungen der mächtigen Familie der Orsini, damals Herren des Gebietes. Im 16. Jh. entwickelte sich der Platz zum Zentrum von Rom; hier trafen sich die Römer aller Schichten. Es gab eine Unzahl von Herbergen. Die **„Hostaria della Vacca"** (**A**) gehörte Vannozza Caetani (1442-1518), berühmt wegen ihres Verhältnisses mit Rodrigo Borgia, dem späteren Papst Alexander VI. Sie schenkte ihm mehrere Kinder, darunter Cesare und Lucrezia. Auf der Fassade des Gebäudes kann man heute noch ein Wappen sehen, in dem sich die Insignien der Borgia zu denen der Vannozza Caetani und eines ihrer Ehemänner gesellt haben. Das Campo dei Fiori war Schauplatz zahlloser Feste, aber auch von Hinrichtungen. Die berühmteste war die des Giordano Bruno. Zur Zeit der Gegenreformation – am 17. Februar 1600 – wurde der Philosoph als Ketzer verbrannt. Daran erinnert eine Statue, die sich an der Stelle des „Terrina"-Brunnens erhebt, der an die Piazza della Chiesa Nuova versetzt wurde.
In heutiger Zeit belebt sich das Campo dei Fiori Morgen für Morgen dank des überaus malerischen Markts aufs schönste.

Der Markt auf dem Campo dei Fiori

Der malerische Markt des Campo dei Fiori ist einer der schönsten und meistbesuchten Roms. Rund um die strenge und etwas traurige Statue des Astronomen und Philosophen Giordano Bruno wird an Tischen, Theken und Stellagen eine große Vielfalt an Käse, Wurst, Geflügel, Obst und Gemüse feilgeboten. Man findet aber auch Haushaltswaren und Nippes aller Art. Mit etwas Glück kann man sogar etwas besonders Ungewöhnliches wie z. B. ein sizilianisches Exvoto aus Silber erwerben. In dieser volkstümlichen Atmosphäre dürfen natürlich auch die unvermeidlichen Originale und typischen Persönlichkeiten, die einen traditionsreichen Markt ausmachen, nicht fehlen. Da ist z. B. der Messer- und Scherenschleifer, der seit Jahren schon Tag für Tag in die Pedale tritt, um seinen Schleifstein in Bewegung zu setzen. Und, wenn der Markt zu Ende geht, dann bleiben immer noch die drei Blumenstände, die mit ihren bunten Farben den Platz bis zum späten Nachmittag beleben.

CAMPO DEI FIORI

★★ PALAZZO DELLA CANCELLERIA

Der Palazzo della Cancelleria wurde von 1483 bis 1513 für Kardinal Raffaele Riario, den Großneffen Sixtus' IV., erbaut. Wer den genialen Bau entworfen hat, ist unklar, eventuell Andrea Bregno oder dessen Bruder, der von Bramante unterstützt worden sein soll. Die Inschrift über dem Balkon erinnert daran, daß das Gebäude Sitz des „Corte Imperiale" (Kaiserlicher Hof) war und während der napoleonischen Besatzungszeit (1809-1814) als Gerichtshof diente. Von 1937 bis 1945 ausgebaut und restauriert, ist der Palast heute Sitz der päpstlichen Kanzlei, in der man sich mit der Erstellung von Urkunden, Akten und Schriften aller Art befaßt. Insofern genießt er das Vorrecht der Exterritorialität, das dem Territorium des Vatikans in den Lateranverträgen zuerkannt wurde (siehe VATICANO – SAN PIETRO, Kapitel: Der Vatikanstaat).

Ein fünfzehn Jahrhunderte alter Cupido - 1496 zog Kardinal Riario in den Palast ein. Seine allenthalben bekannte Vorliebe für Antiquitäten brachte Michelangelo auf die Idee, einen herrlichen Cupido zu schaffen, ihn sorgfältig zu patinieren und ihn dem Kardinal über einen Mittelsmann für 2000 Dukaten als ein antikes Werk anzubieten. Der Kardinal bekam jedoch Wind von der Sache und beschloß, sein Geld zurückzuholen und dem Künstler seine Statue zurückzugeben. Michelangelo jedoch sah seinen Cupido nie wieder. Der gelangte nach Frankreich, und dort verlor sich seine Spur.

Fassade und Innenhof – Diese beiden Elemente machen aus dem Palast den elegantesten Renaissancebau Roms. Breite Flächen ohne Zierrat, sehr flache Pilaster und gerade Linien gliedern die majestätisch rustizierte Travertinfassade. Die graphischen Linien und der Fensterschmuck der Obergeschosse – dort befindet sich auch die Rose, das Wappenzeichen der Familie Riario – verleihen ihr Leichtigkeit und Eleganz. 1589 ließ Kardinal Alessandro Peretti, der Großneffe von Papst Sixtus V., das Hauptportal hinzufügen. Der Innenhof ist sehr harmonisch gestaltet. Die Granitsäulen, die die zweigeschossigen Arkaden tragen, stammen aus dem ursprünglichen Kirchenbau von San Lorenzo in Damaso. In der Via del Pellegrino besitzt der an den Ecken mit schönen Balkons geschmückte Palast im Erdgeschoß noch Arkaden mit Läden, die zugunsten des Kapitels von San Lorenzo in Damaso vermietet werden. An den vorspringenden Ecken des Gebäudes die Wappen von Sixtus IV. und Julius II. (die Eiche der della Rovere), in deren Amtszeiten Beginn und Abschluß der Bauarbeiten fielen.

Inneres ⊙ – Im ersten Stock des Palastes befinden sich die *Aula Magna*, der große Versammlungssaal, und der sogenannte Saal „der hundert Tage" (Cento Giorni). In der Sala dei Cento Giorni kann man ein Fresko von Giorgio Vasari bewundern, auf dem das Treffen zwischen Paul III., Karl V. und Franz I. im Jahre 1538 in Nizza (Waffenstillstand von Nizza) dargestellt ist. Es war in hundert Tagen fertiggestellt worden.

Chiesa di San Lorenzo in Damaso – *Im Palazzo della Cancelleria. Diese Kirche wurde im 4. Jh. von Papst Damasius gegründet und später zusammen mit dem Palast wiederaufgebaut.* Während der ersten Besatzung Roms durch die französischen Truppen wurde sie in einen Pferdestall umgewandelt (1798), während der zweiten (1809-1814) diente sie als Nebengebäude des Kaiserlichen Hofes. Im 19. Jh. wurde sie mehrfach restauriert, nach einem Brand im Jahre 1939 wurde die Decke neugebaut. Schöner Grundriß in Form eines großen dreischiffigen Saals mit einer Vorhalle. In der ersten Kapelle rechts Christusfigur aus Holz (14. Jh.). In der Kapelle am Ende des linken Kirchenschiffs Mariengemälde aus dem 12. Jh. nach Art byzantinischer Ikonen.

Rechts in den Corso Vittorio Emanuele II. einbiegen.

In der Via Giulia wurden Feste veranstaltet, die speziell von den Florentinern inszeniert wurden, wie Büffelrennen und Karnevalsumzüge. Im Jahre 1663 fand hier sogar ein Turnier mit nackten Buckligen statt.

★ PALAZZO DELLA FARNESINA AI BAULLARI

1523 begann man mit dem Bau dieses kleinen Renaissancepalasts für den Franzosen Thomas le Roy, Diplomat am Heiligen Stuhl. Von König Franz I. in den Adelsstand erhoben, ließ er die französische Lilie und den Hermelin, das Wahrzeichen seiner bretonischen Heimat, darstellen. Da man die Lilie mit dem Emblem der Familie Farnese, der Iris, verwechselte, nannte man den Palast auch die „Piccola Farnesina". Der Palast liegt an der **Via dei Baullari**, der Straße der Kofferhersteller (it. bauli). Die Fassade am Corso Vittorio Emanuele II wurde zwischen 1898 und 1904 errichtet.
Ein Museum im Inneren (Umbau im 19. Jahrhundert) birgt Sammlungen antiker Skulpturen, eine Schenkung des Barons Giovanni Barracco.

Museo Barracco ⊙ – *Die Zahlen entsprechen denen vor Ort.*
Das Museum bietet einen Überblick über die ägyptische, assyrische, griechische und römische Bildhauerkunst von ihren Anfängen bis zum Ende der Antike.
Man beachte die Eleganz des kleinen Innenhofes und begebe sich dann ins 1. Obergeschoß, das den Besucher mit einem freskenbemalten Gewölbe aus dem 17. Jh. empfängt. Der **Raum I** zeigt ägyptische Skulpturen vom 3. Jahrtausend an, darunter ein Kopf des jungen Pharaos Ramses II. aus schwarzem Granit (**21**) und zwei Flachreliefs (**2** und **3**) aus dem Alten Reich (4. Dynastie), die aus Gräbern von reichen Privatleuten stammen. In **Raum II** befindet sich eine Reihe von assyrischen Flachreliefs; eines davon stellt eine Frau in einem Palmenhain dar (Ende 8. Jh. v. Chr.) (**48**).

CAMPO DEI FIORI

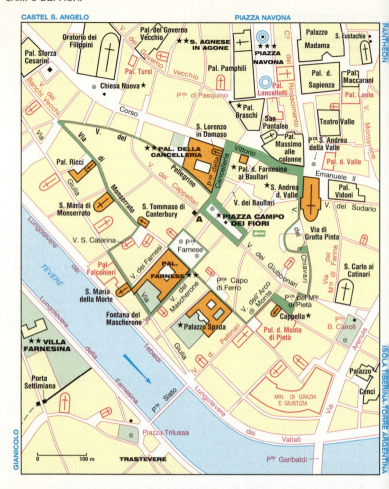

Man beachte die herrliche Maske aus vergoldetem Karton aus der ptolemäischen Epoche (**22**) und den interessanten Kopf einer aus Fajjum stammenden Mumie aus bemaltem Stuck (**33**), (ägyptische Kunst der Römerzeit, 2. Jh.). In den **Räumen III** und **IV** sind etruskische und zypriotische Werke ausgestellt: Antefixe (Stirnziegel als Schmuck am Dachrand) und etruskische Cippi (Grabsteine); Frauenkopf (**205**) aus dem 2. Jh. v. Chr., gefunden bei Bolsena; kleine Statue des Gottes Bes (**60**), einer zweitrangigen ägyptischen Gottheit, die auch von anderen Völkern verehrt wurde; zypriotische Skulpturen wie die Quadriga (**68**) aus dem 6. Jh. v. Chr. und der Kopf eines bärtigen Mannes (**64**) aus dem 5. Jh. v. Chr.

Das 2. Obergeschoß ist griechischen, römischen und mittelalterlichen Werken gewidmet. **Raum V** birgt vor allem griechische Skulpturen der klassischen Zeit (5. Jh. v. Chr.) und römische Kopien: Kopf eines Epheben (**80**), griechisches Original; Marsyaskopf (**97**), seltene Kopie des Werkes von Myron, das die Göttin Athene zusammen mit dem Satyr Marsyas zeigte; Kopf des Apoll (**92**), schöne Nachahmung nach Phidias. In **Raum VI** werden Werke aus der archaischen Zeit Griechenlands aufbewahrt, wie auch Originale aus dem 5. und 4. Jh. v. Chr. In den **Räumen VII** und **VIII** befinden sich Exponate aus der hellenistischen Epoche, darunter ein sehr schöner Krater (Vase) mit Voluten (**233**). Um zu **Raum IX** zu gelangen, muß man die Loggia durchqueren: Er zeigt schöne Beispiele römischer und mittelalterlicher Kunst, darunter die elegante Büste eines römischen Jugendlichen aus dem 1. Jh. n. Chr. (**190**) und das Bildnis eines Jungen (**194**).

Dem Corso Vittorio Emanuele II folgen.

★ CHIESA DI SANT'ANDREA DELLA VALLE

Die **Piazza Sant'Andrea della Valle** wird von einem – Carlo Maderno zugeschriebenen – Brunnen geschmückt, der die Embleme der Familie Borghese, den Adler und den Drachen, trägt. Er soll auf Papst Paul V. zurückgehen.

Die Bauarbeiten für die Kirche wurden 1591 von Giacomo della Porta begonnen und zwischen 1608 und 1623 von Carlo Maderno abgeschlossen. Die **Fassade★★**, die zwischen 1656 und 1665 von Carlo Rainaldi hinzugefügt wurde, ist eine der elegantesten, die der römische Barock hervorgebracht hat.

Auf zwei Geschossen schaffen Säulen und zahlreiche Vorkragungen interessante Bewegungseffekte. Die Voluten, die üblicherweise die unteren und oberen Partien eines Barockgebäudes miteinander verbinden, wurden hier – nur auf der linken Seite – durch einen Engel mit entfalteten Flügeln ersetzt.

Inneres – Der einem lateinische Kreuz folgende einschiffige Grundriß mit ineinander übergehenden Kapellen orientiert sich an dem von Il Gesù. Er ist typisch für die Zeit der Gegenreformation, deren strenge Kunstauffassung sich ebenfalls in der Schlichtheit der zweiten Kapelle rechts und im Altar des rechten Querschiffarms wiederfinden läßt (Die Gewölbe des Langschiffs und des linken Querschiffarms wurden Anfang des 20. Jh. dekoriert.).

★★ **Kuppel** – Die von Carlo Maderno erbaute Kuppel ist eine der schönsten der Stadt – und die zweitgrößte Roms nach der von St. Peter, deren Doppelsäulenmotiv sie übernommen hat. Von 1624 bis 1627 wurde sie von **Giovanni Lanfranco** mit einem Fresko bemalt; Lanfranco war der erste Maler, der den Dekor perfekt der Kuppelform anzupassen wußte. Sein vielfarbiges Fresko des *Himmlischen Paradieses* ahmt dasjenige nach, das Correggio für die Kuppel des Domes zu Parma realisiert hatte. Die Evangelisten in den Pendentifs stammen von Domenichino. Die Kunst Michelangelos hat sicher zu der kraftvollen Gestaltung dieser Werke beigetragen.

★ **Apsis** – Domenichino (1624-1628) schmückte die Kalotte (Kuppelhaube) im Stil der ausgehenden Renaissance mit Fresken aus, die durch feine Grate aus weißem und goldenem Stuck voneinander getrennt sind. Rechts: der hl. Andreas wird zu seinem Martyrium geführt; in der Mitte: die Berufung des hl. Andreas und und des Apostels Petrus; links: die Geißelung des Heiligen. Oben: der hl. Andreas wird in den Himmel aufgenommen; im Zentrum des Bogens: Johannes der Täufer zeigt Petrus und Andreas den Messias.
Die großen Gemäldetafeln (1650-1651) rund um den Hauptaltar zeigen das Martyrium des hl. Andreas. Sie wurden von Mattia Preti geschaffen, der sich an Caravaggio und Lanfranco orientierte.

Piccolomini-Gräber – *In dem Joch vor dem Querhaus*. Das in die Wand eingelassene Grab von Papst Pius II. *(links)* ist typisch für die Grabmalskunst des ausgehenden 15. Jh. Das Grabmal Papst Pius III. *(rechts)* folgt ihm.

An der Längsseite der Kirche die Via dei Chiavari nehmen.

Die Via dei Chiavari verläuft ganz in der Nähe des majestätischen Theaters des Pompeius, von dem nur die Halbkreisform übriggeblieben ist, die die Häuser der **Via di Grotta Pinta** nachzeichnen.

Früher war die Via dei Chiavari die Straße der Korsagenhersteller (Giubbetti), Seidenhändler und Flicker. Hinter dem Theater befand sich ein großer Portikus (Säulenhalle), der ganz hinten von der Curia des Pompeius bekrönt wurde *(s.o.)*. Überreste der Kurie sind in der Area sacra di largo Argentina *(siehe dort)* zu sehen.

Die Via dei Giubbonari überqueren und zur Piazza del Monte di Pietà gehen.

★ **Cappella del Monte di Pietà (Pfandleihanstalt)** ⊙ – Dieser kleine Bau von ovalem Grundriß im Inneren des Palazzo del Monte di Pietà ist ein wahres Juwel der Barockkunst. Er geht hauptsächlich auf die Architekten Giovanni Antonio de Rossi (Mitarbeiter Berninis) und Carlo Bizzaccheri (Schüler von Carlo Fontana) zurück. Bizzaccheri übernahm nach de Rossis Tod (1695) die Bauarbeiten und schuf Vorhalle und Kuppel. Die dargestellten Themen veranschaulichen den Zweck der hier eingerichteten Pfandleihanstalt, mit der man den Wucher bekämpfen wollte. Die Kapelle wurde 1641 geweiht. An Ausstattung und Dekor arbeitete man bis 1725.
Vom Eingang gesehen rechts: allegorische Statue des Glaubens, ein Werk von Francesco Moderati. Es folgen: ein Flachrelief, *Tobias leiht Gabael Geld*, ein überbordendes Werk des französischen Malers Pierre Legros; dann eine Allegorie der Caritas von Bernardino Cametti, deren Figuren geradezu aus der Nische heraus wollen. Das Flachrelief der *Pietà* von Domenico Guido, einem Mitarbeiter Berninis, wurde 1676 fertiggestellt. Nach der Caritasstatue von Giuseppe Mazzuoli folgt das Flachrelief *Joseph gibt den Ägyptern Getreide* von Jean-Baptiste Théodon. Schließlich die elegante Statue der *Hoffnung* von Agostino Cornacchini.

Die Via dell'Aro di Monte nehmen und dann rechts in Richtung Piazza Capo di Ferro gehen.

★ PALAZZO SPADA

Der Palast wurde um 1540 für den Kardinal Gerolamo Capo di Ferro erbaut. Sein Architekt zählte vielleicht zum Umfeld Sangallos. Im Jahre 1632 erwarb Kardinal Bernardino Spada den Palast (und ließ vieles verändern, auch einen Flügel anbauen); 1927 ging er in das Eigentum der italienischen Regierung über; heute dient er als Sitz des Staatsrates.
Wenn auch der Palazzo Spada nur vier Jahre nach dem Palazzo Farnese erbaut worden ist, so zeigt er doch völlig unterschiedliches Gepräge. Auf die nüchterne Erhabenheit der Renaissance folgte ein Stil, der sich in manieristischen Spielereien mit Schmuckelementen gefiel. Auf der **Fassade** des Palastes häufen sich Statuen, Stuckgirlanden, Medaillons und Kartuschen mit Inschriften, die an die Großtaten der antiken Persönlichkeiten erinnern, deren Abbilder in den Nischen des ersten Obergeschosses zu sehen sind. In dem vom Wappen der Spada beherrschten zweiten Obergeschoß wird die Dekoration schließlich überreich.

Feinheit und Eleganz der drei Friese im **Innenhof★** sind bewundernswert; Wappen (von Frankreich, von Julius III. und von Kardinal Capo-di Ferro) zieren die Wand gegenüber der Fassadenrückseite.

„Perspektive" Borrominis – *Im Erdgeschoß, hinter der Bibliothek und vom Innenhof aus zu sehen. Zwecks Besichtigung wende man sich an die Hausmeisterei.*
Diese Konstruktion Borrominis wird „Perspektive" genannt, weil sie aufgrund einer optischen Täuschung wie eine lange Galerie wirkt. Nach hinten sich verkürzende Säulen und überlegt gesetzte Arkaden lassen diesen Gang viel länger erscheinen als er eigentlich (9 m) ist. *Wegen des Zutritts beim Aufsichtspersonal nachfragen.*

★ **Galleria Spada** ⓥ – *Die Zahlen entsprechen denen, die man in der Galerie vorfindet.*
Die Galleria Spada birgt Werke, die Kardinal Spada zusammengetragen hat. In dieser Galerie ist noch ein die Atmosphäre spürbar, wie sie in Privatsammlungen der Adelshäuser des 17. Jh. herrschte. Kardinal Spada war ein großer Förderer von Guercino und Guido Reni; doch interessierte er sich ebenfalls für die „Bambocciate" genannten realistischen Genre-Szenen aus dem Volksleben. Sie waren um 1630 in Rom im Umkreis des niederländischen Malers Pieter Van Laers aufgekommen, der den Beinamen „il Bamboccio" (it. bamboccio – pausbäckiger Säugling) trug.

Saal I – Dieser Saal gehört zu den Räumen aus dem 16. Jh.; die Friese an Wänden und Decke hingegen stammen aus dem 18. Jh. Man beachte vor allem die beiden Gemälde von Guido Reni (1575-1642): *Bildnis von Kardinal Bernardino Spada* (**32**), in dem die elegante Kunst des Malers deutlich wird, und *Sklave von Ripa Grande* (**34**) – sowie ein weiteres Porträt des Kardinals (**35**), jedoch von Guercino (1591-1666).

Saal II – Der oben an der Wand umlaufende Fries in Temperamalerei auf Leinwand besteht aus einem Bild an der Wand gegenüber den Fenstern, das dann auf die andern Wände übertragen wurde. Es gibt wahrscheinlich einen Entwurf von Perin del Vaga wieder für einen Wandteppich, der unterhalb des Jüngsten Gerichts in der Sixtinischen Kapelle hätte aufgehängt werden sollen, aber nie ausgeführt wurde. Die anderen Wände wurden von andern Meistern in Nachahmung des Originals dekoriert. Unter den Gemälden beachte man besonders das *Portrait des Erzbischofs von Zara, Luca Stella (mit dem Bild der Stadt im Hintergrund)* von Domenico Tintoretto, dem Sohn des berühmten Jacopo; und das *Bildnis eines Musikers* (**60**), ein Jugendwerk Tizians (um 1515). Neben den beiden Porträts von Bartolomeo Passarotti (1529-1592) *Der Botaniker* (**65**) und *Der Chirurg* (**66**) findet sich im selben Genre *Der Astrologe* (**63**) von Prospero Fontana.

Saal III – Dieser Saal aus dem 17. Jh. war ursprünglich die Gemäldegalerie des Kardinals. An der Decke finden sich einige Bilder vom Ende des Jahrhunderts mit den Allegorien der vier Erdteile (auf den beiden ersten Bildern), der vier Elemente und der vier Jahreszeiten. Die beiden Bilder dazwischen, mit illusionistischen Flachreliefs, nehmen die Faszien-Motive wieder auf, die oben die Wände entlanglaufen. Die Konsolen aus vergoldetem Holz sind aus einer römischen Werkstatt hervorgegangen (Ende 17. Jh.). Unter den Gemälden herausragend: *Landschaft mit Windmühlen* (**102**), von Bruegel d.Ä. (1607); *Tod der Dido* von Guercino (**132**), teilweise von seinen Schülern ausgeführt und die lyrischen Neigungen des Malers demonstrierend (man beachte den geflügelten Cupido) und den *Triumph des Namens Jesu* (**133**) von Baciccia; es ist der Entwurf für das Fresko, welches das Gewölbe der Kirche Il Gesù ziert. Der *Kindermord von Bethlehem* (**144**) ist das Meisterwerk von Pietro Testa (etwa 1607-1650). Die Dramatik der Handlung wird betont durch die heftigen Hell-Dunkel-Effekte. Das Bild gliedert sich in drei Teile: im Vordergrund der Kindermord in seiner ganzen Grausamkeit; rechts die Flucht von Maria und Joseph mit dem Kind in einem Nachen (man bemerke, daß Jesus das Kreuz umarmt, als Symbol seiner künftigen Passion); im Hintergrund oben dagegen sieht man die einzige Szene in hellen Farben: eine Allegorie der Unschuld, umgeben von Putten.

In der Mitte des Saals befinden sich zwei Globen, ein Erd- und ein Himmelsglobus; es sind Werke des holländischen Druckers und Kartographen Caesius (1616-1622).

Saal IV – In diesem Saal sind Werke von Malern ausgestellt, die stark von Caravaggio beeinflußt waren. Michelangelo Cerquozzi (1602-1660) war einer der Hauptvertreter dieser Strömung: *Der Aufstand des Masaniello* (**161**) ist ein Spätwerk, dessen Gegenstand der neapolitanischen Wirklichkeit entnommen ist und dem Maler erlaubt hat, seinen ganzen Erzähleifer gestalterisch umzusetzen. Das Gemälde *Die hl. Familie und der hl. Johannes* (**184**) stammt von dem französischen Caravaggisten Jean Valentin (1591-1632), der sich um 1612 in Rom niedergelassen hatte. Artemisia Gentileschi ist mit einer *Heiligen Caecilie* vertreten (**149**), deren Blick von hingebungsvoller Extase zeugt.

Zur Piazza Farnese gehen.

★★ **PALAZZO FARNESE** *Besichtigung nicht gestattet.*

Der schönste der römischen Paläste ist heute der Sitz der französischen Botschaft. Er beherrscht de Piazza Farnese, die mit zwei Wannen geschmückt ist, die man in den Caracallathermen gefunden und 1626 zu Brunnen gestaltet hat. Der Palast trägt den Namen der Familie, die ihn hat erbauen lassen. Der Ruhm der Farnese begann mit Kardinal Alexander, der 1534 als **Paul III.** zum Papst gewählt wurde. Paul III.

CAMPO DEI FIORI

Palazzo Farnese – Fassade von Sangallo und Michelangelo

ging als Initiator und Wortführer des Tridentinischen Konzils und erster Papst der Gegenreformation in die Geschichte ein. Dabei lebte er wie ein Renaissancefürst: Mit einer Frau, deren Namen unbekannt geblieben ist, hatte er vier Kinder, von denen drei anerkannt und mit Gütern überhäuft wurden. Als Freund der Künste ließ er die Bauarbeiten von St. Peter und der Sixtinischen Kapelle fortführen und den Palazzo Farnese errichten. Paul III. und seine Nachkommen trugen eine herrliche Kunstsammlung zusammen. Einige seiner Enkel folgten seinem Beispiel und betrieben die weitere Ausgestaltung des Palazzo Farnese: Ranuccio (1530-1565) ließ den Saal der Geschichte des Hauses Farnese von Francesco Salviati ausschmücken. Im Auftrag Odoardos (1573-1626) malten Annibale und Agostino Carracci die Galerie des 1. Obergeschosses aus.

Das letzte Mitglied des Hauses Farnese war eine Frau, Elisabetta (1692-1766). Sie heiratete Philipp V. von Spanien, und ihr Sohn Don Carlos von Bourbon, ab 1735 König von Neapel, erbte die Güter der Familie Farnese.

Nahezu alle Werke des Palazzo Farnese befinden sich heute in Neapel, im Archäologischen Nationalmuseum oder im Königlichen Palast von Capodimonte.

Die französische Botschaft beherbergte der Palast schon im 17. Jh. und endgültig seit 1874. Dort befindet sich auch das französische Forschungsinstitut für römische Geschichte, die École Française de Rome.

Fassade – Die pilasterfreie Fassade mit ihren klar hervortretenden Linien ist ein Meisterwerk ausgewogener Architektur. Die Bauarbeiten begannen 1515 nach Plänen des Lieblingsarchitekten von Kardinal Alexander Farnese, Antonio da Sangallo d. Jüngeren. Nach dem Tod Sangallos übernahm Michelangelo die Leitung. Er behielt die Fenster des ersten Obergeschosses bei, verzierte wie die Nischen des Pantheons mit Säulen und abwechselnd dreieckigen und segmentrunden Giebeln, und schloß die Fassade oben mit einem eindrucksvollen Kranzgesims ab. Über dem Balkon in der Mittelachse des Gebäudes befindet sich das ebenfalls von Michelangelo geschaffene, mit Irisblüten (nicht zu verwechseln mit der französischen Lilie) geschmückte Wappen der Farnese.

Der von Sangallo, da Vignola und Michelangelo konzipierte **Innenhof**, der leider nicht besichtigt werden kann, ist ein Beispiel für höchste Renaissance-Eleganz. Beim Betrachten der rückwärtigen Fassade von der Via Giulia aus bekommt man einen Eindruck von der Schönheit dieser Architektur *(s. unten)*.

Zu den Reichtümern im Inneren des Palastes zählen die berühmten **Fresken** (1595-1603) in der Galleria Farnese, die Annibale Carracci zusammen mit seinem Bruder Agostino und seinen Schülern Domenichino und Lanfranco gemalt hat.

Durch die Via del Mascherone zur Via Giulia.

Fontana del Mascarone – Der Mascherone-Brunnen wurde 1626 gebaut. Die Marmormaske und die große Granitschale stammen wahrscheinlich aus einem antiken Bauwerk.

Die Via Giulia verläuft anschließend an der **rückwärtigen Fassade des Palazzo Farnese** entlang. Sie wurde entworfen von Giacomo da Vignola, der nach Michelangelo zum Baumeister des Palastes ernannt worden war; Giacomo della Porta vollendete sie 1573 mit einer Loggia. Die Bauarbeiten wurden 1603 mit der

Errichtung der Brücke über die Via Giulia abgeschlossen. Sinn der Brücke war es, den Palast mit dem Kloster der Kirche Santa Maria della Morte sowie mit mehreren Gebäuden zu verbinden, in denen die Farnese ihre Antikensammlungen untergebracht hatten.

Chiesa di Santa Maria della Morte – Fassade von F. Fuga (18. Jh.), einem nostalgischen Anhänger des Barocks.

Rechts in die Via di S. Caterina einbiegen und bis zur Piazza di S. Caterina della Rota spazieren.

Läden und Werkstätten von Handwerkern und Antiquitätenhändlern säumen die **Via di Monserrato** ebenso wie die Paläste, die einst den zahlreichen spanischen Kirchenoberen, die im Gefolge der Borgia-Päpste (Calixtus III. und Alexander VI.) nach Rom gelangt waren, als Residenzen dienten, – all dies unter den Augen einiger hübscher Madonnen (an der Ecke Via dei Farnesi z. B.), die auf das Geschehen in ihrer Umgebung ein schützendes Auge halten. Werfen Sie hin und wieder einen Blick in die Innenhöfe; da ist noch manche Renaissanceschönheit erhalten geblieben. Die 1869 erbaute Kirche **San Tommaso di Canterbury** erhebt sich an der Stelle einer aus dem 12. Jh. stammenden, die dem hl. Thomas Becket geweiht war, der sich in dem angrenzenden Hospiz aufgehalten hatte. **Santa Maria di Monserrato**, die spanische Kirche Roms, ist der berühmten Madonna von Montserrat in Katalonien geweiht.

Der reizvolle **Palazzo Ricci** an seinem kleinen Platz zeigt an seiner Fassade noch Überreste des von P. da Caravaggio und M. da Firenze geschaffenen Schmucks *(s. Via della Maschera d'Oro, Kapitel: PIAZZA NAVONA).*

Die **Via del Pellegrino** wurde 1483 von Sixtus IV. gezogen; sie erreicht die Via di Monserrato in einem Gebäude, das sich dem Straßenverlauf anpaßte, die spitzwinklige Kreuzung stumpf abschnitt und dadurch erweiterte: eine städtebauliche Neuheit in Rom.

An diesen Rundgang könnte sich die Besichtigung der folgenden Sehenswürdigkeiten anschließen: CASTEL S. ANGELO; GIANICOLO; ISOLA TIBERINA – TORRE ARGENTINA; PANTHEON; PIAZZA NAVONA.

CASTEL SANT'ANGELO★★
Besichtigung: 2 1/2 Std.

Dieses im Mittelalter sehr dicht bevölkerte Viertel entwickelte sich seit dem Pontifikat Sixtus' IV. (1471-1484) unter dem Einfluß der Päpste mehr und mehr zum Geschäfts- und Handelszentrum Roms. Die Prozessionen, die vom Vatikan zur Basilika San Giovanni in Laterano führten, zogen hier durch. Und so entstanden am Rande des Weges, den der päpstliche Souverän nahm, entlang der Via Banco di Santo Spirito und der Via dei Banchi Nuovi – die die **„Via Papalis"** bildeten – sowie entlang der Via del Governo Vecchio, herrliche Paläste.

★★★ CASTEL SANT'ANGELO (ENGELSBURG)

Das Mausoleum des Hadrian – Das an eine Festung erinnernde Bauwerk war ursprünglich als Grabstätte für Kaiser Hadrian und seine Familie entworfen worden. 135 hatte man auf Befehl des Kaisers mit dem Bau begonnen, vier Jahre später wurde er vollendet von seinem Adoptivsohn und Nachfolger auf dem kaiserlichen Thron, Antoninus Pius.

Auf einem quadratischen Sockel mit einer Seitenlänge von 84 m erhob sich ein 20 m hoher zylindrischer Teil, der in einem Tumulus endete. Auf dessen Spitze standen die Statue des Kaisers und eine Quadriga aus Bronze (vierspänniger Wagen). Das Mausoleum barg die Urnen mit der Asche der Kaiser von Hadrian bis Septimius Severus (211). Als Kaiser Aurelian im Jahre 270 die Stadt mit einer Mauer umgab, integrierte er den Bau und funktionierte ihn um zu einer Festung.

Die Festung – Im Mittelalter lieferten sich Papst und römischer Adel heftige Kämpfe, und der ehemalige Grabbau wurde zu einer richtigen Trutzburg ausgebaut. Nikolaus V. (1447-1455) ließ den antiken Teil um ein Backsteingeschoß erhöhen und versah die Ecken der umlaufenden Mauer mit Bergfrieden. Alexander VI. (1492-1503) fügte die

Zwischen zwei Rundgängen...

Ein Besuch des Geschäfts **Ornamentum** (Via dei Coronari 227), das sich auf kostbare Stoffe spezialisiert hat, lohnt sich. Die Dekorations- und Kleiderstoffe sind nach alten Mustern gefertigt und laden, wenn nicht zum Kauf, so doch zumindest zum Träumen ein.

CASTEL SANT'ANGELO

achteckigen Bastionen hinzu. Im Jahre 1527 fand der vor den Truppen Karls V. fliehende Papst Klemens VII. in der Burg Zuflucht. Er schuf die Gemächer, die Paul III. später verschönern ließ. Im übrigen kannte Paul III. die Burg, denn er war – damals noch als Kardinal Alessandro Farnese – von Innozenz VIII. dort eingesperrt worden.

> **Die Engelsburg**
>
> Im Jahre 590 führte Gregor der Große eine Prozession an, mit der die Pest, die damals in der Stadt wütete, gebannt werden sollte. Plötzlich erschien hoch oben auf dem Mausoleum ein Engel, der sein Schwert in die Scheide steckte. Die Geste wurde allgemein als Ankündigung vom Ende der Seuche verstanden. Als Zeichen der Dankbarkeit ließ der Papst daraufhin auf dem Mausoleum eine Kapelle errichten.

Der Bildhauer und Goldschmied Benvenuto Cellini erzählt in seiner Biographie, er habe ebenfalls die Kerker der Burg kennengelernt. Ein weiterer berühmter Gefangener war der Abenteurer Cagliostro (18. Jh.). Heute wird die von einem öffentlichen Park umgebene Engelsburg nur noch von Touristen belagert.

Eine lange, „Passetto" genannte Mauer, erbaut unter Leo IV. (847-855), verbindet die Burg mit dem Vatikan. Der oben auf der Mauer von Alexander VI. angelegte Gang ermöglichte es den Päpsten, im Falle einer Belagerung von ihrer Residenz aus die Burg zu erreichen.

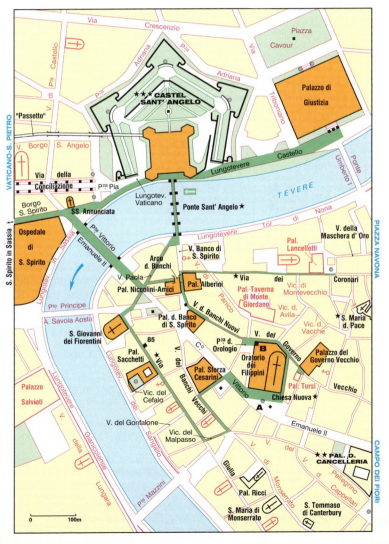

CASTEL SANT'ANGELO

Besichtigung ⓥ 1 Std.

Von außen präsentiert sich die Engelsburg als gedrungene Masse, in der der antike Teil unschwer an den großen Travertin- und Peperinblöcken zu erkennen ist. Die Statue des Erzengels Michael bekrönt den gesamten Komplex.

Man betritt die Anlage über die antike, später um etwa 3 m höhergelegte Rampe.

Die spiralförmige Rampe – *Der Eingang (in Verbindung mit dem Eingang am Uferkai) befindet sich unten rechts.* In den Zeiten, als die Burg noch ein Mausoleum war, führte die 125 m lange Rampe zu der Kammer, die die Urnen mit der Asche der Verstorbenen barg. Ihre Wände waren damals mit Marmor verkleidet, der Boden war mit Mosaiken bedeckt (einige Spuren sind noch zu sehen) und das Gewölbe mit Stuck verziert. Im Gewölbe befinden sich einige Öffnungen: Die erste *(am Ende der Galerie links)* war für einen im 18. Jh. gebauten Aufzug gebrochen worden; die anderen dienten der Luftversorgung.

Am Ende der Rampe gelangt man zu einem querverlaufenden Treppengang, der in der Antike im Saal der römischen Graburnen endete. Bonifatius IX. ließ ihn in einen Korridor umwandeln, der quer durch die Burg läuft.

Der zur Zugbrücke hinabsteigende Gang führt ebenfalls zu einem auf der rechten Seite gelegenen Raum. Dort hat man eine Wachstube aus dem 16. Jh. rekonstruiert. Geht man den Gang in entgegengesetzter Richtung, so erreicht man eine kleine, im 19. Jh. über der Grabkammer erbaute Brücke, die den ersten Gang der Treppengalerie mit dem zweiten verbindet, durch welchen man in den Ehrenhof gelangt.

Ehrenhof – Der „Engelshof" genannte Hof erhielt seinen Namen nach der hier aufgestellten Engelsstatue aus dem 16. Jh., die bis ins 18. Jh. die Burg bekrönte. Im Hof ist steinerne Munition aufgeschichtet, wie man sie vom 15. bis zum 17. Jh. für Wurfmaschinen, Bombarden und Kanonen verwendete.

Zur Rechten öffnet sich eine Reihe von Räumen, die auf das Mittelalter zurückgehen und im 17. Jh. neugestaltet wurden. Sie bilden einen Teil der Waffensammlung (armeria inferiore).

Im hinteren Teil des Hofes sieht man eine von Michelangelo geschaffene Ädikula mit Tympanon. Sie schmückt eine Wand der Kapelle, die von Leo X. an der Stelle der Kapelle Gregors d. Großen *(s. rosa Kasten zur Engelsburg)* erbaut wurde.

Auf der linken Seite des Hofes liegen die Gemächer des Papstes.

Sale di Clemente VIII – *Bei Sonderausstellungen geöffnet.* Die sogenannten Säle Klemens VIII. sind die von Paul III. und Klemens VIII. – man kann ihre Namen über den Türen lesen – neugestalteteten Gemächer Leos X. Im ersten Saal: Großer Kamin aus dem 17. Jh.

Sala della Giustizia – *Bei Ausstellungen geöffnet.* Der Justizsaal liegt direkt über der Grabkammer und dem großen kreisförmigen Raum, der für das Grab des Hadrian bestimmt war. Im 16. und 17. Jh. tagte hier ein Gericht.

Sala dell'Apollo – Zugang über den Justizsaal oder den Ehrenhof.
Über den Türen und über dem Kamin steht der Namen Paul III., 1547. Die Bezeichnung Apollo-Saal bezieht sich auf einige Szenen der sehr schönen (wahrscheinlich auf Perin del Vaga zurückgehenden) Ausstattung der Wände und des Gewölbes mit Motiven der römischen antiken Malerei – mythologische Figuren, Grotesken und Weinranken. Eine der Öffnungen im Boden markiert den Endpunkt des Aufzugschachts *(s.o.)*. Unter einer anderen Öffnung ist ein weiterer, 9 m tiefer Schacht gegraben worden, der in einen türlosen Raum mündet. In der Engelsburg gibt es zahlreiche solcher Fallgruben, und natürlich erzählt man sich darüber auch haarsträubende Geschichten.

Sale di Clemente VII – Kassettendecke aus Holz. Gemälde aus dem 15. und 16. Jh.

Vom Saal des Apoll durch den kleinen Korridor in den halbkreisförmigen Hof gehen.

Cortile di Alessandro VI – Brunnen aus der Epoche dieses Papstes (1492-1503). Der sehr elegante Hof wird auch Cortile del Pozzo oder Theaterhof genannt, weil Leo X. und Pius IV. hier Theatervorstellungen zu geben pflegten.

★ **Bagno di Clemente VII** – *Zugang über den Gang, der die Höfe Alexanders VI. und Leos X. trennt; dann links die Treppe hinaufgehen.*
Der von Giovanni da Udine, einem Schüler Raffaels, wunderbar geschmückte Raum zeugt von dem elegant-luxuriösen Leben des Papstes im 16. Jh.

Gefängnisse – Zugang über eine vom Hof Alexanders VI. hinabführende Treppe.
Hier sollen Beatrice Cenci *(s. Palazzo Cenci, unter ISOLA TIBERINA – TORRE ARGENTINA)*, der als Häretiker verbrannte Mönch Giordano Bruno und Benvenuto Cellini geschmachtet haben.

Öldepot und Speicher – Die Krüge konnten 22 000 Liter Öl und die fünf großen Speicher 3 700 Doppelzentner Getreide aufnehmen. So sorgte Alexander VI. für den Fall einer Belagerung vor.

Zum Hof Alexanders VI. zurückkehren und die Treppe in der Mitte des Halbkreisbogens, den der Hof zeichnet, hinaufsteigen. So gelangt man zur Loggia Pius' IV.

Loggia di Pio IV – Bevor die Räume, die sich zur Loggia hin öffnen, in ein Gefängnis verwandelt wurden, dienten sie als Wohnung für Gäste der Burg. Lange stand hier die Kanone, die den Römern einst die Mittagszeit kundtat. Ein Gefängnis für politische Häftlinge aus der Mitte des 19. Jh. ist an dieser Stelle rekonstruiert worden.

Man begebe sich nach links.

CASTEL SANT'ANGELO

Loggia di Paolo III – 1543 beauftragte der Papst Sangallo d. Jüngeren mit der Planung der Loggia und ließ sie mit Stuck und Groteskenmalerei ausschmücken. Blick auf Festungsmauer und Bastionen.

Jenseits der Caféteria mit der Besichtigung fortfahren.

Links befindet sich die **Armeria superiore**, ein Museum, in dem Waffen und Uniformen der italienischen und päpstlichen Streitkräfte zu sehen sind.

Loggia di Giulio II – Sie bietet einen schönen Blick auf die Engelsbrücke (Ponte Sant'Angelo) und auf Rom. Wahrscheinlich wurde sie im Auftrag Julius' II. von Giuliano da Sangallo errichtet.

Von der Loggia Julius' II. führt eine Treppe zu den päpstlichen Gemächern hinauf.

★ **Appartamento papale** – Nach der traurigen Erfahrung der Belagerung von 1527, in der Klemens VII. gezwungen war, in die Engelsburg zu fliehen, ließ Paul III. in den obersten Geschossen der Engelsburg ein prachtvolles Appartement bauen, das recht isoliert und nur über eine ganze Reihe von Rampen und Treppen zugänglich ist.

Sala del Consiglio – Hier warteten die Besucher des päpstlichen Souveräns auf ihre Audienz. Die Fresken wurden von einer Künstlergruppe geschaffen, deren Mitglieder Schüler von Perin del Vaga (1501-1547) waren; Marmorfußboden.

Camera del Perseo – Der florentinische Maler Perin del Vaga, der zunächst in Raffaels Werkstatt tätig war und bedeutende Werke für den päpstlichen Hof anfertigte, hat den Fries gestaltet, dessen Thema dem Raum seinen Namen gab.

Camera di Amore e Psiche – Der Fries unterhalb der Decke erzählt die Geschichte des schönen Mädchens, in das sich der Sohn der Venus verliebt hatte.

In den Ratssaal zurückkehren und nach einigen Stufen den mit Fresken geschmückten Korridor einschlagen.

Von dort gelangt man in die **Bibliothek** und in eine Reihe von Räumen, deren Namen Hinweise auf ihre Ausschmückung geben; darunter die Sala dell'Adrianeo (Saal des Hadriansmausoleums) und die Sala dei Festoni, von der aus man in ein kleines Gemach (Delphin- und Salamanderkabinett) gelangt, in dem Cagliostro eingesperrt gewesen sein soll.

Zur Bibliothek zurückkehren.

Sala del Tresoro e dell'Archivio Segreto – Die mitten in der Festung gelegene Schatzkammer ist mit Schränken aus Nußbaumholz möbliert, die einst, bevor es im Jahre 1870 in den Vatikan verlegt wurde, das päpstliche Archiv bargen. Die Truhen (wahrscheinlich aus dem 14. Jh.) enthielten früher kostbare Gegenstände, Reliquien und das Geld aus dem Schatz der Päpste Julius II., Leo X. und Sixtus V.

Neben der Schatzkammer.

Römische Treppe – Diese Treppe war Bestandteil des Mausoleums des Hadrian. Sie führt in den Fahnen- und in den Säulensaal (Runder Saal) sowie auf die Terrasse.

Castel Sant'Angelo

Terrasse – Die Terrasse wird von dem (im 18. Jh. gegossenen) Bronzeengel beherrscht und bietet eines der berühmtesten **Panoramen★★★** über Rom. Zu sehen sind, von links nach rechts: das Prati-Viertel und die weiten Grünflächen der Villa Borghese; am Fuße der Burg, das große weiße Gebäude des Justizpalasts; dann der Quirinalspalast, der Turm Torre delle Milizie und die flache Kuppel des Pantheons; weiter rechts das Denkmal für Viktor Emmanuel II. und die Kuppel der Kirche Il Gesù, die in eine nach oben rankendende Spitze übergehende Kuppel von Sant'Ivo, der Glockenturm von Santa Maria dell'Anima mit seinen Keramikfliesen, die Kuppeln von Sant'Andrea della Valle, San Carlo ai Catinari, die der Synagoge. Zur Rechten erkennt man den Gianicolo, die Kuppel von San Giovanni dei Fiorentini, die Via della Conciliazione, die Basilika St. Peter und die durch den „Passetto" mit der Engelsburg verbundenen vatikanischen Paläste, den Monte Mario.

Bevor man die Burg verläßt, könnte man auf dem Wehrgang, der die den vier Evangelisten (San Giovanni-Johannes, San Matteo-Matthäus, San Marco-Markus und San Luca-Lukas) geweihten Bastionen verbindet, noch einen Rundgang machen.

Südlich des Tibers

★ **Ponte Sant'Angelo (Engelsbrücke)** – Diese Brücke ist eine der elegantesten Roms. Sie geht auf Hadrian zurück, der im Jahre 136 durch den "Pons Aelius" das Marsfeld mit seinem Mausoleum verbinden ließ. Die drei mittleren Brückenbogen stammen noch aus dem 2. Jh. Die anderen datieren aus dem 17. Jh. und wurden anläßlich der Befestigung des Tiberufers zwischen 1892 und 1894 neugestaltet. Unter Klemens IX. (1667-1669) fügte Bernini den Standbildern der Apostel Petrus und Paulus (an dem zum linken Flußufer führenden Brückenende), die Papst Klemens VII. im Jahre 1530 hatte aufstellen lassen, die zehn barocken Engelsstatuen hinzu, die der Engelsbrücke ein ganz neues Gepräge verliehen.

Die Engelsbrücke überqueren und die Via Paola einschlagen.

Chiesa di San Giovanni dei Fiorentini – Der aus Florenz stammende Papst Leo X., ein Mitglied des Hauses Medici, beschloß, diese Kirche als "Nationalkirche" für die in Rom ansässigen Florentiner zu bauen. Die berühmtesten Renaissancekünstler – darunter Michelangelo, Peruzzi, Raffael – wurden eingeladen, Vorschläge für den Bau des Gotteshauses zu unterbreiten. Jacopo Sansovinos Entwurf wurde auserwählt. Die Bauarbeiten begannen Anfang des 16. Jh.; sie wurden von Sangallo d. Jüngeren und Giacomo della Porta fortgeführt und im Jahre 1614 von Carlo Maderno abgeschlossen. Die Fassade im Stil der ausgehenden Gegenreformation entstand im 18. Jh. Im Inneren fällt der Barockchor auf, in dessen Zentrum die *Taufe Christi* steht, eine von dem Berninischüler Antonio Raggi geschaffene Marmorgruppe. Die beiden seitlichen Grabmäler wurden von Borromini entworfen, der im übrigen in dieser Kirche ganz in der Nähe seines Lehrmeisters Carlo Maderno bestattet wurde *(im Boden, unter der Kuppel).* Da Borromini Selbstmord begangen hat, trägt sein Grab keine Inschrift.

★ **Via Giulia** – Schon im 16. Jh. war diese Straße berühmt. Sie ist nach Papst Julius II. benannt und ist durch ihre Anlage eine der wenigen geradlinigen Straßen Roms. Während der Renaissance genoß sie einen sehr guten Ruf, der aber im 17. Jh., nachdem Innozenz X. das Staatsgefängnis dorthin verlegt hatte, erheblich abnam. Heute herrscht hier dank intensiver Restaurierungsarbeiten und durch Ansiedlung von Boutiquen und Galerien moderner Kunst wieder eine gewisses Flair.

Durch die Via Giulia spazieren.

Das Haus Via Giulia Nr. 85 zählt zu den Häusern, in denen der Überlieferung nach Raffael gewohnt haben soll.

Palazzo Sacchetti – *Via Giulia 66.* Der Palast aus dem 16. Jh. wurde von Sangallo d. Jüngeren, dem Architekten des Palazzo Farnese, vielleicht aber auch von Annibale Lippi, dem Baumeister der Villa Medici erbaut. Jedenfalls wurden diese Gebäude beide von Kardinal Ricci di Montepulciano in Auftrag gegeben.

Zwischen der Vicolo del Cefalo und der Via del Gonfalone kann man im Sockel der Gebäude riesige Blöcke sehen, die als Fundament eines nie fertiggestellten Justizpalastes dienen sollten, mit dessen Bau Julius II. Bramante beauftragt hatte. Die Römer nennen sie scherzhaft „die Sofas der Via Giulia".

Auf der Höhe der Via Giulia Nr. **52** standen einst die Gefängnisse, die Innozenz X. im Jahre 1655 errichten ließ. Laut Fassadeninschrift waren dies vorbildliche Anstalten, die eine menschenwürdigere Haft möglich machen sollten.

Links in die Vicolo del Malpasso einbiegen.

Durch die **Via dei Banchi Vecchi** (im 15. Jh. die Straße der Bankkaufleute) weitergehen, in der Alexander VI., damals noch Kardinal, seinen Palast erbauen ließ **(Palazzo Sforza Cesarini)**.

Rechts in die Via Sforza Cesarini gehen und den Corso Vittorio Emanuele II überqueren. Zur Piazza della Chiesa Nuova weitergehen.

★ **Chiesa Nuova** – Der Name Santa Maria in Vallicella, unter dem die Kirche im 12. Jh. gegründet worden war, spielt wahrscheinlich auf das kleine Tarentum-Tal (kleines Tal – it. valicella) an, das in der Antike in der Nähe des Tibers lag.

Die Geschichte der Kirche ist eng mit dem aus Florenz stammenden **Heiligen Philipp Neri**, dem Gründer des Oratorianerordens, verbunden. Nach der Anerkennung des Ordens im Jahre 1575 schenkte Papst Gregor XIII. Philipp Neri die Kirche, damit er dort seine Kongregation beheimaten könne. Die Kirche wurde wiederaufgebaut und umgestaltet; der

1605 fertiggestellte Neubau nahm den Namen Chiesa Nuova an. Restaurierung im 19. Jh. Die Fassade zeigt die für die Kirchenbauten der Gegenreformation typischen Flachpilaster und Halbsäulen.

Das von Philipp Neri zur Zeit der Gegenreformation entworfene Innere war sehr schlicht und wurde später von Pietro da Cortona im Barockstil ausgeschmückt. Cortona fügte in die Stuckkassettendecke des Gewölbes eine *Vision des hl. Philipp* (1664-1665) ein: Während der Errichtung der Kirche war dem Heiligen die Jungfrau Maria erschienen; sie stützte einen Balken der Decke der alten Kirche, der beinahe auf den Altar gefallen wäre, an dem man gerade eine Messe zelebrierte.

Pietro da Cortona war in Rom ebenso berühmt wie Bernini, und die für den "Cortonismus" charakteristische Kombination aus großer Erzählkraft und spektakulären Kompositionen (zahlreiche Perspektiven, Illusionsmalerei) wurde von vielen Malern nachgeahmt. Cortona arbeitete von 1647 bis 1665 an der Chiesa Nuova und schuf hier seine bemerkenswertesten religiösen Werke. Von 1647 bis 1651 schmückte er die Kuppel aus, in der Christus, indem er Gott die Leidenswerkzeuge übergibt, dem Leiden der Menschheit ein Ende bereitet. In den Pendentifs stellte er die Propheten Jesaja, Ezechiel und Daniel (1659-1660) dar. In der Zwischenzeit hatte er die Ausstattung der Apsis mit dem Fresko der Himmelfahrt Mariens begonnen.

Die drei Gemälde des Chores sind Jugendwerke von Peter Paul Rubens (1608). Die überreich mit Gold, Bronze, Marmor und Perlmutt geschmückte Kapelle rechts vom Chor enthält die sterblichen Überreste des hl. Philipp Neri.

Die Kapelle des linken Querschiffarms birgt ein Gemälde von Barocci, einem typischen Vertreter des in der zweiten Hälfte des 16. Jh. verbreiteten manieristischen Stils.

Auf dem Altar der Sakristei *(Zugang vom linken Seitenschiff aus)* schöne Skulptur (1640) von Alessandro Algardi, die den hl. Philipp und einen Engel darstellt.

Oratorio dei Filippini ⊙ – In diesem an die Chiesa Nuova anschließenden Gebäude, das von 1637 bis 1662 erbaut wurde, fanden die Versammlungen des Oratorianerordens statt, bei denen Laien und Priester unter der geistlichen Leitung des hl. Philipp Neri zusammenkamen.

Heute bildet das Oratorium unter dem Namen Sala del Borromini den Rahmen für Kongresse und kulturelle Veranstaltungen. Das weitläufige Gebäude der Philippiner beherbergt nicht nur die Ordensangehörigen, sondern auch die Bibilioteca Vallicelliana, die Biblioteca Romana, die Archive der Stadt Rom einschließlich einer Sammlung römischer Zeitungen seit dem 18. Jh. – sowie verschiedene kulturelle Einrichtungen. Die der Piazza della Chiesa Nuova zugewandte **Fassade★** ist eine Schauwand, die auf eine Seite des Oratoriums aufgesetzt wurde. Borrominis Entwurf war von dem Ziel geleitet, aus den Fassaden des Oratoriums und der Kirche eine Einheit zu bilden. Die monumentale und zugleich elegante Fassade des Oratoriums bietet ein bewegtes Bild, das die typischen Merkmale des genialen Barockbaumeisters, die gegenläufigen Linien und die Liebe zum Detail deutlich erkennen läßt. Sie erstreckt sich über zwei Geschosse, deren mittlere Partien entgegengesetzte Bewegungen – konvexe im unteren Geschoß und konkave in der oberen Etage – präsentieren. An den Fenstern gibt es nur gebrochene und gewundene Linien; man beachte die Komplexität der in Nischen gesetzten Fenster des Erdgeschosses. Hochoben erhebt sich ein leicht konkaver Kleeblattgiebel.

Fontana della Terrina (**A**) – Bis 1899 stand dieser Brunnen auf dem Campo dei Fiori; 1925 wurde er hier aufgestellt. Seltsamerweise wurde das 1590 geschaffene Becken einige Jahre später mit einem Travertindeckel bedeckt. Eine Inschrift auf dem Deckel lädt ein, „Gott zu lieben, Gutes zu tun und die Leute reden zu lassen".

Die Via della Chiesa Nuova nehmen.

Via del Governo Vecchio – Die Straße war einst, als sie die Via Papalis unter dem Namen Via di Parione verlängerte, eine der wichtigsten Straßen des Viertels. Handwerker, Trödler und Antiquitätenhändler bieten heute in den Erdgeschossen der Renaissancepaläste ihre Waren an. Einige dieser Palazzi tragen noch die Wappen der Familien, die sie einst bewohnten, so zum Beispiel der Palazzo Turci (Nr. 123).

Palazzo del Governo Vecchio – *Nr. 39*. Im Jahre 1478 wurde das Gebäude fertiggestellt. Ab 1624 residierte hier der vom Papst eingesetzte Gouverneur von Rom. Als Benedikt XIV. (1740-1758) den Gouverneurssitz in den Palazzo Madama verlegte, nahm dieser hier den Namen „Palast der alten Regierung" (it. Governo Vecchio) an. Hübsches Tor mit plastisch gestalteten Friesen und Diamantquadern.

Die Via del Governo Vecchio zurück- und bis zur Piazza dell'Orologio weitergehen.

Piazza dell'Orologio – Die karge Fassade des Palazzo dei Filippini in der Via dei Filippini, endet an der Ecke zur Via del Governo Vecchio in einem grazilen Turm, der von einem schmiedeeisernen Volutenensemble bekrönt ist, in dem die Glocken untergebracht sind. Unschwer erkennt man die Borromini eigene Formensprache (1647-1649). Das Mosaikbild über der Uhr zeigt die Jungfrau von Vallicella.

An der Ecke des Gebäudes wacht eine schöne **Barockmadonna** (**B**) in einer Gloriole aus Putten über den Platz. In Rom gibt es in nahezu jeder Gasse eine solche Madonna, und lange war die kleine Kerze, die häufig vor dem Marienbild steht, das einzige Licht, das in der Dunkelheit der Nacht leuchtete. Rom erhielt nämlich erst recht spät eine flächendeckende Lichtversorgung – nicht jedem dunklen Geschäft kam sie gelegen.

Im Dezember wurden diese Madonnen ganz besonders verehrt: Gegen ein wenig Geld gaben in Schaffelle gekleidete Bauern aus den Abruzzen vor diesen Madonnenbildern Dudelsackkonzerte. Um vier Uhr morgens begannen diese „Pifferari" genannten

CASTEL SANT'ANGELO

Madonna mit Kind (Piazza dell'Orologio)

Bauern mit ihrem Spiel, klagte der Romreisende Stendhal, denn all die guten Bürgersleut' ließen, so mokierte er sich, in ihrem Namen eine Weise spielen, um Nachbarn und Pfarrer zu gefallen. Hatten die Pifferari ihre Aufgabe erfüllt, machten sie sich mit dem verdienten Geld wieder auf den Heimweg.

Die Via dei Banchi Nuovi nehmen.

Via dei Banchi Nuovi und Via Banco di Santo Spirito – Diese Straßen machten aus dem Viertel zur Zeit der Renaissance ein regelrechtes Handels- und Finanzzentrum. Vom 15. Jh. an etablierten sich hier florentinische, sienesische und genuesische Bankiers. Ihr Vermögen war beträchtlich. Unter der Leitung des Kardinalkämmerers verwaltete die Familie Chigi über zwanzig Jahre lang die Finanzen des Heiligen Stuhls; später waren es die mit den Medici verwandten Strozzi. Immer mehr Bankiers erhielten vom Kirchenstaat Schürf- oder Zollrechte. Sie verwalteten das persönliche Vermögen der Päpste und der großen römischen Familien. Neben Tausch- und Wechselgeschäften, die häufig auf der Straße durchgeführt wurden, liebte man es, Wetten abzuschließen: über die Wahl eines neuen Papstes, über das Geschlecht eines Neugeborenen usw. Bis 1541 wurde im **Palazzo del Banco di Santo Spirito** Geld geprägt.
Am Beginn der Via Banco di Santo Spirito hübsche Aussicht auf Engelsburg und Engelsbrücke.
Anfang des 16. Jh. ließen die Strozzi von Jacopo Sansovino einen Palast **(Palazzo Niccolini-Amici)** errichten, dessen Innenhof noch immer von der einstigen Pracht zeugt. Der gegenüberliegende **Palazzo Alberini** wurde im Jahre 1515 an florentinische Bankiers vermietet.

★ **Via dei Coronari** – Die Via dei Coronari mit ihren Antiquitätengeschäften und den Palästen in warmen Ocker- und Brauntönen ist eine der interessantesten Straßen Roms. In der Antike war sie Teil der „Via Recta", die von der Piazza Colonna zum Tiber führte. Sie entspricht noch heute im großen und ganzen ihrer Anlage unter Sixtus IV. (1471-1484). Benannt ist sie nach den Rosenkranz- (Corona) und Devotionalienhändlern, die sich am Weg der Pilger angesiedelt hatten, welche sich, von der Porta del Popolo kommend, über die Engelsbrücke zum Vatikan begaben.

Arco dei Banchi – Über diesen Bogen konnte man einst in die Bank der Chigi gelangen. Unter dem Bogen ist links ein Stein mit lateinischer Inschrift zu sehen, welche die Höhe des Tibers anläßlich eines Hochwassers im Jahre 1277 angibt. Der Stein wurde aus der benachbarten Kirche Santi Celso e Giuliano hierher gebracht.

Ponte Vittorio Emanuele II – Die Brücke, die Nero an dieser Stelle hatte erbauen lassen, stürzte im 4. Jh. zusammen. Der heutige, mit allegorischen Gruppen und geflügelten Viktorien verzierte Bau wurde nach der Einigung Italiens in Angriff genommen und im Jahre 1911 fertiggestellt. Er verbindet Rom mit dem Vatikan.
Der mächtige Ziegelbau links ist das von Innozenz III. gegründete und im 15. Jh. unter Papst Sixtus IV. neugebaute **Ospedale di Santo Spirito** (Spital zum Heiligen Geist). Die kleine Kirche **Santissima Annunciata** (18. Jh.) zeigt eine etwas bewegte Fassade.

Chiesa di Santo Spirito in Sassia – Die im 8. Jh. für angelsächsische Pilger erbaute Kirche wurde nach ihrer Zerstörung während des Sacco di Roma im Jahre 1527 noch im 16. Jh. nach Plänen des Baumeisters Sangallo d. Jüngeren wiederaufgebaut. Das Gebäude wurde erst nach dem Tode des Architekten unter Sixtus V. (1585-1590), dessen Wappen auf der Fassade zu sehen ist, vollendet. Die Zeichnungen für die mit Flachpilastern gegliederte und von einem Rundfenster durchbrochene Fassade stammen jedoch noch von Sangallo.
Im Inneren schöne Kassettendecke und zahlreiche Gemälde im Stil des Manierismus (Einteilung in kleine Tafeln, überreiche Ausschmückung). Die schöne Orgel ist aus dem 16. Jh.

Palazzo di Giustizia – Der zwischen 1889 und 1911 von Guglielmo Calderini erbaute Justizpalast ist eines der auffallendsten Gebäude des modernen Rom. Es wird von einer Bronzequadriga des Bildhauers Ximenes (1855-1926) beherrscht, deren Aufbau und Gestaltung der Kolossalstatuen an Antike und Barock orientieren.

Dieser Rundgang kann durch folgende Besichtigungsgänge fortgesetzt werden: CAMPO DEI FIORI; PIAZZA NAVONA; VATICANO - S. PIETRO.

CATACOMBE DI PRISCILLA ★

Die Sehenswürdigkeiten auf diesem Rundgang sind in alphabetischer Reihenfolge beschrieben und unten auf dem Plan verzeichnet.

Dieses „extra muros" – außerhalb der Stadtmauern – gelegene Viertel erstreckt sich zwischen der Via Salaria und der Via Nomentana. Es entstand im Faschismus (1926) und wird wegen der zahlreichen Straßen, deren Namen an ehemalige italienische Kolonien in Afrika erinnern, auch „afrikanisches Viertel" genannt.

Ein kleiner Imbiß gefällig ?

Bis 2 Uhr morgens ist das mitten im afrikanischen Viertel gelegene Lokal **Romoli** (Viale Eritrea 140/144) geöffnet und hält neben den traditionellen gefüllten *Fagottini* (eine Art Ravioli), die man warm ißt, eine große Auswahl an herzhaften Happen und süßem Gebäck bereit.

Die Monotonie der Straßen mit ihren großen Wohngebäuden wird an der **Piazza Mincio**, die der Architekt Gino Coppedè zwischen 1922 und 1926 angelegt hat, durchbrochen. Interessant ist dieser Platz wegen der recht eklektisch im Stil der Renaissance, des Barocks oder in ägyptischer Manier verzierten Gebäude, die ihn säumen.

★ CHIESA DI SANT'AGNESE FUORI LE MURA
MAUSOLEO DI SANTA COSTANZA

Die Geschichte dieser beiden Kirchenbauten beginnt mit dem Tod der hl. Agnes, eines jungen Mädchens von etwa zwölf Jahren, das unter Diokletian (284-305) den Märtyrertod erlitt.

Legende der hl. Agnes – Der hl. Ambrosius und Damasus belegen in ihren Texten, die in zeitlicher Nähe zu den Christenverfolgungen des Diokletian entstanden sind, das Martyrium der hl. Agnes. Die Legende, die sich im 6. Jh. um die Märtyrerin entspann, hat demnach ein historisches Fundament. Die junge Agnes hatte sich geweigert, den Sohn des Stadtpräfekten zu ehelichen und erklärt, ihre Liebe gehöre allein Christus. Daraufhin verurteilte sie der Präfekt dazu, an einem verrufenen Ort zur Schau gestellt zu werden. Vielleicht wurde sie gezwungen, sich unbekleidet unter der Tribüne des Stadions des Domitian aufzuhalten, dort, wo sich heute die Kirche Sant'Agnese in Agone erhebt. Wunderbarerweise besaß Agnes jedoch auf einmal langes Haar und konnte damit, wie mit einem strahlend glänzenden Mantel, ihre Blöße bedecken. Sie wurde zum Tode auf dem Scheiterhaufen verurteilt, aber auch hier blieb sie unverletzt. Schließlich wurde sie mit dem Schwert hingerichtet und auf dem Friedhof der Via Nomentana bestattet.

Legende der hl. Konstanze – Der Name dieser Heiligen geht auf eine falsche Überlieferung des Namens von Kaiser Konstantins Tochter Konstantina zurück. Agnes wurden solch große Wunder zugeschrieben, daß Konstantina, die an Lepra erkrankt war, eine Nacht am Grab der Heiligen verbrachte. Dabei erschien ihr die junge Märtyrerin im Traum und forderte sie auf, sich zum Christentum zu bekehren. Als die Tochter des Kaisers aufwachte, war sie von der Lepra geheilt.

Der Bau der Kirchen – Im 4. Jh. (nach 337) ließ Konstantina eine große Basilika in der Nähe des Grabes der hl. Agnes bauen. Von der Apsis dieser Kirche sind Überreste erhalten geblieben, die man von der Via Bressanone und der Piazza Annibaliano *(im Nordwesten des Gebäudes)* gut erkennen kann. Später ließ Konstantina an der linken Seite der Basilika den kreisförmigen Bau errichten, der ihr als Mausoleum dienen sollte, später Santa Costanza genannt. Während die Basilika der Konstantina zur Ruine verfiel, ließ Papst Honorius (625-638) die Kapelle über dem Grab der hl. Agnes

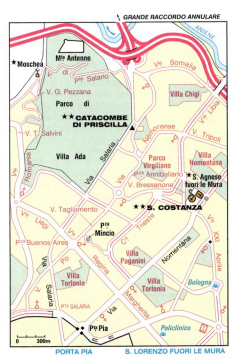

CATACOMBE DI PRISCILLA

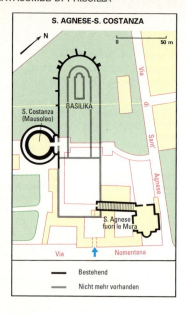

S. AGNESE-S. COSTANZA

erneuern und vergrößern. Diese kleine Kapelle war ein Vorläuferbau der Kirche St. Agnes vor den Mauern, wie sie heute – nach mehreren Restaurierungen, vor allem im 19. Jh. – vor uns steht.

★ **Chiesa di Sant'Agnese fuori le Mura** – Die Kirche kann von der Via di Sant'Agnese oder – über eine in den Narthex führende Treppe – von der Via Nomentana betreten werden. Die im 16. Jh. erneuerte Vorhalle existierte schon am Bau des 7. Jh.; verschiedene Fragmente sind hier ausgestellt, darunter *(beim Hinabsteigen der Treppe rechts, fast am unteren Ende)* das Flachrelief mit der betenden Agnes, das das Grab der Heiligen im 4. Jh. zierte und eine Inschrift, die Papst Damasus (366-384) zum Ruhme der Märtyrerin gravieren ließ

Trotz der aus dem 19. Jh. stammenden Malereien über dem Triumphbogen, zwischen den Hochfenstern und über den Arkaden des Mittelschiffs, vermittelt das Innere dieser Kirche noch eine Vorstellung von dem Bau des 7. Jh., von seinem dreischiffigen basilikalen Grundriß mit Emporen.

Decke und Baldachin wurden im 17. Jh. geschaffen. Damals wurden im Rahmen der von Paul V. veranlaßten Restaurierungsarbeiten die Gebeine neben denen eines anderen Menschen gefunden. Vielleicht handelt es sich hierbei um die sterblichen Überreste der hl. Emerenziana, die neben der toten Agnes weiterbetete, während die anderen Christen, von ihren Gegnern mit Steinwürfen angegriffen, flohen. Paul V. ließ diese Gebeine in einen Schrein unter dem Altar legen.

Die Statue der hl. Agnes auf dem Altar ist ein Werk des französischen Bildhauers Nicolas Cordier (1567-1612). Er verwendete dabei den Torso einer antiken Isisstatue. Links vom Altar schöner antiker Marmorkandelaber.

Das **Apsismosaik**★ zierte schon die Kirche aus dem 7. Jh. Es zeigt Agnes mit Papst Symmachus (498-514) – er ließ die ursprüngliche Kapelle restaurieren – und mit Papst Honorius, der als Stifterfigur das Kirchenmodell präsentiert. Dieses Werk zeigt deutlich den Einfluß der byzantinischen Kunst auf die römische: Agnes ist wie eine byzantinische Kaiserin gewandet; die Farben sind gedämpft und recht monoton (gleiche Farbe für die drei Gewänder); die vertikalen Linien sind von großer Reinheit und stehen mit den Linien des Gewölbes in vollendetem Einklang.

Katakomben ⊙ – Schon bevor Agnes' Überreste dort bestattet wurden, gab es an diesem Ort einen Friedhof. Dessen ältester Teil *(links der Kirche)* geht auf das 2. Jh. zurück. Nach der Beerdigung der Märtyrerin breitete sich der Friedhof hinter der Apsis und später zwischen der Agneskirche und dem Mausoleum des Konstantin aus.

★★ **Mausoleo di Santa Costanza** ⊙ – In diesem Rundbau aus dem 4. Jh. wurden die Töchter Kaiser Konstantins, Helena und Konstantina, beigesetzt. Wahrscheinlich wurde das Mausoleum im 13. Jh. in eine Kirche umgewandelt. Der inneren Rotunde war eine ovaler Vorraum vorgelagert, dessen Gestalt man noch erahnen kann. Sie wird von einer Kuppel gedeckt, die von einem hohen Tambour und einem Kreis durch elegante Arkaden verbundener Doppelsäulen getragen wird. Der tonnengewölbte Umgang (Ringtonne) besitzt noch seinen **Mosaikschmuck**★ aus dem 4. Jh., ein Zeugnis der in der Epoche nach Konstantin vorherrschenden Erneuerungsbestrebungen in der Kunst. Das in Felder eingeteilte Gewölbe ist mit einer Vielzahl von Motiven bedeckt, die sich von dem hellen Hintergrund abheben: mit floralen und geometrischen Bildern, mit Porträtmedaillons, Weinranken und Darstellungen der Weinlese. Die Mosaiken in den Seitennischen illustrieren christliche Themen: Gott übergibt Moses die Gesetzestafeln (Übergabe der Schlüssel an Petrus nach anderen Auslegungen) und Christus übergibt das Neue Gesetz (das Evangelium) den Aposteln Petrus und Paulus.

In der Nische gegenüber dem Eingang steht eine Kopie des Sarkophags des Konstantin.

★★ **CATACOMBE DI PRISCILLA** ⊙ – *Via Salaria 430.*

Ursprünglich bestand hier – unter der Villa der Adelsfamilie der Acilii, der Priscilla angehörte – ein privates Hypogäum (unterirdisches Bestattungsgewölbe). In diesem Hypogäum haben die Archäologen Inschriften gefunden, die die Namen Priscillas und eines gewissen Acilius Glabrius erwähnen, von denen auch Sueton spricht: Kaiser Domitian hatte ihn im Jahre 91 aus demselben Grund wie Flavius Clemens, den Gatten der Domitilla *(s. APPIA ANTICA)*, verurteilt. Nachdem die Familie sich zum Christentum bekehrt hatte, erlaubte sie ihren Glaubensbrüdern, auf ihrem Grundstück unterirdische Stollen für die Beisetzung der Toten zu graben. Über zwei Geschosse erstreckten sich diese Galerien im 3. Jh. Im 4. Jh. ließ Papst Silvester (314-335) über den Gräbern die Basilika San Silvestro errichten, in der mehrere Päpste beigesetzt wurden.

Die **Kapelle Eine Jungfrau nimmt den Schleier** (Cappella della Velata) trägt ihren Namen wegen einer gemalten Szene auf der Hinterwand. Früher wurde sie so interpretiert, daß sie eine junge Frau darstelle, die als Novizin in Anwesenheit Mariens den Schleier nimmt. Heute sieht man in diesem Bild eher drei Elemente aus dem Leben der Verstorbenen – ihre Hochzeit, ihre Gottergebenheit und ihre Rolle als Mutter.

In der **Kapelle der Madonna mit dem Kinde★** ist neben der Muttergottes, die ihr Kind auf dem Schoß hält (an der Decke), eine Person zu sehen, die einen Stern trägt. Die Szene wird als Illustration einer Passage aus den Prophezeiungen des Jesaja gedeutet („Seht, die Jungfrau wird ein Kind empfangen, sie wird einen Sohn gebären...", Jes. 7, 14). Die Darstellung der Maria mit dem Kinde gilt als ältestes bekanntes Madonnenbild überhaupt.

Die **griechische Kapelle★** – hier fand man Inschriften in griechischer Sprache – besteht aus zwei durch einen Bogen getrennte Säle. Über dem Bogen des hinteren Saales befindet sich ein Gemälde, auf dem eine der dargestellten Figuren *(links)* Brot bricht; auf dem Tisch stehen ein Kelch und ein Teller mit Fischen; die sieben Brotkörbe an den Seiten könnten auf die wunderbare Brotvermehrung anspielen. Aufgrund all dieser Elemente deutet man diese Szene als Eucharistiedarstellung. Die Archäologen datierten diese Malerei ins 2. Jh.: Eine der Frauen am Tisch trägt eine Frisur, die von Faustina, der Gemahlin Kaiser Antoninus Pius' (138-161) kreiert und von den Damen ihrer Zeit nachgeahmt wurde.

WEITERE SEHENSWÜRDIGKEITEN

Parco di villa Ada – Der in diesem weitläufigen Park liegende Monte Antenne ist eng mit der Geschichte Roms verbunden. Dort befand sich nämlich die sabinische Stadt Antemnae, die nach Livius von Romulus besiegt worden war. Die Antemnaten hatten die Römer nach dem Raub der Sabinerinnen angegriffen.

★ **Moschea** – Das von der Vegetation des Monte Antenne umgebene Gebäude ist Teil des größten Gebäudekomplexes, der in den letzten Jahrzehnten in Rom entstand. Das neue islamische Zentrum beschränkt sich nicht auf die Moschee. An ihrer Seite befinden sich noch eine Bibliothek, ein Hörsaal mit 300 Plätzen sowie zahlreiche Konferenz- und Sitzungsräume. Das Projekt Islamisches Zentrum Rom ist die Frucht der Zusammenarbeit zwischen den Architekten P. Portoghesi, V. Gigliotti und S. Moussawi. Die Bauarbeiten für die Moschee begannen 1984 und wurden 1992 abgeschlossen

Das Gebäude fügt sich sehr gut ein in das architektonische Umfeld der Stadt, denn dank der Verwendung typisch römischer Baustoffe – hellgelbe Ziegel, Travertin – wird eine enge Anlehnung an die in Rom übliche Architektur erreicht. Das Innere bildet zweifellos das Meisterstück dieses islamischen Gotteshauses. Es besteht aus einem Gebetsraum, der bis zu 3 000 Personen aufnehmen kann: 32 hohe Pfeiler aus einem Zement- und Marmorgemisch stützen die große Kuppel mit ihren konzentrischen Kreisen, die an die der Großen Moschee von Cordoba erinnern soll, sowie sechzehn kleinere Seitenkuppeln. Die Außenmauern, die die Basis der Kuppeln bilden, ruhen auf den gleichen Hohlpfeilern und liegen demnach nicht auf dem rechteckigen Fundament des Baus auf. Durch diese Baugliederung entstand rund um dieses Fundament (170 m) ein 80 cm hoher Lichtstreifen, der überraschende Effekte schafft.

Im Inneren ist das Licht das alles beherrschende Moment. Jede Ebene der Kuppeln ist mit kleinen Öffnungen durchbrochen, die das umlaufende Lichtband ergänzen und ebenfalls dazu beitragen, Helligkeit in den Raum dringen zu lassen. Dadurch entsteht eine unwirkliche Atmosphäre. Das Gewirr der Bögen, die in den Pfeilern ihren Ausgang nehmen und durch ihre beständige Bewegung an die Windungen und Krümmungen des italienischen Barocks erinnern, ist sehr schön und schlägt den Betrachter in seinen Bann.

An diesen Rundgang können sich folgende Besichtigungsgänge anschließen: PORTA PIA; S. LORENZO FUORI LE MURA.

Alle im Reiseführer beschriebenen Orte, Landschaften,
Sehenswürdigkeiten sowie Namen und Begriffe aus Geschichte
und Kunst sind im Register am Ende des Bandes
in alphabetischer Reihenfolge aufgeführt.

COLOSSEO – CELIO ★★★

Dieser Rundgang, der an Monumenten aus vielen Jahrhunderten vorbeiführt, besteht aus zwei Teilen. Zunächst widmet er sich – mit dem Kolosseum und dem Konstantinsbogen – der kaiserlichen Epoche. Im zweiten Teil liegt der Schwerpunkt auf der Entdeckung eines der sieben Hügel Roms, des Caelius (Celio), und der wertvollen mittelalterlichen Zeugnisse, die er birgt.

Zum Ausklang des Abends...

Eine der beliebtesten Eisdielen Roms ist **San Crispino** (via Acaia 55/56). Vor allem lohnt es sich, die Spezialitäten mit Honig, mit Meringuen oder echter Schokolade zu probieren!

... und für Jazz-Liebhaber

empfiehlt sich besonders die Musikkneipe **Saint Louis Music City** (via del Cardello 13/a, Colosseo).

★★★ COLOSSEO (KOLOSSEUM)

Gründung – Der erste flavische Kaiser, Vespasian, beschloß im Jahre 72, einen Teil der maßlos großen Fläche, die zum Goldenen Haus des Nero gehörte, für öffentliche Zerstreuungen zur Verfügung zu stellen. Dort wo sich der künstlich angelegte See befand, ließ er das größte Amphitheater der römischen Welt erbauen, das den Rahmen für berühmte Darbietungen bildete.
Vielleicht nahm das Flavische Amphitheater den Namen Kolosseum an, weil es sich in der Nähe der kolossalen, ebenso („Colosseum") genannten Nerostatue befand; vielleicht aber auch, weil es selbst „kolossale" Ausmaße besaß. Mit einem Umfang von 527 m und einer Höhe von 57 m stellt das Kolosseum in der Tat eine eindrucksvolle Demonstration römischer Größe dar.
Der Standort des **Nero-Standbildes** ist mittels einiger Travertinplatten im Boden gekennzeichnet worden (**A**). Der Kaiser war – als Ebenbild der Sonne – mit einem Strahlenkranz um das Haupt dargestellt. Nach Sueton war die Skulptur 120 Fuß (über 35 m) hoch.
Spiele – Ursprünglich hatten die Spiele für die Römer religiös-rituellen Charakter und dienten dazu, die Beziehungen zwischen der Stadt, ihren Menschen und Bürgern und den Göttern zu pflegen. Lange Zeit nahm das Publikum wie bei einem Opferritus unbedeckten Hauptes an den Spielen teil. Man rügte Cäsar, weil er im Amphitheater seine Korrespondenz las, und Sueton, der Kaiserbiograph, warf Tiberius heftig vor, er liebe die Spiele nicht.
Im Jahre 80 n. Chr. eröffnete Titus, Vespasians Sohn, das noch unvollendete Kolosseum. Die Spiele, die er aus diesem Anlaß durchführen ließ, dauerten hundert Tage. Kämpfe zwischen Menschen und Tieren folgten auf Gladiatorenduelle, und bei den Tierhetzen verendeten sogar 5 000 Tiere. Man simulierte sogar Seeschlachten und setzte dazu die Arena unter Wasser. Während der Feierlichkeiten anläßlich des tausendjährigen Jubiläums der Gründung Roms im Jahre 249 standen sich 1 000 Gladiatorenpaare gegenüber; 32 Elefanten, etwa zehn Tiger, über 50 Löwen und zahlreiche andere Tiere, die aus den Provinzen des Imperiums nach Rom geschickt worden waren, wurden getötet.
Im allgemeinen begannen die Spiele in der Morgendämmerung und endeten bei Einbruch der Nacht. Es gab ganz unterschiedliche Vorstellungen. Manche waren extrem grausam; die Arena war dann über und über mit Blut bedeckt. Andere, wie die Vorführung gezähmter und dressierter Tiere, erinnerten an Zirkusdarbietungen.

Das Ende des Kolosseums – Kaiser Honorius untersagte 404 die Gladiatorenduelle. Die Kämpfe mit und zwischen wilden Tieren nahmen im 6. Jh. ein Ende. Im 13. Jh. wandelte die Familie Frangipani das Kolosseum in eine Festung um; danach ging es in das Eigentum der Familie Annibaldi über. Den größten Schaden nahm das Bauwerk im 15. Jh.: Es wurde nämlich als Steinbruch genutzt und seine Travertinsteine dienten der Errichtung des Palazzo Venezia, des Palazzo della Cancelleria und der St. Peters-Basilika. Im 18. Jh. beendete Papst Benedikt XIV. die Plünderei, indem er den Bau den christlichen Märtyrern weihte, die nach allgemeiner Überzeugung dort den Tod gefunden hatten. Man errichtete einen Kreuzweg rund um die Arena. Der französische Schriftsteller Stendhal schrieb, das fromme Gemurmel der Gläubigen, die in Gruppen von 15 oder 20 Personen vor den einzelnen Stationen Halt machten, sei ziemlich störend. Heute erinnert ein Kreuz in der Nähe des Osteingangs des Kolosseums an die Christen. Sie waren wahrscheinlich unter jenen zum Tode Verurteilten, welche man ohne Möglichkeit der Verteidigung bewaffneten Gegnern aussetzte oder wilden Tieren vorwarf.
Angesichts des Kolosseums, das allen Unbilden der Zeit zu widerstehen scheint, kommt dem Betrachter der berühmte Ausspruch des englischen Mönchs und Historikers Beda Venerabilis in den Sinn, der Anfang des 8. Jh. prophezeite: „Solange der Colysaeus steht, wird auch Rom stehen: Wenn der Colysaeus fällt, wird auch Rom fallen: Wenn Rom fällt, wird die Welt fallen."

COLOSSEO – CELIO

Kolosseum

Besichtigung ⓥ

Die Fassade zeigt drei Arkadengeschosse, die aus Pfeilern mit Halbsäulen (im unteren Geschoß dorischer, dann ionischer und korinthischer Ordnung) bestehen. Sie werden von einer Mauer mit Pilastergliederung bekrönt. Dazwischen befinden sich kleine Öffnungen oder Mauerflächen, die zur Zeit des Domitian mit Bronzeschilden bedeckt waren. Die Konsolen stützten die in die Löcher des oberen Gesimses gesteckten Masten, an denen man über dem Amphitheater die Leinen-Segel aufspannen konnte, um die Zuschauer vor Sonne oder Regen zu schützen. Das Aufziehen der Segel, „velum" genannt, war wegen des Windes oft schwierig und lag deshalb in den Händen von Matrosen der Flotte von Misenum.
Das Travertinmauerwerk wurde nie mit Marmor verkleidet. Es bestand aus großen Steinblöcken, die einst durch Metallelemente zusammengehalten wurden. Diese wurden im Mittelalter entfernt, aber man kann noch sehen, wo sie sich befanden. Die Blöcke wurden aus den Steinbrüchen von Albulae bei Tivoli auf 6 m breiten, extra für diesen Zweck angelegten Straßen nach Rom gebracht.
Die Tore waren numeriert, und die Zuschauer betraten das Kolosseum durch den Eingang, dessen Nummer auf ihrer Eintrittsmarke (lat. „tessera") verzeichnet war. Über ein gut durchdachtes System von Treppen und Gängen mit stuckverzierten Gewölben gelangten sie zu ihren Plätzen, ohne sich zu keuzen.

Inneres ⓥ — Das Bauwerk ist von elliptischem – recht rundlichem- Grundriß, dessen Achsen 188 m und 156 m erreichen. An den Enden der kürzeren Achse lagen die Tribünen, die dem Kaiser und seinem Gefolge (im Norden) und dem Stadtpräfekten samt Beamtenschaft (Südseite) vorbehalten waren.

4 m über der Arena begann die „Cavea", der Zuschauerraum. Zunächst gab es das „Podium", eine von einer Balustrade begrenzte Plattform mit Marmorsitzen, die für bedeutende Persönlichkeiten reserviert war. Daran schlossen sich drei Kategorien von Sitzreihen an, die durch Gänge voneinander getrennt waren. Zusätzlich waren sie durch hinabsteigende Korridore abgeteilt, die die Menschenmassen gewissermaßen ausspieen – daher die Bezeichnung „Vomitoria" von lat. vomire, speien, spucken). Die Plätze wurden den Zuschauern nach ihrer gesellschaftlichen Stellung zugewiesen.

Ganz oben stützte eine Kolonnade eine Terrasse, unter der die Frauen Platz nahmen. Auf dem Dach der Terrasse konnten die Sklaven dem Schauspiel beiwohnen – stehend. Insgesamt gab es wahrscheinlich 45 000 Sitz- und 5 000 Stehplätze.

Die Gladiatoren betraten die Arena durch die Tore am Ende der längeren Achse. In Reih und Glied schritten sie – mit Gold und Purpur geschmückt – um die Arena und hielten vor dem Kaiser an. Dort sprachen sie mit erhobenem Arm die Grußformel: „Ave, Imperator, morituri te salutant" (Ave, Kaiser, die dem Tod Geweihten grüßen dich). Die Plattform, auf der sich die Vorstellungen, Hetzen und Kämpfe abspielten, fiel Ausgrabungen zum Opfer. So kann man jedoch die „Kulissen" sehen, aus denen über ein ganzes System von schiefen Ebenen und Lastaufzügen die wilden Tiere in die Arena gelangten – zur größten Freude der Zuschauer.

★★★ ARCO DI TRIONFO DI COSTANTINO

In der touristischen Hochsaison kann man sich dem Konstantinsbogen nur mit Schwierigkeiten nähern, denn seine Besichtigung gehört zum Standardprogramm eines jeden Rombesuchers. Dieser herrliche Triumphbogen mit seinen drei Durchgängen wurde im Jahre 315, drei Jahre nach Konstantins Sieg über seinen Rivalen Maxentius an der Milvischen Brücke *(s. MONTE MARIO)*, vom Senat und dem römischen Volk erbaut. Wie das Kolosseum wurde er in mittelalterliche Festungsbauten eingegliedert. Im 18. Jh. wurde er restauriert, 1804 in den heutigen Zustand gebracht. Der reiche plastische Schmuck stammt nicht nur aus dem 4. Jh. Zahlreiche Skulpturen wurden von Gebäuden des 2. Jh. (Bauten der Kaiser Trajan, Hadrian und Marc Aurel) genommen und wiederverwendet.

Nordseite — Die vier Standbilder dakischer Kriegsgefangener am oberen Teil des Bogens gehörten einst zu einem Monument, das für Kaiser Trajan (98-117) erbaut worden war. Die Art ihrer Präsentation – auf mächtigen Sockeln, die vom Hauptgesims getragen werden – ist charakteristisch für den Geschmack des 4. Jh.. Die vier Flachreliefs zwischen diesen Statuen stammen aus dem 2. Jh. und zierten einst Denkmäler zu Ehren Marc Aurels, wie die Reliefs im Museum des Konservatorenpalasts. Nur wurde sein Haupt hie und da durch das Konstantins ersetzt. Von links nach rechts zeigen die Reliefs: Marc Aurel wird bei seiner Rückkehr (174) von den Kämpfen in Germanien von der personifizierten Via Flaminia empfangen; sein Triumph; die Verteilung von Brot und Geld an das Volk; die Vernehmung eines gefangenen Königs. Die vier Medaillons schmückten vorher ein für Hadrian erbautes Denkmal; sie handeln von der Jagd, einem Sport, der aus dem Orient importiert worden war und Hadrian besonders gefiel, und von Opfern. Von links nach rechts: Wildschweinjagd und Opfer an Apoll; dann Löwenjagd und Opfer an Herkules – der Held ist dabei in ein Löwenfell gehüllt. Die anderen, im 4. Jh. gefertigten Skulpturen zeigen Szenen aus der Herrschaftszeit des Konstantin.

Südseite *(in Richtung Via di San Gregorio)* — Der Aufbau entspricht dem der Nordseite. An der Spitze vier Flachreliefs, die zu der gleichen Reihe wie die des Museums des Konservatorenpalasts und die der anderen Bogenseite gehören: links zwei Episoden aus den Kriegen Marc Aurels; rechts Ansprache des Kaisers an sein Heer und seitlich Darstellung einer Opferzeremonie (unterer Teil des Reliefs: Die Tiere werden zum Opferplatz geführt).

Auf den vier Medaillons – die sich in schlechtem Zustand befinden – sind dargestellt: Aufbruch zur Jagd und Opfer an Sylvanus, den Gott der Wälder; dann Bärenjagd und Opfer an Diana, die Göttin der Jagd.

„Meta Sudans" — Man kann den Standort dieses Brunnens noch sehen, der von Titus erbaut und von Konstantin erneuert worden war. Er hatte die Form eines Kegels, von dem das Wasser wie Schweiß herabtropfte. Was von diesem Brunnen übriggeblieben war, wurde 1936 zerstört.

Sich in Richtung der Via San Giovanni in Laterano begeben.

Die Ruinen, die man im unteren Teil der Straße sieht, gehörten vielleicht einst zum **Ludus Magnus**, einer von Domitian für das Training der Gladiatoren erbauten Sport- und Schulungsstätte.

Die Via N. Salvi und dann die Via delle Terme di Tito nehmen. Links, auf der anderen Seite des Largo della Polveriera durch die Via Eudossiana zur Piazza San Pietro in Vincoli gehen.

COLOSSEO – CELIO

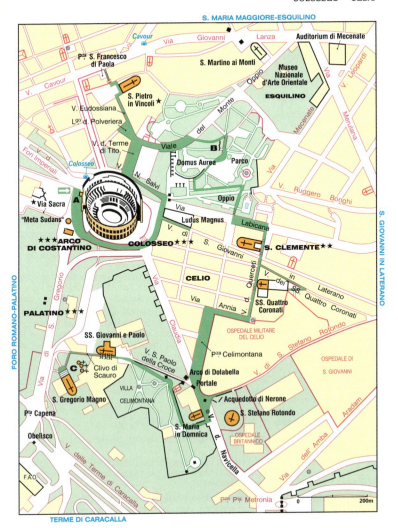

★ CHIESA DI SAN PIETRO IN VINCOLI

Im 5. Jh. weihte Sixtus III. (433-440) die wahrscheinlich über einem älteren Bau errichtete **Kirche St. Peter in den Ketten**. Zur Zeit der Renaissance waren zwei Mitglieder der Familie Della Rovere Kardinäle von San Pietro in Vincoli: Francesco, der spätere Papst Sixtus IV. (1471-1484), und Giuliano, der künftige Julius II. (1503-1513); sie ließen die Kirche restaurieren, die heute dank des berühmten Moses von Michelangelo zu den wichtigsten touristischen Attraktionen Roms zählt. Ein weiterer Anziehungspunkt, die Ketten, mit denen Petrus gefesselt worden sein soll, zieht Pilger in großer Zahl an.
1475 ließ Cardinal Giuliano della Rovere den Portalvorraum hinzufügen, der sicher sehr elegant ausschauen würde, wäre er nicht im 16. Jh. mit einem Obergeschoß versehen worden. Das sehr weitläufige dreischiffige Innere wirkt auf den Besucher durch die schlichtfeierliche Atmosphäre, welche durch die dorischen Marmorsäulen geschaffen wird. Das mittelalterliche Ensemble wurde im 17. und 18. Jh. verändert: Damals wurde das Langhaus mit einem Gewölbe gedeckt und mit einem Fresko bemalt.
Links vom Hauptportal Grabmal von Antonio und Piero Pollaiuolo.

Mausoleum Julius' II. – Die Planung für dieses Denkmal führte zwei der mächtigsten Persönlichkeiten der Renaissance zueinander: Julius II. und Michelangelo. Der nach Größe und Ruhm strebenden Papst hatte die Idee eines Grabmals, das für alle Ewigkeit von seinem Pontifikat Zeugnis ablegen sollte. Im Jahre 1505 ließ er Michelangelo aus Florenz kommen, um ihn an seinem Vorhaben zu beteiligen. Das Grabmal sollte im Zentrum der Basilika von St. Peter seinen Platz finden, sich über drei Geschosse erstrecken, aus 48 Statuen und Bronzeflachreliefs bestehen und vom Sarkophag bekrönt sein. Michelangelo begab sich sogleich nach Carrara, wo er acht Monate lang die Marmorblöcke aussuchte, aus denen dieses geradezu übermenschliche Werk hervorgehen sollte. Er träumte davon, aus dem Marmorberg eine einzige Statue zu schaffen. Als er jedoch nach Rom zurückkam, zeigte sich der Papst von

COLOSSEO – CELIO

Michelangelo: Moses
(San Pietro in Vincoli)

großer Gleichgültigkeit ihm gegenüber; Bramante hatte Michelangelo, der verletzt und enttäuscht nach Florenz zurückkehrte, in der Gunst des Papstes ersetzt. Nach dem Tode Julius' II. im Jahre 1513 nahm das Projekt immer bescheidenere Ausmaße an. Michelangelo schuf nur die Sklaven (heute im Louvre in Paris und in der Accademia in Florenz zu sehen) und den Moses. Er begann mit den Statuen der Töchter des Laban, Lea und Rahel, und überließ die Ausführung des Grabmals selbst seinen Schülern.

★★★ **Der Moses** — Eines Tages begab sich Papst Paul III., der Michelangelo möglichst bald mit dem Gemälde des *Jüngsten Gerichts* in der Sixtinischen Kapelle beauftragen wollte, dieser jedoch zu des Papstes Verdruß immer noch mit dem Grabmal des Julius beschäftigt war, zu dem Künstler. Angesichts der Mosesstatue bemerkte ein sehr diplomatischer Kardinal im Gefolge Pauls III., die Skulptur sei so schön, daß sie allein schon genüge, die Grabstätte eines Papstes zu zieren.

In der Tat wird der Blick des Betrachters von der kraftvollen Aura dieser mächtigen Figur und ihrer achtunggebietenden Haltung gebannt.

Ketten Petri — Die Ketten, mit denen Petrus gefesselt worden sein soll, befinden sich unterhalb des Chores in der Confessio. Ursprünglich hatte es zwei Ketten gegeben, eine, an die Petrus in Jerusalem gebunden war, eine andere, die ihn in Rom fesselte. Im 13. Jh. entstand die Legende, daß diese beiden Reliquien sich auf wunderbare Weise zusammengeschweißt hätten.

Krypta — *Zugang untersagt.* Man kann sie durch das Gitter des Altars der Confessio *(unter dem Altar des Chores)* sehen. In dem schönen Sarkophag aus dem 4. Jh. werden die Reliquien der sieben Makkabäer aufbewahrt, sieben Brüder, von deren Martyrium das Alte Testament berichtet.

Von San Pietro in Vincoli zum Celio-Hügel

Nach Verlassen der Kirche rechts die überdachte Passage nehmen, die zur Piazza San Francesco di Paola führt.

Die Treppe wird von dem einstigen Palast der Borgia beherrscht (hübsche Loggia aus dem 16. Jh.), in dem Vannozza Caetani lebte, die Mutter von Cesare und Lucrezia Borgia, den Kindern Papst Alexanders VI.,

Das traurige Ende eines etruskischen Königs — Von der Piazza San Francesco di Paola aus mag der Besucher erwägen, daß die Treppe, die er gerade hinaufstieg, Schauplatz einer sagenhaften Begebenheit aus der römischen Frühzeit ist, aus der Zeit, in der die Stadt von den Etruskerkönigen regiert wurde.

König Servius Tullius hatte eine Tochter namens Tullia; sie war mit Tarquinius verheiratet. Von Machtgier besessen, trieb sie ihren Gatten an, ihren Vater zu entthronen. In einem Kampf, der von seinem Schwiegersohn in der ehrwürdigen Kurie eröffnet wurde, wurde der König schwer verletzt. Sterbend wankte er auf die Straße, die das Suburarana-Viertel mit dem Esquilin verband. Livius erzählte sieben Jahrhunderte später in seiner *Römischen Geschichte,* Tullia habe, vom Zorn ihres Gatten angesteckt, ihren Wagen über den Körper ihres Vaters fahren lassen. Seither nannte man diese Straße Vicus Sceleratus, die Straße des Verbrechens.

Zur Piazza San Pietro in Vincoli zurückkehren und in Richtung Viale del Monte gehen.

Der Rundgang erreicht nun den **Parco Oppio** (in der Antike der Oppius-Hügel) und führt an den Resten der **Trajansthermen** (di Traiano) vorbei, deren Grundriß auf der Rückseite der erhaltenen Apsis angebracht ist (**B**).

Domus Aurea — Das Goldene Haus ist der Palast, den Nero sich nach dem Stadtbrand im Jahre 64 n. Chr. erbauen ließ. Das Vestibül lag auf der Velia (die den Titusbogen trägt) und barg das berühmte Standbild des Nero, während die Räume und Zimmer auf dem Oppiushügel gelegen waren. In der Niederung, in der sich heute das Kolosseum befindet, war ein See angelegt, von Parks und Weinbergen umgeben; alles sollte wirken, als habe man ein Stück Land in die Stadt geholt.

Im Inneren des Palastes war alles sehr luxuriös. „Die Decken der Speiseräume mit beweglichen Elfenbeintafeln versehen, die von Löchern durchbrochen waren, durch die man Duftwasser oder Blüten auf die Gäste regnen lassen konnte; der größte Speisesaal war rund und drehte sich beständig um die eigene Achse, Tag und Nacht, wie die Welt...", berichtet Sueton. Nero nahm sich im Jahre 68 n. Chr. das Leben, der Senat verbot die Erinnerung an ihn, und das Goldene Haus verfiel. Der See wurde trockengelegt, und dort entstand das Kolosseum. Dann wurden die oberen Räume abgerissen; das Domus Aurea diente als Fundament für die Thermen des Titus und des Trajan. In der Renaissance wurde es wiederentdeckt. Raffael und die Künstler seines Kreises

COLOSSEO – CELIO

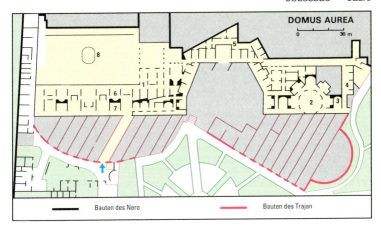

begeisterten sich für die Malereien, die sie dort fanden: geometrische Muster, Rankenornamente, mit Tierdarstellungen und Gesichtern. Diese Räume befanden sich damals unter der Erde, wie Grotten; daher die Bezeichnung „Grotesken".

Besichtigung – Die schöne Ziegelfassade war einst Teil der Trajansthermen. Die Besichtigung beginnt mit einer der schräg angelegten Galerien vor dem Haus des Nero, die als Fundament der Trajansthermen dienten, und führt dann durch eine Reihe ziemlich dunkler Räume.
In Raum **1**: Reste von Häusern, die durch den Brand von 64 zerstört wurden. In dem achteckigen Raum **2**, von dem fünf weitere Räume ausgehen und der durch ein Kuppelfenster erhellt wird, kann man die kühne Architektur des Hauses ermessen. In Raum **3** wurde 1506 die berühmte Laokoon-Gruppe entdeckt, die sich heute im Vatikan befindet. Raum **4**: hübsche und seltene Reste von Malereien mit Landschaftsdarstellungen. An der Decke des Ganges **5**: Signaturen von Künstlern, die durch die Decke in die Ruine eindrangen. Die Räume **6** und **7** zeugen von der gut durchdachten Anlage des Komplexes: der eine erhielt Tageslicht vom Innengarten **8**, wo man noch den Standort eines Brunnenbeckens erkennen kann, der andere wurde durch den äußeren Garten erhellt, der dann die Aufschüttungen für die Galerien des Trajan zudeckten.

DER CELIO-HÜGEL

Von den sieben Hügeln Roms ist der grüne Caelius (Celio) einer der angenehmsten. Er befand sich seit dem 7. Jh. v. Chr. innerhalb der Stadtmauern: Damals soll die Stadt Alba den Friedensvertrag gebrochen haben, der sie seit dem Kampf zwischen Horatiern und Curiatiern mit Rom vereinigte. Daraufhin bemächtigte sich der kriegerische König Tullus Hostilius der vertragsbrüchigen Stadt und siedelte ihre Bevölkerung auf dem Mons Caelius an. Bis zum 11. Jh. war dieser Hügel bewohnt. Dann jedoch brachte der Investiturstreit den Krieg nach Rom, und 1084 „befreiten" die Normannen des Robert Guiscard den Papst Gregor VII. und seine Hauptstadt von den Truppen Kaiser Heinrichs IV. – um den Preis einer entsetzlichen Verwüstung. Seither wurde der Celio nicht mehr bebaut.

In die Via Labicana und dann rechts zur Kirche San Clemente gehen.

** Basilica di San Clemente

Die im 4. Jh. im Privathaus eines Christen („titulus") gegründete Kirche wurde bald dem heiligen Klemens, einem der Nachfolger des Apostels Petrus, geweiht.

San Clemente – Apsismosaik

COLOSSEO – CELIO

Sie gehört zu den ältesten christlichen Basiliken Roms. Auch sie wurde 1084 zerstört, ab 1108 unter Papst Paschalis II. jedoch auf der Ruine der alten Kirche wiederaufgebaut.

Die heutige Basilika – Der Haupteingang ist – wie bei vielen mittelalterlichen Bauten – nüchtern. Das Innere ist durch antike Säulen unterschiedlicher Herkunft in drei Schiffe geteilt. *(Man betritt die Kirche häufig durch den an der Via di S. Giovanni in Laterano gelegenen Eingang des linken Seitenschiffs.)* Die einheitliche Wirkung des Kirchenraumes ist jedoch durch die barocken Stuckverzierungen und Umbauarbeiten des 18. Jh. (Decke und Fresken an den Wänden) beeinträchtigt worden. Das Marmormobiliar ist beachtenswert: Die Ambonen in der Schola cantorum (1), die beim Vortrag von Lesung und Evangelium benutzt werden, und der Osterleuchter sind schöne Arbeiten des 12. Jh.; die Schranke, die die Schola cantorum vom Chor trennt, stammt noch aus der ursprünglichen Basilika und geht auf das 6. Jh. zurück. Der Cosmatenfußboden (12. Jh.) ist einer der besterhaltenen Roms.

★★★ **Apsismosaik** – Dieses prächtige Werk aus dem 12. Jahrhundert fasziniert durch seinen Farbenreichtum, die Detailfreude und Harmonie seines Stils. In der Wölbung der Kalotte ist vor dem Hintergrund von Rankenornamenten, die in der Art der Mosaizisten der ersten Jahrhunderte mit kleinen Gegenständen versehen sind, die Kreuzigung Christi dargestellt; Maria und Johannes stehen am Kreuz, zwölf Tauben symbolisieren die Apostel. Darüber „schwebt" die mit ihren schimmernden Farben und in der Komposition an einen Sonnenschirm erinnernde Paradiesdarstellung, das „Himmelszelt", aus dem die Hand Gottvaters dem Sohn die Krone reicht. Unter dem Kreuz sind trinkende Hirsche zu sehen (Symbol für diejenigen, die nach der Taufe streben), die Menschen sind mit ihren Arbeiten beschäftigt. Am unteren Rand der Kalotte schreiten die Lämmer Bethlehems und Jerusalems, Symbole des Alten und des Neuen Testaments, zur Anbetung des Gotteslamms.

Der Stil der Mosaiken über dem Bogen ist von der byzantinischen Kunst beeinflußt. Die Propheten Jeremia und Jesaja (über den beiden Städten) verkünden den Triumph Gottes. Er tut sich kund im segnenden Christus, umgeben von Evangelistensymbolen. Zwischen den Propheten und Christus die Märtyrer: Klemens, mit Marterwerkzeug (dem Boot) in Begleitung des Apostels Petrus *(rechts);* Laurentius, mit dem Feuerrost, auf dem er zu Tode gefoltert wurde, in Begleitung des Apostels Paulus *(links).*

Cappella di Santa Catarina (2) – Die **Fresken★,** die die Kapelle zieren, wurden von Masolino da Panicale (1383-1447) geschaffen. Masolinos Kunst zeigt in Haltung und Gestus der dargestellten Personen, in der eleganten Gestaltung der Gesichter und in den zarten Farben noch gotische Elemente. In der Suche nach einer deutlichen Abgrenzung des Raumes aber erkennt man den Beginn der Renaissance – man beachte den architektonischen Dekor in der Verkündigungsszene über der Arkade am Kapelleneingang.

Die Szene links von der Arkade stellt den hl. Christophorus dar, wie er das Jesuskind trägt; in der Kapelle, an der linken Wand, Szenen aus dem Leben der hl. Katharina von Alexandrien; auf der hinteren Wand die Kreuzigung; rechts, in schlechtem Zustand, Szenen aus dem Leben des hl. Ambrosius.

Unterirdische Bauten ⊙ – Wenn man die Treppe hinabgestiegen ist, befindet man sich in der **Unterkirche** (4. Jh).

Diese Basilika bestand aus einem Narthex, drei Schiffen und einer Apsis. Die Oberkirche erhebt sich über dem linken Seitenschiff und dem Mittelschiff. Man kann ihre Stützmauer (3) sehen, die eine Vierteilung bewirkt hat.

Fresken – Einige der Wandmalereien (4) stammen aus dem 11./12. Jh., andere gehen auf das 9. Jh. zurück. Besonders hervorzuheben, da sehr gut erhalten und von großer Lebendigkeit in der Darstellung, sind die Fresken des Mittelschiffs (5) (11. Jh.). Sie erzählen die Legende des römischen Stadtpräfekten Sisinius: Der Präfekt wollte seine Gemahlin verhaften lassen, die heimlich an einer von Papst Klemens zelebrierten Messe teilnahm. Als er aber des Heiligen ansichtig wurde, erblindete er. Über dieser Szene sieht man die ebenfalls erblindeten Diener des Präfekten, die eine Säule davontragen und glauben, es handele sich um die Frau ihres Vorgesetzten.

Oberkirche

Unterkirche (▬ Bauwerk aus dem 4. Jh.)

COLOSSEO – CELIO

Diese Fresken sind in zweierlei Hinsicht besonders interessant. Einmal sind dort, neben der Darstellung der Personen selbst, auch Worte der Protagonisten aufgeführt, wie bei einem Comic strip! Vor allem aber handelt es sich bei diesen geschriebenen Worten um eines der wenigen Zeugnisse der lateinischen Sprache in ihrem Übergang vom klassischen zum sogenannten Vulgärlatein.

Mithraeum – Unter den Schiffen und der Apsis der Basilika aus dem 4. Jh. existierten zwei Häuser, die aus der Epoche der Republik (1. Jh.) stammten. Dasjenige, das sich unter der Apsis befand, wurde im 3. Jh. in ein Mithräum, einen kleinen Tempel für den Mithraskult, umgewandelt. Man steigt auf einer antiken Treppe in das Mithräum hinunter. Der gut erhaltene Tempelraum besitzt noch zwei seitliche Steinbänke, auf denen die Anhänger des Sonnengottes Mithras Platz nahmen. Wie in vergangenen Zeiten befindet sich im hinteren Teil des Raumes eine Statue des Gottes; im Zentrum steht der Altar mit einer Darstellung des Gottes, wie er dem Stier die Kehle durchschneidet, während Hund, Schlange und Skorpion als Symbole des Bösen versuchen, die Opferung des Stieres, aus der die Lebenskräfte entstehen sollen, zu verhindern.

Die Via dei SS. Quattro Coronati nehmen.

Chiesa dei Santi Quattro Coronati

Im Mittelalter war diese Kirche Bestandteil eines Festungskomplexes zum Schutze des päpstlichen Lateranpalasts. Er wurde immer wieder von adligen Familien bekriegt, deren Festungen auf dem Palatin oder im Kolosseum standen.

Die Kirche aus der Frühzeit des Christentums (4. Jh.), erneuerte Leo IV. (847-855) zu einem Bau, der bis 1084 bestand. Nach dem zerstörerischen Durchzug der Krieger des Robert Guiscard blieben nur noch Ruinen zurück. Paschalis II. (1099-1118) erbaute eine neue, viel kleinere Kirche. Vom 12. bis zum 15. Jh. gehörte sie Benediktinermönchen. Im 16. Jh. ging sie in den Besitz von Augustinerinnen über.

Die vier Heiligen, denen die Kirche geweiht ist, konnten weder von Archäologen noch von Historikern genau identifiziert werden. Zwei Legenden vermischen sich hier, die Geschichte von vier Soldaten, die als Märtyrer starben, und die der fünf in Pannonien, dem heutigen Westungarn, zu Tode gemarterten Bildhauer. Nach einer Liste der Märtyrer, die von Leo IV. aufgestellt wurde, sollen deren sterbliche Überreste in der Krypta dieser Kirche ihre letzte Ruhestätte gefunden haben.

Besichtigung – Durch einen Turm, der im 9. Jh. als Glockenturm diente, gelangt man in einen ersten Innenhof. Die dem Eingang gegenüberliegende Wand markiert die Grenze der ursprünglichen Kirche. In dem zweiten Hof sieht man in der rechten Wand Säulen; diese trennten einst das Hauptschiff vom rechten Seitenschiff.

Inneres – Der Innenraum sieht noch immer so aus, wie er unter Paschalis II. gestaltet wurde. Die drei heutigen Schiffe entsprechen dem Raum, den das Mittelschiff der ursprünglichen Kirche einnahm. Die Säulen, die das Mittelschiff von den Seitenschiffen trennten, sind im Neubau Paschalis II. in die Mauern der Seitenschiffe integriert worden. Im 16. Jh. erhielt die Kirche Kassettendecke und Emporen für die Frauen. Im 17. Jh. wurde die Apsis mit Fresken und Stuck geschmückt. Der Künstler stellte die Geschichte der Kirchenpatrone sowie – in der Kalotte – die Glorie aller Heiligen dar. Am linken Pfeiler des Triumphbogens Tabernakel aus dem 15. Jh. mit schönen vergoldeten Skulpturen. Die Malereien, die ihn umgeben, wurden im 17. Jh. hinzugefügt. Die Krypta geht auf die Zeit Leos IV. zurück. Man fand vier Sarkophage und das Silberreliquiar mit dem Haupt des hl. Sebastian.

★ **Kreuzgang** – Die Benediktiner fügten diesen schönen Bau im 13. Jh. hinzu. Die Augustinerinnen ließen das einfache Dach, das die Gänge bedeckte, durch Gewölbe ersetzen. In der Gartenmitte befindet sich ein Brunnen aus der Zeit Paschalis' II. Man beachte die Schlichtheit der mit Blattkapitellen (Seerosenblätter) bekrönten Säulchen. An der Ostseite des Kreuzgangs gelangt man in die Barbarakapelle aus dem 9. Jh.

★ **Cappella di San Silvestro** – *Das Oratorium befindet sich unter dem Portikus zwischen den beiden der Kirche vorgelagerten Innenhöfen. Den Schlüssel erhält man an der Klosterpforte im Hof vor der Kirche.*

Die im 13. Jh. erbaute Kapelle wurde mit einem ungewöhnlichen Freskenzyklus verziert. Der Habitus ist naiv, der ideologische Anspruch eindeutig: Unter einer Christusfigur, die von Maria, dem hl. Johannes dem Täufer und den Aposteln umgeben ist, wird die Legende von Papst Silvester (314-335) erzählt. Dargestellt sind: die Erkrankung Kaiser Konstantins, dessen Heilung und Taufe, die Übergabe der kaiserlichen Macht (die angebliche Konstantinische Schenkung) an den Papst sowie dessen Einzug in Rom, wobei der Kaiser den Papst demütig in die Stadt geleitet.

Vom Dolabellabogen zur Kirche San Gregorio Magno

Von der Via dei SS. Quattro Coronati zur Piazza Celimontana gehen.

Arco di Dolabella – Der am Anfang der kleinen Via S. Paolo della Croce gelegene Bogen (1. Jh.) wird von den Resten des **Aquädukts des Nero** bekrönt. Weitere Spuren dieser Wasserleitung, die, ausgehend von der Porta Maggiore, den Palatin mit Wasser versorgte, findet man am Ende der Via di Santo Stefano Rotondo und an der Via della Navicella, an der noch einer ihrer Pfeiler zu sehen ist.

Ganz in der Nähe des Dolabellabogens verdient ein hübsches, mit einem Mosaik (13. Jh.) geschmücktes **Portal** Beachtung. Christus ist zwischen einer weißen und einer schwarzen Figur dargestellt – eine Anspielung auf den Trinitarierorden, der gegründet wurde, um schwarze (christliche) Sklaven freizukaufen. Hier befand sich ein Spital des Ordens.

Chiesa di Santo Stefano Rotondo ⊙ – Diese Kirche wurde nach dem Vorbild der Grabeskirche in Jerusalem, ebenfalls ein Zentralbau, Ende des 4. Jh./Anfang des 5. Jh. auf dem Caelius erbaut. Ende des 5. Jh. weihte der Papst sie dem hl. Stephanus, dem ersten Märtyrer (Steinigung). Damals war sie eine der prunkvollsten Kirchen Roms: Sie bestand aus drei konzentrischen Umgängen, die durch Säulen mit ionischen Kapitellen abgeteilt waren, und besaß reichen Marmor- und Mosaikschmuck. 1450 hatte die Kirche kein Dach mehr. Um die Kirche zu retten, wurde das den äußeren Ring bildende Kirchenschiff abgerissen und man mauerte die Zwischenräume zwischen den Säulen des zweiten Ringes zu. Der Durchmesser der Basilika reduzierte sich daher von 65 auf 40 m. Im 16. Jh. erhielten die Wände 34 Fresken mit Martyrien von Pomarancio (um 1530-1592). Das Doppelportal von Bernardo Rossellino ist ein wichtiges Zeugnis der Frührenaissance in Rom (1453). Santo Stefano Rotondo ist die Kirche der Priesterseminare des Collegium Germanicum et Hungaricum.

Chiesa di Santa Maria in Dominica – Diese Kirche strahlt fast ländlichen Charme aus. Sie entstand im 9. Jh. und wurde zur Zeit der Renaissance verändert. Papst Leo X. (1513-1521) ließ von Andrea Sansovino die elegante Portalvorhalle bauen; der berühmte Baumeister versah die Schlußsteine der Bögen mit einem Löwen, um an den Namen des Papstes zu erinnern. Der Brunnen vor dem Portikus, die **Fontana de la Navicella**, wurde 1931 unter Verwendung einer aus dem 16. Jh. stammenden Skulptur in Form eines Schiffes (it. navicella – Schiffchen) angelegt.

Das auf das 9. Jh. zurückgehende Innere folgt basilikalem Grundriß; erhalten sind die drei Apsiden sowie die Säulen mit ihren antiken Kapitellen und das schöne **Apsismosaik★**, Symbol des künstlerischen Neubeginns, der die Epoche Paschalis' I. (817-824) prägte. Der Künstler, von der Starre des byzantinischen Stils befreit, hat die Szenen belebt. Die Gewänder der in schöner Perspektive um die Muttergottes angeordneten Engel wirken wie vom Wind bewegt; auch die Apostel über dem Bogen werden als Personen dargestellt und nicht in symbolischer Form. Sie scheinen geradezu freudig auf Jesus und die beiden Engel, die ihn umgeben, zuzuschreiten. Überall stehen auf grünen Wiesen bunte Blumen. Im Zentrum der Kalotte thront Maria; zu ihren Füßen kniet Papst Paschalis mit dem eckigen Nimbus der Lebenden.

Den Park der Villa Celimontana durchqueren und zur Piazza dei Santi Giovanni e Paolo gehen.

Basilica dei Santi Giovanni e Paolo – An einem ruhigen Platz zeigt diese Basilika ihre Säulenvorhalle sowie ihren stolzen, aus dem 12. Jh. stammenden Campanile. Der Glockenturm wurde auf Fragmenten von Mauern errichtet, die einst den Tempel des Claudius stützten. Diese Mauerreste sind unter der Vorhalle des Hauses der Passionistenkongregation zu sehen. Die Geschichte der Kirche ähnelt der vieler Gebäude auf dem Celio: Im 4. Jh. richtete ein Privatmann namens Pammachius in seinem Haus eine Kirche ein; diese wurde 1084 von den Normannen unter Robert Guiscard verwüstet und im 12. Jh. wiederaufgebaut.

Von dem antiken Bau sind die fünf Arkaden erhalten geblieben, die die Vorhalle und die Galerie überragen und den oberen Giebel der Fassade bilden.

ANTIKES WOHNHAUS UNTER DER BASILIKA

— Römische Mauer   ☐ Ausgrabungen
— Fundamente der Basilika

Das von zwei schönen Marmorlöwen bewachte Innere wurde im 18. Jh. nahezu vollständig neugestaltet. Interessant ist vor allem das Untergeschoß, in dem die Räume des **antiken Hauses★** ⊙ ausgegraben und schöne Malereifragmente freigelegt wurden.

Am unteren Ende der Treppe zeigt ein Nymphäum ein Fresko mit einem Seestück (**1**); es wird ins 2. Jh. datiert und ist außergewöhnlich gut erhalten: dank der Kalkschicht, mit der es bedeckt wurde – vielleicht wollte man das heidnische Thema verbergen, als das Haus christlich wurde. Dann folgt eine Reihe von Zimmern, die parallel zum Mittel- und zum linken Seitenschiff angeordnet sind. Einer dieser Räume (**2**) birgt Reste feiner Malerei, die Jugendliche und Genien zwischen Blumengirlanden, Weinranken und Vögeln zeigt. Ein überwölbter Saal erinnert an die Zeit, in der man in diesem Haus zum christlichen Glauben übertrat, denn zwischen schmückenden Friesen und Tierdarstellungen ist eine betende Frau mit gekreuzten Armen (**3**) dargestellt.

Zwei Treppen führen zu der kleinen Kapelle der Confessio, die im 4. Jh. von der Familie des Pammachius erbaut worden ist. Ihre Fresken erzählen das Martyrium von orientalischen Heiligen. Ihre Reliquien in der Confessio waren Anlaß zum Bau der Basilika.

Links von der Basilika den Clivo di Scauro einschlagen.

Man betrachte die schöne Apsis der Basilika, die mit ihren an romanische Bauten der Lombardei erinnernden Säulchen in Rom einzigartig ist.

Chiesa di San Gregorio Magno ⊙ – Die imposante Fassade (17. Jh.) dieser Kirche erhebt sich über einer Treppe in einer schönen römischen Landschaft voller Zypressen und Pinien. Sie wurde im Jahre 1633 von Kardinal Scipio Borghese (Adler und Drache seines Wappens sind über den Innenarkaden zu sehen) bei G. B. Soria in Auftrag gegeben. Der Legende nach soll Gregor d. Große sein Wohnhaus in ein Kloster und eine Kirche umgewandelt haben. Im 12. Jh. wurde das Gotteshaus wiedererbaut und dem heiliggesprochenen Papst geweiht. Das heutige Gebäude geht auf Umbauarbeiten des 17. und 18. Jh. zurück.

An dem in der Kapelle am äußersten Ende des rechten Schiffes stehenden Altar (15. Jh.) zeichnen Flachreliefs die Legende des Heiligen nach. Die kleine, mit einem antiken Thron versehene Zelle *(rechts in dieser Kapelle)* soll die des Heiligen gewesen sein.

Am Ende des linken Schiffs befindet sich eine mit Fresken aus dem 16.-17. Jh. geschmückte Kapelle; sie enthält die Wandmalerei einer Madonna (13. Jh.) und, auf der gegenüberliegenden Seite, einen Tabernakel aus dem 15. Jh.

Durch das Atrium gelangt man zu dem kleinen Platz links von der Kirche.

An diesem Platz stehen drei bezaubernde **Kapellen** (**C**), die über einen Portikus aus antiken Säulen miteinander verbunden sind. Zwei entstanden im 17. Jh. Die Apsis der Silvia-Kapelle (rechts) wurde von Guido Reni mit einem Engelskonzert (1608) verziert. In der Andreaskapelle (Mitte) sind die Wände mit Darstellungen der *Geißelung des hl. Andreas* (1608) von Domenichino und mit einem Werk Guido Renis *(Der hl. Andreas wird zum Martyrium geführt)* geschmückt. Die Barbarakapelle *(links)* wurde im 17. Jh. restauriert. Eine Legende erzählt, daß der Tisch in ihrer Mitte derjenige gewesen sei, an dem der hl. Gregor den Armen Speise und Trank geboten hätte; eines Tages habe ein Engel bei den Gästen Platz genommen. Ein Fresko zeigt diese Erscheinung.

Der Rundgang kann durch folgende Besichtigungsgänge ergänzt werden: FORO ROMANO – PALATINO; S. GIOVANNI IN LATERANO; S. MARIA MAGGIORE – ESQUILINO; TERME DI CARACALLA.

E.U.R. ★

Besichtigung: *Mit Museumsbesuchen etwa einen halben Tag einplanen.*
Zufahrt: *Mit U-Bahn oder Bus, in den Fahrplänen nachschauen. Mit dem Auto über die Via Cristoforo Colombo, s. Plan im Roten Michelinführer Italia (Hotels und Restaurants).*

Die drei Buchstaben E.U.R. stehen für „Esposizione Universale di Roma" und bezeichnen ein modernes Viertel, das sich im Süden Roms erstreckt. Es geht auf das Jahr 1937 zurück: Damals entwickelte die Regierung den ehrgeizigen Plan, eine Weltausstellung zu organisieren. Sie sollte 1942 stattfinden (daher auch die Zweitbezeichnung „E 42" für das Viertel) und den Ausgangspunkt der weiteren Ausdehnung Roms in Richtung Meer bilden. Die Stadt sollte sich entlang der Autobahn, die seit 1928 Rom mit Ostia verband, ausbreiten.

Der Architekt Marcello Piacentini wurde mit der Durchführung der Arbeiten beauftragt. Im Jahre 1939 entstanden die ersten Gebäude. Am 10. Juni 1940 trat Italien jedoch an der Seite Deutschlands in den Krieg ein, und 1941 wurden die Bauarbeiten eingestellt. Die Bombardierung Roms am 19. Juli 1943 und der Sturz des faschistischen Regimes ließen das Projekt schließlich in Vergessenheit geraten.

Zwei Ereignisse, das Heilige Jahr 1950 sowie die Olympischen Spiele des Jahres 1960, führten dazu, daß das

> **Spazierengehen und Naschen...**
> läßt es sich trefflich in den Grünanlagen an den kleinen künstlichen Seen des E.U.R.-Viertels. Dort kann man sich in der Gelateria **Giolitti** (Passeggiata del Giappone) bequem niederlassen und aus großen einladenden Bechern köstliches Eis schlecken.

alte Vorhaben neue Aktualität gewann. 1950 wurde die Via Cristoforo Colombo eröffnet; sie verband Rom mit dem E.U.R.-Viertel. Mit der U-Bahn (Metrò) erreichte man von der Stazione Termini aus das neue Viertel in weniger als einer halben Stunde. Diese Anbindung an das Stadtzentrum führte zum Bau eines Verwaltungs- und Kulturzentrums, eines Geschäftszentrums und zur Errichtung zahlreicher Wohngebäude.

Anläßlich der Olympischen Spiele wurden ein Sportpalast und eine Radrennbahn erbaut. Der **Palazzo dello Sport** ist ein Werk der Architekten Marcello Piacentini und Pier Luigi Nervi. Das E.U.R.-Viertel mit seinen weißen Kolossalbauten entspricht im wesentlichen dem zur Zeit des Faschismus erarbeiteten, von der Idee römischer Größe geleiteten Projekt und erinnert zuweilen auch an die surrealen Bildlandschaften De Chiricos.

Das Viertel ist auch wegen seiner Museen interessant. Neben den weiter unten beschriebenen beachte man das der Ethnographie und der Frühgeschichte gewidmete **Museo Luigi Pigorini** ⊙ und das **Museo dell'Alto Medioevo** ⊙ (Mittelalterliches Museum), in dem neben Plänen des antiken und des christlichen Roms auch Gegenstände ausgestellt sind, die aus dem Zeitraum vom 5. bis zum 11. Jh. stammen.

E.U.R.

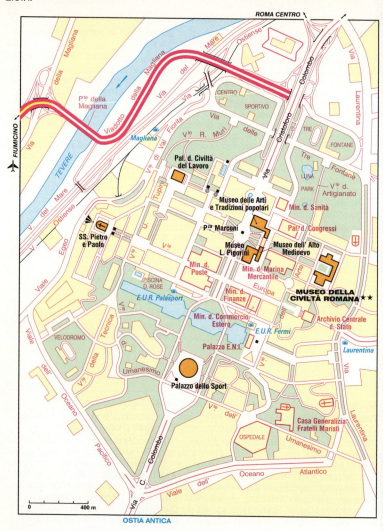

★★ MUSEO DELLA CIVILTÀ ROMANA ⊙

Dieses große, in zwei, durch einen Portikus verbundenen Gebäuden untergebrachte Museum der römischen Zivilisation dokumentiert – ausschließlich anhand von Reproduktionen – Geschichte und Alltag des antiken Rom von den Anfängen der Stadt bis zum Ende des Imperiums. Es zeichnet den Weg nach, den die einfachen Bauern zurücklegten, bis sie ein Reich gründeten, dessen Entwicklung die Geschichte der ganzen Welt während über eines Jahrtausends beherrschte und prägte.

Saal 5 – Die Anfänge: Modell des Jupitertempels auf dem Kapitol, der zum ersten Mal im 6. Jh. errichtet worden war und bis zum Ende des Imperium erhalten wurde; Beipiel einer Hütte aus dem Dorf des Romulus auf dem Palatin.

Saal 7 – Die Römer erobern den Mittelmeerraum: mit Rostren (Schiffsschnäbel) geschmückte Säule, die zu Ehren des Konsuls Duilius im Forum aufgestellt worden war; Duilius gewann mit dem Sieg über die Karthager in Mylae (260 v. Chr.) als erster Römer eine Seeschlacht.

Saal 8 – Cäsar: Rekonstruktion der bedeutendsten Etappen des Gallischen Krieges; Belagerung von Alesia und Eroberung von Avaricum (heute Bourges) im Jahre 52 v. Chr.

Saal 9 – Augustus: mehrere Denkmäler zu Ehren des Augustus, darunter die Trophäe von La Turbie (bei Nizza), die an die Vereinigung von Gallien und Italien erinnert, die Ara Pacis *(s. PIAZZA DI SPAGNA)*, usw.

Den nächsten Saal erreicht man, wenn man durch den rekonstruierten Pronaos des Tempels geht, der von den Bewohnern Ancyras (Ankara) zu Ehren des Augustus und Roms errichtet wurde und auf dem das Testament des Augustus eingraviert war. *(s. PIAZZA DI SPAGNA, Ara Pacis Augustae).*

Saal 10 – Stammbaum und Porträtgalerie der Familie des Augustus und der Julisch-Claudischen Kaiser (Tiberius, Caligula, Claudius, Nero).

E.U.R.

Saal 11 – Die Flavischen Kaiser: Reproduktion des Flachreliefs mit der Darstellung des Triumphs vom Titusbogen, und Modell des Kolosseums.

Säle 12 und 13 – Von den Antoninern zu den Severern (96 bis 235).

Saal 14 – Von Macrinus bis Justinian (217 bis 565): Von Verfall, Dekadenz und Maßlosigkeit geprägter Zeitraum.

Saal 15 – Christentum.

Von diesem Saal an zeichnet das Museum das Leben der Römer in all seinen Aspekten nach. Man zeigt Institutionen, Bauwerke aus dem ganzen Imperium, das Wirtschaftsleben, die gesellschaftlichen Verhältnisse und vieles mehr.

Die folgenden Säle (ausgenommen Säle 37, 38, 39) sind der Öffentlichkeit nicht zugänglich.

Säle 16 bis 19 – Das Heer: Kriegsgerät („balista", eine Art Armbrust, und „onagro", eine mechanische Schleuder). Rekonstruktion eines Lagers für zwei Legionen.

Säle 20 und 21 – Die Marine: Modelle von Kriegsgaleeren.

Saal 22 – Zwei Tafeln zeigen die mögliche Laufbahn von Marinesoldaten und die römische Taktik zur See auf.

Saal 25 – Rekonstruktion eines Triumphzuges: Der siegreiche Feldherr im Jupitergewand begibt sich auf einem Wagen in Begleitung seiner Truppen und seiner Beute zum Kapitol.

Säle 26 und 27 – Die bedeutendsten Monumente und Bauwerke in den Provinzen des Reiches und in den elf von Augustus geschaffenen Regionen Italiens.

In den Sälen 28 bis 33 zahlreiche Modelle großer öffentlicher Bauten der Römer.

Saal 29 – Dokumentation über Thermen, Aquädukte, Nymphäen und Zisternen.

Saal 30 – Vergnügungen und Zerstreuungen: Theater, Amphitheater, Zirkusse, Gymnasien (im antiken Sinne).

Saal 31 – Öffentliches Leben: Foren, Tempel, Basiliken.

Saal 32 – Einige große Baudenkmäler: die Arena von Nîmes, das Stadion des Domitian *(heute Piazza Navona)*, die Akropolis von Baalbek usw.

Saal 33 – Verkehrswege und Kommunikationsmittel.

Saal 37 – Großes **Modell**★★ von Rom zur Zeit des Kaisers Konstantin (306-337), 1937 von dem Architekten Italo Gismondi im Maßstab 1:250 geschaffen.

Saal 38 – Pläne des kaiserlichen Rom.

Saal 39 – Grabstätten: Modelle der Mausoleen des Diokletian in Split, des Munazio Planco in Gaeta und des Theoderich in Ravenna.

Saal 40 – Häuser, Wohnungen, Residenzen: Kaiserliche Paläste des Diokletian in Split, des Hadrian in Tivoli; Häuser und Wohnungen von Privatleuten.

Saal 43 – Religion: Entwicklung der religiösen Vorstellungen und Riten von den Anfängen Roms bis zur Einführung der orientalischen Kulte.

Rekonstruktion eines Teils des Tempels der Roma und eines Teils des athenischen Augustustempels, Rekonstruktion eines römischen Kalenders.

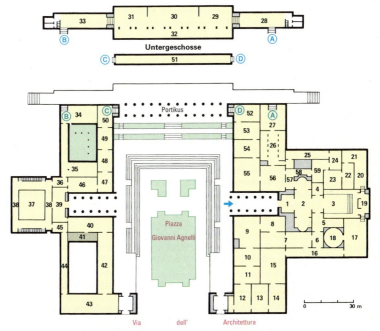

MUSEO DELLA CIVILTÀ ROMANA

E.U.R.

Palazzo della Civiltà del Lavoro

Saal 46 – Recht: Gesetzestexte: Zwölftafelgesetz – Veröffentlichung der Rechtsprinzipien (451 v. Chr.), deren Kenntnis bis dahin ein Privileg der Patrizier war.
Saal 47 – Rekonstruktion einer kleinen Bibliothek.
Säle 48 bis 50 – Musik, Literatur, Wissenschaft und Medizin.
Saal 51 – Abgüsse von Flachreliefs der Trajanssäule.
Saal 59 – Reproduktionen einiger Flachreliefs der Säule des Marc Aurel (s. MONTECITORIO, Piazza Colonna).

WEITERE SEHENSWÜRDIGKEITEN

Piazza Marconi – Auf dem Platz erhebt sich ein großer, 1950 vollendeter Obelisk aus plastisch gestaltetem Marmor, aufgestellt zu Ehren des italienischen Physikers Guglielmo Marconi (1874-1937), des Erfinders der drahtlosen Telegraphie.

Museo delle Arti e Tradizioni popolari ⊙ – Das Volkskundemuseum birgt in einem modernen Gebäude unterschiedliche Gegenstände aus dem italienischen Brauchtum.
Im Erdgeschoss veranschaulichen verschiedene Werkzeuge, Karren, Wagen und Bergschlitten die landwirtschaftliche Arbeit in den Regionen Italiens.
Das 1. Obergeschoß, in dem man eine majestätische Gondel bewundern kann, hat im wesentlichen die traditionellen religiösen Feste und Feiertage zum Thema.
Im ersten Saal ist eine bemerkenswerte **Sammlung★** von Trachten, Festtagskleidung, Schmuck und Amuletten zu sehen. Die folgenden Säle präsentieren Aspekte des Alltagslebens in den verschiedenen Regionen Italiens: Musikinstrumente, Marionetten, Karnevalsmasken, Krippen, Möbel, Küchengeräte usw.

Palazzo della Civiltà del Lavoro – Der 1938 von den Architekten Guerrini, La Padula und Romano errichtete Palast der Arbeit ist einer der charakteristischsten Bauten des E.U.R.-Viertels. Kein Kapitell und kein Gesims lockern die massive Strenge der übereinandergelagerten Rundbogenarkaden auf. Unter den Arkaden des Erdgeschosses befinden sich – als Symbole der Größe Roms – Allegorien der verschiedenen Künste. Der Palast ist Sitz mehrerer Arbeitsorganisationen.

Chiesa dei Santi Pietro e Paolo (Peter und Paul) – Dieser auffallende Travertinbau wurde von 1937 bis 1941 auf dem höchsten Punkt des E.U.R.-Viertels errichtet. Sein in grüner Umgebung gelegener Baukörper beherrscht das ganze Viertel. Hauptarchitekt der Kirche war Arnaldo Foschini. Oben an der Treppe empfangen zwei große Statuen der Apostel Petrus und Paulus die Besucher. Der als griechisches Kreuz angelegte Grundriß der Kirche wird von den klar definierten Ecken und der sehr nüchternen Linienführung betont. Die schuppenartig mit kleinen Fliesen bedeckte Kuppel ruht auf einem von Rundfenstern durchbrochenen Tambour.
Das bronzene Eingangstor ist mit Flachreliefs von Giovanni Prini (1877-1958) geschmückt, die das Apostelamt von Petrus und Paulus nachzeichnen.
Von der Terasse, die das mit Vorhallen erweiterte Kirchengebäude umgibt Blick auf die Vororte Roms.

Nach diesem Rundgang empfiehlt sich der Besuch von OSTIA ANTICA. Nehmen Sie die S.S. no 8, Via Cristoforo Colombo.

Die Italiener nennen die Sommerzeit „ora legale" (gesetzliche Zeit), die Winterzeit „ora solare" (Sonnenzeit) und beziehen sich auf die Daten, an denen die Uhr umgestellt wird, wenn sie das Jahr grob in Sommer und Winter einteilen. Dies gilt ganz besonders für die Öffnungszeiten der Museen und Sehenswürdigkeiten.

FONTANA DI TREVI – QUIRINALE★★★
Besichtigung: 2 1/2 Std.

Der Rundgang beginnt mit einer der berühmtesten römischen Sehenswürdigkeiten, dem Trevibrunnen, und führt anschließend zu den bedeutendsten Stätten des Quirinals, der mit seinen 61 m Höhe der höchste der sieben Hügel Roms war. Der Überlieferung nach soll er von den Sabinern besiedelt worden sein; von Quirinus, einem Gott sabinischer Herkunft, wird auch der Name der Erhebung abgeleitet. Mit Mars und Jupiter bildete Quirinus die wichtigste Triade der altrömischen Religion.

Kaiser Domitian (81-96) ließ hier das Mausoleum der Flavier errichten. Caracalla erbaute einen Tempel zu Ehren des Serapis, dessen Überreste bis ins Mittelalter erhalten blieben; Konstantin ließ auf dem Quirinal Thermen bauen, von denen seit dem 17. Jh. nichts mehr zu sehen ist. Bis zum Ende des 19. Jh. lag der Quirinal am Rande der Stadt. Heute verbindet man mit seinem Namen die italienische Politik, denn der Quirinalspalast ist die offizielle Residenz des Präsidenten der Republik Italien.

★★★ FONTANA DI TREVI

Der Brunnenbau stammt aus dem Spätbarock; sein Bild zählt zu den berühmtesten Roms. Das Thema des Werks ist in den beiden Flachreliefs dargestellt: Links sieht man Agrippa, der im Jahre 19 v. Chr. beschließt, über einen 20 km langen Kanal Wasser nach Rom zu leiten; diese Wasserleitung wurde nach der Jungfrau, die römischen Soldaten den Weg zu der Quelle wies, Acqua Vergine (Jungfrauenquelle) genannt *(rechtes Bildfeld)*. Der von Papst Nikolaus V. und Papst Urban XII. reparierte und restaurierte Kanal erhielt unter dem Pontifikat von Klemens XII. diesen Brunnen als Abschluß. Mit den Bauarbeiten beauftragte der Papst den Architekten Nicolà Salvi (1732).

Fontana di Trevi

FONTANA DI TREVI – QUIRINALE

Salvi paßte die Brunnenanlage den Ausmaßen des Palastes an, vor dem sich die Brunnenwand erhebt, und gestaltete sie wie einen Triumphbogen. Seit der Fertigstellung der Fontana di Trevi, seitdem die zentrale Figur des Okeanos auf einem von zwei Seepferden und zwei Tritonen angeführten Wagen aus seiner Nische heraus seine Macht über das Meer demonstriert, bewundert ein treues, stets sich erneuerndes touristisches Publikum dieses Schauspiel. Natürlich spielen alle Besucher das traditionelle Spiel mit, indem sie – mit dem Rücken zur Brunnenanlage – zwei Münzen in das Becken werfen, einmal um sicher zu gehen, daß sie wieder nach Rom kommen, und zum anderen, um einen Wunsch auszusprechen, der ja eventuell erfüllt werden könnte. Im Hintergrund wachen, unbeeindruckt von der Menschenmenge, allegorische Figuren des *Reichtums* und der *Heilkraft*.

Die Fassade der Kirche **Santi Vincenzo e Anastasio** wurde 1650 von Martino Longhi d. Jüngeren für Kardinal Mazarin errichtet. Die Säulen sind vollkommen von der Wand getrennt, Giebel und Vorkragungen schaffen das typische Licht- und Schattenspiel des Barocks.

An der Seite der Kirche durch den Vicolo Modelli zur Piazza Scanderbeg gehen. Der gleichnamige Palast beherbergt das **Museo nazionale delle Paste alimentari** ⓥ („Pasta-Museum"), in dem man über die Geschichte der Teigwaren informiert wird. Die Herstellung des verbreitetsten Nahrungsmittels der italienischen Küche wird erläutert von seinen Rohstoffen, dem Weizen und anderen Zutaten bis zur Teigproduktion, die ursprünglich mittels Knetsteinen, dann jedoch durch mechanische oder hydraulische Techniken durchgeführt wurde. Didaktische Tafeln und anschauliche Bilder von genießerischen Pasta-Essern oder von berühmten Persönlichkeiten, die sich an einem traditionellen Pasta-Mahl gütlich tun, lockern die Beschreibung der verschiedenen Stufen der Nudelherstellung auf.

Zur Via della Dataria gehen und ihr bis zur Piazza del Quirinale folgen.

Man erzählt... Nicolà Salvi, der Architekt der Fontana di Trevi, habe nach einem Streit mit einem Barbier den folgenden Racheplan ersonnen. Gegenüber dem Ladenlokal des Barbiers ließ er eine riesige Seifenschale errichten, die diesem völlig die Sicht auf den Brunnen versperrte. Heute noch sieht man von dem betreffenden Geschäft aus (heute ein Handschuhhändler) diese seltsame Konstruktion, die dem Betrachter den Blick auf den wunderbaren Brunnen verwehrt.

★★ PIAZZA DEL QUIRINALE

Der von Palästen mit edlen Fassaden gesäumte, mit antiken Statuen und einem Obelisken geschmückte Platz ist mit seinem Brunnen ein typisches Beispiel römischer Eleganz. Sixtus V. (1585-1590) ließ hierher die Dioskurenstatuen bringen, schöne römische Kopien griechischer Originale, die unweit von hier die Thermen des Konstantin geschmückt hatten. Fast zwei Jahrhunderte später schuf Pius VI. zwischen ihnen Platz für einen der Obelisken, die einst am Eingang des Mausoleums des Augustus standen *(s. PIAZZA DI SPAGNA)*. Pius VII. (1800-1823) schließlich ergänzte das Ensemble durch ein schönes antikes Becken, das zu der Zeit, in der das Forum Romanum noch der Campo Vaccino war, als Viehtränke gedient hatte.

★★ **Palazzo del Quirinale** ⓥ – An der Errichtung dieses Palasts waren mehrere der größten Architekten der Gegenreformation und des Barocks beteiligt. Gregor XIII. beauftragte im Jahre 1573 Martino Longhi d. Älteren mit dem Bau des Palasts, der zur Sommerresidenz der Päpste werden sollte. Sixtus V. vertraute die Bauarbeiten Ottaviano Mascherino, Domenico Fontana und Flaminio Ponzio an; Paul V. zog Carlo Maderno vor, der das monumentale, von den Skulpturen der Apostel Petrus und Paulus bekrönte Eingangsportal schuf; Alexander VII. griff auf Bernini zurück, und Klemens XII. vollendete den Palast mit der Hilfe von Ferdinando Fuga.

Quirinalspalast

FONTANA DI TREVI – QUIRINALE

Das napoleonische Gewitter

Im Jahre 1808 war Napoleon König von Italien, sein Bruder Joseph König von Neapel. Papst Pius VII., das Oberhaupt des Kirchenstaates, weigerte sich, die Kontinentalsperre zu beachten und erkannte auch keinen anderen Souverän von Neapel als Ferdinand IV. an. Am 2. Februar erhielt General Miollis den Befehl, an der Spitze von 8 000 Soldaten in Rom einzumarschieren. Pius VII. schloß sich im Quirinalspalast ein. Am Abend des 17. März 1808 entfernte Napoleon, damals in Wien, den Kirchenstaat von der Karte Europas. Pius VII. reagierte mit einer Exkommunikationsbulle; am frühen Morgen wurden in den Straßen Roms die Leichen einiger französischer Soldaten gefunden. Am 7. Juli 1809 zerstörten die französischen Truppen mit der Axt das Tor des Quirinalspalastes. Der Papst erwartete sie mit Mozetta (Schulterkragen) und Stola. Obwohl die Soldaten von großem Respekt ergriffen waren, nahmen sie den Papst mit, und er mußte bis zum Ende des Napoleonischen Kaiserreiches in Fontainebleau ausharren. So gab Napoleon „Gott, was Gottes ist, und dem Kaiser, was des Kaisers ist".

Inneres – Vom Hof des Präsidentenpalastes, in dem die republikanische Garde Wache steht, deren Mitglieder mindestens 1, 82 m groß sein müssen, gelangt man zur Ehrentreppe. Man beachte das Christusfresko von Melozzo da Forlì (1438-1494), das zur Himmelfahrtsdarstellung in der Apsis der Apostel-Basilika gehörte.
Man besichtigt eine Reihe prachtvoll ausgestatteter Säle, die von Guido Reni (Altaraufsatz mit *Verkündigungsszene*) geschmückte Kapelle und die Cappella Paolina, deren Stuckarbeiten auf das 17. Jh. zurückgehen.

Palazzo della Consulta – Die Fassade★ dieses Palastes ist ein Werk von Ferdinando Fuga (18. Jh.), der seine Formensprache vielfach der Barockkunst entlehnte.
Die drei Portale und ihre mit Statuen und Skulpturen bevölkerten Giebel sowie der Balustradenabschluß oben, auf dem Engel das Wappen Klemens' XII. halten, verleihen dem Palast eine Belebtheit, die von den nüchternen Oberflächen des Quirinalspalasts absticht. Das Gebäude beherbergt heute den Verfassungsgerichtshof.
Auf der Via del Quirinale weitergehen; sie verläuft an einem Flügel des Quirinalspalastes entlang, der im 17. und 18. Jh. errichtet wurde.

★★ CHIESA DI SANT'ANDREA AL QUIRINALE ⊙

Die Kirchen San Carlo alle Quattro Fontane von Borromini und Sant'Andrea al Quirinale von Bernini sind augenfällige Beispiele für die gestalterische Konzeption zweier Genies von völlig unterschiedlichem künstlerischem Temperament.
Die Fassade der Andreaskirche öffnet sich in einer halbrunden Vorhalle und trägt unter einer Krone das Wappen des Kardinals Camillo Pamphili, eines Neffen Innozenz' X., der im Jahre 1658 den – 1678 fertiggestellten – Bau in Auftrag gegeben hatte.

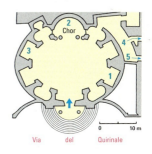

Das **Innere★★** ist wie in San Carlo von elliptischem Grundriß. Es orientiert sich jedoch an der kürzeren, von dem imposanten Eingang und dem ebenso mächtigen Chor definierten Achse, während das quer verlaufende Oval von recht mächtigen Pfeilern unterteilt wird. Die tiefen rechteckigen Seitenkapellen und der falsche Portikus des Chores unterstreichen diese räumliche Spannung, die die Originalität des Gebäudes ausmacht, das viel größer zu sein scheint als es in Wirklichkeit ist. Bernini hat hier wahrscheinlich seine bedeutendste Kirche geschaffen. Dank der virtuosen Verwendung von verschiedenfarbigem Marmor, Vergoldungen und Stuck rief er vielfältige ästhetische Wirkungen hervor.
In den Kapellen befinden sich drei Gemälde von Baciccia (**1**) (1639-1709) und eine *Kreuzigung des hl. Andreas* (**2**) von Jacques Courtois (1621-1676), genannt der Burgunder (il Borgognone). Die vergoldete, besonders erhellte *Glorie* über dem Hauptaltar erinnert daran, daß Bernini ein Faible für die Bühnenbildnerei hatte. Die Kapelle links (**3**) ist dem hl. Stanislas Kotska geweiht; der junge Pole war nach Rom gekommen, um sein Noviziat bei den Jesuiten anzutreten, denen Sant' Andrea gehörte. Ein Gemälde von Carlo Maratta (1625-1713) zeigt die Marienerscheinung, die der hl. Stanislas erlebte.
Die **Kammern des hl. Stanislas** (**4**) *(man wende sich an den Küster)* bergen eine Liegefigur des Heiligen, die von Pierre Legros (1629-1714) aus polychromem Marmor geschaffen wurde.
Die **Sakristei** (**5**) ist von einer schönen, mit Illusionsmalerei geschmückten Kuppel gedeckt.
Auf der Via del Quirinale weitergehen.

★★ CHIESA DI SAN CARLO ALLE QUATTRO FONTANE ⊙

Dieser, ebenfalls 1638 in Auftrag gegebene, auch San Carlino genannte Bau ist das erste bekannte Werk Borrominis und wahrscheinlich das ausdrucksstärkste Beispiel seines Genies. Die dreißig Jahre später erbaute Fassade war sein letztes Werk. Als Borromini 1667 freiwillig aus dem Leben schied, war sie noch nicht vollendet. An ihr kann man die Unruhe eines Mannes ablesen, der die in ihm herrschenden Widersprüche in seine Kunst

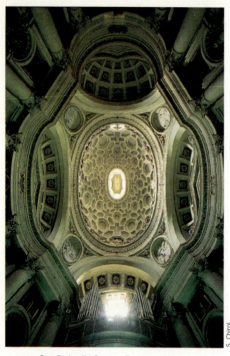

San Carlo alle Quattro Fontane – Kuppel

umsetzte. Auf jede Kurve folgt eine Gegenkurve (Bewegung der Gesimse und der Fassade selbst.) Im Obergeschoß des konkaven Mittelteils plazierte Borromini – über dem Medaillon – eine konvexe Ädikula. Der Glockenturm und die Laterne der Kuppel spiegeln ebenfalls diese kontrastreiche Architektur Borrominis wider.

★★ **Inneres** – Das sehr schmale Innere der Kirche, von der man sagt, sie passe in einen einzigen Pfeiler der Peterskirche, ist ein sehr komplexer räumlicher Entwurf. Im Grundriß sind Ellipse und griechisches Kreuz miteinander kombiniert. Der Aufriß ist von der Wellenbewegung der Wände gekennzeichnet, die sich in der Fassade schon ankündigt. Die großartige Dynamik des Baus zeugt von der originellen Phantasie und Kunst seines Schöpfers. Er strahlt Leichtigkeit und Strenge aus, ist fremdartig und elegant zugleich und steht im Gegensatz zu der sonstigen barocken Vorliebe für das Kolossale. Auch der Kassettenkuppel liegt ein komplizierter Entwurf zugrunde. Sie ist mit einer lichtspendenden Laterne und dem Symbol des Heiligen Geistes bekrönt.

★ **Kreuzgang** – Der von Borromini mit zweigeschossigen dorischen Säulen angelegte Kreuzgang ist von herrlichen Proportionen. Seine Ecken wurden zu leicht konvexen Wandstreifen umgestaltet.

Zur Kreuzung gehen.

Incrocio alle Quattro Fontane – Diese Kreuzung ist ein glänzendes Beispiel für die städtebaulichen Anstrengungen des „bauenden Papstes" Sixtus V. (1585-1590), der Roms Angesicht verwandelte, wie es seit dem Ende des Römischen Reiches nicht mehr geschehen war. Sein Ziel war es, die bedeutendsten Basiliken miteinander zu verbinden wie auch die wichtigsten Viertel mittels breiter und geradliniger Straßen zu verknüpfen. Er ließ diese vier gerade verlaufenden Straßen brechen, an deren Zusammentreffen man einen interessanten **Blick**★ auf die Porta Pia und die drei Obelisken der Trinità dei Monti, der Piazza dell'Esquilino (am Chorhaupt von Santa Maria Maggiore) und der Piazza del Quirinale hat. An den Ecken der Kreuzung ließen Privatleute vier Brunnen aufstellen (16. Jh.).

Man kann nun einen kleinen Abstecher zum **Palazzo delle Esposizioni** machen, indem man der Via del Quirinale der Via Milano und der Via Nazionale (Eingang des Palastes) folgt.

Palazzo delle Esposizioni (Ausstellungspalast) – *Ausstellungen, Film- und Theaterfestivals. Zugang: Via Nazionale 194 und Via Milano 9/A (Restaurant und Cafeteria).* Der Ausstellungspalast geht auf Pläne des Architekten Pio Piancentini zurück und wurde 1883 eingeweiht. Die neoklassizistische Hauptfassade erinnert mit ihrem großen Mittelbogen und den beiden Seiteneingängen an einen Triumphbogen. Dieser Palast ist das erste Gebäude, das in Rom speziell für die Durchführung von Ausstellungen gebaut worden ist.

Der Architekt C. Dardi modernisierte den Ausstellungspalast behutsam. Ohne die ursprüngliche Anlage zu mißachten, versah er den Bau mit neuer Technologie, mit besseren Beleuchtungssystemen und schuf die Infrastruktur für neue Dienstleistungen (Kongreß- und Kinosaal (200 Plätze), Theatersaal (130 Plätze), Bibliothek, Cafeteria und Restaurant im letzten Stock). Der Bau ist auch sonst ein beliebter Treffpunkt in Rom geworden.

Zur Piazza del Quirinale gehen und die Via 24 Maggio nehmen.

DAS VIERTEL

Palazzo Pallavicini – Im Jahre 1603 wurde dieser Palast, dessen Flügel einen mit Palmen, Lorbeer, Pinien und Steineichen bestandenen Hof säumen, von Kardinal Scipio Borghese, dem Neffen Papst Paul V., an der Stelle errichtet, an der sich einst die Thermen des Konstantin befanden.

Das **Casino**★ ⊙ des Palastes, ein bezaubernder Bau aus dem 17. Jh., steht an einem terrassenförmig angelegten Garten und ist wegen des von Guido Reni gemalten

Deckenfreskos der Aurora bekannt. Die Göttin der Morgenröte ist dargestellt, wie sie dem Sonnenwagen die Tore des Himmels öffnet. Reni, ein Schüler der Carracci, schuf hier ein schönes Werk von eher akademischem Charakter.

Auf der rechten Seite der Via 24 Maggio befinden sich Treppe und Tor des monumentalen Eingangs zu den **Gärten des Palazzo Colonna**.

Chiesa di San Silvestro al Quirinale ⓥ – Eingang links von der Fassade.

Die rein dekorative Fassade wurde im 19. Jh. in ihrer heutigen Form geschaffen, um den Niveauunterschied zwischen der Kirche und der Straße, die verbreitert und tiefergelegt worden war, auszugleichen. Die Kirche selbst verlor bei diesem Unternehmen ihren vorderen Teil.

Der Innenraum überrascht durch seinen Reichtum. Die Kassettendecke stammt aus dem 16. Jh (wurde im 19. Jh. restauriert). Von den manieristischen Ausstattungsstücken sind vor allem die Gemälde der **ersten Kapelle links** bemerkenswert; sie wurden von Polidoro da Caravaggio und Maturino de Firenze (s. Via della Maschera d'Oro, unter PIAZZA NAVONA) geschaffen. In den Boden wurden Reste des Keramikfußbodens eingelassen, der einst die Loggia des Raffael im Vatikanpalast zierte.

Im linken Querschiffarm schöne **Kapelle★** mit Kuppel. Domenichino realisierte die Medaillons der Pendentifs (1628), und Alessandro Algardi schuf zu derselben Zeit die Stuckstatuen der hl. Maria Magdalena und des Apostels Johannes (links vom Chor).

Das **Chorgewölbe** ist mit einem Fresko auf schönem grauem Hintergrund (Ende 16. Jh.) geschmückt.

Links vom Chor gewährt eine Tür Zugang zu einer friedvollen Gartenterrasse, auf der die Erinnerung an die Freundschaft zwischen Michelangelo und Vittoria Colonna in der Luft zu liegen scheint. Die fromme adelige Dame hatte Gedichte zum Ruhme ihres verstorbenen Gatten geschrieben und verbrachte, umgeben von gelehrten und frommen Persönlichkeiten, viele Stunden auf dieser Terrasse. Zuweilen gesellte sich auch Michelangelo dazu; der Künster empfand tiefe Zuneigung zu Vittoria Colonna und stand ihr in ihrer letzten Stunde bei.

Rechts die Via della Cordonata nehmen und in die Via 4 Novembre gehen.

★ Galleria di Palazzo Colonna ⓥ – Eingang Via della Pilotta. Besichtigung (1/2 Std.).

Die Nummern, die im folgenden Text angegeben sind, entsprechen denen, die Sie vor Ort vorfinden. Der Palast selbst stammt aus dem 15. Jh., wurde jedoch im Jahre 1730 neugebaut. Er ist durch einen Arkadengang über der Via della Pilota mit den Gärten verbunden, die man in der Via 24 Maggio betreten kann, und bildet mit ihnen ein Ganzes. Martin V. (1417-1431), ein Colonna, errichtete hier seine Resi-

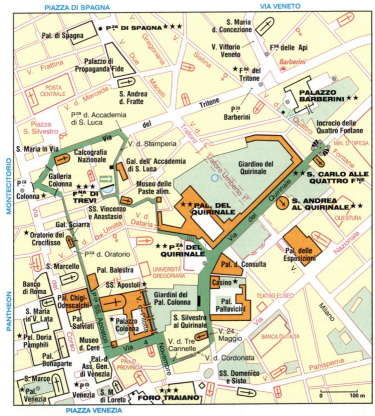

denz, als er sich nach der Großen Abendländischen Kirchenspaltung, während der zeitweise drei Päpste gleichzeitig herrschten, wieder in Rom niederließ. Die Galerie mit ihren prunkvollen, reich ausgestatteten Sälen, birgt zahlreiche Gemälde aus dem 15. bis 18. Jh.

Sala della Colonna Bellica — Der Name dieses Raumes rührt von der roten Säule (it. colonna), dem Emblem der Familie Colonna, her. *Narziß an der Quelle* (**189**) von Tintoretto (1518-1594). Das Porträt (**37**), das Vittoria Colonna darstellen soll *(s. oben Chiesa di San Silvestro al Quirinale)*, wurde lange G. Muziano, später dann B. Cancellieri zugeschrieben.

In einer Stufe der Treppe, die in den Sala Grande führt, befindet sich eine Kanonenkugel. Sie wurde von den Franzosen abgeschossen, als diese 1849 Rom belagerten, um Pius IX. wieder auf den päpstlichen Thron zu setzen.

★★ **Sala Grande** — Schöner Raum, überreich mit Gold, Spiegeln, Kristalleuchtern, Marmorschmuck und Gemälden ausgestattet. Im Gewölbe erzählt ein Fresko aus dem 17. Jh. vom Triumph des Marcantonio Colonna, der sich an der Spitze der Flotte Pius' V. in der Seeschlacht von Lepanto (1571) ausgezeichnet hatte.

Sala degli Scrigni — Zwei „**Schreine**"★, kleine Möbelstücke aus dem 17. Jh.: der eine ist aus Ebenholz und mit Flachreliefs aus Elfenbein geschmückt (in der Mitte *Jüngstes Gericht* von Michelangelo); der andere besteht aus Sandelholz und ist mit Edelsteinen und vergoldeter Bronze reich verziert. Gemälde von Gaspard Dughet (1613-1675).

Sala dell'Apoteosi di Martino V — Dieser Saal wurde nach dem Thema des Deckenfreskos benannt. Schönes Porträt eines Edelmannes (**197**) von Paolo Veronese (1528-1588). Beachtenswert ebenfalls der *Bohnenesser* (**43**) von Annibale Carraci (1560-1609), ein schönes Beispiel naturalistischer Malerei.

Sala del Trono — Dieser Saal war eigens für den Empfang des Papstes bestimmt.

Wieder zur Via 4 Novembre, dann rechts zur Piazza Santi Apostoli gehen. Dort kann man in der Nr. 67 das **Museo delle Cere** (Wachsfigurenmuseum) ⊙ *besuchen.*

★ **Basilica dei Santi Dodici Apostoli (Apostelbasilika)** ⊙ — Im 6. Jh. stand hier eine Basilika, die die Päpste Pelagius I. und Johannes III. den Aposteln Philippus und Jakobus d. J. weihten, deren Reliquien sie erhalten hatten. Der größte Teil des Umbaus, von dem noch der untere Teil der Vorhalle übriggeblieben ist, geht auf Sixtus IV (1471-1484) zurück. Die Loggia über der Vorhalle schloß man im Barock und versah sie mit rechteckigen Fenstern und einer Balustrade mit Statuen. Der obere Teil ist eine klassizistische Zugabe des 19. Jh. Unter der Vorhalle sind drei Löwen aus dem mittelalterlichen Gebäude zu sehen; zwei von ihnen bewachen den Eingang.

Im Gewölbe des Mittelschiffs stellte Baciccia den Triumph des Franziskanerordens (1706) dar. Einige Jahre zuvor hatte der Maler im Gewölbe der Kirche Il Gesù sein Meisterwerk geschaffen.

Der Chor birgt das Renaissancegrab des Kardinals **Pietro Riario**★ *(links)*, eine Gemeinschaftsarbeit dreier Meister der Grabmalskunst: Andrea Bregno, Mino da Fiesole und Giovanni Dalmata. In der Gestaltung des Grabes von Raffaele Riario *(rechts)* erkennt man das Vorbild Michelangelos. An der Decke des Chores schuf die Illusionsmalerei des Giovanni Odazzi (18. Jh.) in der Darstellung der gefallenen Engel schöne Effekte.

Das **Grabmonument für Papst Klemens XIV.** am Ende des linken Seitenschiffs ist ein meisterliches Frühwerk des klassizistischen Bildhauers Antonio Canova (1787), sein erstes in Rom.

Palazzo Chigi-Odescalchi — Gegenüber der Apostelbasilika steht dieser Palast, den die Familie Chigi erwarb. Im Jahre 1664 wurde er von Bernini umgestaltet.

Palazzo Balestra — Der Barockpalast wurde im Jahre 1644 für die Familie Muti Papazzuri errichtet. Papst Klemens XI. schenkte ihn 1719 dem glücklosen Prätendenten auf den englischen Thron, Jakob Eduard **Stuart**. Dessen beide Söhne wurden hier geboren. Der älteste Sohn Karl Eduard entwickelte sich unter dem Namen Bonnie Prince Charlie in Schottland zu einer wahrhaft legendären Persönlichkeit; 1788 verstarb er im Palazzo Balestra. Der jüngere, Heinrich Benedikt, war Kardinal von York. Mit seinem Tod im Jahre 1807 erlosch die Linie der Stuarts. Alle drei wurden in der Peterskirche bestattet.

★ **Oratorio del Crocifisso** — Mit dem Bau des Oratoriums wurde der junge römische Adelige Tommaso dei Cavalieri beauftragt, den eine enge Freundschaft mit Michelangelo verband. Nichtsdestotrotz wählte er einen der heftigsten Gegner Michelangelos, Nanni di Baccio Bigio, zum Berater. Die Gestaltung der Fassade wurde 1561 Giacomo della Porta anvertraut. Für ihn bedeutete dieser Auftrag den Beginn einer glänzenden Karriere, die ihn an die Spitze der Bauarbeiten des Kapitols und von St. Peter (1573) führte. Die 1568 vollendete Fassade, die so hübsch in den ihr vorgelagerten Platz eingegliedert ist, trägt Spuren des Einflusses von Michelangelo (Giebel der Nischen, die das Tor rahmen). Das Innere bietet eine Reihe schöner manieristischer Fresken. Auf der Rückseite der Fassade wird die Geschichte der Bruderschaft des Kruzifixus von San Marcello erzählt. Die Wände wurden, einer Theaterkulisse gleich, von Giovanni de' Vecchi, Pomarancio und Cesare Nebbia mit Szenen der Kreuzlegende bemalt.

Den Durchgang rechts vom Oratorium nehmen.

FONTANA DI TREVI – QUIRINALE

Die **Galerie Sciarra★** bildet mit ihrem Metallgerüst, der Glasdecke und den eleganten Malereien ein schönes Beispiel der Architektur vom Ende des 19. Jh.

Durch die Via S. Maria in Via weitergehen.

Galleria Colonna – Diese 1923 fertiggestellte Passage verbindet die Via di Santa Maria in Via mit der Via del Corso und der Piazza Colonna.

Chiesa di Santa Maria in Via – Am Ursprung dieser Kirche steht eine Wundergeschichte: Das auf einen Ziegel gemalte Bild der Jungfrau Maria war in einen Brunnen gefallen; dieser lief über und brachte das Bild zum Vorschein. Noch heute kommen zahlreiche Gläubige, um von dem Wasser des berühmten Brunnens zu trinken und die „Madonna del Pozzo" anzubeten und zu verehren. Schöne Barockfassade von Francesco da Volterra und Carlo Rainaldi (Ende 17. Jh.).

Durch die Via del Tritone bis zur Piazza dell'Accademia di San Luca gehen.

Via del Tritone – Die vielen Läden machen aus dieser Straße, die das Stadtzentrum mit den nordöstlichen Vierteln verbindet, eine der belebtesten von Rom.

Die Via della Stamperia nehmen.

Galleria dell'Accademia di San Luca ⊙ – In Saal I befindet sich ein Porträt Klemens' XI. von Baciccia (1639-1754). Saal II birgt ein schönes Fragment eines Freskos von Raffael sowie das Gemälde *Judith und Holophernes* des Venezianers Piazzetta (1682-1754). In Saal III Selbstbildnis von Elisabeth-Louise Vigée-Lebrun (1755-1842), der vor der Französischen Revolution geflohenen Hofmalerin Marie-Antoinettes, und Selbstporträt der Schweizer Malerin Angelika Kauffmann (1741-1807), einer Freundin Goethes aus dessen „römischer" Zeit. Saal V: *Madonna mit Kind und musizierenden Engeln* von Anthonis van Dyck.

In Nr. 6 befindet sich die **Chalkographie** des Istituto Nazionale per la Grafica *(s. auch unter GIANICOLO)*, wo über 20 000 Stiche und Drucke, Druckstöcke und Kupferplatten aufbewahrt werden, darunter die des Giovanni Battista Piranesi (1720-1778), der vor allem durch seine römischen Veduten berühmt geworden ist. Die Öffentlichkeit hat im allgemeinen nur bei Sonderausstellungen Zutritt.

An diesen Rundgang lassen sich folgende Besichtigungsgänge anschließen: MONTECITORIO; PANTHEON; PIAZZA DI SPAGNA; PIAZZA VENEZIA; VIA VENETO.

Die kleinen „Hostarie" sind typisch römische Restaurants, in denen man häufig auf Tafeln oder Schildern alte römische Sprichwörter lesen kann. Einer dieser Sprüche empfiehlt z. B., sein Vermögen zu Lebzeiten für Essen und Trinken auszugeben, da man so seinen Erben die anstrengende Vorstellung falscher Tränen und unechter Trauer erspare.

FORI IMPERIALI★★★
Besichtigung: 2 Std.

Fori imperiali, Kaiserforen, nennt man die Gesamtheit der Foren, die von den römischen Kaisern erbaut wurden, nachdem das alte Forum Romanum als Handelsplatz und Stätte von Volksversammlungen, Gerichtsverhandlungen oder öffentlichen Beratungen zu klein geworden war. Cäsar begann mit dem Bau eines neuen Forums im Norden des alten; Augustus, Vespasian, Nerva und Trajan bauten jeweils das ihre. Die Kaiserforen erstrecken sich in etwa von der Maxentiusbasilika bis zur Piazza Venezia und stellen einen Baukomplex ersten Ranges dar. Mit ihren Säulenhallen, Tempeln, Bibliotheken und Basiliken waren sie augenfälliger Ausdruck des Prestiges ihrer kaiserlichen Erbauer. Dennoch wurde das Forum Romanum nicht aufgegeben. Oktavian ließ dort einen Tempel zu Ehren des zur Gottheit erhobenen Cäsar errichten, und als er zum Kaiser Augustus geworden war, ehrte man auch ihn dort mit einem Triumphbogen (19 v. Chr.), obwohl man zehn Jahre zuvor mit der Anlage seines eigenen Forums begonnen hatte. Vespasian erhielt einen Tempel zu Füßen des Kapitols.

Im 19. Jh. begannen erste Grabungen in den Kaiserforen; man entfernte die mittelalterliche Überbauung. Von 1924 bis 1932 setzte man anläßlich der Eröffnung der **Via dei Fori Imperiali** die Arbeiten fort. Diese im Jahre 1932 eingeweihte, 850 m lange und 30 m breite Straße ging in gerader Linie von der Piazza Venezia aus und sollte den Blick auf das Kolosseum als eines der bedeutendsten Zeugnisse römischer Größe freigeben. Mit ihrem Bau wurde die Anlage der Kaiserforen auf irreparable Art und Weise zertrennt.

Händler Kaufmann

Das ist ganz sicher der Inhaber des Geschäfts **„Io sono un autarchico"** (Via del Boschetto 92), der seine Eigenständigkeit im Geschäftsnamen demonstriert und vor allem Küchenartikel verkauft, denen man, angesichts ihrer maßvollen Preise, kaum widerstehen kann. Hier finden Sie weißes Porzellan (z. B. die klassische Milchkanne in Form einer Kuh, Kaffeetassen, Teekannen...), Glas und Gläser (Bistro- Karaffen, Trinkgläser, Flaschen aus farbigem Glas, Gebäckdosen...) und schöne Gegenstände aus emailliertem Metall (kräftig bunte Döschen und Topfbatterien).

FORI IMPERIALI

Trajansforum

★★ FORO DI CESARE

Der Zutritt zu diesem Forum ist untersagt. Man kann es aber von der Mauer, die das Grabungsfeld umgrenzt, recht gut überblicken.

Cäsar hatte für sein Forum einen zentral gelegenen Ort zu Füßen des Kapitols und in der Nähe des alten Forum Romanum ausgewählt. Dafür mußte er die Curia Hostilia und das Comitium *(s. FORO ROMANO)* versetzen und die teuren Wohnhäuser dort abreißen lassen. All dies kostete ihn, nach Cicero (damals Konsul und Freund Cäsars), die geradezu astronomische Summe von 60 Millionen Sesterzen; Sueton, der Verfasser der kaiserlichen Biographien, spricht gar von 100 Millionen Sesterzen. Die Verhandlungen über den Bau des Forums begannen im Jahre 54 v. Chr., als Cäsar aus der Eroberung Galliens (58-51 v. Chr.) reiche Beute zog; die Bauarbeiten setzten im Jahre 51 v. Chr. ein.
Das Forum des Cäsar war ein weitläufiger rechteckiger Platz, dessen Längsseiten in etwa parallel zum Clivus Argentarius verliefen, während er sich im Osten bis zur Curia und im Westen bis zur Via di S. Pietro in Carcere ausdehnte. Domitian (81-96) ließ das Forum restaurieren, vielleicht nach dem Brand im Jahre 80. Trajan schloß die Bauarbeiten ab. Ungefähr zwei Drittel des Cäsarforums wurden zutage gebracht; der Rest befindet sich unter der Via dei Fori Imperiali.

Ruinen – Zunächst bemerkt man die drei schönen reliefgeschmückten Säulen, die einst zu dem **Tempel der Venus Genitrix** gehörten und aus der Epoche des Domitian stammen. Cäsar ging davon aus, daß seine Familie (die Julii) – über Aeneas, den Sohn der Venus, und dessen Sohn Julus – von dieser Göttin abstammte. Er beschloß, der Göttin Venus einen Tempel zu stiften, als er in der Schlacht von Pharsalus (48 v. Chr.) gesiegt hatte, in deren Folge der nach Ägypten geflohene Pompeius von Ptolemäus, dem Bruder der Kleopatra, getötet wurde.
Dieser Tempel im Norden des Forums war ein regelrechtes Museum. Neben der Venusstatue in der Cella konnte man dort ein goldenes Standbild der Kleopatra, griechische Malereien und, vor dem Tempel, eine Skulptur von Cäsars Pferd sehen. Die Hufe dieses außergewöhnlichen Tieres waren so gespalten, daß sie menschlichen Füßen ähnelten; man interpretierte diese Besonderheit als ein göttliches Zeichen, das den Haruspizien zufolge darauf schließen ließ, daß der Besitzer des Pferdes einst über die ganze Welt herrschen würde.
An der parallel zum Clivus Argentarius verlaufenden Seite wurde zur Zeit des Trajan im 2. Jh. ein Portikus angefügt, von dem noch zwei Säulenreihen aus Granit übriggeblieben sind. Nach Meinung der Experten war dies die Basilica Argentaria, in der die Geldwechsler (argentari) ihrer Tätigkeit nachzugehen pflegten.

Zwischen dem Cäsarforum und dem Augustusforum

Carcere Mamertino ⊙ – Als „Mamertinischen Kerker" bezeichnet man die beiden übereinanderliegenden Räume, die in den Kapitolshügel gegraben worden sind und über denen sich die Kirche San Giuseppe dei Falegnami erhebt.
Im Carcer Mamertinus, dem Gefängnis des römischen Staates, waren vor allem Staatsfeinde eingesperrt. Rechts vom Eingangstor erinnert eine Liste an die illustren Persönlichkeiten, die hier starben. Im Jahre 104 v. Chr. kam hier Jugurtha um, während im Forum der Triumphzug seines Besiegers Marius ablief. 46 v. Chr., nach

FORI IMPERIALI

Cäsars Triumph, starb in diesem Kerker **Vercingetorix,** der Anführer des niedergeschlagenen gallischen Aufstandes. Eigentlich blieben seit dem Sieg des Aemilius Paulus über Perseus von Makedonien bei Pydna (168 v. Chr.) die Anführer der feindlichen Truppen häufig vom Tode verschont. Jugurtha und Vercingetorix hatte man allerdings solcher Milde nicht für würdig befunden. Im Mamertinischen Kerker wurden auch, am 5. Dezember 63, nachdem Cicero seine vierte Catilinarische Rede gehalten hatte, die an der Verschwörung des **Catilina** beteiligten Personen erdrosselt. Im Mittelalter kursierte eine Legende, wonach hier auch Petrus gefangen gehalten wurde, daher der Name S. Pietro in Carcere. Links vom Eingangstor zeigt eine Liste die Namen der christlichen Märtyrer an, die hier gestorben sind. In der Nähe der Treppe, die die beiden Räume miteinander verbindet, weist ein Stein eine leichte Mulde auf; diese soll der Legende nach ein Abdruck des Hauptes von Petrus sein, der von den Schergen, die ihn hierher geleiteten, brutal gestoßen und verletzt wurde.
Der untere Raum (Tullianum) wurde Ende des 4. Jh. v. Chr. aus großen Tuffblöcken erbaut, die man gewölbeartig auftürmte. Er diente als Wasserreservoir oder vielleicht auch als Grab. Eine Legende erzählt, Petrus und Paulus hätten hier ein Wunder vollbracht, indem sie aus der Erde eine Quelle hervorsprudeln ließen, die es ihnen erlaubte, den Eingekerkerten das Sakrament der Taufe zu spenden. Man sieht noch die Säule, an die die Heiligen gefesselt gewesen sein sollen und auch besagte Quelle.

Chiesa dei SS. Luca e Martina – Im 7. Jh. etwa wurde am Standort des Secretarium Senatus (Archivsaal des Senates, ein Nebengebäude der Curia) eine Kirche erbaut, die man der hl. Martina weihte. Martina erlitt unter Kaiser Septimius Severus den Märtyrertod. Ab 1588 verehrte man in der Kirche zudem den Evangelisten Lukas. In diesem Jahr nämlich stiftete Papst Sixtus V. das Gotteshaus den Mitgliedern der Accademia di San Luca. Dies war eine Malergilde, die den Lukas als Patron ehrte, seit eine im 6. Jh. entstandene Legende den Evangelisten zum Porträtisten der Jungfrau Maria erklärt hatte.
Im Jahre 1634 wurde ein Terrakotta-Sarkophag entdeckt, der die sterblichen Überreste der hl. Martina enthielt. Kardinal Francesco Barberini beauftragte daraufhin Pietro da Cortona, über dem alten ein neues Gotteshaus zu errichten. Pietro da Cortona, Zeitgenosse der großen Barockarchitekten Bernini und Borromini, entwarf eine schöne **Fassade★**. Ihre leicht konvexe Bewegung, aber auch das Gebäudeinnere, sein an einem griechischen Kreuz orientierter Grundriß und seine blasse, zuweilen in ihrer Formensprache recht komplizierte Stuckdekoration erinnern an den Stil Borrominis.

Wenn man die Via dei Fori Imperiali überquert hat, empfiehlt es sich, die Kaiserforen in ihrer Gesamtheit zu betrachten. Dazu sollte man bei der Einmündung der Via Cavour in die Via dei Fori Imperiali die Via Alessandrina entlanggehen.

An dieser Einmündung etwa befand sich die Grenze zwischen dem Forum des Vespasian (das sich rechts ausbreitet) und dem Nerva-Forum. Von beiden ist nur wenig erhalten geblieben.

Foro di Vespasiano – Das zwischen 71 und 75 n. Chr. angelegte Quadrat des Forums des Vespasian erstreckte sich ungefähr zwischen dem Torre de'Conti und der Kirche Santi Cosma e Damiano und lag direkt neben dem alten Forum. Da Vespasian nach seinem Sieg über die Juden im Jahre 71 auf seinem Forum einen Tempel zu Ehren der Friedensgöttin (Templum Pacis) hatte errichten lassen, nannte man das Gelände auch Friedensforum. In diesem Heiligtum wurde die Beute aus dem Tempel von Jerusalem – der goldene siebenarmige Leuchter, die Gesetzestafeln des Moses und die silbernen Trompeten, die auf dem Titusbogen zu sehen sind – aufbewahrt.

Foro di Nerva – Mit dem Bau des Nervaforums begann man unter Domitian; Nerva vollendete es, und im Jahre 98 n. Chr. wurde es eingeweiht. Das Forum hatte die Form eines langen, schmalen Korridors und wurde vom Argiletum, der Straße, das das Forum Romanum mit dem Subura-Viertel verband, durchschnitten. Aufgrund dieses Umstandes nannte man es auch Forum Transitorium (Durchgangsforum). Im Forum selbst erhob sich der Tempel der Minerva (Tempio di Minerva), von dem man Anfang des 17. Jh. noch schöne Reste sehen konnte. Dann aber ließ Papst Paul V. das Heiligtum schleifen. Seine Säulen und Gesimse wurden beim Bau der Fontana Paolina auf dem Gianicolo wiederverwendet. Rechts sieht man noch zwei schöne **Säulen★** (1) und Fragmente des Frieses, der die Umfassungsmauer des Forums zierte.

★★ FORO DI AUGUSTO

Von der Via Alessandrina aus hat man einen interessanten Blick über das gesamte Forum.

Oktavian, der, als er Kaiser wurde, den Namen Augustus annahm, wollte den Mord an seinem Adoptivvater Cäsar rächen. Nach seinem Sieg über die Cäsarmörder Cassius und Brutus in Philippi (Stadt in Griechenland) gelobte er, dem „rächenden Kriegsgott" Mars Ultor einen Tempel zu weihen. Dieser Tempel sollte sich auf einem neuen Forum erheben. Es sollte die beiden bereits existierenden (das Forum Romanum und das Cäsarforum) ergänzen und in erster Linie Aufgaben der Gerichtsbarkeit übernehmen.
Im Jahre 31 v. Chr. begannen die Bauarbeiten auf dem Gelände zwischen dem alten Forum und dem dicht bevölkerten Subura-Viertel mit dem Abriß zahlreicher Gebäude. Die unregelmäßige Form der mächtigen Mauer, die Oktavian errichten ließ, um das neue Forum von den schlecht gebauten und brandanfälligen Wohnungen Suburas zu trennen, zeigt, daß die Anlage des Forums mancherlei Probleme aufwarf.

FORI IMPERIALI

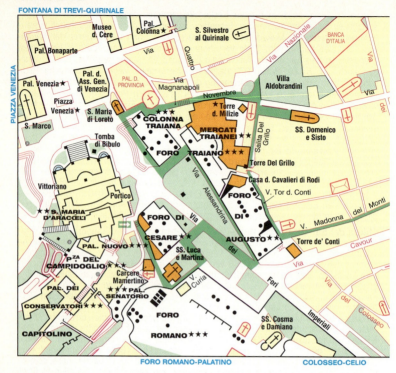

Die südöstlichen und nordwestlichen Seiten des Forum Augusti waren mit halbkreisförmigen Vortragssälen (Exedren) versehen, deren Form man noch erkennen kann. In den Mauern waren Nischen ausgespart, in denen Bronzestatuen bedeutender Gestalten aus der römischen Geschichte und Mythologie standen. Aeneas war vertreten, mit Anchises und Ascanius (Julus), *(s. Einführung, Die Geburt Roms)*, die albischen Könige, Vorfahren des julischen Hauses, Romulus, Marius, Sulla und weitere große Heerführer der Republik.

Im Zentrum und im rückwärtigen Teil des Forums stand der **Tempel des Mars Ultor**, den man über eine majestätische Freitreppe betreten konnte. Einige Säulen der Fassade und der rechten Seite sind wiederaufgestellt worden.

Dieser Tempel spielte im öffentlichen Leben eine wichtige Rolle. Man bewahrte dort – wie eine Reliquie – das Schwert Cäsars. Hier erhielten die männlichen Mitglieder der kaiserlichen Familie (mit etwa 17 Jahren) in einer Zeremonie, die den Übergang von der Kindheit zum Mannesalter markierte, ihre Toga, das offizielle Gewand eines römischen Bürgers. Hier wurde den Beamten, die in die Provinzen des Reiches gesandt wurden, ihre Befehlsgewalt (Imperium) verliehen; bei ihrer Rückkehr erwartete man, daß sie hier die Trophäen ihrer Siegeszüge ausstellten.

Die Basiliken – Die beiden Säulenhallen (Basilika = griech. "Königshalle") befanden sich auf den beiden Seiten des Tempels vor den Exedren. Zwischen den Säulen dieser Portiken standen Marmorstatuen.

Hinter der linken Basilika befand sich eine Halle (**2**), die eine Kolossalstatue barg (Mars oder Augustus). Zwei wiederaufgerichtete Säulen bezeichnen den Zugang.

Zwischen dem Tempel und den Basiliken verliefen zwei Treppen, die vom Augustusforum zur Subura führten. Zwischen der rechten Basilika und dem Tempel befand sich, neben den drei wiederaufgestellten Säulen, der Eingang des Forums, bekrönt von einem schönen, Arco dei Pantani genannten Bogen. Von der Via Tor de'Conti kann man ihn besser sehen.

Auch Augustus' Nachfolger verschönerten das Forumsgelände: Tiberius (14-37) ließ auf beiden Seiten des Tempels Triumphbogen (**3**) zu Ehren der beiden Feldherren Drusus und Germanicus errichten; sie hatten Germanien und Pannonien, das heutige Westungarn, für die Römer erobert und befriedet. Offensichtlich nutzte Kaiser Claudius (41-54) das Areal weiterhin als Gerichtsstätte, denn Sueton erzählt, eines Tages, als er im Augustusforum Gericht hielt, habe Claudius der Duft eines Mahls in die Nase gestochen, das man für die Salier (Priester, die sakrale Kriegstänze aufführten) im benachbarten Marstempel zubereitet habe. Daraufhin habe er das Gericht verlassen, sich geradewegs zu diesen Priestern begeben und mit ihnen gespeist.

S.P.Q.R.: Es gibt eine Unzahl von – zuweilen auch drastischen oder pittoresken – Auflösungen dieser Abkürzung, die ganz einfach "Senatus Populus que Romanus" (der Senat und das Volk von Rom) bedeutet und anzeigt, daß etwas der Stadt Rom gehört.

FORI IMPERIALI

★★★ **FORO TRAIANO**

Das Trajansforum ist vom Forum des Augustus durch ein Gebäude (4) getrennt, das von Domitian errichtet wurde und von dem Teile in das Haus der Rhodos-Ritter mit seiner hübschen Loggia aus dem 15. Jh. einbezogen wurden *(s. nachstehend Casa dei Cavalieri di Rodi)*.

Dieses Forum umfaßt die Marktanlage mit ihrer konkaven Fassade und das eigentliche Forum, zu dem ein öffentlicher Platz, die Basilica Ulpia, die Trajanssäule, Bibliotheken und der zu Ehren des vergöttlichten Trajan errichtete Tempel gehören. Im Jahre 113 wurde es durch den Kaiser eingeweiht. Sein Bau hatte gewaltige Erdverschiebungen nötig gemacht; so wurde z. B. ein Teil des Quirinals, der sich ursprünglich wie ein Sporn in Richtung Kapitol schob, abgetragen und eingeebnet. So wie Cäsar sein Forum mit der Beute aus dem gallischen Krieg finanziert hatte, so nutzte Trajan die Reichtümer, die er den Dakern, einem Volk, das im heutigen Rumänien lebte, abgenommen hatte. Selbst nach Trajans Tod nahm der Ruhm seines Forums nicht ab. Es war Schauplatz großer offizieller Gesten. Hadrian verbrannte hier öffentlich die Tafeln, auf denen die Schulden gewisser Bürger verzeichnet waren; Marc Aurel (161-180) führte hier die Versteigerung seiner persönlichen Schätze durch, um den Feldzug gegen die Markomannen, die das Reich bedrohten, finanzieren zu können.

Das Forum des Trajan erstreckte sich bis zum Cäsarforum und noch über den Platz hinaus, den heute die beiden Kuppelkirchen Santissimo Nome di Maria und Santa Maria di Loreto einnehmen; es war das größte und mit Gewißheit auch das schönste der Kaiserforen. Der Historiker Ammianus Marcellinus (um 330-400) erzählt in seinem Bericht von der Reise des oströmischen Kaisers Constantius II. (356) in die aufgegebene Hauptstadt; dieser habe schon beim Anblick des alten Forum Romanum, dem Zentrum der Macht des antiken Roms, keine Worte finden können; als er aber im Trajansforum angelangt sei, sei er vor Ehrfurcht und Bewunderung vollends sprachlos geworden. Auch heute zählt das Forum des Trajan zu den Ruinen, die die Größe der antiken Zivilisation auf besonders anschauliche und erhabene Weise symbolisieren.

Foro – Das Forum selbst lag zu Füßen des Marktes und dehnte sich bis zum Cäsarforum aus. Der Eingang befand sich an der leicht gekrümmten Ostseite. Die Nord- und die Südseite weiteten sich zu kleinen Halbkreisen, von denen einer noch zu sehen ist. Er verläuft parallel zu dem Halbrund der Märkte und wurde durch zwei Säulen – eine hat man wiederaufgestellt – akzentuiert. Links von dieser Säule befinden sich einige Überreste einer kleinen, im Mittelalter erbauten Kirche.

Die aus großen Peperin- und Travertinblöcken zusammengesetzte Mauer weiter links, am äußersten Rand des Halbkreises, gehörte zur Umgrenzungsmauer des Platzes.

Piazza del foro – Im Zentrum des großartigen Platzes erhob sich die Reiterstatue Kaiser Trajans. Sie bestand aus vergoldeter Bronze und verherrlichte die Idee der kaiserlichen Herrschaft. Quer zur strengen Mittelachse lagen Basilika und Tempel; die Seiten der Esplanade waren von Säulenhallen gesäumt und, wie im Augustusforum, mit den Standbildern berühmter Persönlichkeiten geschmückt.

Basilica Ulpia – Die Basilika ist nach der Familie von Kaiser Trajan benannt. Eine der Apsiden, an den beiden Enden der Basilika, befindet sich unterhalb des Gebäudes an der Ecke Via Magnanapoli. Diese fünfschiffige Basilika war prachtvoll ausgestattet; sie hatte einen Marmorfußboden sowie Marmor- und Granitsäulen, die sich über zwei Geschosse erhoben (und heute zum Teil wiederaufgestellt oder an ihrer Basis zu erkennen sind).

Biblioteca – Zwischen der Basilika und dem Trajanstempel waren zwei öffentliche Bibliotheken eingerichtet worden. Die eine barg griechische Texte, in der anderen waren lateinischsprachige Werke und das persönliche Archiv des Trajan untergebracht. In dem Hof, der die beiden Bibliotheken voneinander trennte, erhob sich die Trajanssäule, ein einzigartiges und in seiner Art nie wieder erreichtes Meisterwerk der antiken Kunst.

★★★ **Colonna Traiana** – In der Antike konnte man die herrliche Ehrensäule von den Terrassen, die über den Bibliotheken angelegt worden waren, besser betrachten als heute. Der Entwurf dieses Denkmals geht, wie das ganze Forum, auf Apollodorus von Damaskus zurück. Die aus 17 Marmortrommeln bestehende Säule erreicht eine Höhe von etwa 38 m. Sie ist mit Flachreliefs bedeckt, die sich spiralförmig die Säule hinaufwinden und Episoden aus den Kriegen des Trajan erzählen. Würde man diesen

FORI IMPERIALI

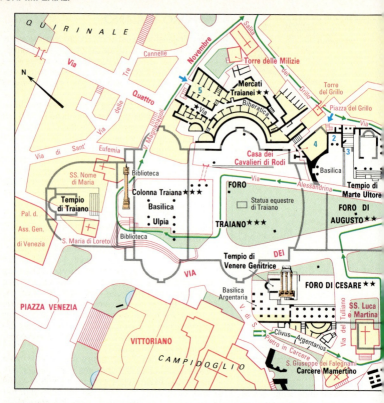

Spiralfries entrollen, würde er mit seinen 2500 Figuren eine Länge von 200 m erreichen. Niemals wurden kaiserliche Siege mit soviel Erfindungsreichtum und Talent hervorgehoben. Die beiden Dakischen Kriege (101/102 und 105/106) werden in den Reliefs illustriert; die Figur einer *(von der Terrasse vor den beiden Kirchen zu erkennenden)* geflügelten Victoria, die auf ihrem Schild die Siege des Kaisers niederschreibt, trennt die Darstellungen der beiden Feldzüge voneinander.

Über 100 Szenen hat man gezählt, die, fein gearbeitet, durch großen Detailreichtum und ebenso große Genauigkeit beeindrucken. Die Säule, in der Zusammenfügung der einzelnen Trommeln und ihrer Skulpturen eine technische Meisterleistung, gibt als Bildchronik zugleich einmalige historische Informationen über die Dakienfeldzüge und die Militärtechnik der Römer.

Der Durchmesser der Säule ändert sich mit der Höhe des Schafts: In 2/3 der Höhe ist die Säule ausgeweitet worden, um den Effekten der Perspektive von unten entgegenzuwirken. Die Ausmaße der Bildeinheiten und der Figuren vergrößern sich in dem Maße, in dem die Entfernung zum Betrachter zunimmt.

An der Spitze der in der Antike vielfarbig leuchtenden Säule befand sich eine Bronzestatue des Trajan, des „Besten" der Antoniner, die wahrscheinlich erst nach dem Tod des Kaisers aufgestellt und im Jahre 1587 von Papst Sixtus V. durch die Statue des Petrus, die man heute sieht, ersetzt wurde. Beschädigt oder zerstört wurde das „heidnische" Denkmal, das die Trajanssäule darstellte, von den Christen jedoch nicht, denn man glaubte, die Seele des Trajan sei durch Gebete des hl. Gregor gerettet worden.

Die Asche des Kaisers wurde in einer goldenen Urne aufbewahrt und in einer Grabkammer im Inneren der Säule beigesetzt. Im Mittelalter wurde die Urne entwendet. Hadrian, der Nachfolger Trajans, ließ zu Ehren seines zur Gottheit erhobenen Vorgängers einen Tempel errichten, von dem jedoch nichts mehr zu sehen ist. Der Säulensockel, der mit plastischen Darstellungen von Kriegstrophäen geschmückt ist, trägt eine lateinische Inschrift *(auf der der Basilika Ulpia zugewandten Seite)*, die heftige Debatten hervorrief. Sie besagt, die Höhe der Säule markiere die ursprüngliche Höhe des Quirinalhügels, der abgetragen und durch die Anlage des Trajansforums ersetzt worden sei.

Im Säuleninneren *(kann nicht besichtigt werden)* steigt eine Wendeltreppe zur Spitze hinauf. Sie wird durch kleine Fenster erhellt, die man dank der Virtuosität des Baumeisters von außen kaum erkennen kann.

Vom Forum aus erblickt man die Kirche **Santa Maria di Loreto**. Dieses kleine Gotteshaus von quadratischem Grundriß wurde 1507 von Antonio da Sangallo d. J. begonnen und 1577 von dem Sizilianer Giacomo del Duca fertiggestellt, der den großen achteckigen Tambour und die Kuppel baute.

★★ **Mercati Traianei (Trajansmärkte)** ⊙ – Die Trajansmärkte mit ihren etwa 150 Geschäften lagen oberhalb des Trajansforums an der in den Quirinalhügel gehauenen Wand. Sie waren nicht nur ein einfacher Handelsplatz wie das Forum Boarium und das Forum Oli-

FORI IMPERIALI

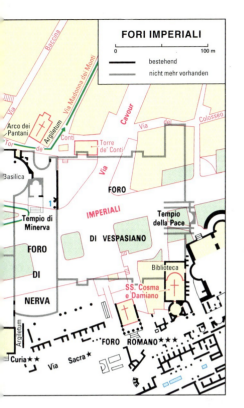

Olitorium (s. BOCCA DELLA VERITA), sondern vielmehr ein regelrechtes Zentrum für Lebensmittelversorgung, Großhandel und Warenumschlag. Es wurde von kaiserlichen Beamten verwaltet, die dem Stadtpräfekten und dem Präfekten des „Getreideamtes" (Praefectus Annonae) unterstanden (s. BOCCA DELLA VERITÀ).

Zunächst betritt man eine herrlich gewölbte Halle (5) mit Emporen; wahrscheinlich gingen die Beamten hier ihrer Aufgabe nach. Man beachte die Spitzbögen, die zusammen mit den stützenden Pilastern den Druck des Dachgewölbes auffangen. Diese Konstruktion ist einzigartig unter den antiken Bauwerken Roms.

★ **Via Biberatica** – Eine antike Ladenstraße, sogar noch mit ursprünglicher Pflasterung. Sie verläuft am oberen Teil des Halbkreises entlang, der die Fassade der trajanischen Märkte bildet. In den Läden, die die Via Biberatica säumten, wurden exotische Lebensmittel feilgeboten. Die Straße nahm am Torre del Grillo ihren Ausgang, folgte der Krümmung des Halbkreises und mündete schließlich in die heutige Via Quattro Novembre. Will man von der Via Biberatica in den unteren Teil der Märkte hinabsteigen, so muß man durch das 1. Obergeschoß mit den langen und gewölbten Läden gehen, in denen, davon geht man heute aus, vielleicht mit Wein und Öl Handel getrieben wurde. Sie öffnen sich auf einen überwölbten Gang, der mit einer Arkadenfassade versehen ist.

Fassade – Die halbkreisförmige Fassade und die terrassenartig gestufte Anlage der Läden zeugen vom Genie des Apollodorus von Damaskus, der diesem Komplex aus Zweckbauten monumentales Gepräge zu verleihen wußte.

Die Läden im Erdgeschoß, in denen man vielleicht Blumen und Obst verkaufte, waren nicht sehr tief und öffneten sich direkt zur Straße hin, die die Krümmung der Fassade nachvollzog und im übrigen ihren schönen antiken Bodenbelag behalten hat. Einer der Läden ist rekonstruiert worden. In den oberen Stockwerken fand man Wasserbehälter (Kühlung; Fischhandel).

Die mit Segment- und Dreiecksgiebeln bekrönten Obergeschoß-Arkaden sind von beachtlicher Eleganz.

Vom Torre delle Milizie zum Viminal

★ **Torre delle Milizie** – Der 'Turm der Milizen' ist eines der besterhaltenen Zeugnisse des mittelalterlichen Rom. Zu der Zeit, als Papst und Kaiser in heftigem Kampf miteinander lagen, diente er als Bergfried einer von Papst Gregor IX. (1227-1241) errichteten Festung. Der seit einem Erdbeben im 14. Jh. leicht geneigte Turm wurde um ein Geschoß verkleinert und mit Zinnen versehen. Man nannte den Turm auch Neroturm, denn der Legende nach war es von hier aus, daß der dem Wahn verfallene Kaiser den Brand betrachtete, den er selbst entfacht hatte – im Theatergewand und voller „Freude über die Schönheit der Flammengluten" singend, wie Sueton zu berichten weiß.

Von der Via Quattro Novembre Blick auf die schönen Bäume des terrassenartig angelegten öffentlichen Parks der **Villa Aldobrandini** und auf die Barockfassade der Kirche **Santi Domenico e Sisto** (1655 fertiggestellt).

Rechts die Salita Del Grillo nehmen.

Der Palast des für seine Spöttereien bekannten Marchese Del Grillo gab dieser Straße ihren Namen. Neben der Arkade erkennt man den **Turm** des Palazzos.

Casa dei Cavalieri di Rodi ⊙ – Der von seinem Onkel, Papst Paul II. (1464-1471), zum Leiter des Johanniterordens ernannte Kardinal Marco Bembo ließ dieses Gebäude für die Rhodos-Ritter im 15. Jh. auf den Ruinen eines Klosters errichten, das selbst im Mittelalter auf den Überresten der Kaiserforen entstanden war.

Der Via Tor de' Conti folgen.

FORI IMPERIALI

Die **Via Tor de' Conti** verläuft entlang der eindrucksvollen Mauer aus mächtigen Tuff- und Travertinblöcken, die das Augustusforum vom Subura-Viertel trennt. Man beachte den schönen Pantani-Bogen, der am Eingang des Forums stand. Am Ende der Straße sieht man die massige Ruine des Turmes, der ihr den Namen gab. Papst Innozenz III. ließ ihn um 1238 aus Steinen errichten, die dem Nerva-Forum entnommen worden waren. Bis zum Jahre 1348, als der Turm durch ein Erdbeben auf die heutige Größe reduziert wurde, war er bewohnt.

Die Via Madonna dei Monti nehmen.

Die Via Madonna dei Monti führt zur **Suburra**. Als Unterschlupf für Diebe, Mörder und andere zwielichtige Gestalten war es das Viertel mit dem schlechtesten Ruf im alten Rom. Ein Platz in der Nähe trägt immer noch seinen Namen. Und wenn man durch die schmalen Gäßchen geht, wirkt es manchmal so, als spuke der Geist der berüchtigten Kaiserin Messalina, die heimlich die Spelunken und Freudenhäuser dieses Viertels aufzusuchen pflegte, hier tatsächlich noch herum.

Durch die Via del Boschetto zur Via Panisperna gehen.

Diese Straße führt quer über den **Viminal**, einen der sieben Hügel Roms. Sein Name rührt entweder von den zahlreichen Weiden *(vimini)* her, die hier wuchsen, oder er wurde zu Ehren eines Jupitertempels (Giove Vimineo), der hier stand, gewählt. Der schattige Hof der **Kirche San Lorenzo in Panisperna** wirkt wie eine kleine Oase zwischen der hektischen Stadt und dem Gotteshaus. Einer alten Tradition gemäß verteilen die Mönche am Tag des San Lorenzo (10. August) gesegnetes Brot.

An diesen Rundgang können sich folgende Besichtigungsgänge anschließen: COLOSSEO – CELIO; FONTANA DI TREVI – QUIRINALE; FORO ROMANO – PALATINO; PIAZZA VENEZIA; S. MARIA MAGGIORE – ESQUILINO.

Grausame Sitten... Im antiken Rom mußte ein neugeborenes Kind von seinem Vater anerkannt werden. Wenn dieser es nicht zum Zeichen seiner Vaterschaft in die Höhe hob, wurde das Kind ausgesetzt..., was normalerweise seinen Tod zur Folge hatte.

Trajanssäule (Teilansicht)

FORO ROMANO – PALATINO★★★
Besichtigung: ein halber Tag

Den schönsten Blick auf die Ruinen hat man von der Terrasse des Kapitols und von den Farnese-Gärten auf dem Palatin. Es kommt vor, daß Teile des Forums nicht besichtigt werden können, weil Wachpersonal fehlt, Sicherungsmaßnahmen durchgeführt werden bzw. Klassifizierungsarbeiten (in zeitweise bedeutendem Umfang) im Gange sind.

Forum Romanum

★★★ DAS FORUM

Dieses Ruinenfeld mit seinen zerklüfteten und zerstückelten Mauerresten wird von einigen Säulen wie durch einen Zauber belebt. Es trägt in seinem Boden zwölf Jahrhunderte römischer Geschichte – die zwölf Jahrhunderte, in denen sich das entwickelte, was wir die römische Kultur nennen.

Geschichtliches

Um 750 v. Chr. befand sich auf dem Gelände des Forums nichts als ein Sumpfgebiet, das immer wieder durch Tiberhochwasser oder durch die Bäche von den benachbarten Hügeln – dem Palatin, dem Cälius, dem Esquilin, von der Velia, die Palatin und Esquilin verband, dem Viminal, dem Quirinal und dem Kapitol (s. Einführung, Karte Rom zur Kaiserzeit) – überschwemmt wurde. Auf den Hügeln lagen Dörfer, in deren einfachen Hütten Latiner und Sabiner wohnten, die als Bauern oder manchmal auch als Soldaten ihr Leben fristeten. Das Tal, in dem später das Forum entstehen sollte, diente ihnen als Begräbnisstätte. Da sich dieser Platz etwa in der Mitte des Hügelkranzes befand, versammelten sich hier die Führer der Dörfer, um Entscheidungen über das Gemeinschaftsleben oder einzelne Bewohner zu treffen, um Waren auszutauschen oder ihre Götter zu verehren.

Zwei Jahrhunderte später sah das sumpfige Tal völlig anders aus; es war zu einem richtigen Platz im Zentrum einer wirklichen Stadt geworden. Man hatte die Nekropole aufgegeben und mit Häusern bedeckt. Der Westteil des Forums wurde gepflastert. Die Urheber all dieser Veränderungen waren die **Etrusker**. Vom rechten Tiberufer kommend, erstreckten sie ihren Herrschaftsbereich bis zu der Stadt Cumae vor den Toren Großgriechenlands. Sie ließen sich im Gebiet von Rom nieder, errichteten eine Zitadelle auf dem Kapitol, bewirkten die Vereinigung der Dörfer und organisierten das Zusammenleben. Von 616 bis 509 v. Chr. wurde Rom von etruskischen Königen beherrscht. Ein befestigter Mauerring begrenzte die Stadt; die im Forum stehenden Wasser wurden mittels eines Kanalsystems – der späteren „Cloaca maxima" – zum Tiber geleitet.

Das Forum zur Zeit der Republik – Nachdem Tarquinius Superbus, der letzte etruskische König, im Jahre 509 v. Chr. vertrieben worden war, wurde das Konsulat begründet. Es begann die Ära der Republik: Rom, eine bisher ländlich geprägte Stadt, bereitete sich darauf vor, die Hauptstadt eines großen Reiches zu werden. Das kaum 2 ha große Forum sollte Schauplatz umwälzender Veränderungen sein; neue Zeiten brachen an. Die republikanische Epoche stand zunächst unter dem Zeichen der territorialen Ausweitung. Seit dem 5. Jh. v. Chr. führte Rom Krieg gegen seine Nachbarn. Im Forum feierte man die errungenen Siege; man erbaute einen Tempel zu Ehren der Dioskuren Kastor und Pollux, die den Römern am See Regillus geholfen hatten (s. unten Tempio di Castore e Polluce). Während des Ersten Punischen Krieges errichtete man im Jahre 260 eine Säule für Gaius Duilius: Man ehrte den Feldherrn, der den Römern ihren ersten Sieg auf See – bei Milazzo in Sizilien – beschert hatte. Alle siegreichen Feldherrn zogen unter dem Applaus der Bevölkerung durch das Forum.

Handel und Geschäfte – Die Eroberungen brachten unermeßliche Reichtümer mit sich, Schätze und Güter der Feinde wurden konfisziert, Tribut- und Schadensersatzzahlungen flossen aus den Provinzen nach Rom. Im 3. Jh. wurde aus der Stadt ein bedeutender Finanzplatz. Im Forum wurden Wechsel-, Darlehens- und Kredittransaktionen durchgeführt. Die Läden, in denen einst kleine Händler ihre Waren verkauften, verwandelten sich nach und nach in Bankhäuser.

Zentrum des politischen Lebens – In den fünf Jahrhunderten der Römischen Republik, die der Entstehung des Römischen Kaiserreiches vorausgingen, folgte ein spektakuläres Ereignis dem andern. Die Männer, die Roms Schicksal bestimmten, trafen auf dem **Comitium**, einem Platz an der Nordwestecke des Forums zusammen. Dort fanden die Volksversammlungen, die „Komitien", statt. Im hinteren Teil des Platzes befand sich die Curia. Man nannte sie auch „Hostilia", denn ihre Gründung wurde dem sabinischen König Tullus Hostilius, der von 672 bis 640 geherrscht haben soll, zugeschrieben. Die Kurie war der Sitz des Senates, der obersten staatlichen Autorität. 300 auf Lebenzeit ernannte Senatoren bestimmten die Außenpolitik, kontrollierten Militäroperationen, arbeiteten Friedensverträge aus, erließen Maßnahmen zum Wohle der Allgemeinheit. Gegenüber der Kurie die Rednertribüne. Man kam hierher, um die Reden von scharfer Logik und mit wohlüberlegten Spitzen der Reformpolitiker Tiberius und Gaius Gracchus zu hören. Daneben die „Graecostasis" („Griechenstand"), die Plattform, auf der die ausländischen Botschafter darauf warteten, in den Senat eingelassen zu werden. Im Jahre 185 v. Chr. erhob sich neben dem Comitium die **Basilica Porcia**, der erste Bau dieses später sehr verbreiteten Typs. Dank ihres Erbauers Porcius Cato konnte das Volk sich nun in einem geschützten Raum versammeln.

Zentrum des religiösen Lebens – Im Jahre 497 v. Chr. wurde im Forum ein Tempel zu Ehren Saturns (s. in diesem Kapitel: Tempio di Saturno) erbaut; andere sakrale Bauten existierten schon zur Zeit des Königtums. Aber die Zeit der sozialen Unruhen nahte, und religiöse Überzeugungen schwanden. Ein heiliger Brauch, der darin bestand, den Manen der Verstorbenen Kämpfe zu opfern, die mit dem Tod eines der Gegner endeten, entwickelte sich zu einem Freizeitvergnügen; im Jahre 264 begann man damit, auf dem Forum Gladiatorenkämpfe abzuhalten.

Eine stürmische Zeit – Hundert Jahre lang wurde die Republik von Bürgerkriegen geschüttelt. Im Jahre 52 v. Chr. tötete Milo den Tribun Clodius. Der Leichnam wurde zum Comitium verbracht und verbrannt; das Feuer breitete sich aus und zerstörte Kurie und Basilica Porcia. Cäsar, der das Forum schon seit längerem für zu klein hielt, faßte den Plan, es zu vergrößern. 44 v. Chr. versetzte er die Rednertribüne und ließ die Kurie anders ausrichten.

Aus der republikanischen Epoche ist praktisch nichts im Forum erhalten geblieben. Die ersten Gebäude waren aus Tuff, Peperin (s. Einführung, Die Kunst in Rom) oder Holz. Die Kaiser verkleideten sie mit Marmor und errichteten größere, schönere Bauten. Augustus rühmte sich, anstelle der Stadt aus Backstein, die er angetroffen habe, eine Stadt aus Marmor zu hinterlassen.

Das Forum zur Zeit des Imperiums – Am 16. Januar des Jahres 27 v. Chr. gestattete der Senat Oktavian, den Titel Augustus (in allen seinen Handlungen unter dem Schutz der Götter stehend) zu tragen. Damit war ein neues Herrschaftssystem entstanden, das ganz von der Idee römischer Größe geleitet war. Indem sie die Pläne Cäsars wiederaufnahmen, vergrößerten Augustus und nach ihm Vespasian, Domitian und Trajan das alte Forum und legten die Kaiserforen an. Unter Augustus wurde der öffentliche Platz des Forum Romanum einiger seiner Funktionen beraubt. Die großen Volksversammlungen und die Truppenvorführungen fanden nun auf dem Marsfeld statt.

Das Forum Romanum als Zentrum der antiken Stadt ist von Triumphbögen, Basiliken und Tempeln zu Ehren der nach ihrem Tod vergöttlichten Kaiser regelrecht übersät. Schon im 2. Jh. v. Chr. muß dort ein beachtliches Durcheinander geherrscht haben. Glaubt man den Worten des berühmten, 184 v. Chr. gestorbenen Satirikers Plautus, so trafen dort Menschen aller Schichten und jeden Temperaments aufeinander – lasterhafte und tugendhafte, ehrliche und unehrliche, Aufschneider, reiche Ehemänner auf der Suche nach wohlriechenden Kurtisanen, Geschäftsleute, bedeutende und unbedeutende Leute und natürlich diejenigen, die sich in politischen oder militärischen Schlachten mit Ruhm bedeckt hatten.

Vom 3. Jh. an wurde nicht mehr gebaut, aus Platzmangel, gewiß, aber auch weil sich eine neue Religion verbreitete. Sie wurde zunächst von einer Handvoll unbekannter Protagonisten verkündet; dann, gegen das Jahr 60, kam ein gewisser Paulus aus Tarsus nach Rom. Er predigte die Anbetung und Verehrung eines einzigen Gottes. Bis Constantin widerstanden die Kaiser dem neuen Kult; im Jahre 391 aber schloß Kaiser Theodosius endgültig die Tempel der römischen Götterwelt.

FORO ROMANO – PALATINO

Als die Horden des Alarich im Jahre 410 aus der Donauregion in Rom einfielen und die Kurie sowie die Basilica Aemilia in Brand setzten, begann mit der Agonie der Stadt auch die des Forums. Nach dem Erdbeben von 442, den Vandaleneinfällen unter Geiserich im Jahre 455 und nachdem die Truppen des Theoderich (500) wie auch die des Belisarius (537) Rom heimgesucht hatten, war das Forum völlig zerstört. Der Weltruhm Roms bezog sich nicht mehr auf die Existenz seiner großartigen Bauwerke. Roms Bedeutung gründete nun in seiner Rolle als Hüterin des Petrusgrabes und in seiner Funktion als Hauptstadt der christlichen Welt.

Das Forum in Mittelalter und Renaissance – Nachdem die christliche Kirche sich eine Organisation gegeben hatte, stand der Bischof von Rom, den man als Nachfolger des Apostels Petrus betrachtete, an der Spitze des Christentums. Nach und nach wurden die kaiserlichen Bauten in Kirchen umgewandelt. An vielen dieser Bauwerke kann man heute noch die Ineinanderschachtelung der verschiedenen Bauphasen erkennen. Viele sind aber auch im Laufe der Jahrhunderte zerstört worden, so z. B. die beiden Oratorien, die sich in der Säulenhalle der Basilica Aemilia befanden, oder die Kirche der hl. Sergius und Bacchus, die bis zum 16. Jh. zwischen dem Tempel des Saturn und dem der Concordia stand, oder die in der Basilica Julia gelegene Kirche Santa Maria. Mit dem 9. Jh. verfielen die Bauten des Forums, viele Ruinen wurden mit Erde bedeckt und waren bald nicht mehr zu sehen. Als im 12. Jh. die römischen Adelsfamilien im Kampf zwischen Papst und Reich Partei ergriffen und sich als Feinde gegenüberstanden, wurden zahlreiche antike Bauwerke zu Festungen ausgebaut. In dem Gebiet hinter dem Tempel des Antoninus und der Faustina und dem Cäsarforum entstand ein Turm nach dem anderen. Die Schmuckelemente, die einst die antiken Bauwerke zierten, wurden nun zur Verschönerung von Kirchen und Palästen benutzt. Im Forum selbst wurden antike Statuen und Säulen von Öfen verschlungen und zu Kalk reduziert.

Das nunmehr bedeutungslos gewordene und von den Menschen verlassene Forum wurde zu einem zugeschwemmten Geröllfeld. Am Anfang der Renaissance dehnten sich rund um den Tempel des Vespasian, dessen Säulen sich zur Hälfte schon unter der Erde befanden, sowie um den Dioskurentempel, dessen Sockel ebenfalls völlig verschüttet war, Wiesen aus. Aus dem Forum war eine „Kuhweide", das „Campo vaccino" geworden. In der Nähe des Dioskurentempels diente ein Marmorbecken als Tränke für die Tiere; heute ziert es die Piazza del Quirinale. Als Karl V. im Jahre 1536 nach Rom kam, ließ Papst Paul III. zwischen dem Titusbogen und dem Bogen des Septimius Severus eine breite Straße anlegen. Bei den dazu notwendigen Erdarbeiten tauchten immer wieder die Spitzen antiker Säulen auf, die tief in der Erde vergraben waren.

Ausgrabungen – Mit den Ausgrabungen im Forum Romanum sind die Namen der größten Archäologen Italiens und anderer Länder verbunden: Die ersten Forschungen unternahm (im Jahre 1803) Carlo Fea, nach 1870 folgten u.a. Nibby, Bunsen und Canina, H. Jordan und Ch. Hülsen; 1898 setzten die methodisch durchdachten Grabungen des Giacomo Boni ein, im Rahmen derer man zu den ältesten Schichten vordrang und wesentliche Erkenntnisse über die Ursprünge Roms gewinnen konnte.

Besichtigung ⊙

Man steigt zum Forum hinab und sieht alsbald auf der rechten Seite die Überreste der Basilica Aemilia.

Basilica Emilia – Die Basilica Aemilia ist nach der – im Jahre 185 v. Chr. entstandenen – Basilica Porcia ganz in ihrer Nähe die zweite Basilika, die in Rom erbaut wurde (179 v. Chr.). Wie alle Bauten des Forums wurde sie häufig restauriert, um- und wiederaufgebaut. Die Überreste, die man heute sieht, stammen von dem im 1. Jh. wiederhergestellten Gebäude. Mitglieder der Gens (d. h. Geschlecht, Familie) Aemilia gründeten und unterhielten sie unter ihrem Namen.

Wie alle antiken Basiliken diente sie nicht religiösen Zwecken. In der großen Halle wurden Geschäfte gemacht, hier traf man sich, vor zu großer Hitze oder Kälte geschützt, um zu handeln und zu verhandeln. Wenn die Anwälte und Richter den Lärm der öffentlichen Plätze als zu störend empfanden, begaben sich in die Basilika, um ein Recht zu sprechen. An der dem Forumsplatz zugewandten Seite befand sich ein Portikus mit einer Ladenzeile. Die – teilweise rekonstruierten – Mauern, die die Geschäfte voneinander trennten, sind noch zu sehen; Parfum und Schmuck wurde hier verkauft. Hinter den Läden muß man sich Gebäudeschiffe vorstellen, die durch schöne farbige Marmorsäulen voneinander getrennt waren. Das Gebälk aus weißem Marmor war mit fein gearbeiteten plastischen Verzierungen versehen; Architrav- und Säulenfragmente sind an der Nordostseite ausgestellt.

An der Südostecke der Basilica Aemilia beachte man die lateinische **Inschrift** (1), die Gaius und Lucius, den beiden früh verstorbenen Adoptivenkeln Kaiser Augustus', gewidmet ist.

Via sacra – Dies war die majestätischste Straße des antiken Rom. An ihr lagen seit den Anfangszeiten des Forums der Tempel der Vesta und die Regia. Sie erlebte alle Triumphzüge der siegreichen Feldherren, die sich – ins Jupitergewand gehüllt – auf einem vierspännigen Wagen zum Kapitol begaben, um Jupiter Optimus Maximus für seinen Schutz während des Feldzugs zu danken.

Santuario di Venere Cloacina (2) – Ein Travertinkreis im Boden erinnert an den Standort des Heiligtums der Venus Cloacina, die als Schutzgottheit über das Kanalisationssystem der Cloaca Maxima wachte. Man erkennt noch Spuren der Treppe, die zum Tempel führten. Hier tötete im 5. Jh. v. Chr. Verginius, ein

FORO ROMANO – PALATINO

einfacher plebejischer Offizier, seine Tochter Verginia, um sie der Lüsternheit des Dezemvirn Appius Claudius zu entziehen. Livius erzählt, daß dieser, sein Amt mißbrauchend, aus Virginia seine Sklavin machen wollte. Dies rief einen Aufstand der Plebs hervor und zog die Abdankung der Dezemvirn nach sich.

Zum nordwestlichen Rand der Basilica Aemilia gehen.

Unter einem Dach kann man drei Säulenbasen und weitere Überreste der Basilika aus der republikanischen Epoche sehen (**3**).

Argiletum – Diese Straße war eine der verkehrsreichsten Roms. Sie trennte die Basilica Aemilia von der Curia und führte zur Subura, dem Viertel der Kneipen und Spelunken. Vom Bodenbelag aus Travertin sind interessante Reste erhalten geblieben. Man sagt, zu Zeiten der Könige habe ein Bogen das Argiletum überspannt. An einer Seite habe sich eine Kapelle mit der Statue des doppelgesichtigen Gottes Janus befunden. Eine Legende erzählt, Janus habe während des Krieges gegen die Sabiner einen heißen Wasserstrahl aus der Erde schießen lassen und dadurch den Angriff auf die Zitadelle des Kapitols abgewehrt. Daher ließ man in Kriegszeiten die Kapelle immer offen – damit Janus den Römern jederzeit zu Hilfe eilen konnte.

★★ **Curia** – Das Backsteingebäude, das man heute sieht, ist nicht der Bau, in dem zu Zeiten der Republik die Sitzungen des Senats, der damals Roms Politik bestimmte, stattfanden. Die erste Kurie war anders ausgerichtet und lag in etwa an der Stelle von Chor und linkem Querschiffarm der Kirche S. Luca. Im 1. Jh. hatte Cäsar sie versetzt und ein wenig vergrößert; Diokletian ließ sie im 3. Jh. ganz neu aufbauen. Die Kurie des Diokletian wurde 1937 wiederhergestellt. Vorher hatte man sie von der Kirche des hl. Hadrian, die im 7. Jh. in sie hineingebaut worden war, befreit.

Sie sah weit weniger karg aus als heute. Die Fassade war einst mit Marmor und Stuck geschmückt, eine Säulenhalle war ihr vorgelagert und ein mit Travertin verkleidetes Tympanon krönte sie. Das Bronzetor der Kurie wurde von Papst Alexander VII. im 17. Jh. in die Kirche San Giovanni in Laterano verbracht.

Die Kurie war ein „Templum inauguratum", das heißt, ein abgegrenzter, heiliger Ort, in dessen Innerem ein Augur den Menschen den Willen der Götter kundtat. Was die Götter wünschten oder wie sie zu den Dingen standen, das konnte man anhand gewisser Zeichen – am Vogelflug, am Appetit der heiligen Hühner, an kleinen ungewöhnlichen Umständen – erkennen. Keine Senatssitzung begann, ohne daß der Vorsitzende das Ergebnis der Götterbefragung bekannt gegeben hätte. Im Inneren des Gebäudes sind an den Längsseiten des Saales noch die drei breiten Stufen zu sehen, auf denen sich die Sitze der Senatoren befanden. Ein fester Sitzplatz stand ihnen

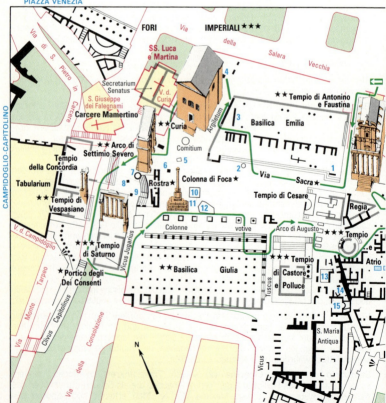

FORO ROMANO – PALATINO

nicht zu. War die Verlesung der Tagesordnung beendet, wurde ein jeder von ihnen in der Reihenfolge der im sogenannten „Album" festgehaltenen Liste aufgerufen, eine Stellungnahme abzugeben. Bei Abstimmungen begaben sie sich zu der Gruppe, deren Meinung sie beipflichteten. Die Macht der Senatoren war lange Zeit unermeßlich groß. Aber vom Beginn des Kaiserreichs an war es ihnen praktisch unmöglich, sich den Entscheidungen des Kaisers, von dem sie ernannt wurden, zu widersetzen. Sie konnten höchstens nach dem Tode des Monarchen das öffentliche Gedenken an ihn verbieten und seine Vergöttlichung ablehnen.

Die Affäre um die Statue der Victoria – Im rückwärtigen Teil der Halle thronte auf einem Sockel, von dem man noch einige Reste sehen kann, die goldene Statue der Siegesgöttin Victoria. Oktavian, der Sieger über die Armeen des Antonius und der Kleopatra in Actium (31 v. Chr.) und Herrscher über das Römische Reich, hatte sie im Jahre 29. v. Chr. dort aufstellen lassen. Über drei Jahrhunderte lang wurde sie von den Kaisern, die ihr Weihrauchopfer darzubringen pflegten, verehrt. Bei den kaiserlichen Bestattungszeremonien, die in der Apotheose des verstorbenen Monarchen ihren Abschluß fanden, ging sie dem Trauerzug voraus. Dann kam das Christentum, und Paulus erklärte in einem Brief an die Römer, daß das Gesetz des alleinigen Gottes der Christen über Lebende und Tote herrschen solle. Im Jahre 380 forderte das Edikt von Thessaloniki, alle Völker sollten sich nunmehr zu dem Glauben, der den Römern durch den Apostel Petrus vermittelt worden wäre, bekehren. Jetzt wirkte die Statue der Siegesgöttin wie eine Beleidigung des Christentums als neuer Staatsreligion. Kaiser Gratian ließ sie im Jahre 382 entfernen. Der Stadtpräfekt Symmachus lehnte sich vergebens dagegen auf; die Statue tauchte nie wieder auf.

★★ **Flachreliefs des Trajan** – Die Kurie enthält zwei reliefgeschmückte Marmorschranken, die man im Forum gefunden hat. Wahrscheinlich wurden sie von Trajan oder seinem Nachfolger Hadrian als Schmuck für die Rednertribüne in Auftrag gegeben. Die Rückseiten der Reliefs zeigen drei Tiere, die man bei rituellen Reinigungszeremonien opferte, das Schwein, das Schaf und den Stier – auf lateinisch sus, ovis, taurus, daher der Name „Suovetaurilia", den man dieser Zeremonie gab. Die sehr realistische Darstellung der Anatomie dieser Tiere und die Sorgfalt in der Ausarbeitung der Details *(z. B. der Schafsschur)* sind bewundernswert. Die Plastiken auf den gegenüberliegenden Seiten erzählen von kaiserlicher Wohltätigkeit. Auf der rechten Schranke sieht man zwei Szenen:

– Trajan, in Begleitung seiner Liktoren, erklärt von der Rostra *(s. S. 124)* aus, daß die Zinsen der Darlehen an kleine Haus- und Grundeigentümer für die Unterstützung von Kindern aus armen Familien verwendet werden. Gemeint ist hiermit die Einrichtung der „Alimenta", der staatlichen Fürsorge, die Hadrian weiterpflegte.

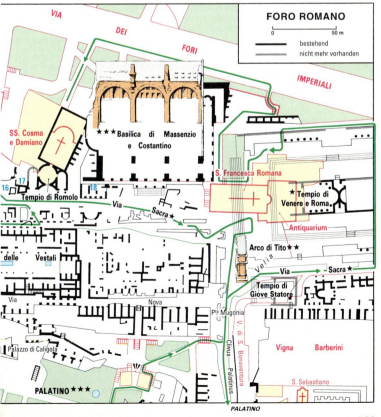

– Dann: der Kaiser, sitzend, empfängt eine Frau mit einem Kind (Symbol für Italien). Auf der linken Tafel:
– Der Kaiser beobachtet eine Gruppe von Männern, die Dokumente übereinanderstapeln. Er wird den Befehl erteilen, diese Register, in denen Steuerschuldner und deren Verpflichtungen verzeichnet sind, zu zerstören und befreit damit zahlreiche Bürger von ihren Schulden.
Der Bildhauer hat diese Szenen vor dem Hintergrund mehrerer Monumente aus dem Forum dargestellt. An den Rändern der Bilder sieht man eine Darstellung des heiligen Feigenbaums *(s. unten Colonna di Foca)*, daneben die Statue des Marsyas mit seinem Weinschlauch über der Schulter.
Hinter der Kurie *(auf dem Argiletum um das Gebäude herumgehen)* sieht man noch einen kleinen Backsteinaltar (4). Er besitzt eine Aushöhlung, in der man Reliquien aufbewahrte – Zeugnis dafür, daß die Christen im 7.-8. Jh. diesen Ort für die Ausübung ihres Kultes nutzten. *Dieser Bereich ist zur Zeit gesperrt.*

Lapis niger (5) – 1899 entdeckte Giacomo Boni, der Leiter der Ausgrabungsarbeiten im Forum, eine aus schwarzen Marmorplatten zusammengefügte Fläche. Darunter fanden die Archäologen, unter übereinandergetürmten Tuffblöcken, eine Stele mit einer Inschrift, deren Bedeutung man bis heute noch nicht erschließen kann. Sie datierten das Monument auf das 6. Jh. v. Chr. Cäsar soll, als er die Neugestaltung des Forums in Angriff nahm, diesen Bereich unter besonderen Schutz gestellt haben, weil er in den Augen der Römer sakralen Charakter besaß. Man glaubte nämlich, es handele sich hier entweder um das Grab des Romulus, um das des Faustulus (des Hirten, der mit eigenen Augen gesehen hatte, wie die Löwin die Zwillinge säugte) oder aber um die letzte Ruhestätte von Tullus Hostilius, des – auf Romulus und Numa Pompilius folgenden – dritten römischen Königs.

Comitium – Siehe oben, Abschnitt „Geschichtliches" am Anfang des Kapitels. Dieser Platz dehnte sich von der Kurie bis zum Lapis niger aus. Man kann die Überreste der kreisförmigen Basis eines Brunnen erkennen, der hier stand.

Decennalia Caesarum (6) – Im Jahre 286 teilte Kaiser Diokletian die Macht über das Reich auf. Er selbst nahm die Regierungsgeschäfte im Osten des Reiches und Maximinian die des Westreiches wahr. Beide Herrscher führten den Beinamen „Augustus". Sieben Jahre später vertraute Kaiser Maximinian die Leitung der Regierungsgeschäfte in Gallien und in der Bretagne Constantinus an, und Diokletian ernannte Galerius zum Verantwortlichen für die Balkanhalbinsel. Constantinus und Galerius erhielten den Titel „Caesares".
Anläßlich des zehnjährigen Jubiläums (Decennalia) der Herrschaft der beiden Cäsaren und zur Begehung des zwanzigsten Regierungsjahres der Augusti errichtete man ihnen zu Ehren eine Säule, deren Basis noch existiert. Die Flachreliefs zeigen die Tiere der „Suovetaurilia" und einzelne Abschnitte religiöser Zeremonien. Die Qualität der Skulpturen hat im Vergleich zur trajanischen Epoche nachgelassen. Die Figuren, die nicht im Vordergrund stehen, sind nur sehr flach gestaltet und allein durch tiefe Kerben hervorgehoben. Der Faltenwurf der Gewänder wirkt recht steif.

★ **Rostra (Rednertribüne)** – Seit 338 v. Chr. nannte man die Rednertribüne Rostra. In jenem Jahr hatten die Römer das als Piratenstadt berühmt-berüchtigte Antium, das heutige Anzio, angegriffen. Damals erbeutete man die Schiffsschnäbel der feindlichen Schiffe und brachte sie an der Rednertribüne an. Die Tribüne, auf der zur Zeit der Republik die berühmten Meister der Rhetorik ihre Reden hielten, befand sich zwischen dem Lapis niger und dem heutigen Standort der Kurie. Die Überreste, die man heute sieht, gehörten zu der im Jahre 44 v. Chr. von Cäsar hierher verlegten Tribüne. Nach Cäsars Tod bildeten Oktavian, Antonius und Lepidus das zweite Triumvirat (43 v. Chr., Ende Oktober). Nun begann die Ära der Proskriptionen. Eines der berühmtesten Opfer staatlicher Verfolgung war Cicero. Als erklärter Feind des Antonius hatte er in den „Orationes Philippicae" dessen illegale Handlungen und imperialistische Ziele an den Pranger gestellt. Im Dezember 43 wurde er der Staatsräson geopfert: Von den Triumvirn gedungene Mörder schnitten ihm in seinem Haus in Gaeta die Kehle durch. Sein Haupt und seine Hände wurden auf der Rednertribüne zur Schau gestellt.
Die Tribüne bestand aus einer erhöhten Plattform, die man über eine halbkreisförmige, hinter ihr (an der dem Kapitol zugewandten Seite) liegende Treppe betreten konnte. In den Zeiten kaiserlicher Allmacht besaßen die großen, von den Reden der Volkstribunen geradezu elektrisierten Versammlungen der Plebs keine Entscheidungsgewalt mehr. Daher diente diese Tribüne nur noch ruhigen offiziellen Zeremonien. Als die Votivsäulen und die Phocassäule noch nicht errichtet waren, konnten die Menschenmassen sich direkt vor der Rednertribüne versammeln. An den Tagen der Lebensmittelausgabe war die wartende Menge kaum zu bändigen: Als Cäsar die Macht ergriff, standen etwa 300 000 Bürger auf der Liste der Empfänger von kostenlosem Getreide.

★★ **Arco di Settimio Severo** – Der Triumphbogen des Septimius Severus wurde im Jahre 203 errichtet. Standbilder des Septimius Severus, seiner beiden Söhne (Caracalla und Geta) und der Siegesgöttin Victoria bekrönten ihn. Der Kaiser hatte gerade – von 197 bis 202 – eine Reihe von Siegen über das Volk der Parther errungen und jenseits vom Euphrat die neue Provinz Mesopotamien gewonnen *(s. Einführung, Karte Das Römerreich)*. Die Namen der Helden waren im Text der Widmung aufgeführt. Nachdem Caracalla seinen Bruder Geta hatte töten lassen, um allein die Nachfolge seines Vaters antreten zu können, ließ er Getas Namen entfernen.

FORO ROMANO – PALATINO

Im 3. Jh. wird die Architektur komplexer: Vier korinthische Säulen heben sich von der Fassade ab und bilden einen Scheinportikus. Der Bogen ist reich verziert. An den Säulenbasen sind angekettete Gefangene dargestellt. Die Reliefbilder auf der Fassade wirken aufgrund der Aufteilung in einzelne Felder, die durch Wülste voneinander getrennt sind, schwerfällig und sind mit viel zu kleinen Figuren bevölkert. Die Form des erzählenden Reliefs, die an den Triumphsäulen *(s. Trajanssäule und Piazza Colonna)* so meisterhaft gehandhabt wurde, erzeugt hier nur Verwirrung.

Umbilicus Urbis (7) – Reste eines kleinen Rundbaus aus dem 3. Jh., der die symbolische Mitte Roms markiert haben soll.

Altare di Vulcano (8) – Der in das Tuffgestein gehauene Altar des Vulcanus ist von ehrwürdigem Alter: er geht auf die Epoche des römischen Königtums zurück. Zur Zeit der Republik beging man alljährlich am 23. August die sogenannten Volcanalia; dabei opferte man dem Feuergott Vulcanus kleine Fische oder andere Tiere – stellvertretend für die Menschen, deren Leben man dadurch erhalten wollte.

Colonna miliare d'Oro (9) – Hier stand der sogenannte „**goldene Meilenstein**", eine mit vergoldeter Bronze verkleidete Marmorsäule, die Augustus hatte errichten lassen, um den symbolischen Ausgangspunkt der großen Verkehrswege zu kennzeichnen. Auf der Säule waren die Entfernungen zwischen Rom und den großen Städten des Reiches eingraviert. Zu Füßen des Kapitols erhoben sich auf beiden Seiten des **Clivus Capitolinus** besonders bedeutende Bauten, denn sowohl die religiösen Prozessionen als auch die Triumphzüge führten auf ihrem Weg vom Forum zum Jupitertempel auf dem Kapitol durch diese Straße.

Tabularium – Die Fundamente und die wenigen erhaltenen Säulen dieses Bauwerks dienen dem Senatorenpalast als Sockel. Als das Tabularium im Jahre 78 v. Chr. errichtet wurde, besetzte es die Talsohle zwischen den beiden Kuppen (Arx und Capitolium) des Kapitols. Die Fassade des Tabulariums schloß das Forum nach Westen hin ab. In dem Gebäude lagerten die Urkunden des Staatsarchivs, darunter auch Bronzetafeln mit altrömischen Gesetzen („Tabulae" = Tafeln). Von diesen Tafeln, lat. tabula, ist die Bezeichnung 'Tabularium' abgeleitet worden. In der Verwendung eines sehr einfachen Baustoffes, des Peperin, in den dorischen Säulen wie auch in dem insgesamt karg-nüchternen Bild der Architektur kommt die ganze Strenge republikanischer Baukunst zum Ausdruck.

Tempio della Concordia – Die Römer sahen stets etwas Göttliches in der geheimnisvollen Kraft, die eine Tat hervorbringt. Daher ehrten sie auch Begriffe wie die Eintracht, die Gerechtigkeit, die Freiheit und die Fülle als Götter – oder besser als Göttinnen, denn die meisten dieser Gottheiten wurden (sprachbedingt) durch eine weibliche Figur bzw. eine weibliche Statue dargestellt. Concordia, die Göttin der Eintracht, besaß als Attribute die beiden miteinander verschlungenen Hände und eine Taube.
Im Jahre 367 v. Chr. erhielt das Forum seinen Concordia-Tempel. Mit ihm feierte man den Frieden zwischen Patriziern und Plebejern, die sich seit dem 5. Jh. v. Chr. bekämpft hatten. Zweieinhalb Jahrhunderte später gewann die Concordia, nachdem durch die Ermordung des Volkstribuns Caius Gracchus die innere Ruhe in Rom wiederhergestellt war, an neuer Bedeutung, und ihr Tempel wurde restauriert.
Der Grundriß dieses Gebäudes ist eigenartig, denn die Cella lag quer zum Pronaos, der sich über eine Treppe zum Clivus Capitolinus hin öffnete.

★★ **Tempio di Vespasiano** – Vom Tempel des Vespasian sind drei elegante korinthische Säulen übriggeblieben, die 1811 ausgegraben wurden. Sie bildeten die rechte Ecke des vorderen Tempelteils und tragen über dem Architrav einen Fries mit reichem Schmuck; ein Gesims aus Zahnschnitt-, Eierstab- und Palmblattornamenten verläuft über einem mit Bukranien und Opferinstrumenten verzierten Band. Man betrat den Tempel über eine Treppe, die am Clivus Capitolinus lag.
Vespasian bestieg – nach heftigen Kämpfen um die Nachfolge Neros – im Jahre 69 den Thron. Er führte die Erbmonarchie in männlicher Nachfolge ein. Vespasians Sohn und Thronfolger Titus begann seine Herrschaftszeit mit der Errichtung eines Tempels zu Ehren seines Vaters, der nach seinem Tode zur Gottheit erhoben worden war. Das war so üblich: Hatte sich ein Kaiser als guter Herrscher erwiesen, so wurde er während der Beisetzungsfeierlichkeiten per Dekret des Senates vergöttlicht. Es genügte, wenn ein Teilnehmer an der Einäscherungszeremonie bezeugte, er habe gesehen, wie ein Adler die Seele des verstorbenen Kaisers davongetragen habe.
Titus starb, bevor der Tempel fertiggestellt war. Sein Bruder und Nachfolger Domitian ließ den Bau vollenden, weihte ihn Titus und Vespasian und ließ im hinteren Teil der Cella Standbilder der beiden Kaiser aufstellen.

★★★ **Tempio di Saturno** – Im Jahre 497 v. Chr. wurde im Forum ein Tempel zu Ehren Saturns eingeweiht. Dieser Gott wurde von den Römern, die ursprünglich ein Volk von Bauern gewesen waren, sehr verehrt, denn sie glaubten, die Kunst des Ackerbaus sei ihnen von Saturn übermittelt worden.
Der Tempel, der in der Zeit der Republik mehrfach restauriert worden war, wurde im 4. Jh. nach Brand wiederaufgebaut. Die acht Säulen des Pronaos, die noch erhalten sind, stammen aus dieser Epoche, während das Travertinpodium auf das 1. Jh. v. Chr. zurückgeht.

Saturnalien – Diese berühmten Feierlichkeiten fanden im Dezember im Tempel des Saturn statt. Sie waren von allgemeiner Ausgelassenheit bestimmt, die zum Ziel hatte, der Sonne wieder zu ihrem Platz am Himmel zu verhelfen. Während der Saturnalien waren die Unterschiede zwischen Herren und Sklaven aufgehoben. Für eine kurze Zeit besaßen die sonst Rechtlosen völlige Redefreiheit.

FORO ROMANO – PALATINO

Staatsschatz – Im Sockel des Tempels wurde der Staatsschatz aufbewahrt. Vielleicht hatte man dieses Heiligtum ausgewählt, weil der Kult des Saturn mit der Ops, der Göttin der Fülle, in Verbindung stand. Der Senat konnte, unterstützt von Zensoren und Quästoren, über den Schatz verfügen. Ende des Jahres 49 v. Chr., mitten im Bürgerkrieg, zögerte Cäsar nicht, sich des staatlichen Geldes zu bemächtigen.

★ **Portico degli Dei Consenti** – Den schönsten Blick auf diese Säulenhalle hat man vom Kapitolshügel und von der Via del Foro Romano.
Von dem Portikus, den Domitian zu Ehren des Rats der zwölf bedeutendsten Götter des römischen Pantheons erbauen ließ, sind zwölf Säulen mit korinthischen Kapitellen (1858 wiederaufgestellt) übriggeblieben. Ursprünglich barg er die – paarweise aufgestellten – Statuen von Jupiter und Juno, Neptun und Minerva, Mars und Venus, Apollo und Diana, Vulcanus und Vesta, Merkur und Ceres.
Im Jahre 367 ließ der Stadtpräfekt Vettius Agorius Praetextatus, ein Freund von Kaiser **Julian Apostata** und wie dieser von großer Sympathie für die alte römische Religion und Kultur bewegt, den Portikus restaurieren. In dieser Entscheidung kann man die letzte Ehrerweisung sehen, die in Rom, wo bereits der siebenunddreißigste Papst im Amt war, dem antiken 'heidnischen' Kult zuteil wurde.

Vicus Jugarius – Diese bedeutende Straße verlief zwischen dem Tempel des Saturn und der Basilica Julia zum Gemüsemarkt *(s. Forum Olitarium unter CAMPIDOGLIO – CAPITOLINO).*

★ **Colonna di Foca** – 608 stiftete der oströmische Kaiser Phocas Papst Bonifatius IV. das Pantheon, und der Tempel wurde in eine Kirche umgewandelt. Als Dank für dieses Geschenk stellte man im Forum eine Statue des Phocas auf eine Säule, die man, da in den damaligen Zeiten des Niedergangs kein Künstler mehr in der Lage war, solch schöne Dinge herzustellen, einem schon früher errichteten Gebäude entnommen hatte. Die Säule war das letzte Monument, das man auf diesem alten Platz errichtete.
Der heilige **Feigenbaum**, ein Symbol des **Baumes**, unter dem die Wiege von Remus und Romulus gefunden worden war, wie auch **Weinrebe** und **Ölbaum** (**10**), die Symbole für den Wohlstand, den Rom der Landwirtschaft verdankte, sind wieder angepflanzt worden. Hier erhob sich ebenfalls die Statue des Marsyas, die im 2. Jh. v. Chr. aus Griechenland nach Rom gebracht worden war und große Popularität genoß. Sie zeigte einen Silen, der wie alle seine Artgenossen, die Züge eines Satyrs besaß, sehr häßlich und betrunken gezeichnet war. Eine phrygische Mütze bedeckte sein Haupt. Wegen dieses Freiheitssymbols pflegten die frisch aus der Leibeigenschaft entlassenen Sklaven hierher zu kommen und das Standbild zu berühren.
Die große, in Bronzebuchstaben rekonstruierte **Inschrift** (**11**), trägt den Namen des Naevius und erinnert an die Restaurierung der Straßenpflasterung (15 v. Chr.).

Lago di Curzio (**12**) – Lacus Curtius, **Curtius-See**, nennt man einen durch eine Schranke abgeschlossenen Bezirk, in dessen Mitte sich eine Art Brunnenumfassung befindet, die von einem Dach geschützt wird. In den Anfangszeiten der Republik gab es hier eine mit Wasser gefüllte Erdspalte, die niemand trockenlegen konnte. Ein Orakel wurde befragt, und es erging die Voraussage, daß sich dieser Schlund erst dann wieder schließen würde, wenn Rom das verschlungen hätte, was ihm das Liebste sei. Ein junger Soldat namens Curtius, der aufgrund seiner Jugend und seines Berufs als besonders wertvolles Mitglied der römischen Gesellschaft angesehen wurde, stürzte sich mit Pferd und Waffen in die Schlucht. Sie schloß sich wieder, und übrig blieb nur ein kleiner See. Das im Museum des Konservatorenpalasts befindliche Flachrelief, das diese Sage erzählt, wurde im 1. Jh. v. Chr. geschaffen; aus ihm geht nicht hervor, ob man ihr Glauben schenken darf oder vielleicht doch die Überlieferung vorziehen soll, die aus Curtius einen sabinischen Soldaten macht, der in der sagenhaften Vorzeit des Krieges zwischen Romulus und Tatius beinahe in den Sümpfen des Forums versunken wäre.

Votivsäule – Von den sieben Votivsäulen, die es früher einmal gab, sind zwei teilweise wiederhergestellt worden. Sie stammen vielleicht aus der Epoche des Diokletian (284-305) und waren zu Ehren von Heerführern errichtet worden.

★★ **Basilica Giulia** – Im Jahre 170 v. Chr. ließ der Zensor Sempronius Gracchus, Vater der Volkstribunen Tiberius und Caius Gracchus, an diesem Ort eine Basilika erbauen, die „Sempronia" genannt wurde. Im Jahre 55 v. Chr. wurde diese Basilika auf Anordnung Cäsars durch eine größere und schönere ersetzt – das war der Beginn einer Entwicklung, die zu immer größeren, immer monumentaleren Bauwerken im Forum führte. Der 'neue' Bau war 109 m lang und 40 m breit, bestand aus fünf Schiffen und besaß im Mittelschiff einen kostbaren Marmorboden. In den Seitenschiffen war der Boden mit weißem Marmor bedeckt. Betrachtet man diese Marmorplatten genau, so erkennt man auf einigen von ihnen noch Reste geometrischer Zeichnungen, Spuren der Spiele, mit denen sich hier einst Müßiggänger die Zeit vertrieben.
Der Nordostseite war ein Portikus vorgelagert; auf der gegenüberliegenden Seite befanden sich mehrere Läden.
Cäsar, im Jahre 44 ermordet, erlebte die Vollendung seines Werkes nicht mehr. Sein Nachfolger Augustus ließ den Bau fertigstellen. Dennoch trägt die Basilica Julia den Namen ihres Gründers. Im 8. Jh. entstand im Westwinkel der Basilika die Kirche Santa Maria in Cannapara, von deren Backsteinmauern noch Reste zu sehen sind.

Vicus Tuscus – Diese Straße verlief zu Füßen des Palatins und führte zum Rindermarkt in der Nähe des Tibers *(s. Forum Boarium, unter BOCCA DELLA VERITÀ).* Hier boten die etruskischen Händler ihre Waren feil, daher auch der Straßenname; die Römer nannten die Etrusker „Tusci".

FORO ROMANO – PALATINO

Tempio di Cesare – Von diesem Bauwerk, mit dem der Kult des vergöttlichten Cäsar begann, ist nahezu nichts übriggeblieben. Am Abend der Iden des März im Jahre 44 v. Chr. wurde Cäsars Leichnam von der Kurie des Pompeius, in der er erstochen worden war, zum Forum gebracht und zur Rednertribüne verbrannt. Unweit des Scheiterhaufens errichtete man eine Säule und einen Altar, die aber von Cäsars Gegnern alsbald wieder beseitigt wurden. Oktavian schuf Ersatz, indem er im Jahre 29 v. Chr. einen Tempel erbauen ließ, der dem „göttlichen" Cäsar geweiht war.

Das Podium des Tempels ging in eine Terrasse über, an die sich eine halbkreisförmige Anlage anschloß, die einen runden Altar (dessen Überreste man noch sehen kann) umfaßte. Im hinteren Teil der Cella befand sich das Standbild Cäsars, dessen Haupt von einem Stern bekrönt wurde. Sueton erklärt, warum: „Während der Festspiele, welche gleich nach seiner Aufnahme unter die Götter sein Erbe Augustus ihm zu Ehren aufführen ließ, erglänzte sieben Tage lang ein Komet am Himmel, der um die elfte Stunde aufging. Allgemein glaubte man, das sei die Seele des in den Himmel eingegangenen Cäsar. Deshalb findet man stets auf seinem Bildnis einen Stern über dem Scheitel."

Als Oktavian am 2. September des Jahres 31 v. Chr. die Flotte von Antonius und Kleopatra vor der Landzunge von Actium (Griechenland) vernichtete, erbeutete er die Schiffsschnäbel (rostra) der feindlichen Galeeren und ließ sie bei seiner Heimkehr auf der Terrasse des Cäsartempels befestigen. Bald diente diese Terrasse unter dem Namen „Kaiserliche Rostra" den römischen Kaisern als Rednertribüne.

Arco di Augusto – Zwischen dem Tempel des Cäsar und dem der Dioskuren Castor und Pollux entstanden zwei Triumphbögen zu Ehren des Oktavian (oder Augustus). Der erste wurde 29 v. Chr. nach seinem Sieg in Actium errichtet, war jedoch nach zehn Jahren schon so baufällig geworden, daß ein zweiter Triumphbogen gebaut wurde, nachdem Oktavian den Parthern die Feldzeichen wieder abnehmen konnte, die diese im Jahre 53 v. Chr. in der Schlacht von Carrhae (Mesopotamien) erbeutet hatten.

★★★ **Tempio di Castore e Polluce** – Vom Tempel der Dioskuren Castor und Pollux sind nur drei Säulen übriggeblieben, die einen Teil des Architravs stützen und so eine der bekanntesten Ansichten des Forum Romanum bilden. Die Gründung des Tempels geht auf das 5. Jh. vor unserer Zeitrechnung zurück. Er stand stets am selben Ort. Legenden umgeben die Geschichte dieses Tempels. Als Rom zu Beginn des 5. Jh. v. Chr. von den ärmeren latinischen Städten beneidet wurde, heißt es zum Beispiel, und Ziel mancher Begehrlichkeit war, entschied sich die Stadt, eventuellen Überraschungen zuvorzukommen und die Nachbarn anzugreifen. Die Schlacht fand am 496 v. Chr. am See Regillus statt. Während der Kämpfe erhielten die Römer Unterstützung von den Göttern, denn Castor und Pollux, die Söhne des Zeus und der Leda, kämpften an ihrer Seite. Nach der Schlacht begaben sich die beiden göttlichen Reiter nach Rom, um dem im Forum versammelten Volk den Sieg der Römer zu verkünden. Ihre beiden durstigen Pferde tränkten sie an der Quelle der Juturna. An der Stelle, wo die göttlichen Helfer erschienen waren, ließ der Sohn des Diktators Postumius, der den Krieg gegen die Latiner angeführt hatte, den Tempel von Castor und Pollux errichten.

Die drei schönen Säulen, die 1811 freigelegt wurden, stammen von dem in der Epoche des Augustus neu aufgeführten Tempel und waren Bestandteil der linken Längsseite des Heiligtums. Die aufgrund des hohen Podiums weit in den Himmel strebenden Säulen, die großen Kapitelle und die Helle des weißen Marmors ergeben ein sehr majestätisches Bild. Die Überreste des Tempels von Castor und Pollux zeugen noch heute von dem Glanz und der Pracht, mit der Augustus die durch den Bürgerkrieg mitgenommene Stadt schmücken wollte.

Man erzählt, der aufgrund seiner extravaganten Handlungen als wahnsinnig bezeichnete Kaiser Caligula (37-41) habe eine Brücke zwischen dem Tempel von Castor und Pollux – der als Vestibül seines auf dem Palatin gelegenen Palastes fungierte – und dem Tempel des Jupiter Capitolinus errichten lassen. Des Kaisers Ziels war es, sich mit diesem Gott, der er sich ebenbürtig fühlte, zu unterhalten und zuweilen auch seinen Platz einnehmen zu können.

Cinta sacra di Giuturna (13) – Juturna war eine Nymphe, die über alle Quellen Latiums herrschte und aufgrund eines Liebesverhältnisses mit Jupiter die Unsterblichkeit erhalten hatte. Ihr Heiligtum umfaßte eine Quelle, die eng mit der Dioskurenlegende *(s. o.)* verbunden ist. Das Flachrelief am wahrscheinlich aus dem 2. Jh. stammenden Marmoraltar im Becken zeigt Castor und Pollux, eine Frau mit einer langen Fackel (auf den beiden großen Seiten), Leda und den Schwan und Jupiter (auf den schmalen Seiten). Zu dem geheiligten Bezirk gehörten, ganz in der Nähe, eine kleine, teilweise rekonstruierte **Edikula** (14) sowie ein runder Brunnen und ein Altar. Auf dem Brunnen ist der Name des Barbatius Pollio zu erkennen, der, vielleicht in der Zeit des Augustus, einen Juturna gewidmeten Satz eingravieren ließ.

Chiesa di Santa Maria Antiqua ⊙ – *Die Besichtigung ist Forschern und Studenten mit spezieller Genehmigung vorbehalten.*

Oratorio dei Martiri (15) – Man weiß nicht, welche Aufgabe diese Halle erfüllte, bevor man sie im 7. Jh. mit Malereien versah und den Vierzig Märtyrern von Sebaste in Armenien weihte, die aneinandergekettet auf einen gefrorenen See geworfen worden waren.

★★★ **Tempio e Atrio delle Vestali** – Zu der Zeit, in der die Menschen nur mit Schwierigkeiten ein Feuer entfachen konnten, besaß das auf dem Palatin gelegene Dorf, in dem Romulus lebte, die Hütte, die rund war, wie alle anderen damals existierenden Hütten, und in der das öffentliche Feuer aufbewahrt wurde. Verbunden mit dieser praktischen Funktion war der Kult der Vesta, der Schutzgöttin des heimischen Herdes.

127

FORO ROMANO – PALATINO

Die Verehrung der Vesta soll auf die Zeit des Romulus oder des Numa Pompilius (715-672 v. Chr.) zurückgehen. Eine Gruppe von vier Priesterinnen war mit der Ausübung des Vesta-Kults beauftragt.

Als der erste Tempel – vielleicht im 6. Jh. v. Chr. – erbaut wurde, übernahm er die Rundform der primitiven Hütten. Mehrmals fiel der Tempel Bränden zum Opfer, und wurde wiederaufgebaut. Von diesem Heiligtum sind der Mittelteil des Unterbaus und einige Marmorelemente erhalten geblieben, die bei der Rekonstruktion im Jahre 1930 wiederverwendet wurden. Bei dem Vestatempel handelte es sich um einen geschlossenen Tempel, der von einem Portikus aus zwanzig kannelierten Säulen in korinthischem Stil umgeben war. Der Fries war mit Flachreliefs versehen, auf denen Opfergeräte dargestellt waren. Auf dem Altar in der Cella brannte ein ewiges Feuer. In einem Winkel bewahrte man sorgfältig einige Gegenstände auf, die, so sagte man, Roms glückliche Entwicklung bewirkt hätten. Dazu gehörte unter anderem das berühmte Palladion, eine Statuette aus Holz oder Gebein, die die Göttin Pallas darstellte. Dieses Bildnis hatte Troja Glück gebracht, und man sprach ihm die Macht zu, die Stadt, in deren Händen es sich befand, vor Schaden zu bewahren. In Troja war die Statuette vom Himmel gefallen, man glaubte, Zeus habe sie vom Olymp auf die Erde geschickt. Die Römer gingen davon aus, daß Aeneas sie den Trojanern geraubt und nach Italien gebracht hatte.

Ganz in der Nähe des Tempels stand das „Kloster", in dem die Vestalinnen lebten, das **Atrium Vestae**. Das große Haus der Vestapriesterinnen besaß zwei Stockwerke und war um einen rechteckigen Hof mit Gärten und Wasserbecken angelegt und von einem

Atrium des Hauses der Vestalinnen

Portikus umgeben. Die Vestalinnen verbrachten hier nahezu ihr ganzes Leben. Sie stammten aus Patrizierfamilien und traten im Alter von etwa zehn Jahren ihre Aufgabe an. Dreißig Jahre lang waren sie an ihr Amt gebunden. Zehn Jahre dauerte ihre Ausbildung und Einweisung, weitere zehn Jahre widmeten sie sich der praktischen Ausübung ihres Kults, und in den restlichen zehn Jahren unterrichteten sie. Ihr Verhalten und ihre Tätigkeit unterlagen sehr strengen Regeln: Wenn sie ihr Keuschheitsgelübde brachen, wurden sie bei lebendigem Leibe beerdigt; und wenn sie das Feuer ausgehen ließen, was großes Unglück für Rom bedeutete, wurden sie ebenfalls sehr streng bestraft.

Vom 3. Jh. an pflegte man als Zeichen der Achtung gegenüber dem Amt der Vestapriesterin Statuen von Vestalinnen aufzustellen. Einige dieser Standbilder (mit Inschriften auf dem Sockel) sind im Hof des Atriums zu sehen.

Regia – Die Regia stand, wie das Vesta-Heiligtum, im Mittelpunkt der römischen Religion. Man erzählte, sie sei die Wohnstätte des Numa Pompilius gewesen. Auf diesen König, den Nachfolger des Romulus, ging nach allgemeiner Anschauung die Organisation des religiösen Lebens von Rom ruruck. Später war das Gebäude die Residenz des Pontifex Maximus, des obersten römischen Priesters. In republikanischer Zeit fungierte er als Oberhaupt der Staatsreligion. Sein Amt war mit soviel Einfluß verbunden, daß die römischen Kaiser sich selbst zum Pontifex Maximus ernennen ließen.

Die Legende der „Ancilen" – König Numa erhielt einst vom Himmel einen Schild – ein ungewöhnliches Ereignis, das man als Vorzeichen römischer Siege deutete. Der König vertraute diesen heiligen Schild den Priestern an, die sich der Verehrung des Kriegsgottes Mars verschrieben hatten. Um einen stets möglichen Diebstahl zu verhindern, ließ der König elf identische Schilde herstellen, die alle in der Regia aufbewahrt wurden. Der Handwerker, der mit der Fabrikation dieser Schilde beauftragt worden war, verlangte als einzigen Lohn für seine Arbeit, er möge in den Gesängen, die während der Prozession der „Ancilen" vorgetragen wurden, erwähnt werden.

FORO ROMANO – PALATINO

Die Regia und das Haus der Vestalinnen stehen an der Grenze zwischen dem Forum der königlichen und dem der republikanischen Zeit. Der Teil, der sich bis zum Titusbogen erstreckt, wurde später hinzugefügt.

★★ **Tempio di Antonino e Faustina** – Kaiser **Antoninus Pius**, der nach Hadrian – im Jahre 138 – den Thron bestieg, gehörte zu einer reichen Familie, die aus Nîmes stammte. Er zeichnete sich durch seine Güte aus, und seine dreiundzwanzigjährige Herrschaftszeit war von Ruhe und maßvollen Entscheidungen geprägt.
Nach dem Tode seiner Gattin **Faustina** (141 n. Chr.) ließ er sie trotz ihres skandalösen Lebenswandels in den Rang einer Göttin erheben und ihr zu Ehren einen gewaltigen Tempel im Forum errichten.
Als im Jahre 161 Antoninus selbst starb, beschloß der Senat, den Tempel beiden Ehegatten zu weihen.

Tempel des Antonius und der Faustina

Auf dem hohen Podium des Tempels stehen noch immer die schönen monolithischen Säulen seines Pronaos. Der das Gebälk schmückende Fries aus Greifen und Kandelaberornamenten ist ein in der Feinheit seiner Gestaltung herausragendes Meisterwerk.
Anläßlich des Besuchs Karls V. im Jahre 1536 wurde die Kolonnade von der Kirche San Lorenzo in Miranda, in die der Tempel im 11. Jh. umgewandelt worden war, getrennt. Die Kirche wurde 1602 neuerbaut.
Neben dem Tempel des Antoninus Pius und der Faustina entdeckte man eine **Nekropole** (**16**) aus dem 8. und 7. Jh., also aus der Epoche des Romulus.

Tempio di Romolo – Mit dem Romulus, dem dieser Tempel zugedacht ist, ist nicht der Gründer Roms gemeint, sondern der 307 verstorbene Sohn von Kaiser Maxentius.
Der Bau dieses Rundtempels, der von zwei Sälen mit Apsisabschluß flankiert wird, geht auf Anfang des 4. Jh.s zurück. Vielleicht wurde er zu Ehren des Konstantin nach dessen Sieg über Maxentius (312 n. Chr.), vielleicht aber auch als Tempel der vergöttlichten Stadt Rom, als Heiligtum der Göttin Roma erbaut.
Als im 6. Jh. die Halle hinter dem Tempel in eine Kirche *(Basilica SS. Cosma e Damiano)* umgewandelt wurde, diente er als Vestibül des Kirchengebäudes.
Das von zwei Porphyrsäulen gerahmte Tor in der konkaven Tempelfassade besitzt noch seine aus dem 4. Jh. stammenden Bronzeflügel; auch das Schloß soll noch immer funktionieren.
Der romanische Glockenturm und die Statuen auf dem Giebel der Kirche S. Francesca Romana ergeben mit den antiken Bauten des Forums ein harmonisches Bild.
Links vom Tempel des Romulus kann man die Überreste von zehn kleinen, auf beiden Seiten eines Korridors angeordneten **Räumen** (**17**) sehen: Sie sollen in der Epoche der Republik zu einem Bordell gehört haben.
An den Überresten eines mittelalterlichen Arkadenbaus (**18**) an der Via Sacra kann man gut erkennen, wie hoch im Mittelalter das Niveau des Bodens im Forum war.

★★★ **Basilica di Massenzio e Costantino** – Maxentius ließ sich, nachdem sein Vater Maximian und Diokletian im Jahre 305 abgedankt hatten, vom Volk zum Kaiser ausrufen. Bald danach begann er mit der Errichtung einer Backsteinbasilika, die im übrigen die letzte in Rom erbaute sein sollte und in Stil und Technik – mit Kreuzgewölben – von ganz anderer Art war als die Basilica Aemilia oder die Basilica Julia. Der rechteckige Bau stand mit einer Längsseite in etwa parallel zur Via Sacra und mit der anderen an der heutigen Via dei Fori Imperiali; an einer der Schmalseiten lag die nach Osten, zum Kolosseum gerichtete Fassade, auf der gegenüberliegenden Seite befand sich eine Apsis. Der Baukomplex war in drei Schiffe eingeteilt, die von gewaltigen Pfeilern mit davorgesetzten Säulen gestützt wurden.
Aber Konstantin, der Sohn von Kaiser Constantius Chlorus, der zusammen mit Maximian und Diokletian geherrscht hatte, begehrte den Thron ebenfalls. Er schlug Maxentius in der Schlacht an der Milvischen Brücke (312) und vollendete die Basilika, wobei er die ursprünglichen Pläne veränderte. Der Eingang wurde an die an der Via Sacra gelegene Seite versetzt und erhielt den Portikus mit vier Porphyrsäulen, den man heute noch sehen kann. Die gegenüberliegende Längsseite ließ Konstantin in eine Apsis münden.
Dieses großartige Bauwerk barg mehrere Kolossalstatuen. Die des Konstantin, von der man heute einige Fragmente im Hof des Konservatorenpalasts sehen kann, befand sich in der Westapsis. Mit den vergoldeten Bronzeziegeln, die verwendet worden waren, wurde im 7. Jh. das Dach der Basilika St. Peter gedeckt.

Antiquarium – Das Museum, das in dem ehemaligen Kloster von Santa Francesca Romana untergebracht ist, bewahrt im wesentlichen Gegenstände, die einst zu den Bauten des Forum Romanum gehörten. Dazu zählen die ältesten Überreste römischer Geschichte und römischen Alltagslebens; sie stammen aus Gräbern aus dem Zeitraum von 1000 bis 600 v. Chr. und wurden im Forum oder auf dem Palatin gefunden.

FORO ROMANO – PALATINO

★★ Arco di Tito – Der Titusbogen erhebt sich auf der Velia, dem kleinen Hügel, der das Kapitol und den Palatin miteinander verband. Man sieht ihn auf fast allen Ansichten des Forums. Titus war der älteste Sohn von Kaiser Vespasian und bestieg nach ihm den Thron. Seine Herrschaftszeit war nur kurz – sie dauerte von 79 bis 81 n. Chr. Im Jahre 70 hatte er Jerusalem eingenommen und damit den Feldzug, den sein Vater seit dem Jahre 66 in Palästina führte, beendet. Nach seinem Tod errichtete man diesen Triumphbogen, um an Titus' Eroberung Jerusalems zu erinnern. In der jüdischen Geschichte zählt dieser römische Erfolg zu den tragischsten Ereignissen. Jerusalem wurde zerstört, und der Tempel, der als geistlicher Mittelpunkt die in alle Welt verstreuten Juden einigte, in Brand gesetzt. An Stelle des jüdischen Tempels ließ Hadrian ein Jupiterheiligtum errichten, und die Stadt wurde, nach Hadrians Familiennamen „Aelius", in Aelia Capitolina umbenannt. Der Triumphbogen des Titus hat im Unterschied zum Bogen des Konstantin nur einen Durchgang. Er wurde 1821 von Luigi Valadier restauriert.

Am Schlußstein des Gewölbes stellt ein Flachrelief die Apotheose des Titus dar: Die Seele des Kaisers wird, von einem Adler davongetragen.

Die Figuren und Szenen des Frieses an der dem Kolosseum zugewandten Außenseite des Monuments (über dem Bogen) sind nicht mehr gut zu erkennen: Eine Liegefigur in einer Opferprozession stellt den Jordan dar und symbolisiert die Niederlage Palästinas.

Die Flachreliefs unter dem Gewölbe zählen zu den Meisterwerken der römischen Plastik. Auf der einen Seite sieht man den Triumphator Titus auf seinem Wagen; die Siegesgöttin Victoria krönt ihn. Auf der gegenüberliegenden Seite den nachfolgenden Triumphzug, in dem man die aus dem Tempel von Jerusalem erbeuteten Schätze zur Schau stellte: den goldenen siebenarmigen Leuchter, den Moses herstellen und in den Tabernakel stellen ließ, wie Gott es ihn auf dem Sinai geheißen hatte, den Tisch der Zwölf Schaubrote, die allwöchentlich im Tempel im Namen der zwölf Stämme Israels ausgelegt wurden und die silbernen Trompeten, die die Feste ankündigten.

Auf der Velia befand sich das Vestibül des Goldenen Hauses von Nero *(s. COLOSSEO-CELIO, Domus Aurea).*

Tempio di Giove Statore – Am 8. November 63 hielt Cicero hier vor den Senatoren die erste Catilinarische Rede. Angesichts der erforderlichen Sicherheitsmaßnahmen herrschte große Spannung in der Versammlung.

Die Via Nova rechts liegenlassen und auf dem Clivus Palatinus zum Palatin gehen.

★★★ PALATINO

Von den sieben Hügeln Roms ist der Palatin, die 'Wiege' der ewigen Stadt sicher derjenige, der den Besucher am meisten bewegt. Er ist nicht nur in archäologischer Hinsicht äußerst interessant. In den seit der Renaissance mit Blumen geschmückten Grünanlagen kann man unter schönen schattigen Bäumen auch sehr angenehme Spaziergänge machen.

Sage und Geschichte

Aus politischen Gründen sollten die Zwillinge Remus und Romulus, Söhne der Vestalin Rhea Silvia und des Gottes Mars, nicht leben dürfen. Sie wurden von ihrem Onkel Amulius als Bedrohung seiner Macht angesehen *(s. Einführung, Die Geburt Roms).* Daher wurden sie an den Ufern des Tibers ausgesetzt; der Hochwasser führende Fluß brachte ihre Wiege jedoch an den Palatin. Dort überlebten sie dank einer Wölfin, die sie in der Lupercal-Höhle säugte. Der Hirte Faustulus wurde Zeuge dieses Wunders. Er nahm die Zwillinge unter seine Fittiche und zog sie auf.

Dann, etwa in der Mitte des 8. Jh. v. Chr., grub Romulus rund um den Palatin eine tiefe Furche; dabei hob er den Pflug dreimal. So entstand Rom, von einer symbolischen Stadtmauer mit drei Toren, der Porta Mugonia, der Porta Romana und der Porta della Scala di Caco, umgeben. Das alles gehört ins Reich der Sagen, gewiß...und dennoch! Im Jahre 1949 legten Archäologen an den legendären Standort von Romulus' Wohnstätte Überreste von Hütten aus dem 8.-7. Jh. v. Chr. frei.

In der republikanischen Epoche war der Palatin ein ruhiges, vornehmes Wohnviertel. Hier lebten Cicero, der Triumvir Antonius und Agrippa, der Gefährte und Schwiegersohn Oktavians. Die Fremden kamen hierher, um die Hütte des guten Hirten und die Höhle der Wölfin an der Südwestflanke des Hügels zu besichtigen. Im Jahre 63 v. Chr. wurde auf dem Palatin Caius Octavius Thurinus (Oktavian) geboren. Als aus Oktavian der Kaiser Augustus geworden war und dieser hier seine Residenz erbauen ließ, begann die Veränderung des Hügels. Augustus vergrößerte sein Haus und baute es, nachdem es durch einen Brand (im Jahre 3 n. Chr.) zerstört worden war, wieder neu auf. Tiberius, der Nachfolger des Augustus, Caligula, Claudius und Nero residierten auf dem Palatin. Aber erst **Domitian**, der letzte der flavischen Kaiser (81-96), machte aus dem Palatin etwas ganz Neues, indem er den Hügel als Standort für die offizielle kaiserliche Residenz auserkor und ihn so gestaltete, wie die Archäologen ihn wiedergefunden haben. In der Senke zwischen den beiden Kuppen (Germalus und Palatium) des Palatins entstanden neue Bauten. Die Ruinen dieser Gebäude sind im Zentrum des Hügelgeländes zu sehen: Es handelt sich um das **Domus Flavia,** das **Domus Augustana** und das **Stadion.**

Nach dem Brand von 191, durch den zahlreiche Bauwerke auf dem Palatin beschädigt worden waren, begnügte sich Kaiser Septimius Severus nicht mit Restaurierungen und Reparaturen. Er ließ den kaiserlichen Palast nach Süden hin vergrößern und gab ihm eine monumentale Schaufassade: das Septizonium in der Achse der Via

FORO ROMANO – PALATINO

Blick auf das Forum Romanum vom Palatin

Appia Antica. So erhielten die Reisenden, die auf dieser Straße nach Rom gelangten, von Anfang an einen Eindruck von der Größe der Stadt. Das grandiose Septizonium konnte bis zum Ende des 16. Jh. bewundert werden. Dann jedoch ließ Papst Sixtus V. es in dem Bestreben, „neues" Baumaterial zu erschließen, abreißen.

Im 3. Jh., als Diokletian, Galerius, Maximian und Constantinus Rom den Rücken kehrten, um in Nikomedia, Sirmium, Mailand und Trier kaiserliche Residenzen zu errichten, begann der Verfall des Palatins. Im Jahre 330 schließlich machte Kaiser Konstantin das ehemalige Byzanz unter dem neuen Namen Konstantinopel zur Hauptstadt des Reiches, und der Palatin wurde endgültig aufgegeben.

Christliche Gebäude standen im allgemeinen nicht auf dem Plateau des Palatins, sondern eher an den Hängen des Hügels. Im 4. Jh. wurde im Süden ein Heiligtum der hl. Anastasia geweiht. Die Kirche des hl. Sebastian im Norden erhob sich an der Stelle, an der Kaiser Heliogabal (218-222) dem Sonnengott, als dessen Hoherpriester er diente, einen Tempel errichtet hatte. Heliogabal stammte aus Emesa in Syrien und träumte von einer Religion, die die unterschiedlichen östlichen Kulte in sich vereinigte.

Im 11. und 12. Jh. umgab sich Rom, in die Kämpfe zwischen Papst und Kaiser geraten, mit Festungen und Türmen: Das war die Zeit der „Roma turrita". Die Familie der Frangipani, Anhänger des Kaisers, befestigte die ganze südwestliche Flanke des Hügels. In der Renaissance waren die antiken Wohngebäude des Palatins nurmehr Ruinen. Reiche römische Familien errichteten hier ihre Landhäuser und umgaben sie mit Weinbergen und Gärten – die Barberini in der Nähe von San Sebastiano, die Farnese im Nordwestteil des Hügels, zwischen dem Palast des Tiberius und dem des Caligula. Im 19. Jh. wandelte der Engländer Charles Mills die Villa, die die Familie der Mattei im 16. Jh. auf dem Domus Augustana erbaut hatte, in eine Art romantisches Schloß im Stil der Gotik um. Auf Betreiben des Archäologen P. Rosa, Leiter der Ausgrabungen auf dem Palatin, wurde dieser extravagante Bau Ende des 19. Jh.s abgerissen.

Ausgrabungen — Im Jahre 1724 begann man auf Initiative des Herzogs Franz I. von Parma, des Erben der Villa der Farnese, die antiken Überreste auszugraben. Das Domus Flavia wurde als erstes wieder freigelegt. Dann, etwa fünfzig Jahre später, führte der aus Frankreich stammende Abbé Rancoureuil am Domus Augustana und den Bauten über dem Circus Maximus Ausgrabungsarbeiten durch. 1860 entdeckten die Archäologen dank der Initiative Napoleons III. den Palast des Tiberius, das Haus der Livia und den Tempel des Apollo. Die Identifizierung der Monumente auf dem Palatin hat leidenschaftliche Debatten unter den Historikern und Archäologen ausgelöst. Viele Bauten sind nicht wiedergefunden worden. Die Ausgrabungen auf dem Palatin gehen jedoch weiter, insbesondere in dem Bereich um den Tempel des Apollo. Der heutige Besucher muß angesichts der äußerst verfallenen Ruinen seine Vorstellungskraft besonders anstrengen, um vor seinem geistigen Auge ein Bild von der antiken Pracht erstehen zu lassen.

FORO ROMANO – PALATINO

Besichtigung

Clivus Palatinus – Diese Straße folgt in etwa der Talsohle, die die beiden Kuppen des Palatins, das Palatium *(links)* und den Germalus *(rechts)*, voneinander trennte.

Die Treppe rechts liegenlassen. Sie führt direkt zu den Farnesischen Gärten.

Kurz nach dem rechteckigen Graben (1), der den Standort des Triumphbogens des Domitian markiert, in den Pfad einbiegen, der entlang einer Mauer den Hügel hinaufführt.

Die Reste hoher Backsteinmauern auf der Rechten gehörten zum Portikus der Fassade der Domus Flavia. Am Ende des Pfades angelangt, befindet man sich im Zentrum des Hügelgeländes. Das Plateau wurde künstlich geschaffen, nachdem die Talsenke zwischen dem Palatium und dem Germalus unter Domitian überbaut worden war.

★ **Domus Flavia** – Hier fand das offizielle Leben des Kaiserhofes statt. Trotz der wenigen sichtbaren Überreste des Palastes der Flavier kann man sich doch vorstellen, wie er ausgesehen hat. Hinter dem Portikus folgten drei Säle:
– das **Lararium**, das Heiligtum der Schutzgötter der Familie, das als Privatkapelle des Kaisers diente;
– der große über 30 m breite und fast 40 m lange **Thronsaal** (sala del Trono), an dessen Seiten sich Nischen mit Kolossalstatuen befanden;
– die **Basilika**. Hier hielt der Kaiser Gericht. Es war eine Halle mit Apsisabschluß und jeweils zwei Säulenreihen an den Längsseiten. Links kann man Reste der westlichen Säulenhalle des Palastes sehen.

Hinter diesen drei Sälen befand sich ein Hof, der einst von einem Portikus, dem **Peristyl** (Peristilium; Säulenfragmente sind erhalten), umgeben war. Sueton erzählt, Domitian, der sich durch seine Ungerechtigkeit und Grausamkeit viele Feinde gemacht hatte, habe die Wände dieses Portikus' mit Spiegelsteinen (lat. phengites) verkleidet, um alles sehen zu können, was hinter seinem Rücken geschah. Der achteckige, heute mit Blumen bepflanzte Bereich in der Mitte war wahrscheinlich früher einmal ein Wasserbecken.

Hinter dem Peristyl befindet sich das **Triclinium**, der Speisesaal, mit Sicherheit der schönste Raum des Palastes. Der aus farbigem Marmor bestehende Fußboden ist in Teilen erhalten. Er wurde von kleinen Backsteinpfeilern getragen, zwischen denen zur Beheizung die von einem unterirdischen Feuer erwärmte Luft zirkulierte. Rechts und links des Tricliniums fiel der Blick in zwei kleine,

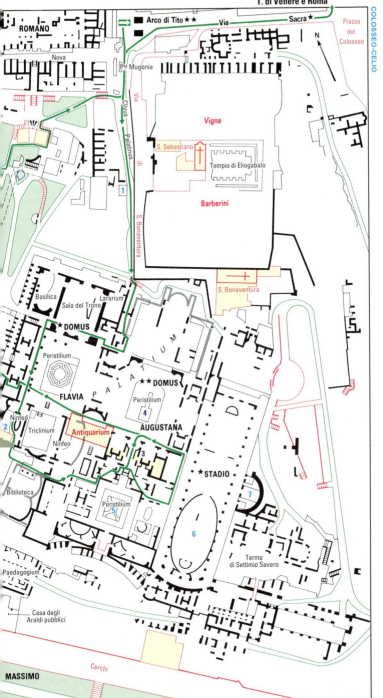

ovale Zierräume, die Nymphäen. Das rechte ist gut erhalten. Rechts von diesem Nymphäum, etwas tiefer gelegen (2): Reste eines schönen Fußbodens aus buntem Marmor. Er gehörte zu einem Raum des Domus Transitoria, das Nero auf dem Palatin hatte erbauen lassen, bevor er sein gigantisches Domus Aurea *(s. COLOSSEO–CELIO, Domus Aurea)* errichtete.

Das Gebäude über dem Nymphäum stammt aus der Zeit der Farnese.

Auf der Esplanade hinter dem Triclinium haben sich einige Überreste von Säulen und Spuren von Sälen mit Apsisabschluß erhalten. Hier war vielleicht der Standort der kaiserlichen Palastbibliothek.

FORO ROMANO – PALATINO

★ **Unterirdische Räume** ⓥ – Diese Räume gehörten zu Häusern aus der republikanischen Epoche und zu Bauten aus der Zeit des Nero; sie wurden unter Domitian überbaut.
– Unter der Basilika befindet sich ein rechteckiger Saal. Die Malereien, die ihn zierten, wurden in einen Saal (3) links vom Antiquarium gebracht. Wahrscheinlich stammen sie aus der augusteischen Epoche und sind in Verbindung mit dem Isis-Kult entstanden.
– Unter dem Lararium liegt das **Casa dei Grifi**, manchmal auch irrtümlich das „Haus des Catilina" genannt. Es wurde im 2. Jh. v. Chr. errichtet (Mauern aus unregelmäßigen Steinen und Mörtel), im 1. Jh. v. Chr. umgebaut (Mauerwerk aus kleinen regelmäßigen Blöcken, die zu Rauten zusammengefügt wurden) und unter Nero nochmals neugestaltet. Eine große Anzahl der Malereien des Hauses wurde abgelöst und ist nun im Antiquarium zu sehen. In einem Raum Stuckrelief mit zwei Greifen.
– Unter dem Peristyl befindet sich ein kreisförmiger Raum mit einem Schacht, der über Galerien mit einem anderen Zimmer verbunden ist. Die Entdeckung dieses Komplexes Anfang des 20. Jh. bewegte die Archäologen sehr, denn sie glaubten, den sogenannten „Mundus" gefunden zu haben. Der „Mundus" war eine Grube, in die bei der Gründung Roms jeder neue Bewohner der Siedlung etwas Erde hineinwarf und mit dieser symbolischen Geste Bürger der jungen Stadt wurde. Wahrscheinlich aber war dieser Schacht nur einer der damals üblichen Wasser- oder Getreidespeicher.

★★ **Domus Augustana** – Dieses Gebäude war nicht, wie der Name vermuten läßt, das Haus des Augustus, sondern die Privatresidenz der Kaiser. Die Räume waren um zwei Peristylhöfe angeordnet. In der Mitte des oberen, von einer Pinie beschatteten Peristyls (4) sind ein Becken sowie der Sockel eines Baus erhalten, den man über eine Brücke erreichen konnte. An den Seiten befanden sich die Wohnräume. Wenn man den hinter dem ersten Peristyl gelegenen Teil des Palastes durchquert hat, befindet man sich über dem zweiten Innenhof. Das Becken im Zentrum dieses Peristyls (5) ist aus kompliziert geformten Teilen zusammengesetzt; in ihm wurde einst das Regenwasser gesammelt. Eine (konkave) Fassade des kaiserlichen Palastes lag direkt am Circus Maximus. Die Domus Augustana vermittelt aufgrund ihrer komplexen Architektur noch als Ruine einen Eindruck von ihrer einstigen Größe und Pracht.

★ **Stadio** – Das Stadion ist ein Werk des Domitian. Es besteht aus einem gewaltigen, 145 m langen Graben und war einst von einem zweigeschossigen Portikus umgeben. Einige Historiker meinen, es sei eine Stätte für Spiele und Aufführungen aller Art gewesen, die speziell für den Kaiser durchgeführt wurden; nach anderen war das Stadion eine Art Garten oder Sportplatz. Die kleine ovale Piste (6) geht auf das 6. Jh. zurück. Sie wurde von dem Ostgoten Theoderich angelegt, der damals auf dem Palatin residierte. In der Mitte der Längsseite im Osten befindet sich eine recht große Nische (7), die an eine Tribüne erinnert; vielleicht war es diejenige, die dem Kaiser vorbehalten war.
Wenn man um das Stadion herumgehen und seiner östlichen Längsseite folgen könnte, würde man direkt zu den Ruinen der nahen Thermen gelangen, die Septimius Severus zugeschrieben werden, vielleicht aber von Maxentius errichtet worden sind.

Antiquarium ⓥ – Dieses Museum wurde in einem Gebäude des ehemaligen Klosters der Visitantinnen eingerichtet. Es liegt zwischen dem Domus Augustana und dem Domus Flavia und zeigt Fundstücke vom Palatin. Zahlreiche Skulpturen wurden jedoch auch vom Palatin in das Museo Nazionale Romano gebracht. Man betritt das Antiquarium über einen Vorraum und gelangt dann links in einen Saal, in dem vor allem folgende Exponate beachtenswert sind:
– die Malereien (3. Jh.) aus dem an der heutigen Via dei Cerchi gelegenen Casa degli Araldi pubblici *(Haus der Herolde; kann nicht besichtigt werden)*. Man beachte den Gesichtsausdruck der dargestellten Personen.
– Links vom Eingang zeigt ein überaus fein gearbeitetes Gemälde aus der augusteischen Epoche Apollo mit seiner Leier. Neben ihm der „Omphalos", ein heiliger, in Binden gehüllter Stein, der der Legende nach vom Himmel gefallen war und bei den Griechen als der Mittelpunkt der Welt galt.
– Im linken Flügel des Saales ist ein sehr ungewöhnliches Stück ausgestellt, das man im Paedagogium (Schule der Pagen des kaiserlichen Palastes; *kann nicht besichtigt werden*) gefunden hat: Es handelt sich um ein von naiver Hand gezeichnetes Kruzifix, dessen Christusfigur mit einem Eselskopf versehen ist; unter dem Kreuz ist eine weitere Person dargestellt. Das Bild trägt auf griechisch die Inschrift: „Alexamenos betet seinen Gott an". Vielleicht hat sich hier jemand über einen christlichen Freund lustig machen wollen.
– In einem zweiten Vestibül: Altar eines unbekannten Gottes; der Prätor C. Sestius Calvinus weihte ihn im 1. Jh. v. Chr. einer Gottheit, von der er nicht wußte, ob sie weiblich oder männlich war.
– In einem Raum auf der linken Seite: Unvollständige Statue der Diana in einem schön drapierten Gewand.

Tempio di Apollo – Lange dachte man, dieses Gebäude sei Jupiter geweiht. Wahrscheinlich handelt es sich hier jedoch um den Standort des Apollo-Tempels, den Augustus laut Sueton an einer „Seite seines Hauses auf dem Palatin erbauen" ließ, „die nach Deutung der Haruspices der Gott selbst durch Einschlag eines Blitzes gekennzeichnet hatte". Da der Zugang zum Tempel gesperrt ist, kann man nur das Podium und eine Säule des Pronaos erkennen.

★★ **Casa di Livia** ⓥ – Das „Haus der Livia", das den Namen von Kaiser Augustus' Gemahlin trägt, war wahrscheinlich die Wohnstätte des Kaisers selbst. Aufgrund des Dekors und des Mauerwerks, das in der Technik des Opus reticulatum (Netzwerk) zusammengefügt wurde, konnte man diesen Bau in das ausgehende republikanische Zeitalter datieren. Die – in recht schlechtem Zustand befindlichen – Malereien, die die Räume zierten, wurden von der Wand abgelöst und können in geringem Abstand vor ihrem ursprünglichen Untergrund in den Originalräumen bewundert werden.

Die verschiedenen Räume des Hauses erhielten Namen, die mit Sicherheit nicht ihrer Funktion entsprechen. Die „Flügel" links und rechts des Tablinums (Arbeitskabinett) waren zwei Zimmer, in denen Wachsbilder der Vorfahren untergebracht waren. In Häusern bescheideneren Zuschnitts dienten sie als Schränke.

Linker Flügel – Über einer in illusionistischer Manier gemalten Basis, in der Marmorplatten nachgeahmt werden, sind in Feldern Greifen und einander gegenüberstehende Personen dargestellt.

Tablinum – Auf der rechten Wand sieht man in einem von Scheinarchitektur umgebenen Feld Io. Das junge Mädchen aus Argos war eine der Geliebten des Zeus. Aus Furcht vor dem Zorn seiner Gattin, so der Mythos, verwandelte Zeus sie in eine Färse. Hera schöpfte jedoch Verdacht und ließ das Tier von dem hundertäugigen Argos bewachen. Die Malerei zeigt den Götterboten Hermes, der, von Zeus geschickt, Io befreien sollte. Auf der linken Wand beachtenswert: die Bleirohre, auf denen der Name IVLIAE AV (Julia Augusta) eingraviert ist. Die Archäologen, die die Inschrift im Jahre 1869 entdeckten, bezogen sie auf Augustus' Gemahlin und schrieben dieses Haus der Livia zu.

Rechter Flügel – Der Dekor auf der linken Wand wirkt, obwohl er durch die Türöffnung beschädigt wurde, noch frisch. Zwischen den Säulen der Scheinarchitektur verläuft eine schöne Girlande aus Blättern und Früchten. Darüber befindet sich auf gelbem Grund ein Fries, auf dem mehrere Personen beim Arbeiten dargestellt sind.

Zisternen (8) – Die Zisternen stammen aus dem 6. Jh. v. Chr. Eine besaß die Form eines Bienenstocks, die andere war unbedeckt.

Scala di Caco – Dieser Weg bildete eine der drei ursprünglichen Zugangsmöglichkeiten zum Palatin. Der Name geht auf Cacus, einen auf dem Palatin beheimateten Helden zurück, dessen Legende mit der Herkulessage verknüpft ist. Als Herkules das Vieh, das er dem Geryon abgenommen hatte, nach Griechenland bringen wollte, machte er am Tiberufer eine Pause. Cacus, ein dreiköpfiges Ungeheuer, das aus seinen drei Mäulern Feuer spie, nutzte die Gelegenheit und stahl einige Tiere. Er zwang sie, rückwärts zu gehen, um Herkules zu täuschen. Dieser aber ließ sich nicht überlisten und tötete seinen Widersacher.

Hütten aus dem Dorf des Romulus (9) – Neben der Nekropole im Forum Romanum zählen diese Hütten zu den ältesten Zeugnissen (8.-7. Jh. v. Chr.) der römischen Geschichte. Das moderne Dach, das sie schützt, hat somit gleichsam die Funktion eines Reliquiars. Drei in den Boden gegrabene Hütten von ovaler oder rechteckiger Form sind gefunden worden. In die Löcher, die man erkennen kann, wurden die Pfosten getrieben, welche das Dach und die Wände der Behausungen stützten. Gegen Süden, in Richtung Tiber, ist die Grundmauer für die Türöffnung unterbrochen. Die drei kleineren Löcher an ihrer Seite nahmen vielleicht die Pfosten eines Vordaches auf. Die Rinne, die rund um die eigentliche Wohnfläche gegraben ist, diente wahrscheinlich dazu, das vom Dach tropfende Wasser abzuleiten.

Tempio di Cibele – Kybele, die große phrygische Göttin (auch Mutter der Götter, Große Mutter oder Magna Mater genannt), galt als die Personifizierung der Kräfte der Natur. Ihr Kult wurde Ende des 3. Jh. oder Anfang des 2. Jh. v. Chr. in Rom eingeführt. Im Jahre 204, als Rom sich mitten im Zweiten Punischen Krieg befand, ging ein Steinregen auf Rom nieder. Die Priester befragten die Götter, und der Senat mußte daraufhin aus Pessinus in Kleinasien den **„schwarzen Stein"** kommen lassen, der die Göttin Kybele symbolisierte. Der Tempel, der ihr zu Ehren auf dem Palatin erbaut wurde, wurde 191 v. Chr. eingeweiht und, nachdem ihn mehrere Brände zerstört hatten, von Augustus wiederaufgebaut. Heute sieht man, im Schatten eines kleinen Steineichenwäldchens, nur noch die Fundamente der Cella.

Die Statue der Göttin (2. Jh.) wurde unter einer Arkade (10) des Palastes des Tiberius aufgefunden.

Alljährlich fanden vom 4. bis zum 10. April vor dem Tempel die Megalesischen Spiele statt. Das im Jahre 204 v. Chr. zum ersten Mal durchgeführte Fest zu Ehren der Kybele bestand aus Theateraufführungen und Zirkusveranstaltungen. 168 v. Chr. wurde im Rahmen der Feierlichkeiten *Das Mädchen von Andros* von Terenz uraufgeführt.

Palazzo di Tiberio – Die Arkaden, die man hinter dem Tempel der Kybele sieht, gehörten zu der rückwärtigen Fassade des Palastes des Tiberius'. Von dieser mächtigen Residenz sind nur einige Spuren erhalten geblieben, denn der größte Teil des Baukomplexes ist durch den Garten des Kardinal Farnese begraben worden.

Die Fassade des Palastes war dem Forum Romanum zugewandt. Caligula vergrößerte die Residenz bis zur Via Nova, Trajan und Hadrian fügten die Bauten hinzu, die unter dem Clivus Victoriae liegen.

Im antiken Rom bezeichnete man mit dem Palatium nur eine der drei Kuppen des Palatins. Zur Zeit des Augustus begann man damit, auf dem Palatin Paläste zu errichten. Es wurden immer mehr, und der Begriff Palatium nahm eine neue Bedeutung an, nämlich kaiserliche Residenz. So wurde es zur Urform unseres Wortes „Palast".

Criptoportico – Der Kryptoportikus ist ein zur Hälfte unter der Erde gelegener Korridor, der wahrscheinlich dazu diente, die verschiedenen kaiserlichen Bauten auf dem Hügel miteinander zu verbinden. Er soll unter Nero – der zum Domus Flavia des Domitian führende Arm jedoch später – entstanden sein.

Die Stukkaturen, die sein Gewölbe in der Nähe des Hauses der Livia zierten, wurden in das Antiquarium gebracht und an der ursprünglichen Stelle durch Kopien ersetzt. Das ovale Becken (11), das man links von der Treppe, die zu den Farnesischen Gärten führt, sehen kann, war einst ein Terrarium, das in der Südecke des Palastes des Tiberius lag.

Orti Farnesiani – Die Farnesischen Gärten wurden Mitte des 16. Jh. von Kardinal Alessandro Farnese, dem Neffen von Papst Paul III., angelegt. Der Eingang am Forum Romanum weitete sich zu einer halbkreisförmigen Anlage, und mehrere Gärten bedeckten terrassenartig den Hang des Palatins. Auf dem Plateau des Hügels erstreckte sich über den Ruinen des Tiberius-Palastes der herrliche botanische Garten der Farnese. In der Nordwest-Ecke der Gärten bietet sich ein interessanter **Blick**★★ auf das Forum Romanum, das Tabularium und den Senatspalast, auf das Denkmal Viktor Emmanuels II., die Kuppeln von San Luca und Santa Martina und die beiden Kirchen in der Nähe der Trajanssäule. Auf dem Gipfel der Gartenanlage waren in zwei, heute rekonstruierten Gebäuden über einem Nymphäum die Volieren untergebracht. Von diesen Gebäuden hat man bei Sonnenuntergang einen besonders schönen **Blick**★★ auf die Maxentiusbasilika, den Campanile von Santa Francesca Romana und auf den oberen Teil des Kolosseums.

Am Fuße des Vogelhauses befand sich das monumentale Portal des Garten-Haupteingangs. Vignola hatte es begonnen; Girolamo Rainaldi vollendete es; 1882 wurde es zerstört; heute kann man es in einer Rekonstruktion an der Via di S. Gregorio sehen.

Den Palatin über den Clivus Palatinus und dann auf der Via Sacra in der Nähe des Titusbogens verlassen. Nun kann man die Bauwerke besichtigen, die, obwohl sie Teil des Forum Romanum sind, nicht von dessen Inneren aus betreten werden können (s. Plan des Forum Romanum).

★ **Tempio di Venere e Roma** – Der Tempel der Venus und der Roma wurde zwischen 121 und 136 n. Chr. von Hadrian erbaut, von Antoninus Pius vollendet und später von Maxentius am Standort des Vestibüls der Domus Aurea des Nero neu errichtet. Der Tempel folgte griechischen Vorbildern – von allen Seiten führten Stufen zu ihm, während die meisten römischen Tempel nur über eine Treppe vor dem Pronaos verfügten – und seine Ausmaße (110 m zu 53 m) übertrafen die aller übrigen römischen Heiligtümer. Er war von Säulen umgeben und besaß zwei Cellae mit Apsiden. Die eine barg ein Standbild der Göttin Roma und war zum Forum hin ausgerichtet, die andere war Venus gewidmet und zeigte in Richtung des Kolosseums.

Hadrian, der ein Faible für die Baukunst hatte und sich auch selbst gerne als Architekt versuchte, hatte die Pläne des Tempels gezeichnet und riesige Sitzfiguren entworfen, die er in proportional viel zu niedrigen und kleinen Nischen unterbringen wollte. Apollodorus von Damaskus, der geniale Architekt Trajans, kommentierte damals, daß sie, wenn sie sich aufrichteten, sich den Kopf am Gewölbe stoßen würden. Apollodorus hatte sich schon einmal über den eigenartigen Geschmack des Kaisers lustig gemacht. Hadrian brachte den Architekten danach endgültig zum Schweigen.

Der dem Forum zugewandte Teil des Tempels ist in den Gebäudekomplex der Kirche Santa Francesca Romana und des Konvents der Olivetanermönche integriert worden. Man erkennt an einigen, 1935 wiederaufgestellten Säulen den Grundriß des Tempels. Die fehlenden Teile wurden durch Liguster-, Lorbeer- und Buchsbaumhecken ersetzt.

Chiesa di Santa Francesca Romana – Im 8. Jh. ließ Papst Paul I. im Westteil des Tempels der Venus und der Roma ein Petrus und Paulus geweihtes Oratorium errichten, das im darauffolgenden Jahrhundert die Rolle der im Forum Romanum liegenden Kirche Santa Maria Antiqua einnahm und in Santa Maria Nova umbenannt wurde. Nach der Heiligsprechung der Francesca Romana im Jahre 1608 wurde diese zur neuen Patronin der Kirche erklärt.

Der romanische **Glockenturm**★ (12. Jh.) zählt zu den elegantesten Campanilen Roms. Die Fassade (Carlo Lombardi – 1615) weist typische Merkmale der Gegenreformation auf. Im Inneren schöne Kassettendecke aus dem 17. Jh.

Apsismosaik – Das Bildprogramm zeigt die zwischen den Aposteln Petrus und Andreas, Jakobus und Johannes thronende Madonna mit dem Kinde. Das Werk stammt aus der Zeit um 1160 und ist ein anschauliches Beispiel des zu diesem Zeitpunkt in der Mosaikkunst herrschenden Eklektizismus', denn hier sind die typische antike Farbenprächt und die Steifheit der Personenzeichnung, ein Charakteristikum der byzantinischen Kunst, miteinander kombiniert.

Rechter Querschiffarm – Hinter einem Gitter werden zwei Steine aufbewahrt, in denen Spuren der Knie des Petrus zu erkennen sein sollen. Der Apostel soll sehr lange zu Gott gebetet haben, um ihn zu bitten, den Flug von Simon dem Zauberer aufzuhalten. Daraufhin sei dieser in der Nähe der Kirche zu Boden gestürzt. Die *Apostelgeschichte* (VIII, 9-25) berichtet von dem Zauberer aus Samaria, der mehr Macht besitzen wollte, als ihm gegeben war.

Auch das Grabmal (16. Jh.) Papst Gregors XI. sei erwähnt. Er war der letzte der Avignoneser Päpste und verlegte 1377 den Papstsitz wieder nach Rom. Das Flachrelief in der Mitte stellt den Einzug des Petrus in Rom dar. An den Seiten: Statuen des Glaubens und der Klugheit.

Krypta – Gegenüber den sterblichen Überresten der Francesca Romana befindet sich ein Marmorrelief der Heiligen mit einem Engel (17. Jh.; Werk eines Berninischülers).

Sakristei – Die *Jungfrau mit dem Kinde*, ein schönes Bild aus der Kirche Santa Maria Nova, wird von Kunsthistorikern auf das 5. oder 8. Jh. geschätzt.

Die Via dei Fori Imperiali nehmen.

FORO ROMANO – PALATINO

Basilica dei Santi Cosma e Damiano – Diese Kirche wurde im Jahre 526 von Papst Felix IV. den beiden aus Kleinasien stammenden Heiligen Cosmas und Damian geweiht. Die Gläubigen riefen die beiden Brüder an, wenn sie gesundheitliche Probleme hatten. Die Basilika, die in den Tempel des Romulus und in den einstigen Bibliothekssaal des Vespasianforums hineingebaut wurde, war die erste christliche Kirche, die in einem der vorchristlichen Gebäude des Forum Romanum untergebracht wurde. Ende des 16. Jh., als die Reliquien der beiden Heiligen gefunden wurden, begannen die Päpste, die Kirche Felix' IV. umzubauen. Anfang des 17. Jh. beschnitt Klemens VIII. die Breite des Kirchenschiffes, indem er Seitenkapellen schuf. Dabei wurde das Mosaik des Triumphbogens schwer beschädigt.

★ **Decke** – Schöne Kassettendecke aus dem 17. Jh. In der Mitte: Triumph der hl. Cosmas und Damian. An den Rändern: Bienenwappen des Kardinals Franscesco Barberini, der einen großen Teil der Bauarbeiten des 17. Jh. durchführen ließ.

★ **Mosaiken** – Die Mosaiken des Triumphbogens stammen aus dem ausgehenden 7. Jh. und zeigen das Lamm Gottes, umgeben von sieben Kandelabern und vier Engeln. Der Engel auf der linken und der Adler auf der rechten Seite, die Symbole der Evangelisten Lukas und Johannes, haben die Umbauarbeiten des 17. Jh. überstanden.
Das Apsismosaik wurde im 6. Jh. geschaffen. Im Zentrum erscheint Christus vor einem in die Farben des Sonnenuntergangs getauchten Himmel. An seiner Seite die Apostel Petrus und Paulus, die die braungewandeten hl. Cosmas und Damian zu ihm führen. Links präsentiert Papst Felix IV. das Modell seiner Kirche; der hl. Theodor auf der rechten Seite trägt, wie ein Würdenträger am byzantinischen Hofe, eine schöne Chlamys. Darunter, teilweise durch den 1637 errichteten Barockaltar verdeckt, das von zwölf Lämmern umgebene Osterlamm, ein Bild der Kirche und der zwölf Apostel.

Erste Kapelle rechts – *Gegenüber dem Eingang.* Über dem Altar eigenartiges Fresko aus dem 18. Jh. im byzantinischen Stil, das den lebenden Christus am Kreuze zeigt.

An diesen Rundgang lassen sich folgende Besichtigungsgänge anschließen: CAMPIDOGLIO – CAPITOLINO; COLOSSEO – CELIO; FORI IMPERIALI; PIAZZA VENEZIA.

GIANICOLO★
Besichtigung: 2 Std.

Nach einer der ältesten Sagen der römischen Mythologie soll der Gott Janus auf dem Gianicolo, lat. **Janiculus,** eine Stadt gegründet haben; so erklärt man den Namen des Hügels. Janus hatte mehrere Kinder, von denen eines, Sohn Tiberinus, dem Tiber seinen Namen verlieh. Lange lag der Gianicolo außerhalb der Stadt mitten auf dem Land. Erst im 17. Jh. ließ Papst Urban VIII. die nach ihm benannte, mit Bastionen versehene Mauer (Mura di Urbano VIII) erbauen.

Von Mucius Scaevola bis Garibaldi – Der Gianicolo scheint bevorzugt zu heroischen Handlungen inspiriert zu haben, die, ob sagenhaft oder historisch, die Geschichte Roms geprägt haben. Das älteste mit dem Hügel verbundene Ereignis geht auf die Zeit zurück, in der die von den etruskischen Königen befreite Stadt (6. Jh. v. Chr.) von Porsenna belagert wurde. Damals schlich sich ein junger römischer Adeliger namens Mucius in das auf dem Janiculus aufgeschlagene Lager der Feinde, um deren Heerführer zu töten. Aus Versehen tötete er jedoch nicht Porsenna selbst, sondern einen seiner Adjutanten, und wurde sogleich gefangengenommen. Dennoch gab Mucius sich nicht geschlagen. Um zu zeigen, daß ein Römer, der seine Stadt retten will, das eigene Leben nicht schont, legte er seine rechte Hand in ein brennendes Feuerbecken. Porsenna war vom Heldenmut des jungen Mannes so beeindruckt, daß er ihn freiließ. Aufgrund dieser Begebenheit erhielt Mucius den Beinamen Scaevola, „der Linkshändige". Dem Beispiel des Mucius folgend bewies auch Cloelia, ein junges Mädchen, außergewöhnlichen Mut. Sie wurde im Lager des Porsenna als Geisel gehalten. Auch sie gab nicht auf, überzeugte ihre Gefährtinnen, die Flucht zu wagen, und schwamm mit ihnen durch den Tiber zurück nach Rom. Der Gianicolo war schließlich auch Schauplatz von Kämpfen für die Einheit Italiens. Im Jahre 1849 verteidigte Garibaldi von hier aus die römische Republik heroisch gegen die französischen Truppen unter General Oudinot, vergebens. Nach einem Monat blutiger Kämpfe wurde am 4. Juli (in der Villa Pamphili) die Herrschaft des Papstes wiederhergestellt.

Ein Vergnügen für die Großen...
ist das Sommerprogramm des **Anfiteatro della Quercia del Tasso** (Passeggiata del Gianicolo). Da gibt es Schauspiel, Konzert und Tanz – alles unter freiem Himmel.

...Und für die Kleinen
hält sich Carlo Pantadosi bereit. Er ist der letzte noch aktive Marionettenkünstler und Inhaber eines Marionettentheaters in Rom und spielt täglich von 15 bis 20 Uhr, sonntags auch von 10 bis 13 Uhr, mit seinem **Teatrino di Marionette** auf dem Piazzale del Gianicolo. Die Höhe des Eintrittsgeldes ist der Freigiebigkeit der Zuschauer überlassen.

KUNSTSCHÄTZE AUF DEM GIANICOLO

Porta Settimiana – Dieses Tor in der Aurelianischen Mauer (Mura Aureliane) wurde unter Papst Alexander VI. (1492-1503) wiederaufgebaut und mit großen Schwalbenschwanz-Zinnen bekrönt.

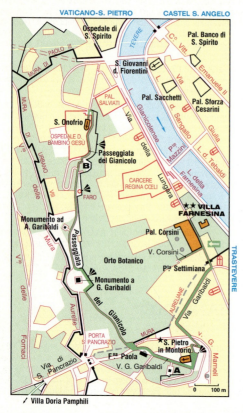

Palazzo Corsini – Kardinal Riario, ein Neffe Papst Sixtus' IV., ließ diesen Palast im 15. Jh. erbauen. Nachdem er im 18. Jh. in den Besitz von Kardinal Corsini, auch er Neffe eines Papstes, nämlich Klemens' XII., übergegangen war, wurde er von dem Architekten Ferdinando Fuga um- und ausgebaut. Der Palast beherbergt heute eine Gemäldegalerie und eine der Öffentlichkeit zugängliche Bibliothek (18. Jh.); er ist Sitz der **Accademia dei Lincei**, einer Gesellschaft von Schriftstellern und Gelehrten.

Französisches Zwischenspiel – Am 31. August 1797 ließ sich Joseph Bonaparte, z. Zt. des Direktoriums Botschafter Frankreichs, im Palazzo Corsini nieder. Es kam zu einer kurzen republikanisch-revolutionären Episode, die Papst Pius VI. ins französische Exil trieb; er starb in Valence. Die französische Besatzung Roms dauerte bis zum 29. September 1799.

Galleria nazionale d'Arte Antica ⊙ – Ein Teil von Saal II ist der toskanischen Frührenaissance gewidmet, besonders dem **Triptychon des Fra Angelico** *(links vom Eingang),* in dem das *Jüngste Gericht,* die *Himmelfahrt* und *Pfingsten* dargestellt sind. Dieser Maler konnte aus klösterlicher Stille heraus seinem tiefen Glauben auf wunderbare Weise Ausdruck verleihen. Gottvertrauende Gelassenheit kennzeichnet die Gesichter der Heiligen (*Jüngstes Gericht,* Mittelteil), ruhige Heiterkeit des bewundernswerten Christus in der *Himmelfahrt* (rechter Flügel). In demselben Saal befinden sich das von Tizian gemalte *Philipp II.,* dessen strenge Haltung und leichenblasser Teint den Betrachter nicht unberührt lassen, und, von Rubens, ein *hl. Sebastian,* der von Engeln umsorgt wird.
In Saal III hat man rund um **Johannes d. Täufer** von Caravaggio – in Wirklichkeit das Bildnis eines jungen Mannes – Werke anderer, vom Meister der Hell-Dunkelmalerei beeinflußter Maler ausgestellt, darunter das Bild *Judith und Holophernes* des Flamen Gerard Seghers (1591-1651) und die *Herodias* von Simon Vouet (1590-1649).
Saal VI birgt Gemälde von Künstlern aus dem 17. Jh., die versuchten, den Farbreichtum venezianischer Maler des vorangegangenen Jahrhunderts zu erreichen. Die charakteristischsten Werke sind (links vom Eingang) der *Triumph des Ovid* von Nicolas Poussin und das *Bildnis eines Edelmannes* von Andrea Sacchi *(hintere Ecke).*
Saal VII ist der Schule der Carracci aus der Emilia gewidmet. Er zeigt unter anderem einige Gemälde von Guido Reni, darunter *Salomé mit dem Haupt Johannes' d. Täufers,* und den *Christus mit der Dornenkrone* von Guercino.
Saal VIII zeigt bezeichnende Werke des neapolitanischen Barocks; die Schlachtszenen von Salvatore Rosa (1615-1673) und das große Gemälde – *Venus und Adonis* – des spanischen Malers Jusepe de Ribera (1591-1652).

★★ Villa Farnesina – Diese von Gärten umgebene Residenz wurde zwischen 1508 und 1511 für den großen Bankier Agostino Chigi (1465-1520) errichtet. Das Gebäude ist wie eine Villa vor der Stadt mit zwei Flügeln im rechten Winkel zur Fassade konzipiert. Mit dem Bau und der Ausschmückung der Villa beauftragte Agostino Chigi, die besten Künstler der Renaissance: Baldassare Peruzzi, Architekt und Maler, Raffael und sein übliches Gefolge: Giulio Romano, Francesco Penni, Giovanni da Udine, Sebastiano del Piombo, Sodoma. Agostino Chigi war der eifrigste Förderer Raffaels, und Leo X. empfand aufrichtige Zuneigung für ihn. Keiner von ihnen erlebte den Sacco di Roma, der der römischen Renaissance ein Ende bereitete. Am Karfreitag des Heiligen Jahres 1520 starb Raffael mit 37 Jahren, einige Tage später verschied Agostino Chigi, und im darauffolgenden Jahr hauchte, nach einer kurzen Krankheit, Leo X. sein Leben aus. Im Laufe des 16. Jh. wurde die Villa an Kardinal Alessandro Farnese verkauft und nach ihrem neuen Eigentümer benannt.

Besichtigung ⊙ – Die Malereien und Fresken, die die Säle dieser Residenz schmücken, machen aus ihr ein Kleinod der Renaissance-Kunst. Im Gewölbe der **Galerie**, die sich zur Hauptfassade öffnet, stellte Raffael mit der Unterstützung von Giulio Romano, Francesco Penni und Giovanni da Udine die Sage von Amor und Psyche dar (in der Mitte *Rat der Götter* und *Hochzeit von Amor und Psyche*). Diese im Jahre 1520 vollendeten Gemälde enthalten Elemente, die später für den Manierismus typisch werden sollten (teppichartig gestaltete Gemälde im Zentrum, Unterteilung durch Girlanden).

Galerie der Villa Farnesina

Am östlichen Ende der Galerie liegt der Eingang zum Saal der **Galatea** (1511), in dem Raffael die Tochter des Nereus zeigt, wie sie auf einem von Delphinen gezogenen Muschelkahn durch das Meer fährt *(rechts von der Eingangstüre)*. Sebastiano del Piombo malte den monströsen Polyphem sowie einige Szenen aus den Metamorphosen des Ovid (in den Lünetten). Die Tierkreis- und Sternbilder an der Decke gehen auf B. Peruzzi zurück. Das in Grisaillemalerei geschaffene Haupt eines jungen Mannes links von der Eingangstüre stammt wahrscheinlich von S. del Piombo; die Überlieferung schreibt es jedoch Michelangelo zu, der damit Raffael habe zeigen wollen, daß dessen Figurendarstellungen zu klein seien. Im **ersten Obergeschoß** schmückten B. Peruzzi und seine Gehilfen den **Salone delle Prospettive** (Saal der Perspektiven) mit schönen Landschaften in Illusionsmalerei aus; so ergeben sich z. B. zwischen den gemalten Säulen interessante (Schein-) Ausblicke auf das alte Rom. In dem folgenden Raum, dem ehemaligen Schlafzimmer, stellte Sodoma (1477-1549) die *Hochzeit Alexanders d. Großen mit Roxane* dar. Bevor Agostino Chigi ihn – wahrscheinlich im Jahre 1509 – engagierte, war er von Julius II. aus seinen Aufgaben im Vatikan entlassen worden, für die der Papst nun Raffael ausersehen hatte *(s. VATICANO-SAN PIETRO, Stanze di Raffaello)*. Im Dekor der Renaissance reicht Alexander Roxane die Krone; beide sind von quirligen Putten umgeben. Die ausgeglichene und harmonische Komposition und die Schönheit der dargestellten Personen machen aus diesem Wandbild ein Werk ersten Ranges. Die Qualität der übrigen Szenen – Alexander und die Mutter des Darius, Vulkanus und die drei Engel (rechts und links des Kamins), die Schlachtszene – erreicht die Virtuosität der Hauptszene nicht mehr. Links vom Eingang: Alexander und Bukephalos (Ende 16. Jh.).

Gabinetto nazionale delle Stampe ⊙ – In der Villa Farnesina ist das Kupferstichkabinett von Rom untergebracht, das zusammen mit der Chalcografie *(s. QUIRINALE)* das 1975 gegründete Istituto nazionale per la Grafica bildet. Das Kabinett besitzt eine umfassende Sammlung alter Stiche und Zeichnungen aus dem Zeitraum vom 15. bis zum 19. Jh. Interessierten Besuchern stehen auch eine reiche fotografische Dokumentation und eine Datenbank zur Verfügung.

Neben dem Palazzo Corsini führt eine Straße gleichen Namens zum Botanischen Garten.

Orto Botanico (Botanischer Garten) ⊙ – In dem etwa 12 ha großen Garten sind ungefähr 3 500 Pflanzenarten angebaut worden. Die 8 Treibhäuser bedecken eine Fläche von 1 800 m².

Zur Porta Settimiana zurückkehren und rechts die Via Garibaldi nehmen. Nach der Gabelung mit der Via G. Mameli auf der zweiten Treppe rechts zur Kirche San Pietro in Montorio gehen.

★ Chiesa di San Pietro in Montorio – Hoch über Rom erhebt sich dieser Kirchenbau, der Ende des 15. Jh., zur Zeit Sixtus' IV., von dem spanischen König Ferdinand d. Katholischen errichtet wurde. Man weihte ihn Petrus, weil der Apostel nach einer im

15. Jh. aufgekommenen Legende genau an dieser Stelle gekreuzigt worden sein soll. Die Kirche besitzt eine schlichte Fassade, die, wie der einschiffige, von Kapellen gesäumte Innenraum, ganz im Stile der Renaissance gehalten ist. Der Chor, der während der Kämpfe von 1849 Schaden genommen hatte, wurde restauriert. Aus der Renaissance stammt noch, in der 1. Kapelle rechts, das Fresko der **Geißelung Christi**★ von Sebastiano del Piombo, das stark von der monumentalen Kunst Michelangelos beeinflußt ist. Das Gewölbe der darauffolgenden Kapelle wurde von Baldassare Peruzzi (1481-1536) ausgemalt. In der Zeit der Gegenreformation wurde dann das blasse Madonnen-Fresko von Pomarancio (1552-1626) hinzugefügt, und es entstanden die beiden Kapellen, die das Querschiff bilden. Die allegorischen Figuren der Gräber in der rechten Querschiffkapelle und die Putten der Balustrade stammen von Bartolomeo Ammanati, einem Schüler Michelangelos. Unter dem Hauptaltar ruhen die sterblichen Überreste von Beatrice Cenci.

Die Architektur der 2. Kapelle links wurde in der Barockepoche von Bernini entworfen; Berninischüler schufen den Skulpturenschmuck.

★ „**Tempietto**" – *Zugang von außen durch das rechte Kirchenportal; von innen Zugang über die 4. Kapelle rechts.*

Dieser reizende Rundtempel in Miniaturformat ist eines der ersten Werke, die Bramante schuf, nachdem er 1499 in Rom eingetroffen war.

Er besitzt perfekte Proportionen, ist von einem Portikus aus dorischen Säulen umgeben und mit einer Kuppel bedeckt. Trotz seiner bescheidenen Ausmaße strahlt er die Größe und Erhabenheit eines antiken Werkes aus.

Hinter dem „Tempelchen" kann man in einer kleinen Kapelle die Aussparung sehen, die das Kreuz des Petrus aufgenommen haben soll.

Tempietto von Donato Bramante

★★★ **Blick auf Rom** – *Von der Esplanade vor der Kirche.* Das Panorama erstreckt sich vom Monte Mario *(links)* und der Engelsburg über die ganze Stadt und ihre vielen Kuppeln; rechts vom Denkmal Viktor Emmanuels II. und dem Kolosseum erkennt man die Arkaden der Maxentiusbasilika im Forum Romanum und rechts von dem grünen Fleck, den der Palatin bildet, den statuenbekrönten Giebel von San Giovanni in Laterano.

Auf der Via Garibaldi weitergehen.

Auf der linken Seite wurde 1941 ein **Denkmal** (**A**) zu Ehren der Patrioten errichtet, die im Kampf um die Eingliederung Roms in das vereinigte Italien gefallen sind.

Fontana Paola – Dieser für Paul V. in der Form eines Triumphbogens gestaltete Brunnen zeugt von der Vorliebe für das Theatralische, das im Barock aufkam.

Durch die Porta San Pancrazio und die gleichnamige Straße kann man nun zur Villa Doria Pamphili spazieren: 1 km; 3/4 Std. Fußweg hin und zurück. Will man dies nicht, so nehme man rechts die Passeggiata del Gianiolo.

Villa Doria Pamphili – Großer öffentlicher Park, in dem im 17. Jh. ein „Casino" – ein Landhaus mit Terrassen und statuen- und reliefgeschmückter Fassade – errichtet wurde.

PASSEGGIATA DEL GIANICOLO (PROMENADE DES GIANICOLO)

Diese lange, mit Büsten von Garibaldi-Anhängern gesäumte Straße windet sich auf dem Gipfel des Gianicolo zwischen den Pinien und bietet immer wieder herrliche **Ausblicke**★★★ auf Rom.

Denkmal des Giuseppe Garibaldi – Großartiges Werk von Emilio Gallori (1895). Der Held ist zu Pferde und mit Blick zum Vatikan, dem Gegenstand seines revolutionären Kampfes, dargestellt.

Vom Platz aus Blick auf Rom – von der Villa Medici bis zur Fassade von San Giovanni in Laterano; in der Ferne erkennt man die Albaner Berge. Tag für Tag wird unterhalb des Platzes mit einem Kanonenschuß die Mittagszeit verkündet.

Denkmal der Anita Garibaldi – Die Gattin Giuseppe Garibaldis ist als Amazone dargestellt, so wie sie an der Seite ihres Gemahls auftrat. Nach dem Rückzug von 1849 versuchten die Garibaldis sich nach Venedig durchzuschlagen, das den Österreichern noch widerstand. Anita erkrankte und verstarb in der Nähe von Ravenna. Rom ehrte sie im Jahre 1932 mit diesem Denkmal. Vom unweit gelegenen Leuchtturm bietet sich ein sehr schöner **Blick** über die ganze Stadt.

Anschließend rechts die Treppe nehmen, die die Haarnadelkurve der Passeggiata abschneidet.

Dort erinnert eine Inschrift daran, wie Torquato Tasso *(siehe unten)* im Schatten einer alten Eiche (**B**), von der nur noch ein Stumpf übrig ist, über „sein Elend" nachsann.

Blick auf Rom – *Vom Platz vor dem Ospedale del Bambino Gesù.* Links sieht man die runde Engelsburg mit dem sie bekrönenden Engel und den weißen Justizpalast; zu Füßen des Gianicolo die Kuppel von San Giovanni dei Fiorentini; im Hintergrund, mitten im Grünen, die Villa Medici mit ihren beiden Türmchen, die Kuppel von San Carlo al Corso; rechts die Trinità dei Monti mit ihren beiden Glockentürmen, dann der Quirinal hinter der abgeflachten Kuppel des Pantheons; weiter rechts die sehr hohe Kuppel von S. Andrea della Valle und dahinter die relativ niedrige der Kiche Il Gesù; im Hintergrund den Torre delle Milizie; dann das Denkmal Viktor Emmanuels II. und die flache Fassade von S. Maria d'Aracœli.

Chiesa di Sant'Onofrio ⊙ – Die dem hl. Onophrius geweihte Kirche hat noch immer den Habitus einer Einsiedelei, den ihr im Jahre 1434 ihr Gründer, ein Mönch aus dem Orden der Eremiten des hl. Hieronimus, verliehen hatte. Hier starb **Tasso** (1544-1595), bis zum Wahnsinn von religiösen Zweifeln geplagt. Sein Werk *Das befreite Jerusalem* stellt ein Monument ersten Ranges in der italienischen Poesie der Renaissance dar. Goethe war von der Person des Tasso fasziniert. In seinem Schauspiel „Torquato Tasso" (1790) zeichnet er die Schwierigkeiten des Dichters nach, Gefühl, Kreativität und Wirklichkeit miteinander in Einklang zu bringen. Geht man links um die Kirche herum, so kann man an der Wand ein langes Zitat aus Chateaubriands Werk *Von Jenseits des Grabes* sehen. Unter der Galerie, rechts vom Eingang, Fresken von Domenichino, die das Leben des hl. Hieronimus (1605) illustrieren. Im Innenraum sind die Fresken in der **Apsis**★ beachtenswert; wahrscheinlich wurden sie – mit Unterstützung von Pinturicchio – von Baldassare Peruzzi geschaffen.
Der Kreuzgang ist eine elegante Konstruktion aus dem 15. Jh.

An diesen Rundgang können sich folgende Besichtigungsgänge anschließen: ENGELSBURG; TRASTEVERE; VATICANO – S. PIETRO.

ISOLA TIBERINA – TORRE ARGENTINA★★
Besichtigung: 2 Std.

Dieser Spaziergang von der Tiberinsel zum Largo di Torre Argentina führt durch das alte jüdische Viertel – man erkennt es deutlich an der Synagoge – hin zum einst monumentalen Portikus der Oktavia, von dem jedoch nur wenig übrig geblieben ist. Weiter geht es in Richtung des Torre Argentina-Viertels, das seinen Namen einem päpstlichen Zeremonienmeisters aus dem 16. Jh. verdankt; dieser stammte aus Straßburg, lat. Argentoratum, und benannte sein Haus nach seiner Geburtsstadt.

> **Zwischen zwei Flanerien**
>
> Hätten Sie Lust, einmal die Spezialitäten der jüdisch-römischen Konditorkunst zu probieren ? Dann machen Sie eine Pause in der Bäckerei **Forno del Ghetto** (Via Portico d'Ottavia 1), in der es Ricottatorte, leckere Süßspeisen mit Marzipan und köstliche Kuchen gibt.

Hier befindet sich der große archäologische Bezirk der Area Sacra, deren Monumente bis in die republikanische Epoche zurückgehen.

★ ISOLA TIBERINA (TIBERINSEL)

Diese stille, friedvolle Insel ist Gegenstand mancher Sage und Legende aus den Ursprungszeiten Roms. Sie soll entstanden sein aus den Ablagerungen über jenem Getreide, das die Tarquinier in den Tiber warfen, nachdem ihr letzter König Tarquinius Superbus im 6. Jh. v. Chr. aus Rom vertrieben worden war.
Eine andere Sage besagt, die Insel habe die Form des Schiffes angenommen, das den Heilgott Äskulap von Epidaurus nach Rom gebracht habe. Um diese Ähnlichkeit zu unterstreichen, hatte man das Südende der Insel mit Travertinplatten bedeckt und in ihrer Mitte einen Obelisken aufgestellt, der sich wie ein Schiffsmast gen Himmel streckte. Am Ostufer der Insel und hinter der Kirche San Bartolomeo sind im übrigen noch Travertinspuren zu erkennen, die den vorderen Teil des „Schiffes" flankieren *(s. unten)*. Äskulap landete im Jahre 293 v. Chr. in Form einer Schlange in Rom. Kaum hatte das Schiff angelegt, entschlüpfte ihm die Schlange und rollte sich auf der Insel zusammen. Die Römer deuteten dies als Zeichen dafür, daß an dieser Stelle ein Tempel zu Ehren des Gottes der Heilkunst zu errichten sei. Das Heiligtum erhob sich dort, wo heute die Kirche San Bartolomeo steht. Das Krankenhaus der Fate-Bene-Fratelli setzt in unseren Tagen die medizinische Tradition der Insel fort.

ISOLA TIBERINA – TORRE ARGENTINA

Chiesa di San Bartolomeo – Am Hauptplatz der Insel erheben sich die Barockfassade und der romanische Glockenturm (12. Jh.) der Kirche San Bartolomeo. Im Inneren befindet sich – inmitten der monumentalen Treppe – die Umfassung eines etwa 12 m tiefen Brunnens. Sie ist wie eine antike Säule gestaltet und mit Skulpturen von Heiligen (12. Jh.) geschmückt.

Am Platz rechts die zum Tiberufer führende Treppe hinabsteigen.

In der Mitte des Flusses, talwärts, erkennt man die Überreste des Ponte Rotto, der „verfallenen Brücke".

Biegt man links hinter die Kirche ab, so gelangt man zu den Travertinspuren des mythischen „Schiffes" des Äskulap (**E**).

Ponte Rotto – Hier stand einst die im 2. Jh. v. Chr. erbaute Pons Aemilius. Diese Brücke war bereits zweimal zusammengebrochen, als Papst Gregor XIII. sie gegen 1575 neu errichten ließ. Im Jahre 1598 stürzte sie erneut ein. Ein einziger Brückenbogen ist übriggeblieben, als wolle er sich dem Tiber gegenüber demonstrativ behaupten. Das Bild einer jeder Verbindung zum Ufer beraubten Brücke ist einzigartig und zieht immer wieder poetische Seelen zur Tiberinsel, die hier, fern des Verkehrslärms, ihren Gedanken nachhängen und träumen möchte.

Jenseits der Ponte Rotto und der Ponte Palatino ist die **Cloaca Maxima** zu erkennen, die in der Antike angelegt wurde und noch immer genutzt wird.

Horatius Cocles und die Sublicius-Brücke – Unweit der Ponte Rotto wurde die erste Brücke über den Tiber, die Sublicius-Brücke, erbaut. Die Pons Sublicius sollte Handel und Austausch zwischen den Latinern auf dem Palatin und den Etruskern auf dem rechten Ufer erleichtern. Jedes Jahr am 14. Mai bot man dem Fluß menschenförmige Weidenpuppen dar, um ihn sanft zu stimmen. Die Brücke bestand aus Holz, und ein Gesetz untersagte die Verwendung von Eisen bei Reparaturen und Restaurierungen; sie sollte, im Falle von Spannungen oder Auseinandersetzungen zwischen den beiden Völkern, einfach abzubauen sein. Nachdem der letzte etruskische König Tarquinius Superbus aus Rom vertrieben worden war (6. Jh. v. Chr.), war es dann auch soweit. Livius erzählt die Geschichte so: Die Etrusker marschierten unter der Führung des Porsenna auf Rom zu. An jenem Tag war Horatius Cocles als Wacha-

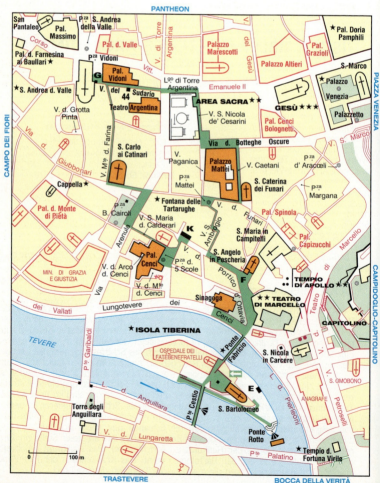

ISOLA TIBERINA – TORRE ARGENTINA

Ponte Fabricio

bender für die Brücke verantwortlich. Während seine Soldaten mit der Zerstörung der Brücke beschäftigt waren, hielt er den Feind ganz allein in Schach, indem er die etruskischen Anführer, einen nach dem anderen, herausforderte, sie mit Blicken und Beschimpfungen provozierte. Schließlich brach die Brücke zusammen. Horatius Cocles sprang in den Tiber und schwamm zu den Seinigen. Der Held erhielt Ländereien, wurde mit einer Statue im Comitium geehrt, und alle Bürger dankten ihm, indem sie ihm einen Teil ihrer Nahrungsmittel schenkten.

Ponte Cestio – Die Cestio-Brücke verbindet die Tiberinsel mit dem Trastevere-Viertel. Sie geht auf das 1. Jh. v. Chr. zurück und wurde im 19. Jh. teilweise neuerbaut. Links Blick auf den Glockenturm von Santa Maria in Cosmedin; rechts sieht man den Hügel des Gianicolo und seinen Leuchtturm.

Zur gegenüberliegenden Inselseite gehen.

Ponte Fabricio – Wegen der vierköpfigen Hermesfiguren an ihren Enden nennt man diese im Jahre 62 v. Chr. errichtete Brücke zuweilen auch Ponte dei Quattro Capi, Brücke der vier Häupter. Sie ist die einzige vollständig erhaltene Brücke des antiken Roms und verbindet das linke Flußufer mit der Tiberinsel. Eine Inschrift über den Brückenbogen erinnert an ihren Erbauer, den Konsul Fabricius.

Die Brücke überqueren.

Von der Tiberinsel zum Largo di Torre Argentina

Das jüdische Ghetto – Die Juden, die sich zunächst im Trastevere-Viertel niedergelassen hatten, lebten seit dem 13. Jh. auf dem linken Tiberufer. Papst Paul IV. (1555-1559) ordnete an, das Viertel mit einer Mauer zu umgeben, und zwang die römischen Juden ins Ghetto. Die Mauer nahm am Ponte Fabricio ihren Ausgang und folgte dann der Via del Portico d'Ottavia und der Piazza delle Cinque Scole. Die Tore wurden bei Sonnenaufgang geöffnet; abends schloß man sie wieder, und die 4 000 Menschen (1656), die hier lebten, waren von der übrigen Welt abgeschieden. Im Jahre 1848 wurde das Ghetto aufgelöst, die Mauern geschleift; 1888 wurde das ganze Viertel abgerissen.

Sinagoga – Die 1904 eingeweihte Synagoge wurde in dem zerstörten Teil des alten Ghettos erbaut. Der Entwurf und die assyrisch-babylonischen Stilelemente gehen auf die Architekten Costa und Armanni zurück. Wo auch immer man in Rom ist, kann man ihre große, pavillonartige Kuppel sehen.

Museo di Arte ebraica (Sinagoga) ⊘ – In diesem Museum sind historische Zeugnisse der jüdischen Gemeinde Roms sowie sakrale Gegenstände zu sehen.

Die Via Portico di Ottavia nehmen.

Portico di Ottavia (F) – Der weitläufige Portikus der Oktavia war eines der reichsten Monumente Roms; an der rückwärtigen Seite wurde er von der heutigen Piazza di Campitelli und der Kirche Santa Caterina dei Funari begrenzt. Erhalten sind nur einige Überreste des Eingangsgebäudes (des Propylons) der dem Tiber zugewandten Fassade. Die korinthischen Säulen, die übriggeblieben sind und von einem Teil des Gebälks bekrönt werden, gehörten zu dem Portikus, den Septimius Severus (193-211) neu erbauen ließ.

ISOLA TIBERINA – TORRE ARGENTINA

Die ursprüngliche Säulenhalle war im 2. Jh. v. Chr. von Caecilius Metellus, dem Sieger über die Makedonier, errichtet worden; sie sollte zwei Tempel, den der Juno und den des Jupiter, umschließen. Augustus erbaute sie aufs neue, widmete sie seiner Schwester Octavia und eröffnete in ihrem Inneren zwei öffentliche Bibliotheken, eine griechische und eine lateinische, zudem einen Versammlungssaal, in dem zuweilen der Senat tagte.

Sant'Angelo in Pescheria und der Fischmarkt – Heute bildet das Propylon des Portikus der Octavia nur noch den – monumentalen – Eingang der im 8. Jh. gegründeten Kirche Sant'Angelo in Pescheria. Der Name der Kirche wie auch die Bezeichnungen der Gassen dieses Viertels erinnern an den Fischmarkt (it. pescheria), der im 12. Jh. in den antiken Ruinen bestand – aufgrund des prallen Lebens auf großen Steinplatten vor der Kirche und zwischen den Waren in der Via di Sant'Angelo in Pescheria damals sicher einer der malerischsten Plätze Roms.

Rechts die Via Sant'Ambrogio nehmen und zur Piazza Mattei gehen.

★ **Fontana delle Tartarughe** – Der leicht und elegant wirkende Schildkrötenbrunnen, ist ein Werk der ausgehenden Renaissance (1581-1584) von Taddeo Landini – vielleicht nach Plänen von Giacomo della Porta.
Eine Legende erzählt, Herzog Mattei, der Eigentümer des benachbarten Palastes und ein leidenschaftlicher Spieler, habe in einer Nacht sein ganzes Vermögen verloren. Daraufhin habe sein zukünftiger Schwiegervater ihm angeraten, sich eine andere Braut zu suchen. Mattei wiederum habe dann, um zu beweisen, daß auch ein ruinierter Mattei noch immer in der Lage ist, etwas Wunderbares zu schaffen, diesen Brunnen in einer Nacht erbauen lassen.

Palazzo Mattei – Die fünf Paläste der Familie Mattei aus dem 16. und 17. Jh. stehen heute in einem Bereich, der durch die Piazza Mattei, die Via dei Funari, die Via Caetani, die Via delle Botteghe Oscure und die Via Paganica umgrenzt ist. Der Palazzo, dessen Eingang an der Via dei Funari Nr. 32 (oder an der Via Caetani Nr. 32) liegt, wurde von Carlo Maderno (1598-1611) erbaut. Der Dekor der Innenhöfe (Statuen, Büsten, Flachreliefs) zeugt von der Vorliebe der Zeit für Kunstwerke aus der Antike.

Chiesa di Santa Caterina dei Funari – *Geschlossen.* Die sehr fein gestaltete Fassade wurde in den Jahren 1500 bis 1564 errichtet. Sie zeigt noch die für die Renaissance typischen flachen Pilaster; in den zahlreichen Girlanden kündigen sich jedoch schon Schmuckelemente an, die Merkmale der Gegenreformation werden sollten. Eigenartiger Glockenturm. In der Via Caetani erinnert eine Bronzetafel an den Politiker Aldo Moro, der hier am 9. Mai 1978, 54 Tage nach seiner Entführung durch die Roten Brigaden, tot aufgefunden wurde.

Durch die Via Caetani in die Via delle Botteghe Oscure gehen.

Diese Straße war, wie der Name sagt, im Mittelalter wegen der kleinen fensterlosen Werkstätten (der Kalkbrenner) berühmt, die sich wahrscheinlich zwischen den Ruinen des Theaters des Balbus befanden.

Zum archäologischen Bezirk Area Sacra del Largo Argentina gehen.

★★ AREA SACRA DEL LARGO ARGENTINA

So nennt man den archäologischen Bezirk, der von 1926 bis 1929 am Largo Argentina ausgegraben wurde. Die Ruinen, die freigelegt wurden, stammen aus der Epoche der antiken Republik und zählen zu den ältesten von ganz Rom. Diese Zone in der Nähe des sumpfigen Marsfeldes lag unweit des Tiberlaufs und wurde häufig überschwemmt. Die Trockenlegungs- und Aufschüttungsarbeiten zogen eine Erhöhung des Bodens nach sich; die Gebäude, die in diesem Gebiet standen, wurden umgebaut. Die Archäologen fanden fünf verschiedene Bauebenen, die sich vom 5. Jh. v. Chr. bis zum Beginn des Kaiserreiches übereinandergelagert hatten. In der Antike befand sich dieser monumentale Bezirk inmitten eines belebten Viertels. Hier standen das zur Zeit des Augustus von Balbus errichtete Theater (im Südosten), das Theater und die Kurie des Pompeius (im Westen) sowie die rückwärtige Seite der Thermen des Agrippa und der Saepta (im Norden) *(s. Karte Rom zur Kaiserzeit, S. 24).*

Besichtigung – Es empfiehlt sich, das Ruinenfeld zunächst von der Via S. Nicola de' Cesarini aus zu betrachten. Die Area Sacra besteht im wesentlichen aus vier Tempeln, darunter ein Rundtempel, die alle nach Osten auf einen Platz gehen, der zur Kaiserzeit mit Travertin bedeckt war. Da man die Gottheiten, denen die Tempel geweiht waren, nicht eindeutig identifzieren konnte, bezeichnet man die Heiligtümer im allgemeinen mit den Buchstaben A, B, C und D.

Tempel C – Dies ist der älteste Tempel. Die Ausgrabungsarbeiten haben ergeben, daß man für sein Podium Tuffsteinblöcke benutzte, ähnlich den beim Bau der Mauer des Servius Tullius verwendeten. Daher geht man davon aus, daß ein erster Tempelbau bereits im 6.-5. Jh. v. Chr. entstanden ist. Die frühen römischen Tempel folgten dem etruskischem Vorbild: drei Cellae, ein recht hohes Podium, im hinteren Teil ohne Säulen. Zur Kaiserzeit wurde die Cella neu erbaut und erhöht; Säulen und Podium wurden mit Stuck versehen und der Boden mit Mosaiken ausgelegt.
Der Turm und der Portikus in der südöstlichen Ecke des Bezirks – sie wurden im Jahre 1932 rekonstruiert – gehörten zu einer mittelalterlichen Häusergruppe aus dem 12. Jh., die sich in der Nähe der vor dem Tempel C errichteten Kirche San Salvatore befand.

Tempel A – Ein erster Tempelbau wurde schon im 4.-3. Jh. v. Chr errichtet. Die heute sichtbaren Überreste stammen jedoch aus dem 2.-1. Jh. v. Chr.
Im 12. Jh. lagen diese Tempel, zumindest bis zu ihrem Podium, unter der Erde. Tempel A wurde in eine Kirche umgewandelt und dem hl. Nikolaus geweiht. Man kann das Hauptschiff erahnen und südlich davon das schmalere Seitenschiff, beide mit Apsis.

Rundtempel B – Seine Errichtung wird ins 2. Jh. v. Chr. datiert. Vielleicht war er der Juno geweiht; man fand eine Statue, die man als Standbild der Göttin deuten könnte. Das Podium aus Tuffgestein wurde von einem Peperinopodium überdeckt, welches wiederum mit Stuck verkleidet war. Man vergrößerte die Cella und verband die Säulen der Rundung durch Tuffmauern. Der höher gelegte Boden wurde mit Mosaiken bedeckt.

Tempel D – Ein Teil der Überreste dieses Tempels befindet sich jenseits der Via Florida.
An der Ost- und der Westseite der Area erhoben sich Säulenhallen (**1**). Die große Wand (**2**) mit im Westen an der Umgrenzungsmauer, hinter dem Tempel A, gehörte zu einer Latrinenanlage, deren Abflußkanal noch zu sehen ist. Die gewaltigen Blöcke (**3**) im Süden wurden als Überreste des Podiums der Kurie des Pompeius erkannt, in der im Jahre 44 v. Chr. an den Iden des März Julius Cäsar ermordet wurde.

Von der Area Sacra zum Palazzo Cenci

Teatro Argentina – 1816 fand hier die Uraufführung der Oper *Der Barbier von Sevilla* statt, die als einer der spektakulärsten Reinfälle in die Musikgeschichte einging. Es hieß, Paolina Borghese stecke hinter der Intrige, die den Mißerfolg der Aufführung verschuldete. Sie habe dem Tenor, einem Freund, helfen wollen, sich an Rossini zu rächen, weil dieser sich geweigert habe, eine Änderung an seiner Komposition anzubringen.

In die Via del Sudario gehen, die zwei interessante Gebäude aufzuweisen hat.

Palazzo Vidoni (Nr. 10-16) – Eine reiche römische Familie – die Caffarelli – traf im Jahre 1500 die Entscheidung, diesen Palast zu errichten und beauftragte Raffael mit der Planung. Lorenzo Lotto, einer von Raffaels zahlreichen Schülern, führte den Bau aus (1515). Im 18. und 19. Jh. wurde die Fassade des Palastes, der sich durch eine robust spröde Eleganz auszeichnet, vergrößert und anschließend an der zum Corso Vittorio Emanuele II gelegenen Seite nachgebildet; außerdem wurde die letzte Etage hinzugefügt.
Nach einer Überlieferung soll Karl V. im Jahre 1536 hier gewohnt haben. 1853 bewohnte der Bischof von Perugia, der künftige Papst Leo XIII., das Erdgeschoß. Später war der Palast Sitz der faschistischen Partei.

Casa del Burcardo (Nr. 44) ⊙ – An der Stelle, an der der päpstliche Zeremonienmeister Johannes Burckard im Jahre 1503 sein Haus errichten ließ, stand ein Turm, den er in Anlehnung an den lateinischen Namen seiner Geburtsstadt Straßburg – Argentoratum – Torre Argentina nannte.
Das Haus des J. Burckard weist gotische und Renaissance-Stilelemente auf, wurde aber stark restauriert. Es enthält eine Bibliothek sowie eine Sammlung von Masken, Kostümen, Plakaten und anderen Gegenständen mit Bezug zum Theaterleben.

Die Via del Sudario mündet in die Piazza Vidoni.

Statua dell'Abate Luigi (G) – Diese „sprechende Statue" stellt einen Römer in der Toga dar und war einer der berühmtesten Gesprächspartner von Pasquino, Madama Lucrezia und Marforio *(s. CAMPIDOGLIO-CAPITOLINO, Museo Capitolino).*

Durch die Via Monte della Farina zur Piazza B. Cairoli gehen.

Chiesa di San Carlo ai Catinari – Die großartige, ein wenig schwerfällige Fassade, ein Werk der Gegenreformation, wurde zwischen 1635 und 1638 errichtet. Das **Kircheninnere★** in Form eines griechischen Kreuzes wird von einer schönen kassettierten Kuppel beherrscht. Die Maler von Sant'Andrea della Valle waren auch hier tätig. Auf den Pendentifs der Kuppel stellte Domenichino die vier Kardinaltugenden dar; Lanfranco schuf in der Apsis mit der *Glorie des hl. Karl Borromäus* (1647) sein letztes Werk; das Gemälde *Der hl. Karl Borromäus trägt einen Nagel des Hl. Kreuzes* auf dem Hochaltar ist von Pietro da Cortona (1650). Die St. Cäcilien-Kapelle (Ende 17. Jh.) rechts vom Chor ist mit ihren interessanten perspektivischen Effekten und ihren bewegten Stucklinien und -figuren dem Rokoko schon ganz nahe.

Die Via Arenula überqueren und links in die Via di Santa Maria dei Calderari einbiegen; bis zur Piazza delle Cinque Scole gehen.

Die beiden Säulen und der Bogen links sind Überreste eines Gebäudes aus dem 1. Jh.

„Der Engel des Vatermords"

Das Drama geschah am 9. September 1598, zu einer Zeit, als dem Wagemutigen alles erlaubt schien. Die reiche Familie der Cenci wurde damals von Francesco Cenci, dem Sohn des Schatzmeisters von Pius V., angeführt. Francesco, ein grausamer und von Perversionen besessener Mann, wurde auf Betreiben seiner Tochter Beatrice – unterstützt von ihrem Bruder, und dessen Frau Lucrezia – ermordet. Papst Klemens VIII. ordnete die Hinrichtung der Vatermörder an, obwohl die öffentliche Meinung in der Tat einen Akt der Notwehr sah. Diese Tragödie, in der sich Inzest, Opium und Verbrechen vermischten, brachte ganz Rom in Aufregung. Die Schuldigen wurden am 11. September 1599 auf der Piazza di ponte Sant'Angelo enthauptet.

Palazzo Cenci – Die Gassen rund um den Palast (Via dell'Arco de Cenci, Vicolo dei Cenci, Piazza de' Cenci, Via Beatrice Cenci, Via del monte dei Cenci) scheinen noch immer den Namen dieser großen Familie zu raunen, die aus den „Klatschspalten" des 16. Jh. nicht wegzudenken ist.
Der Palast steht auf einer kleinen Erhebung, dem Monte Cenci, der aus dem Schutt antiker Bauten (vielleicht des Circus Flaminius) entstanden ist.
Rechts in die Via Portico d'Ottavia einbiegen.
Das **Casa di Lorenzo Manilio** (**K**) (Hausnummern 1, 1b und 2) wurde 1468 mit Ladenlokalen im Erdgeschoß – einschließlich des in lateinischer und griechischer Sprache geschriebenen Namens des Eigentümers und der Flachreliefs – erbaut. Die Inschrift über dem Namen lobt diesen Privatmann, der zur Verschönerung seiner Stadt beitrug.
An diesen Rundgang können sich folgende Besichtigungsgänge anschließen: BOCCA DELLA VERITÀ; CAMPIDOGLIO – CAPITOLINO; CAMPO DEI FIORI; PANTHEON; TRASTEVERE.

MONTECITORIO★★

Dieser Spaziergang verläuft im Nordteil des antiken Marsfeldes, wo einst die monumentalen Gräber der kaiserlichen Familien standen und die Scheiterhaufen zum Verbrennen der Leichname. In dem luxuriöseren Südteil hingegen lagen die Sportstätten, Theater, Amphitheater und Portiken.
Wie die anderen Viertel, die die zum Vatikan pilgernden Gläubigen durchqueren mußten, trat auch dieses unter Papst Sixtus IV. (1471-1484) aus dem Zustand der Armut und des Elends heraus. Während seiner dreizehnjährigen Amtszeit veränderte dieser Papst – teilweise mit dem Geld, das er durch den Verkauf von Ablässen erzielte – das Antlitz Roms beträchtlich. Auf Initiative Leos X. wurde von der Porta del Popolo, durch die die Fremden die Stadt betraten, bis zum Mausoleum des Augustus die geradlinige Via Leonina (heute Via di Ripetta) angelegt.

Zeit für einen Dämmertrunk?

Mitten in der Stadt bietet die Vinothek **Achilli al Parlamento** (Via dei Prefetti 15) ihre berühmten Kanapees an – und dazu noch eine Vielfalt anderer kleiner Leckereien, süße und salzige, die Appetit und Seele anregen.

Rund um die Kirche Sant'Agostino und in der Nähe der Via della Scrofa verlaufen einige Gassen, die ihren Renaissancecharakter noch recht gut erhalten haben. Die Paläste um die Piazza Colonna und die Piazza di Montecitorio hingegen dienen seit 1870 Banken, großen Zeitungs- und auch Warenhäusern als Sitz. Damals wurde auch der 1706 erbaute Hafen von Ripetta stillgelegt, von dem Piranesi wunderschöne Stiche hinterlassen hat; die Darstellungen mit den stufig angelegten und gewundenen Uferkais gehören zu den berühmtesten „Ansichten von Rom", die wir diesem unvergleichlichen Kupferstecher zu verdanken haben.

BESICHTIGUNG *1/2 Std.*

Piazza di Montecitorio – 1792 ließ Papst Pius VI. hier den aus dem 6. Jh. v. Chr. stammenden ägyptischen Obelisken aufstellen, den Augustus im Jahre 10 v. Chr. aus Heliopolis nach Rom gebracht hatte. Dieser Obelisk diente als Zeiger einer riesigen Sonnenuhr, die – ungefähr am Standort der Kirche San Lorenzo in Lucina – in den Boden gezeichnet war. Die Bronzekugel auf der Spitze ist mit dem Wappen des Papstes gekennzeichnet.

Palazzo di Montecitorio ⊙ – Der Palast erhebt sich an der Stelle, an der die Familie der Antoniner einen Scheiterhaufen besaß, auf dem sie ihre Toten einäscherte. Bernini begann 1650 mit den Bauarbeiten, die dann von seinen Schülern übernommen wurden; vollendet wurde der Palazzo im Jahre 1697 von Carlo Fontana. Von der barocken Phantasie des Bernini sind nur noch das recht grobe, an Muscheln

MONTECITORIO

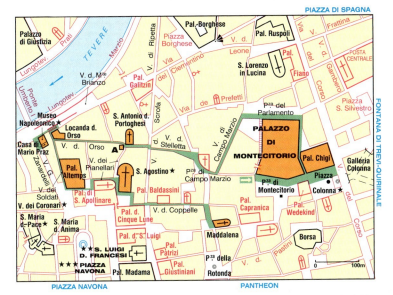

erinnernde Bossenmauerwerk an einigen Fenstern und die weitläufig wirkende, leicht konvexe Fassade mit ihrem Uhrturm übriggeblieben. Seit 1870 beherbergt der Palast die Abgeordnetenkammer. Daher ist der Platz erfüllt von einem ständigen Hin-und-Her, von einer Atmosphäre großer Geschäftigkeit und respektvollen Grüßens. Und natürlich leben auch die Cafés des Viertels ganz im Rhythmus des Palazzo Montecitorio, der im übrigen in den Jahren 1903-1925 zur Piazza del Parlamento hin vergrößert und mit einer pompösen Fassade versehen wurde.

★ **Piazza Colonna** – Der Platz in der Nähe der Einkaufsstraßen Via del Corso und Via del Tritone ist einer der lebendigsten von ganz Rom.
Die **Säule**★, die sich in der Mitte des Platzes erhebt, wurde wahrscheinlich zwischen 176 und 193 zu Ehren von **Marc Aurel** (161-180) errichtet. Obwohl dieser Kaiser eine Vorliebe für die Philosophie hatte und die Beschäftigung mit den großen Fragen des Daseins dem Kriegshandwerk vorzog, mußte er an den Ufern der Donau Krieg führen. Er starb auf dem Feldzug als Opfer einer Pestepidemie. Seine Siege erwiesen sich nicht als nachhaltig; den Vormarsch der sogenannten „Barbaren" – der Markomannen und Sarmaten – konnten sie nicht aufhalten. So wie die 80 Jahre zuvor errichtete Trajanssäule von den Erfolgen des Trajan im Kampf gegen die Daker berichtet, so erzählt die des Marc Aurel in einer Reihe von spiralförmig angeordneten Flachreliefs von den bedeutendsten Episoden seiner Feldzüge. Mehrere Bildhauer schufen die Säule, und auch der Entwurf der Zeichnungen selbst geht wahrscheinlich auf mehr als einen Künstler zurück. Themen und Figuren sind von größeren Ausmaßen als auf der Trajanssäule, das Relief ist stärker hervorgehoben. Man wollte dadurch den Betrachtern entgegenkommen und die dargestellten Szenen deutlicher erkennbar machen; Feinheit und Eleganz der Arbeit haben darunter gelitten.
Über zwei Dritteln der Säule fehlt die Bauchung, die ihre offensichtliche Konkavität hätte korrigieren können.
1589 ließ Papst Sixtus V. auf der Spitze der Säule, dort, wo sich einst das Standbild des Kaisers befand, die Statue des Apostels Paulus aufstellen. Er ließ ebenfalls den Säulensockel restaurieren, auf dem die Inschrift zu sehen ist, die diese Säule fälschlicherweise dem Vorgänger des Marc Aurel, nämlich Antoninus Pius, zuschreibt.

Palazzo Chigi – Mit der Errichtung des Palastes – nach Plänen von Giacomo della Porta – begann man im Jahre 1562; Carlo Maderno setzte die Bauarbeiten fort und folgte den strengen Vorgaben der Gegenreformation; fertiggestellt wurde der Palazzo im Jahre 1630, mitten im Barockzeitalter. 1659 erwarb ihn Papst Alexander VII. für seine Familie. Seit 1917, dem Jahr, in dem der Palast in Staatsbesitz überging, stand er ununterbrochen im Zentrum des politischen Lebens. Nach dem Krieg 1915-1918 war er Sitz des Außenministeriums, während des Faschismus Sitz des Regierungschefs; heute ist er Sitz des Präsidenten des Ministerrates.

Zur Piazza del Parlamento gehen und links in die Via di Campo Marzio einbiegen.
Heute bestaunt man vor allem die zahlreichen Luxusgeschäfte, die sich in diesen Straßen niedergelassen haben; zur Zeit des Augustus fiel die gewaltige, 160 x 60 m große **Sonnenuhr** auf, die sich auf dem Marsfeld befand. Einige Überreste der Uhr (Travertinplatten mit Tierkreiszeichen aus Bronze) sind noch unter der Via di Campo Marzio verborgen.

Rechts die Via della Stelletta nehmen, die Via della Scrofa überqueren und die Via dei Portoghesi einschlagen.
In diesen zauberhaften ruhigen Straßen finden sich noch viele Handwerker.

MONTECITORIO

La Torre della Scimmia (A) – Der aus dem 15. Jh. stammende „Affenturm" wurde in den Palast an der Ecke Via dei Portoghesi/Via dei Pianellari einbezogen. Dank einer schönen Legende, die ein amerikanischer Romanschriftsteller des 19. Jh. erzählte, wurde er berühmt: Ein sehr lustiger und immer zu Streichen aufgelegter Affe (it. scimmia) bewohnte mit seinen Herren diesen Palast. Eines Tages nahm er das gerade geborene Baby des Hauses mit auf die Spitze des Turms. Der entsetzte Besitzer des Affen wußte zunächst nicht, was er tun sollte, denn er hatte Angst, das Tier ließe seine wertvolle Last einfach fallen. Nachdem er die Jungfrau Maria um Hilfe gebeten hatte, stieß er schließlich einen Pfiff aus, um den Affen zurückzurufen. Dieser stieg daraufhin mit dem Baby im Arm die Regenrinne hinunter, und beide kamen gesund und wohlbehalten im Hause an. Seither brennt auf der Turmspitze vor einem Marienbild ein ewiges Licht.

Chiesa di Sant'Antonio dei Portoghesi ⓥ – Diese Kirche wurde im 17. Jh. erbaut. Hinter ihrer hübschen Rokokofassade verbirgt sich ein vor Gold, Stuck, Marmor und Malereien nur so funkelndes Inneres. In der ersten Kapelle rechts: von Antonio Canova (1806-1808) geschaffenes Grabmal. In der ersten Kapelle links über dem Altar ein schönes Gemälde von Antoniazzo Romano (15. Jh.), auf dem Maria zwischen Franziskus und Antonius dargestellt ist.

Durch die Via dell'Orso weitergehen.

Locanda dell'Orso – Die in einem schönen, restaurierten Haus aus dem 15. Jh. untergebrachte Herberge zum Bären war nur eines der Gasthäuser, aus denen, vom Mittelalter bis zur Renaissance, die Via dell'Orso und die Via Monte Brianzo fast ausschließlich bestanden. Michel Montaigne verbrachte hier ab 30. November 1580 zwei Nächte.

Wenn man die Treppe der Via di Monte Brianzo hinaufsteigt oder der Via dei Soldati folgt, erreicht man die nächste Etappe unseres Rundgangs, das Museo Napoleonico.

★ **Museo Napoleonico** ⓥ – Das im Jahre 1927 von Giuseppe Primoli, einem Nachfahren des Lucien Bonaparte gegründete Napoleon-Museum zählt zu den zahlreichen Spuren, die die napoleonische Kaiserfamilie in Rom hinterließ. Lucien hatte sich in der Via dei Condotti niedergelassen. Napoleons Schwester Pauline lebte in ihrer Villa in der Nähe der Porta Pia; die Mutter Napoleons verstarb in ihrem Palast an der Via del Corso.

Das Museum zeigt Bildnisse Napoleons und seiner Familie sowie Gegenstände, Möbel und persönliche Dinge aus ihrem Besitz. Die beiden ersten Säle sind dem Ersten Kaiserreich gewidmet; die ausgestellte Salongarnitur aus rotem Damast stammt aus Napoleons Arbeitszimmer in Saint Cloud bei Paris. Die Säle IV und V handeln von Napoleons Sohn, der direkt nach seiner Geburt im Jahre 1811 zum König von Rom erklärt wurde. Saal VI ist Napoleons Schwester Pauline gewidmet. Das rote Canapé ähnelt demjenigen, auf dem sie für Canova posierte.

Casa di Mario Praz ⓥ – *Eingang über die Via Zanardelli.* Der berühmte Anglist, Essayist und Literaturwissenschaftler Mario Praz (1896-1982), ein profunder Kenner der englischen Literatur des 19. Jh., bewohnte dieses Haus. Im Laufe seines Lebens sammelte er mit großer Leidenschaft eine beeindruckende Anzahl von Gegenständen – Nippes, Gemälde, Skulpturen, klassizistische Möbel -, die auch noch den kleinsten Winkel seines Hauses ausfüllen. Besonders interessant ist jedoch für den Besucher eine eigenartige Sammlung von Wachsplastiken (Porträts, religiöse oder mythologische Kompositionen, Büsten) englischer, deutscher, italienischer und französischer Herkunft (17. bis 19. Jh.). Im Arbeitszimmer beachte man die schöne Bücherwand aus Ahornholz mit Mahagoni-Intarsien (1. Hälfte 19. Jh.).

Palazzo Altemps ⓥ – *(Siehe ebenfalls unter Museo nazionale romano unter PORTA PIA.)* Der Palast, der für Girolamo Riario, den Neffen Sixtus' IV., entworfen und 1480 begonnen wurde, wurde im Jahre 1568 von Kardinal Marco Sittico Altemps erworben und in seinem Auftrag von Martino Longhi d. Älteren neu erbaut. Heute gehört der Palazzo dem Heiligen Stuhl.

Hier befindet sich die **Sammlung Ludovisi-Boncompagni**★★ mit dem berühmten **Trono Ludovisi**★★★.

In diesem Saal steht der berühmte **Ludovisische Thron**★★★, ein Original aus der Frühzeit der griechischen Klassik (5. Jh. v. Chr.), das 1887 in der Villa Ludovisi gefunden wurde. Wahrscheinlich war er Teil eines Altares. Er ist mit äußerst fein gearbeiteten Flachreliefs von hohem künstlerischen Wert geschmückt.

Auf der Vorderseite ist eine junge Frau dargestellt, von der man nur den Oberkörper sieht. Sie wird von zwei weiteren jungen Frauen gerahmt, die ihr helfen aufzustehen und einen Schleier vor ihren Körper halten. Die Archäologen interpretierten diese Szene als die Geburt der Aphrodite (Venus), der schaumgeborenen Göttin der Liebe; die beiden rahmenden Figuren, deren Füße die Kieselsteine des Strandes berühren, setzten sie mit den Horen gleich. Man beachte die leichten, fließenden Faltenwurf. Die Draperien, die den unteren Teil des Körpers der Göttin bedecken, greifen den lockeren Fall der Tunika an ihrem Hals auf. Ein freudiges Lächeln umspielt das Gesicht der Aphrodite. Auf den Seiten des „Throns" sind Szenen dargestellt, die sich auf den Aphrodite-Kult beziehen; eine in Tücher gehüllte Frau verbrennt Weihrauch, eine nackte Frau spielt Flöte. Diese Gestalten werden häufig als Allegorien für die Keuschheit der Ehefrau und die Sinnlichkeit der Kurtisane gedeutet.

In einem der Säle stehen ein großartiger **Sterbender Galater**★★, eine römische Kopie nach einer griechischen Bronze, und der sogenannte **Große Ludovisi-Sarkophag**★★, ein Werk aus dem 3. nachchristlichen Jh., mit Kampfszenen zwischen Römern und

Barbaren. Drei Register liegen übereinander: oben die siegreichen Römer, mit Hostilianus im Zentrum, Sohn des Kaisers Decius; darunter Soldaten, die Barbaren niedermachen, die man im untersten Streifen sieht.

Durch die Via dei Pianellari zur Piazza S. Agostino gehen.

★ **Chiesa di Sant'Agostino** – Die dem hl. Augustin geweihte Kirche wurde von dem französischen Kardinal d'Estouteville, Erzbischof von Rouen, gestiftet. Sie entstand zwischen 1479 und 1483. Ihre breite, von Rosen durchbrochene Travertinfassade war eine der ersten Fassaden Roms, in denen die Vorstellungen der Renaissance umgesetzt wurden. Die seitlichen Voluten sind weit entrollt, um die beiden Etagen zu verbinden. Auch die stark hervortretenden Zierleisten geben der Kirchenfassade ein individuelles Gepräge.

Das Innere, das im Jahre 1760 von Luigi Vanvitelli dem damaligen Zeitgeschmack angepaßt wurde, wurde im 19. Jh. mit Zierat überladen, die die ursprüngliche, im Mittelschiff noch spürbare Eleganz des Gotteshauses zerstörte. Aus der Renaissance sind noch der Grundriß in Form eines lateinischen Kreuzes erhalten, die Kapellen mit Apsisabschluß am Querhausende und in den Seitenschiffen sowie die tambourlose Kuppel in der Vierung, eine der ersten Kuppeln des nachantiken Rom.

Die Kirche enthält einige schöne Kunstwerke. Neben dem mittleren Eingangstor die hochverehrte **Madonna del Parto**★ (1521) von **Jacopo Sansovino**; dieser Bildhauer beschäftigte sich anläßlich seiner Romaufenthalte mit der antiken Plastik (leichte Draperien und stolze Haltung) und wurde auch stark von der gestalterischen Kraft Michelangelos beeinflußt.

In der Kapelle des rechten Querschiffarms ein Gemälde von Guercino (1591-1666). Die beiden Gemälde an den Seiten stammen von Lanfranco (1582-1647) und stellen Szenen aus dem Leben des hl. Augustinus dar.

Am dritten Pfeiler auf der linken Seite des Mittelschiffs führte Raffael im Jahre 1512 das Fresko **Der Prophet Jesaja**★ aus, das ganz von der Kunst des Michelangelo der Sixtinischen Kapelle durchdrungen ist. In der ersten Kapelle links die **Pilgermadonna**★★★ von **Caravaggio** (1605): Die Zeitgenossen des Künstlers waren nicht alle für die kraftvolle Eindringlichkeit der Darstellung empfänglich. Man warf Caravaggio vor, Pilger aus dem Volk ausgewählt zu haben, kritisierte die Häßlichkeit der Füße des Mannes. Die so sanft wirkende Muttergottes hält in ihren Armen ein sehr großes Kind, und ihre Haltung ist überaus realistisch. Caravaggios Kunst wandte sich gegen den Manierismus und sollte von umwälzendem Einfluß auf den weiteren Verlauf der Kunstgeschichte werden.

Durch die Via delle Coppelle gehen und dann rechts, in Richtung Piazza della Maddalena, abbiegen.

Chiesa della Maddalena ⓥ – Im 15. Jh. standen an diesem Ort ein kleines Oratorium und ein Hospiz. Im Jahre 1586 ließ sich Camillo de Lellis, der Gründer des Ordens der Kamillianer, hier nieder.

Das Gebäude wurde im 17. Jh. von Carlo Fontana und anschließend von Berninischülern neugestaltet. Die von Giuseppe Sardi entworfene Fassade entstand erst 1735. Ihre bewegten Linien und der überreiche Dekor erinnern deutlich an die Stil Borrominis.

Das **Innere**★ bietet eines der seltenen Beispiele des Rokoko in Rom. Der extravagante, ebenfalls von Borromini beeinflußte Grundriß – ein einziges, elliptisches Kirchenschiff mit schräg angeordneten Altarnischen und kurzes, von einer Kuppel bekröntes Querschiff – verleiht der recht kleinen Kirche majestätischen Charakter. Die Kirche hat einen ganz besonderen Zauber dank des reichen Dekors aus Stuck, Gold und Marmor sowie aufgrund der Fresken in der Kuppel und in der Kalotte der in schönes Licht getauchten Apsis.

In dem Altar des rechten Kreuzarms werden die Reliquien des hl. Camillo aufbewahrt. Im Durchgang rechts vom Chor Holzfigur der hl. Magdalena (15. Jh.). Man beachte die prachtvolle Holzorgel aus dem 18. Jh. und die sehr hübsche Sakristei mit ihrem Holzmobiliar, ebenfalls aus dem 18. Jh.

An diesen Rundgang können sich folgende Besichtigungsgänge anschließen: FONTANA DI TREVI – QUIRINALE; PANTHEON; PIAZZA NAVONA; PIAZZA DI SPAGNA.

MONTE MARIO

Da die modernen Viertel im Norden und im Nordwesten von Rom keine besonders interessanten oder angenehmen Straßen aufweisen, beschreiben wir die Sehenswürdigkeiten, die man dort besichtigen kann, in alphabetischer Reihenfolge. Wo die beschriebenen Stätten genau liegen, erfährt man durch die unten abgedruckte Kartenskizze; über Verkehrsverbindungen informieren die Auskunftstellen und Fahrpläne der öffentlichen Verkehrsmittel.

Foro Italico – Diese große Sportanlage entstand unter der faschistischen Regierung (1929-1937). Hier befand sich die Accademia di Educazione fisica, die Akademie für Leibeserziehung; heute hat das Nationale Olympische Komitee Italiens (C.O.N.I.) hier seinen Sitz. Neben den

Für romantische Naschkatzen

Sie genießen am Abend, wenn es dunkel geworden ist, in der Bar **Lo Zodiaco** (Viale Parco Mellini 90) ein gutes Eis – und gleichzeitig den herrlichen Blick auf die unter einem Sternenmeer liegende ewige Stadt.

MONTE MARIO

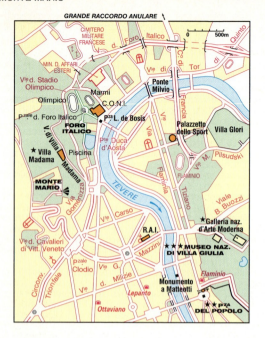

Tennisplätzen, den Fechtsälen und dem Schwimmbad sind das Olympische Stadion und das Marmorstadion (Stadio dei Marmi) die bedeutendsten Bauten. In dem 100 000 Zuschauer fassenden olympischen Stadion fand die Eröffnungszeremonie der Olympischen Spiele von 1960 statt. Das für 15 000 Zuschauer ausgelegte Marmorstadion ist mit 60 steinernen Statuen von Athleten sowie bronzenen Ringerfiguren (Podium) geschmückt.
Von der Piazza L. de Bosis, auf der sich ein großer Obelisk erhebt, bis zum Piazzale del Foro Italico, ist eine Allee mit Mosaiken und Inschriften zum Ruhme Benito Mussolinis, des „Duce", gepflastert.

Monte Mario – Spaziergänge auf diesem kleinen grünen Hügel sind bei den Römern sehr beliebt. Von hier hat man einen weiten **Blick★** auf Rom und den Tiberlauf, besonders schön bei Nacht, wenn die Denkmäler und Monumente der Stadt beleuchtet sind.

Monumento a Matteotti – Das schöne, am Ufer des Tibers stehende Denkmal aus vergoldeter Bronze wurde 1974 von dem Bildhauer Iorio Vivarelli geschaffen. Als Symbol der aus der Erde sprießenden Saat erinnert es an den sozialistischen Abgeordneten Giacomo Matteotti, der im Juni 1924 ermordet wurde, nachdem er die Illegalität des faschistischen Regimes angeprangert hatte.

Palazzetto dello Sport – Der Sportpalast wurde anläßlich der Olympischen Spiele von 1960 von Annibale Vitellozzi und Pier Luigi Nervi errichtet. Er besteht aus Fertigbauteilen und aus Beton; das haubenförmige Dach wird von originellen Pfeilern gestützt, die das Gebäude sehr leicht erscheinen lassen.

Parco di Villa Glori – Der angenehme öffentliche Park der Villa Glori ist auf hügeligem Gelände angelegt. Er ist dem Gedenken an die Menschen gewidmet, die für ihr Vaterland gestorben sind; einer der Gebrüder Cairoli *(s. Pincio unter PIAZZA DEL POPOLO)* ließ hier sein Leben.

Ponte Milvio oder Molle – Diese Brücke, lat. Pons Milvius, existierte bereits im 2. Jh. v. Chr. Sie wurde häufig - insbesondere im 15. und 19. Jh. - restauriert und umgestaltet. Im 19. Jh. wurde sie verbreitert und mit einem befestigten Tor versehen.
An der Milvischen Brücke fand die berühmte gleichnamige Schlacht vom 28. Oktober 312 statt, in der sich die beiden Prätendenten auf den Kaiserthron, Konstantin und Maxentius, gegenüberstanden. Konstantins Sieg wurde einer Vision zugeschrieben, die er am Vorabend des Kampfes gehabt haben soll: Christus erschien ihm und befahl, die Schilde der Soldaten mit einem christlichen Symbol zu kennzeichnen. Manche Historiker glauben, daß dies die Konversion des ersten christlichen Kaisers auslöste.

R.A.I. (Funkhaus der R.A.I) – Das in dem neuen Viertel rund um die Piazza Mazzini liegende Funkhaus des staatlichen italienischen Rundfunks und Fernsehens, der Palazzo della Radio e della Televisione, ist ein gelungenes Beispiel der modernen Architektur Roms. Vor dem Gebäude steht das Bronzestandbild eines sich aufbäumenden Pferdes (Werk von Francesco Messina).

★ Villa Madama ⊙ – *Durch die Via di Villa Madama gehen.* Auf den Hängen des Monte Mario gelegen, erfreut sich diese 1925 restaurierte Renaissancevilla, die heute als Gästehaus für die ausländischen Besucher der Regierung dient, einer wahrhaft zauberhaften **Lage★**. Sie wurde 1515 für Kardinal Giulio de' Medici, den künftigen Papst Klemens VII., nach Raffaels Plänen begonnen. Sangallo d. Jüngere vollendete sie. Wie der Palazzo Madama *(s. dort unter PIAZZA NAVONA)* ging auch sie in den Besitz von Madama Margarete von Österreich über, die ihr ihren Namen gab. Halbkreisförmige Fassade und Eingang; auf der anderen Seite liegt, dem schönen 9 ha großen Park zugewandt, eine Loggia, die mit Stukkaturen und Grotesken von Giovanni da Udine und Giulio Romano, zwei Raffaelschülern, geschmückt ist.

In unserem Wörterverzeichnis am Ende dieses Bandes finden Sie die deutsche Übersetzung der wichtigsten Wörter und Ausdrücke, die ein Tourist benötigt.

PANTHEON ★★★

Besichtigung: 3 Stunden

Der Rundweg führt durch das antike Marsfeld mitten im barocken Rom. Die engen, dunklen Gassen sind eine wahre Theaterkulisse und ihre Hauptdarsteller eilige Touristen, alteingesessene Kaufleute, die in ihren kleinen Läden doch den Eindruck haben, mit der ganzen Welt in Kontakt zu stehen, der Kirchenmann, der geschäftig, andächtig oder flanierend durch die Via dei Cestari mit ihren Geschäften für geistliche Gewänder streift. Alle Rombesucher trifft man früher oder später im Pantheon-Viertel wieder, wo sie müde vom Betrieb in der Via del Corso oder der Via del Corso Vittorio Emanuele II ein wenig Ruhe und eine nette kleine „trattoria" suchen.

Ein wenig Geschichte – Lange Zeit war das **Marsfeld** eine sumpfige Ebene, die nur für militärische Übungen und Volkszählungen genutzt wurde. Ab dem 2. Jh. v. Chr., als die Römer den Städtebau im frisch eroberten Griechenland, in Makedonien und Pergamon kennenlernten, wurde auch das Marsfeld bebaut. Im östlichen Teil zwischen dem Pantheon und der heutigen Via del Corso ließ Caesar die „Saepta" errichten, wo sich die Versammlungen zur Wahl der Volkstribune (comitia Tributa) einfanden. Im Süden schloß sich das „Diribitorium" an, wo die Stimmen ausgezählt wurden, und im Osten und Westen die Kolonnaden des Meleagros und der Argonauten. Anno 43 v. Chr. baute man seitlich der Saepta *(siehe Karte S. 24)* zwei ägyptische Tempel, die Isis und Serapis geweiht waren. Sämtliche Kaiser-Dynastien verewigten sich hier. Agrippa, der Schwiegersohn des Augustus, errichtete hier das Pantheon und von 25 bis 19 v. Chr. die ersten öffentlichen Thermen Roms. Domitian ließ einen Tempel zu Ehren der Minerva bauen und einen Portikus für die als Gottkönige verehrten Flavier. Unter den Antoninern wurde dem als Gott verehrten Hadrian ein Tempel errichtet. Der letzte Kaiser der Severer, Alexander Severus, ließ die Thermen des Nero wieder aufbauen.

Nach 313 waren die Christen anerkannt. Der Bischof von Rom als Herrscher über die Hauptstadt der Caesaren ließ christliche Bauwerke errichten, oft über den alten heidnischen Bauten. Während der mittelalterlichen Kämpfe zwischen Fürsten und Päpsten errichtete Rom eine Vielzahl von Türmen und wurde zu „Roma Turrita". Ganz in der Nähe errichteten die Sinibaldi einen Turm. Die Renaissance besiegelte den Triumph des Papsttums. Die hohe Geistlichkeit und das reiche Bürgertum kauften ganze Häuserviertel auf und ersetzten die verfallenen Gebäude durch prunkvoll-elegante Paläste.

Die Zeit scheint stillzustehen in diesem Viertel mit seiner barocken Pracht.

Für rechte Kaffeetanten (und -onkels)...

gibt es eine Spezialität im **Bar Sant' Eustachio**, nämlich den *Gran Caffè speciale*, dem diese Kaffeebar ihre Berühmtheit verdankt – sein Geheimnis wird sorgfältig gehütet (Piazza Sant' Eustachio 82).

... oder lieber Eiskaffee?

Dann legen Sie eine Pause ein im **Caffè Tazza d'Oro** (via degli Orfani 84): dort gibt es köstlichen Kaffee-Sorbet, mit Schlagsahne!

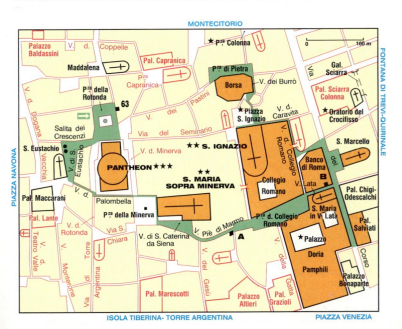

Innenraum des Pantheon

Piazza della Rotonda – Eine der charakteristischsten Sehenswürdigkeiten Roms. Der Brunnen in der Mitte des Platzes wurde 1578 von **Giacomo della Porta** gebaut; Clemens XI. ließ 1711 einen Obelisk daraufsetzen. Wie auf der Piazza della Minerva stammt er aus dem Isis-Tempel und ruht auf einem mit Delphinen und dem Papstwappen verzierten Sockel. In der Hausnr. 63 befindet sich die einstige „Albergo del Sole" aus dem 15. Jh., eines der ältesten Gasthäuser der Stadt, wo unter anderem der Dichter Ariost (1474-1533) und der Musiker Pietro Mascagni (1863-1945) weilten.

★★★ PANTHEON ⊙

Bitte vergessen Sie nicht, daß Sie sich in einer Kirche befinden.

„Das Pantheon ist das besterhaltene Zeugnis römischer Baukunst." Dieser Ansicht war nicht nur Stendhal. Der 27 v. Chr. allen Göttern geweihte, von dem großen Städteplaner Marcus Agrippa gebaute Tempel war nach Süden ausgerichtet. Im Jahr 80 wurde er ein Opfer der Flammen und von Kaiser Domitian restauriert. Von Hadrian (117-138) wiederhergestellt, erhielt er seine heutige Ausrichtung nach Norden. Im 4. Jh. wie alle anderen heidnischen Kultstätten von den ersten christlichen Kaisern geschlossen, von den Barbaren 410 geplündert, wurde er schließlich von Papst Bonifatius IV. vor der Zerstörung bewahrt. Dieser hatte ihn 608 als Geschenk von dem byzantinischen Kaiser Phocas *(siehe FORO ROMANO)* erhalten und in die Kirche Santa Maria ad Martyres umgewandelt.

Bis zur Gründung des Kirchenstaats 756 stand Rom unter der Herrschaft von Byzanz. Als einziger Kaiser des oströmischen Reiches besuchte Constantius II. 356 die Hauptstadt der Christenheit; dabei wurde das Pantheon seiner Bronzeziegel ent-

PANTHEON

kleidet, die die Bauwerke Konstantinopels schmücken sollten. Zu Beginn der Renaissance wurde es restauriert; Urban VII. ließ die Nägel und Bronzeplatten von Dach und Portikus entfernen, die für den Baldachin des Petersdoms verwendet wurden. Auf den Namen der Papstfamilie (Barberini) anspielend, bemerkte Pasquino (s.dort), daß die Barberini erledigten, was die Barbaren nicht schafften („Quod non fecerunt Barbari, fecerunt Barberini"). Unter Alexander VII. (1655-1667) „verzierte" Bernini das Giebeldreieck des Pantheon mit zwei Glockentürmen; sogleich sprach die Statue des Pasquino von „Berninis Eselsohren". 1883 wurden sie wieder entfernt.

Außen – Das Pantheon, durch Erhöhung des Bodens jetzt untersetzt wirkend, ist ein Zentralbau mit einer offenen Vorhalle (pronaos), deren Dach von Säulen getragen wird. Der Fries an der Fassade weist zwei Inschriften auf: die Gründung, von Agrippa erwähnt, und die Restaurationen der Kaiserzeit.
In der Via della Rotonda können Sie die mächtigen, in die 6,20 m dicken Mauern eingelassenen Entlastungsbögen bestaunen. Auf der Rückseite des Bauwerks befinden sich eine Apsis, Nischen und behauene Fragmente: Es handelt sich um die Überreste der Neptun-Basilika, die zwischen Pantheon und den Agrippa-Thermen lag *(siehe Karte Rom zur Kaiserzeit, S. 24).*

★★★ **Innenraum** – Durch den Portalvorbau gelangt man in das Innere des Bauwerks. Die 16 monolithischen Granitsäulen stammen bis auf die drei links aus der Antike. Auf den Kapitellen erkennt man die Papstwappen (Bienen der Barberini und Stern für die Chigi).
Die wohl antiken Flügel des Tores wurden unter Pius IV. (16. Jh.) restauriert. Der Eindruck von Harmonie und Größe ist überwältigend. „Zwei Augenblicke genügen, um von seiner Schönheit durchdrungen zu werden", sagte Stendhal. Die antike **Kuppel**★★★ ist eine ungeahnter Kühnheit. Durchmesser und Höhe betragen beide 43,30 m. Ihr Gewicht verteilt sich auf die Entlastungsbögen, die in die dicken Mauern eingelassen sind, und ruht auf den acht Pilastern vor Mauervorsprüngen im Wechsel mit tiefen Nischen. Mit Kassetten verkleidet, wird sie allein durch eine riesige Öffnung in ihrer Mitte erhellt.
Eine Reihe herrlicher monolithischer Säulen vor den abwechselnd halbrunden und rechteckigen Nischen rhythmisiert den Raum. Die Ädikula mit ihren dreieckigen und abgerundeten Frontgiebeln vor den Wänden zwischen den Nischen inspirierten mit ihrem Wechsel von Dreiecks- und Segmentgiebel die Künstler der Renaissance.
Der Platz zwischen dem Gesims und der Basis der Kuppel erhielt im 18. Jh. eine Reihe von Blendfenstern und Rahmen. Über der dritten Kapelle rechts wurde der Originalzustand teilweise wiederhergestellt.
Die Nischen wurden als Kapellen eingerichtet: In der ersten Nische rechts vom Eingang die sehr schöne Verkündigung von Melozzo da Forlì. In der anschließenden Kapelle befindet sich das Grab von Viktor Emmanuel II. (1820-1878), dem ersten König des vereinigten Italien.
Zwischen der fünften und der sechsten Kapelle wurde **Raffael**, der 1520 im Alter von 37 Jahren starb, in einem schönen antiken Sarkophag beigesetzt. An der Oberkante des Sarges schrieb Pietro Bembo, Dichter, Humanist und Kardinal (1470-1547), dem Künstler eine Widmung: „Hier ruht Raffael: Bei seinem Anblick fürchtete die Natur besiegt zu werden; heute, wo er tot ist, fürchtet sie zu sterben."

DAS VIERTEL

Zur Rechten führen die Salita dei Crescenzi und die Via di S. Eustachio zu dem Platz, wo im Mittelalter die Festung der Crescenzi stand. In der Nähe errichtete die Familie Sinibaldi einen Turm. Die zwei antiken Säulen an der Ecke der Salita dei Crescenzi und der Via di S. Eustachio stammen aus den Thermen von Alexander Severus.
Durch die Via della Palombella gelangen Sie auf die Piazza della Minerva.

Piazza della Minerva – Bernini hatte die Idee, den Platz mit einem kleinen Obelisken zu verschönern, der auf dem Rücken eines Elefanten thront. Der ägyptische Obelisk aus dem 6. Jh. v. Chr. gehörte zum benachbarten Isis-Tempel. Der originelle Marmorelefant wurde von einem Schüler Berninis, Ercole Ferrata (1667), gearbeitet.

★★ **Chiesa di Santa Maria Sopra Minerva** – Die Kirche aus dem 8. Jh., unweit der Ruinen von Domitians Minerva-Tempel, erfuhr mehrere bauliche Veränderungen. 1280 wurde sie im gotischen Stil neu erbaut und um die Mitte des 15. Jh. umgebaut. Aus dieser Zeit stammen noch die Portale an der rechteckigen, sehr schlichten Fassade aus dem 17. Jh. Auf der rechten Seite wurden die Tiberhochwasser von 1598 bis 1870 verzeichnet. Im Innern wurde der Bau der Seitenkapellen im 15. Jh. begonnen; der Chor wurde im 17. Jh. umgebaut und die Pfeiler im 19. Jh. mit grauem Marmor bekleidet. Drei breite Längsschiffe mit wuchtigem Kreuzrippengewölbe verleihen den Eindruck einer gotischen Kirche.
Aufgrund ihrer **Kunstwerke**★ gehört S. Maria Sopra Minerva zu den wichtigsten „Kirchenmuseen" Roms.

PANTHEON

Fassadeninnenwand – Schönes Renaissance-Grab (**1**) von Diotisalvi Neroni, der wegen eines Komplotts gegen Piero von Medici aus Florenz verbannt wurde und 1482 starb. Beachten Sie auch die schöne Frauenbüste auf dem Grab der Virginia Pucci-Ridolfi (**2**). Die beiden Weihwasserbecken (**3**) stammen aus dem Jahr 1588.

Rechtes Seitenschiff – Das Bild in der 5. Kapelle (**4**), ein Werk von Antoniazzo Romano, auf dem die Verkündigung Mariä dargestellt ist, erinnert an die Wohltätigkeit von Kardinal Juan de Torquemada, der armen jungen Mädchen half. Auf vergoldetem Grund ist dieses Werk typisch für den etwas hieratischen Stil dieses Malers Ende des 15. Jh.
Die 6. Kapelle (**5**) wurde Ende des 16. Jh. von Giacomo della Porta und Carlo Maderno gestaltet. Prächtiger Marmor und strenge Formen entsprechen dem Kunstverständnis der Gegenreformation. Die Grabmäler der Eltern von Klemens VIII. stammen von Giacomo della Porta und Nicolas Cordier (ein französischer Bildhauer, der in Rom lebte).
In der 7. Kapelle (**6**) befindet sich rechts eines der berühmtesten Werke von Andrea Bregno: das harmonisch-fein verzierte Grabmal des Kardinals von Coca (gest. 1477). Die 8. Kapelle (**7**) beherbergt einen schönen Christus aus Holz (15. Jh.).

Rechter Kreuzarm – Die Carafa-Kapelle (**8**) mit ihrer in Stein gehauenen feinen Balustrade wurde von 1489 bis 1493 von **Filippino Lippi** gebaut und mit **Fresken★** verziert. Über dem Altar in einem Spätrenaissance-Rahmen die Verkündigung Mariä: Der hl. Thomas von Aquin stellt der Jungfrau Kardinal Oliviero Carafa vor. Die ausdrucksvollen Gesichter, die schlanken Gestalten und der tiefe Faltenwurf sind charakteristisch für die Kunst von Filippino Lippi. Daneben eine Himmelfahrt Mariä in schönen Farben. An der rechten Wand Szenen aus dem Leben des hl. Thomas von Aquin.
Das Grabmal von Guillaume Durand (**9**), Bischof von Mende (gest. 1296), zur Linken der Carafa-Kapelle ist italienische Gotik.

Chor – Die massive und etwas ausdruckslose Christus-Statue (**10**) wurde nach Plänen Michelangelos, der 1520 nach Florenz zurückgekehrt war, von seinen Schülern angefertigt. Der vergoldete Bronzeüberzug kam später hinzu.
Die Grabmäler der Medici-Päpste Klemens VII. (**11**) und Leo X. (**12**) in Form eines Triumphbogens stammen von Antonio da Sangallo d. J. (1483-1546); damals wählte man für Grabmäler lieber architektonische als dekorative Formen.

Linker Kreuzarm – In der Kapelle (**13**) befinden sich zahlreiche **Gräber★**: aus der Gotik (rechts vom Eingang); dem 15. Jh. (beiderseits der hinteren Tür) und dem Barock (über der Tür und der rechten Wand). Das Grab an der linken Wand ist ein Werk von Giacomo della Porta (Ende 16. Jh.). Es zeigt den Verstorbenen, der sich auf den Ellbogen stützt.
Auf dem Boden das Grab des Malers Fra Angelico. Der Dominikanermönch starb im Jahr 1455.
Kapelle (**14**), Grab aus dem 15. Jh. mit antikem Sarcophag *(Herkules und der Löwe)*.
Kapelle der hl. Katharina von Sienna (**15**) – Bei ihrem Bau im 17. Jh. wurden die Mauern der Kapelle des benachbarten Dominikanerklosters verwendet, wo die Heilige 1380 gestorben war.

Linkes Seitenschiff – Standbild der Ehrwürdigen Schwester Maria Raggi (**16**): Der schwungvolle Faltenwurf, der ekstatische Ausdruck und die so lebhaften Engelsfiguren zeugen von der Kunst Berninis (1643). Das schön verzierte Renaissancegrab von Francesco Tornabuoni (**17**), gest. 1480, gehört zu den gelungensten Werken von Mino da Fiesole (1429-1484).

Gehen Sie durch die Via Piè di Marmo.

Die Via Piè di Marmo verdankt ihren Namen dem riesigen **Fuß** (**A**), der wahrscheinlich zu einer römischen Statue gehörte und jetzt aus unerfindlichen Gründen hier steht.
Auf der Piazza del Collegio Romano gründete Gregor XIII. 1583 die frühere Jesuitenschule **Collegium Romanum**, die sich nach dem Konzil von Trient für ein neues Primat Roms einsetzte.

PANTHEON

An der Ecke der Piazza del Collegio Romano und der Via della Gatta ist die zauberhafte Madonna unter einem Baldachin zu beachten, ein typisch römisches Bild (s. Beschreibung der Madonna auf der Piazza dell'Orologio unter CASTEL SANT'ANGELO).

★ **Palazzo Doria Pamphili** – Sitz einer Bildergalerie.

Dieser Palast ist einer der größten Roms. Seine imposante Barockfassade aus dem 18. Jh. weist zur Via del Corso, die 1643 errichtete Fassade auf die Via del Plebiscito. Eine Fassade aus dem 19. Jh. verläuft entlang der Via della Gatta und der Piazza del Collegio Romano.

Der im 15. Jh. erbaute und später erweiterte Palazzo gehörte den Della Rovere und ging dann an den Neffen von Papst Julius II., den Herzog von Urbino, über. Später erstand ihn Klemens VIII. aus der Familie der Aldobrandini für seinen Neffen. Über die Nichte und Erbin von Klemens VIII., Donna Olimpia, gelangte der Palast in den Besitz von Camillo Pamphili, wonach er durch Heirat an die Familie Doria kam.

★★ **Galleria Doria Pamphili** ⓥ – 1 Std.- Eingang 1/A Piazza del Collegio Romano (1. Etage). Die Galerie im Palazzo Doria Pamphili beherbergt eine umfangreiche Bilder- und Skulpturensammlung. Nachstehend einige der bedeutendsten Werke. Die Nummern im Text entsprechen denen vor Ort.

Der Rundgang beginnt mit den **Audienzsälen**, darunter der **Samtene Saal** mit seiner Decke aus dem 17. Jh. Der Adler ist das Wappentier der Doria, die aus Ligurien stammten, und die Lilie das Emblem der Pamphili.

Im **Ballsaal** befindet sich im Winkel der Musiker eine Harfe aus dem 17. Jh. aus Holz und Elfenbein. Rechts gelangt man in den **Kleinen Gelben Saal**, aus dem Rokoko, auf dessen Wandtapeten man die Allegorien der Zwölf Monate sehen kann. Sie wurden zur Zeit Ludwigs XV. in der berühmten Gobelinmanufaktur von Paris hergestellt.

Die eigentliche Gemäldegalerie läuft in vier Flügeln um ein Viereck herum. Dank eines wiedergefundenen Manuskripts aus dem Jahre 1767 war es möglich, die ursprüngliche Anordnung der Bilder wiederherzustellen.

Erster Flügel – Bemerkenswert ist eine Reihe von Werken des **Annibale Carracci**, vor allem die Lünetten mit dem Marienleben (i5, i9, i14, i27, i29 und i33). Bei der *Flucht nach Ägypten*★★ (5) tritt das mythologische Thema ganz zurück; stattdessen dominiert die Landschaftsdarstellung und verweist auf den Geschmack des 17. Jhs. In seiner *Arminia, den verwundeten Tankred wiederfindend* (i28) unterstreicht **Guercino** die Tragik der Szene durch Hell-Dunkel-Kontraste. Die bedeutende Szene der *Geldwechsler* von **Quentin Metsys** (i47) legt insbesondere den beiden Figuren links karikaturale Züge bei.

Am Ende der Galerie birgt ein Kabinett das *Bildnis Innozenz' X. Pamphili*★★★, ein Meisterwerk des **Velasquez**, gemalt um 1650 bei seinem zweiten Romaufenthalt. Absichtlich hat der Maler, obwohl er ein offizielles Portrait malen sollte, den Dargestellten in keiner Weise nobel gezeigt. Hier auch eine Büste von Innozenz X. von Bernini, der ihm einen freigewählten Ausdruck höchster Autorität gibt.

Spiegelsaal – Es handelt sich um den zweiten Flügel der Galerie. Die Dekoration stammt aus dem 18. Jh.; an der **Decke** die Arbeiten des Herkules von Aurelio Milani. Am Ende der Galerie gelangt man zu vier kleineren **Räumen**, die jeweils einem verschiedenen Jahrhundert gewidmet sind (vom 15. bis zum 18.). In dem des 18. Jh. findet sich die großartige *Ruhe auf der Flucht*★★★ von **Caravaggio**. Das Bild ist berühmt wegen seiner unglaublichen Unmittelbarkeit: Maria, ermüdet von der Reise, schläft mit sanft dem Kind zugeneigtem Haupt, die Hand entspannt in den Schoß gelegt, während Joseph von der Musik eines Engels entzückt wird, der in ungewöhnlicher Weise von hinten dargestellt ist. Hinter Joseph sieht den Kopf des Esels so aus, als wolle er auch teilhaben. Daneben hängt die *Büßende Magdalena*, für die der Maler dasselbe Modell genommen hat. Auch die Neigung des Kopfes ist dieselbe, drückt aber hier nicht Müdigkeit aus, sondern Verzweiflung. Es finden sich keine Anspielungen auf ihre Geschichte, nur ein Fläschchen mit Salböl (sie gehört zu den Frauen am Grabe) und einige Juwelen. Im selben Raum beachte man außerdem den **Heiligen Sebastian** von Ludovico Carracci und einen *Endymion* von Guercino.

Im Raum des 16. Jh. ragt die *Salome*★★ von **Tizian** hervor. Auffallend sind die Blicke der Figuren: Der Sklave beobachtet in einer Mischung aus Vorwurf und Mitleid Salome, die ihrerseits den Kopf des ermordeten Täufers nur furchtsam mit den Augen zu streifen wagt, dessen Haar ausgebreitet daliegt, als wolle es die Hand derer streicheln, die ihn getötet hat. Hier auch das *Portrait eines jungen Mannes* von Tintoretto (1518-1594), das Doppel-Portrait, Raffael zugeschrieben, sowie eine delikate *Winterlandschaft* von Pieter Brueghel d. Ä. Im Raum des 15. Jh. befinden sich Meisterwerke von Hans Memling: *Beweinung Christi*★★, mit harten Zügen und der winkelförmig gekrümmten Figur des Gekreuzigten, die die Tragik des Geschehens unterstreichen.

Dritter Flügel – Hier hängt ein ungewöhnliches Bild von Brueghel d. Ä. die *Seeschlacht im Golf von Neapel* (q21). Hinten links gelangt man zur **Sala Aldobrandini** mit Antiken aus der archaischen bis zur späten Kaiserzeit.

PANTHEON

Vierter Flügel – Hier begegnet uns zunächst die **Büste der Olympia Maidalchini Pamphili**★★, von **Algardi**. Die energische Dame soll ihrem Schwager, Giovanni Battista Pamphili, so lange keine Ruhe gelassen haben, bis er schließlich als Innozenz X. den Papstthron bestieg. Algardi hat die Kraft und den Ehrgeiz der „Donna Olimpia" gut wiedergegeben, samt ihrer einzigartigen Frisur.
Bei den Gemälden ist eine Kopie aus dem 17.Jh. des *Johannes der Täufer als Kind* von **Caravaggio** zu erwähnen, deren Original in der Pinakothek des Konservatorenpalastes aufbewahrt wird, sowie eine *Madonna mit Kind, von* **Parmeggianino**. Zwei weitere Audienzsäle öffnen sich zu diesem Flügel; im Roten Saal steht eine Wiege aus dem Jahre 1761.

★ **Privatgemächer** – Sie wurden vom 16. Jh. bis heute von den Familien der Eigentümer bewohnt. Im Wintergarten ist ein kleiner Schlitten aus dem 18. Jh. erhalten sowie eine schön bemalte und vergoldete Sänfte (18. Jh.). Der Saal Andrea Doria wurde benannt nach dem berühmtesten Manne der Genueser Familie Doria, der als Kondottiere die Flotte von Franz I. befehligte und später unter Karl V. diente.
Der Rauchsalon ist ausgestattet mit viktorianischen Möbeln des 19. Jh.
Im Speisesaal gibt ein Fries die Besitzungen der Doria Pamphili wieder (19. Jh.).
Im grünen Salon hängt u.a. eine sehr anmutige Verkündigung Mariä des Florentiners Filippo Lippi (1406-1469), des Lehrers von Botticelli. Die große Tapisserie von Tournai illustriert die Episoden der mittelalterlichen Legende von Alexander dem Großen (15. Jh.).

Nehmen Sie die Via Lata zwischen der Kirche Santa Maria in via Lata und dem Palazzo der Banco di Roma.

Fontana del Facchino (B) – Der kleine, stark veränderte Brunnen stellt einen Lastträger (facchino) mit einem Faß dar, aus dem Wasser in eine Brunnenschale fließt. Der Steinmetz der Renaissance soll einen Lastträger verewigt haben, der für seine ständige Trunkenheit bekannt war. Er soll verurteilt worden sein, sein Leben lang nur noch Wasser zu trinken.

Biegen Sie in die Via del Corso ab.

Chiesa di Santa Maria in via Lata – Die Barockkirche mit der beachtenswerten Fassade wurde von 1658 bis 1662 von Pietro da Cortona gebaut. Die Kolonnaden der beiden Etagen scheinen das ganze Bauwerk zu tragen und schaffen herrliche Lichteffekte.

Palazzo Salviati – Die frühere Académie de France wurde im 17. Jh. für den Herzog von Nevers, Neffe von Kardinal Mazarin, erbaut *(siehe Piazza di Spagna).*

Chiesa di San Marcello (St-Marcel) – Sie wurde im 4. Jh. auf einem Platz erbaut, wo zuvor ein „titulus" stand, ein Wohnhaus, in dem christliche Gottesdienste stattfanden.
Die 1519 ausgebrannte Kirche wurde im 16. und 17. Jh. wiederaufgebaut. 1683 errichtete Carlo Fontana die leicht konkave Barockfassade. Die Palmetten, die die beiden Etagen miteinander verbinden, sind charakteristisch für den Barock, der den Gegenständen gern eine ungewöhnliche Funktion verleiht. Das Flachrelief auf dem Giebel über dem Eingang fehlt noch immer.
Inneres: Jacopo Sansovino (1486-1570) zeichnete den für die Renaissance typischen Grundriß eines Längsschiffs mit Seitenkapellen. Auffallend schön ist die farbenprächtige und vergoldete Kassettendecke (Ende 16. Jh.).
Die Kunstwerke reichen von der Renaissance bis zum Barock.
Links vom Eingang überragt das Grabmal von Kardinal Giovanni Michiel, der 1503 auf Befehl von Alexander VI. vergiftet wurde, das seines Neffen, des Bischofs Antonio Orso (gest. 1511). Die Arbeit wurde 1520 von Andrea Sansovino begonnen und von seinem Schüler Jacopo Sansovino 1527 vollendet. Das Grab des Bischofs ruht auf einem Bücherstapel, da er dem Kloster St-Marcel viele Werke vermachte.
In der vierten Kapelle rechts ist eine schöne Christusfigur aus Holz (15. Jh.) aufgestellt. Aufgrund der sehr realistischen Darstellung entspann sich eine finstere Legende: Der Bildhauer soll besessen von dem Wunsch, das Leiden Christi so getreu wie möglich darzustellen, einen armen Teufel umgebracht haben, der gerade des Weges ging. Beim Brand der Kirche 1519 soll die Christusfigur unbeschädigt unter den Trümmern gefunden worden sein. Das Gewölbe schmücken Fresken von Perin del Vaga, einem Schüler Raffaels. Am Fuße des Altars ist eine römische Stele aus dem 3. Jh. zu beachten, die im 12. Jh. als Reliquienschrein genutzt und mit Marmorintarsien verziert wurde.
In der vierten Kapelle links befinden sich Büsten der Adelsfamilie Frangipani: Die drei Büsten auf der rechten Seite stammen von Algardi (1625).

Kehren Sie wieder zurück.

Palazzo del Banco di Roma – Der frühere Palazzo Caroli wurde von 1714 bis 1722 errichtet und Anfang des 20. Jh. umgebaut. Er war „die Herberge Frankreichs an der Kreuzung Europas", wie es Kardinal de Bernis ausdrückte, der von 1769 bis 1794 als Botschafter hier rauschende Empfänge gab. Auch Chateaubriand wohnte hier als Botschafter von Karl X.

PANTHEON

Gehen Sie durch die Via del Collegio Romano und links durch die Via del Caravita zur Piazza S. Ignazio.

★ **Piazza Sant'Ignazio** – Von der Kirchentreppe aus hat man einen schönen Blick über den Platz. Er gleicht einer Theaterkulisse, umstanden von aneinandergereihten, ockerfarbigen und braunen Häuserfassaden, und mit Eingängen zu engen Gassen, aus denen die Schauspieler jeden Moment die Bühne betreten könnten.

★★ **Chiesa di Sant'Ignazio** – Die Kirche des hl. Ignatius, Stifter des Jesuitenordens und des Collegium Romanum, der ersten kostenfreien Schule, ist charakteristisch für die Gegenreformation. Ihr Bau wurde 1626 nach Plänen des Jesuiten Orazio Grassi begonnen. Sie diente lange als Kapelle des Collegium Romanum.
Ihre hohe, feierlich-strenge Fassade besteht aus zwei durch Voluten verbundene Säulenordnungen.

★★ **Fresko im Mittelgewölbe** – Den Gesamteindruck erhält man von dem Kreis in der Mitte des Längsschiffs aus. Das Fresko des Jesuiten **Andrea Pozzo** (1684) stellt ein in der Gegenreformation beliebtes Thema dar, die Verherrlichung der Heiligen als Reaktion auf den Protestantismus: Hier erstrahlt der hl. Ignatius im göttlichen Licht, das die vier allegorisch dargestellten Erdteile erleuchtet. Als Theoretiker der dreidimensionalen Perspektive war Pozzo ein Meister des Trompe-l'œil. Auf eine fiktive Architektur malte er auf unterschiedlichen Ebenen eine Menschenmenge in Bewegung.

Apsisfresko – Ebenfalls von Pozzo, preist es die Wunder dank der Fürsprache des hl. Ignatius.

Querschiff – Die „Kuppel" in der Vierung ist nur eine gemalte Illusion von Pozzo. Von 1696 bis 1702 schrieb er die Abhandlung „Perspectiva pictorum et architectorum", die einen erheblichen Einfluß auf die Maler und Architekten des 18. Jh. hatte.
Den rechten Kreuzarm beherrscht der Altar des hl. Ludwig von Gonzaga. Zwischen herrlichen Säulen aus grünem Marmor, um die sich bronzene Zweige winden, hat der Franzose **Pierre Legros** (1629-1714) über der Urne aus Lapislazuli mit den Reliquien des Heiligen ein wunderschönes „Marmorbild" gemeißelt. Eng befreundet mit dem Mönch Pozzo, wirkte er an den meisten seiner Werke mit.
Der Altar am Ende des linken Querschiffs zu Ehren von St. Jean Berchmans ähnelt dem im rechten. Das Hochrelief der Verkündung Mariä stammt von Filippo Valle. An beiden Altären fällt die kühne Interpretation der von Borromini so geliebten Frontgiebel durch den Jesuiten Pozzo auf.

Nehmen Sie die **Via dei Burrò***.*

Sie verdankt ihren Namen Napoleon I., der in den Häusern des Viertels mehrere Verwaltungsbüros einrichtete.

Piazza di Pietra – Eine breite Front dieses Platzes mit seinen schönen Farben nimmt ein Gebäude ein, in dem sich heute die Börse befindet. Im 18. Jh. war hier der Sitz des Zollhauses, wo sich jeder Neuankömmling in Rom vorstellen mußte. Stendhal berichtet, seine Geduld wurde hier auf eine harte Probe gestellt.
In der Antike erhob sich an dieser Stelle der **Hadrianstempel** (Tempio di Adriano) der von seinem Adoptivsohn Antoninus Pius errichtet und 145 geweiht wurde. Übriggeblieben sind elf schöne korinthische Marmorsäulen, die in den Börsenkomplex einbezogen wurden und dem ansonst eher gemütlichen Platz eine gewisse „Grandezza" verleihen.

Sie können folgende Besichtigungen anschließen: FONTANA DI TREVI – QUIRINALE ; ISOLA TIBERINA – TORRE ARGENTINA ; MONTECITORIO ; PIAZZA NAVONA ; PIAZZA VENEZIA.

Die Grünen Michelin-Reiseführer
informieren über reizvolle Landschaften, Bau- und Kunstdenkmäler, landschaftlich schöne Strecken.
Folgende Titel sind auch in deutsch erschienen:
Länderführer: Deutschland – Frankreich – Italien – Österreich – Schweiz – Spanien
Städteführer: Berlin, Paris, Wien
Regionalführer: Atlantikküste – Auvergne Périgord – Bretagne – Burgund Franz. Jura – Côte d'Azur Franz. Riviera – Elsaß Lothringen Champagne – Korsika – Nordfrankreich Umgebung von Paris – Normandie – Oberrhein (Elsaß, Schwarzwald, Basel und Umgebung) – Provence – Pyrenäen Roussillon Gorges du Tarn – Schlösser an der Loire

PIAZZA NAVONA★★★
Besichtigung : 2 1/2 Std.

Das Viertel liegt zwischen dem Corso Vittorio Emanuele II (Ende des 19. Jh.), dem Corso del Rinascimento (1936-1939) und der Via Zanardelli (um 1906). In der Antike gehörte es zum Marsfeld, bewundert wegen seiner Grünanlagen von dem griechischen Geographen Strabon bei seinem Rombesuch um das Jahr 7 v. Chr. *(s. Einleitung des Kapitels: PANTHEON)*. Domitian (81-96) ließ dort ein großes Stadion errichten sowie ein Odeon für Schauspiele und Musikaufführungen (heute befinden sich hier der Palazzo Massimo und die Piazza di San Pantaleo). In der länglich-ovalen Form der Piazza Navona lebt Domitians Stadion und damit eine unmittelbar antike Gestalt weiter. Sonst erinnert im Viertel nichts mehr an das Rom der Antike.
Beim Spaziergang durch die Gassen, die von der Piazza Navona bis zum Tiber ein pittoreskes Geflecht bilden, fühlt sich der Besucher in das Rom der Renaissance-Päpste zurückversetzt.
Anfang des 16. Jh. bauten hier Kardinäle, Botschafter, päpstliche Beamte, reiche Bankiers und vornehme Kurtisanen. In ihrem Gefolge ließen sich Buchhändler, Graveure und Buchmaler an der Piazza Navona und der Piazza di Pasquino nieder. Noch heute gibt es in dem Viertel zahlreiche Handwerker.
Hinter den strengen bossierten Fassaden des 15. und 16. Jhs. mit ihren rechteckigen, von Giebeln bekrönten Fenstern finden sich oftmals in den Innenhöfen charmante Renaissance-Zeugnisse: säulenbestandene Loggien, Kranzgesimse mit antiken Motiven, wappenverzierte Tore, Grisaille-Wände, Friese und Medaillons.

★★★ DER PLATZ

Hier kann der Tourist den Geist der ewigen Stadt vielleicht am besten spüren und ihre vielen Gesichter in einem einzigen Bild einfangen.
Abseits vom Straßenverkehr, bietet die Piazza Navona stets ein unterhaltsames Schauspiel: Neben dem Luftballonverkäufer skizziert ein Karikaturist seinen Kunden mit spitzer Feder; etwas weiter füttert eine gute Seele die Taubenkolonie, und ein Gewerkschaftler hält eine flammende Ansprache vor seinen Genossen.
Als Kaiser **Domitian** im Jahre 86 v. Chr. an dieser Stelle ein lang-ovales **Stadion** errichten ließ, mit einer Arena für Spiele wie sie die Griechen besaßen, war dies kein Ort für grausame Gladiatorenkämpfe, sondern ein Schauplatz geistiger und körperlicher Leistungen. Im Odeon wetteiferte man in Redegewandtheit, Dichtkunst und Musikdarbietungen *(s. Piazza Navona, Palazzo Massimo)*, während hier Läufe, Faustkämpfe, Diskus- und Speerwerfen stattfanden.
Konstantin II. ließ bei seinem Rombesuch 356 den Marmor entfernen, so daß der Platz im 5. Jh. nur noch eine Ruine war.
In der Renaissance wurde er zu einem der schönsten Plätze der Papststadt. 1477 wurde der Markt vom Hügel des Kapitols hierher verlegt. Der Ort ist Schauplatz sämtlicher Volksbelustigungen, von der „Cuccagna", bei der starke Männer einen mit Seife eingeschmierten Mast hochklettern, bis zum Marionettenspiel. Seit 1869 wird der Markt auf dem Campo dei Fiori abgehalten. Auf die Piazza Navona kommen die Straßenhändler nur noch zu Weihnachten und zum Dreikönigstag anläßlich des „Befana"-Festes, an dem die Kinder mit Spielzeug beschenkt werden.

Die Brunnen — In der Mitte des Platzes steht der **Vier-Ströme-Brunnen**★★★ (fontana dei Fiumi). Bernini baute ihn für Papst Innozenz X., der für seinen Palast (Palazzo Pamphili) einen glanzvollen Rahmen suchte. Der geniale Barockbaumeister errichtete auf einem Steinhaufen einen Obelisken, der mit seiner strengen Statik in seltsamem Kontrast zu dem so bewegten Sockel steht; der Wind scheint die Bäume zu knicken und die Marmorstatuen gestikulieren wild. Sie wurden nach Zeichnungen des Meisters von seinen Schülern angefertigt und stellen die vier großen Flüsse, Allegorien der vier Erdteile, dar: Die Donau symbolisiert Europa; der Nil Afrika

Piazza Navona

PIAZZA NAVONA

(sein Kopf ist verhüllt, denn seine Quelle war nicht bekannt); der Ganges Asien und der Rio de la Plata Amerika. Der antike Obelisk aus der Zeit von Domitian wurde von Innozenz X. aus der Via Appia hierher gebracht. Das Werk wurde 1651 vollendet. Böse römische Zungen sagten, die Rivalität zwischen Bernini und Borromini, dem Meister von Sant' Agnese, aufgreifend, die Statuen des Nils und des Rio de la Plata erhöben den Arm gegen die Fassade der Kirche, um sich vor ihrem Einsturz zu schützen. Doch die Fassade wurde mehrere Jahre nach dem Brunnen erbaut.

Piazza Navona – Brunnenfigur

Die **Fontana del Moro** (**A**) wurde im 16. Jh. errichtet. 1653 bat Innozenz X. Bernini, den Brunnen zu renovieren: Der Baumeister zeichnete die zentrale Figur des „Mohren", die von einem seiner Schüler in Stein gehauen wurde. Die Tritonen und die Statuen rund um die Brunnenschale stammen von 1878.

Der **Neptunsbrunnen** (fontana del Nettuno) (**B**) wurde ebenfalls Ende des 16. Jh. errichtet. Die Neptunstatue in der Mitte und die Figuren ringsum stammen aus dem 19. Jh.

★★ **Chiesa di Sant'Agnese in Agone** ⓥ – An dieser Stelle, wo die Heilige Agnes den Märtyrertod erlitt, soll sich seit dem 8. Jh. ein kleines Oratorium befunden haben. 1652 beauftragte Papst Innozenz X. Girolamo Rainaldi und seinen Sohn Carlo mit dem Neubau als Hauskapelle seines Palastes. Von 1653 bis 1657 nahm Borromini die Arbeiten auf. Eine Gruppe von Baumeistern

PIAZZA NAVONA

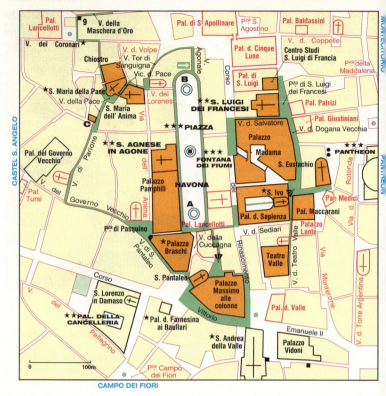

vollendete die Kirche schließlich gegen Ende des Jahrhunderts. Von Borromini stammen ein Teil der Kuppel und die Fassade, mit ihren kühn geschwungenen Wölbungen und Kurven, im Gegensatz zu den Campanile.

Das **Innere**★ hat einen Grundriß über griechischem Kreuz, der durch die offenen Nischen zwischen den Pfeilern der Kuppeln die Form eines Achtecks bekommt. Über den Altären haben Schüler Berninis schöne „Marmorbilder" gehauen. Die Stuckdekorationen, Vergoldungen und Malereien, von der elegantsparsamen Innengestaltung Borrominis weit entfernt, wurden Ende des 17. Jh. ausgeführt.

Palazzo Pamphili – Der Wohnsitz der Pamphili wurde zwischen 1644 und 1650 von Girolamo Rainaldi vergrößert, als Giovanni Battista Pamphili als Innozenz X. den Papstthron bestieg.

DIE UMGEBUNG DES PLATZES

In Höhe des Neptunsbrunnens in die Via Agonale abbiegen.

In der Via di Tor Sanguigna kann man an der Außenseite der Umfassungsmauer des Platzes noch Überreste des **Stadions von Domitian** sehen.

Chiesa di Santa Maria dell'Anima – *Da das Haupttor in der Regel geschlossen ist, benutzen Sie den Seiteneingang an der Via della Pace und besichtigen Sie zuerst das Innere.*

Die Kirche der deutschsprachigen Katholiken wurde um 1500 an der Stelle gebaut, wo sich seit 1386 eine Wallfahrtsstätte befand. Das Gotteshaus wurde im 19. Jh. restauriert.

Die **Fassade** an der Via dell'Anima wurde 1511 nach Plänen von Giuliano da Sangallo errichtet, eine grafisch-strenge Renaissancearchitektur. Im Tympanon über dem Hauptportal ist die Skulptur der Hl. Jungfrau zwischen zwei Figuren dargestellt, die die Seelen symbolisieren. Das Werk wurde nach dem Bild ausgeführt, das der Kirche ihren Namen gab und in der Sakristei aufbewahrt wird *(den Küster fragen).* Auf der rechten Seite der Fassade Blick auf den Campanile (1516-1518), dessen kegelförmige Spitze mit bunten Fayencen geschmückt ist.

Inneres – Die hallenartige Kirche (drei gleich hohe Längsschiffe) hat eine für Rom untypische gotische Architektur. Das Dekor stammt aus dem 19. Jh.

Die Kirche beherbergt Werke von Schülern oder Nacheiferern der großen Meister. In der ersten Kapelle auf der rechten Seite hängt ein Bild von Carlo Saraceni (1618), einem Schüler von Caravaggio; in der vierten Kapelle eine *Pietà* von Nanni di Baccio Bigio (1532), eine ungeschickte Michelangelo-Imitation; über dem Hauptaltar *die Hl. Familie* von Jules Romain, einem Mitarbeiter Raffaels.

★ **Chiesa di Santa Maria della Pace** ⊙ — 1480 wurde die kleine Kirche aus dem 12. Jh. von Sixtus IV. wiederaufgebaut. Alexander VII. (1655-1667) ließ eine neue **Fassade** im Barockstil von Pietro da Cortona errichten. Mit ihrem halbkreisförmigen Portalvorbau, den Säulen, einem Giebeldreieck sowie einem abgerundeten Tympanon und den nach innen gewölbten Flügeln verbindet die Kirche die verschiedensten Baustile auf harmonische Weise. Um sein Werk harmonisch in das Gewirr der engen Gassen einzufügen, baute der Architekt einen bezaubernden Platz, an dem die „Palazzi" ihre bunten Fassaden zeigen.

Kreuzgang — *Zugang über den Vicolo Arco della Pace Nr. 5.* Der 1504 erbaute Kreuzgang ist eines der ersten Werke von Bramante in Rom. Seine schönen Proportionen verleihen ihm eine schlichte Eleganz. Den Pfeilern im Erdgeschoß entspricht der Säulenumgang in der Etage darüber. Zwischen den Pfeilern stehen im Wechsel kleine Säulen über den unteren Arkaden.

Inneres — Der Innenraum (15. Jh.) hat mit einem kurzen, rechteckigen Längsschiff und einer achteckigen Fläche mit Kuppel einen originellen Grundriß. Im Längsschiff malte Raffael 1514 in der Arkade der 1. Kapelle rechts die vier engelsgleichen **Sibyllen★**, die sicher denen von Michelangelo in der Sixtinischen Kapelle nachempfunden sind. Das Meisterwerk kommt hier leider wenig zur Geltung. Die Propheten sind das Werk eines Schülers. Die 1. Kapelle links wurde von Baldassare Peruzzi (1481-1536), einem der Maler der Villa Farnesina, mit eleganten Fresken bemalt. Die prächtigen Reliefs auf der äußeren Arkade in der 2. Kapelle rechts sind charakteristisch für die Renaissance. In dem achteckigen Teil über dem Hauptaltar befindet sich das Bild der Jungfrau, für die Sixtus IV. die Kirche erbauen ließ: 1480 soll, als es von einem Stein getroffen wurde, Blut herausgeflossen sein.

In der Kapelle links vom Chor eine Christusfigur aus Holz (15. Jh.) und in der folgenden ein schönes Bild von Sermoneta, einem der ersten Manieristen in der Nachfolge Raffaels.

Das **Antico Caffè della Pace** (**C**), seit 1800 in der Via della Pace, hat ein Dekor von anno 1900. In diesem gepflegten Rahmen genießt man den schönen Blick auf die Kirche Santa Maria della Pace.

Gehen Sie zur Via dei Coronari zurück und biegen Sie rechts, Piazza Lancellotti, ab und dann in die Via della Maschera d'Oro.

Via della Maschera d'Oro — An der Nr. **9** an der Ecke des Vicolo di San Simeone zeugt ein kleiner Palazzo von der architektonischen Blüte des 16. Jh. nach den städtebaulichen Veränderungen durch Sixtus IV. Zunehmend schmückten hübsche Fassaden mit Reliefs und Camaieu-Fresken die Straßen von Rom. **Polidoro da Caravaggio** und **Maturino da Firenze** waren Meister in dieser Technik. Die Wände wurden zunächst mit einem rußgeschwärzten Verputz überzogen, worauf eine Gipsschicht aufgetragen wurde. Darauf gravierte der Künstler Szenen aus der Mythologie oder Motive aus der antiken Kunst, wobei die dunklere Schicht hervortrat. Die Verzierungen sind, da witterungsanfällig, fast alle verschwunden.

Gehen Sie zurück zur Via della Pace und gehen Sie die Via di Parione hinunter bis zur Via del Governo Vecchio; biegen Sie links zur Piazza di Pasquino ab.

Piazza di Pasquino — Die „**Pasquino**"-Statue wurde im 15. Jh. auf der Piazza Navona in so bedauerlichem Zustand entdeckt, daß kein Sammler sie wollte. So wurde die Statue, die vielleicht zu einer Skulpturengruppe aus dem 3. Jh. v. Chr. gehörte, dort aufgestellt, wo heute der Palazzo Braschi steht und nach einem als scharfzüngig bekannten Schneider des Viertels benannt. Bei Einbruch der Dunkelheit wurden Satiren und Forderungen, oft in römischem Dialekt, heimlich an die Statue geheftet. Darin wurden die Sitten angeprangert oder die Politik kritisiert. Manchmal enthielten sie auch Verwünschungen. Am nächsten Tag waren die „Pasquinades" in aller Munde und gelangten bis hin zum Papstpalast; einige drangen den ausländischen Würdenträgern ans Ohr und sorgten für so manchen diplomatischen Zwischenfall. Die drakonischen Gesetze, die die Verfasser dieser Schriftstücke mit dem Tode bedrohten, wurden selten angewandt, und wenn, der Verurteilte sogleich begnadigt.

Pasquino war die geschwätzigste „sprechende Statue" Roms (s. *„Marforio", S. 72*).

Gehen Sie zur Piazza di S. Pantaleo.

PIAZZA NAVONA

★ **Palazzo Braschi** — Er trägt den Familiennamen von Papst Pius VI., der ihn Ende des 18. Jh. für seine Neffen errichten ließ. Er war der letzte Palast Roms, der für die Papstfamilien gebaut wurde. Die wuchtigen Fassaden an der Piazza di San Pantaleo, an der Via della Cuccagna, der Via di Pasquino und der Via di San Pantaleo sind charakteristisch für den Neoklassizismus.

★ **Museo di Roma** ⊙ — Das Museum im Palazzo Braschi ist der römischen Geschichte seit dem Mittelalter gewidmet.

Die monumentale Treppe zum 1. Stock mit antiken Granitsäulen und Stuck stammt von Cosimo Morelli, dem Architekten des Palastes. Im 3. Saal erzählen drei anonyme Bilder von den Festen, die im 16. und 17. Jh. im Belvedere-Hof im Vatikan, auf der Piazza Navona und im Testaccio stattfanden. Etwas weiter hängen **Fresken**★ aus einstigen Gebäuden: Im 6. Saal Hell-Dunkel-Dekorationen von Polidoro da Caravaggio und Maturino da Firenze (16. Jh.); im folgenden Saal stellen die fein gearbeiteten Fresken Apollo und die 9 Musen dar. Diese Werke der umbrischen Schule des 16. Jh. stammen aus einer Papstresidenz. Nach den interessanten Zeugnissen anonymer Bilder, die den belebten Markt am Kapitol im 17. Jh. und die prunkvollen Corpus-Domini-Prozessionen am Petersplatz zeigen, gelangt man in einen schönen Saal, der mit Gobelins aus dem 18. Jh. bespannt ist. Die Motive, Kinder im Garten, wurden nach Bildern von Charles le Brun (1619-1690) gewebt, der sie für den Pavillon de l'Aurore des „Parc de Sceaux" bei Paris malte. Von einem Fenster aus hat man eine schöne Aussicht auf die Piazza Navona.

Im zweiten Stock befinden sich die berühmten **Aquarelle**★ der Serie „Roma sparita" (das verschwundene Rom); beachten Sie auch die Mosaikfragmente aus der alten Petersbasilika (Ende 12.-Anfang 13. Jh.).

Im Erdgeschoß *(Eingang an der Ecke im Nordosten des Hofes)* steht der Zug, der 1858 in Clichy für Papst Pius IX. gebaut wurde. Er besteht aus drei Wagen: Einer ist mit Damast überzogen und enthält zwei Kanapees und einen Thron; er ist verbunden mit einem Wagen mit Plattform, von wo aus der Papst die Menge segnen konnte. Der dritte Wagen ist als Kapelle eingerichtet.

Palazzo Massimo alle Colonne — Er besteht aus drei Teilen und gehörte einer der ältesten Familien Roms, den Massimo. Das Gebäude rechts der Kirche **San Pantaleo** (Fassade von Valadier, 1806) wird wegen einer dort aufgestellten Statue „Pyrrhus"-Palast genannt. Zum Corso Vittorio Emanuele II hin öffnet sich der Palazzo Massimo zu einem schönen Portikus mit kreisförmig angeordneten dorischen Säulen, ein Werk von Baldassare Peruzzi (1532-1536). Die Verzierungen der oberen Fenster sind Vorboten des Manierismus. Der älteste Teil des Komplexes weist auf die kleine Piazza dei Massimi *(Zutritt über den Corso del Rinascimento und die erste Gasse links)*, wo sich eine Säule erhebt, die vielleicht zum **Odeon** Domitians gehörte. Die Fassade wurde um 1523 von den Schülern von Daniele da Volterra mit Grisaillen bemalt.

Von der Piazza dei Massimi hat man einen Blick auf den Vier-Ströme-Brunnen und die Piazza Navona.

Überqueren Sie den Corso del Rinascimento.

Palazzo della Sapienza — Bis 1935 Sitz der Universität von Rom, dient der Palazzo heute als Staats-Archiv von Rom und dem Kirchenstaat vom 9. bis 19. Jh. Die Schlichtheit der 1575 von Giacomo della Porta geplanten rötlichen Fassade kontrastiert mit der Eleganz des Innenhofes und der kühnen Architektur Borrominis in der Kirche **Sant'Ivo alla Sapienza**★ ⊙. Der Innenhof mit den zweistöckigen Arkaden wird hinten durch die gewölbte Fassade der Kirche abgeschlossen. Während Bernini freie Flächen gestalten konnte, bemühte sich Borromini, seine Werke einem engen Raum einzufügen, wobei er die Linien so krümmte, daß die Kritiker von „widernatürlicher" Architektur sprachen. Die zweigeschoßige, konkav geschwungene Hof-Fassade wird überragt durch den konvexen Baukörper der Kapelle mit originell verkröpfter Laterne und schneckenförmiger Krone. Das Innere, hell, schmal und mit geschwungenen Formen, läßt bereits das Rokoko erahnen. Sein komplizierter Grundriß erinnert an eine Biene, das Wappentier der Barberini.

Nehmen Sie den Nebeneingang (hinter den Rundbögen rechts), der auf die Via del Teatro Valle geht.

In der Straße, wo noch einige Korbflechter arbeiten, liegt das **Theater Valle** mit seiner Innendekoration aus dem letzten Jahrhundert.

Gehen Sie zur Piazza S. Eustachio.

Von hier hat man einen herrlichen Blick über die spiralförmige Kuppel von Sant'Ivo und den **Palazzo Maccarini** (1521), ein strenges Renaissance-Bauwerk von Jules Romain. In dem Palazzo befindet sich ein sehr beliebtes Café, das Caffè S. Eustachio. Der Hirschkopf mit dem Holzkreuz im Geweih an der Kirche **Sant' Eustachio** erinnert an die Vision des Heiligen, damals römischer General, bei einer Jagdpartie, aufgrund deren er konvertierte. Die Fassade der Kirche mit einem Portikus ist frühes 18. Jh.

PIAZZA NAVONA

Nehmen Sie die Via della Dogana Vecchia bis zur Piazza S. Luigi dei Francesi.

★★ **Chiesa di San Luigi dei Francesi** ⊙ – Grundsteinlegung 1518. Kirche des hl. Ludwig durch Kardinal Giulio von Medici, den späteren Klemens VII. Fertigstellung der Nationalkirche der Franzosen in Rom 1589 dank der Subventionen von Heinrich II., Heinrich III. und Katharina von Medici.

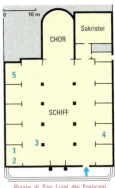

Piazza di San Luigi dei Francesi

Die elegante Fassade mit dem Salamander von Franz I. wurde von 1580 bis 1584 von Giacomo della Porta erbaut; mit ihren vorkragenden Säulen kündigt sie das Aufkommen des Barocks an.

Das Kircheninnere mit drei Längsschiffen und Seitenkapellen wurde im Barock und im 18. Jh. mit Marmor, Bildern, Gold und Stuck ausgeschmückt. Unter dem 1754 von Natoire *(Tod und Ruhm des hl. Ludwig)* bemalten Gewölbe haben viele Franzosen ihre letzte Ruhestätte: Kardinal de Bernis (**1**), der im Palazzo Caroli ein so schönes Leben führte, Pauline de Beaumont (**2**), die romantische Freundin von Chateaubriand, über deren illegitime Beziehung der Papst großzügig hinwegsah. Chateaubriand, damals Botschaftssekretär, ließ ihr ein Mausoleum errichten. Claude Gellée, genannt "Le Lorrain", der das Licht Roms so wunderbar einfing, wurde in der Trinità dei Monti beigesetzt. Ihm wurde hier ein Denkmal errichtet (**3**). Die zahlreichen Gedenktafeln im rechten Längsschiff und in den ersten Kapellen erinnern an die französischen Soldaten, die in den Kämpfen von 1849 und 1943-1944 gefallen sind.

★ **Fresken von Domenichino** – *In der Kapelle der hl. Cäcilie* (**4**). *Derzeit Restaurierung.* Die 1614 gemalten Fresken stellen die Legende der hl. Cäcilie dar. 1602 in Rom angekommen, widerstand Domenichino dem Überschwang des Barock; Ausgewogenheit und Klarheit lauteten seine Prinzipien. Rechts teilt die *hl. Cäcilie ihre Reichtümer aus*; links *Der Tod der hl. Cäcilie*; im Gewölbe krönt ein Engel die Heilige und ihren Gatten Valerian, Cäcilie weigert sich, den Götzen zu opfern und die hl. Cäcilie im Glorienschein.

★★★ **Werke von Caravaggio** – In der *Matthäus-Kapelle* (**5**) befinden sich drei Bilder, die das Leben des hl. Matthäus darstellen. Das Gewölbe ist von dem Cavaliere d'Arpino bemalt, dessen Manierismus Caravaggio zur Verzweiflung trieb. Über dem Altar der *hl. Matthäus und der Engel*: Beachten Sie die etwas akrobatische Haltung des Greises beim Schreiben seines Evangeliums, das ihm von dem Engel diktiert wird.

– Links *Die Berufung des hl. Matthäus*: In einem dunklen Raum werden fünf Männer an einem Tisch durch den eintretenden Christus in Begleitung des Apostels Petrus überrascht; mit dem Finger weist er auf Matthäus, der neben einem bebrillten, geldzählenden Greis sitzt. Der einfallende Lichtstrahl, der plötzlich die Gesichter erhellt, ist typisch für Caravaggio. Der Junge mit dem Federhut und dem abschätzenden, auf den eintretenden Christus gerichteten Blick ist häufig auf den Bildern Caravaggios zu sehen.

– Rechts das *Martyrium des Evangelisten Matthäus*: Der Nackte in der Bildmitte und die Geste des Jungen rechts sind ganz akademisch dargestellt. Die Modellierung der Formen durch Licht und Schatten ist charakteristisch für die Kunst Caravaggios.

Neben der Kirche gründete Jacques Maritain ein französisches Studienzentrum (Centro Studi S. Luigi di rancia – Kurse, Vorträge, Bibliothek).

Nehmen Sie die Via Salvatore bis zum Corso del Rinascimento.

Palazzo Madama – *Sitz des Senats. Keine Besichtigung.*
Die Medici erbauten ihn im 16. Jh. Zur Zeit von Kardinal Giovanni de' Medici, dem späteren Leo X., fanden hier Festmahle und literarische Treffen statt. Später wurde Katharina

Caravaggio: *Die Berufung des hl. Matthäus* (Teilansicht)

von Medici von ihrem Großonkel, Papst Klemens VII., hier untergebracht. Als Königin von Frankreich verzichtete sie auf die Güter der Medici und der Palazzo ging an Alessandro de Medici, nach dessen Gattin, Madama Margarete von Österreich (1522-1586), er benannt wurde.

Die barocke Hauptfassade am Corso del Rinascimento wurde um 1642 gebaut.

Vom unteren Corso del Rinascimento sieht man S. Andrea della Valle.

Der Rundweg kann durch folgende Besichtigungen ergänzt werden: CAMPO DEI FIORI; CASTEL S. ANGELO; MONTECITORIO; PANTHEON.

PIAZZA DEL POPOLO**
Besichtigung : 2 Std.

Bei diesem Rundweg durch einige der bekanntesten Straßen Roms (Via del Corso, Via Margutta et Via del Babuino) entdeckt man zahlreiche Spuren der französischen Zeit im 18. und 19. Jh. 1798 rückte General Berthier auf Rom vor und setzte Papst Pius VI. ab. Die Franzosen riefen in Rom die Republik aus. „Eine Republik zum Lachen", lästerten die Römer. Unter Papst Pius VII., der 1800 von dem Konklave von Venedig gewählt worden war, wurde der Kirchenstaat teilweise restituiert. 1801 stellte das Konkordat den Religionsfrieden in Frankreich wieder her und am 2. Dezember 1804 krönte Pius VII. Napoleon I. in der Kathedrale Notre-Dame in Paris. Doch der Kaiser verhängte die Kontinentalsperre. Alle europäischen Herrscher beugten sich – bis auf Pius VII. Am 2. Februar 1808 bezwang General Miollis mit 8000 Mann an der Porta del Popolo die Stadtmauern Roms. Am Abend des 17. Mai 1809 diktierte der Kaiser: „.... Der Kirchenstaat wurde mit dem französischen Kaiserreich vereinigt." Das war der Bruch, die Exkommunikation und der Beginn einer fünfjährigen französischen Besatzung, während der die Komplizen des „Antichristen" viele Schmähungen erdulden mußten.

> **Wie wär's mit einem Abend in einem englischen pub?**
>
> Im **Victoria House** (Via di Gesù e Maria 18) finden Sie eine typisch englisch-behagliche Atmosphäre, zwischendurch einmal etwas ganz anderes als das quirlige Rom.

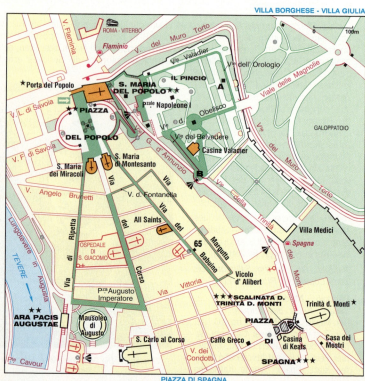

PIAZZA DEL POPOLO

Nach diesem Abstecher in die Geschichte, die in den Straßen zwischen der Piazza del Popolo und der Piazza di Spagna lebendig wird, gelangen Sie zum Pincio, einer üppigen Grünanlage, von der man einen herrlichen Ausblick auf die Stadt hat.

Zur idealen Fortsetzung dieses Rundgangs (s. unter PIAZZA DI SPAGNA), wo auch das Augustus-Mausoleum und die Ara Pacis beschrieben werden.

** DER PLATZ

Die Piazza del Popolo erhielt ihre heutige Gestalt durch **Giuseppe Valadier** (1762-1839), den bevorzugten Architekten und Städtebauer der Päpste Pius VI. und Pius VII. Der großzügig angelegte Platz mit der Porta del Popolo, dem zentralen Obelisken und den beiden Kirchen am Beginn der Via del Corso gehört zu den bedeutendsten der Stadt. Von Valadier stammen auch die zwei halbkreisförmigen Abschlüsse mit Brunnen und allegorischen Figuren im neoklassizistischen Stil. An der Ostseite führen breite Rampen mit Arkaden und Grünanlagen zum Pincio hinauf.

Am 18. Dezember 1813 stellte die französische Regierung, die mit den Horden von Unruhestiftern, die die Stadt heimsuchten, nicht fertig wurde, auf dem Platz die erste Guillotine Roms auf. Die Römer nannten sie ironisch „das neumodische Bauwerk".

* **Porta del Popolo** – Das Tor in der Stadtmauer Kaiser Aurelians (3. Jh.) entspricht in etwa der alten „Porta Flaminia". Pius IV. ließ von 1562 bis 1565 die äußere Fassade errichten. Das prächtige Tor sollte den Besuchern aus dem Norden den Glanz Roms ankündigen. Darüber prangt das Familienwappen der Medici.

Als die zum Katholizismus konvertierte Königin Christine von Schweden 1655 Rom besuchte, schmückte Bernini die Innenfassade mit zwei Voluten und einer Girlande mit dem Wappen des regierenden Papstes, Alexander VII. Chigi.

Durch die Porta del Popolo kamen schon unzählige Berühmtheiten, wie etwa Montaigne am 30. November 1580 oder der französische Präsident de Brosses 1739. Am 24. Mai 1814 wurde der von Napoleon freigegebene Pius VII. hier begeistert empfangen.

Obelisk – Unter Augustus wurde er von Heliopolis in Unterägypten nach Rom gebracht, wo er den Circus Maximus schmückte (s. AVENTINO, „Circo Massimo"). 1589 stellten Sixtus Quintus und sein Architekt Domenico Fontana ihn auf der Piazza del Popolo auf.

1823 beauftragte Leo XII. Valadier, den Sockel mit Schalen und Löwen aus Marmor zu verzieren.

„Zwillingskirchen" – Von hier aus hat man einen schönen Blick auf den Obelisken. **Santa Maria di Montesanto** und **Santa Maria dei Miracoli** am Anfang des Corso wurden von dem Urbanisten und Architekten **Carlo Rainald** gebaut.

Wie ein Hintergrund für den Obelisken und Bühnenbild für die Via del Corso angelegt, sind die beiden Kirchen einander nur scheinbar ähnlich.

Da der vorhandene Platz für Santa Maria di Montesanto kleiner war als bei Santa Maria dei Miracoli, baute Rainaldi die erste Kirche nämlich mit elliptischem Grundriß und zwölfeckiger Kuppel. Die zweite Kirche hat einen kreisförmigen Grundriß und eine achteckige Kuppel. Die scheinbare Ähnlichkeit erklärt sich aus der gleichen Größe der Tambourflächen zum Platz hin.

Santa Maria di Montesanto ist älter: Nach der Bauzeit 1662-1667 von Carlo Rainaldi wurde sie 1671-1675 von Bernini fertiggestellt.

Den Bau von **Santa Maria dei Miracoli** leitete Carlo Rainaldi bis 1677. Vollendet wurde er 1679 von Carlo Fontana.

1825 ließ Leo XII. die Kuppeln mit Schiefer eindecken.

** Chiesa di Santa Maria del Popolo

Von außen schlicht, birgt sie doch ansehnliche **Kunstschätze**★.

Die heutige Kirche wurde von 1472 bis 1477 unter Sixtus IV. erbaut. Ihre strenge dreiachsige Renaissance-Fassade, eine der ersten Roms, endet in einem Dreiecksgiebel. Große Flächen ohne Zierat, kaum hervortretende Pilaster, schlichte Verbindungen zwischen den unteren und oberen Teilen sind charakteristisch für die Renaissance; die abgebrochenen Rundgiebel fügte erst Bernini hinzu.

Das **Innere** entspricht dem Renaissance-Aufriß. Der Basilika-Grundriß wurde zugunsten eines lateinischen Kreuzes aufgegeben. Das Hauptschiff im Kreuzgewölbe ist durch Seitenkapellen erweitert. Große quadratische Pfeiler mit vorgelegten Halbsäulen ersetzten die Säulenreihe und die Mauern der Basilika. Die stark belichtete Vierungskuppel ist wohl die erste der Renaissance in Rom.

In der Barockzeit verzierte Bernini die Arkaden des Hauptschiffs mit Statuen aus Stuck.

Della Rovere-Kapelle (1) – Die Balustrade trägt das Wappen der Familie Della Rovere, aus der Papst Sixtus IV. hervorging. Über dem Altar: **Fresken**★ mit der *Anbetung des Kindes* von **Pinturicchio** (1454-1513). Die Anmut dieses umbrischen Freskenmalers, der mit Perugino zusammenarbeitete, zeigt sich besonders im Gesicht der Jungfrau. Die Erzählgabe des zu seiner Zeit sehr beliebten Künstlers zeigt sich in der Fülle und Originalität der Details: die grasende Ziege, das Lamm, das gesäugt wird und die Darstellung des Ochsen.

Links das Grabmal zweier Mitglieder der Familie Della Rovere. Die Dekorationen (Ende des 15. Jh.) sind ein Werk des Bildhauers Andrea Bregno. Mino da Fiesole, der von 1473 bis 1480 am päpstlichen Hof wirkte, gestaltete das Medaillon der Jungfrau. Die klaren Linien vereinen Kraft und Anmut.

Kapelle Cybo (2) – Die Barockkapelle mit dem Grundriß eines griechischen Kreuzes und der Kuppel stammt von Carlo Fontana (1682-1687).

Kapelle Basso Della Rovere (3) – An der rechten Wand das Grabmal von Giovanni Basso della Rovere (15. Jh.), von einem Schüler des A. Bregno. Die Werkstatt von Pinturicchio malte die Fresken über dem Altar und auf der linken Wand.

Querschiff – Mit seinen abgerundeten Enden und den Apsiskapellen in den Kreuzflügeln ist es charakteristisch für die Renaissance. Aus dem Barock stammen die Cherubim, die die Bilderrahmen über den Altären halten.

Der Bogen über dem Chor ist mit Flachreliefs aus vergoldetem Stuck verziert. Rechts erkennt man Papst Paschalis II. (1099-1118) beim Fällen eines Nußbaums. Der Legende nach befand sich hier das Grab des grausamen Nero, überwachsen von einem Nußbaum. Die Menschen des Viertels, entsetzt über die nächtlichen Umtriebe von Neros Geist, riefen Paschalis II. zu Hilfe, der den Nußbaum fällte, das Skelett Neros in den Tiber warf und eine Kapelle errichtete, die unter Sixtus IV. zur Kirche Santa Maria del Popolo wurde.

Chorapsis – *Gehen Sie hinter dem Hauptaltar vorbei.* Julius II. (1503-1513) ließ Bramante die Apsis verlängern. An der Decke ein Fresko von Pinturicchio. Die Fenster mit den schönen Farbeffekten sind die einzigen alten Kirchenfenster Roms. Sie stammen von dem französischen Glasmaler Guillaume de Marcillat (um 1470-1529). Die beiden **Grabmäler**★, die um 1505 von **Andrea Sansovino** in Marmor gehauen wurden, vereinen antike Architektur (Triumphbögen) mit vollendetem Dekor des florentinischen „quattrocento" und erheben den verstorbenen Kirchenfürsten, eine kühne Neuheit, gleichsam auf einen Altar.

★★★ **Werke von Caravaggio** – *In der Cerasi-Kapelle* (4).

Die beiden Bilder aus dem Jahr 1601 stellen zwei Heiligengeschichten dar.

Die *Bekehrung des heiligen Paulus* lebt, wie alle Werke Caravaggios, von der Bedeutung des Lichts. Hier handelt es sich um das göttliche Licht, das Saulus auf dem Weg nach Damaskus erleuchtet. Doch Caravaggio läßt bei dem erhabenen Vorgange vor allem das übergroß dargestellte Pferd von dem Licht erfassen, bevor es die in Verkürzung wiedergegebene Gestalt des Paulus erreicht.

In der *Kreuzigung des Apostels Petrus* wird seine Vorliebe für diagonale Kompositionen besonders deutlich. Die hier geschilderte Szene ist ganz und gar weltlich dargestellt: Drei gesichtslose Männer mit starken Muskeln heben einen Mann ans Kreuz, dessen Gesicht streng und edel wirkt.

Über dem Altar: *Mariä Himmelfahrt* von **Annibale Carracci**.

★ **Chigi-Kapelle** (5) – Der sehr harmonische Grundriß, ein Werk Raffaels, wurde 1513 von dem einflußreichen Bankier und Förderer der Künste, Agostino Chigi, in Auftrag gegeben. Aus der Renaissance stammen auch der Mosaikschmuck der Kuppel und (nach Zeichnungen Raffaels) die Skulpturen des Jonas und des Propheten Elias in den Nischen sowie das Altarbild von Sebastiano del Piombo, das in subtilen Farben die Geburt Christi darstellt.

Im Barock überzog Bernini auf Auftrag von Fabio Chigi, dem späteren Alexander VII., die Grundfläche der Pyramidengräber von Agostino und Sigismondo Chigi mit grünem Marmor und schuf die Skulpturen von Daniel in der Löwengrube und Habakuk und dem Engel, die aus ihren Nischen herausdrängen; unten ein geflügeltes Skelett mit dem Wappen der Chigi.

In der nächsten Kapelle (6) befindet sich das bronzene Grabmal von Bischof Girolamo Foscari, ein Werk von Vecchietta (um 1412-1480).

IL TRIDENTE

So bezeichnen die Römer im allgemeinen das Gebiet, das die drei Straßen **Via di Ripetta**, **Via del Corso** und **Via del Babuino** umschließt. Ausgehend von der Piazza del Popolo haben sie die Form eines Dreizacks.

Via di Ripetta — Sie verläuft entlang der alten römischen Straße am Tiberufer. Früher hieß sie Via Leonina, da sie 1515 von Leo X. angelegt wurde. Manche Quellen behaupten, daß die Baukosten durch Steuern auf Freudenhäuser finanziert wurden. In dieser Straße, die sich von den beiden anderen Straßen des „tridente" unterscheidet, befinden sich zahlreiche Geschäfte.

Von der Piazza Augusto Imperatore gehen Sie die Via del Corso hinunter bis zur Piazza del Popolo.

Via del Corso — 1 500 m lang, stellt sie eine direkte Verbindung zwischen der Piazza del Popolo und der Piazza Venezia dar. Sie verläuft entlang der antiken Via Flaminia. Im Mittelalter hieß sie „Via Lata". Im 15. Jh. veranstaltete Papst Paul II. hier berühmte Pferderennen. Daher leitet sich ihr heutiger Name ab. In der Renaissance wurden hier herrliche Paläste gebaut. Modegeschäfte und Cafés ziehen die Spaziergänger an.

Das Viertel der Lustbarkeiten — Von jeher war der Corso der Jahrmarkt der Eitelkeiten. Im 18. Jh. gehörte es für eine Dame zum guten Ton, sich hier mit ihrem Galan zu zeigen. Diese Mode wurde zu einer festen Sitte, so daß die Kirche sie schließlich tolerierte und in den Eheverträgen ausdrücklich vermerkt wurde, daß die Gemahlin einen oder mehrere Galane haben durfte.

Während des Karnevals im Februar fanden am Corso Umzüge und Maskeraden statt. Der Höhepunkt der Festlichkeiten war erreicht, wenn die Rennen der Wildpferde begannen. In der Woche bis zum Aschermittwoch erkundeten die Reitknechte mit ihren Pferden allabendlich die Strecke.

Der letzte Karnevalsabend war die Stunde der „Moccoli": Mit einer Kerze in der Hand bemühte sich jeder, die seines Nachbarn auszublasen.

Nur der Karneval von 1809 fiel aus Protest gegen die französische Regierung aus. Pasquino, die berühmte „sprechende Statue", höhnte: „Der Tanzbär gehorcht dem Stock, aber nicht der Mensch" (s. Piazza di Pasquino unter PIAZZA NAVONA).

Goethe, der von Herbst 1786 bis Ostern 1788 incognito in der Via del Corso Nr. 18 wohnte, schilderte den römischen Karneval nachdenklich als ein Fest, „das dem Volk nicht eigentlich gegeben wird, sondern das sich das Volk selbst gibt".

Der Corso ist traditionsgemäß das Viertel der Ausländer. Bevor nämlich die Eisenbahn Rom erreichte, kamen viele über die Ponte Molle (oder Ponte Milvio) und die Porta del Popolo und suchten dann in den Nachbarstraßen ein Quartier.

Am 16. Dezember 1827 notierte Stendhal: „Der Corso, gegen den ich wegen des Geruchs faulen Kohls und der Lumpen, die aus dem Fenster hängen, zwei Jahre lang Unrecht übte, ist vielleicht die schönste aller Welten... Die Paläste, die die Straße säumen, haben viel Stil. Sie sind von erhabener Schönheit..." — Heute stören weit eher die Autoabgase...

In Höhe der Via della Fontanella rechts abbiegen, vorbei an der Via del Babuino erreichen Sie die Via Margutta.

Via Margutta — Mitten im Künstlerviertel von Rom verdankt sie ihren Namen einem kleinen Theater, das im 15. Jh. berühmt war. Dort parodierte man Heldenlieder und spielte *Morgante*, eine Komödie von Luigi Pulci, deren Helden Morgante und Margutte hießen.

Viele Häuser in der Via Margutta, häufig mit Innenhöfen und Gärten oder Balkonen verschönert, haben im Erdgeschoß eine Kunstgalerie. An diesem friedlichen Ort herrscht im Juni und Oktober anläßlich der „Fiera di Via Margutta" Hochbetrieb, wenn zahlreiche Künstler ihre Werke auf der Straße ausstellen.

Die Via Margutta mündet in den **Vicolo d'Alibert**, wo im 18. Jh. das „Damentheater" stattfand: Zum erstenmal wurden im Kirchenstaat die Frauenrollen der Opern auch von Frauen gesungen und nicht mehr von Kastraten.

Biegen Sie in die Via del Babuino ein in Richtung Piazza del Popolo.

Die Via Margutta verdankt ihren Namen einem Barbier, einem gewissen Margutta oder Margutti, der als lustiger und ungehobelter Bursche bekannt war. Er wurde symbolisch von den Künstlern der Straße ausgewählt, weil er ihrer Vorstellung vom Leben so meisterlich entsprach.

PIAZZA DEL POPOLO

Via del Babuino – Sie wurde im Heiligen Jahr 1525 von Klemens VII. angelegt. Der Volksmund gab ihr ihren heutigen Namen, als man eine Satyrstatue entdeckte, die in so jammervollem Zustand war, daß die Römer sie in ihrer Scheußlichkeit mit einem Pavian verglichen. Heute ziert sie den Brunnen in der Nähe der Kirche S. Atanasio. Im Oktober 1823 eröffnete Mme Récamier im Haus Nr. 65 einen literarischen Salon. Die Via del Babuino ist heute bekannt für ihre Antiquitätenläden, häufig in Palästen aus dem 17. und 18. Jh.

Chiesa anglicana di All Saints – Diese anglikanische Backsteinkirche wurde um 1880 von dem Architekten G. E. Street im neogotischen Stil errichtet, der damals in England sehr verbreitet war. Ihr Travertin-Turm wurde 1937 errichtet. Das Innere ist mit vielfarbigem Marmor aus verschiedenen Gegenden Italiens verkleidet.

Zum Pincio gelangen Sie über die Treppe, die zum Piazzale Napoleone I. führt.

Einer mittelalterlichen Legende zufolge war der Nußbaum vom Pincio, der auf den Gebeinen Neros wuchs, von Dämonen befallen, die die Gestalt von Raben annahmen. Dieser Aberglaube wurde zu einem wahren Alpdruck für die Römer, die glaubten, den Geist des Kaisers umherirren zu sehen, der die Qualen der Hölle erlitt.

DER PINCIO

Hier erstreckten sich bis zum 4. Jh. die Gärten der Familie Pinci, nach der der kleine Hügel benannt ist, wo heute die schönsten Gärten Roms liegen. Der Pincio wurde während der napoleonischen Besetzung (1809-1814) nach Plänen von **Giuseppe Valadier** angelegt. Herrliche Pinien, Palmen und Steineichen spenden Schatten auf den einladenden Spazierwegen. Giuseppe Mazzini (1805-1872) säumte sie mit den Statuen italienischer Patrioten.

Von der Terrasse des Piazzale Napoleone I hat man in der Abenddämmerung einen phantastischen **Blick★★★**, wenn die Stadt in das so typische goldene Licht getaucht ist. Am Fuße der Gärten bilden die Piazza del Popolo und die Kuppeln der beiden Kirchen das Tor zum Corso. Direkt gegenüber der Vatikan und seine Paläste, die Kuppel der Basilika Sankt Peter und der grüne Gianicolo; die Engelsburg und der Justizpalast, ganz in Weiß. An der Via del Corso die Kuppel der Kirche San Carlo und hinten die von San Giovanni dei Fiorentini, von Sant' Andrea della Valle, des Pantheons (Flachkuppel) sowie der Chiesa del Gesù (relativ niedrig). Der Blick reicht bis zum Standbild Viktor Emmanuels II.

Mitten auf dem Viale dell'Obelisco, der zum Park der Villa Borghese führt, ließ Pius VII. 1822 den Obelisken aufstellen, der im 16. Jh. in der Nähe der Porta Maggiore gefunden wurde, wo ihn Kaiser Hadrian zum Andenken an seinen jungen Geliebten Antinous errichtet hatte.

Im Viale dell'Orologio befindet sich eine originelle Wasseruhr (**A**), die 1867 von dem Dominikanerpater Giovan Battista Embriago gebaut und bei der Weltausstellung in Paris gezeigt wurde.

Am Viale del Belvedere befindet sich ganz oben die klassizistische Casina Valadier, von der aus man einen herrlichen Blick auf die Dächer der Stadt hat.

Auf einem kleinen Platz mit einem Rundblick über die Stadt hat Rom den **Gebrüdern Enrico und Giovanni Cairoli** (**B**) ein Denkmal gesetzt, die als Patrioten an der Seite Garibaldis gegen die Soldaten des Papstes kämpften. Sie fielen 1867 bei den verlustreichen Schlachten, mit denen der lange Weg zur italienischen Einheit gepflastert war.

Der Rundweg kann durch folgende Besichtigungen ergänzt werden: PIAZZA DI SPAGNA ; VILLA BORGHESE – VILLA GIULIA.

Seit über zweitausend Jahren bezaubert Rom den Besucher. Die Ewige Stadt scheint ihn heimlich zu beobachten, wie er in ihre Gassen eindringt, um ihre zahlreichen Facetten zu entdecken. Jeder Schritt ist eine Entdeckung, hinter jeder Kurve liegt eine Überraschung: eine Kirche, ein Palast, ein Brunnen oder ein Obelisk tauchen plötzlich vor dem bezauberten Besucher auf. Zunächst geht man aufmerksam eine Straße mit viel Verkehr und Lärm entlang, dann biegt man in eine Gasse an und ist jetzt von einer Stille umgeben, die man einen Augenblick vorher nicht für möglich gehalten hätte und die dem Bild der märchenhaften, reichen Paläste, der alten Ruinen und der Läden von ausgestorben geglaubten Berufen erst die richtige Aura verleiht. Als Ewige Stadt bietet Rom dem aufmerksamen Besucher unzählige Eindrücke. Reich an historischen Zeugnissen aus allen Epochen, unsterblich geworden dank der Werke von Architekten, Bildhauern und Malern, die, Meister ihrer Kunst, der Stadt ihre besten Werke gewidmet haben, zeigt sich Rom als eine Mischung aus Gegenwart und Vergangenheit in ewiger Bewegung. Man vertieft sich in die Römerzeit und „stolpert" über die ersten Christen. Man spürt die Harmonie der Renaissance oder die majestätische Größe des Barocks und sieht sich plötzlich wieder mitten im Leben der Gegenwart: auf den malerischen Märkten am Campo dei Fiori oder an der Porta Portese, an der belebten Piazza di Spagna mit Trinità dei Monti, mit dem fröhlichen Lärm der Römer bei den sorglosen Abenden im mondänen Leben der Via Veneto oder voll Romantik am Pincio.

PIAZZA DI SPAGNA★★★
Besichtigung : 2 1/2 Std.

Diese Besichtigungsroute ist die ideale Fortsetzung des zuvor beschriebenen Rundgangs; sie führt durch das sogenannte Tridente-Viertel, das sich im Süden der Piazza del Popolo ausdehnt und von den drei Straßen, die von diesem Platz ausgehen, umgrenzt wird. Die Via del Babuino führt zur Piazza di Spagna, dem lebendig-bunten Platz, von dem die berühmte Spanische Treppe ausgeht. Die Blumenstände mit ihren großen farbigen Sonnenschirmen, die Treppe, die mehrmals im Jahr mit reichem Blumenschmuck versehen wird – im April z. B. mit Azaleen – und die Kirche Trinità dei Monti bieten ein herrliches Bild. Die Via del Corso mit ihren eleganten Schaufenstern ist eine der beliebtesten Straßen Roms. Die Via di Ripetta schließlich führt zu einem der berühmte-sten Bauwerke Roms, zur Ara Pacis Augustae; diesen imposanten Altar hatte der Senat errichten lassen, um dem Frieden, den Augustus der römischen Welt gebracht hatte, ein Denkmal zu setzen. Die drei Straßen sind durch die Via dei Condotti miteinander verbunden. Von dieser Straße, sie zählt zu den elegantesten von ganz Rom, hat man einen herrlichen Blick auf die Trinità dei Monti.

Suchen Sie eine Diskothek?

Da gibt's etwa **Gilda** (via Mario de' Fiori 97), für gutbestückte Geldbeutel. Dafür trifft man hier unter Umständen die Glamourhelden der römischen Klatschspalten.

Spanische Treppe und Trinità dei Monti

PIAZZA DI SPAGNA

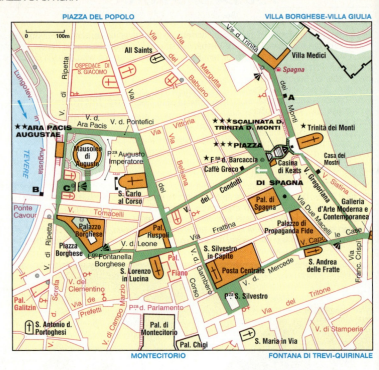

★★★ DER PLATZ

Der weltberühmte Platz mit seiner schönen Treppe ist ein beliebter Treffpunkt der römischen Jugend.

Die aus zwei Dreiecken bestehende **Piazza di Spagna** wurde im 17. Jh. nach dem **Palazzo di Spagna**, dem Sitz der spanischen Botschaft beim Heiligen Stuhl, benannt. Das Viertel, das von der Via dei Condotti, der Via del Corso und der Via della Mercede umschlossen wird, war damals spanisches Territorium. Die Franzosen, denen das Gebiet um das Kloster der Trinità dei Monti gehörte, erhoben Anspruch auf die Piazza di Spagna. Sie nannten einen Teil des Platzes „Piazza di Francia" und rivalisierten mit den Spaniern in der Ausrichtung immer glanzvollerer Feste. Anläßlich des Geburtstages ihrer Königin im Jahre 1681 schmückten die Spanier den Platz mit Pappmaché-Dekorationen. 1685 stellten die Franzosen zur Feier der Abschaffung des Edikts von Nantes überall auf dem Hügel Kandelaber auf und entzündeten an der Trinità dei Monti, die wie ein Altar geschmückt war, ein prächtiges Feuerwerk.

★ **Fontana della Barcaccia** – *Am Fuß der Treppe.* Pietro Bernini, der Vater des großen Bernini, soll den Brunnen (1627-1629) auf Initiative von Papst Urban VIII. erbaut haben. Er besteht aus einer Barke, die in dem Becken unterzugehen scheint und an ihren Enden mit den Sonnen und Bienen des Barberini-Wappens geschmückt ist. Man erzählt, die Idee zu dieser Gestaltung des Brunnens sei dem Bildhauer gekommen, als eines Tages das Tiberhochwasser einen Nachen bis zur Piazza di Spagna getrieben hatte.

Casina di Keats ⓥ – *Piazza di Spagna Nr. 26.* In diesem Haus starb 1821 der englische Dichter **Keats**. Die Räume, die der Romantiker bewohnte, bergen neben Briefen, Manuskripten und Dokumenten aus seinem Leben Exponate, die sich auf Leben und Werk der Dichter Shelley und Lord Byron beziehen. In der Eingangshalle Porträts von Keats und anderen Persönlichkeiten.

★★★ **Scala della Trinità dei Monti (Spanische Treppe)** – Die Treppe, die zwischen 1723 und 1726 von Francesco de Sanctis nach Zeichnungen von Specchi (Schüler C. Fontanas) erbaut wurde, spielt – wie man es im Barockzeitalter liebte – mit perspektivischen Überraschungseffekten.

Am Aufgang der Treppe erinnern die Adler des Wappens von Innozenz XIII. (Conti) und die französischen Lilien daran, daß ihrer Erbauung heftige diplomatische Gefechte zwischen dem Heiligen Stuhl und Frankreich vorausgegangen waren. Seit dem 17. Jh. wollte man eine Treppe anlegen, die die Piazza di Spagna mit der Kirche Trinità dei Monti verbinden sollte. Der französische Botschafter stellte

10 000 Ecus für die Verwirklichung des Projekts zur Verfügung. Kardinal Mazarin, der die Treppe zum Symbol des Ruhms der französischen Monarchie in Rom machen wollte, ließ einen großartigen Entwurf ausarbeiten, der von dem Reiterstandbild Ludwigs XIV. beherrscht wurde. Ein König, dessen Konterfei in der Hauptstadt des Papstes thronte! Das konnte Alexander VII. nicht zulassen. Mit dem Tod des Kardinals (1661) und des Pontifex (1669) war der Streit noch nicht zu Ende. Gelöst wurde das Problem erst von Innozenz XIII. (1721-1724); er akzeptierte den von den Franzosen favorisierten Architekten de Sanctis, während die Franzosen die Idee des Reiterstandbilds Ludwigs XIV. aufgaben. De Sanctis realisierte eine Folge von schmalen und breiten Rampen, die, mehrfach unterbrochen, die Höhenwirkung der Treppenanlage verstärken, sie aber auch graziös und erhaben erscheinen lassen. Von der oberen Terrasse hat man einen schönen Blick auf die Stadt.

Auf der Piazza della Trinità dei Monti wurde 1789 auf Anregung Papst Pius' VI. ein ägyptischen Vorbildern nachempfundener Obelisk aufgestellt; er stand ursprünglich in den Gärten des Sallust.

★ **Chiesa della Trinità dei Monti** – Der französische König Karl VIII. ließ die Kirche 1495 auf Bitten des hl. Franz von Paola für die Minimen des benachbarten Klosters erbauen. Während des 16. Jh. ging der Bau nur langsam voran. 1816 wurde die Kirche, die von französischen Revolutionären stark beschädigt worden war, von dem Architekten Mazois restauriert. Heute ist sie in französischem Besitz. Das Kloster gehört den Nonnen von Sacré-Cœur.

Fassade – Die elegante Vortreppe wurde 1587 von Domenico Fontana erbaut. Die beiden Glockentürme ließ der Herzog de Joyeuse 1588 errichten; als Vorbild dienten die von Giacomo della Porta entworfenen der Kirche S. Atanasio (Via del Babuino). Die Turmuhr kam 1613 hinzu.

Innenraum – Der einschiffige, von ineinander übergehenden Kapellen gesäumte Grundriß erinnert an den gotischer Kirchen in Südfrankreich. Möglicherweise gehen die Pläne der Kirche auf einen Baumeister aus Südfrankreich zurück (Die Kirchenfenster, die früher den Chor schmückten, stammten aus Narbonne). Das Querschiff, der älteste Teil der Kirche, besitzt ein typisch spätgotisches Kreuzrippengewölbe. Die Seitenkapellen sind mit manieristischen Malereien geschmückt. In der dritten Kappelle rechts befindet sich die „Himmelfahrt Mariä" von Daniele da Volterra. Bei der Figur rechts (in rotem Gewand) handelt es sich um ein Porträt Michelangelos; seine Mitarbeiter und Schüler malten an den Seitenwänden den *Kindermord von Bethlehem* und *(rechts)* die *Darstellung im Tempel.*

★ **Kreuzabnahme** – *Zweite Kapelle links.* Dieses – auf Leinwand übertragene – Fresko (1541) ist das Hauptwerk von **Daniele da Volterra**. Bewundernswert, wie der Maler den Bildraum, der von dem toten Körper Christi beherrscht wird, zu gestalten verstand.

Den Viale della Trinità dei Monti nehmen.

Rechts eine Büste des französischen **Schriftstellers Chateaubriand** (**A**), der als Botschafter sein Land in Rom vertrat.

Villa Medici – *Sitz der Académie de France; kann nur zu Ausstellungen besucht werden.*
Die Villa Medici wurde um 1570 für Kardinal Ricci di Montepulciano errichtet. Im 1. Jh. v. Chr. befanden sich hier die Gärten des Lucullus. 1576 ging die Villa an Kardinal Ferdinando de' Medici über. Von der Terrasse vor dem Eingang schöner Blick auf Rom. Den Brunnen ließ Ferdinando de' Medici im Jahre 1587 erbauen. Der Legende nach soll es sich bei der Kugel in der Mitte der Brunnenschale um eine Kanonenkugel handeln, die Christine von Schweden von der Engelsburg aus auf die Villa abgefeuert habe, um den Hausherrn auf diese Weise zu einer Jagdpartie einzuladen.

Académie de France – Die Akademie wurde 1666 unter Ludwig XIV. gegründet; sie sollte talentierten jungen Franzosen die Möglichkeit bieten, die Traditionen der Antike und der Renaissance zu erforschen. Seit 1803 hat sie ihren Sitz in der Villa Medici. Zur Zeit werden jährlich etwa 25 „Pensionäre" für ein oder zwei Jahre in die Akademie aufgenommen.

Von der Trinità dei Monti zur Ara Pacis

Casa dei Mostri (Palazzo Zuccari) – *Am Anfang der Via Gregoriana (Nr. 30).*
Dieses Haus, dessen Portal und zwei Fenster wie Ungeheuer gestaltet sind, die das Maul aufreißen, ist eine Kuriosität. Es beherbergt die Biblioteca Hertziana, die kunsthistorische Abteilung der Max-Planck-Gesellschaft.
Die **Via Gregoriana** war im 17. und 18. Jh. ein vornehmes Wohnviertel.

Durch die Via Gregoriana bis zur Via Crispi gehen.

Villa Medici

Galleria comunale d'Arte moderna e contemporanea ⊙ – *Vorübergehend im Karmeliterkloster (Via Crispi 24) untergebracht.*
Das Museum zeigt Gemälde und Skulpturen, die in ihrer Mehrheit aus der ersten Hälfte des 20. Jh. stammen. Besonders interessant sind die Frauenbüste von Rodin, das Gemälde *Der Zweifel* von Balla, ein herrliches Porträt der Gattin des Künstlers, und das große, starkfarbene Gemälde *Im Park* (2. Obergeschoß) von Amedeo Bocchi. Bemerkenswert sind auch mehrere Werke von Sartorio, Trombadori, Casorati, Morandi und Guttuso (Selbstbildnis).
Die Via Capo le Case nehmen und die Via Due Macelli überqueren.

Palazzo di Propaganda Fide – In dem imposanten Gebäude, das dem Heiligen Stuhl gehört, hat die Kongregation für das Missionswesen ihren Sitz. Sie geht auf die Kongregation zur Verbreitung des Glaubens zurück, die Gregor XV. im Jahre 1622 gründete. Urban VIII. (1623-1644) begann mit dem Bau des Palastes. Als Förderer von Bernini übertrug er diesem die Gestaltung der Fassade an der Piazza di Spagna; Bernini entschied sich ganz unerwartet für eine recht schlichte Formgebung. Unter dem Nachfolger Urbans VIII. fiel Bernini in Ungnade. Der neue Papst, Innozenz X., wandte sich an den einzigen Baumeister, der mit Bernini konkurrieren konnte, an Borromini. Dieser wurde 1644 vom Papst mit dem Bau der Fassade an der Via di Propaganda beauftragt, deren Gesimse und mit komplexen Giebeln bekrönte Fenster vom Erfindungsreichtum des brillanten Architekten zeugen. Die kleine **Kirche dei Re Magi** (Dreikönigskirche) ⊙ (1666 erbaut) im Inneren des Palastes *(rechts vom Portal an der Via di Propaganda – Nr. 1/c)* ist ebenfalls ein Werk Borrominis.

Chiesa di Sant'Andrea delle Fratte – Die Kirche liegt an der Via di Capo Le Case, deren Name (Häusergrenze) darauf hinweist, das sich hier im Mittelalter die Nordostgrenze der Stadt befand. Auch der Name der Kirche, der schon im 12. Jh. existierte, erinnert an die Vergangenheit; er spielt auf das Dickicht (le fratte) an, mit dem die Gegend früher überzogen war. Anfang des 17. Jh. wurde mit dem Wiederaufbau der Kirche begonnen; Borromini vollendete sie.
Von der Via di Capo Le Case schöner Blick auf **Kampanile★** und Kuppel der Kirche. In diesen beiden Bauelementen ließ Borromini seiner reichen Phantasie freien Lauf.
Die Fassade stammt aus dem 19. Jh. Im Innern, am Choreingang, zwei **Marmorengel★** mit Kreuzesinschrift und Dornenkrone. Die beiden äußerst eleganten Engel, die Bernini im Jahre 1669 schuf, sind stilistisch dem Rokoko sehr nah. Ursprünglich sollten sie zwischen den zehn Statuen Aufstellung finden, die Klemens IX. für die Engelsbrücke in Auftrag gegeben hatte. Doch der Papst fand sie so schön, daß er sie nicht Wind und Wetter aussetzen wollte. So blieben sie bis 1729 im Besitz der Familie Bernini und wurden dann hierher gebracht.
Die Via della Mercede nehmen.

PIAZZA DI SPAGNA

Die **Piazza San Silvestro** wird von der Fassade der Hauptpost beherrscht, die man im 19. Jh. in einem an die Kirche San Silvestro in Capite angrenzenden Kloster unterbrachte. Der Platz, der ständig von Bussen und Taxis angefahren wird, an dem mit Kirche, Café, Post und Zeitungshändler wichtige und häufig aufgesuchte Institutionen liegen, eignet sich hervorragend zur Beobachtung des römischen Alltagslebens.

Die Via del Gambero nehmen, dann links in die Via Frattina einbiegen und bis zur Piazza S. Lorenzo in Lucina spazieren.

Chiesa di San Lorenzo in Lucina – Die Kirche wurde im 12. Jh. über einem „Titulus" *(s. Einleitung, Das christliche Rom)* aus dem 4. Jh. gebaut. Das Haus gehörte einer gewissen „Lucina". Aus dem Mittelalter stammen der Glockenturm, das Portal und die Löwen an den beiden Seiten des Portals.
Im Innern ließ Chateaubriand als Botschafter Frankreichs Nicolas Poussin ein kleines Denkmal (an dem Pfeiler zwischen der 2. und 3. Kapelle rechts) setzen. Der Maler hatte lange Jahre in Rom verbracht. In der vierten Kapelle rechts befindet sich die Büste des Arztes Gabriele Fonseca, ein etwas pathetisches Spätwerk Berninis (1668) *(im hinteren Bereich der Kapelle, links).*

Die Via del Leone nehmen und bis zum Largo Fontanella Borghese gehen.

Der Platz bietet einen interessanten Blick auf die Kirche Trinità dei Monti.

Palazzo Borghese – Die Ende des 16. Jh. errichtete Fassade an der Piazza Borghese ist in ihrer vornehmen Strenge typisch für die Gegenreformation. Das Gebäude wurde von Kardinal Camillo Borghese erworben, der 1605 unter dem Namen Paul V. den Papstthron bestieg. Der Innenhof *(Eingang am Largo della Fontanella di Borghese)* mit seinen Loggien, Statuen, Brunnen und Rocaillearbeiten zeugt noch heute vom glanzvollen Leben der großen Familien im 17. Jh. Papst Paul V. übertrug den Palast seinen Brüdern, die den Architekten Flaminio Ponzio (1560-1613) beauftragten, ihn zum Tiber hin zu vergrößern. Von F. Ponzio stammt die pittoreske Fassade an der Via di Ripetta, die früher am Stadthafen Ripetta lag.
Auf der Piazza Borghese findet der schöne **Mercato dell'Antiquariato** statt, ein Markt, auf dem alte Drucke, Stiche und Bücher feilgeboten werden. Wenn man etwas Glück hat, kann man sogar noch Kupferstiche aus dem 17. Jh. entdecken. Der Markt ist das ganze Jahr über geöffnet – es bietet sich geradezu an, hier die Stadtbesichtigung zu unterbrechen und ganz einfach von Stand zu Stand zu bummeln.

Von der Via di Ripetta zur Piazza Augusto Imperatore gehen.

Rechts von der Ponte Cavour liegt ein kleiner Kiosk (**B**), an dem man die berühmten *Grattachecche* – zerstoßenes Eis mit Fruchtsirup – kosten kann.

Fontana della Botticella (**C**) – Der Brunnen wurde 1774 von der Schiffervereinigung von Ripetta in Auftrag gegeben. Schöner Blick auf Apsis und Kuppel von S. Carlo al Corso.

Mausoleo di Augusto – Die Ruine des Mausoleums steht auf der Piazza Augusto Imperatore, die 1940 angelegt wurde und von Gebäuden im Stil des Faschismus umgeben ist.
Das – wie das Mausoleum des Hadrian (Engelsburg) – den etruskischen Tumulusgräbern nachempfundene Augustus-Mausoleum (28 bis 23 v. Chr.) war eines der berühmtesten Bauwerke der Antike. Auf rechteckigem Grundriß erhob sich ein zylindrischer Teil, der von einem mit Zypressen bepflanzten Erdhügel bekrönt wurde. Zwei Obelisken, römische Nachbildungen ägyptischer Obelisken, flankierten den Grabeingang an der Südseite. Heute zieren sie die Piazza dell'Esquilino und den Quirinalsplatz. Die Grabkammer im Zentrum des Mausoleums war dem Kaiser vorbehalten; um sie herum waren die Räume angeordnet, die für andere vornehme Mitglieder des Julisch-Claudischen Hauses bestimmt waren.
Im Mittelalter wurde das Mausoleum von der Familie Colonna zur Festung ausgebaut; Gregor IX. (1227-1241) riß es nieder und entnahm die Travertin-Blöcke. 1936 wurde der Theatersaal, den man im Mausoleum eingerichtet hatte, geschlossen, und man restaurierte, was von dem Bau übriggeblieben war.

★★ ARA PACIS AUGUSTAE ⊙

Der Altar steht – von einem modernen Überbau geschützt – zwischen dem Augustus-Mausoleum und der Uferstraße Lungotevere in Augusta.

Der Altar des Augusteischen Friedens wurde auf Anordnung des Senats errichtet und im Jahr 9 v. Chr. eingeweiht. Er war als Denkmal zu Ehren des Augustus gedacht, der die römische Welt befriedet und auch in Rom selbst dem seit zwanzig Jahren andauernden Bürgerkrieg ein Ende gesetzt hatte. Ursprünglich stand der Altar am Marsfeld an der Via Flaminia (heute Via del Corso), etwa dort, wo sich heute der Palazzo Fiano befindet. Anläßlich der Hundertjahrfeier der Hauptstadtwerdung Roms (1970) konnte man das Monument besichtigen. Zuvor war es mit Hilfe von Fragmenten und Abgüssen rekonstruiert worden, die man bei Ausgrabungen gefunden oder aus verschiedenen Museen zusammengetragen hattte. Eine Reihe von unauffindbaren Originalen wurde durch Nachbildungen ersetzt. Der Ara Pacis ist ein Meisterwerk des „goldenen Zeitalters" des Augustus, das als Blütezeit der römischen Kunst gilt. Er besteht aus einem Altar, der von einer marmornen, mit Flachreliefs geschmückten Umfassungsmauer umgeben ist. Auf zwei Seiten der Mauer sind Öffnungen ausgespart. Die Öffnung, die dem Marsfeld zugewandt war, war der Haupteingang und wurde vom Pontifex Maximus benutzt, wenn er mit anderen Priestern und Vestalinnen zum Altar schritt; der hintere Eingang war den jungen Assistenten der Priester („Camillen"), den Opferpriestern und den Opfern vorbehalten.

Außenseite der Umfriedungsmauer – Der untere Teil der Umfassungsmauer ist mit Akanthusornamenten geschmückt; dazwischen sind fein gearbeitete, realistisch gestaltete Schwäne zu erkennen. Der Haupteingang wird von zwei Reliefs gerahmt; das rechte stellt das Opfer des Aeneas dar und das linke, nur sehr fragmentarisch erhaltene, den Hirten Faustulus, der Romulus und Remus entdeckte. Die beiden Szenen beziehen sich auf den Gründungsmythos Roms und sind als Huldigung an Augustus zu verstehen, der sich als Nachkomme des Aeneas begriff.

An der an der Via di Ripetta gelegenen Seite soll die Prozession dargestellt sein, in der sich die kaiserliche Familie am Tag der Einweihung zum Ara Pacis begab. Einige Teilnehmer konnte man identifizieren: An der Spitze Augustus (unvollständig); die große Gestalt hinter den vier Flamines und dem Opferpriester (mit der Axt über der Schulter) ist wahrscheinlich sein Schwiergersohn Agrippa; weiter hinten (rechts) dreht sich Antonia um, um ihrem Gatten Drusus, dem Schwiegersohn des Augustus, etwas zu sagen. Auch Anekdotisches ist enthalten: Die jungen Eheleute werden von einer älteren Frau, die einen Finger auf den Mund legt, zur Ruhe angehalten. Man beachte, wie liebevoll die beiden Kinder hinter Drusus dargestellt sind.

Auf der Seite, an der sich der rückwärtige Eingang befindet, sieht man rechts ein größtenteils zerstörtes Relief: Es zeigte die Göttin Roma, die Personifizierung Roms, als Herrscherin der Welt auf einem Stapel Waffen sitzend. Links ein schönes Relief mit der Erdgöttin Tellus; die beiden Gestalten, die sie umgeben, symbolisieren Wind und Wasser. Der Realismus der Szene – ein Schaf grast zu Füßen der Göttin, auf ihrem Schoß spielen Kinder – ist typisch für die römische Kunst. Beide Reliefs erinnern an das Wirken des Augustus, der der Welt den Frieden (Pax romana) brachte, und daran, daß man ohne Frieden aus der Fruchtbarkeit der Erde keinen Nutzen ziehen kann. Auf der dem Tiber zugewandten Seite sollen Mitglieder verschiedener Priesterkollegien abgebildet sein.

Ara Pacis – Weihezug des kaiserlichen Hofstaats

Innenseite – Im unteren Teil der Wände wird durch breite Stäbe der Lattenzaun angedeutet, der den Altar am Tag der Einweihung umgab; den oberen Teil schmücken Girlanden aus Blumen und Früchten, Gefäße sowie die Köpfe der geopferten Ochsen, die auf den Zaun aufgespießt worden waren.

Der von geflügelten Löwen gerahmte Altar ist mit Friesen versehen, deren kleine Figuren klar herausgearbeitet sind.

PIAZZA DI SPAGNA

An der der Via di Ripetta zugewandten Außenseite des modernen Überbaus kann man eine Reproduktion der „Res Gestae" sehen, des Rechenschaftsberichts, den Augustus selbst verfaßte und der auch sein Testament enthielt. Das Original war auf Bronzeplatten eingraviert, die am Eingang seines Mausoleums angebracht waren. Eine Kopie dieses Berichts wurde im Augustus-Tempel in Ankara (dem antiken Ankyra in Kleinasien) gefunden.

Zur Via del Corso gehen.

Auf dem Weg zur Via dei Condotti

Chiesa di San Carlo al Corso – 1471 erhielten die in Rom ansässigen Lombarden von Papst Sixtus IV. eine kleine Kirche. Sie bauten sie neu auf und weihten sie dem hl. Ambrosius, der im 4. Jh. Bischof von Mailand gewesen war. 1610 wollten sie die Kirche zu Ehren des Erzbischofs von Mailand, Karl Borromäus – er war gerade heiliggesprochen worden – vergrößern. Der vollständige Name der Kirche lautet daher Sant'Ambrogio e San Carlo al Corso. 1612 wurde mit dem Bau begonnen; vollendet war er erst Ende des 17. Jh. Im Inneren trifft man auf einen – in Rom sehr seltenen – Chorumgang, wie man ihn von den Kirchen nördlicher Länder kennt. In einer Kapelle hinter dem Hauptaltar wird das Herz des hl. Karl Borromäus aufbewahrt. Die **Kuppel**★ geht auf Pietro da Cortona (1668) zurück. Die im 19. Jh. restaurierte Apotheose der hll. Ambrosius und Karl Borromäus auf dem Hochaltar ist eines der bedeutendsten Werke von Carlo Maratta (1685-1690); der Tabernakel an dem Pfeiler links vom Hochaltar stammt aus dem 15. Jh.

Palazzo Ruspoli – Der Palast (16. Jh.), in dem Napoleon III. seine Jugendjahre verbrachte, ist heute Sitz einer Bank. Er besitzt eine aus antiken Marmorblöcken errichtete Treppe und enthält schöne Fresken von Jacopo Zucchi (1586-90).

Das ganze Jahr über werden in dem Palast wechselnde Ausstellungen gezeigt (Eingang Via del Corso Nr. 418/A).

Die Via dei Condotti nehmen.

Via dei Condotti – Diese Straße ist eine der bekanntesten Roms; früher hieß sie Via Trinitatis. Ihr heutiger Name leitet sich von der Wasserleitung (condotti) ab, die in der Antike hier vorbeiführte und das Wasser zu den Agrippa-Thermen brachte.

„Caffè Greco" – Ein Grieche eröffnete im Jahre 1760 dieses Café, das zu einem Treffpunkt für Künstler und Literaten wurde. Goethe, Berlioz, Wagner, Leopardi, d'Annunzio, Stendhal und viele andere Berühmtheiten verkehrten hier. In dem schmalen Hinterzimmer des Cafés, wegen seiner Enge „Omnibus" genannt, hängen Porträts der illustren Gäste. Man kann sich die Eleganz dieses Ortes vorstellen und ahnt, welchen Unwillen Papst Leo XII. erregte, als er am 24. März 1824 seinen Untertanen unter Androhung einer Galeerenstrafe von drei Monaten untersagte, das Café zu besuchen. Die Tür mußte geschlossen bleiben, und der Wirt konnte seine Kunden nur noch durch eine kleine Öffnung in der Vorderfront bedienen.

An diesen Rundgang können sich folgende Besichtigungsgänge anschließen: FONTANA DI TREVI – QUIRINALE ; MONTECITORIO ; PIAZZA DEL POPOLO ; VILLA BORGHESE – VILLA GIULIA.

PIAZZA VENEZIA★★

Besichtigung : 1 1/2 Std.

Alle großen Verkehrswege der Stadt führen zur Piazza Venezia; viele Reiseführer empfehlen den Touristen, sich hier zu verabreden, da auch der Neuankömmling den Platz, der von dem imposanten Denkmal für Vittorio Emanuele II. (Vittoriano) beherrscht wird, nicht verfehlen kann.

★ DER PLATZ

Früher war die Piazza Venezia weitaus schmaler als heute. Die Südseite wurde vom Palazzetto Venezia abgeschlossen, im Westen stand als dessen Pendant der Turm des berühmten Palazzo Venezia. 1911, während der Bauarbeiten zum Denkmal für Vittorio Emanuele II., wurde der Palazzetto an seinen heutigen Standort im rückwärtigen Bereich der Piazza S. Marco versetzt. Dabei erhielt man zwar freie Sicht auf das Vittoriano; die Ausgewogenheit des alten Renaissanceplatzes wurde jedoch empfindlich gestört.

PIAZZA VENEZIA

Hinter dem Palazzo Venezia erhebt sich die schöne Chiesa del Gesù, die Hauptkirche der Jesuiten in Rom.

Zum Denkmal Viktor Emanuels II. (Vittoriano) gehen.

Von hier aus ergibt sich ein schöner typischer Blick auf Rom; man sieht die Kuppeln der Kirchen Santa Maria di Loreto und Santissimo Nome di Maria sowie den Pinienhain, aus dem die Trajanssäule emporragt.

MONUMENTO A VITTORIO EMANUELE II (VITTORIANO)

Das gewaltige, von **G. Sacconi** entworfene Denkmal (Baubeginn 1885, Einweihung 1911) wurde zu Ehren von König Viktor Emanuel II. errichtet, der 1870 aus Italien ein vereinigtes Königreich – mit Rom als Hauptstadt – gemacht hatte.
Der grell-weiße Kalkstein steht in starkem Kontrast zu den warmen, goldbraunen Farben, die sonst in Rom vorherrschen; der pompöse, großsprecherische Baustil paßt nicht recht in diese Stadt. Deshalb ist das „Vittoriano" stets Gegenstand heftiger Kritik gewesen. Eine breite Freitreppe mit zwei Gruppen allegorischer Figuren aus vergoldeter Bronze, die den *Gedanken* und die *Tat* darstellen, führt zum Altar des Vaterlandes. Hier teilt sich die Treppe in zwei Rampen, über die man das Reiterstandbild Victor Emanuels II. und den konkaven Portikus erreicht. Bekrönt wird das Denkmal von zwei Bronze-Quadrigen, die geflügelte Siegesgöttinnen tragen. Die beiden Brunnen rechts und links der Freitreppe stellen das *Tyrrhenische* und das *Adriatische Meer* dar.

Tomba di Bibulo – Vom Grab des vor zweitausend Jahren gestorbenen plebejischen Ädilen Caius Publicius Bibulus ist nur ein kleiner Mauerrest übriggeblieben. Die Ruine aus Travertin und Backstein ist jedoch von großem archäologischem Wert. Da eine Bestattung innerhalb der Stadt nicht erlaubt war, kann man aus dem Standort des Grabes folgern, daß die römische Stadtmauer im 1. Jh. v. Chr. am Fuße des Kapitols verlief und daß die Via Flaminia, die große nördliche Ausfallstraße *(heute Via del Corso; s. Karte S. 24 Rom zur Kaiserzeit),* hier ihren Ausgang nahm.

Altare della Patria (**A**) – Das Grab des Unbekannten Soldaten zu Füßen des Standbilds der Roma birgt die sterblichen Überreste eines Soldaten, der im Ersten Weltkrieg gefallen ist.

Reiterstandbild Viktor Emanuels II. (**B**) – Am 4. Juni 1911 wurde die von **E. Chiaradia** geschaffene Statue in Anwesenheit des Königs enthüllt. Auf der Piazza Venezia hatte sich eine große Menschenmenge versammelt, auch Veteranen von Garibaldis Truppen nahmen an der Zeremonie teil. Einem Zeitzeugen verdanken wir die Informationen, daß die Statue aus 50 t Bronze in einer Gießerei im Trastevere-Viertel gefertigt wurde – und daß der Schnurrbart Seiner Majestät einen ganzen Meter lang ist.

Denkmal für König Vittorio Emanuele II.

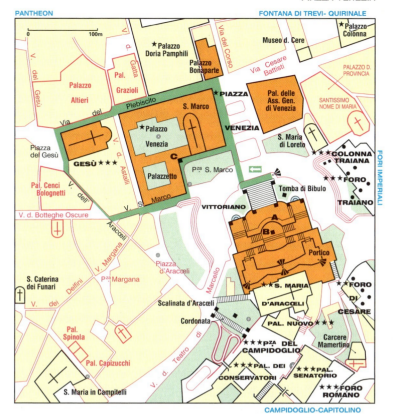

Portikus – *Vorübergehend geschlossen.* Einmaliger **Blick**★★ auf die Stadt.

Vom rechten Flügel sieht man, im Vordergrund, Santa Maria d'Aracœli und das Kapitol; jenseits des Tibers, den Gianicolo, die Kuppel des Petersdoms, die Vatikanstadt und die Engelsburg; wieder auf der linken Seite des Flusses, die berühmten Kuppeln der Kirchen S. Andrea della Valle und Il Gesù sowie die abgeflachte Kuppel des Pantheons.

In der Mitte – gegenüber, die Piazza Venezia und in gerader Linie, bis zur Piazza del Popolo, die Via del Corso; am Anfang der Straße, links, steht der **Palazzo Bonaparte** (1660) – er gehörte einst der Mutter Napoleons.

Vom linken Flügel hat man eine gute Aussicht auf die Anlage der Kaiserforen (Cäsar-, Trajan- und Augustus-Forum). Ziemlich weit hinten erkennt man, links vom Kolosseum, die Statuen der Basilika S. Giovanni in Laterano; rechts vom Kolosseum die Maxentiusbasilika, den Glockenturm und die Fassade von S. Francesca Romana; im Vordergrund die Kuppel von S. Luca e Martina.

★PALAZZO VENEZIA

Mit diesem Palast (der sich von der Piazza Venezia bis zur Via del Plebiscito und zur Via degli Astalli ausdehnt) trat der Renaissancestil zum ersten Mal ganz zaghaft an einem profanen Bau in Erscheinung.

Geschichtliches – Nachdem Pietro Barbo von seinem Onkel Eugen IV. die Kardinalswürde erhalten hatte, ließ er sich in einem kleinen Haus unweit des Kapitols nieder. 1455 begann der Kardinal mit dem Bau eines Palastes, der seinem Rang entsprach. Als er dann 1464 unter dem Namen **Paul II.** zum Papst gewählt wurde, nahmen die Pläne noch umfangreichere Ausmaße an. Wie die meisten Renaissancepäpste erbaute Paul II. als militärischer Befehlshaber zwar Festungen, war zugleich aber auch ein großer Freund der Künste. Nur von den Humanisten hielt er nicht viel. Sein Streit mit dem Gelehrten Platina, der von ihm selbst in das Kollegium der Prälaten der Apostolischen Kanzlei berufen worden war, ging in die Annalen ein. Wegen aufrührerischer Gedanken aus den Diensten des Vatikans entlassen, drohte Platina, die Fürsten gegen den Papst aufzuwiegeln und gründete eine Akademie, deren Versammlungen in den Katakomben großes Aufsehen erregten. Paul II. ließ den Rebellen gefangennehmen und drohte, ihn zu enthaupten; doch Platina kam mit ein paar körperlichen Züchtigungen und der Auflösung seiner Akademie davon.

PIAZZA VENEZIA

Der Papst erlebte die Fertigstellung seiner Residenz nicht mehr, er starb 1471. Sein Neffe vollendete den Bau, der im Laufe der Jahrhunderte mehrere Veränderungen erfuhr. Unter Sixtus IV. (1471-1484) kam der „Palazzetto" mit seinem von Säulen umgebenen Garten hinzu. Mehrere Päpste – von Alexander VI. bis Klemens VIII. (Anfang 17. Jh.) – residierten hier.

Unter Paul III. (1534-1549) entstand eine überdachte Galerie, die den päpstlichen Palast mit dem Aracœli-Kloster auf dem Kapitol verband, in dem die Päpste gern den Sommer verbrachten. Der heutige Name des Palazzos geht auf Pius IV. zurück; er trat 1564 einen Teil des Palastes an die Republik Venedig ab, die hier ihre Botschafter unterbrachte. 1806, unter Napoleon, wurde der Palast Sitz der französischen Verwaltung. 1910 stand der Palazzo erneut im Zentrum der Geschichte. Damals beschloß die italienische Regierung, vor dem Denkmal Viktor Emanuels II. einen weitläufigen Platz anzulegen. Die Galerie Pauls III. wurde abgerissen, der Palazzetto am Fuße des Turms im Südwesten abgetragen und an der Ecke Piazza di San Marco/Via degli Astalli sogleich wiederaufgebaut. In dieser Zeit errichtete man auf der anderen Seite der Piazza Venezia den **Palazzo delle Assicurazioni Generali di Venezia**, der dem Palazzo Venezia nachempfunden ist.

Mussolini richtete im 1. Stock des Palastes sein Arbeitskabinett ein. Heute beherbergt der Palazzo Venezia ein Museum und ist Sitz der Bibliothek des Instituts für Kunst und Archäologie. Der im 18. und 19. Jh. sowie von 1924 bis 1936 mehrfach restaurierte Palast gehört zu den prächtigsten Gebäuden der Stadt.

Äußeres – In der Zinnen-Bekrönung der auf die Piazza Venezia weisenden Fassade und in dem mächtigen Turm im Südosten des Gebäudes zeigen sich noch Reminiszenzen der strengen Architektur mittelalterlicher Festungen. Die steinernen Fensterkreuze jedoch, die Portale an der Piazza Venezia und an der Via del Plebiscito, und vor allem die elegante Fassade der Basilica di San Marco sind schöne Beispiele der Renaissancekunst.

Statue der Madama Lucrezia (C) – Die Statue befindet sich an der Piazza di San Marco, dort wo der Palazzo Venezia und der Palazzetto zusammentreffen; wahrscheinlich gehörte sie zu dem Isis-Tempel auf dem Marsfeld.

Mit Pasquino, Marforio und Abate Luigi *(s. unter diesen Namen)*, ihrem bevorzugten Gesprächspartner, gehört die Skulptur der Madama Lucrezia zur Gruppe der sogenannten sprechenden Statuen.

Inneres – *Man betritt den Palast von der Piazza di San Marco aus; Eingang neben der Statue der Madama Lucrezia. Hinter den strengen Fassaden der römischen Renaissancepaläste verbergen sich oft Säle von ungeahnter Pracht.*

Hof – In dem Hof, der an zwei Seiten von einem eleganten, unvollendeten Portikus (Werk von Giuliano da Maiano, 1432-1490) gesäumt wird, liegt ein schöner Garten. An der Ostseite befindet sich die in den Palast integrierte Basilica di San Marco mit ihrem mittelalterlichen Turm. Der hübsche Brunnen stammt aus dem 18. Jh. Er zeigt Venedig, die „Serenissima", die, den Löwen von San Marco zu ihren Füßen, ihren Ring ins Meer wirft, um die Verbindung der Stadt mit dem Meer zu unterstreichen.

Museo di Palazzo Venezia ⊘ – *1. Stock*. Die ersten Säle sind der Kunst des Mittelalters gewidmet; sie zeigen sehr schöne Objekte, die zum Teil aus der Sammlung (17. Jh.) des Jesuiten Athanasius Kircher stammen. Dazu gehören wertvolle alte Keramiken, z. B. aus Orvieto (14. Jh.) **(Saal IV)**. Saal V birgt einen wundervollen byzantinischen **Christus Pantokrator**★★ aus Email (2. Hälfte 13. Jh.), ein fein ziseliertes **Elfenbein-Triptychon**★ (10. Jh., ebenfalls byzantinisch) und einen kleinen Frauenkopf aus Bronze, der 1248 von Nicola Pisano angefertigt wurde. Das Orsini-Kreuz aus getriebenem Silber in **Saal VI** wurde im 14. Jh. in den Abruzzen hergestellt. Im gleichen Saal kann man die Decke des Palazzo Altoviti (1553) bewundern: Man erkennt die Erdgöttin Ceres, die von 12 Medaillons umgeben ist, in denen die Feldarbeit im Verlaufe eines Jahres geschildert wird. In den anderen Flügeln des Museums sind Fayencen, Porzellan, eine bedeutende Sammlung kleiner Bronzen (15.-17. Jh.) sowie eine Sammlung von Terrakotten zu sehen. Auch die Gemäldegalerie verdient einen Besuch.

Die **Gemächer Pauls II.** (die auf die Piazza Venezia und die Via del Plebiscito hinausgehen) umfassen die Sala Regia, in der die Botschafter auf ihre Audienz beim Papst warteten, die Sala delle Battaglie (nach den Schlachten des Ersten Weltkriegs benannt), die Sala del Concistorio, das ehemalige Konsistorium, in dem sich die Kardinäle versammelten, und die Sala del Mappamondo, die seinen Namen der Weltkarte verdankt, die hier im 15. Jh. auslag (die gemalte Scheinarchitektur an den Wänden stammt von Mantegna und wurde im 20. Jh. restauriert). Mussolini pflegte vom Balkon aus seine Reden an die auf der Piazza Venezia versammelte Menschenmenge zu halten.

PIAZZA VENEZIA

Basilica di San Marco – Die im Jahre 336 unter Papst Markus gegründete Basilika ist dem Evangelisten Markus geweiht. Im 9. Jh. baute Gregor IV. sie neu auf. Bei Ausgrabungen wurden Überreste des Baus aus dem 4. Jh. freigelegt – sowie die Krypta aus dem 9. Jh., in der Gregor IV. die Reliquien der persischen Märtyrer Abdon und Sennen hatte aufbewahren lassen. Den Turm erhielt die Kirche, die 1455 von Kardinal Pietro Barbo in den Palazzo Venezia eingegliedert und umgebaut wurde, im 12. Jh. Im 17. und 18. Jh. wurde sie restauriert und erneut umgestaltet.
Die schöne **Renaissancefassade**★ an der Piazza San Marco wird Giuliano da Maiano oder Leon-Battista Alberti zugeschrieben. Sie besteht aus (im Obergeschoß breiter werdenden) Arkaden und wirkt sehr elegant. Unter dem Portalvorbau befinden sich u. a. die Einfassung eines mittelalterlichen Brunnens und die Grabplatte von Vanozza Caetani, der Mutter der Kinder von Papst Alexander VI., Cesare und Lucrezia Borgia (s. CAMPO DEI FIORI).
Die prachtvolle **Innengestaltung**★ ist ein Beispiel für das typisch römische Ineinandergreifen verschiedener Stilepochen. Der mittelalterliche Grundriß einer dreischiffigen Basilika wurde beibehalten. Aus dem 15. Jh. stammen die elegante Kassettendecke mit dem Wappen Pauls II. sowie die hohen Fenster. Die Stuckverzierungen und Malereien im Mittelschiff gehen auf das 18. Jh. zurück; sie stellen Szenen aus der Legende der Märtyrer Abdon und Sennen dar.
Das Apsismosaik, das Gregor IV. im 9. Jh. anfertigen ließ, ist erhalten geblieben.
Rechts neben Christus bietet der Papst, von anderen Heiligen umgeben, seine Kirche dar. Darunter die zwölf Lämmer (Apostelsymbole), die auf einer Blumenwiese auf das Lamm Gottes zugehen.
Der Triumphbogen zeigt eine Büste Christi als Erlöser sowie die Evangelisten und die Apostel Petrus und Paulus.
In der Sakristei *(Besichtigung auf Anfrage)* wird ein schönes Ziborium (15. Jh.) von Mino da Fiesole und Giovanni Dalmata aufbewahrt; eine Zeitlang schmückte es den Hauptaltar.
Von der Via S. Marco aus rechts in die Via dell'Aracœli einbiegen und bis zur Piazza del Gesù gehen.

★★★ CHIESA DEL GESÙ

Die Kirche Il Gesù beherrscht den gleichnamigen Platz, auf dem häufig ein starker Wind geht. Nach einer römischen Legende soll der Teufel den Wind gebeten haben, auf ihn zu warten, während er in die Kirche gehe. Doch er kam nie wieder heraus – und der Wind wartet immer noch.
Die Chiesa del Gesù ist die Hauptkirche der Jesuiten in Rom. Die Gesellschaft Jesu wurde 1540 von dem Spanier Ignatius von Loyola gegründet. Nach dem Konzil von Trient wurde sie zur Hauptbetreiberin der Gegenreformation, deren oberstes Ziel die Bekämpfung der Thesen Martin Luthers und Calvins war. 1568 wurde der Bau einer Kirche im Herzen Roms beschlossen: Kardinal Alessandro Farnese (der Große Kardinal) verpflichtete sich, das Projekt zu finanzieren und beauftragte seinen Lieblingsarchitekten Vignola mit dem Bau. Der General der Jesuiten engagierte den jesuitischen Baumeister Pater Giovanni Tristano und hieß ihn, darauf achten, daß in der Gestaltung der Kirche den Erfordernissen der Ordensregel Genüge getan werde.

Fassade – Man entschied sich für den Entwurf von **Giacomo della Porta** (1575). Die erhabene und strenge Bauweise ist kennzeichnend für den Übergang zwischen Renaissance und Barock und wurde lange als „jesuitischer Stil" bezeichnet. Die heutigen Kunsthistoriker lehnen diese Bezeichnung jedoch ab, da die Jesuiten weder einen neuen Baustil noch einen neuen Architekturtypus durchgesetzt haben. Rom gab allenfalls praktische Ratschläge für die Errichtung von Bauten der Gesellschaft im Ausland. In einigen, wenigen Fällen – wie bei der Kirche St-Paul-St-Louis in Paris – wurde ihr Stil außerhalb Roms kopiert.
Die zweigeschossige Fassade bietet dank der mächtigen Voluten und der doppelten Dreiecks- und Segmentgiebel ein einheitliches Bild. Sie zeigt Bewegungselemente – hervortretende Säulen, die die flachen Pilaster der Renaissance ersetzen, vorkragende Bauteile, Licht- und Schatten-Effekte -, die später für den Barock typisch sein sollten. Die hohe und sehr breite Kuppel ist zum Teil hinter der Fassade verborgen; ihre ganze Pracht läßt sich nur aus der Ferne, von einem Aussichtspunkt aus, erfassen.

Inneres – Der überreiche Schmuck (poychromer Marmor, Fresken, Skulpturen, Bronze, Gold und Stuck), der den Innenraum überzieht, steht in auffallendem Gegensatz zur Außenarchitektur.

179

PIAZZA VENEZIA

Ein Kontrast, der dadurch zu erklären ist, daß die Innendekoration nahezu hundert Jahre später, mitten im Barockzeitalter realisiert wurde, in einer Zeit, in der das Papsttum wieder die Oberhand gewonnen hatte.

Der sehr majestätisch wirkende **Grundriß** eines lateinischen Kreuzes kam dem Bestreben der Gesellschaft Jesu entgegen, dem Volk durch Predigten die Zeremonien, an denen es teilnahm, verständlich zu machen. Deshalb gibt es nur ein einziges breites und helles Kirchenschiff, von dem aus die Gläubigen die Handlungen des Priesters verfolgen und mit ihm die Gebete sprechen können. Auch auf die Akustik wurde großer Wert gelegt; die Gesänge zum Ruhme Gottes und der Heiligen sollten in bestmöglichem Klang erklingen.

Ausstattung und Dekor aus der Zeit der Gegenreformation sollten den Lehren des Konzils von Trient Nachdruck verleihen. So sind etwa in der dritten Kapelle rechts (1) zwei von der Reformationsbewegung heftigst kritisierte Elemente des katholischen Glaubens dargestellt, die Engel und die Fürsprache der Muttergottes für die Seelen im Fegefeuer. Der Barockschmuck aus dem 17. Jh. ist triumphaler Ausdruck der – nach dem Sieg über die Türken bei Lepanto (1571) und nach der Abkehr des französischen Königs Heinrich IV. (1593) vom Protestantismus – wiedererstarkten römisch-katholischen Kirche.

★★ **Fresken von Baciccia** — Es ist Bernini zu verdanken, daß Giovanni Battista Gaulli, genannt Baciccia, 1672 mit dem Freskenschmuck beauftragt wurde. Der *Triumph des Namens Jesu* im Deckengewölbe des Kirchenschiffs ist das Hauptwerk dieses Künstlers, der fürderhin als einer der bedeutendsten Barockmaler galt. Das 1679 fertiggestellte Werk ist eine gelungene Komposition mit zahlreichen Trompe-l'œil-Effekten. Der Übergang von den Reliefverzierungen Antonio Raggis zu den bemalten Flächen ist wunderbar gelöst. Die Körper der Verdammten, die im Tumult des Geschehens

Il Gesù – Altar des hl. Ignatius von Loyola

fortgerissen werden, sprengen den Rahmen, stören jedoch nie den Gesamteindruck, der von dem alles überstrahlenden Licht Gottes beherrscht wird.
Von Baciccia stammen auch die *Anbetung des Lammes* in der Apsis und die *Himmelfahrt Mariä* in der Kuppel.

★★★ **Altar des Heiligen Ignatius von Loyola** (2) – Der Jesuitenpater **Andrea Pozzo** errichtete diese Kapelle (1696-1700), in der eine schöne Urne mit den sterblichen Überresten des Heiligen Ignatius aufbewahrt wird. Sie wird von einer bronzenen Balustrade abgeschlossen, die mit Kinderfiguren verziert ist, und birgt in einer Nische auf dem Altar ein Standbild des Heiligen aus Marmor und Silber. Das Original aus massivem Silber stammte von dem Franzosen Pierre Legros. Pius VI. hatte es einschmelzen lassen, um die Reparationszahlungen begleichen zu können, die von Napoleon im Vertrag von Tolentino (1797) festgelegt worden waren.

Andrea Pozzo verwendete kostbare Materialien, die er farblich meisterhaft zusammenzusetzen verstand. Vier mit Lapislazuli verkleidete Säulen ruhen auf Sockeln aus grünem Marmor, die mit Flachreliefs aus vergoldeter Bronze verziert sind. Hoch oben thront die Dreifaltigkeitsgruppe; ein Kind trägt einen Globus aus Lapislazuli.

An den Seiten des Altars illustrieren zwei Gruppen allegorischer Statuen das Wirken der Gesellschaft Jesu; links *Der Glaube triumphiert über die Götzenverehrung* von Giovanni Theodon; rechts *Die Religion zwischen den Häresien* von Pierre Legros (1666-1719), einem Anhänger Andrea Pozzos.

Auf der rechten Seite der Kirche liegt der Eingang zu den Räumen ⊙, in denen der Heilige Ignatius lebte und starb *(Piazza del Gesù, 45)*. Das Gewölbe und die Wände des Korridors sind ganz mit Trompe l'œil-Malereien von Andrea Pozzo überzogen.

Durch die Via del Plebiscito bis zur Piazza Venezia gehen.

Palazzo Bonaparte – Der schlicht wirkende Palast aus dem 17. Jh. gehörte der Mutter Napoleons I.; sie erwarb ihn 1815 nach der Auflösung des Kaiserreiches. Großmütig gewährte Pius VII. den Mitgliedern der kaiserlichen Familie Asyl. Napoleons Mutter starb am 8. Februar 1836 und wurde in der Kirche S. Maria in Via Lata bestattet.

An diesen Rundgang lassen sich folgende Besichtigungsgänge anschließen: CAMPIDOGLIO – CAPITOLINO; FONTANA DI TREVI – QUIRINALE ; FORI IMPERIALI; PANTHEON.

PIRAMIDE CESTIA – TESTACCIO★
Besichtigung: 1 1/2 Std.

Ausgangspunkt dieses Rundgangs ist die große, helle Silhouette der Cestius-Pyramide. Von dort geht es zunächst in den Norden der Pyramide und anschließend in das volkstümliche Testaccio-Viertel, das von dem gleichnamigen Hügel in seiner Mitte geprägt ist.

Von der Piramide Cestia (Pyramide des Gaius Cestius) zur Kirche San Saba

- ★ **Piramide di Caio Cestio** – Die Tatsache, daß der im Jahre 12 v. Chr. verstorbene Praetor, Septemvir und Volkstribun Gaius Cestius sich ein solch originelles Grabmal im Stil der Pharaonengräber erbauen lassen konnte, zeugt vom Streben nach Größe und Repräsentation, das im augusteischen Zeitalter und in der darauffolgenden Epoche herrschte; selbst einfache Bürger setzten sich mit ihrer letzten Ruhestätte ein Denkmal. Die mit weißem Marmor verkleidete Pyramide zählt zu den bekanntesten Ansichten Roms.

- ★ **Porta di San Paolo** – Dieses Tor, das sich in der Aurelianischen Stadtmauer (270-275) befindet, wurde im Laufe der Jahrhunderte mehrfach verändert. Zur Zeit des Aurelian zeigte es an der Außenseite zwei Bögen, die von zwei halbrunden Türmen flankiert wurden. Kaiser Maxentius (306-312) ließ die Türme erhöhen und verband sie durch Mauern mit einem zweiten, ebenfalls zweibögigen Gegentor. Der weströmische Kaiser Honorius (395-312) ersetzte die beiden Arkaden durch den heutigen einfachen Bogen und versah die Türme mit ihrer Zinnenbekrönung. Das Tor wurde im 15. und im 18. Jh. restauriert. Es bildet den Ausgangspunkt der Via Ostiense (daher auch sein ursprünglicher Name „Porta Ostiensis"). Diese Straße führt zur Basilika San Paolo, nach der das Tor im Mittelalter benannt wurde.

Die Sommerhitze überlebt man...
auf angenehmste Weise im schattigen Garten des **Café du Parc** (Via della Piramide Cestia). Dort gibt es „Cremolati" mit Sahne, eine cremigere und feinere Variante der klassischen „Granita" (geeiste Fruchtsäfte, Sorbets).

PIRAMIDE CESTIA – TESTACCIO

Via Ostiense – Diese Straße – in der Antike einer der bedeutendsten römischen Handelswege – geht auf das 4. Jh. v. Chr. zurück. Sie nahm am Forum Boarium ihren Ausgang, folgte dem Verlauf des heutigen Lungotevere Aventino und der Via della Marmorata, führte durch die Aurelianische Stadtmauer – über ein Tor, das im Westen der Porta Ostiense lag – und erreichte schließlich, wie die heutige Via Ostiense, Ostia. Die Straße verband Rom mit den Salinen der Tibermündung.

Die Viale della Piramide Cestia nehmen und rechts die Treppe in der Via Baccio Pontelli hinaufsteigen. Anschließend links in die Via Annia Faustina einbiegen und bis zur Kirche San Saba gehen.

Das Viertel San Saba erstreckt sich auf den Hängen einer der Kuppen des Aventin. Anfang des 20. Jh. wurde es mit komfortablen Wohnhäusern bebaut und mit zahlreichen Grünflächen versehen. Es galt lange als Modell gelungener Stadtarchitektur.

★ **Chiesa di San Saba** – Als im 7. Jh. die Mönche der Laura von Palästina, einer vom hl. Saba gegründeten Ordensgemeinschaft, von Persern und Arabern vertrieben wurden, fanden sie in Rom Zuflucht. Sie ließen sich in einem Gebäude nieder, in dem ein Jahrhundert zuvor die hl. Silvia, die Mutter Gregors d. Großen, gelebt haben soll. Im 10. Jh. errichteten die orientalischen Mönche über ihrem kleinen, aus dem 7. Jh. stammenden Oratorium die heutige Kirche. Das im Laufe der Jahrhunderte mehrmals veränderte Gotteshaus wurde ab 1911 restauriert. Ausgrabungen unter der Kirche brachten einige Überreste des ursprünglichen Oratoriums zutage sowie Teile eines aus der Kaiserzeit stammenden Baus, der vielleicht als Sitz einer Kohorte der von Augustus gegründeten Feuerpolizei *(vigiles)* gedient hat.

Am oberen Ende der Treppe, die zur Kirche hinaufführt, gelangt man durch eine Vorhalle in den Innenhof.

Fassade – Der Fassade ist ein Portikus vorgelagert, der in derselben Zeit entstand wie die Kirche selbst, dessen Säulen jedoch durch Pilaster ersetzt wurden. Im 15. Jh. ließ Kardinal Piccolomini, der Neffe Pius' II., über dem Portikus einen mit einer Loggia bekrönten Baukörper errichten. Später wurde der Fußboden der Loggia gesenkt; man mauerte die Fenster zu und ersetzte sie durch die fünf heutigen Öffnungen. Links der Campanile aus dem 11. Jh. Im Jahre 1205 – mittlerweile hatten die Cluniazenser die Kirche übernommen – schmückte ein Cosmate das Hauptportal.

Inneres – Der Innenraum hat seinen dreischiffigen, in drei Apsiden mündenden basilikalen Grundriß bewahrt. Die Vielfalt der Säulen (Basen, Kapitele, Schäfte) ist charakteristisch für die mittelalterliche Kirchenarchitektur in Rom. Da nur wenige Baustoffe zur Verfügung standen, griff man auf antike Materialien und Bauelemente unterschiedlicher Herkunft zurück. Die Besonderheit dieser Kirche liegt in dem sogenannten „vierten Kirchenschiff", das parallel zum linken Seitenschiff verläuft. Wahrscheinlich diente dieser Raum als Übergang zwischen dem Kloster der orientalischen Mönche und der Kirche. Die Cluniazenser

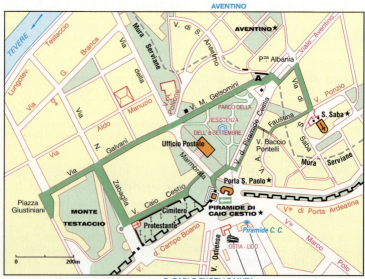

Mönche verlegten das Kloster im 13. Jh. an einen anderen Ort und schlossen diesen Raum nach außen hin ab, so daß er die Funktion eines vierten Kirchenschiffs erlangte. Es sind noch Fragmente von Fresken aus dem 13. Jh. zu sehen.

Von der Cosmatenausstattung sind der Fußboden und ein Teil der Chorschranke – an der Wand des rechten Seitenschiffs zu sehen – übriggeblieben.

> ### Zwischen Restaurantbesuch und Kneipenbummel...
>
> ein paar literarische Genüsse gefällig? Dann sollten Sie in die **Libreria Testaccio** (Piazza Santa Maria Liberatrice 23/26) hineinschauen. Bis spät in die Nacht ist diese Buchhandlung geöffnet, auch feierstags. Italienische Literatur für jeden Geschmack findet man dort, aber auch einen Multimedia-Raum mit acht PC's und einen Bereich mit didaktischen Spielen für Kinder. Sie möchten im Internet surfen? Auch das ist möglich, denn hier geht man mit der Zeit.

Zur Zeit der Gegenreformation (16. Jh.) ließ Gregor XIII. die Apsis ausschmücken; die aus dem 14. Jh. stammende Malerei über dem Bischofsstuhl blieb jedoch erhalten.

Durch die Via di S. Saba zur Piazza Albania hinuntergehen.

An der Piazza Albania befinden sich – an der Einmündung der Via Sant'Anselmo, rechts – Überreste der **Mura Serviane** (**A**). Die Servianische Mauer umgab Rom seit dem 6. Jh. v. Chr. Dieses Mauersegment wurde wahrscheinlich im 1. Jh. v. Chr. neuerrichtet.

Die Via M. Gelsomini nehmen und durch die Via Galvani zur Piazza Giustiniani spazieren.

TESTACCIO

In diesem Viertel herrscht eine volktümliche, lebendige Atmosphäre. Es entstand in einem Gebiet, das über 1 500 Jahre nicht besiedelt war. 1873 wurde es im Rahmen der städtebaulichen Bemühungen, die für das Rom des ausgehenden 19. Jh. typisch waren, in einen Bebauungsplan einbezogen und 1883 als Arbeiterviertel angelegt.

Die Hauptsehenswürdigkeit des Viertels ist der etwa 35 m hohe **Monte Testaccio**, der sogenannte „Scherbenberg". Es handelt sich nämlich um eine künstliche Anhäufung von zerbrochen Amphoren (lat. testae), die aus nahegelegenen Lagerhäusern oder vom Hafen Ripa Grande stammten. Einige der „Grotten", die in diesen Hügel gegraben wurden, beherbergen Restaurants mit typisch römischer Küche oder Nachtlokale.

Umkehren und rechts in die Via N. Zabaglia, anschließend links in die Via Caio Cestio einbiegen.

Cimetero Protestante – Auf dem protestantischen Friedhof haben im Schatten von Pinien und Zypressen mehrere berühmte Persönlichkeiten ihre letzte Ruhestätte gefunden. In dem Teil rechts vom Eingang ruht Goethes Sohn August, der 1830 in Rom starb. Die mit einem Medaillon geschmückte Stele seiner Grabstätte (der Name des Verstorbenen ist nicht aufgeführt) befindet sich auf halber Höhe zwischen zwei hohen Zypressen. Links, an der Basis des letzten Turms der Aurelianischen Mauer, bedeckt ein Stein das Grab des englischen Dichters Shelley; dessen Freund Lord Byron ließ einige Shakespeare-Verse in den Grabstein meißeln. Ganz links befindet sich das Grab von John Keats.

Zur Via Marmorata gehen.

Auf der anderen Straßenseite sieht man links das **Postamt** (1933) des Aventin, ein bedeutendes Beispiel der rationalistischen italienischen Architektur; es geht auf die Architekten A. Libera und M. De Renzi zurück.

An diesen Rundgang könnten sich folgende Besichtigungsgänge anschließen: AVENTINO; S. PAOLO FUORI LE MURA.

Die praktischen Angaben in diesem Reiseführer entsprechen dem Stand bei Redaktionsschluß.
Preise, Öffnungszeiten, Zufahrtswege usw. unterliegen jedoch ständigen Änderungen. Für eventuelle Unstimmigkeiten bitten wir daher um Verständnis.

PORTA PIA ★

Besichtigung: 1 Stunde

Bevor man den eigentlichen Rundgang unternimmt, sollte man sich ein wenig in der Via dei Villini umschauen.

Der Name **Via dei Villini** erinnert an städtebauliche Projekte des frühen 20. Jh. 1909 sah ein neuer Raumordnungsplan zwei Häusertypen vor: den „Palazzino", ein kleines vier- oder fünfstöckiges Mietshaus, und den „Villino", ein Eigenheim mit Garten.

Unter diesem Viertel dehnen sich die Stollen der Nikomedes-Katakomben aus.

Die Straße mündet in die Piazza Galeno. Dort steht der **Villino Ximenes**, ein kurioser kleiner Palast, den der Bildhauer, Maler und Illustrator Ettore Ximenes (1855-1926) für sich selbst errichtete.

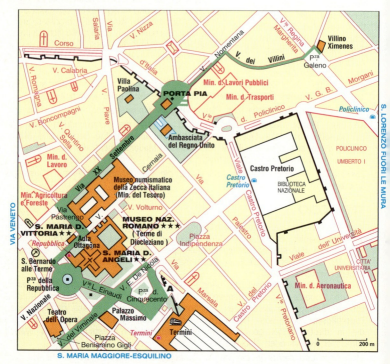

Von der Porta Pia zur Piazza della Repubblica

Porta Pia – Die der Via Nomentana zugewandte Seite des Tores wurde von Benedetto Vespignani (1808-1882) gestaltet, der zusammen mit Giuseppe Valadier zu den produktivsten Baumeistern des 19. Jh. gehörte. Die spektakuläre **Innenseite★**, die auf die Via XX Settembre weist, ist das letzte architektonische Werk **Michelangelos**. Er schuf es im Auftrag von Papst Pius IV. zwischen 1561 und 1564. In der Mitte das Wappen der Familie Medici. Bei dem sich wiederholenden weißen Motiv soll es sich der Sage nach um eine Rasierschüssel handeln, die von einem Fransentuch umgeben ist. Der Bildhauer habe Pius IV. daran erinnern wollen, daß einer seiner Vorfahren Barbier war.

Geschichtliches: 20. September 1870 – An diesem Tag erfüllten sich die Bestrebungen des Risorgimento. Die italienischen Truppen drangen durch eine Bresche in der Aurelianischen Mauer in die Stadt ein, und Rom wurde Hauptstadt des Vereinigten Königreichs Italien, das bereits 1861 ausgerufen worden war.

Eine mit einer Siegesgöttin bekrönte Säule markiert die Stelle, an der die Mauer durchbrochen wurde (auf der anderen Seite des Tores links, am Corso Italia).

Via XX Settembre – Diese Straße erinnert an den Einzug der italienischen Truppen in Rom. Sie ersetzte die einstige „Strada Pia" und war die erste große Verkehrsader, die nach 1870 entstand. Ursprünglich sollten sämtliche Ministerien an der Prachtstraße angesiedelt werden. Die historisierende Architektur der pompösen Gebäude ahmt die Formensprache von Renaissance und Barock nach.

Kurz hinter der Porta Pia *(links)* die **britische Botschaft**, ein modernes Gebäude von Sir Basil Spence.

Villa Paolina ⓥ – *Sitz der französischen Botschaft beim Heiligen Stuhl.*
Die Villa ist nach der Schwester Napoleons I., Pauline Bonaparte, benannt, die 1803 den Großneffen von Papst Paul V., Fürst Camillo Borghese, heiratete. Nach dem Sturz des Kaiserreichs ließ sie sich hier nieder. Ihr Gatte, den sie ein paar Jahre

zuvor verlassen hatte, um ein freies und unabhängiges Leben zu führen, verwehrte ihr den Zutritt zu den Palästen seiner Familie. Bis zu ihrem Tod im Jahre 1825 hielt sie sich lange und häufig in der Villa auf.

Museo numismatico della Zecca italiana (Münzmuseum) ⓥ – *Im Erdgeschoß des Finanzministeriums.* Das große Gebäude des Finanzministeriums wurde 1877 errichtet. Es beherbergt (Erdgeschoß, im Innenhof) ein numismatisches Museum mit Exponaten aus aller Welt; darunter auch Münzen, die die Päpste prägen ließen (ab 15. Jh.). Schöne Sammlung von Wachsmedaillons (fast 400 Stück) von Benedetto Pistrucci (1784-1855).

Links in die Via Pastrengo gehen und dann rechts zur Piazza della Repubblica abbiegen.

Piazza della Repubblica – Trotz des starken Verkehrs eine der gelungensten städtebaulichen Realisierungen nach 1870.
Der Platz wird wegen der halbkreisförmigen, 1896 von Gaetano Koch erbauten Paläste, die ihn flankieren, auch Piazza dell'Esedra genannt. Seine Laubengänge erinnern an Turiner Straßen und Plätze, wurden doch das Vereinigte Königreich Italien und seine Hauptstadt Rom von Viktor Emanuel II. aus dem Hause Savoyen regiert, das seinen Sitz in Turin hatte; so ist es verständlich, daß die römische Architektur neuen Einflüssen unterlag. In der Mitte des Platzes der Najadenbrunnen (1885).
Hier beginnt die **Via Nazionale**, die den Hauptbahnhof mit der Piazza Venezia verbindet und als eine der wichtigsten Einkaufsstraßen bei Touristen und Römern gleichermaßen beliebt ist. Im **Palazzo delle Esposizioni** (Aussstellungspalast, Hausnr. 194) finden Kunstveranstaltungen von internationaler Bedeutung statt.

DIE THERMEN DES DIOKLETIAN

Die wenigen erhaltenen Säle der Diokletian-Thermen, in denen die Kirche Santa Maria degli Angeli und das Museo Nazionale Romano eingerichtet sind, vermitteln mit ihren kühnen Gewölben noch immer einen Eindruck von der Pracht der antiken Anlage. Im 4. Jh. gab es in Rom etwa 900 Badehäuser; die Thermen des Diokletian waren mit einer Fläche von über 13 ha die größten und schönsten. Im Jahre 295

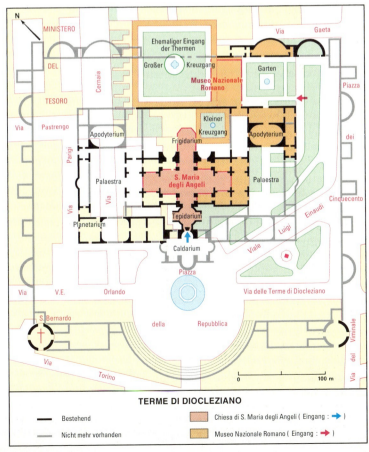

begannen die Bauarbeiten, die unter der Leitung des Mitkaisers Maximian durchgeführt wurden. Diokletian kam nämlich nie nach Rom; er residierte vielmehr in Nikomedia in Kleinasien bzw. nach seiner Abdankung (305) in Split.

Neben den Räumen für die verschiedenen Bäder, die bis zu 3 000 Personen aufnehmen konnten, gab es Bibliotheken, Konzertsäle, brunnengeschmückte Gärten, Ausstellungsräume für Skulpturen und Gemälde und natürlich Sportsäle.

Nach der Zerstörung der Aquädukte (538) durch die Ostgoten unter Wittich wurden die Thermen dem Verfall anheimgegeben. Michelangelo baute im Auftrag von Pius IV. (1559-1565) in die Ruinen eine Kirche hinein; Sixtus V. (1585-1590) dagegen entnahm den Thermen vor allem Material für seine eigenen zahlreichen Bauvorhaben.

** Santa Maria degli Angeli

Dieses prachtvolle Kirchengebäude wird häufig für offizielle Gottesdienste der Regierung genutzt.

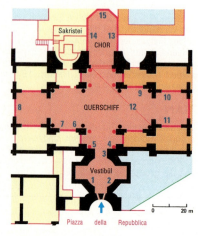

An der Errichtung der Thermen des Diokletian sollen 40 000 Christen als Zwangsarbeiter beteiligt gewesen sein. 1561 beauftragte Papst Pius IV. den damals 86 jährigen Michelangelo, eine Kirche und ein Kloster für die Kartäuser zu errichten.

Michelangelos Entwurf war von großer Achtung vor der antiken Architektur geprägt; nach seinem Tod (1564) und nach dem Tod Pius' IV. (1565) wurden jedoch zahllose Veränderungen vorgenommen. 1749 beauftragte man den Neapolitaner Luigi Vanvitelli (1700-1773) damit, dem inzwischen recht disparat wirkenden Bau wieder ein einheitliches Aussehen zu verleihen.

Die auf ihn zurückgehende Fassade wurde Anfang des 20. Jh. abgerissen. Heute sieht man nur, in all ihrer Erhabenheit, die geschwungene schmucklose Wand des Caldariums der antiken Thermen.

Das in Form eines griechischen Kreuzes gestaltete Innere wurde von Vanvitelli stark verändert.

Vorhalle – Dieser Saal war einst das Tepidarium (Raum mit gemäßigter Temperatur). Links befindet sich das **Grabmal** (**1**) des neapolitanischen Malers und Dichters **Salvatore Rosa** (gest. 1673); rechts das Grab vom Künstler selbst entworfene von **Carlo Maratta** (**2**) (1625-1713). Im Durchgang zum Querhaus befindet sich rechts die **Statue des hl. Bruno** (**3**), des Gründers des Kartäuserordens. Sie wurde von dem französischen Bildhauer Houdon (1741-1827) geschaffen. In der Nische gegenüber befand sich eine Gipsfigur Johannes' d. Täufers, ebenfalls von Houdon, die leider zerstört ist. Eine kleinere Kopie diese Statue befindet sich im Museum Borghese.

Am Ende des Durchgangs zwei **Weihwasserbecken**; das rechte (**4**) stammt aus dem 18. Jh. und ist im Barockstil gehalten, das linke ist eine moderne Kopie (**5**).

* **Querhaus** – Dies ist der einzige Teil der Kirche, in dem man die Weite der antiken Säle und deren erhabene Atmosphäre noch ermessen kann.

Das Querschiff befindet sich in der ehemaligen Haupthalle der Thermen, von der noch acht monolithische Säulen aus rotem Granit erhalten sind. Der größeren Homogenität des Innenraums wegen fügte Vanvitelli in den beiden Durchgängen, die das Querschiff von Chor und Vorhalle trennen, einfach gemauerte und bemalte Säulen hinzu. Michelangelo hatte zwei Eingänge an den Enden des Querschiffs vorgesehen. Diese wurden später in Kapellen umgewandelt und mit gemalter Scheinarchitektur versehen.

Das Querschiff ist eine wahre Gemäldegalerie, in der vor allem das 18. Jh. vertreten ist. Die meisten Gemälde stammen aus der Peterskirche; dort wurden sie durch Mosaiken ersetzt. Um sie in Santa Maria degli Angeli unterzubringen, mußte Vanvitelli zwischen den Säulen Wände einziehen.

Besonders interessante Gemälde sind :

- **Die Messe des hl. Basilius in Anwesenheit von Kaiser Valens** (**6**) von dem französischen Maler Pierre Subleyras (1699-1749), der sich 1728 in Rom niederließ. Der Kaiser, bewegt von der Würde der Zeremonie, verliert das Bewußtsein.

- **Der Sturz Simons des Magiers** (**7**) von Pompeo Batoni (1708-1786); herrliche Farbpalette, schöne Licht- und Schatteneffekte.

- **Die Madonna, der hl. Bruno und Heilige** (**8**), eine lichtes Werk des Barockmalers und Bacicciaschülers Giovanni Odazzi (1663-1731).

Im rechten Kreuzarm **Gräber** von italienischen Persönlichkeiten, die im Ersten Weltkrieg zu Ruhm gelangten: Marschall Armando Diaz (**9**); Admiral Paolo Thaon di Revel (**10**); der Minister Vittorio Emanuele Orlando (**11**).

Auf dem Boden ein Meridian (**12**), nach dem von 1702 bis 1846 die römischen Uhren gestellt wurden. Heute wird täglich um zwölf Uhr mittags auf dem Gianicolo ein Böllerschuß abgefeuert.

Chor – Der Chor ist wie das Querhaus mit zahlreichen Gemälden geschmückt. Das *Martyrium des hl. Sebastian* (**13**), ein Fresko von Domenichino (1581-1641), und die *Taufe Jesu* (**14**) von Carlo Maratta sind besonders beachtenswert.

Hinter dem Hauptaltar hängt ein sehr verehrtes Madonnenbild (**15**); es zeigt Maria, die von Engeln angebetet wird. Der sizilianische Priester Antonio del Duca gab das Gemälde 1543 bei einem venezianischen Künstler in Auftrag. Er hatte in einer Vision einen Engelschwarm aus den Thermen des Diokletian hinaufsteigen sehen und forderte seither unentwegt, an dieser Stelle eine Kirche zu errichten. Pius IV. kam seiner Bitte schließlich nach.

Beim Verlassen der Kirche entdeckt man auf der anderen Seite des Viale Luigi Einaudi ein Monument, das der 500 Italiener gedenkt, die 1887 in Dogali (Eritrea) in einem der italienischen Kolonialkriege umkamen. Der Obelisk auf dem Denkmal stammt aus dem Isistempel des Marsfeldes.

Östlich des historischen Zentrums gelangt man in ein moderneres Viertel. Es wurde nach 1870 angelegt, um die Infrastruktur der Stadt an ihre neue Rolle als Hauptstadt Italiens anzupassen.

Das antike Castro Pretorio, die Kaserne der kaiserlichen Leibwache (der von Augustus eingerichteten Prätorianerwache), wurde auch von der Regierung des Vereinigten Königreichs Italien als Kaserne benutzt.

An der Piazza dei Cinquecento befindet sich die **Stazione Termini**, der Hauptbahnhof, mit dessen Errichtung man kurz vor Ausbruch des Zweiten Weltkriegs begann. Er ersetzte den unter Pius X. (1846-1878) in den Anfangszeiten der Eisenbahn erbauten alten Bahnhof. Die Bauarbeiten zur Stazione Termini wurden durch den Krieg unterbrochen und 1942 wiederaufgenommen. Im Heiligen Jahr 1950 war sie fertiggestellt. Das wellenartig geformte Dach der Bahnhofshalle gilt als eine der großen architektonischen Leistungen dieser Zeit.

In der Nähe des Bahnhofs kann man zahlreiche Überreste der Stadtmauer (**A**) sehen, die die Stadt nach der Invasion der Gallier im 4. Jh. v. Chr. umgab.

In die Via E. De Nicola und zum Museo Nazionale Romano (Nr. 79) gehen.

★★★ Museo Nazionale Romano ⓘ

Das Museum, das seinen Sitz ursprünglich in den Thermen des Diokletian und in dem im 16. Jh. neben der Kirche Santa Maria degli Angeli erbauten Kartäuserkloster hatte, wurde 1889 eingeweiht. Die Bestände wuchsen rasch an, insbesondere 1901 durch die Sammlung Ludovisi, so daß das Museum heute ein Antikenmuseum ersten Ranges ist. Seit dem Erwerb der Gemälde der Villa Farnesina und dem Ankauf der Fresken aus der Villa der Livia in Prima Porta ist es, neben dem Archäologischen Museum von Neapel, eines der bedeutendsten Museen für antike Malerei.

Das Museo Nazionale Romano ist in den Palazzo Massimo verlegt (Eröffnung voraussichtlich im zweiten Halbjahr 1998). Die Sammlung Ludovisi Boncompagni wurde in den Palazzo Altemps aufgenommen.

TERME DI DIOCLEZIANO

Garten – Bereits unter Diokletian gab es hier einen Garten. Unter Zypressen, rosa und weiß blühenden Oleanderbüschen sind zahlreiche Überreste antiker Bauwerke ausgestellt. Die große Vase in der Mitte schmückte einst die Villa eines reichen Römers (eine identische Vase befindet sich im Hof der Kirche Santa Cecilia in Trastevere). Im nordöstlichen Teil des Gartens liegt ein Saal mit einer gewölbten, säulengeschmückten Mauer; ihr gegenüber erhob sich eine Wand, in deren Nischen Statuen aufgestellt waren.

Die meisten Säle sind derzeit geschlossen. Man kann nur Saal 1 und den Chiostro Maggiore besichtigen.

Durch den verglasten Portikus gelangt man ins Museum.

Saal 1 – In diesem Saal befinden sich zwei **römische Kopien**★★ (2. Jh.) des **Diskuswerfers von Myron**, einer Bronzestaue aus dem 5. Jh. v. Chr. Der nach seinem früheren Besitzer benannte Diskuswerfer der „Casa Lancelloti" gilt als ausgezeichnete Replik. Der Künstler hat den Moment festgehalten, in dem der Athlet sich mit einer Drehung seines Körpers anschickt, den Diskus von sich zu schleudern. Das trotz der körperlichen Anstrengung unbewegte Gesicht ist charakteristisch für die griechische Klassik. Man beachte die genaue Ausarbeitung des Haares und der in den Armen hervortretenden Adern.

Die zweite Kopie ist nach dem Landgut Castel Porziano benannt, auf dem sie 1906 gefunden wurde. Sie ist unvollständiger und auch weniger exakt gearbeitet.

Herrliche Mosaiken schmücken den Flur, der zum großen Kreuzgang des Kartäuserklosters, zum „Chiostro Maggiore" führt.

Chiostro Maggiore – Der Kreuzgang wird zuweilen Michelangelo zugeschrieben. Michelangelo starb 1564; der Kreuzgang, glaubt man an die Richtigkeit des Datums auf dem Pfeiler an der Südecke des Kreuzgangs (unweit des Eingangs), wurde 1565 fertiggestellt.

In dem schönen Garten sind zahlreiche Fragmente von Skulpturen und Inschriften ausgestellt. Der nordöstliche Flügel des Kreuzgangs birgt vor allem Sarkophage.

Die kolossalen Tierköpfe, die aus dem Garten ragen, stammen vielleicht aus dem Forum des Trajan.

Vom Ausgang der Thermen nach rechts zum Palazzo Massimo gehen.

PALAZZO MASSIMO

Der neue Sitz des Museo Nazionale Romano, das ehemalige Collegio Massimo, ist von Grund auf renoviert worden und bietet beste Möglichkeiten, die großartige Sammlung griechischer und römischer Antiken zu betrachten. In einigen Sälen wurden die Kunstwerke rund um einen Innenhof angeordnet, der von breiten Fensterfronten abgeschlossen wird.

Der 1. Stock des Palastes wird z. Zt. noch ausgebaut. Dort befinden sich die Werke aus der Villa Farnesina und die Fresken aus der Villa di Livia von Prima Porta.

Erdgeschoß – Bevor man zu den numerierten Sälen gelangt, durchquert man einen kleinen Raum mit einer imposanten Minerva-Statue aus dem 1. Jh. v. Chr. Die Skulptur aus rosafarbenem Alabaster, Basalt und Marmor (Luni) diente wahrscheinlich kultischen Zwecken.

Die Werke in den mit römischen Ziffern numerierten Sälen sind nach Themen geordnet.

Säle I-II: „Bild und Verehrung vom Zeitalter des Sulla bis zum Zeitalter des Augustus." Porträts von Männern der oberen Gesellschaftsschichten Roms (Beamte und Heerführer); besonders interessant ist die in Tivoli entdeckte Statue eines römischen „Condottiere".

Im Korridor sind neben mehreren Bildnissen ein Mosaik – die Entführung des Hylas (2. Jh. v. Chr.) – und das Standbild eines römischen Kaisers zu sehen.

Saal III: „Die Ideologie des Imperiums. Das Julisch-Claudische Herrscherhaus."
Unter den Julisch-Claudischen Kaisern (von Augustus bis Nero) ließen sich die Bürger Roms gern mit den Gesichtszügen von Mitgliedern der kaiserlichen Familie darstellen. Der Mentana-Zyklus ist dafür ein sehr gutes Beispiel.

Saal IV: „Metalle und Münzen. Dauerausstellung der numismatischen Abteilung."
Eine numismatische Reise durch die Jahrhunderte.

Saal V: „Augustus. Die Ideologie der Macht."
Der sogenannte „Drei-Arkaden-Saal" birgt die **Augustus-Statue**★★★. Der Kaiser ist in der Toga des Pontifex Maximus, im Alter von etwa fünfzig Jahren dargestellt. Das Gesicht ist recht realistisch gestaltet. Vergleicht man es mit dem Werk, das im Kapitolinischen Museum aufbewahrt wird und ihn im Alter von 32 Jahren – zum Zeitpunkt der Schlacht von Aktium – zeigt, so scheint die Zeit spurlos an ihm vorübergegangen zu sein. Beide Werke sind wahrhafte Charakterstudien; den Künstlern gelang es, das Charisma und die Autorität des Kaisers zu erfassen und gestalterisch umzusetzen.

Ausgestellt sind ebenfalls Fresken aus dem Kolumbarium des Esquilin (trojanische Sage; Anfänge Roms) sowie ein schöner Altar aus Ostia, der den Göttern Mars und Venus geweiht war und aus dem Jahr 124 stammt.

Im Korridor großes Mosaik mit Katzen- und Entenmotiven.

Saal VI *(z. Zt. Umbauarbeiten).*

Bevor man Saal VII betritt, achte man auf die beiden Männerköpfe; sie stellen Alexander den Großen und Philipp V. von Mazedonien dar.

Saal VII: „Macht und Bildhauerkunst. Die griechischen Originale."
Die hier ausgestellten Skulpturen schmückten einst die Gärten des römischen Historikers Sallust. Es handelt sich um griechische Originale, die im Zuge der Eroberungen von Süditalien nach Rom gelangten.

Ein weiteres bewundernswertes Beispiel antiker Bildhauerkunst ist die **Niobide**★★★ aus den Gärten der Sallust, ein griechisches Original aus der Mitte des 5. Jh. v. Chr., das wahrscheinlich den Frontgiebel eines Tempels schmückte. Niobe, die viele Kinder zur Welt gebracht hatte, machte sich darüber lustig, daß Leto nur zwei Kinder hatte. Letos Kinder Artemis und Apollo rächten ihre Mutter, indem sie alle Kinder der Niobe töteten. Die Statue zeigt eine von Niobes Töchtern bei dem Versuch, sich den todbringenden Pfeil aus dem Leib zu ziehen. Dieses Werk ist, sieht man von den Kykladenidolen aus dem 3. Jahrtausend v. Chr. ab, einer der ersten weiblichen Akte in der griechischen Kunst.

Die Statue des **Pädagogen** (4. Jh. v. Chr.) stellt den Mentor eines der Kinder der Niobe dar. Man beachte ebenfalls das „kopflose" **Mädchen im Peplosgewand,** eine elegante, formschöne Statue.

Saal VIII: „Macht und künstlerische Tradition."
Dieser Saal enthält eine Reihe von Bildwerken der neuattischen Strömung, die sich an der hellenistischen Bildhauerkunst orientierte.
Neben den Statuen von Göttinnen (Athene, Aphrodite, eine Muse) sind mehrere Dekorationselemente für Gärten hervorzuheben, darunter ein mit tanzenden Mänaden verzierter Sockel und ein Altar, der mit Musen und Mänaden geschmückt ist. Zwischen den beiden Werken befindet sich eine große Brunnenschale (1. Jh. v. Chr.). Sie ruht auf drei Füßen in Form von Tierklauen und auf einer mit Tritonen und Nereïden verzierten Schlangensäule.
Beachtung verdienen ebenfalls ein Flachrelief, das einen Umzug von Nymphen bzw. Hesperiden zeigt, der Fries, auf dem Nike und der Stier abgebildet sind und darunter die beiden Sockel mit Darstellungen des Apoll.

Erster Stock – *Im Umbau.* Herrliche **Stukkaturen und Malereien**★★★, die in einem Gebäude aus der Zeit des Augustus unweit der Villa Farnesina gefunden wurden. Die Stuckverzierungen an den Deckengewölbe der Zimmer sind überaus fein gearbeitet. Die Malereien sind charakteristisch für den „zweiten" und den „dritten Stil" (s. Einführung, *Die Kunst Roms,* S. 32).
Die **Fresken**★★★ (1. Jh.) aus der Villa der Livia (Gattin des Augustus) in Prima Porta gelten – nicht nur der nuancierten Farbgebung wegen – als Meisterwerk der antiken Malerei. Der Künstler hat das Fresko, das einen Obstgarten mit Bäumen, Blumen und Vögeln darstellt, als einen über alle vier Wände des Zimmers laufenden Streifen gemalt. Durch den Einsatz von Hell-Dunkel-Malerei gelang es ihm, eine schöne Tiefenwirkung und reliefartige Effekte zu erzeugen.

Nach dem Besuch des Palazzo Massimo zur Piazza della Repubblica gehen. Der Weg führt an den Gärten der Diokletian-Thermen und an der Basilika Santa Maria degli Angeli vorbei. Die Aula Ottagona liegt etwas weiter vorn.

AULA OTTAGONA (oder Planetarium der Diokletiansthermen)

Der herrliche achteckige Saal, dessen Kuppel an ein Planetarium erinnert, birgt mehrere **Meisterwerke**★★★ antiker Bildhauerkunst:
– **Sitzender Faustkämpfer**: Diese eindrucksvolle Bronzefigur ist ein Original aus der Epoche des Hellenismus. Der Realismus, der die griechischen Werke vom 3. Jh. v. Chr. an auszeichnete, ist deutlich zu erkennen. Der Kämpfer wird nicht mehr, wie von den Künstlern der klassischen Zeit, als Held von idealer Schönheit dargestellt, sondern einfach als ein erschöpfter Mann. Die Statue wurde 1884 gefunden, zur gleichen Zeit wie die (benachbarte) Porträtstatue eines **hellenistischen Fürsten,** die einen jungen Mann darstellt, der sich auf eine Lanze stützt. Nur äußerst wenige Bronzestatuen sind in solch gutem Zustand erhalten.
– **Venus von Cyrene:** Diese Statue besteht aus dem herrlichen Parischen Marmor, dessen Beschaffenheit an Elfenbein erinnert. Man fand sie Anfang des 20. Jh. bei Ausgrabungen in den Thermen von Cyrene (Libyen). Es handelt sich um die Replik eines griechischen Originals. Leider fehlt dem Standbild, das den Götterstatuen, wie Praxiteles sie schuf, nachempfunden ist, der Kopf. Als Sockel erdachte der Künstler eine Draperie, die sich auf einen Delphin stützt, der einen Fisch im Maul hält.
– **Venus Anadyomene**; die Göttin entsteigt dem Meer und wringt ihr Haar aus.
– **Herakles,** schönes Beispiel einer männlichen Figur, Typ Speerträger (Doryphoros).
– **Lykischer Apollo** und **Asklepios-Kopf**.

In der Mitte des Saals sieht man unter einer in den Boden eingelassenen Glasplatte die alten Fundamente des Gebäudes.

An der Piazza Beniamino Gigli, in der Nähe der Piazza della Repubblica, befindet sich das **Teatro dell'Opera** (Oper), das, von A. Sfondrini entworfen, 1880 fertiggestellt wurde. Die heutige Fassade stammt von M. Piacentini, der das Gebäude 1926 restaurierte und in Teilen neugestaltete.

An diesen Rundgang können sich folgende Besichtigungsgänge anschließen: S. LORENZO FUORI LE MURA; S. MARIA MAGGIORE – ESQUILINO; VIA VENETO.

Sitzender Faustkämpfer

SAN GIOVANNI IN LATERANO★★★
Besichtigung: 3 Std.

Das Lateranviertel leitet seinen Namen von der Familie der Laterani ab, die hier ein großes Gut besaß. Sie wurde von Nero enteignet, erhielt unter Septimius Severus jedoch ihr Eigentum zurück. Bei Ausgrabungen in der Via dell'Amba Aradam (unter dem INPS-Gebäude) stieß man auf Überreste eines Hauses, das man als das der Laterani identifizierte. Es wurde im 4. Jh. mit einem Nachbarhaus verbunden und diente vielleicht der Fausta, der Gemahlin Kaiser Konstantins und Schwester des Maxentius, als Residenz.

> **Wo kauft man günstig ein?**
>
> Zum Beispiel auf dem Markt längs der **via Samnio** (10 bis 13 Uhr). Dort gibt es sowohl neue als auch Secondhand-Kleidung und Schuhe aus Messebeständen, zu konkurrenzlosen Preisen.

Unter dem Krankenhaus San Giovanni in Laterano wurden Überreste eines Gebäudes gefunden, die man als das Haus des Geschlechts der Annii, der Familie Marc Aurels, identifizierte. In einem Peristyl fand man Reste eines Sockels; vielleicht gehörte er zu der Statue des Kaisers, die heute auf dem Kapitol steht.

Unser Besichtigungsweg beginnt an der **Porta San Giovanni** (16. Jh.) an der Aurelianischen Mauer. Die im 3. Jh. erbaute Stadtmauer ist an dieser Stelle sehr gut erhalten.
In der Via Sannio auf der anderen Seite des Tores findet allmorgendlich ein Kleidermarkt statt.
Das **Denkmal des hl. Franz von Assisi** (**A**) erinnert daran, daß der Heilige und seine Gefährten sich 1210 zum Lateran begaben, um dort von Papst Innozenz III. die Bestätigung ihrer Ordensregel zu erbitten.

Von der Piazza di Porta San Giovanni links zu dem kleinen Platz abbiegen.

Der von diesem Platz ausgehende Lärm und die feierliche Ruhe, die die Basilika ausstrahlt, bilden einen starken Kontrast.

★★★ BASILICA DI SAN GIOVANNI IN LATERANO (LATERANKIRCHE) ⓥ

Diese Basilika, die als erste Kirche Christus dem Erlöser geweiht wurde, galt als Symbol für den Triumph des Christentums über das Heidentum. Deshalb darf sie den Titel „Mutter und Haupt aller Kirchen der Stadt und des Erdkreises" tragen.
Sie ist die Kathedrale des Bischofs von Rom.

Die Konstantinische Basilika – Am 28. Oktober 312 zog Kaiser Konstantin nach seinem Sieg über Maxentius triumphierend in Rom ein und ordnete sogleich das Ende der Christenverfolgungen an. Im Jahre 314 beschloß Papst Sylvester I., sich im Lateran – einem Gebäudekomplex, der aus einem Palast, einer Basilika und einer Taufkapelle bestand – niederzulassen; im 5. Jh. wurde der Lateran offizielle päpstliche Residenz und blieb es bis zum Exil der Päpste in Avignon.
Noch vor dem Bau von Alt-St. Peter im Vatikan ließ Konstantin die Laterankirche am ehemaligen Standort der Kaserne der Leibgarde des Maxentius errichten. Damit vernichtete der siegreiche Kaiser ein Zeugnis der Größe seines Feindes und bekräftigte seinen Willen, dem Christentum zu Macht und Ansehen zu verhelfen.
Die Basilika, die im 5. Jh. von den Barbaren verwüstet wurde, 896 bei einem Erdbeben eingestürzt und 1308 durch einen Brand zerstört worden war, wurde während des Barockzeitalters und nochmals im 18. Jh. umgebaut. Insgesamt waren – von Leo dem Großen (440-461) bis zu Leo XIII. (1878-1903) – mehr als zwanzig Päpste damit beschäftigt, sie wiederaufzubauen, zu restaurieren und zu verschönern.

Ein ungewöhnlicher Prozeß – Er fand 896 im Lateranpalast statt. Angeklagt war die mit päpstlichen Gewändern bekleidete Leiche von Papst Formosus. Seine Gegner beschuldigten ihn, mit Arnulf von Kärnten, dem letzten karolingischen Herrscher, einen „Barbaren" zum Kaiser gekrönt zu haben. Dem Angeklagten gegenüber saß sein Richter, Papst Stephan VI. Der sprach seinen Vorgänger schuldig und ließ ihn in den Tiber werfen. Doch auch Stephan VI. wurde bestraft; man kerkerte ihn ein und erwürgte ihn.

Die großen Laterankonzilien – Im Lateranpalast und in der Lateranbasilika fanden einige der bedeutsamsten Konzilien der Kirchengeschichte statt. Hier wurde **1123** das Wormser Konkordat bestätigt, das dem Investiturstreit ein Ende setzte. Das Konzil von **1139** verurteilte den Kanoniker **Arnold von Brescia**, der dem Papst kritisch gegenüberstand und eine Rückkehr der Kirche zu apostolischer Armut predigte. Er gründete in Rom eine freie Gemeinde und vertrieb Eugen III. **1179** rief Alexander II. zum Kreuzzug gegen die als Ketzer verschrienen Katharer auf. Das Konzil von **1215**, an dem über vierhundert Bischöfe, achthundert Äbte und Vertreter sämtlicher Herrscherhäuser Europas teilnahmen, verpflichtete jeden Gläubigen, einmal im Jahr die

SAN GIOVANNI IN LATERANO

Beichte abzulegen und zu Ostern die Kommunion zu empfangen. Innozenz III. sandte, entschlossen, die Sekte der Albigenser (oder Katharer) niederzuschlagen, eine Armee von Kreuzrittern ins Languedoc. Julius II. eröffnete **1512** das fünfte Laterankonzil und bestätigte die Vorherrschaft der römischen Kirche.

Äusseres

Die sehr ausgewogene **Fassade** aus dem 18. Jh. ist das Hauptwerk von Alessandro Galilei (1691-1736), einem der großen Barockbaumeister Roms. Die hellen Säulen und die dunkel wirkenden Arkadenöffnungen sind virtuos miteinander kombiniert. Den Abschluß der Fassade bildet eine Attika mit Balustrade, auf der sich gewaltige Heiligenfiguren um Christus, Johannes den Täufer und Johannes den Evangelisten scharen und Gottes Wort zu predigen scheinen. Das **große Konstantinstandbild (1)** unter dem Portalvorbau stammt aus den Konstantin-Thermen am Quirinal. Seit 1656 besitzt das **Mittelportal (2)** die Türflügel der Kurie des Forum Romanum. 1660 wurde der Rahmen mit den Sternen aus dem Wappen von Papst Alexander VII. hinzugefügt.

Inneres

Es ist nicht einfach, in der heutigen barocken Kirche den ursprünglichen Grundriß der konstantinischen Basilika zu erkennen, denn das antike Gebäude wurde im 17. Jh. dem Zeitgeschmack angepaßt. Die fünf Kirchenschiffe und das Querhaus werden wegen ihrer gewaltigen Ausmaße und aufgrund der blassen Stuckdekoration häufig als kalt empfunden.

Kirchenschiffe – Ihre Anordnung ist das Werk **Borrominis**, dessen Pläne den Bau eines Gewölbes vorsahen. Ganz wie Urban VIII. Bernini mit der Vollendung der Peterskirche betraut hatte, so beauftragte sein Nachfolger Innozenz X. im Jahre 1650 Borromini mit der Renovierung von San Giovanni in Laterano, um ein prachtvolles Denkmal seines Pontifikats zu hinterlassen. Doch während Bernini seine – barocken – Vorstellungen harmonisch in und an dem bereits vorhandenen Bau umsetzen konnte, wurde Borromini in seiner Arbeit von Innozenz X. behindert, denn der Papst verlangte, daß die Decke der Basilika beibehalten werden müsse. Daher wirken die Pfeiler des Mittelschiffs, die die antiken Säulen ersetzten und eigentlich ein Gewölbe tragen sollten, gedrungen. Die vorkragenden Nischen – ganz aus dunklem Marmor – zerstören die Wirkung der darüberliegenden Flachreliefs und ovalen Medaillons.

★★ **Decke** – 1562 gab Pius IV. den Bau der Decke in Auftrag; in ihrer Mitte erkennt man das Wappen des Papstes. Unter Pius V., dessen Wappen in der Nähe des Chores zu sehen ist, wurde sie vollendet. Im 18. Jh. ließ Pius VI. die Decke restaurieren; sein Wappen befindet sich in der Nähe des Haupteingangs.

San Giovanni in Laterano – Fassadenbekrönung

SAN GIOVANNI IN LATERANO

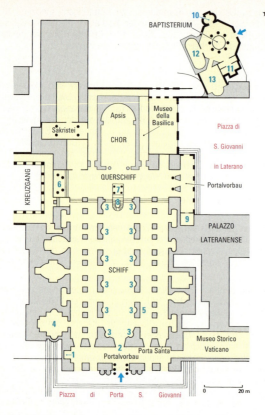

★ **Apostelstatuen** (**3**) – Die Standbilder stammen aus dem Spätbarock und wurden von Berninischülern angefertigt. Borromini entwarf die zwölf großen Nischen vor den Pilastern des Mittelschiffs, in denen die Statuen aufgestellt wurden. Dabei benutzte er die (gekürzten) Marmorsäulchen aus grünem Marmor, die die Seitenschiffe der antiken Basilika voneinander trennten. Im Tympanon einer jeden Nische ist die Taube aus dem Wappen Innozenz' X. dargestellt. Die Flachreliefs über den tabernakelartigen Nischen wurden unter Leitung von Algardi angefertigt; sie zeigen Szenen aus dem Alten und dem Neuen Testament. Die Prophetendarstellungen in den ovalen Medaillons des oberen Bereichs der Langhauswand wurden im 18. Jh. ausgeführt. Diese Ausstattung ersetzte die Fresken, die Martin V. und Eugen IV. im 15. Jh. von Pisanello und Gentile da Fabriano hatten malen lassen.

★ **Cappella Corsini** (**4**) – Die elegante, mit einer Kuppel bekrönte Kapelle über dem Grundriß eines griechischen Kreuzes ist das Werk Alessandro Galileis, der auch die Fassade entwarf. Die Porphyrurne links unter dem Grabmal Klemens' XII. stammt aus dem Pantheon. Schöne allegorische Statuen aus dem 18. Jh.

Das stark retuschierte Fragment eines **Freskos**, das Giotto (**5**) zugeschrieben wird, stellt Bonifatius VIII. bei der Verkündung des Heiligen Jahres 1300 dar.

Querhaus – Das schlichte Mittelschiff und das mit Fresken, Marmor und Gold prachtvoll verzierte Querhaus stehen in starkem Kontrast zueinander. Klemens VIII. ließ das Querschiff um 1595 von Giacomo della Porta renovieren. Es bildet ein interessantes Beispiel manieristischer Kirchenausstattung. Die großen Fresken auf den Wänden erinnern an Kulissenmalerei. Sie stammen von Cesare Nebbia und Pomarancio sowie von Cavaliere d'Arpino, dessen *Himmelfahrt* (am Ende des linken Kreuzarmes) stark von der *Verklärung* Raffaels (Pinakothek des Vatikan) beeinflußt ist.

Die in kleinen Nischen aufgestellten Engelsfiguren im Hochrelief haben noch nicht die für den Barock typische Bewegungsfreiheit. Die prunkvolle **Decke**★★ mit ihrer Farbenvielfalt und den zahlreichen Vergoldungen geht auf Taddeo Landini (Ende 16. Jh.) zurück; sie ist mit dem Wappen Klemens' VIII. verziert.

Der Giebel der **Sakramentskapelle** (**6**) ruht auf vier **Säulen**★ aus vergoldeter Bronze; es sind die einzigen ihrer Art in Rom. Der Legende nach gehörten sie im 1. Jh. v. Chr. zum Tempel des Jupiter auf dem Kapitol.

Der **Tabernakel** (**7**) aus dem 14. Jh. wurde in der Renaissance neu bemalt. In den silbernen Reliquienschreinen (Restaurierung im 18. Jh.) werden die Reliquien der Apostel Petrus und Paulus aufbewahrt. Im 19. Jh. ließ Pius IX. den Hauptaltar mit Marmor verkleiden. Während der Arbeiten stellte man fest, daß der frühere Holzaltar einige sehr alte Latten aufwies. Eine davon gehörte sehr wahrscheinlich zu dem Altar, an dem Papst Sylvester I. (314-335) die Messe las.

In der Confessio (9. Jh.) (**8**) wurden die sterblichen Überreste von Martin V. beigesetzt; er war der erste Papst, der nach der Großen Kirchenspaltung herrschte. Das Grabmal soll vom Bruder Donatellos geschaffen worden sein.

Apsis – Die im 5. und 13. Jh. umgebaute Apsis der konstantinischen Basilika erhielt im 19. Jh., als Leo XIII. sie versetzte und einen neuen großen Chor errichten ließ, einen neuen Grundriß. Dabei ahmte man die Spitzbögen und insbesondere das **Mosaik** der alten Apsis nach. Das Mosaik war bereits im 13. Jh. von Jacopo Torriti nach antikem Vorbild erneuert worden. Der Künstler hatte dabei die wesentlichen

SAN GIOVANNI IN LATERANO

Elemente der frühchristlichen Komposition übernommen: das Kreuz, das himmlische Jerusalem mit Palme und Phönix, Auferstehungssymbole (unter dem Kreuz), den Jordan mit Fischen, Vögeln und Booten. Die Jungfrau Maria und den knienden Nikolaus IV., die Apostel Petrus und Paulus *(links)*, Andreas und die beiden Johannes *(rechts)* fügte er hinzu. In den beiden kleineren Figuren, die den hl. Franz von Assisi *(links)* und den hl. Antonius von Padua *(rechts)* darstellen, hob der Franziskanermönch Torriti die beiden herausragenden Persönlichkeiten seines Ordens hervor.

Das Mosaik wird vom Brustbild Christi beherrscht. Die erste Christusdarstellung in dieser Apsis geht auf das 4. Jh. zurück; kurz zuvor waren die vorchristlichen Religionen noch lebendig gewesen. Daher glaubten die Gläubigen, als sie bei der Weihung der Basilika durch Papst Sylvester das Bild sahen, an ein Wunder. In seiner Neugestaltung gelang es Jacopo Torriti, der bemüht war, dieses „Wunder" zu erhalten, das antike Bild abzulösen und es in seine Komposition einzubeziehen. Bei den Arbeiten im 19. Jh. wurde das Original jedoch beschädigt und durch eine Kopie ersetzt.

Museo della Basilica ⓥ – *Rechts neben dem Chor.* Das Museum birgt den Kirchenschatz: Monstranzen, Kelche und Reliquienschreine aus Gold; **Stationskreuz** (Schaukasten V) aus vergoldetem Silber (12. Jh.).

★ **Chiostro** – Der bezaubernde Kreuzgang aus dem 13. Jh. ist eines der bedeutendsten Werke der Künstlerfamilie Vassalletto (Vater und Sohn). Sie schnitten, wie die Cosmaten, feine Stückchen aus antikem Marmor und setzten sie zu Mosaiken zusammen. Die gedrehten Säulen mit den unterschiedlichen Kapitellen, der Mosaikfries und das schön gestaltete Gesims verleihen diesem Ort eine Poesie, die zum Verweilen einlädt. In der Mitte des Gartens ein schöner Brunnen aus dem 9. Jh.

Die Basilika über den rechten Querhausarm verlassen.

In der **Portalvorhalle** befindet sich eine Bronzestatue Heinrichs IV. (**9**) von Frankreich von Nicolas Cordier (1567-1612). Die **Fassade des rechten Kreuzarms** *(wird derzeit restauriert)* wirkt sehr majestätisch. Sie wurde 1586 von Domenico Fontana neuerbaut.

BATTISTERO

Das Baptisterium wurde, wie die Basilika, von Kaiser Konstantin in Auftrag gegeben. Im 4. Jh. wurden alle römischen Christen hier getauft; heute wird sie vor allem für die Karsamstagszeremonien genutzt. Sixtus III. ließ die Taufkirche im 5. Jh. auf einer achteckigen Basis neuaufbauen. In der Mitte ließ er die acht Porphyrsäulen aufstellen; die Inschriften auf dem Gesims über den Säulen beziehen sich auf die Taufe. Die obere Säulenreihe und die kleine Laterne sind Ergänzungen des 16. Jh. Die

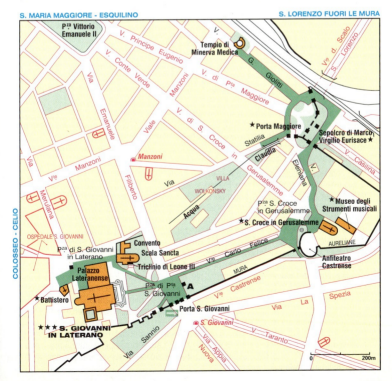

SAN GIOVANNI IN LATERANO

Kapellenanbauten gehen auf unterschiedliche Päpste zurück. Im 17. Jh. verlieh Urban VIII. dem Baptisterium sein heutiges Aussehen; die Fresken an den Wänden stammen aus dieser Zeit.

Kapellen – *Zwecks Besichtigung wende man sich an den Wärter.*
Die **Johannes d. Täufer** (**10**) und **Johannes d. Evangelisten** (**11**) geweihten **Kapellen** wurden unter Papst Hilarius (461-468) errichtet. Als Hilarius noch Legat Papst Leos d. Großen war, wurde er zum Konzil nach Ephesus entsandt, um dort gegen eine Häresie Stellung zu beziehen. Während der Verhandlungen kam es zu Tumulten, und Hilarius mußte sich im Grab des Evangelisten Johannes verstecken. Dort gelobte er, den beiden Heiligen zu Ehren eine Kapelle zu errichten. Die Kapelle Johannes' d. Täufers besitzt noch ihr schweres antikes Portal, das aus einer Legierung aus Gold, Bronze und Silber besteht und beim Öffnen einen eigentümlichen Klang erzeugt.
Das Bronzeportal der Kapelle Johannes' d. Evangelisten wurde im 12. Jh. erneuert. Das Gewölbe ist mit einem schönen Mosaik aus dem 5. Jh. geschmückt.

Cappella SS. Rufina e Seconda (**12**) – Seit dem 12. Jh. befindet sich die Kapelle der beiden Heiligen in dem antiken Narthex, durch den man in das Baptisterium gelangte. Die langgezogene Vorhalle mündet in zwei Apsiden, von denen eine mit einem schönen Mosaik aus dem 5. Jh. verziert ist.

Cappella di S. Venanzio (**13**) – Die im 7. Jh. von Johannes IV. erbaute Kapelle des hl. Venantius ist mit Mosaiken im byzantinischen Stil (lange, etwas steif wirkende Gestalten) geschmückt. Schöne Zedernholzdecke.

PALAZZO LATERANENSE

Bei seiner der Rückkehr aus dem Avignoneser Exil (1377) fand Gregor XI. ein ausgebranntes Gebäude vor, so daß er in den Vatikan übersiedeln mußte. Der heutige Palast wurde 1586 unter Papst Sixtus V. von Domenico Fontana errichtet. Hier wurden 1929 die Lateranverträge *(s. VATICANO – SAN PIETRO)* unterzeichnet. Der Lateranpalast ist Verwaltungssitz des Bistums Rom, an dessen Spitze der Papst steht.

Museo Storico Vaticano ⊙ – *Zugang über den Portikus an der Hauptfassade der Basilika.* Das Museum besteht aus zwei Bereichen: aus den **päpstlichen Gemächern** und dem **Historischen Museum**. Die Gemächer umfassen 10 Säle, die Ende des 16. Jh. mit Fresken versehen wurden. In dem letzten, Salone della Conciliazione genannten Raum unterzeichneten Kardinal P. Gaspari und Mussolini 1929 die Lateranverträge. Das Historische Museum umfaßt drei Abteilungen, die der Geschichte des Papsttums, den päpstlichen Zeremonien und den päpstlichen Streitkräften gewidmet sind.
Auf der **Piazza di San Giovanni in Laterano** steht der höchste Obelisk Roms. Die schöne ägyptische Granitsäule stammt aus dem 15. Jh. v. Chr. und wurde im 4. Jh. von Constantius II. nach Rom gebracht, wo sie lange den Circus Maximus am Fuße des Palatins schmückte. Dort fand man sie 1587. Sixtus V. ließ sie von Domenico Fontana reparieren und an dieser Stelle wiederaufrichten.

Überreste des mittelalterlichen Palastes – Im Mittelalter erstreckte sich der Papstpalast bis zur Via Domenico Fontana. Das Triclinium (Speisesaal) Leos III. und die Scala Sancta gehörten einst zum Palast und wurden an der Ostseite der Piazza di S. Giovanni wiederaufgebaut.

Triclinium di Leone III – Papst Leo III. (795-816) ließ zwei Säle des Palastes erbauen. Vom Triclinium ist noch eine Apsis zu sehen, deren Mosaik im 18. Jh. restauriert wurde. Sie stellt das Bündnis zwischen Leo III. und Karl d. Großen dar: Der Kaiser verhalf dem Papst wieder zu seinem Thron und wurde dann in der Peterskirche im Vatikan zum Kaiser gekrönt.

Scala Sancta (Heilige Treppe) ⊙ – Auf Geheiß Sixtus' V. (1585-1590) wurden die Überreste des mittelalterlichen Palastes abgerissen; die päpstliche Hauskapelle blieb jedoch fast an ihrem ursprünglichen Standort erhalten. Der Papst betraute Domenico Fontana mit der Errichtung eines Gebäudes, in dem die Kapelle untergebracht werden sollte. An dieses Gebäude ließ er die sogenannte Heilige Treppe bauen, die aus dem Palast des Pontius Pilatus stammen soll. Da Jesus sie bestiegen haben soll, dürfen die Gläubigen die Stufen nur auf Knien erklimmen. Auf den Seitentreppen darf man aber auch zur päpstlichen Hauskapelle, die wertvolle Reliquien birgt, hinaufgehen. Diese Kapelle wird in Anlehnung an das Allerheiligste des Tempels von Jerusalem **Cappella Sancta Sanctorum** genannt. Sie ist immer geschlossen; man kann lediglich durch die vergitterten Fenster einen Blick in den mit schöner Cosmatenarbeit geschmückten Innenraum werfen. Über dem Altar die berühmte Ikone Christi, die sog. „Acherotipa", von der man berichtet, sie stamme nicht von Menschenhand. Der Evangelist Lukas habe das Bildnis begonnen, ein Engel habe es vollendet, und im 8. Jh. soll es auf wundersame Weise von Konstantinopel nach Rom gelangt sein. Rechts neben der päpstlichen Kapelle liegt die Laurentiuskapelle; hier kann man das antike Bronzetor mit den beeindruckenden Schlössern sehen, durch das man ins „Allerheiligste" gelangt.

SAN GIOVANNI IN LATERANO

UMGEBUNG DER PORTA MAGGIORE

Durch den Viale Carlo Felice zur Piazza S. Croce in Gerusalemme gehen.

In der Antike war das Gebiet östlich des Esquilins ein waldreicher Vorort Roms. Über viele Kilometer säumten zahlreiche Grabmäler die Via Prenestina und die Via Labicana (heute Casilina).

In der Herrschaftszeit des Augustus (31 v. Chr.-14) begannen die Friedhöfe allmählich großen Gärten zu weichen, die von reichen Römern angelegt wurden.

Während der Kaiserzeit gingen die prachtvollen Parkanlagen, die Nymphäen und die von Kunstwerken gesäumten Alleen auf dem Wege der Enteignung oder des Nachlasses – Mitglieder der oberen Gesellschaft vermachten ihre Güter häufig dem Kaiser – in kaiserlichen Besitz über. Dadurch wurde die Erweiterung nach Osten verhindert, und das Problem des Platzmangels im Zentrum Roms, in dem immer mehr Prestigebauten entstanden, erwies sich als immer gravierender. Seit dem 3. Jh. umschloß die Aurelianische Mauer (Mura Aureliane) das Gebiet in der Nähe der Porta Maggiore; es blieb während der Renaissance und im Barockzeitalter von den städtebaulichen Plänen der Päpste unberührt und wurde erst Ende des 19. Jh., als Rom zur Hauptstadt Italiens wurde, bebaut.

★ **Museo degli Strumenti musicali** ⊙ – Dieses reizende Museum zeigt die unterschiedlichsten Musikinstrumente von der Antike bis zum 19. Jh. Neben antiken Pfeifen, Hörnern und Glöckchen sind exotische oder volkstümliche Instrumente zu sehen, z. B. schöne, intarsienverzierte Mandolinen, Tamburine und Okarinas. Die umfangreiche Sammlung umfaßt mechanische und tragbare Instrumente, Instrumente für Militär-, Kirchen- oder Hausmusik, fein bemalte oder mit Einlegearbeiten aus Perlmutt oder Elfenbein geschmückte. Zu den prächtigsten Exponaten des Museums zählen das Pianoforte (1722) von Bartolomeo Cristofori, einem der Erfinder dieses Instruments *(Saal 5)*, die nach der berühmten Familie benannte Barberini-Harfe aus dem 17. Jh. *(Saal 13)* mit herrlichen vergoldeten Schnitzereien sowie ein seltenes Exemplar eines Klaviziteriums (Cembalo verticale) aus dem 17. Jh. *(Saal 15)* mit hübsch bemaltem Deckel.

★ **Santa Croce in Gerusalemme** ⊙ – Mit dieser Kirche sind Geschichte und Legende des Heiligen Kreuzes eng verbunden. An ihrem Standort war im 3. Jh. das **Palatium Sessorianum** erbaut worden, die spätere Privatresidenz von Kaiserin Helena, der Mutter Kaiser Konstantins. Der Palast blieb bis zum 6. Jh. in kaiserlichem Besitz. Im 4. Jh. pilgerte Helena, wie zahlreiche Römer ihrer Zeit nach Jerusalem. 329 brachte sie ein Fragment vom Kreuz Christi mit, das sie in ihrem Palast aufbewahrte. In demselben Jahr starb sie. Der Legende nach soll die hl. Helena das Heilige Kreuz selbst gefunden haben. Die Verehrung des Kreuzes wurde erst im 7. Jh. in Rom eingeführt.

Die Entstehung der Kirche und ihre Umgestaltungen – Zum Gedenken an seine Mutter ließ Konstantin (vielleicht auch seine Söhne) einen Teil des Sessorianischen Palastes in eine Kirche umwandeln, in der die kostbare Reliquie aufbewahrt werden sollte. Die Anlage bestand ursprünglich aus einem großen Saal mit Apsis, in dem die Messe gelesen wurde, und aus einem kleineren Raum (der heutigen Kapelle der hl. Helena), der die Reliquien barg. Im 12. Jh. teilte Papst Lucius II. (1144-1145) den großen Saal in drei Schiffe und ließ, ohne die Außenmauern zu verändern, einen Campanile errichten. Er hob das Bodenniveau, ließ jedoch die kleine Kapelle unverändert, vielleicht weil die Legende nach deren Boden z. T. aus Erde vom Berg Golgotha bestand. In der Renaissance wurde die Kapelle der hl. Helena, die bis dato nur von außen zugänglich war, über Treppen an den Seiten der Apsis mit dem großen Kirchenraum verbunden. Ihr heutiges Aussehen erhielt die Kirche im 18. Jh.

Besichtigung – Neben dem aus dem 12. Jh. stammenden Campanile erheben sich die monumentale Fassade und die ovale Vorhalle, zwei Bauten aus dem 18. Jh., die von der Formensprache Borrominis beeinflußt sind.

Die Decke des Mittelschiffs wurde im 18. Jh. erneuert. Aus dieser Zeit stammt auch der pompöse Baldachin. Die Apsis hat ihren Renaissancecharakter bewahrt. Das schöne Fresko von Antoniazzo Romano (Ende 15. Jh.), auf dem die Legende von der Entdeckung des Kreuzes durch die hl. Helena dargestellt ist, verdient Beachtung.

Die **Kapelle der hl. Helena** *(wird derzeit restauriert; Zugang über eine der Treppen am Ende der Seitenschiffe)* ist mit schönen, von Baldassare Peruzzi oder Melozzo da Forlì entworfenen **Mosaiken**★ geschmückt. Die Statue der hl. Helena über dem Altar ist ein Werk aus römischer Zeit und stellte ursprünglich die Göttin Juno dar.

Die **Kreuzkapelle** und die **Reliquienkapelle** *(Zugang über eine Treppe links vom linken Seitenschiff)* bergen Reliquien der Leidensgeschichte Jesu und werden daher von Tausenden von Pilgern aufgesucht. In der ersten Kapelle verehrt man *einen Arm* vom Kreuz des guten Schächers, der an Jesu Seite hingerichtet wurde *(am Fuße der Treppe gegenüber dem Eingang)*. Die Reliquienkapelle birgt *(Vitrine hinter dem Altar)* Fragmente des Kreuzes Christi, die Kreuzinschrift, zwei Dornen der Krone, den Finger des hl. Thomas, einige Stücke der Geißelungssäule, der Grotte von Bethlehem und des Heiligen Grabs sowie einen Kreuznagel.

Am Ausgang der Kirche nach links gehen; wenn man die Aurelianische Mauer (Mura Aureliane) durchquert hat, zeigen sich auf der linken Seite die Ruinen des Anfiteatro Castrense.

Anfiteatro Castrense – Der Name des Amphitheaters leitet sich vom lateinischen „castrum" ab, das im 4. Jh. die Bedeutung „kaiserliche Residenz" hatte. Wahrscheinlich gehörte es, wie das Sessorianum *(s. oben)*, zu den Besitztümern des Kaisers in diesem Gebiet. Welche Bedeutung es hatte, kann man daraus ersehen, daß die Aurelianische Mauer einen Bogen zu machen scheint, um es einzufassen. Das nahezu vollständig aus Backstein bestehende Amphitheater stammt aus dem Ende der Severischen Dynastie (3. Jh.). Von seinen drei Stockwerken ist nur das erste gut erhalten.

Durch die Via Eleniana zur Porta Maggiore gehen.

★ **Porta Maggiore** – Das im 1. Jh. errichtete Bauwerk sollte der Stelle, an der der Aquädukt von Kaiser Claudius über die Via Prenestina und die Via Labicana in Rom eintraf, monumentales Gepräge verleihen. Die gewaltigen, selbst in den Säulen grob behauenen Travertinblöcke waren typisch für die Epoche des Claudius. Im oberen Teil des Tores, der die Leitungen des Aquädukts umschloß, sind Inschriften erhalten. Sie beziehen sich auf die Bauarbeiten unter Claudius und auf die Restaurierungen unter Vespasian (71) und Titus (81). Im 3. Jh. wurde das Tor in die Aurelianische Mauer integriert. Als Honorius (395-423) die Befestigungsanlage restaurierte, fügte er außen eine Bastion hinzu. Als man sie im 19. Jh. abriß, entdeckte man das Grabmal des Marcus Vergilius Eurysaces.

★ **Sepolcro di Marco Virgilio Eurisace** – Der Brotfabrikant M. Vergilius Eurysaces lebte gegen Ende der republikanischen Epoche. Als Lieferant der Armee war er wahrscheinlich während der Bürgerkriege jener Zeit so reich geworden, daß er sich dieses gewaltige Travertingrabmal bauen lassen (ca. 30 v. Chr.) und damit seinem Berufsstand ein Denkmal setzen konnte. Das Monument besteht aus zwei Bauteilen, die auf einem Sockel ruhen. Sie setzen sich aus zylindrischen Behältern zusammen, die einmal senkrecht, dann waagerecht angeordnet sind und jenen ähneln, in denen die Bäcker das Mehl aufbewahrten. Die Inschrift in der Mitte bezieht sich auf die Person des Verstorbenen. Den Abschluß des Denkmals bildet ein Relieffries, auf dem die verschiedenen Phasen der Brotherstellung dargestellt sind.

In die Via Statilia gehen.

Links, zwischen Pinien und Akazien, schöne Bogenkonstruktionen des Aquädukts.

Acqua Claudia (Aquädukt des Claudius) – Die Aquädukte waren zweifellos die bemerkenswertesten Zweckbauten der römischen Architektur. Der im Jahre 38 von Caligula begonnene und 52 von Claudius fertiggestellte Aquädukt ist besonders eindrucksvoll. Über 68 km – darunter 15 km unter freiem Himmel – wurde das Wasser von den Subiacobergen nach Rom geleitet. An der Porta Maggiore ließ Nero (54-68) eine Abzweigung bauen, von der in den Gärten der Villa Wolkonsky an der Piazza della Navicella und am Dolabellabogen noch Überreste zu sehen sind. Domitian (81-96) verlängerte den Aquädukt bis zum Palatin, um seinen Palast mit Wasser zu versorgen.

Die Via G. Giolitti entlanggehen.

Tempio di Minerva Medica – Der schöne Rundbau, der einst eine Kuppel trug, stammt aus dem 4. Jh. und zierte ursprünglich vielleicht als Nymphäum einen Garten.

An diesen Rundgang können sich folgende Besichtigungsgänge anschließen: COLOSSEO – CELIO; S. LORENZO FUORI LE MURA; S. MARIA MAGGIORE – ESQUILINO.

SAN LORENZO FUORI LE MURA★
Besichtigung: 1 Std.

Hauptsehenswürdigkeit dieses Rundgangs ist die Basilika Sankt Laurentius vor den Mauern, die seit der Antike zu den großen Pilgerkirchen gehört. Im Laufe der Jahrhunderte wurde sie mehrfach umgebaut; sie besteht eigentlich aus zwei Kirchen, die im Abstand von 700 Jahren entstanden und die Baugeschichte der Basilika widerspiegeln.
In diesem Viertel liegt auch das „Universitätsviertel", ein architektonisch interessanter Gebäudekomplex aus den 30er Jahren.

★★ BASILICA DI SAN LORENZO FUORI LE MURA

Die Basilika wird auch San Lorenzo al Verano genannt, da das Grundstück, auf dem sie errichtet wurde, in der Antike einem gewissen Lucius Verus gehörte.
Ganz in der Nähe verlief die Via Tiburtina, die, wie die anderen Straßen in der Umgebung Roms, von Gräbern, unterirdischen christlichen Grabbezirken oder Katakomben gesäumt war. In einem der Gräber wurde der hl. Laurentius beigesetzt. Laurentius war ein Diakon aus Aragon, der im Jahr 258 unter

SAN LORENZO FUORI LE MURA

Kaiser Valerian, kurz nach dem Märtyrertod Sixtus' II., auf einem glühenden Rost zu Tode gefoltert worden sein soll. Er war einer der meistverehrten Märtyrer des hohen Mittelalters.
Da die Pilger immer zahlreicher zum Grabe des Heiligen strömten, ließ Kaiser Konstantin an dieser Stelle eine Kirche errichten (330). Im 6. Jh. ließ Papst **Pelagius II.** (579-590) anstelle der verfallenden Kirche eine neue Basilika erbauen, die wahrscheinlich im 8. Jh. vergrößert wurde. Im 13. Jh., unter Papst **Honorius III.** (1216-1227), erfuhr die Kirche starke Veränderungen; man riß die Apsis des Pelagius-Baus ab, verlängerte ihn gen Westen und änderte die Ausrichtung der Kirche. Das ursprüngliche Langhaus diente nun als Chor. Die Hinzufügungen des Barock ließ Papst Pius IX. 1855 wieder entfernen. Man legte das alte Langhaus wieder frei, behielt jedoch auch den Chor der Honorius-Kirche bei.
Am 19. Juli 1943 wurde die Kirche bei einem Bombenangriff schwer beschädigt. Das Dach, die oberen Teile der Mauern und die Vorhalle wurden dabei völlig zerstört. Gleich nach dem Krieg wurde die Kirche wiederaufgebaut; heute sieht sie wieder annähernd so aus wie im 13. Jh.

Fassade

Die elegante Vorhalle aus der Zeit des Honorius (13. Jh.) wurde nach 1943 mit alten Bauteilen wiederhergestellt. Über dem auf antikisierenden Säulen ruhenden Architrav verläuft ein farbenfroher Mosaikfries. Das darüberliegende Gesims zieren Akanthusblätter, Blumen und Früchte, in die löwenköpfige Wasserspeier integriert sind. Dieses schöne Beispiel mittelalterlichen Kunsthandwerks soll von den Vassalletti stammen, einer Familie von Marmorkünstlern, die vom Anfang des 12. bis zum Ende des 13. Jh. wirkte und stilistisch den Cosmaten nahestand.
Der Glockenturm (rechts) entstand im 12. Jh., wahrscheinlich zur gleichen Zeit wie der Kreuzgang. Er wurde im 14. Jh., vielleicht nach einem Erdbeben oder nach einem Brand, restauriert. Unter dem Portikus ein seltenes Exemplar eines Sarkophags (**1**) mit dachförmigem Deckel; er soll aus dem 11. Jh. stammen. Der benachbarte Sarkophag aus dem 4. Jh. (**2**) zeigt in einem Medaillon das Bildnis der Verstorbenen und recht grob gezeichnete Szenen aus dem Alten und dem Neuen Testament.
Besondere Aufmerksamkeit verdient der **Sarkophag „der Weinlese"**★ (5. oder 6. Jh.) (**3**) auf der linken Seite. Er hat die Form eines Totenbetts und ist mit Weinranken, Trauben, weinlesenden Putten, den unterschiedlichsten Tieren und lebendig dargestellten Vögeln verziert.
Die beiden modernen Werke sind eine Geste des Dankes an Papst Pius XII. (**4**) und den früheren Ministerpräsidenten (1945 bis 1953) Alcide De Gasperi (**5**), die mit ihrer Unterstützung die raschen Wiederaufbauarbeiten nach dem Bombenangriff möglich machten.
Die beiden Löwen (**6**) beiderseits des Hauptportals sind romanisch.

Inneres

San Lorenzo besteht aus zwei unterschiedlich orientierten Kirchen, die durch einen Triumphbogen voneinander getrennt sind und dem Bau des Honorius III. (13. Jh.) und dem des Pelagius II. (6. Jh.) entsprechen.

Die Kirche Honorius' III. – Das Grabmal (**7**) *(rechts vom Eingang)* von Kardinal Guglielmo Fieschi (gest. 1256), einem Neffen Innozenz' V., wurde 1943 wieder zusammengesetzt. Unter einer Ädikula, die an ein Ziborium aus dem 13. Jh. erinnert, befindet sich ein Sarkophag (3. Jh.), auf dem eine Hochzeitsszene dargestellt ist.
Der Bau des Honorius wird von schönen antiken Granitsäulen unterschiedlichen Durchmessers in drei Schiffe geteilt. Die ionischen Kapitelle ähneln jenen der Vorhalle; sie sollen im Hochmittelalter angefertigt worden sein und werden den Vassalletti zugeschrieben.
Die Lichtverhältnisse im Mittelschiff entsprechen jenen des 13. Jh. Die Decke wurde nach 1943 im Stil des 19. Jh. erneuert. Damals ersetzte Vespignani, der Architekt Pius' IX., den offenen Dachstuhl durch eine Kassettendecke.
Der durch den Bombeneinschlag beschädigte Fußboden zeigt die schönen Farben, die ihm die Cosmaten im 13. Jh. verliehen.

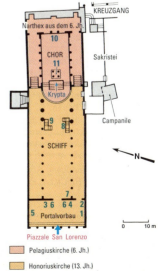

SAN LORENZO FUORI LE MURA

Die beiden **Kanzeln★** sind ebenfalls Cosmatenarbeiten; sie bestehen aus weißem Marmor, Porphyr und Serpentinmarmor, sind darüberhinaus mit polychromen Einlagen und Vergoldungen geschmückt. Die rechte, prächtigere Kanzel (8) (1. Hälfte des 13. Jh.) war der Lesung des Evangeliums vorbehalten. Die linke (9) diente als Epistelkanzel; sie ist in ihrer schlichten Eleganz typisch für den Stil der Cosmaten vor dem 13. Jh.

Die Kirche Pelagius' II. – Die erhöht wirkende Kirche umschließt den Hauptaltar. Früher war sie entgegengesetzt zur heutigen Kirche ausgerichtet. Die Apsis befand sich dort, wo heute der Triumphbogen steht.

Zwei Treppen führen hinauf zu der dreischiffigen Kirche aus dem 6. Jh., die im heutigen Bau, wie schon in dem Honorius' III., die Funktion eines Chores erfüllt. Vom Mittelschiff aus sieht man nur den oberen Teil der kannelierten antiken Säulen. Sie tragen einen schönen, plastisch gestalteten Architrav, in dem Fragmente unterschiedlicher Herkunft (Fries, Türsturz u. ä.) zusammengesetzt wurden. Darüber befinden sich die Arkaden der Emporen für die Frauen, die auf schönen feinen Säulen mit blattverzierten Kapitellen (6. Jh.) ruhen.

Der Triumphbogen, unter dem sich die Apsis des Pelagius-Baus öffnete, ist mit einem Mosaik (Ende 6. Jh.) geschmückt, das in der Mitte den segnenden Christus, rechts Petrus und Laurentius sowie Pelagius II. – der Christus das Modell seiner Kirche überreicht – und links die hll. Paulus, Stephanus und Hippolytus zeigt.

Der marmorne **Bischofsthron★** (10) im hinteren Teil des Chores ist eine Cosmatenarbeit (1254). Die kräftigen Farben, der weiße Marmor und die Goldeinlagen sind von großer Schönheit. Die Eleganz des Throns wird durch das fein gearbeitete Chorgitter noch hervorgehoben.

Der Hauptaltar steht unter einem **Ziborium** (11) aus vier Porphyrsäulen, auch dies eine Cosmatenarbeit (1148). Sie trägt die Signaturen von vier Künstlern, in denen man die Söhne des Paolo, des ältesten Mitglieds der Gruppe, vermutet. Die beiden oberen Säulengeschosse des Baldachins wurden 1862 erneuert.

Die **Krypta** unter dem Altar birgt die Gebeine der hll. Laurentius, Stephanus und Justinus.

Bei den Arbeiten, die Pius IX. im 19. Jh. durchführen ließ, legte man das Fundament des Baus aus dem 6. Jh. frei sowie den Narthex, den man über zwei Treppen am Ende der Seitenschiffe des Honorius-Baus erreicht *(Bei geschlossenem Gitter wende man sich an die Sakristei).*

In dem mit modernen Mosaiken ausgeschmückten Narthex wurde **Pius IX.** (1846-1878) beigesetzt.

Kreuzgang – *Zugang über rechtes Seitenschiff und Sakristei. Von außen: Eingang rechts vom Campanile.* Der aus dem 12. Jh. stammende Kreuzgang ist von archaischem Zauber; im Mittelalter gehörte er zu einer befestigten Klosteranlage. Die Basilika, die außerhalb der Stadtmauer lag, war eine leichte Beute für Plünderer. Unter den Arkaden sind Inschriftensteine ausgestellt, die vor allem in den Katakomben der Umgebung gefunden wurden.

CITTÀ UNIVERSITARIA

1935 wurde die Universität von Rom von dem würdevollen Palazzo della Sapienza in das neue Universitätsviertel verlagert. Die Entwürfe für diesen Gebäudekomplex stammten von den bekanntesten italienischen Architekten der Zeit.

Mit der Leitung des Projekts wurde **Marcello Piacentini** betraut. Der Hauptvertreter der Monumentalarchitektur des Mussolini-Regimes zeichnete auch für die Realisierung des EUR-Viertels verantwortlich. Er entschied sich für den pompösen Stil, der die faschistische Architektur allenthalben charakterisiert und der hier vor allem im Rektoratsgebäude und im Eingangsbereich zum Tragen kommt. Trotz der Vielzahl der beteiligten Architekten (z. B. Giuseppe Pagano, Institut für Physik; P. Aschieri, Institut für Chemie, G. Ponti, Institut für Mathematik; G. Michelucci, Institute für Mineralogie und Physiologie; G. Capponi, Institut für Botanik) wirkt der Komplex ästhetisch nicht ausgewogen.

In der Città Universitaria sind nicht alle Fakultäten vertreten. Die Institute sind über die ganze Stadt verteilt; in Tor Vergata befindet sich ein weiteres Universitätsviertel.

An diesen Rundgang können sich folgende Besichtigungsgänge anschließen: CATACOMBE DI PRISCILLA; PORTA PIA; S. GIOVANNI IN LATERANO.

Bei der Planung Ihrer Reise leisten Ihnen die Karte der Hauptsehenswürdigkeiten und die Karte der Streckenvorschläge gute Dienste.

SAN PAOLO FUORI LE MURA ★★

Anfahrt: Mit U-Bahn oder Bus (Fahrplan) oder mit dem Auto (Karte im Roten Michelinführer Italia).
Besichtigung: Etwa 1 Std. für die Basilika und 3/4 Std. für das Kloster veranschlagen (ohne Transport).

In diesem Kapitel werden zwei Orte beschrieben, die außerhalb der Aurelianischen Mauer (Mura Aureliane) liegen und mit der Geschichte des Paulus verbunden sind. Die Basilika Sankt Paul vor den Mauern birgt das Grab des Apostels; im einige Kilometer entfernt gelegenen Bezirk von Tre Fontane erlitt er sein Martyrium.

Der Apostel Paulus – Paulus war jüdischer Herkunft. Er wurde Anfang des 1. Jh. im kilikischen Tarsus in Kleinasien (SO der Türkei, bei Adana) geboren und hieß ursprüglich Saulus. Zunächst soll er ein Gegner der Jünger Christi gewesen sein. Dann aber sei er eines Tages, auf dem Weg von Jerusalem nach Damaskus, durch einen Blitz geblendet vom Pferd gestürzt und habe die Stimme Christi vernommen. Christus habe gefragt: „Saulus, Saulus, warum verfolgst du mich?" Nach dieser Begebenheit habe er sich bekehrt, seinen Namen in Paulus umgeändert

> ### Der „besondere" Markt
> Er ist der **Emmaus-Gemeinschaft** zu verdanken, die Obdachlose von der Straße holt und ihnen Arbeit verschafft. Auf dem Vorplatz vor San Paolo fuori le Mura werden jede Woche (am Dienstag, Donnerstag und Samstag von 14 bis 18 Uhr, sowie am Samstagvormittag) die Dinge dargeboten, welche die Emmaus-Jünger bei Privatleuten abholen, instand setzen und wieder verkaufen – zu sehr bescheidenen Preisen.

und an der Verkündung des Christentums mitgewirkt. Bald nannte man ihn „Apostolus gentilium", Apostel der Heiden. Der lat. Begriff „gentiles" bezeichnete zur Zeit des hl. Paulus Fremde oder „Barbaren", Menschen, die nicht den Status eines römischen Bürgers genossen; die Juden und die ersten Christen benutzten das Wort, wenn sie von den „Heiden" sprachen.
Einem Bericht der Apokryphen (Mitte des 2. Jh.) zufolge war Paulus klein, blaß und kahlköpfig, trug einen Bart, hatte eine Hakennase und X-Beine. Seine Missionstätigkeit führte ihn auf mehreren großen Reisen nach Syrien, Zypern, Kleinasien, Mazedonien und Griechenland.
Nachdem er von der jüdischen Gemeinde in Caesarea in Palästina unter Anklage gestellt worden war, forderte er, dem Gericht von Kaiser Nero überstellt zu werden (Paulus war römischer Staatsbürger). Aus diesem Grund brach er um das Jahr 60 nach Rom auf. Er landete in Pozzuoli, begab sich nach Rom und wurde dort von den Christen empfangen. Zwei Jahre nach seiner Ankunft sprach ihn das kaiserliche Gericht frei.
Der genaue Zeitpunkt seines Martyriums ist nicht bekannt. Vielleicht wurde er, wie Petrus, Opfer der Christenverfolgung nach dem Brand des Jahres 64. Als sich das Gerücht verbreitete, Kaiser Nero habe den Brand angeordnet, um Platz für die Erbauung seines Goldenen Hauses zu schaffen, beschuldigte der Kaiser die Christen und ließ Tausende von ihnen zu Tode foltern.
Paulus wurde als römischer Bürger zum Tod durch Enthauptung verurteilt.

★★ BASILICA DI SAN PAOLO FUORI LE MURA

Neben der Peterskirche, San Giovanni in Laterano und S. Maria Maggiore gehört Sankt Paul vor den Mauern zu den Hauptkirchen Roms. Aufgrund ihrer glanzvollen Geschichte wird sie von Touristen aus aller Welt besucht. Zahlreiche Pilger verehren hier das Grabmal des „Heidenapostels".
Paulus war an der Via Ostiense, die, wie die anderen Straßen im Umkreis Roms, von Grabstätten gesäumt war, beigesetzt worden. Über seinem Grab erhob sich eine kleine Ädikula mit der Aufschrift „Memoria". Kaiser Konstantin ließ im 4. Jh., wie dem Apostel Petrus, auch über dem Grab des Paulus eine Basilika errichten. Papst Sylvester I. soll diese erste Kirche (324) geweiht haben. Die Fassade der konstantinischen Basilika, von bescheideneren Ausmaßen als die Peterskirche, wies auf die Via Ostiense; das Grab des Apostels lag in der Apsis, etwa an der Stelle des heutigen Hauptaltars. Im Jahre 386 wollten die Kaiser Valentinian II., Theodosius und sein Sohn Arcadius aufgrund der Heiligkeit des Ortes und wegen des wachsenden Pilgerstroms die Kirche vergrößern. Da sie sich jedoch an der zur Via Ostiense gelegenen Seite nicht ausdehnen konnte (dort erhob sich ein kleiner Hügel) und die Lage des Paulusgrabes nicht verändert werden sollte, richtete man die Kirche anders aus. Die Apsis lag jetzt an der Via Ostiense, die Fassade wies auf den Tiber und das Grab befand sich im Zentrum des Mittelschiffs.
Die neue Basilika war prachtvoller, größer als Alt-St. Peter. Der gewaltige Bau wurde erst 395, unter Kaiser Honorius, vollendet.

SAN PAOLO FUORI LE MURA

Nach den Verwüstungen durch die Lombarden, im 8. Jh., und durch die Sarazenen, im 9. Jh., wurde sie sogleich wiederhergestellt. Papst Johannes VIII. (872-882) ließ die Kirche und den umliegenden Bezirk mit einer Befestigungsmauer umgeben.
Die berühmtesten Künstler – von Pietro Cavallini und Arnolfo di Cambio bis zu Carlo Maderna – trugen zur Ausgestaltung der Kirche bei, die bis ins 18. Jh. hinein ständig verändert und verschönert wurde.
Als in der Nacht zum 16. Juli 1823 ein vom Dachstuhl sich ausbreitender Brand fast die gesamte Basilika zerstörte, war daher das Entsetzen groß. Man begann sogleich mit dem Wiederaufbau und ersetzte auch die Teile des Baus, die von den Flammen verschont geblieben waren. Alle Kirchenschiffe wurden erneuert (obwohl die rechte Seite der Kirche unbeschädigt war), Querschiff und Apsis von Grund auf restauriert. Da der originale Grundriß erhalten blieb, vermittelt diese Basilika – trotz ihres Marmorschmucks und trotz der farbigen Einlegearbeiten – noch immer einen Eindruck von der Atmosphäre der ersten christlichen Kirchen Roms.

Besichtigung ⓥ

Eingang durch das Hauptportal an der Viale di S. Paolo; von hier lassen sich die Ausmaße der Kirche gut erfassen.

Der Fassade ist ein großes, von Säulengängen umgebenes Atrium vorgelagert, das Anfang des 20. Jh. fertiggestellt wurde.
Die Standbilder von Paulus (**1**) und Lukas (**2**) stammen aus dem 19. Jh.
Das Mosaik im Giebeldreieck ist ein Ersatz für das ursprüngliche, das im 14. Jh. von Pietro Cavallini geschaffen worden war.

Das von Statuen von Petrus und Paulus flankierte Mittelportal (**3**) besitzt zwei Türflügel aus Bronze und Silber, auf denen Szenen aus dem Leben der beiden Apostel dargestellt sind.

*** Inneres – Der fünfschiffige Innenraum und seine 80 monolithischen Granitsäulen sind sehr beeindruckend.
In der weiß-goldenen **Kassettendecke** erkennt man das Wappen Pius' IX. (1846-1878), der die neue Basilika einweihte. Das Bronzeportal der Porta Santa wurde im 11. Jh. im Auftrag von Gregor VII. (1073-1085) in Konstantinopel angefertigt.
Im **Mittelschiff** verzichtete man beim Wiederaufbau auf jedes zweite Fenster. Das durch die Alabasterscheiben dringende Licht verbreitet eine besondere Atmosphäre. Die Papstbildnisse – von Petrus bis Johannes Paul II. – in den Mosaikmedaillons ersetzten die alten Medaillons, die seit dem 5. Jh. gemalt worden waren.
An den **Seitenwänden** befinden sich zwischen den Fenstern Nischen mit Apostelfiguren (Ende 19./ Anfang 20. Jh.) von unterschiedlichen Künstlern.
Über dem **Triumphbogen**, der von zwei gewaltigen Granitsäulen getragen wird, erinnern zwei Inschriften an den Bau der Basilika durch Theodosius und Honorius sowie an den Beitrag der Tochter des Theodosius, Galla Placidia, die im 5. Jh. ein Mosaik hatte ausführen lassen. Das nach dem Brand restaurierte Kunstwerk zeigt den segnenden Christus, umgeben von zwei Engeln und den 24 Ältesten der Offenbarung; darüber Evangelistensymbole, darunter Petrus und Paulus. Auf der Rückseite des Bogens wurden Fragmente des alten Fassadenmosaiks wiederverwendet.

SAN PAOLO FUORI LE MURA

Das gotische **Ziborium**★★★ (4) schuf Arnolfo di Cambio (1285). Es ruht auf vier feinen Porphyrsäulen mit vergoldeten Kapitellen und besticht durch seine Eleganz und Ausgewogenheit. Die zahlreichen Figuren – Engelspaare mit Rosen in den Giebeldreiecken, Tiere im Innengewölbe – sind außergewöhnlich fein gearbeitet. Auf der dem Langhaus zugewandten Seite ist der Auftraggeber, Abt Bartolomeo, dargestellt; er überreicht Paulus sein Ziborium.

Unter dem Ziborium steht der Hauptaltar. Die Mensa liegt 1,37 m über einer Marmorplatte aus dem 4. Jh., auf der der Name des Paulus eingraviert ist. Diese Platte kennzeichnete seit jeher das darunterliegende Apostelgrab.

Das **Apsismosaik** (13. Jh.) wurde von Papst Honorius III. in Auftrag gegeben. Die venezianischen Künstler, die es anfertigten, ließen sich von byzantinischen Vorbildern inspirieren; man beachte die kleine, demütige Gestalt von Papst Honorius zu Christi Füßen. Das Kunstwerk wurde beim Wiederaufbau im 19. Jh. restauriert.

Das äußerst breite **Querhaus** hat eine reich verzierte Decke; sie zeigt das Wahrzeichen des Apostels Paulus (Arm und Schwert) und die Wappen der Päpste aus dem Zeitraum von 1800 bis 1846 (Pius VII., der wenige Tage nach dem Brand von 1823 starb, Leo XII., Pius VIII., Gregor XVI.). Am Ende des linken Kreuzarms befindet sich ein Altar mit Intarsien aus Lapislazuli und Malachit.

Auf der linken Seite der Apsis liegt die **Sakramentskapelle**★ (5), die 1629 von Carlo Maderna erbaut wurde. Sie birgt eine holzgeschnitzte Christusfigur aus dem 14. Jh., eine Statue der hl. Brigitta, die kniend dargestellt ist und **Stefano Maderno** (um 1576-1636) zugeschrieben wird, sowie eine Schnitzfigur des Paulus aus dem 14. Jh.

Der **Osterleuchter**★★ (6), ein Meisterwerk romanischer Bildhauerkunst, stammt von Nicolà di Angelo und Pietro Vassalletto (12. Jh.). Der auf einem mit Ungeheuern besetzten Fuß ruhende Schaft ist mit Szenen aus dem Leben Jesu, mit Blattfriesen und Fabelwesen geschmückt.

Auf dem **Weihwasserbecken** (7), einem eleganten Werk von Pietro Galli (1804-1877), erkennt man einen Dämonen, der vor einem Kind zurückschreckt, das ihn mit Weihwasser zu besprengen droht.

Das 1930 instandgesetzte **Baptisterium** (8) ist ein eleganter Saal in Form eines griechischen Kreuzes, in dem vier antike Säulen neue Verwendung fanden.

★ **Kreuzgang** – Wahrscheinlich wurde er, zumindest teilweise, von einem Mitglied der Familie Vassalletto (13. Jh.) geschaffen; die Vassalletti gelangten, wie die Cosmaten, durch ihre kunstvollen Marmorintarsien zu Ruhm.

Die Formenvielfalt der mit Marmor und Gold verzierten Säulen und der fein gearbeitete Mosaikfries über den Arkaden machen aus diesem Kreuzgang ein besonders reizvolles Kunstwerk.

Ein Teil der zahlreichen archäologischen Funde, die in den Galerien ausgestellt sind, stammt aus der alten Basilika.

San Paolo Fuori le Mura – Kreuzgang

Pinakothek (9) – Neben Gemälden aus dem 13. bis 19. Jh. umfaßt die Kunstsammlung eine Reihe von Stichen, auf denen die Basilika abgebildet ist. Besondere Beachtung verdienen das kostbare illustrierte Manuskript der „Bibel Karls d. Kahlen" (9. Jh.), die Nachbildung der Grabplatte des Paulus sowie einige Papstporträts, die zu der Serie gehören, die Leo der Große im 5. Jh. im Mittelschiff malen ließ.

Reliquienkapelle (10) – Kostbare Ausstattung; schönes Kruzifix aus vergoldetem Silber (15. Jh.).

SAN PAOLO FUORI LE MURA

★ ABBAZIA DELLE TRE FONTANE

Von der Via Laurentina führt ein Weg zum Klosterbezirk Tre Fontane.

In Tre Fontane, dem antiken „ad Aquas Salvias", wurde Paulus enthauptet. Das Haupt des Apostels sei – so will es die Legende – nach dem Schwertstreich dreimal aufgeschlagen und habe zur Entstehung von drei Quellen geführt.

Seit dem Hochmittelalter ist Tre Fontane eine vielbesuchte Wallfahrtsstätte. Eines der ehemals zahlreichen Oratorien – es weist noch Reste von Malereien aus dem 9. Jh. auf – dient heute als Torhaus des Klosterbezirks, der sich mit seinem Trappistenkloster, dem Haus der Kleinen Schwestern Jesu und den drei Kirchen in einer grünen, vom Duft der Eukalyptusbäume durchdrungenen Hügellandschaft ausdehnt.

Chiesa di Santa Maria „Scala cœli" – 1140 ließen sich Zisterziensermönche hier nieder. Die Geschichte der Kirche ist mit dem Gedenken an eine Vision des hl. Bernhard verbunden. Der Heilige soll, während er in der Krypta die Messe las, gesehen haben, wie die dank seiner Fürbitten befreiten Seelen auf einer Leiter vom Fegefeuer zum Himmel aufstiegen.

Der heutige, 1925 restaurierte Bau, wurde 1583 von Giacomo della Porta über einem achteckigen Grundriß erbaut und mit einer flachen Kuppel bekrönt. In der linken Kapelle befindet sich über einem Bild mit der Vision des hl. Bernhard ein hübsches Mosaik aus dem 16. Jh.

In der Krypta, hinter dem Altar, liegt der Raum, in dem Paulus vor seiner Enthauptung gefangengehalten worden sein soll.

Chiesa dei Santi Vincenzo e Anastasio – Die Kirche gehört zu dem benachbarten Kloster, in dem seit 1868 Trappistenmönche leben. Ihre Geschichte geht auf das 7. Jh. zurück, als Honorius I. (625-638) – wie in S. Saba – ein Gotteshaus für Mönche der Ostkirche errichten ließ.

Der streng anmutende Ziegelbau, der im 13. Jh. neuerrichtet wurde, ist außergewöhnlich hoch. Auf den massiven Pfeilern sind noch Spuren von Apostelbildern zu sehen, die von Raffaelschülern gemalt wurden.

Chiesa di San Paolo alle Tre Fontane – Die Kirche wurde im 16. Jh. von Giacomo della Porta errichtet. Sie ersetzte die beiden Kapellen, die an der Stelle standen, an der der Legende nach die drei Quellen entsprungen sein sollen. Bei Ausgrabungen unter der Kirche stieß man im 19. Jh. auf Überreste eines kleinen Baus, der bereits im 7. Jh. den Ort des Martyriums kennzeichnete. Darüber hinaus entdeckte man Gräber eines christlichen Friedhofs, der vor dem 4. Jh. angelegt wurde.

Die Fassade ist mit Statuen der Apostel Petrus und Paulus geschmückt, die auf Nicolas Cordier (1567-1612) zurückgehen; im Kircheninneren antike Bodenmosaiken aus Ostia und drei auf verschiedenen Ebenen errichtete Ädikulae, die an die drei Quellen der Legende erinnern.

Wie heißen die sieben Hügel Roms? – Esquilin, Caelius, Viminal, Quirinal, Palatin, Aventin und Kapitol.

SANTA MARIA MAGGIORE – ESQUILINO★★★

Besichtigung: 3 Stunden

An kulturellen Veranstaltungen interessiert?

Orbis (Piazza Esquilino 37) nimmt Vorbestellungen für alle Konzerte und Theatervorstellungen entgegen. Auch Eintrittskarten für Kurzentschlossene, falls noch Plätze frei sind, können hier in letzter Minute gekauft werden.

Der **Esquilin**, einer der sieben Hügel Roms, ist wahrscheinlich schon seit dem 8. Jh. v. Chr. besiedelt. Die Römer unterteilten ihn in drei Kuppen, den **Oppius**, auf dem heute der Parco Oppio liegt, den **Fagutal**, dessen Spitze in Richtung der Kaiserforen weist, und den **Cispius**, der sich hinter dem Fagutal erhebt.

Piazza di Santa Maria Maggiore – Die kannelierte Säule in der Mitte des Platzes stammt aus der Maxentius-Basilika im Forum Romanum. Als einzige noch erhaltene von ehemals acht Säulen wurde sie 1614 auf Veranlassung von Papst Paul V. hierher gebracht. Sie erhebt sich auf einem Sockel von Carlo Maderna und trägt eine Marienstatue.

SANTA MARIA MAGGIORE – ESQUILINO

★★★ BASILICA DI SANTA MARIA MAGGIORE ⓥ

Santa Maria Maggiore gehört – neben San Giovanni in Laterano, San Paolo fuori le Mura, San Lorenzo fuori le Mura und der Peterskirche (San Pietro in Vaticano) – zu den fünf päpstlichen Patriarchalbasiliken und genießt seit den Lateranverträgen von 1929 das Privileg der Extraterritorialität *(s. VATICANO-SAN PIETRO)*. Sie wurde von Sixtus III. (432-440) zu Ehren Marias errichtet, ein Jahr nach dem Konzil von Ephesus. Während dieser Versammlung lehnte der Patriarch von Konstantinopel, Nestorius, es ab, Maria den Titel „Gottesgebärerin" zuzuerkennen. Auch spätere Päpste wollten zum Ruhme der Gottesmutter beitragen und veränderten den Kirchenbau nach ihren Vorstellungen. Die Vorhalle wurde im 12. Jh. von Eugen III., im 16. Jh. von Gregor XIII. und im 18. Jh. von Benedikt XIV. erneuert. Der 1377 von Gregor XI. errichtete Campanile ist der höchste Roms. Im 17. und 18. Jh. wurde (unter Klemens X. und Klemens XI.) das Chorhaupt neuerrichtet. Im 18. Jh. beauftragte Benedikt XIV. Ferdinando Fuga mit dem Bau der Fassade (1743-1750).

Fassade

Die Fassade wird von zwei identischen Palästen flankiert, die im Abstand von über einem Jahrhundert erbaut wurden. Der rechte stammt aus dem Jahre 1605, der linke wurde zwischen 1721 und 1743 errichtet. **Ferdinando Fuga** hatte, wie die meisten Baumeister der 1. Hälfte des 18. Jh., eine Vorliebe für klassische Formen; zahlreiche Stilelemente entnahm er jedoch auch der barocken Formensprache Borrominis. Die durchbrochenen Linien und der Skulpturenschmuck verleihen der Fassade eine Dynamik, die durch die Öffnungen des Portikus' und durch die Arkaden der Loggia noch verstärkt wird.
Die Statue Philipps IV. von Spanien (**1**) unter dem Portikus ist das Werk (1692) eines Algardischülers; der spanische König war einer der Förderer der Kirche. Die Loggia, von der der Papst den Segen Urbi et Orbi spendete, ist an die ursprüngliche Kirchenfassade angebaut, die noch schöne, im 19. Jh. restaurierte Mosaiken aus dem frühen 14. Jh. aufweist.

★ **Mosaik der Loggia** ⓥ – *Zugang über die Treppe links vom Portikus.* Der obere Teil – Christus, Engel, Evangelistensymbole, Maria und Heilige – stammt von **Filippo Rusuti** (Ende 13. Jh.).
Darunter ist in vier Szenen die **Gründungslegende der Basilika** dargestellt, die Papst Liberius Ende des 4. Jh. an dieser Stelle hatte erbauen lassen. Die Jungfrau Maria war dem reichen Giovanni Patrizio und Liberius im Traum erschienen und hatte ihnen aufgetragen, ihr zu Ehren eine Kirche zu bauen. Dort, wo das Gotteshaus entstehen sollte, würde am nächsten Tag Schnee fallen. Die beiden traten miteinander in Kontakt – und stellten voller Erstaunen fest, daß mitten im Sommer (am 5. August 356) auf dem Esquilin Schnee gefallen war. Daraufhin schritten sie zur Tat: Der Papst zeichnete die Pläne für die Kirche, Giovanni Patrizio stellte die Geldmittel zur Verfügung. Die anmutigen Bilder mit der schönen Tiefenwirkung stammen von den Florentiner Malern Cimabue und Giotto.

Santa Maria Maggiore

SANTA MARIA MAGGIORE – ESQUILINO

★★★ Inneres

Das Kircheninnere wurde, wie die Fassade, mehrfach verändert. Ende des 13. Jh. ließ Nikolaus IV. (1288-1292) die Apsis versetzen. Mitte des 15. Jh. wurden auf Initiative des Erzpriesters der Basilika, Kardinal Guillaume d'Estoutevilles, die Seitenschiffe im Renaissancestil umgewandelt und mit Gewölben versehen. Dennoch bildet der Innenraum, der durch eine doppelte Säulenreihe mit ionischen Kapitellen gegliedert ist und nahezu perfekte Proportionen aufweist, ein großartiges, farbenprächtiges Zeugnis frühchristlicher Baukunst.

★★★ **Mosaiken** – Die Mosaiken im Mittelschiff, am Triumphbogen und in der Apsis sind einzigartig.

Mosaiken im Mittelschiff – Die Mosaikfelder, die sich über dem von einem schönen Fries aus Flechtornament gesäumten Gesims aneinanderreihen, stammen aus dem 5. Jh. und gehören mit denen von Santa Pudenziana *(s. Chiesa di Santa Pudenziana)*, Santa Costanza *(s. Mausoleo di Santa Costanza)* und denen des Baptisteriums von San Giovanni *(s. Basilica di San Giovanni in Laterano)* zu den ältesten Beispielen christlicher Mosaikkunst in Rom. Nach dem Ende des spätrömischen Reiches mit seinem rigiden Kunstverständnis zeugen sie von der neugewonnenen Freude am Erzählen, die für das frühe Mittelalter charakteristisch ist.

Die Mosaiken zeigen Szenen aus dem Alten Testament. Auf der linken Seite des Langhauses sind, vom Chor ausgehend, Episoden aus der Schöpfungsgeschichte dargestellt:

2) Melchisedek geht auf Abraham zu.
3) Die Engel erscheinen Abraham bei den Eichen von Mamre.
4) Die Trennung von Abraham und Lot.

Es folgt der Bogen, der im 17. Jh. beim Bau der Cappella Paolina entstand; die an dieser Stelle befindlichen Mosaiken wurden damals zerstört. Anschließend:

5) Isaak segnet Jakob. Esaus Rückkehr von der Jagd.

Das folgende Feld ist gemalt.

6) Rahel kündigt Laban die Ankunft seines Neffen Jakob an. Laban und Jakob umarmen sich.
7) Jakob verpflichtet sich, Laban 7 Jahre um Rahel zu dienen.
8) Jakob wirft Laban vor, ihm seine älteste Tochter Lea zum Weib geben zu wollen. Jakob nimmt Rahel zum Weib.
9) Jakob fordert von Laban die gefleckten Lämmer. Die Teilung der Herde.
10) Gott befiehlt Jakob fortzugehen. Jakob kündigt den Frauen seinen Abschied an.

Es folgt, zwischen zwei gemalten Feldern:

11) Die Begegnung der beiden Brüder Jakob und Esau.
12) Hamor und sein Sohn Sichem bitten Jakob um die Hand seiner Tochter Dina. Die Brüder Dinas sind erzürnt.
13) Die Brüder Dinas fordern, daß die Männer vom Volk Hamors beschnitten werden. Hamor und Sichem erklären ihrem Volk die Lage.

Die drei letzten Felder auf dieser Seite sind gemalt.

Auf der rechten Seite des Langhauses, befindet sich, vom Chor ausgehend, zunächst ein gemaltes Bildfeld, anschließend:

14) Die Tochter des Pharao empfängt Moses. Moses mit den ägyptischen Gelehrten.
15) Moses nimmt Sephora zum Weib. Der brennende Dornbusch. Dem nun folgenden Bogen vor der Cappella Sistina (Bau: 1741-1750) sind die Mosaiken, die sich einst an dieser Stelle befanden, zum Opfer gefallen.
16) Durchzug durch das Rote Meer.
17) Moses und die Kinder Israel. Der Wachtelregen.
18) Das bittere Wasser von Mara. Die Kinder Israel machen Moses Vorwürfe; dieser wendet sich an Gott, läßt das Wasser süß werden, indem er es mit dem von Gott geschickten Stab berührt. Begegnung zwischen Moses und Amalek.

SANTA MARIA MAGGIORE – ESQUILINO

19) Kampf gegen die Amalekiter; Moses im Gebet auf dem Hügel.
20) Rückkehr der Stammesoberhäupter, die ausgezogen waren, um das gelobte Land zu erkunden. Steinigung von Moses, Josua und Kaleb.
21) Übergabe der Gesetzestafeln. Moses' Tod. Transport der Bundeslade.
22) Übergang über den Jordan. Josua schickt Kundschafter nach Jericho.
23) Der Engel (der Herrscher der Himmlischen Heerscharen) erscheint Josua. Die Dirne Rahab läßt die Kundschafter am Seil die Stadtmauer von Jericho herab. Rückkehr der Kundschafter.
24) Umkreisung von Jericho. Prozession der Bundeslade und Blasen der Widderhörner.
25) Eroberung der Stadt Ai. Josua vor Gott inmitten von Soldaten.
26) Josua kämpft gegen die Amoriter. Ein Steinhagel geht über den Feinden Israels nieder.
27) Sonne und Mond bleiben über Gibeon stehen.
28) Josua straft die aufständischen Könige.
Die drei letzten Felder sind gemalt.

Mosaik am Triumphbogen – Das in vier Streifen gegliederte Mosaik aus dem 5. Jh. hat die Lebendigkeit der ersten christlichen Mosaiken bewahrt. Es wurde wahrscheinlich nach den Mosaiken am Langhaus angefertigt und läßt byzantinischen Einfluß erkennen:
– In der Verkündigungsszene (1. Streifen links oben), in der Maria im Gewand einer oströmischen Kaiserin dargestellt ist.
– In der Abendmahlszene (2. Streifen links), die in ihrer Pracht an eine Hofzeremonie erinnert. Das Jesuskind ist auf einem mit Edelsteinen besetzten Thron abgebildet. Die in den beiden letzten Streifen dargestellten Städte Jerusalem und Bethlehem sowie die Schafe, als Symbole für die Apostel, sollten von nun an auf allen christlichen Mosaiken zu sehen sein.

Apsismosaik – Dieses überragende Werk geht auf **Jacopo Torriti** zurück. Er fertigte es an, als Papst Nikolaus IV. Ende des 13. Jh. die Apsis wiederaufbauen ließ; dabei übernahm er Dekorationselemente – Rankenornament, Vögel und Blattwerk – eines Mosaiks aus dem 5. Jh. Alle Figuren stammen von Torriti. Hauptmotiv der Komposition ist die Marienkrönung; Engel, Heilige und die knienden Stifter Nikolaus IV. und Kardinal Colonna rahmen die Szene.
Die vier Flachreliefs (15. Jh.) im unteren Teil der Apsis schmückten den Altar von Sixtus IV.

Baldachin (29) – Der imposante Baldachin mit seinen Porphyrsäulen, um die sich bronzene Zweige winden, stammt von Fernando Fuga. Leider verdeckt er einen Teil des Mosaiks.
Unter dem Baldachin die im 19. Jh. mit Fresken geschmückte **Confessio** aus vergoldeter Bronze und Marmor mit einer Darstellung des betenden Pius IX. Sie birgt Reliquien der Krippe von Bethlehem.

★ **Decke** – Die Kassettendecke soll mit dem ersten aus Peru kommenden Gold vergoldet worden sein, das die spanischen Herrscher Ferdinand und Isabella Papst Alexander VI. (1492-1503) geschenkt hatten. Dieser führte das von Calixtus III. (1455-1458) begonnene Werk fort, ließ die Decke ausführen und das Wappen der Familie Borgia anbringen, aus der die beiden Päpste stammten. Die Rosen in den Kassetten haben einen Durchmesser von 1 m. Giorgio Vasari, der berühmte Kunsthistoriker des 16. Jh. und Verfasser der Lebensbeschreibungen der ausgezeichneten Maler, Bildhauer und Architekten, schreibt das Werk Giuliano da Sangallo (1445-1516) zu.

Fußboden – Der von Ferdinando Fuga im 18. Jh. von Grund auf restaurierte Cosmaten-Fußboden geht auf das 12. Jh. zurück.

Rechtes Seitenschiff – Das Grab von Kardinal Consalvo Rodriguez **(30)** (Ende 13. Jh.) ist ein typisch gotisches Grabmal (von Engeln gerahmte Liegefigur unter Kleeblattbögen, Mosaik der hl. Jungfrau). Im Fußboden die bescheidene Grabplatte **(31)** der Familie Bernini.

Cappella Sistina – Sie ist nach Sixtus V. benannt, der in den fünf Jahren seines Pontifikats (1585-1590) solch umfangreiche Bau- und Restaurationsarbeiten ausführen ließ, daß er Rom in eine riesige Baustelle verwandelte. Sein bevorzugter Baumeister war Domenico Fontana. Ihn betraute er mit der Errichtung dieser Kapelle, die mit ihrem Grundriß eines griechischen Kreuzes und der sie bekrönenden Kuppel wie eine eigene Kirche wirkt und mit Gold, Stuck und Marmor geschmückt ist. Im rechten und linken Kreuzarm befinden sich die Monumentalgrabmäler der Päpste Sixtus V. **(32)** und Pius V. **(33)**, die Flachreliefs berichten von Ereignissen aus deren Pontifikat.
Unter dem Altar **(34)** die 1590 von Domenico Fontana neugestaltete Krippenkapelle, in der seit dem 7. Jh. Reliquien der Krippe von Bethlehem aufbewahrt werden.

Baptisterium – Die Taufkapelle ist ein Werk des Barockbaumeisters Flaminio Ponzio. Das schöne Porphyrtaufbecken wurde im 19. Jh. von Giuseppe Valadier verziert. Das Relief der Himmelfahrt Mariä auf dem Altar geht auf Pietro Bernini, den Vater Gian Lorenzo Berninis, zurück.

Linkes Seitenschiff – Hier sind zwei besonders schöne Kapellen hervorzuheben.
Cappella Sforza – Diese Kapelle wurde von Giacomo della Porta, vielleicht nach Plänen Michelangelos, errichtet.

SANTA MARIA MAGGIORE – ESQUILINO

Cappella Paolina – Die Kapelle wird auch „Cappella Borghese" genannt, nach der Familie Papst Pauls V., der sie 1611 von Flaminio Ponzio errichten ließ. Ihr Grundriß entspricht dem der Cappella Sistina; der Dekor ist jedoch noch prunkvoller. Die Kuppel wurde 1612 von Cigoli bemalt; dabei verzichtete der Künstler auf eine Einteilung in Segmente. Da er als erster diese Technik anwendete und in dieser Malweise noch keine Erfahrung besaß, fiel das Ergebnis nicht sehr überzeugend aus. Als Lanfranco (der ebenfalls in der Cappella Paolina gearbeitet hatte) zehn Jahre später die Kuppel von Sant'Andrea della Valle nach dem gleichen Verfahren bemalte, schuf er ein Meisterwerk. Der Prunkaltar (35) ist über und über mit Jaspis, Lapislazuli, Achat und Amethyst besetzt. *Die Madonna mit Kind* auf dem Altar ist byzantinischen Stils. Das hochverehrte Gnadenbild, das von einer Glorie aus vergoldeten Bronzeengeln umgeben ist, soll im 12. Jh. nach einem byzantinischen Original aus dem 9. Jh. angefertigt worden sein. Der Legende nach malte es der Evangelist Lukas. Über dem Altaraufsatz erzählt ein Relief von Stefano Maderna die Legende von der Entstehung der Basilika. Die Grabmäler der Päpste Klemens VIII. (36) und Paul V. (37) befinden sich (wie in der Cappella Sistina) in den Seitenflügeln.

Die Kirche durch das Portal am Ende des rechten Seitenschiffs verlassen.

DAS VIERTEL

Piazza dell'Esquilino – Schöner **Blick**★★ auf das Chorhaupt von Santa Maria Maggiore. Als die Cappella Sistina und die Cappella Paolina mit ihren Kuppeln hinzugefügt wurden, wirkten sie wie eigenständige Bauten. Deshalb beauftragte Klemens IX. (1667-1669) Bernini, sie in den Komplex der Basilika zu integrieren, indem er die Kirchenapsis neugestaltete. Berninis grandioser Entwurf konnte aus Kostengründen nicht umgesetzt werden. Der nachfolgende Papst Klemens X. betraute daraufhin Carlo Rainaldi mit der Umgestaltung der Apsis.
In der Mitte des Platzes steht der ägyptische Obelisk, der einst das Mausoleum des Augustus schmückte.

Zur Via Urbana gehen.

Chiesa di Santa Pudenziana – Die der hl. Pudentiana geweihte Kirche ist eine der ältesten Roms. Der Legende nach soll hier das Haus des Senators Pudens gestanden haben, der den Apostel Petrus bei sich aufnahm. Im 2. Jh. war das Haus von Thermen überbaut. Gegen Ende des 4. Jh. richtete man in dem Bad eine Kirche (Ecclesia pudentiana – Kirche des Pudens) ein. Die Legende sah in der hl. Pudentiana die Tochter des Pudens. Pudentiana und ihre Schwester Praxedis starben selbst nicht den Märtyrertod; sie sollen aber Märtyrer vom Blut reingewaschen und bestattet haben.
Die Kirchenfassade wurde im 19. Jh. erneuert. Der Campanile (Glockenturm) stammt, wie das elegante Portal mit den kannelierten Säulen und dem medaillongeschmückten Fries, aus dem 12. Jh. Das Innere wurde mehrfach umgestaltet. Im 8. Jh. erbaute man die Seitenschiffe. 1589 wurde die Kuppel errichtet und der Chor umgebaut; dabei gingen mehrere Figuren des schönen **Apsismosaiks**★ vom Ende des 4. Jh. verloren. Das Mosaik zählt neben denen von Santa Costanza *(s. Mausoleo di Santa Costanza)* und denen des Langhauses von Santa Maria Maggiore *(s. Basilica di Santa Maria Maggiore)* und des Baptisteriums der Laterankirche *(s. Basilica di San Giovanni in Laterano)* zu den ältesten Zeugnissen christlicher Mosaikkunst in Rom. Die Darstellung Christi, die lebendigen Farben und die den Bildern innewohnende Bewegung belegen, daß der römische Einfluß auf die christliche Mosaikkunst noch immer wirkte und sie von der hoheitsvoll strengen Kunstvorstellung der Ostkirche

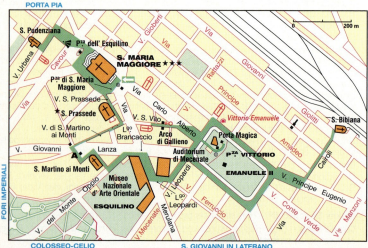

SANTA MARIA MAGGIORE – ESQUILINO

noch unberührt war. Die mit Marmor und Stuck reich geschmückte Caetani-Kapelle im linken Seitenschiff wurde zur Zeit der Gegenreformation von Francesco da Volterra (Ende 16. Jh.) begonnen und Anfang des 17. Jh. von Carlo Maderna vollendet.

Ausgrabungen unter der Kirche ⓥ – Bei Ausgrabungen wurden Überreste des Hauses des Pudens freigelegt, Mosaiken und die Thermen aus dem 2. Jh., die das Haus teilweise bedeckt hatten, sowie ein Teil einer römischen Straße aus dem 3. Jh. Ein Fresko aus dem 6. Jh. zeigt den Apostel Petrus mit den beiden Schwestern, der hl. Pudentiana und der hl. Praxedis.

Zur Piazza Santa Maria Maggiore zurückgehen und in die Via Santa Prassede einbiegen.

★ **Chiesa di Santa Prassede** (Kirche der hl. Praxedis) – *Eingang an der rechten Seite.* Von dem Portal *(geschlossen)* mit den beiden Säulen an der Via di San Martino ai Monti kann man einen Blick auf die Backsteinfassade der Kirche werfen.

Diese Kirche war zunächst eine einfache Hauskirche („titulus"). In der Antike, d. h. in der Frühzeit des Christentums, stellten Privatleute ihre Häuser für christliche Gottesdienste zur Verfügung. Der heutige Bau wurde 822 von Papst Paschalis I. in Auftrag gegeben.

Die Kirche war ursprünglich eine dreischiffige Basilika, deren Architrav direkt auf den Säulen ruhte, die die Schiffe voneinander trennten. Der Grundriß wurde im 13. Jh. verändert; man fügte die drei querverlaufenden Arkaden hinzu, die Ende des 16. und im 17. Jh. mit Fresken bemalt und im 19. Jh. mit einer Kassettendecke versehen wurden.

★ **Chormosaik** – Das Mosaik aus der Zeit Paschalis' I. (9. Jh.) ist von der byzantinischen Kunst und von karolingischen Einflüssen geprägt. Die Farbenpracht ist beeindruckend, aber es fällt auf, daß Zwischentöne fehlen. Aufschlußreich ist in dieser Hinsicht ein Vergleich mit dem Apsismosaik der 300 Jahre älteren Kirche Santi Cosma e Damiano, deren ikonographisches Programm übernommen wurde. In Santa Prassede ist Christus vor einem blauen Himmel ohne Tiefenwirkung dargestellt; er ist umgeben von den Aposteln Petrus und Paulus, die hl. Praxedis und Pudentiana zu ihm führen. An den Rändern der hl. Zeno und Papst Paschalis I. als Kirchenstifter (der eckige Nimbus weist darauf hin, daß der Papst noch zu seinen Lebzeiten abgebildet wurde). Die beiden Palmen symbolisieren das Alte und das Neue Testament, der Vogel Phönix auf dem linken Baum die Auferstehung Christi.

Den Triumphbogen ziert *(oben)* ein Mosaik des Himmlischen Jerusalems, in dem die Auserwählten eintreffen; im unteren Bereich Gruppen von Seligen (die im 16. Jh. durch die Hinzufügung der kleinen Emporen beschädigt wurden).

★★ **Cappella di San Zenone** – *In der Mitte des rechten Seitenschiffs.* Diese Kapelle wurde von 817 bis 824 im Auftrag von Papst Paschalis I. erbaut. Das Portal an der Fassade ist aus antiken Bauteilen – zwei schwarzen Granitsäulen und dem aufliegenden Gesims, Türpfosten mit Flechtdekoration, Marmorurne vor dem Rundbogenfenster – zusammengesetzt. Darüber befinden sich in zwei halbkreisförmig angeordneten Reihen Porträtmedaillons; der eine Bogen zeigt Christus, von Aposteln umgeben; im anderen gruppieren sich Heilige um eine Madonna mit Kind. Die beiden Porträts in den rechteckigen Feldern im unteren Bereich kamen erst viel später hinzu.

Der ganz mit Mosaiken auf Goldgrund ausgeschmückte Innenraum ist faszinierend. Besondere Beachtung verdienen die beiden Apostel auf den Seiten des Rundbogens, die in einer leichten Bewegung dargestellt sind. Im Gewölbe befindet sich ein von vier Engeln getragenes Medaillon mit einem sehr byzantinischen Christus. An der Wand links vom Altar eine Madonna zwischen den hll. Praxedis und Pudentiana und der Mutter Paschalis' I., Theodora Episcopa; ein blauer Nimbus umgibt die Mutter des Papstes. Beim Bau des Oratoriums (13. Jh.), in dem ein Fragment der Geißelsäule steht, wurde die Wand rechts vom Altar beschädigt. Die Reliquie wird, besonders in der Karwoche, von den Pilgern sehr verehrt.

In die Via di San Martino ai Monti einbiegen.

Die Straße mündet in einen Platz, auf dem die **Cappocci-Türme** (A) stehen, die, wenngleich stark restauriert, immer noch vom Einfluß der mittelalterlichen Adelsfamilien künden. Das Chorhaupt der Kirche San Martino ai Monti stammt aus dem 9. Jh. *(s. unten).*

Chiesa di San Martino ai Monti ⓥ – Die dem hl. Martin geweihte Kirche wurde im 5. Jh. von Papst Symmachus (498-514) direkt neben dem sogenannten „Titulus Equitii" (3. Jh.) gegründet *(Zur Besichtigung der unterirdischen Überreste sich an die Sakristei wenden).* In dieser Hauskirche war Papst Sylvester (314-335) verehrt worden. Als Papst Sergius II. die Kirche im 9. Jh. neuerbauen ließ, weihte er sie daher neben dem hl. Martin auch dem hl. Sylvester.

Im 17. Jh. wurde die Kirche barock umgestaltet. Das Innere wurde durch Marmorsäulen mit Kapitellen in drei Schiffe gegliedert. Die auf Sockeln aus dem 17. Jh. ruhenden Säulen stammen aus der Zeit des Symmachus. In den Seitenschiffen schuf Gaspard Dughet, der Schwager Nicolas Poussins, Fresken mit römischen Landschaften und Szenen aus der Geschichte des Propheten Elias. Filippo Gagliardi (17. Jh.) stellte an den Enden des linken Seitenschiffs die Innenräume der alten Peterskirche und der Lateranbasilika (vor deren Umgestaltung durch Borromini) dar.

Die Kirche verlassen und nach links zum Largo Brancaccio gehen. Anschließend rechts in die Via Merulana einbiegen.

SANTA MARIA MAGGIORE – ESQUILINO

Museo nazionale d'Arte orientale – Das Nationalmuseum für orientalische Kunst ist im 1. Stock des **Palazzo Brancaccio** untergebracht. Man beachte – vor dem Treppenaufgang rechts – das Nymphäum von Francesco Gai, dem Künstler, der die Pläne für die Innenausstattung des Palastes entwarf.
Das didaktisch aufgebaute Museum ist der Geschichte des Orients gewidmet; ein besonderer Schwerpunkt liegt auf dem Iran. Die sehr interessante erste Abteilung veranschaulicht anhand von Funden aus Schahr-i Sochte Aspekte des täglichen Lebens einer Stadt aus dem 3. und 2. Jahrtausend v. Chr.: Verwaltung, Keramikherstellung, Werkzeuge, Steinbearbeitung. Die folgenden Säle sind den westlichen Regionen des Iran gewidmet. Bemerkenswert sind die schönen Tierfiguren (Bronzen aus Luristan). Die beiden weiteren Abteilungen des Museums bergen Kunstgegenstände aus dem Fernen Osten, insbesondere aus Tibet und Nepal (Votivfiguren, Gemälde und kunstvoll geschnitzte Fensterrahmen aus Holz) sowie aus Gandhara und China (Vasen, Bronzestatuetten, Keramiken, Spiegel, Masken und glasiertes Porzellan).

Auditorium di Mecenate ⓥ – Der 1874 entdeckte Bau gehörte zu der prunkvollen Villa des Maecenas (Anfang des 1. Jh.), die von weitläufigen Gärten umgeben war. Eine Treppe führt ins Vestibül und in einen großen Saal, an den sich eine Exedra mit Sitzreihen anschließt. Das Mauerwerk unter der Erde, eine Wasserleitung und die Fresken mit Garten- und Landschaftsdarstellungen lassen darauf schließen, daß es sich bei der Anlage ursprünglich um ein Nymphäum handelte. Maecenas nutzte sie jedoch als „Auditorium", in dem er mit befreundeten Intellektuellen, Schriftstellern und Philosophen zusammentraf.

Die Via Leopardi führt direkt zur Piazza Vittorio Emanuele II.

Piazza „Vittorio" – Der sehr beliebte Platz, auf dem ein großer Markt abgehalten wird, wurde Ende des 19. Jh. von Gaetano Koch und anderen Architekten angelegt. Die Häuser am Rande des Platzes sind, wie in Turin, mit Arkadengängen versehen.
Die antiken Überreste im Garten des Platzes gehörten zu einem monumentalen Brunnen aus dem 3. Jh., der mit den „Trophäen des Marius" verziert war. In der Nähe liegt die **Porta magica**, um die sich zahlreiche Legenden ranken: Die Bedeutung der Zeichen auf dem Tor gibt noch immer Rätsel auf.

Durch die Via Carlo Alberto gehen und dann links in die Via di S. Vito einbiegen.

Arco di Gallieno – Der Gallienusbogen wurde im Jahre 262 zu Ehren von Kaiser Gallienus errichtet, der von 253 bis 268 regierte und von illyrischen Offizieren ermordet wurde. Der Triumphbogen erhebt sich am Standort der Porta Esquilina, die zur Servianischen Mauer gehörte *(s. Karte Rom zur Kaiserzeit, S. 24)*. Überreste dieser Stadtmauer, die wahrscheinlich im 6. Jh. v. Chr. erbaut und mehrfach erneuert wurde, sind noch heute in der Via Carlo Alberto (neben der Kirche Santi Vito e Modesto) zu sehen.

Zur Piazza Vittorio Emanuele II zurückkehren und von dort zur Via Cairoli gehen.

Chiesa di Santa Bibiana – Die im 17. Jh. wiederaufgebaute Kirche ist eines der ersten Bauwerke Berninis. Die **Statue**★ der hl. Bibiana ist ein Jugendwerk des Künstlers.

An diesen Rundgang können sich folgende Besichtigungsgänge anschließen: COLOSSEO – CELIO; FORI IMPERIALI; PORTA PIA; S. GIOVANNI IN LATERANO.

TERME DI CARACALLA★★

Strecke: 2,5 km – ca. 3 Std. mit Besichtigung der Thermen (1 Std.) – Ausgangspunkt: Piazza di Porta Capena.

Diese Besichtigungsroute folgt dem Verlauf der antiken Via Appia, die von der Porta Capena bis zur Porta San Sebastiano in Via delle Terme di Caracalla und Via di Porta San Sebastiano umbenannt wurde.
Die **Porta Capena** gehörte zu der Stadtmauer des Servius Tullius, die seit dem 6. Jh. v. Chr. Rom umgab. Ende des 4. Jh. v. Chr., nach dem Einfall der Gallier, wurde die Mauer neu erbaut. Unter Tullus Hostilius (672-640 v. Chr.) soll hier – nach Livius – der letzte Überlebende der Horatier nach seinem Sieg über die Curiatier seine Schwester mit dem Schwert getötet haben; sie hatte es gewagt, den mit ihr verlobten Curiatier zu betrauern.
Am Anfang der Via delle Terme di Caracalla steht, umgeben von schattigen Pinien und Oleanderbäumen, ein **Obelisk**; er wurde 1937 aus Aksum, dem religiösen Zentrum Äthiopiens, hierher gebracht.

Durch die Via delle Terme di Caracalla gehen und rechts in die Via Guido Baccelli einbiegen.

Auf der rechten Seite erhebt sich das große Gebäude der Welternährungsorganisation FAO (Food and Agriculture Organization), die über 3 000 Menschen aller Nationalitäten beschäftigt.

Chiesa di Santa Balbina ⓥ – Man kann die Kirche im allgemeinen von rechts – über den Hof des Ospizio Santa Margherita – betreten. Durch die grundlegende Restaurierung im Jahre 1927 gewann die Kirche ihr schlichtes mittelalterliches

TERME DI CARACALLA

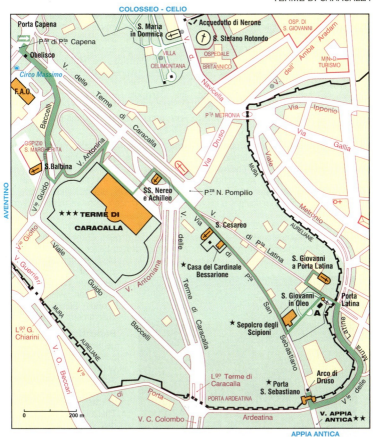

Gepräge zurück. Wahrscheinlich ging sie zunächst aus einem Privathaus aus dem 4. Jh. hervor. Von dem einschiffigen Langhaus mit Balkendecke gehen seitlich nischenartige Kapellen ab. Durch hohe, vergitterte Fenster dringt Licht in die Kirche. Rechts vom Eingang befindet sich das schöne **Grabmal**★ von Kardinal Stefano Surdi, eine gotische Liegefigur mit farbigen Marmorintarsien im Cosmatenstil (1295).

Die vierte Kapelle rechts birgt ein sehr fein gearbeitetes Kreuzigungsrelief (mit Maria und Johannes d. Täufer) von Mino del Reame (15. Jh.), das aus Alt-St. Peter stammt.

In der dritten Kapelle links: Überreste von Fresken aus dem 13. Jh.

Die „Schola cantorum" (Raum für die Chorsänger) vor dem Hauptaltar wurde rekonstruiert.

Der **Bischofsthron**★ hinter dem Hauptaltar ist eine schöne Cosmatenarbeit aus dem 13. Jh. In der Apsis ein Fresko aus dem 17. Jh.

Die Via Antonina nehmen und dann rechts abbiegen.

★★★ TERME DI CARACALLA ⓥ

Kaiser Caracalla ließ im Jahre 212 die bis zu diesem Zeitpunkt größten Thermen Roms erbauen; die über 11 ha umfassende Badeanlage wurde später nur noch von den Thermen des Diokletian übertroffen. Mit ihrer Erbauung setzte sich eine Tradition fort, die von Agrippa, Nero (am Marsfeld), Titus (in der Nähe des Goldenen Hauses) und Trajan (auf dem Esquilin) begründet und gepflegt worden war. Vollendet wurden die Caracalla-Thermen von den beiden letzten severischen Kaisern Heliogabal und Alexander Severus (222-235).

Hinter den schmucklosen Außenmauern verbarg sich eine kostbare Ausstattung. Marmor und Mosaiken bedeckten die Fußböden, die Wände waren mit Mosaiken oder vergoldetem Stuck überzogen. Der weiße Marmor der Kapitelle und Gesimse bildete mit den Säulen aus farbigem Marmor, Porphyr und Granit schöne Kontraste. Die gewaltige Anlage mit ihren mächtigen Mauern und kühnen, bis zu 30 m hohen Gewölben, war ein beliebter gesellschaftlicher Treffpunkt und konnte bis zu 1600 Menschen aufnehmen.

Vom frühen Nachmittag an, nach getaner Arbeit, besuchten die Römer, arme und reiche, das Bad. Den wohlhabenden Römern halfen zahlreiche Sklaven bei den Waschungen; das unterschied sie von den ärmeren Zeitgenossen. Die Thermen waren ein wesentlicher Bestandteil der römischen Kultur. Sie boten den Besuchern die Möglichkeit, durch Baden und Sport etwas für ihre Gesundheit zu tun und sich in den Bibliotheken weiterzubilden. Sie waren jedoch auch ein Ort des Lasters, und zur Zeit Caracallas standen sie bereits in schlechtem Ruf. Im Jahre 538, nachdem die Goten unter Wittich die Aquädukte zerstört hatten, die das Wasser nach Rom leiteten, wurden die Caracalla-Thermen geschlossen.

Bei Ausgrabungen im 16. und im 19. Jh. entdeckte man herrliche Statuen, Brunnenschalen und Mosaiken. Anfang des 20. Jh. fand man in der Nähe der Nordwestecke der Anlage ein unterirdisches Mithras-Heiligtum (**Mithraeum**).

Aufbau – Die Thermen umfaßten einen zentralen Baukörper, der von einer Mauer mit Säulenhallen umgeben war; der Eingang lag (wie heute) an der Via Nova, die am Fuße des Caelius parallel zur Via Appia verlief. Hinter einer halbrunden theaterartigen Ausbuchtung im Südwesten nahmen Wasserreservoirs fast die gesamte Länge der Mauer ein. Daneben lagen die Bibliotheken. In den beiden Exedren im Nordosten und Nordwesten befanden sich vermutlich Gymnastikräume.

Die wichtigsten Säle (*Caldarium, Tepidarium, Frigidarium*) bildeten den mittleren Trakt des Hauptgebäudes; die Umkleideräume, die großen Gymnastiksäle und die Schwitzräume (Laconicum) waren symmetrisch an dessen Seiten angeordnet, so daß die Besucher des Bades sich zunächst auf die beiden seitlichen Trakte verteilten, um dann wieder in den großen Gemeinschaftssälen zusammenzufinden.

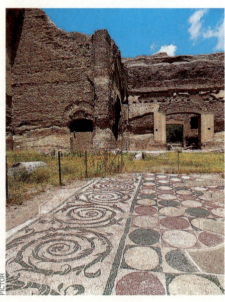

Caracallathermen

Besichtigung – Zunächst geht man an einer Reihe von Sälen *(rechts)* entlang, die wahrscheinlich als Versammlungsräume dienten. Dann gelangt man *(links)* in das Hauptgebäude der Thermen. Gleich rechts liegt das ovale *Laconicum*, das Trockenschwitzbad. Von hier aus geht es in den Gymnastikraum (Palaestra), dessen Fußboden und Wände noch Mosaikfragmente aufweisen; es folgt das *Apodyterium* – der Umkleideraum -, der zur *Natatio*, dem Schwimmbecken, führte. Auf der rechten Seite kann man ein Fresko mit religiösem Motiv erkennen; es wurde im Mittelalter hinzugefügt. Die Besichtigung geht nun symmetrisch zum ersten Teil weiter. Man gelangt in den zweiten Umkleideraum, und es folgt der Gymnastiksaal im nordöstlichen Teil, in dem noch schöne Mosaiken erhalten sind. Das von den Ärzten der Antike empfohlene „gesunde" Bad hatte folgenden Verlauf: Man gelangte vom Umkleideraum (schöne Überreste eines Fußbodenmosaiks) in den Gymnastiksaal, in dem die verschiedensten Sportarten ausgeübt werden konnten. Vom Sport erhitzt, ging der Badegast anschließend in den ovalen Raum des trockenen Schwitzbades *(Laconicum)*. Das unterirdisch verlegte Umluftheizsystem war sehr gut durchdacht: Die Wärme breitete sich – von riesigen Öfen ausgehend – unter dem auf kleinen Backsteinpfeilern ruhenden Fußboden aus und stieg durch in die Wände gemauerte Hohlziegel nach oben.

Im *Caldarium* nahm der Besucher dann ein heißes Bad; anschließend rieb er seine Haut kräftig ab, um alle Unreinheiten zu entfernen. Das *Caldarium* war ein großer, runder Saal mit einem Durchmesser von 34 m. Von der Kuppel, die ihn überspannte, sind noch einige Stützpfeiler erhalten. *(In den Ruinen des Caldariums finden im Sommer Opernaufführungen statt. Deshalb ist die Besichtigung des Caldariums und des Tepidariums nicht möglich.)*

Die Badenden, die den Parcours in den Räumen der Seitentrakte abgeschlossen hatten, trafen im *Caldarium* wieder aufeinander. Von dort ging es in das lauwarm temperierte *Tepidarium;* und danach ins kalte, erfrischende Wasser des *Frigidariums*.

TERME DI CARACALLA

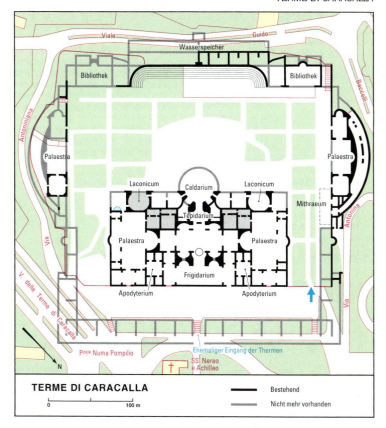

Nach dem Bad, so schildert es Petron in seinem berühmten Satyricon, pflegte der reiche und berühmte Trimalchion sich auf seine Sänfte zu legen, um in aller Ausgiebigkeit zu schlemmen und zu feiern. Die weniger reichen oder gebildeteren Römer zogen das Gespräch mit Freunden vor, gingen in den Gärten spazieren oder suchten die Bibliotheken auf und verließen sie erst, wenn das Bad geschlossen wurde. Aber nur, um am nächsten Tag wiederzukommen.

Zur Porta S. Sebastiano

Der zweite Teil des Rundgangs beginnt an der Kirche der hll. Nereus und Achilleus und führt an der herrlich grünen Via di Porta S. Sebastiano entlang, die von zahlreichen historisch und architektonisch bedeutsamen Bauten gesäumt ist.

Chiesa dei Santi Nereo e Achilleo ⊙ – Schon im 4. Jh. gab es an dieser Stelle eine kleine Kirche, die „Titulus Fasciolae" genannt wurde. Man führte ihre Entstehung auf eine Legende zurück, nach der sich an dieser Stelle der Verband (fasciola) gelöst haben soll, der das von den Ketten des Mamertinischen Kerkers zerschundene Bein des Apostels Petrus umgab. Petrus war aus Rom geflohen, aus Angst vor dem Schicksal, das ihn in dort erwartete; an der Via Appia soll er Christus begegnet sein und ihn gefragt haben: „Domine, quo vadis?" (s. APPIA ANTICA).
Das Gotteshaus wurde von Leo III. (795-816) von Grund auf erneuert und von Sixtus IV. (1471-1484) restauriert. 1596 wurde C. Baronio, der Beichtvater von Klemens VIII., Titelkardinal der Kirche. Da er die Heiligen Nereus und Achilleus sehr verehrte, ließ er ihre Reliquien feierlich von den Domitilla-Katakomben (s. Catacombe di Domitilla) hierher überführen und die Kirche ausschmücken. Der basilikale Grundriß blieb erhalten; die Kirche wurde mit einer Holzbalkendecke versehen und durch achteckige Pfeiler aus dem 15. Jh. in drei Schiffe unterteilt. Der aus der Krypta von S. Paolo fuori le Mura stammende Hauptaltar mit dem Cosmatenmotiv wurde aufgestellt und mit einem eleganten Ziborium bekrönt.
Der Ambo auf der linken Seite steht auf einem Porphyrsockel, der aus den Caracalla-Thermen stammt. Kardinal Baronio ließ die Seitenwände von Pomarancio bemalen; die auf die Zeit Leos III. zurückgehenden Mosaiken des Triumphbogens, in denen der byzantinische Einfluß noch erkennbar ist, behielt er bei. In die Rückenlehne des mit mittelalterlichen Löwen verzierten Bischofsstuhls ließ Kardinal Baronio eine Passage aus der Predigt eingravieren, die der hl. Gregor am Grab der beiden Märtyrer hielt.
Die Piazza Numa Pompilio überqueren und durch die Via di Porta San Sebastiano gehen.

Chiesa di San Cesaro – Über die Geschichte der Kirche ist bis zum Jahre 1600, dem Jahr, in dem Klemens III. Kardinal Baronio mit ihrer Erneuerung beauftragte, wenig bekannt. Der Kardinal ließ dem Zeitgeschmack entsprechend eine Kassettendecke mit dem Wappen Klemens' VIII. einziehen und den oberen Teil des Langhauses von Cavaliere d'Arpino bemalen. Ansonsten wollte er die Dekoration mittelalterlicher Kirchen wiederherstellen. So wurde die Marmorausstattung (Chorschranke, Kanzel, Altar, Bischofsstuhl) mit Fragmenten von Cosmatenarbeiten neugestaltet. Apsis und Triumphbogen wurden nach Zeichnungen von Cavaliere d'Arpino mit Mosaiken geschmückt. Einige Elemente des Dekors, so z. B. die beiden Engel, die den Stoffbehang vor der Confessio zu öffnen scheinen (unter dem Altar), und das schöne kleine Fresko der *Madonna mit Kind* über der Kathedra stammen aus der Renaissance.

Unter der Kirche kann man ein Badehaus aus dem 2. Jh. besichtigen *(zur Besichtigung wende man sich an den Wächter)*, dessen Mosaikfußboden mit schwarzweißen Meeresmotiven noch erhalten ist.

★ **Casa del Cardinale Bessarione** ⓥ – Das schöne, von Gärten umgebene Haus, das mit Möbeln und anderen Gegenständen aus der Renaissance ausgestattet ist, gehörte Kardinal Bessarione (um 1402-1472). Der griechische Humanist nahm am Konzil von Florenz (1439) teil und war einer der Betreiber der Union der griechischen mit der römischen Kirche. Papst Nikolaus V., der bedeutende Förderer der Vatikanischen Bibliothek, betraute ihn mit der Übersetzung der Werke des Aristoteles.

★ **Sepolcro degli Scipioni** ⓥ – *9, Via di Porta San Sebastiano*.

Vor dem Bau der Aurelianischen Mauer (Mura Aureliane) befand sich dieser Ort außerhalb der Stadt; daher durfte man hier die Toten bestatten. Die Scipionen waren eine der großen Patrizierfamilien, die mit dem Ende der Republik untergingen. Sie gehörten zum Geschlecht der Cornelier, und alle männlichen Mitglieder trugen den Namen Cornelius Scipio, dem der Vorname vorausging (oft in Initialen) und manchmal ein Beiname folgte.

Das 1614 entdeckte und 1926 restaurierte Grab der Scipionen stellt mit seinen Inschriften ein bedeutendes Dokument aus der Epoche der Republik dar. Die Grabinschriften, die den Einsatz für den Staat und die moralische Integrität der Verstorbenen hervorheben, gelten als frühe Zeugnisse der lateinischen Literatur und lassen auf die Mentalität dieser Zeit schließen, in der der Grundstein zur römischen Kultur gelegt wurde.

Die in einen Hang eingelassene Grabstätte besteht aus einer Grabkammer von quadratischem Grundriß, die von mehreren Gängen durchzogen ist. An deren Wänden standen (z. T. in Wandnischen) die aus einem Steinblock gehauenen oder aus Platten zusammengesetzten Sarkophage. Wahrscheinlich war die Grabanlage um die Mitte des 2. Jh. v. Chr. ausgelastet, so daß ein weiterer Gang (rechts von dem quadratischen Bau) gegraben werden mußte. Damals erhielt die nordwestliche Seite mit dem Eingang zur Grablanlage eine monumentale Fassade.

Besichtigung – Der erste Scipione, der in dieser Grabstätte beigesetzt wurde, war L. Cornelius Scipio Barbatus. Er war im Jahre 298 v. Chr. Konsul und kämpfte gegen die Etrusker. Die Inschrift auf seinem Sarkophag (**1**), dessen Original sich in den Vatikanischen Museen befindet *(s. VATICANO – SAN PIETRO, Museo Pio Clementino)*, erinnert an seine militärischen Erfolge.

Vom Sarkophag seines Sohnes (**2**) sind Fragmente und die Kopie einer Inschrift erhalten.

Die schöne Inschrift gegenüber (**3**) rühmt die Tüchtigkeit eines jungen Mannes von 20 Jahren.

Im danebenliegenden Gang fand der Sohn des P. Cornelius Scipio Africanus (**4**) seine letzte Ruhestätte. Als Augur deutete er im Jahre 180 v. Chr. die himmlischen Zeichen. Darüber hinaus bekleidete er das hohe geistliche Amt des „Flamen Dialis". Insgesamt waren hier dreißig Personen bestattet.

Die Inschrift (**5**) in einer kleinen Nische gehörte zu einem Grab aus dem zuletzt entstandenen Teil der Anlage. Sie bezieht sich auf die Familie der Cornelii Lentuli, die im Kaiserreich die Grabstätte erbte und dort die Asche einiger ihrer Mitglieder beisetzte. In einer Ecke der Grabstätte ist ein Ofen erhalten, in dem im Mittelalter antike Fragmente zu Kalk gebrannt wurden.

Kolumbarium – *Neben dem Scipionen-Grab.*
Das Kolumbarium ist ein Gemeinschaftsgrab aus der frühen Kaiserzeit. In den zahlreichen Nischen dieser Grabkammern, die von wohlhabenden Familien in Auftrag gegeben wurden, setzte man die Aschenurnen der verstorbenen (auch der freigelassenen) Sklaven bei.
Man beachte die Überreste eines dreistöckigen antiken Hauses, das im 3. Jh. über dem Grab der Scipionen errichtet wurde.

Colombario di Pomponio Hylas ⊙ (**A**) – Die mosaikverkleidete Nische gegenüber dem unteren Ende der antiken Treppe barg einst die Graburnen eines gewissen C. Pomponius Hylas und seiner Frau. Das eigentliche Kolumbarium ist mit hübschen Stukkaturen und Malereien verziert; wahrscheinlich stammt es aus der Epoche der julisch-claudischen Kaiser (31-68).

Tempietto di San Giovanni in Oleo – Der kleine, achteckige Renaissancebau wurde 1509 im Auftrag des Franzosen Benoît Adam, eines Mitglieds des päpstlichen Gerichts der Rota, errichtet. Über dem Portal ließ er sein Wappen und sein Motto „Au plaisir de Dieu" (Gott zu Gefallen) anbringen. Das Oratorium erinnert an eine Episode aus der Legende des Evangelisten Johannes, der unter Domitian in siedendes Öl geworfen worden sein soll, diese Folter aber unverletzt überstand.

Chiesa di San Giovanni a Porta Latina – Die Lage★ dieser Kirche ist bezaubernd. Neben dem Gotteshaus, dessen Vorplatz mit einer schattenspendenden Zeder und einem alten Brunnen geschmückt ist, erhebt sich der hohe Campanile (Glockenturm). Der schöne, schlichte Innenraum birgt – leider stark beschädigte – Fresken aus dem 12. Jh., die ein seltenes Beispiel romanischer Malerei auf römischem Boden darstellen.

★ **Porta Latina** – Dieses Tor in der Aurelianischen Mauer wurde unter Honorius (5. Jh.) und unter Belisar (6. Jh.) restauriert. Es zeigt auf dem Schlußstein des inneren Bogens ein griechisches Kreuz und außen ein Christusmonogramm.

Jenseits der Stadtmauer rechts in die Viale delle Mura Latine einbiegen.

★ **Mura Aureliane** – Kaiser Aurelian ließ im 3. Jh. eine neue Stadtmauer errichten, da die alte zu klein geworden war. Zwischen der Porta Latina und der Porta San Sebastiano ist die Aurelianische Mauer, von der noch Überreste mehrerer Türme und Tore erhalten sind, besonders sehenswert (*der in der entgegengesetzten Richtung liegende Teil – bis zur Porta Metronia – ist ebenso interessant und kann auch vom Linienbus (Linie 218) aus betrachtet werden*). Die Besichtigung der Mauer könnte in einem Spaziergang auf dem Mauerwerk (ab Porta San Sebastiano) einen krönenden Abschluß finden.

★ **Porta San Sebastiano** – Dieses von Kaiser Aurelian (271-275) errichtete Tor mit seinem hohen, weißen Marmorsockel und seinen zinnenbewehrten Türmen ist gewiß das eindrucksvollste Stadttor von Rom. Es liegt an der Via Appia Antica und wurde mehrfach verändert, insbesondere von Kaiser Honorius, der aus Furcht vor einer Invasion der Goten von 401-402 an der gesamten Mauer umfangreiche Arbeiten ausführen ließ.
Im Stadttor ist das Museum der **Römischen Stadtmauer** (Museo delle Mura) ⊙ untergebracht. Das Museum besteht aus fünf didaktisch aufgebauten Sälen mit Dokumenten und Modellen, die die Entwicklung der Stadtmauer von der Antike bis heute veranschaulichen. An den Museumsbesuch könnte sich ein Spaziergang auf der Mauer bis zur Via Cristoforo Colombo, anschließen.

Arco di Druso – Der kleine Bogen wurde nicht, wie man vermuten möchte, von Drusus (38-9 v. Chr.), dem jüngeren Bruder von Kaiser Tiberius, errichtet; er stammt vielmehr aus dem 2. Jh. Caracalla (211-217) nutzte ihn als Stütze für den Aquädukt, der seine Thermen mit Wasser versorgte.

An diesen Rundgang können sich folgende Besichtigungsgänge anschließen: APPIA ANTICA; AVENTINO; COLOSSEO-CELIO.

Im Hinblick auf das bevorstehende Heilige Jahr (im Jahr 2000) werden derzeit in Rom zahlreiche Bauwerke und Denkmäler restauriert.

TRASTEVERE★★

Ursprünglich gehörte Trastevere (das Dorf „jenseits des Tibers") nicht zu Rom; das Gelände war vielmehr Teil des etruskischen Herrschaftsbereichs.
Besiedelt war Trastevere seit der republikanischen Epoche, anfangs vor allem von Juden und Syrern. Unter Augustus wurde das Viertel zum 14. Verwaltungsbezirk (Region) von Rom. Unweit des heutigen Hospizes von San Cosimato ließ Augustus einen großen Wassergraben anlegen, in dem Naumachien (Darstellungen von Seeschlachten) vorgeführt wurden. In „Transtiberium" befanden sich zwar auch einige Tempel; in erster Linie war es jedoch ein volkstümliches Viertel, in dem sich aufgrund der nahen Häfen im Süden der Tiberinsel viele Handwerker und Kleinhändler niedergelassen hatten.
Statt öffentlicher Prestigebauten wurden hier vor allem Gebäude von praktischem Nutzen errichtet, so z. B. die Feuerwehrkaserne (Ende 2. Jh.) in der Nähe der Via dei Genovesi, auf deren Ruinen man im 19. Jh. stieß. Ein besonders erwähnenswerter Sakralbau ist das syrische Heiligtum, dessen Überreste am Fuße der Villa Sciarra in der Nähe der heutigen Via Emilio Dandolo entdeckt wurden.

TRASTEVERE

Beim Warten auf die Pizza...

Nie würde ein Römer auf die angestammten Appetithäppchen seiner Pizzeria verzichten. Man bietet etwas *bruschetta* (gegrilltes Brot, das nur mit Knoblauch eingestrichen und mit etwas Öl und Salz, manchmal mit etwas frisch zerstoßener Tomate gewürzt ist) oder den *fritto misto alla romana*, nämlich kleine, frisch herausgebackene Speisen, von delikaten Zucchini-Blüten, gefüllt mit Mozzarella und Sardellen bis zu Stockfisch-Filetstücken oder den riesigen Oliven von Ascoli, über Kartoffelbällchen und Supplì – jene typisch römischen frittierten Reisbällchen, die mit Tomatensauce und Mozzarella serviert werden – oder den ähnlichen, in der Form an kleine Orangen erinnernden *arancini*, die neben Reis noch grüne Erbsen und Mozzarella enthalten.

Die im 3. Jh. von Kaiser Aurelian erbaute Stadtmauer **(Mura Aureliane)** führte um Trastevere herum; Zugang zum Viertel gewährten im Norden die Porta Settimiana, im Westen die Porta Aurelia (heute Porta S. Pancrazio) und im Süden die Porta Portuensis (südlich der heutigen Porta Portese).
Seinen volkstümlichen Charakter hat sich Trastevere über die Jahrhunderte hinweg bewahren können. Die „Trasteverini" galten schon immer als tatkräftige Burschen, stets bereit, ihre Fäuste und ihren Mut für eine revolutionäre Sache einzusetzen.

Obst- und Gemüsehändler im Stadtviertel Trastevere

Hier fanden die römischen Mundartdichter und ihre prallen Erzählungen stets großen Anklang. Zahlreiche Sonette schildern die Auseinandersetzungen zwischen den „Trasteverini" und den Bewohnern des Viertels von Santa Maria Maggiore. Noch heute hört man in den Tavernen von Trastevere von den burlesken Geschichten des Meo Patacca, der die Ehre seines Viertels gegen Marco Pepe verteidigte.
In den Seitengassen des lärmenden Viale di Trastevere reihen sich kleine Werkstätten und Gemüseläden aneinander. An lauen Sommerabenden trifft man sich auf den dörflich anmutenden Plätzen und genießt in fröhlicher Runde – in idyllischen Höfen oder unter alten Gewölben – das römische Leben und, natürlich, die römische Küche.
Jeden Sonntag wird an der **Porta Portese** ein riesiger Markt abgehalten, zu dem auch ein **Flohmarkt** gehört. Ein Besuch des Marktes lohnt allein des Schauspiels wegen; aufpassen sollte man jedoch, denn das lebendige Durcheinander bietet Taschendieben ein gutes Terrain zur Ausübung ihres „Handwerks".

BESICHTIGUNG *3 Std.*

Torre degli Anguillara – Dieser Turm (13. Jh.) und der danebenstehende kleine Palast gleichen Namens erinnern an die Anguillara, eine der mächtigsten Familien Roms, die Krieger und Richter, Gesetzesbrecher, Fälscher und Kirchenmänner hervorbrachte und vom Mittelalter bis zur Renaissance großen Einfluß ausübte.
Der im 15. Jh. erbaute und im 19. Jh. stark restaurierte Palast beherbergt heute ein Dante-Studienzentrum.

TRASTEVERE

Chiesa di San Crisogono – An dieser Kirche, die auf das 5. Jh. zurückgeht, sind die Veränderungen, die im Laufe der Jahrhunderte durchgeführt wurden, deutlich zu erkennen. Der im Zusammenhang mit dem Neubau der Kirche (12. Jh.) errichtete **Glockenturm** erhielt im 16. Jh. eine Spitze.

Die **Fassade** stammt von Giovanni Battista Soria (1581-1651); der Architekt gestaltete die mittelalterliche Kirche im Auftrag ihres Titularbischofs, des Papstneffen Kardinal Scipione Borghese um.

★ **Inneres** – Auf das 12. Jh. geht allein der dreischiffige basilikale Grundriß zurück. Der Fußboden ist das Werk römischer Marmorkünstler aus dem 13. Jh. Insgesamt überwiegen allerdings die manieristischen und barocken Stilelemente, die G. B. Soria dem Bau im 17. Jh. verlieh. Auf die antiken Säulen, die die Langhäuser voneinander trennten, setzte er neue Stuckkapitelle; er erhellte das Mittelschiff durch die Brechung großer Fensteröffnungen und zog eine schöne Kassettendecke ein, die komplexe Formen aufweist und das Wappen von Kardinal Borghese trägt. Man beachte die beiden monolithischen Porphyrsäulen am Triumphbogen. Der Baldachin über dem Hauptaltar geht ebenfalls auf Soria zurück.

Der fein geschnitzte Holzschmuck des Chores wurde 1863 geschaffen.

Das Apsismosaik der Madonna mit Kind zwischen den hll. Jakobus und Chrysogonus stammt aus der Schule Cavallinis (Ende 13. Jh.).

Unterkirche ⊘ – Zugang von der Sakristei über eine recht schwierig zu begehende Metalltreppe.

6 m unter dem Boden der Kirche förderten Archäologen die Überreste des ursprünglichen, aus dem 5. Jh. stammenden Baus zutage, der im 8. Jh. von Gregor III. umgestaltet und im 12. Jh. durch die heutige Kirche ersetzt wurde.

Man erkennt den unteren Teil der Apsis – die in Teilen wahrscheinlich aus dem 5. Jh. stammt; die Confessio, die Gregor III. im 8. Jh. einrichten ließ, folgt, wie die von Alt-St. Peter (6. Jh.) der Apsisrundung und bildet einen Korridor, der sich hufeisenförmig verengt. Er wird durch einen geradlinigen Gang geteilt, an dessen zum Langhaus gelegenem Ende sich der Reliquiensaal befand. In der Apsis sind noch Fragmente von Malereien aus dem 8. Jh. erhalten, auch der gerade verlaufende Gang der Confessio ist noch vorhanden. An den Wänden des halbkreisförmigen Korridors Überreste von Wandmalereien aus dem 10. Jh. In der (durch eine Mauer zweigeteilten) Taufkapelle wurden die ersten Christen getauft.

An der Piazza Sonnino in die Via della Lungaretta einbiegen, die zur Piazza in Piscinula führt; dann durch die Via dei Salumi und die Via dei Vascellari zur Piazza Santa Cecilia gehen.

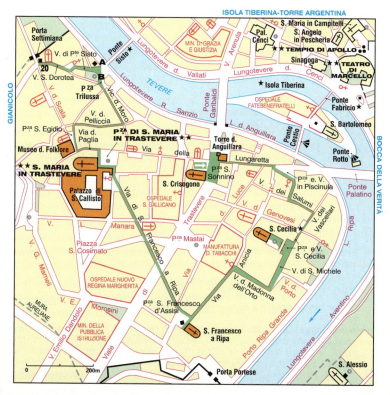

215

TRASTEVERE

★ **Chiesa di Santa Cecilia** – Bereits im 5. Jh. befand sich hier ein Privathaus mit einem der hl. Cäcilie geweihten Heiligtum. Papst Paschalis I. (817-824) ließ an dieser Stelle eine neue Kirche errichten, die im 16., 18. und 19. Jh. erhebliche Veränderungen erfuhr.

Der Besucher gelangt zunächst in einen begrünten Hof, in dessen Mitte eine große antike Vase thront. Rechts von der Kirche erhebt sich ein schöner Campanile aus dem 12. Jh. Die Fassade wurde im 18. Jh. erneuert; der ebenfalls aus dem 12. Jh. stammende Portalvorbau mit seinen antiken Säulen und der Mosaikfries blieben jedoch erhalten.

Im Innenraum ist der mittelalterliche Gesamteindruck verlorengegangen. Erhalten ist aber das **Apsismosaik**, das Paschalis I. im 9. Jh. anfertigen ließ. Der byzantinische Einfluß, der die römischen Mosaizisten der vorausgegangenen Jahrhunderte geprägt hatte, ist in den Figuren noch spürbar (zur Rechten Christi: Paulus, die hl. Agathe und Paschalis I. – mit eckigem blauem Nimbus, da die Darstellung zu Lebzeiten des Papstes erfolgte; zur Linken: Petrus, der hl. Valerianus und die hl. Cäcilie). Typisch römisch sind die Lebendigkeit der Figuren und die schönen Farben.

Das **Ziborium** (1) über dem Hauptaltar stammt von Arnolfo di Cambio (1293). Der Einfluß antiker Vorbilder ist deutlich zu erkennen – z. B. in dem Reiterstandbild eines Heiligen (linke rückwärtige Ecke), das an die Statue des Marc Aurel auf dem Kapitolsplatz erinnert.

★ **Statue der hl. Cäcilie** – *Unter dem Altar.*
Die schöne Marmorfigur der hl. Cäcilie stammt von Stefano Maderna (1599). Die Legende berichtet, daß Paschalis I. (817-824) auf den christlichen Friedhöfen verzweifelt nach den Gebeinen der hl. Cäcilie suchte, als ihm ein Traum den Weg wies. In einer Katakombe der Via Appia Antica fand er den Leichnam der Heiligen neben ihrem Gatten, dem hl. Valerianus. Die sterblichen Überreste der beiden Heiligen wurden unter dem Altar bestattet. Sieben Jahrhunderte später ließ Kardinal Sfondrati unter Papst Klemens' VIII. den Chor umbauen. Während der Bauarbeiten stieß man auf die Sarkophage. Man fand die Heilige in der Haltung, in der Maderna sie darstellte.

Der Kardinal wollte auch das Caldarium (2), das als Ort des Martyriums der hl. Cäcilie verehrt wurde, restaurieren. Bei den Arbeiten stieß man in der Wand des kleinen Raumes auf Rohre. Der Legende nach soll durch diese Rohre der heiße Dampf gedrungen sein, mit dem man die Heilige ersticken wollte. Sie überlebte, jedoch nur für kurze Zeit, denn schließlich wurde sie enthauptet und starb nach dreitägigem Todeskampf.

Das im Auftrag des Kardinals geschaffene Altarbild von Guido Reni zeigt die Enthauptung der Heiligen.

Grabmal von Kardinal Rampolla (3) – Ein pathetisches Grabmal (1929) für den Kardinal, der durch seine Großzügigkeit die Ausgestaltung der Krypta ermöglichte.

Krypta ⓥ – Die zwischen 1899 und 1901 im byzantinischen Stil ausgestattete Krypta birgt – hinter dem Fenster der Confessio – mehrere Sarkophage, darunter die der hl. Cäcilie und des hl. Valerianus.

Die Krypta wurde inmitten von Überresten antiker Häuser eingerichtet, zu denen auch die erste, der hl. Cäcilie geweihte Hauskirche gehört haben muß.

Man erkennt u. a. die Ruinen eines Saales, der als Weizensilo diente, sowie, etwas weiter entfernt, einen Saal mit Sarkophagen und Inschriften, ein Flachrelief mit einer Minerva-Darstellung (2. Jh. v. Chr.) in einer Nische und schließlich eine Säule, die ebenfalls aus der Zeit der Republik stammt.

★★★ **Das Jüngste Gericht von Pietro Cavallini** – Dieses Wandgemälde (um 1293) von Pietro Cavallini ist eines der bedeutendsten Werke der römischen Malerei des Mittelalters. Früher befand es sich an der Rückwand der Kirchenfassade; im 16. Jh. wurde es beschädigt. Erhalten sind der thronende, von Engeln mit weit ausgebreiteten Flügeln umgebene Christus als Weltenrichter, die Madonna, Johannes d. Täufer im Bittgestus, die Apostel und, am unteren Bildrand, Posaunen blasende Engel.

Man beachte die vollendete Zuordnung von Licht- und Schatteneffekten, die nuancierte Gestaltung des Ausdrucks der einzelnen Figuren und die harmonisch aufeinander abgestimmten Farben.

In die Via di San Michele einbiegen.

Chiesa San Francesco a Ripa – 1682 wurde die mittelalterliche Franziskanerkirche durch dieses Gotteshaus ersetzt.

In der vierten Kapelle des linken Seitenschiffs befindet sich die **Marmorstatue der seligen Ludovica Albertoni★★** von Bernini. Die seliggesprochene Nonne des Dritten Ordens des hl. Franz von Assisi (1474-1533) ist unter dem Altar bestattet. In diesem Spätwerk hat Bernini den Todeskampf der Heiligen dargestellt.

Über die Via di S. Francesco a Ripa zur Piazza Santa Maria in Trastevere gehen.

TRASTEVERE

Die belebte **Piazza Santa Maria in Trastevere**★ ist wahrscheinlich einer der anheimelndsten Plätze in Trastevere. In der Platzmitte ein Brunnen, der 1659 von Bernini umgestaltet wurde.

Die schöne Fassade des **Palazzo di San Callisto** *(links)* stammt aus dem 17. Jh.

★★ **Basilica di Santa Maria in Trastevere** – Die Kirche soll an der Stelle stehen, an der im Jahre 38 v. Chr. eine Ölquelle, die fons olei, entsprungen und nach einem Tag versiegt sein soll. Die Christen deuteten dieses Wunder später als Verkündigung der Ankunft Christi, der seine Gnade über der ganzen Welt ergießen werde. Papst Calixtus (217-222) soll einen ersten Bau errichtet haben; eine richtige Basilika entstand jedoch erst unter Papst Julius I. (337-352). Im 9. Jh. gestaltete Papst Gregor V. den Bau um und ließ eine Krypta hinzufügen, in der die Reliquien der Päpste Calixtus, Cornelius und Calepodius aufbewahrt wurden.

Die heutige Gestalt der Basilika geht im wesentlichen auf das 12. Jh. zurück. Ihre Errichtung im Jahre 1140 fiel in eine unruhige Zeit. Rom befand sich in den Händen von Revolutionären, die die Republik ausgerufen hatten, und der herrschende Papst Innozenz II. hatte sich mit zwei Gegenpäpsten, Anaklet II. und Viktor IV. auseinandersetzen müssen.

Fassade – Der Glockenturm stammt aus dem 12. Jh. Eine kleine Nische in seiner Spitze birgt ein Mosaik der Madonna mit dem Kinde. Das berühmte Mosaik (12.-13. Jh.) an der Fassade stellt ebenfalls die Gottesmutter mit dem Jesuskind dar; sie werden von Frauenfiguren gerahmt, die sich auf sie zubewegen.

Die Heiligenstandbilder auf der Balustrade des Portalvorbaus wurden im 17. und 18. Jh. aufgestellt. Im 19. Jh. – unter Pius IX. – öffnete man die Fenster wieder und verzierte die Fassade mit Malereien.

Unter dem Anfang des 18. Jh. erneuerten Portikus befinden sich zahlreiche Fragmente aus den Vorläuferbauten der heutigen Kirche. Zwei Fresken (**1**) (15. Jh.; eines ist stark beschädigt) stellen *Mariä Verkündigung* dar. Die Umrahmung der Portale ist aus antiken Friesen aus der Kaiserzeit zusammengesetzt.

Inneres – Der schöne basilikale Grundriß aus dem 12. Jh. ist noch erkennbar. Wie in allen römischen Bauten des Mittelalters stammen die Säulen, die die Kirchenschiffe voneinander trennen, aus antiken Monumenten. Sie besitzen noch ihre antiken Kapitelle; die Abbildungen ägyptischer Gottheiten, mit denen sie versehen waren, ließ Pius IX. im 19. Jh. jedoch entfernen.

Die schöne Decke (17. Jh.) mit der prächtigen *Mariä Himmelfahrt* schuf Domenichino *(Der Küster schaltet auf Bitten das Licht an).*

★★★ **Apsismosaiken** – Die Mosaiken am Triumphbogen (die Propheten Jesaja und Jeremia; Evangelistensymbole) stammen aus dem 12. Jh. In derselben Epoche entstanden die Mosaiken der Apsiskalotte; in der Mitte thronen Christus und seine Mutter, sie sind umgeben – zu ihrer Linken – von Petrus, den hll. Cornelius, Julius und Calepodius und – zu ihrer Rechten – von den hll. Calixtus und Laurentius sowie von Papst Innozenz II., der Maria das Modell seiner Kirche überreicht. In dieser Phase der Romanik war der byzantinische Einfluß in der Mosaikkunst noch spürbar: Die Gottesmutter ist goldgeschmückt wie eine Kaiserin. Die recht statischen Figuren verlieren durch die Konzentration auf die Ausgestaltung der Details (z. B. im Gewand Marias) an Ausdruckskraft. Im oberen Bildfeld ist das Paradies dargestellt, mit der Hand Gottes, die Christus eine Krone aufsetzt. Die Lämmer am unteren Bildrand symbolisieren die Apostel; sie ziehen aus Jerusalem und Bethlehem aus und wenden sich dem Lamm Gottes zu.

In den Mosaiken zwischen den Fenstern und am Fuß des Triumphbogens gelang **Pietro Cavallini** ein Meisterwerk (Ende 13. Jh.). Sie stellen Szenen aus dem Marienleben dar (Geburt, Verkündigung, Geburt Christi, Anbetung der hl. drei Könige, Darstellung im Tempel und Tod der Maria).

Unter dem mittleren Fenster stellte Cavallini in einem Medaillon die Madonna mit Kind dar, an ihrer Seite die Apostel Petrus und Paulus und die – kleinere – Figur des Stifters Kardinal Stefaneschi.

Im rückwärtigen Teil der Apsis marmorner Bischofsthron (12. Jh.) (**2**).

Vor dem Chor weist eine Inschrift (**3**) auf die „fons olei" hin.

Capella Altemps (**4**) – Die mit Stuckarbeiten und Fresken ausgestattete Kapelle des Kardinals Mark Sittich von Hohenems ist ein typisches Beispiel für die Kunst der Gegenreformation (Ende 16. Jh.).

Piazza di S. Maria in Trastevere

TRASTEVERE

Querschiff – Die schöne Kassettendecke stammt aus dem späten 16. Jh. Das mit Gold und Malereien überzogene Flachrelief aus Holz stellt die Himmelfahrt Mariä dar.
Im Vestibül der **Sakristei** zwei sehr fein gearbeitete antike Mosaiken (**5**).
Die mit Trompe-l'œil-Effekten ausgestatte barocke **Cappella Avila** (**6**) von Antonio Gherardis (Ende 17. Jh.) wird von mehreren ineinander übergehenden Kuppeln überspannt.
Zu den Reichtümern der Kirche gehört auch der hübsche Tabernakel (**7**) von Mino da Fiesole (Ende 15. Jh.).

Zur Piazza Sant'Egidio gehen.

Museo del Folklore ⊙ – Das in dem ehemaligen Kloster S. Egidio in Trastevere untergebrachte Museum birgt eine Vielzahl von Werken (Aquarelle, Stiche, Keramiken), in denen sich die volkstümlichen Sitten und Bräuche des 18. und 19. Jh. widerspiegeln. Schaukästen zeigen Szenen aus dem Alltagsleben der Menschen; Rekonstruktion des Arbeitszimmers des Dichters Trilussa *(s. unten)*.

Zur Piazza Trilussa gehen.

In den malerischen Gassen auf dem Weg zu dem Platz ist von der Hektik der Großstadt nichts mehr zu spüren.
Die Piazza Trilussa erinnert an den römischen Mundartdichter Carlo Alberto Salustri, der unter dem Pseudonym **Trilussa** (1871-1950) heitere und volkstümliche Verse schmiedete. In der Nähe des Denkmals (1954) (**A**), das ihm zu Ehren errichtet wurde, steht die monumentale Brunnen (**B**), den Papst Paul V. im Jahre 1612 am Beginn der Via Giulia hatte erbauen lassen. Im 19. Jh., als man die Tiber-Ufer befestigte, wurde er hier aufgestellt.
Der **Ponte Sisto** ist nach seinem Erbauer Papst Sixtus IV. (1471-1484) benannt. Die Brücke wurde im 19. Jh. umgebaut.

Durch die Via di Ponte Sisto gehen und in die Via S. Dorotea einbiegen.

Im Haus Nr. 20 (hübsches, reliefverziertes Fenster) soll das von Raffael geliebte Mädchen Fornarina gewohnt haben, das auf einem berühmten Gemälde in der Galerie des Palazzo Barberini verewigt ist.

An diesen Rundgang lassen sich folgende Besichtigungsgänge anschließen: BOCCA DELLA VERITÀ; GIANICOLO; ISOLA TIBERINA – TORRE ARGENTINA.

Trastevere

VATICANO – SAN PIETRO ★★★

Besichtigung : ein Tag

Den Vatikan besuchen...

Für die Besichtigung des Vatikans sollte man einen ganzen Tag veranschlagen. Da manche Abteilungen der Musei Vaticani nur zu bestimmten Zeiten der Öffentlichkeit zugänglich sind und die Öffnungszeiten variieren können, ist es sinnvoll, den Besuch im Voraus zu planen und sich mit dem Museum in Verbindung zu setzen (☎ 06 69 88 33 33).
Hinweis: Bei unangemessen erscheinender Kleidung kann der Zutritt zu den vatikanischen Institutionen, insbesondere zur Peterskirche, verwehrt werden. Man sollte daher Shorts, zu kurze Röcke oder schulterfreie Kleider vermeiden.

Busservice im Vatikan

Eine Buslinie verbindet – in den Monaten Februar bis Dezember – die Piazza San Pietro mit den Musei Vaticani. Abfahrt alle dreißig Minuten, von 8.45 Uhr bis 12.45 Uhr, vor dem Ufficio Informazioni Pellegrini e Turisti am Petersplatz. 2 000 L. (☎ 06 69 88 44 66).

Den Papst sehen...

Wenn der Papst in Rom weilt, gewährt er mittwochs seine **wöchentliche öffentliche Audienz**; Ort und Uhrzeit müssen jede Woche erfragt werden. Um an der Audienz teilnehmen zu können, muß man zwei Wochen zuvor bei der Prefettura della Casa Pontifica – Citta del Vaticano 00120 Roma (☎ 06 69 88 32 73) einen schriftlichen Antrag stellen. Gruppen müssen ihre genaue Personenzahl sowie ihre Herkunft angeben. Man kann sich telefonisch, bis zum Vorabend der Audienz, auch kurzfristig um einen Platz bemühen; meistens wird der Bitte entsprochen. Manchmal kann es hilfreich sein, ein Empfehlungsschreiben des heimischen Pfarrers mitzutragen.
Weitere Begegnung des Papstes mit Gläubigen und Schaulustigen: Am Sonntag beim **Angelus**, d. h. um 12 Uhr mittags, auf dem Petersplatz.

DER VATIKANSTAAT

Via della Conciliazione – 1936 erging der Beschluß, die „Straße der Versöhnung" anzulegen. Anläßlich des Heiligen Jahres 1950 wurde sie eröffnet.
Zwei monumentale Bauten markieren den Anfang der Straße, die, von zwei Reihen obeliskenförmiger Laternen gesäumt, in gerader Linie zur Basilika St. Peter führt; der linke trägt das Wappen Pius' XII., der rechte das Wappen der Stadt Rom.
Wenn man auf dem Petersplatz angelangt ist, hat man Italien verlassen und befindet sich im Vatikanstaat. Die im Norden des Gianicolo gelegene Vatikanstadt, die von der Umfassungsmauer über dem Viale Vaticano und, im Osten, von der Kolonnade des Petersplatzes begrenzt wird, bildet den Hauptteil des Kirchenstaates. Sie besteht aus der Peterskirche, den Vatikanischen Palästen und schönen Gärten, in denen die Gebäude stehen, die die staatlichen Institutionen des Vatikans beherbergen.

Zur Geschichte

Schon in der Antike war der außerhalb der Stadtmauern von Rom liegende **Ager Vaticanus** ein bekanntes Gelände. In der Kaiserzeit baute Caligula dort einen Zirkus. Nero verschönerte ihn und organisierte dort das Massaker der ersten römischen Märtyrer, zu denen vielleicht auch Petrus gehörte. In den Gärten der Familie der Domitii ließ Hadrian sein Mausoleum, die heutige Engelsburg, errichten.
Neue historische Bedeutung gewann der Vatikan, als Kaiser Konstantin dort die Peters-Basilika erbauen ließ, über der später die heute bekannte Peterskirche erbaut wurde.

Der Bischof von Rom – In den Anfangszeiten des Christentums galt der Bischof als Stellvertreter Christi auf Erden. Da der Bischof von Rom in der traditionellen Hauptstadt des Römischen Reiches saß und sich auf die Gründung des Bischofsamtes durch die Apostel Petrus und Paulus berief, beanspruchte er den ersten Rang in der kirchlichen Hierarchie. Der Begriff „Heiliger Stuhl" trat zum ersten Mal im 4. Jh. im Pontifikat des Damasus auf. Nach und nach benutzte man die Bezeichnung „Papst" – von dem lateinischen „Papa" (Vater) abgeleitet – nicht mehr für alle Bischöfe, sondern nur noch für den Bischof von Rom.

Pippinische Schenkung – Im Jahre 752 besetzten die Langobarden Ravenna und die kaiserlichen Territorien zwischen dem Po, dem Apennin und der Adria. In Rom mußte jeder Bewohner der Stadt dem Langobardenkönig Aistulf eine Tributzahlung von einem Goldpfennig entrichten. Da sich die Intervention des byzantinischen Kaisers Konstantin V. (der theoretisch über Rom herrschte) als wirkungslos erwiesen hatte, suchte Papst Stephan II. Hilfe beim karolingischen Herrscherhaus. Im Jahre 756 verpflichtete sich der fränkische König Pippin d. Kleine in Quierzy-sur-Oise, die besetzten Gebiete nicht dem Kaiser in Byzanz, sondern der „Republik der Heiligen Kirche Gottes", d. h. dem Papst, zurückzugeben. So entstand der Kirchenstaat, und die weltliche Macht des Papstes wurde begründet.

VATICANO – SAN PIETRO

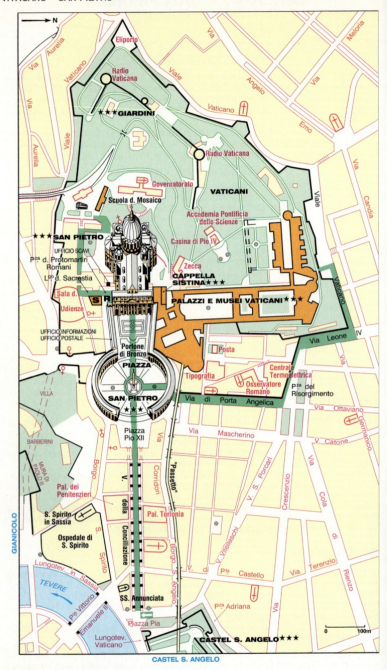

Die leoninische Stadt – Am 23. August 846 fielen die Sarrazenen in Rom ein und plünderten die Peters- und die Paulsbasilika. Im darauffolgenden Jahr ließ der energische Papst Leo IV. den Borgo, das Viertel, in dem St. Peter lag, von einer Festungsmauer umschließen. Diese Mauer wurde im 15. Jh. von Nikolaus V. restauriert und unter Paul III. (im 16. Jh.) von Sangallo d. Jüngeren mit Bastionen versehen. 1564 führte Pius IV. die Bauarbeiten im Umfeld der Porta S. Spirito fort.

Lateranverträge – Die italienische Einigung (1820-1870) konnte ohne die Eingliederung des Kirchenstaates in das Königreich Italien nicht als vollendet angesehen werden. Am 20. September 1870 drangen die Truppen von König Viktor Emmanuel II. in Rom ein und riefen die Stadt zur Hauptstadt des Königreiches aus. Um zu zeigen, daß man auf keinen Fall das Papsttum unterwerfen wollte, verabschiedete das italienische Parlament am 2. Mai 1871 das sogenannte **Garantiegesetz,** nach dem der Papst die Vatikanstadt behalten und eine jährliche Dotation erhalten sollte. Pius IX. exkommunizierte die Urheber dieses Gesetzes und schloß sich als „Gefangener" im Vatikan ein. Auch seine Nachfolger verharrten in dieser Haltung; letztlich wurde die sogenannte „Römische Frage" erst 1929 durch die **Lateranverträge** gelöst. Sie wurden am 11. Februar zwischen dem Heiligen Stuhl, vertreten durch Kardinal Gasparri, und dem italienischen Regierungschef Mussolini geschlossen. Sie bestätigen die Souveränität des Papstes im Vatikanstaat und schreiben seinen Umfang fest. Der Vatikanstaat besteht seither aus der Vatikanstadt und aus einigen Gebäuden und Besitzungen, die das Privileg der Extraterritorialität genießen (die vier Patriarchalbasiliken San Giovanni in Laterano, St. Peter im Vatikan, San Paolo fuori le Mura, Santa Maria Maggiore; die Gebäude der römischen Kurie, Kollegien und Seminare, die Villa in Castel Gandolfo); er hat insgesamt 44 ha und knapp tausend Einwohner. Die Verträge sahen ebenfalls eine finanzielle Abfindung vor und umfaßten ein Konkordat, das der Kirche in Italien eine besondere Stellung im Bereich der schulischen Bildung und in Ehefragen einräumte. Die republikanische Verfassung von 1947 legte die Beziehungen zwischen dem italienischen Staat und der katholischen Kirche auf der Basis der Lateranverträge von 1929 fest; am 18. Februar 1984 wurden diese jedoch in einem neuen Abkommen zwischen dem italienischen Staat und dem Vatikan abgeändert.

Der Papst, das Oberhaupt der katholischen Kirche

Der Papst wird auch Pontifex Romanus, Summus Pontifex der gesamten Kirche, Statthalter Christi, Heiliger Vater oder Seine Heiligkeit genannt. Er selbst bezeichnet sich zuweilen als „Servus servorum Dei", Diener der Diener Gottes. In seinem Amt als Hüter der Kirche wird er von dem „Heiligen Kollegium" der Kardinäle und der römischen Kurie unterstützt.

Das Kardinalskollegium – Sixtus V. legte 1586 die Zahl der Kardinäle auf 70 fest. Erst 1960 erhöhte Johannes XXIII. sie auf 85. 1970 gab es 145 Kardinäle, 128 im Jahre 1984. Während sie früher mit dem Titel „Eminenz" angesprochen wurden, benutzt man seit 1969 die Anrede „Herr Kardinal". Das Gewand eines Kardinals besteht aus der scharlachroten Mozetta (Pelerine mit Kapuze), die über dem linnenen Rochett (Chorhemd mit enganliegenden Ärmeln) getragen wird. Die Kardinäle sind seine engsten Berater. Sie wählen in der Versammlung des Konklave den Papst.

Das Konklave – So bezeichnet man die Zusammenkunft der Kardinäle zum Zwecke der Papstwahl. Die Versammlung findet hinter verschlossenen Türen statt. Dieser Wahlmodus geht auf **Gregor X.** (1271-1276) zurück, dessen Wahl nahezu drei Jahre in Anspruch nahm. Er setzte eine sehr strenge Regelung durch, nach der die Wahl eines neuen Pontifex innerhalb von zehn Tagen nach dem Tode des Vorgängers vonstatten gehen mußte. Unter Ausschluß der Öffentlichkeit mußten die Kardinäle solange in einem Palast ausharren, bis sie sich für einen neuen Papst entschieden hatten. Gregor X. verfügte außerdem, daß die Kardinäle, wenn sie nach drei Tagen noch keine Wahl getroffen hätten, fünf Tage lang nur eine Mahlzeit pro Tag und anschließend nur Brot und Wasser erhalten sollten. Heute versammeln sich die Kardinäle zum Konklave in der Sixtinischen Kapelle. Man verlangt von ihnen absolute Verschwiegenheit. Sie wählen zweimal täglich, und nach jedem Wahlgang werden die Stimmzettel verbrannt; dabei entsteht dunkler Rauch. Wenn sich jedoch eine Zweidrittelmehrheit plus eine Stimme für einen Kandidaten ausgesprochen hat, ist der neue Papst bestimmt; dann steigt weißer Rauch über dem Vatikan auf. Anschließend begibt sich der Dekan des Kardinalskollegiums zu der Benediktionsloggia an der Peterskirche und verkündet das Ergebnis der Wahl mit den lateinischen Worten: „Annuntio vobis gaudium magnum : habemus papam" (Ich verkünde euch eine große Freude: wir haben einen Papst...). Daraufhin spendet der neue Pontifex erstmals der Welt seinen Segen.

Die römische Kurie – Sie besteht aus der Gesamtheit der Behörden, die dem Papst bei der Ausübung seines Amtes helfen und das Funktionieren des Apostolischen Stuhls gewährleisten. Alle werden von einem Kardinal geleitet. Die 1967 von Papst Paul VI. reformierte Kurie umfaßt zwei oberste Organe, an deren Spitze der Kardinalstaatssekretär steht. Da ist einmal das **Staatssekretariat**, das die Verfügungen des Papstes umsetzt; der eng mit dem Papst zusammenarbeitende Staatssekretär ruft in regelmäßigen Abständen die Kardinalpräfekten zu einer Art Kabinettssitzung unter seiner Leitung zusammen. Das Staatssekretariat befaßt sich auch als Auswärtiges Amt mit den diplomatischen Beziehungen zwischen der Kirche und den Staaten der Welt.
Kongregationen (Ministerien), Sekretariate und Räte, Kommissionen, Ausschüsse und Büros befassen sich mit Fragen der Glaubenslehre, organisieren das kirchliche Leben und sorgen für den ordnungsgemäßen Ablauf der Dinge in der päpstlichen Residenz.
Außerdem gehören drei Gerichtshöfe zur Kurie. Der Oberste Gerichtshof der Apostolischen Signatur entscheidet als Berufungsinstanz und Kassationsgericht über Kontroversen im kirchlichen Raum und befaßt sich ebenfalls mit Verwaltungsstreitigkeiten. Die Römische Rota entscheidet als erstinstanzliches und als Berufungsgericht; bekannt ist sie vor allem als letzte Instanz in Fragen der Gültigkeit einer Ehe. Die Apostolische Pönitentiarie ist der Gerichtshof für den Gewissensbereich.

Konzilien – Die in Diözesen organisierten Gemeinden der katholischen Kirche gehören entweder der orientalischen (unierten) oder der lateinischen Kirche an. Einer jeden Diözese steht ein **Bischof** vor, dessen geistliche Autorität durch den Bischofsstab, den Ring, das Brustkreuz und die Mitra symbolisiert wird. Das Bischofsgewand unterscheidet sich von dem eines Kardinals allein in der Farbe (violett). An der Spitze des aus etwa 4 000 Mitgliedern bestehenden Bischofskollegiums steht der Papst. Er ruft die aus der ganzen Welt kommenden Bischöfe zu **Ökumenischen Konzilien** zusammen, in denen Fragen des kirchlichen Lebens behandelt werden. In 20 Jahrhunderten gab es einundzwanzig ökumenische Konzilien. Das letzte war das Zweite Vatikanische Konzil (das erste Konzil in der Peterskirche fand 1869-70 statt), das 1962 von Papst Johannes XXIII. einberufen wurde und drei Jahre später – unter Paul VI. – endete.

Heiliges Jahr – Nach dem Gesetz des Moses sollte man alle 50 Jahre ein Jahr Gott und der inneren Einkehr weihen. Bonifaz VIII. griff diese Tradition wieder auf und rief im Jahre 1300 das erste Jubeljahr (oder Heilige Jahr) aus. Klemens VI. (1342-1352) legte fest, daß die Jubelfeiern alle 50 Jahre durchgeführt werden sollten; seit Paul II. (1464-1471) finden sie alle 25 Jahre statt. Die letzten Heiligen Jahre waren 1950, 1975 und, ausnahmsweise, 1983. Der Beginn eines solchen Jahres wird feierlich mit der Öffnung der Porta Sancta, der Heiligen Tür, in jeder der vier Patriarchalbasiliken begangen. Die Pilger kommen in den Genuß eines besonderen Jubiläumsablasses.

Audienzen – Papstaudienzen finden im Sommer auf dem Petersplatz statt; im Winter werden sie entweder in der Peterskirche oder aber in der großen Audienzhalle durchgeführt, die während des Pontifikats Pauls VI. von Pier Luigi Nervi erbaut wurde. Im Laufe der Zeremonie spendet der Papst seinen Segen und hält eine Rede, in der er sich zu den großen Problemen der Kirche und der Menschheit äußert *(Teilnahmebedingungen s. Anfang dieses Kapitels)*.

Der Papst als Staatsschef

Der Papst ist der Souverän des Vatikanstaates und vereint in seinen Händen die gesetzgebende, die vollziehende und die rechtsprechende Gewalt. Der Kardinalstaatssekretär vertritt den Papst als Spitze der Behörden und gewährleistet deren Funktionieren; ihm steht die aus Kardinälen und einem Laien bestehende „**Päpstliche Kommission**" zur Seite. Von dieser Kommission hängt das sogenannte **Governatorato** ab, das seit 1969 von einer **Consulta di stato** unterstützt wird und aus Büros und Generaldirektionen mit Laienpersonal besteht. Der Vatikanstaat hat eine eigene Flagge; sie ist weiß-gelb und zeigt das Wappen mit der Tiara und den Petersschlüsseln. Er hat auch eine Hymne, den „päpstlichen Marsch" von Ch. Gounod. Die Streitkräfte wurden 1970 von Paul VI. aufgelöst. Nur die Schweizergarde mit ihrer pittoresken Uniform, die, so sagt man, Michelangelo entworfen habe, ist übriggeblieben. Der Vatikan gibt eigene Briefmarken aus, druckt eigenes Geld, das in Italien überall akzeptiert wird, besitzt ein Postamt und einen Bahnhof, der an das italienische Eisenbahnnetz angeschlossen ist.

Kultur, Wissenschaft und Kunst – Von besonderem kulturhistorischem Interesse ist die im Jahre 1475 durch eine päpstliche Bulle gegründete **Apostolische Bibliothek** mit ihren über 60 000 Handschriften-Kodizes, 100 000 Autographen, 800 000 gedruckten Bänden, 100 000 Stichen und Landkarten; der Bibliothek angegliedert ist ein Münzkabinett, das eine bedeutende Sammlung römischer Münzen aus der Zeit der Republik aufbewahrt.
Die Dokumente des **Geheimarchivs**, die bis in das 13. Jh. zurückgehen, können seit 1881 bzw. 1997 eingesehen werden; das Archiv ist ein historisches Forschungszentrum von Weltrang.
Die **Päpstliche Akademie der Wissenschaften** wurde 1936 von Pius XI. gegründet; ihr gehören 70 Mitglieder an, die der Papst unter den Gelehrten der ganzen Welt auswählt.
In der **Dombauhütte von St. Peter** arbeiten Architekten und Techniker, die mit der Instandhaltung der Peterskirche betraut sind. Ihr angegliedert ist die Mosaikwerkstatt.
Neben einer Druckerei, die Texte in nahezu allen Sprachen druckt, besitzt der Vatikan eine Tageszeitung, den *Osservatore Romano*, sowie eine Wochenzeitschrift, die in mehreren Sprachen veröffentlicht wird. Radio Vatikan sendet in vierzig verschiedenen Sprachen. Die Pressekonferenzen finden im Pressesaal des Apostolischen Stuhls statt.

In Anbetracht der zahlreichen Meisterwerke, die im Vatikan bewahrt werden, können in diesem Führer nur die bedeutendsten Stücke vorgestellt werden. Weitere Informationen und Einzelheiten enthalten der Führer durch die Vatikanstadt und der Führer durch die Vatikanischen Museen, die von den Monumenti, Musei e Gallerie Pontificie veröffentlicht worden sind.

★★★ BASILICA DI SAN PIETRO ⊙

Die Basilika St. Peter ist die größte Kirche der Welt und Zeugin der Geschichte des Christentums von seinen Anfängen bis in unsere Tage.

Zur Geschichte

Die Errichtung der Basilika St. Peter ist mit dem Martyrium des Apostels Petrus (64 n. Chr.) verbunden. Nachdem Kaiser Nero die Christen für den Brand verantwortlich gemacht hatte, der praktisch ganz Rom zerstört hatte, wurden viele von ihnen auf seinen Befehl hingerichtet. Unter den Opfern befand sich wahrscheinlich auch Simon, der von Jesus Christus den symbolischen Namen Petrus (Fels) erhalten hatte. Das Gesetz sah in Petrus nur einen einfachen jüdischen Fischer, der aus Kapharnaum in Galiläa stammte; daher mußte er im Zirkus des Kaisers – der auf dem Gelände des antiken Vaticanum lag – das Martyrium des Kreuzestodes erleiden. Petrus soll, damit sich sein Tod von der Kreuzigung Christi unterscheide, demütig darum gebeten haben, mit dem Kopf nach unten gekreuzigt zu werden.

Die konstantinische Basilika – Kaiser Konstantin ließ nach seiner Bekehrung zum Christentum an der Stelle, an der Petrus' Leichnam bestattet worden war, ein Gotteshaus erbauen (324 n. Chr.). Der Kirchenbau, der etwa in der Jahrhundertmitte fertiggestellt war, wurde im Jahre 326 von Papst Sylvester geweiht. Es handelte sich um eine fünfschiffige Basilika mit einem schmalen Querschiff und einer Apsis, deren Wand sich genau hinter dem heutigen Papstaltar erhob. Der Basilika war ein Atrium vorgelagert, in dessen Mitte ein mit einem Pinienzapfen (la Pigna) geschmückter Brunnen stand; die schöne Pigna kann man heute noch in einem Hof der Vatikanischen Päläste sehen. Die Fassade war mit prächtigen Mosaiken bedeckt. Die „Confessio" (Krypta mit Märtyrergrab) lag nicht vollkommen unter der Erde; eine Öffnung auf der Ebene des Fußbodens ermöglichte es den Gläubigen, sich dem Grab zu nähern. Ende des 6. Jh. ließ Gregor d. Große den Chor höherlegen. Darunter befand sich nun die Confessio; sie hatte die Form eines Korridors angenommen, der die Krümmung der Apsis nachvollzog und in den die sogenannte „Ad caput"-Kapelle eingegliedert war.

Über ein Jahrhundert lang wurde die Basilika immer wieder von den „Barbaren" geplündert; es begann mit Alarich, der 410 in Rom einfiel, und endete 546 mit Totila. Im Jahre 846 folgten die Sarazenen. Der Ruhm der Kirche blieb von diesen Übergriffen unberührt. Sie bildete den Rahmen für die feierlichsten Kaiserkrönungen. Am Weihnachtstag des Jahres 800 krönte Leo III. Karl d. Großen zum weströmischen Kaiser. Fünfundsiebzig Jahre später wurde dessen Enkel Karl d. Kahle von Papst Johannes VIII. zum Kaiser gekrönt. Johannes VIII. ging im übrigen als erster militärisch aktiver Papst in die Geschichte ein; er war auch der erste Papst, der einem Mord zum Opfer fiel. Der letzte Karolinger, Arnulf v. Kärnten, wurde am 22. Februar 896 von Papst Formosus gesalbt.

Johannes XII., der wie ein muslimischer Fürst lebte und sich mit Sklaven und Eunuchen umgab, krönte am 2. Februar 962 Otto I. Anschließend intrigierte er gegen ihn. Durch seine Machenschaften geriet das Papsttum für mehr als ein Jahrhundert unter die Herrschaft des deutschen Kaisers.

Die Petersbasilika wurde mehrfach restauriert und mit neuen Kunstwerken geschmückt; dennoch drohte sie, nach tausendjährigem Bestehen, zu verfallen.

1452, Nikolaus V. greift ein – Nikolaus V. beauftragte B. Rossellino mit der Instandsetzung der Basilika. Der Architekt entwarf unter Beibehaltung der konstantinischen Ausmaße einen Grundriß in Form eines lateinischen Kreuzes, sah eine Kuppel und einen neuen Chor vor. 1455 starb der Papst, und das Prokjekt kam zum Erliegen. Die Nachfolger Nikolaus' V. begnügten sich fünfzig Jahre lang damit, die alte Bausubstanz zu konsolidieren.

1503, Julius II., der ungestüme Papst – Unter diesem Papst wurde die Kirche von den beiden Architekten Giuliano da Sangallo und Bramante – der 1499 in Rom eintraf – von Grund auf erneuert. Man nahm Bramantes Entwurf an, der einen Grundriß in Form eines griechischen Kreuzes mit vorspringenden Apsiden und kleinen Kuppeln beinhaltete; über dem Zentrum des Kreuzes sollte sich eine dem Pantheon nachempfundene Kuppel wölben. Am 18. April 1506 wurde der Grundstein für die Basis eines ersten Pfeilers gelegt. Ein großer Teil des Querschiffs und der Apsis war abgerissen worden, ein provisorischer Chor sollte entstehen – bald wurde Bramante „Maestro ruinante" genannt. Manchmal kam ein junger Mann und beobachtete den Fortgang der Bauarbeiten. Das war Michelangelo. Julius II. hatte ihn mit den Ausführung seines Grabmals betraut, das im Zentrum der neuen Basilika aufgestellt werden sollte. Michelangelo bewunderte Bramantes Entwurf, scheute sich jedoch nicht, dessen Umsetzung zu kritisieren. Während er anfangs nur als Eindringling betrachtet wurde, zog er später den Haß Bramantes auf sich. Schließlich kehrte er, da er sich bedroht fühlte, nach Florenz zurück. Nachdem er heftig gegen den Papst und gegen Rom gewettert hatte, begab er sich schließlich doch wieder in die Papststadt, um dort zu arbeiten.

1513 starb Julius II., 1514 Bramante. In den dreißig darauffolgenden Jahren wurden die Entwürfe für den Bau ständig geändert und in Frage gestellt. Raffael und Giuliano da Sangallo schlugen vor, den Grundriß eines lateinischen Kreuzes beizubehalten. Baldassare Peruzzi zeichnete einen anderen Plan, der dem des Bramante nachempfunden war. Antonio da Sangallo, Giulianos Neffe, wollte das griechische Kreuz bewahren, fügte ihm jedoch ein Joch als Portikus hinzu, flankierte die Fassade mit zwei Türmen und änderte die Form der Kuppel. Sangallo starb im Jahre 1546.

Von Michelangelo bis Bernini – 1547 ernannte Papst Paul III. den zweiundsiebzigjährigen Michelangelo zum Leiter der Bauarbeiten im Vatikan und hieß ihn, dem Hin und Her ein Ende zu machen. Der geniale Künstler griff Bramantes Grundriß des griechischen Kreuzes wieder auf. Michelangelo vereinfachte Bramantes Konzept zu einem Plan, der sich an der Kreisform orientierte; der Kreis erinnerte, als Symbol des Unendlichen, an die Auferstehung. Die Kuppel schien nicht abgeflacht, wie die des Pantheons; sie sollte vielmehr hoch in den Himmel streben. Die Kompromißlosigkeit, mit der Michelangelo seine Arbeit ausführte, brachte seine Kritiker zur Verzweiflung. Intrige über Intrige entspann sich. Michelangelo aber arbeitete an der Peterskirche, ohne für seine Leistungen Geld anzunehmen; er war von dem Wunsch geleitet, zum Ruhme Gottes und zu Ehren des Apostels Petrus tätig zu sein. Als Michelangelo im Jahre 1564 starb, waren die Apsis und die beiden Kreuzarme vollendet. Der Unterbau der Kuppel, der Tambour, war fertiggestellt. Die Kuppel selbst führten Giacomo della Porta und sein Gehilfe Domenico Fontana aus, indem sie ihr, vielleicht nach einer von Michelangelo gezeichneten Variante des ursprünglichen Plans, eine steilere Stelzung gaben. 1593 war sie vollendet.

VATICANO – SAN PIETRO

Peterskirche (San Pietro in Vaticano)

Im Jahre 1606 sprach sich **Paul V.** (1605-1621) endgültig für den Grundriß des lateinischen Kreuzes aus. Dieser Grundriß, der sich, besser als der vorhergehende, für große Zeremonien und Predigten eignete, entsprach den Bedürfnissen der Gegenreformation; außerdem nahm er die gesamte Fläche der ursprünglichen Basilika ein, während Michelangelo den im Osten gelegenen Teil der alten Kirche außer acht gelassen hatte. Die Basilika sollte eine Fassade erhalten, mit deren Errichtung der Papst Carlo Maderna betraute. Was von dem alten Gebäude noch übrig war, wurde in dieser Zeit abgerissen. Urban III. weihte die neue Basilika.

Die letzte Phase der künstlerischen Baugeschichte von St. Peter ist mit dem Namen Bernini verbunden. Er erhielt die Bauleitung nach dem Tode von Maderna im Jahre 1629. Der Bau, der ein Symbol der Renaissance hätte werden können, sollte nun ein prunkvolles Barockmonument werden.

120 Jahre lagen zwischen den Arbeiten von Bramante und denen von Bernini. In dieser Zeit herrschten 20 Päpste, und 10 Architekten trugen zum Bau der Peterskirche bei.

Äußeres

★★★ **Piazza San Pietro** – Der Petersplatz, der die Basilika von der Stadt abgrenzen sollte, ohne eine wirkliche Schranke vor ihr zu errichten, dient gewissermaßen als Vorhalle der Kirche. Der Gestus der beiden Rundarme, die die Platzfläche umfangen, wirkt wie ein Willkommensgruß an die Christen der Welt.

Der Platz, mit dessen Bau **Bernini** unter dem Pontifikat Alexanders VII. im Jahre 1656 begann, wurde 1667 vollendet. Der Architekt wollte, indem er auf beiden Seiten der Fassade eine breitere und im Verhältnis zur Kirche tiefer gelegene Platzanlage entfaltete, die Breitenwirkung des Baus mindern und ihn zugleich höher erscheinen lassen. Als typischer Vertreter des Barocks hatte er einen Überraschungseffekt vorgesehen. Die Kolonnade sollte den Platz dergestalt umfassen, daß der Besucher die – teilweise hinter dem Säulengang verborgene – Basilika erst in dem Augenblick erblicken würde, in dem er unter die Säulen trat. Berninis Vision wurde nicht vollständig realisiert. Der Triumphbogen, der am Zusammentreffen der beiden Arme der Kolonnade vorgesehen war, wurde nicht erbaut, und dank der Via della Conciliazione kann man die Basilika schon von weitem sehen. Auch sollten sich an den Seiten der Fassade zwei Glockentürme erheben, die jedoch mangels ausreichend solider Fundamente nicht errichtet wurden. In seiner weitesten Ausdehnung mißt der Platz 196 m. Die beiden von Heiligenfiguren bekrönten und mit dem Wappen Alexanders VII. geschmückten Arme der Kolonnade bestehen aus jeweils vier Säulenreihen und bilden eine in ihrer Schlichtheit sehr erhabene Anlage. Im Zentrum des Platzes – der **Obelisk**. Dieser Monolith aus Granit wurde im 1. Jh. in Heliopolis für Caius Cornelius Gallus, den römischen Präfekten in Ägypten geschaffen. Kaiser Caligula ließ ihn im Jahre 37 n. Chr. nach Rom überführen und zierte damit seinen (auf

VATICANO – SAN PIETRO

der linken Seite der heutigen Basilika gelegenen) Zirkus. Dort stand er, als **Sixtus V.** beschloß, ihn auf dem Petersplatz aufzustellen. Dies war der erste Obelisk, den Sixtus V. versetzen ließ; viele andere erhielten auf Geheiß dieses Papstes einen neuen Standort. „Hofarchitekt" des Papstes war **Domenico Fontana**. Vier Monate benötigte man für die Durchführung des Projekts, von dem eine schöne Legende überliefert ist: Am 10. September 1585 sollte der Obelisk wiederaufgestellt werden. 800 Mann und 75 Pferde standen bereit, um das 25,5 m hohe und 350 Tonnen schwere Denkmal aufzurichten. Der Papst hatte seinen Segen erteilt und striktes Schweigegebot verhängt; selbst ein einfaches Niesen sollte mit dem Tode bestraft werden. Um seinem Befehl den nötigen Nachdruck zu verleihen, hatte der Papst auf dem Platz einen Galgen errichten lassen. Nun begann die heikle Operation. Aber die Taue, die sich an dem Granitblock rieben, drohten auf Grund der Hitzeentwicklung zu reißen. Da schrie plötzlich einer der Arbeiter „Acqua alle funi" („Wasser an die Seile"). Man goß Wasser auf die Seile, und der Obelisk konnte aufgestellt werden. Der Papst beglückwünschte den Mann, sein Schweigegebot übertreten zu haben.

In der Spitze des Obelisken wird eine Reliquie des Heiligen Kreuzes aufbewahrt. Die beiden Brunnen werden Carlo Maderna *(rechts)* und Bernini zugeschrieben. Zwischen den Brunnen und dem Obelisken bezeichnen zwei Scheiben im Boden die Brennpunkte der Ellipse, die der Petersplatz bildet. Von diesen beiden Punkten aus betrachtet, sieht die Viererkolonnade aus, als bestehe sie aus einer einzigen Säulenreihe. Bernini gelang diese Perspektive dadurch, daß er bei gleichem Abstand zwischen den einzelnen Säulen deren Durchmesser von innen nach außen erhöhte.

Fassade – Bernini entwarf die majestätische, von den Statuen der Apostel Petrus und Paulus (19. Jh.) flankierte Treppe, die von dem leicht abfallenden Platz zur Fassade führt. Die 1607 begonnene und 1614 vollendete Fassade von **Carlo Maderna** war Gegenstand heftiger Kritik. Von der Loggia unter dem Giebel spendet der Papst den Segen „Urbi et orbi". Das Gebälk trägt die Widmung Papst Pauls' V. Eine Attika mit 11 Apostelfiguren (Petrus fehlt) und Standbildern von Christus und Johannes d. Täufer schließt die Fassadenwand nach oben ab. Die beiden Uhren an den Seiten stammen von Giuseppe Valadier (19. Jh.).

Vorhalle – **Carlo Maderna** schuf die Vorhalle. Links erkennt man hinter einem Gitter das Reiterstandbild Karls d. Großen (18. Jh.) (**1**). Das Tor des Todes (**2**) mit seinen schlicht gestalteten Bronzeflügeln ist ein Werk von **Giacomo Manzù** (1964). In dem linken Teil ist unten rechts in einem Flachrelief Papst Johannes XXIII. dargestellt. Die Bronzetür (**3**) wurde 1445 von Antonio Averulino, gen. **Filarete** geschaffen. Das Nebeneinander von religiösen Szenen (in den sechs Bildfeldern), Episoden aus dem Leben Papst Eugens IV. (in den Streifen zwischen den Bildfeldern) und mythologischen Gestalten, Tieren, zeitgenössischen Persönlichkeiten (in dem die Bildfelder rahmenden Fries) ist typisch für die Renaissancekunst. In den Mittelfeldern sind die

VATICANO – SAN PIETRO

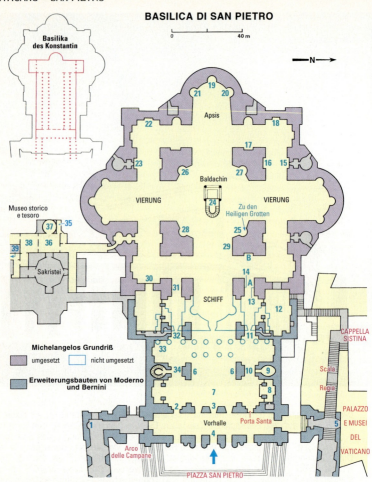

eigenartigen arabischen Inschriften bei den Figuren des Petrus und des Paulus und in deren Nimben besonders interessant. Ganz rechts, die Porta Sancta, die Heilige Pforte, die nur der Papst öffnen und schließen darf – eine zeremonielle Handlung, mit der Anfang und Ende eines Heiligen Jahres markiert werden.
Das im Jahre 1300 ausgeführte Mosaik der „Navicella" (**4**) von Giotto wurde mehrmals versetzt und restauriert. Ursprünglich zierte es das Atrium der alten Petersbasilika.
Das Standbild Konstantins, des ersten christlichen Kaisers (**5**), rechts von der Vorhalle, im Vestibül der Scala Regia *(Zugang untersagt)*, wurde 1670 von Bernini geschaffen.

Inneres

„Nichts an der Architektur von St. Peter macht den Eindruck von Anstrengung; alles scheint groß und natürlich" (Stendhal), so perfekt sind die Proportionen aufeinander abgestimmt. Man braucht sich nur den Weihwasserbecken (**6**) zu nähern, und die sie stützenden Engel, deren Größe, aus der Entfernung betrachtet, normal schien, erweisen sich als riesenhaft. Die Basilika, in der etwa 450 Statuen, 500 Säulen und 50 Altäre stehen, könnte, so sagt man, bis zu 60 000 Personen aufnehmen. An ihr ließe sich die gesamte Geschichte des Christentums und die Entwicklung der Kunst in Rom ablesen.

Mittelschiff – Die Gesamtlänge der Basilika beträgt einschließlich der Vorhalle etwa 211 m. Markierungen im Boden des Mittelschiffs erlauben den Vergleich mit anderen großen Kirchen in der Welt. Auf der in den Fußboden eingelassenen Porphyrscheibe (**7**), die sich in der früheren Basilika vor dem Hochaltar befand, kniete am Weihnachtstag des Jahres 800 Karl der Große nieder, um aus den Händen des Papstes die Kaiserkrone zu empfangen.

Kapelle der Pietà (**8**) – In dieser Kapelle steht die *Pietà*★★★, **Michelangelos** berühmtes Meisterwerk. Der Künstler schuf diese herrliche Skulpturengruppe in den Jahren 1499-1500 mit noch nicht 25 Jahren. Es nimmt die Tradition des deutschen Vesperbildes auf und übersetzt es in Renaissance-Harmonie. In der Vollkommenheit der Marmorbehandlung und in seinem tiefen menschlichen Gehalt strahlt dieses Werk außergewöhnliche schöpferische Kraft aus.

Allenthalben sah man in dem Urheber der Pietà ein neues Genie. Dennoch hatte **Michelangelo** damals schon Feinde. Sie verbreiteten das Gerücht, er habe das Werk nicht selbst geschaffen, woraufhin Michelangelo auf einem Band über der Brust der Marienfigur seinen Namen anbrachte. Die Pietà ist das einzige signierte Werk, das Michelangelo hinterlassen hat.

Kruzifixkapelle (oder Reliquienkapelle) (9) – Bernini entwarf diese Kapelle von elliptischem Grundriß. Sie birgt ein schönes Holzkruzifix, das Pietro Cavallini (Anfang 14. Jh.) zugeschrieben wird.

Grabmal der Christina von Schweden (10) – Nach ihrem Thronverzicht und ihrer Konversion zum Katholizismus kam die Königin von Schweden im Jahre 1655 nach Rom. Sie wurde in den Vatikanischen Grotten beigesetzt. Die Zeichnungen für ihr Grabdenkmal stammen von Carlo Fontana; es wurde im 18. Jh. von G. Theodon ausgeführt.

Grabmal der Gräfin Mathilde von Tuszien (11) – Mathilde von Tuszien wurde als erste Frau in der Peterskirche beigesetzt. Sie gehörte zur Allianz gegen Heinrich IV. Das Flachrelief auf dem Sarkophag zeigt, wie der Kaiser vor Mathildes Burg Canossa gegenüber Papst Gregor VII. Kirchenbuße tut (1077). Das Grabmal wurde von Bernini und mehreren seiner Schüler geschaffen (1635).

Sakramentskapelle (12) – Die Kapelle liegt hinter einem schmiedeeisernen Gitter, das auf einen Entwurf Borrominis zurückgeht. Die große Dreifaltigkeitsdarstellung auf dem Altar von Pietro da Cortona ist eines der wenigen Gemälde in St. Peter – die meisten Bilder sind Mosaiken. Der dem „Tempietto" nachempfundene Tabernakel und die knienden Engel sind ein schönes Werk Berninis (1675).

Bernini verleiht der Basilika stilistische Einheitlichkeit – Der nun folgende Durchgang (A) liegt da, wo sich der von Maderna hinzugefügte Bauteil an den Bau des Michelangelo anschließt. Bernini hatte die Aufgabe, den Übergang so gestalten, daß kein Bruch zu erkennen war. Die erste Schwierigkeit lag in der Verbindung des Seitenschiffs mit der Ostwand des quadratischen Grundrisses von Michelangelo. Da diese Wand den Schub des Kuppelgewichts auffangen mußte, konnte sie nicht so weit durchbrochen werden, wie es für die Schaffung eines monumentalen Tores notwendig gewesen wäre, das denen an den Längsseiten der Seitenschiffe entsprochen hätte. Bernini löste das

Baldachin von Bernini (San Pietro in Vaticano)

Problem, indem er an dem Durchgang zwei Säulen aufstellte, die denen an der Seite der monumentalen Tore im Kirchenschiff entsprachen; darüber hinaus überbrückte er den Raum zwischen Arkade und Giebel mit einem von zwei Engeln getragenen Wappen. Diese Lösung hatte eine leichte Verengung des Durchgangs zur Folge, die man jedoch kaum bemerkt. Das zweite Hindernis, das es zu überwinden galt, war der Pfeiler (**B**), der, da er die Kuppel trug, nicht durchbrochen werden konnte. Auch dort stellte er zwei Säulen auf und errichtete eine Arkade, deren Ausmaße mit denen des verengten Durchgangs identisch waren. Diese Anordnung vermittelt den Eindruck großer Tiefe, eine Wahrnehmnung, die durch die beiden schmalen Arkaden noch verstärkt wird.

★ **Grabmal Gregors XIII.** (**13**) – Ganz aus weißem Marmor ist dieses Grabmal, das 1723 vollendet wurde. Das Flachrelief auf dem Sarkophag erinnert an die Kalenderreform von 1582. Der gregorianische Kalender wird heute weltweit benutzt.

Grabmal Gregors XIV. (**14**) – Die Schlichtheit des Grabmals, erzählt man, liegt in den enormen Kosten begründet, die die schwache Gesundheit des Papstes verursacht hatte; der heilige Vater mußte nämlich mit einer Mischung aus Gold und Edelsteinen behandelt werden. Sein Sarkophag war zunächst nur stukkiert; ein Marmorsarkophag wurde erst 1842 gefertigt.

★★★ **Grabmal Klemens' XIII.** (**15**) – Das 1792 eingeweihte Grabdenkmal ist ein schönes klassizistisches Werk von **Canova**. Die Kälte, die man Canovas Kunst häufig vorwarf, trägt hier zur Reinheit der Linienführung bei. Die Ausgewogenheit des Grabkomplexes wird jedoch auf der linken Seite durch die Statue, die den Triumph der Religion symbolisiert, gestört.

Mosaikbilder – Im 16. Jh. begann man damit, berühmte Gemälde in Mosaiken umzusetzen; 1727 gründete Benedikt III. eine Mosaikschule, um diese Technik weiterzuentwickeln. Im Sinne der Gegenreformation glaubte die Kirche, den Gläubigen näherzukommen, wenn sie bedeutende Kunstwerke, in denen ihre Größe gerühmt wurde, in anderer, erfahrbarer Form nachbilden ließ. Insofern haben diese Mosaike eine starke kirchliche bzw. ideologische Funktion. Sie veranschaulichen die Macht des Petrus: *Der Jünger schreitet auf dem Wasser* (**16**); *Die Auferweckung der Tabitha* (**17**); sie glorifizieren die Märtyrer und rühmen Päpste, Heilige und Engel, deren Machtfülle oder Existenz die Reformation kritisierte bzw. bestritt.

St. Michaelskapelle oder Kapelle der hl. Petronilla (**18**) – Das Mosaik bildet das Gemälde des Martyriums der hl. Petronilla von Guercino nach *(s. Museo del Palazzo dei Conservatori, Museo nuovo, Saal 7)*. Die hl. Petronilla, deren Reliquien sich unter dem Altar befinden, wurde seit dem 8. Jh. in St. Peter verehrt. Pippin d. Kleine ließ ihr zu Ehren eine Kapelle errichten.

Apsis – Die Apsis wird von der großartigen **Cathedra Petri**★★★ (**19**) beherrscht. **Bernini** schuf diesen „Thron Petri" aus vergoldeter Bronze; er sollte die Überreste eines Bischofsstuhls aufnehmen, den man lange als Stuhl des Petrus ansah. Diese aus dem 4. Jh. stammenden Reste wurden in einem mit Elfenbein geschmückten Thron aufbewahrt, den Karl d. Kahle anläßlich seiner Krönung im Jahre 875 Papst Johannes VIII. gestiftet hatte. Berninis Cathedra wird von den vier Kirchenvätern gerahmt (die Figuren sind zwischen 4,50 m und 5,50 m groß). Über dem Thron erstrahlt, übersät von Wolkengebilden und Putten, ein Glorienschein aus vergoldetem Stuck. Die Strahlen gehen von einem Fenster aus, auf dem der Heilige Geist in Taubengestalt dargestellt ist (die entfalteten Flügel der Taube messen 1,75 m). Mit diesem Werk, das Bernini 1666, fast siebzigjährig, vollendete, ereichte der Künstler am Höhepunkt seiner Kunst, Bewegungs- und Lichteffekte zu gestalten.

★★★ **Grabmal Urbans VIII.** (**20**) – Die Grabstätte, die 1628 bei **Bernini** in Auftrag gegeben wurde und 1647 fertiggestellt war, galt als das Meisterwerk der Grabmalskunst des 17. Jh. Der Papst thront – mit gebieterischem Segensgestus – oberhalb des Sarkophags. Der wird von den Statuen der Gerechtigkeit und der Barmherzigkeit gerahmt, während der Tod die Namen der Verstorbenen aufschreibt.

★★★ **Grabmal Pauls III.** (**21**) – **Guglielmo della Porta** (1500 ?-1577), ein Schüler Michelangelos schuf dieses Grabmal. Er hatte einen majestätischen Entwurf vorgelegt; das Monument sollte, umrahmt von acht allegorischen Figuren, mitten im Chor stehen. Michelangelo widersetzte sich diesem Vorhaben und verlangte, die Zahl der Stauten auf vier zu reduzieren. Als Bernini die Apsis im Jahre 1628 umgestaltete, entfernte er weitere zwei Statuen. Sie befinden sich nun im Palazzo Farnese.

Altar Leos d. Großen (**22**) – Der Altaraufsatz★ ist ein Marmorbild von **Alessandro Algardi**. Es zeigt den Papst, wie er vor den Toren Roms dem Hunnenkönig Attila entgegentritt. Diese Art der Bildhauerei, die in ihren „Farbeffekten" der Malerei nahekommt, ist typisch für die Kunst des Barocks.

★★ **Grabmal Alexanders VII.** (**23**) – **Bernini** starb zwei Jahre nach der Vollendung dieses Denkmals im Jahre 1678. Er hatte großen Wert darauf gelegt, das Haupt des Papstes, dessen Schützling er war, selbst zu gestalten. Der heilige Vater ist kniend dargestellt. Die allegorischen Figuren, die ihn umgeben, wurden von Berninischülern geschaffen. In dem Bestreben, ihren Meister nachzuahmen, haben sie den Einsatz der Bewegungseffekte übertrieben. Berninis Virtuosität gerät hier zum Exzeß – der Tod taucht in Gestalt eines Skeletts aus einer Jaspis-Draperie auf und lädt den Papst ein, ihm zu folgen.

★★★ **Baldachin** – **Bernini** begann dieses Werk im Jahre 1624. 1633 wurde es von Urban VIII. geweiht. Trotz seiner Höhe – die mit 29 m der des Palazzo Farnese entspricht – und trotz des hohen Gewichts der Bronze hat dieser Aufbau eine Leichtigkeit bewahren können, die seiner „Funktion" entspricht. Normalerweise bestand ein

Baldachin ja aus Holz und Stoff und wurde bei Prozessionen mitgetragen. Die Bienen (auf den Säulen und auf den Lambrequins) sind Wappentiere der Familie Barberini, aus der Papst Urban VIII. hervorging. Dieses Werk war Gegenstand heftigster Kritik. Man monierte, daß es aus Bronze hergestellt worden war, die man dem Pantheon entnommen hatte; außerdem hielt man es für zu theatralisch und wenig elegant. Der Hochaltar unter dem Baldachin – an dem allein der Papst die Messe lesen darf – bekrönt die von Maderna gestaltete Confessio (**24**) mit dem Grab des heiligen Petrus.

Vierungspfeiler – Sie stützen die Kuppel. Die Schlichtheit der von Bramante begonnenen und von Michelangelo vollendeten Pfeiler entsprach nicht den Vorstellungen des Barockzeitalters. Daher verkleidete Bernini sie im Jahre 1629 mit Marmor und hob an ihrer Basis große Nischen aus, in die er fast 5 m große Statuen hineinstellte. In die darüberliegenden Loggien, in denen an besonderen Tagen die Reliquien ausgestellt werden, integrierte er die gewundenen Säulen des Ziboriums der alten Basilika (4. Jh.); diese hatten ihm als Inspirationsquelle für seinen Baldachin gedient. Jede Statue erinnert an Reliquien, die die Basilika besitzt: ein Stück der Heiligen Lanze (hl. Longinus – **25** -, Werk von Bernini, stellt den Soldaten dar, der Christi Seite mit der Lanze öffnete und zum Symbol der Barmherzigkeit wurde); das Schweißtuch der Veronika (hl. Veronika – **26** – trocknete das Gesicht Jesu auf dem Weg zum Kalvarienberg); ein Fragment des Hl. Kreuzes (die hl. Helena – **27** – brachte Reste des Kreuzes nach Rom); das Haupt des hl. Andreas (hl. Andreas – **28**). Die drei letztgenannten Standbilder stammen von Mitarbeitern Berninis (F. Mochi ; A. Bolgi ; F. Duquesnoy).

★★★ **Kuppel** – Bramante hatte die Kuppel des Petersdoms in Anlehnung an die des Pantheons entworfen, **Michelangelo** erhöhte und verbreiterte sie. Das Werk, das unter seiner Leitung bis zum Fuß des Tambours fortgeschritten war, wurde im Jahre 1593 von **Giacomo della Porta** und **Domenico Fontana** fertiggestellt. Man hat den Eindruck, daß das ganze Kirchengebäude nur dazu ist, die Kuppel – die im übrigen die größte von ganz Rom ist – als Symbol der Vollkommenheit Gottes aufzunehmen. Auf den Pendentifs sind in 4 Mosaikmedaillons mit einem Durchmesser von 8 m die Evangelisten dargestellt. Darüber entrollt sich die lateinische Inschrift der Worte, mit denen Christus die Kirche gründete: „Du bist Petrus, der Fels, und auf diesen Felsen werde ich meine Kirche bauen. Ich werde dir die Schlüssel des Himmels geben." Die Segmente der Kalotte zeigen Päpste und Kirchenväter sowie – sitzend – Christus, Maria, den hl. Joseph, Johannes d. Täufer und die Apostel; darüber Engel. In der Wölbung der Laterne Gottvater.

★★ **Statue des Apostels Petrus** (**29**) – Diese Bronzestatue aus dem 13. Jh., die Arnolfo di Cambio zugeschrieben wird, ist Gegenstand größter Verehrung. Unzählige Pilger küßten ihren Fuß. Nach einer Legende soll sie aus der Bronze der Jupiterstatue aus dem Tempel auf dem Kapitol gegossen worden sein.

Grab Pius' VII. (**30**) – Pius VII. starb 1823. Der dänische Bildhauer Thorwaldsen schuf sein Grabmal.

Grabmal Leos XI. (**31**) – Dieses Werk aus weißem Marmor wurde von **Alessandro Algardi** (1642-1644) angefertigt. Das Flachrelief auf dem Sarkophag zeigt die Konversion des französischen Königs Heinrich IV.

★★★ **Grabmal Innozenz' VIII.** (**32**) – Das Renaissancewerk (1498) des Florentiners Antonio Pollaiolo (um 1431-1498) ist eines der seltenen erhaltenen Monumente aus der Vorläuferbasilika. Der Entwurf des vor eine Wand gesetzten Grabes ist typisch für das 15. Jh. In die Inschrift schlich sich ein Fehler ein; man kann dort lesen, der Papst habe 8 Jahre, 10 Monate und 25 Tage „gelebt" (Vixit); gemeint ist natürlich, daß er solange geherrscht hat.

Grabmal Johannes' XXIII. (**33**) – Das Flachrelief an der rechten Wand der Capella della Presentazione geht auf den zeitgenössischen Bildhauer Emilio Greco zurück.

Grabmal der letzten Stuarts (**34**) – Werk von **Canova** (1817-1819) zu Ehren der letzten Vertreter des schottischen Königshauses (s. FONTANA DI TREVI – QUIRINALE: Palazzo Balestra), Jakob Eduard, Karl Eduard und Heinrich Benedikt, die in den Grotten bestattet worden sind. Die teils als Flachrelief, teils vollplastisch ausgeführten **Engel**★ riefen die Bewunderung des französischen Schriftstellers Stendhal hervor.

Museo storico, Tesoro ⊙ – Der mehrmals – 846 durch die Sarazenen, 1527 beim Sacco di Roma und anläßlich des Vertrages von Tolentino (1797) durch Bonaparte – dezimierte Schatz von St. Peter wurde immer wieder neu bestückt und enthält heute aufgrund von Stiftungen und Geschenken aus aller Welt wieder zahlreiche Kostbarkeiten.

Die „Heilige Säule" in **Saal I** (**35**) ist mit denjenigen identisch, die Bernini in den Loggien der Kuppelpfeiler von St. Peter benutzte; sie stammt aus der Basilika des 4. Jh. Auch der Turmhahn aus vergoldetem Metall (9. Jh.) schmückte die alte Basilika; er war unter Leo IV. (9. Jh.) angebracht worden. In **Saal II** (**36**) sogenannte Dalmatika Karls d. Großen; es handelt sich dabei um ein schönes liturgisches Gewand byzantinischen Stils aus dem 11. Jh. Der Saal enthält auch eine Kopie des Thrones aus Holz und Elfenbein, den Berninis Cathedra Petri umschließt, ein vatikanisches Kreuz aus dem 6. Jh. Das schöne Tabernakel in der **Cappella dei Beneficiati** (**37**) wird dem großen florentinischen Renaissancekünstler Donatello zugeschrieben. Der Gipsabdruck der Pietà des Michelangelo war besonders wertvoll, als man das 1972 beschädigte Original restaurieren mußte. **Saal III** (**38**) enthält das Grab **Sixtus' IV.**★★★ von Antonio Pollaiolo (1493), ein in seiner ornamentalen und feinen Ausgestaltung herausragendes Werk der Bronzeplastik. Es folgen mehrere Säle mit Werken der Goldschmiedekunst und sakralen Gegenständen; man sieht das Tonmodell von Berninis Bronzeengel für die Sakramentskapelle und

Grabmal Sixtus' IV. von Antonio del Pollaiolo (Teilansicht)

erreicht schließlich die **Galerie** (**39**), in der die mit Edelsteinen besetzte Tiara aus Gold und Silber aufbewahrt wird, die man an Feiertagen der Statue des Petrus aufsetzt. Der aus dem 4. Jh. stammende **Sarkophag des Junius Bassus**★★★ wurde unter der Peterskirche entdeckt. Er ist mit biblischen Szenen geschmückt; auf den Seiten Kinder bei Weinlese und Ernte – Symbole für die durch die Eucharistie geretteten Seelen.

Vatikanische Grotten ⓥ – *Zugang über einen der Kuppelpfeiler. Ein Teil der Grotten ist der Öffentlichkeit nicht zugänglich.*
Die Vatikanischen Grotten dehnen sich unter der Peterskirche aus und enthalten die Gräber der Päpste sowie einige Gegenstände aus der alten Basilika. Die Anlage besteht aus einem halbrunden Teil, der der konstantinischen Apsis entspricht; hier befinden sich das Grab Pius' XII und die Cappella Clementina *(s. Cappella Clementina, nächste Seite)*. An diesen halbkreisförmigen Teil schließt sich im Osten eine dreischiffige Hallenkrypta an. In den Schiffen der Krypta sind zahlreiche Gräber erhalten (u. a. von Johannes XXIII., Christine von Schweden und Benedikt XV.).

★ **Aufstieg zur Kuppel** ⓥ – *Zugang an der rechten Außenseite der Basilika.*
Zunächst erreicht man eine in die Kuppelbasis gebaute Galerie. Von hier kann man die gewaltigen Dimensionen der Peterskirche ermessen und deren Ausschmückung genauer betrachten. Zwei Personen, die mit dem Gesicht zur Wand einander diametral gegenüberstehen, können sich auf der Galerie flüsternd unterhalten. Eine Treppe im Innern der Kuppel führt zu der Terrasse, die die Laterne – in einer Höhe von 120 m über dem Petersplatz – umgibt. Der **Blick**★★★ ist großartig: Auf der einen Seite sieht man den geometrisch angelegten Platz, die Vatikanstadt sowie ganz Rom, vom Gianicolo bis zum Monte Mario; auf der anderen Seite schaut man auf die Vatikanischen Gärten, die Paläste, die Museen und die Sixtinische Kapelle.
Wenn man wieder hinabsteigt, kann man auf einer großen Terrasse unterhalb der Kuppel Pause machen: **Blick** auf die Kuppeln des Querschiffs und der anderen Kirchenschiffe. Von der Balustrade, auf der die mächtigen Apostelstatuen (Petrus fehlt) und Standbilder Jesu und Johannes' d. Täufer stehen, weiter Blick über die ganze Stadt.

★★ **Necropoli vaticana** ⓥ – *Besichtigung nur mit Führung möglich.*
Bei den Ausgrabungen, die Papst Pius XII. zwischen 1939 und 1950 durchführen ließ, wurde eine heidnische Nekropole freigelegt. Kaiser Konstantin hatte sie einebnen lassen, als er über dem Petrusgrab die erste Basilika erbaute. Der Eingang zum Gräberfeld liegt an der Südseite der Basilika. Wenn man eine der Grundmauern des konstantinischen Baus durchquert hat, gelangt man zu den beiden, durch einen Pfad voneinander getrennten Grabreihen (1. bis 4. Jh.), die sich an dem zum Tiber abfallenden Hang ausdehnen. Über dem Eingang einer Grabstätte am Ostrand des Weges besagt eine Inschrift, der Verstorbene habe „in Vaticano ad circum" beigesetzt werden wollen, ein Beleg dafür, daß der Zirkus des Nero, in dem vielleicht der Apostel Petrus umkam, nicht weit von hier lag. Die heidnischen Gräber wurden später von Christen benutzt, so z. B. das Grab eines Kindes aus der Familie der Julii. Es birgt Mosaiken mit christlicher Thematik, die vor dem 4. Jh. entstanden und zu den ältesten frühchristlichen Mosaiken zählen. Sie zeigen Christus, von einem Sonnenkranz umgeben („Christus Helios"), auf einem von Pferden gezogenen Wagen, den Propheten Jonas und eine Fischerszene.
Petrusgrab – Begibt man sich wieder in Richtung der Apsis der heutigen Peterskirche, trifft man auf einen Weg, der quer zum demjenigen verläuft, der die beiden Grabreihen voneinander trennt. Dieser Seitenweg wird im Osten von einer Mauer aus dem 2. Jh. gesäumt, die man die „rote Mauer" nennt. Dahinter wurde eine mit zwei Säulchen und Nischen versehene Ädikula entdeckt, die im 2. Jh. das Grab des Apostels Petrus enthalten haben soll. Dies war der Grund, weshalb Konstantin seine Basilika auf diesem unwirtlichen, feuchten und hügeligen Gelände errichtete, auf dem zudem noch ein nichtchristlicher Grabbezirk lag.

VATICANO – SAN PIETRO

Das Grab des Petrus hat unter Historikern, Archäologen und Theologen heftigste Debatten hervorgerufen. Vor den Ausgrabungsarbeiten im Vatikan galten die Sebastians-Katakomben als Grabstätte des Apostels. Die Reliquien des Heiligen sollen mehrere heikle Situationen überstanden haben. Im Jahre 258 sollen die von der Politik Kaiser Valerius' verfolgten Christen die sterblichen Überreste des Petrus aus Furcht vor einer Entweihung in die später nach dem hl. Sebastian benannten Katakomben gebracht haben; diese waren damals noch eine heidnische und damit „unverdächtige" Begräbnisstätte. Erst gegen 336, als die Christen wieder die Freiheit der Religionsausübung genossen, sollen die Reliquien an ihren ursprünglichen Ort im Vatikan zurückgebracht worden sein.

Cappella Clementina – Diese Kapelle wird auch „**Peterskapelle**" genannt. Hinter dem Malachitaltar kann man die Marmorwand der „Memorie des Konstantin" sehen. Im Norden der Gedächtnisstätte befindet sich die Mauer aus dem 3. Jh., in der man Überreste von Gebeinen gefunden hat, die Petrus zugeschrieben werden.

★★★ MUSEI VATICANI

Eingang am Viale Vaticano. An der Piazza Risorgimento die Via Leone IV nehmen und links abbiegen.

Paläste – Nördlich der Basilika St. Peter waren, wahrscheinlich in der Epoche von Papst Symmachus (498-514), mehrere Gebäude errichtet worden. Nikolaus III. (1277-1280) wollte sie durch eine turmbewehrte Festung ersetzen; seine Pläne wurden jedoch nur teilweise verwirklicht. Nach ihrer Rückkehr aus Avignon gaben die Päpste ihre alte Residenz, den durch einen Brand zerstörten Lateranpalast auf und ließen sich im Vatikan nieder.

Nikolaus V. (1447-1455) ließ um den Papageienhof (Cortile dei Pappagalli) einen Palast errichten, der die Gebäude aus dem 13. Jh. zusammenfaßte. Äußerlich wirkte der Palast noch immer wie eine Festung, im Inneren wurde er jedoch prachtvoll ausgeschmückt. Man kann noch die Kapelle sehen, die der Papst von Fra Angelico ausmalen ließ. Nahezu alle Päpste haben den Palast von Nikolaus V. umgestaltet oder vergrößert.

Sixtus IV (1471-1484) ließ im Erdgeschoß des Nordflügels eine Bibliothek einrichten (heute ein Konferenzsaal des Papstes); im Westen erbaute er die Sixtinische Kapelle. Etwa 300 m nördlich vom Palast Nikolaus' V. errichtete **Innozenz VIII.** (1484-1492) eine Sommerresidenz, den Palast des Belvedere. 1493/94 fügte **Alexander VI.** dem Bau Nikolaus' V. einen Turm (Borgia-Turm) hinzu; über der Bibliothek Sixtus' IV. wurden seine Gemächer, das Apartamento Borgia, eingerichtet.

Papst **Julius II.** (1503-1513) beauftragte seinen Architekten Bramante, die Paläste Nikolaus' V. und Innozenz' VIII. durch zwei lange, schmale Galerien miteinander zu verbinden; so entstand der Cortile del Belvedere, ein großer rechteckiger Hof, der Schauplatz großartiger Aufführungen war. Damals war er noch nicht, wie heute, in den Cortile della Biblioteca und den Cortile della Pigna aufgeteilt. Julius II. bewohnte, über den Gemächern Alexanders VI., die Räume, die Nikolaus V. von Piero della Francesca, Benedetto Bonfigli und Andrea del Castagno hatte dekorieren lassen, ließ die „Zimmer" („stanze") jedoch von Raffael neu ausmalen. Da er die Fassade als zu karg erachtete, ließ er eine neue aus übereinandergesetzten Loggien errichten. Die Loggia des 2. Obergeschosses wurde ebenfalls von Raffael ausgeschmückt.

Paul III. (1534-1549) verstärkte die Fundamente und restaurierte den Südwest-Flügel des ursprünglichen Palastes.

Pius IV. (1559-1565) beauftragte Pirro Ligorio mit der Neugestaltung des Cortile del Belvedere. Im Norden (an der Seite des Belvedere-Palastes) erbaute der Architekt eine große halbrunde Nische, vor der man die „Pigna" aufstellte, den mächtigen Pinienzapfen, der einst das Atrium der Basilika des Konstantin zierte. Ligorio hatte sich von der antiken Architektur inspirieren lassen, insbesondere von der Tribüne des „Stadions" des Domitian auf dem Palatin *(s. FORO ROMANO – PALATINO)*. Im Süden, am Palast Nikolaus' V., errichtete er einen eingeschossigen halbrunden Bau mit einer Nische in der Mitte. Dann wurde der Cortile del Belvedere durch den Bau von zwei Galerien durchschnitten: Unter **Sixtus V.** erbaute Domenico Fontana (von 1587 bis 1588) die päpstliche Bibliothek (Salone Sistino); **Pius VII.** ließ von 1806 bis 1823 den „Braccio Nuovo" hinzufügen.

So wurde der Cortile del Belvedere in drei Höfe, in den Cortile del Belvedere, den Cortile della Biblioteca und den Cortile della Pigna unterteilt.

In der Barockzeit gewannen die Vatikanischen Paläste nur die Scala Regia *(kann nicht besichtigt werden)* hinzu, eine monumentale Treppenanlage, die Bernini zwischen 1633 und 1666 errichtete. Man erreicht sie über einen Korridor, der an der Nordseite des Petersplatzes entlang verläuft; vor diesem Korridor befindet sich das Große Bronzetor (Portone di bronzo), der Haupteingang zu den Vatikanischen Palästen.

Der päpstliche Hof – Indem Sixtus IV. (1471-1484) seine Neffen mit kirchlichen Würdenämtern und Pfründen ausstattete *(s. Einführung, Das christliche Rom)*, sich mit reichen Kardinälen umgab und Schriftsteller und Künstler um sich scharte, legte er den Grundstein für ein regelrechtes Hofleben, das dem der Fürstenhöfe vergleichbar war.

Die heutige päpstliche Residenz – Die Residenz des Papstes befindet sich in den Gebäuden des 16. Jh., die den Cortile di Sisto V umgeben. Bedeutende Persönlichkeiten, Staatsoberhäupter und Diplomaten gelangen durch den Glockenbogen (Arco delle Campane) in die Vatikanstadt. Der Heilige Vater empfängt sie in seiner Privatbibliothek, einem großen Saal zwischen dem Cortile di Sisto V und dem Cortile del Maggiordomo.

VATICANO – SAN PIETRO

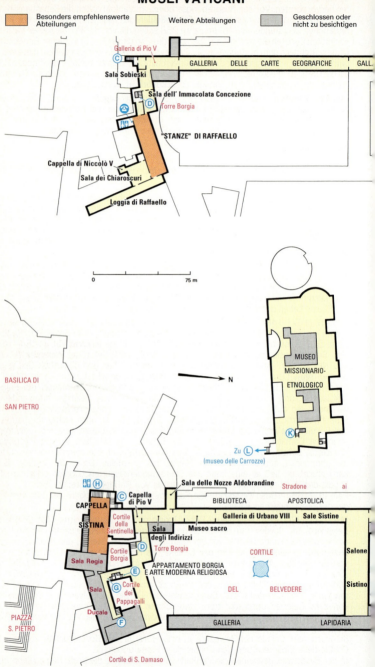

Im Sommer residiert der Papst in seinem Palast in Castel Gandolfo unweit von Rom.

Die Museen – Gegründet wurden sie durch Julius II., der im Jahre 1503 einige antike Kunstwerke im Hof des Belvederepalastes aufstellen ließ. Auch seine Nachfolger sammelten griechische und römische, frühchristliche und mittelalterliche Altertümer. Nachdem Klemens XIV. aus den Einkünften, die er aus Lotterien bezog, eine große Anzahl antiker Werke erworben hatte, schuf er ein neues Museum, das von seinem Nachfolger Pius VI. ausgebaut wurde und daher den Namen dieser beiden Päpste erhielt, das Museo Pio-Clementino. Der mit dem Ausbau betraute Architekt Simonetti errichtete die Säle, die den Palast des Belvedere mit der westlichen Galerie (Apostolische Bibliothek) verbinden.

Im Anschluß an den Vertrag von Tolentino mußten im Jahre 1797 zahlreiche Werke nach Paris geschickt werden. Mit den restlichen Werken richtete Antonio Canova,

VATICANO – SAN PIETRO

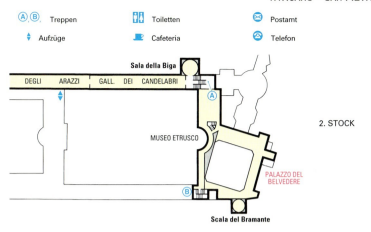

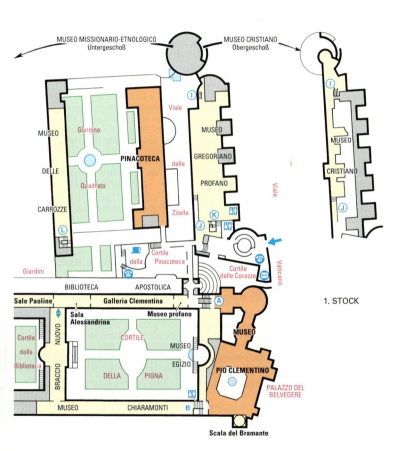

von Pius VII. zum Generaldirektor der Vatikanischen Museen berufen, das Museo Chiaramonti (nach dem Familiennamen des Papstes) ein. Als die Werke 1816 wieder nach Rom zurückkamen, ließ Pius VII. den Braccio Nuovo (Neuen Flügel) erbauen, um sie dort unterzubringen. 1837 weihte Gregor XVI. ein etruskisches Museum ein, in dem die Fundstücke aus den Gräberbezirken in Etrurien ausgestellt wurden; 1839 schuf er das Ägyptische Museum. 1932 weihte Pius XI. die Pinakothek ein. Im Jahre 1970 wurde ein damals sehr modernes Gebäude eröffnet, das die Sammlungen antiker und christlicher Kunst enthält, die sich früher im Lateranpalast befanden. 1973 brachte man die in den Missionsgebieten zusammengetragenen Gegenstände aus dem Lateran in den Vatikan. Damals wurden auch ein historisches Museum und ein Museum für moderne religiöse Kunst eröffnet. Die Vatikanischen Museen zählen mit ihren vielfältigen und interessanten Kostbarkeiten zu den bedeutendsten der Welt.

BESICHTIGUNG ⓥ *Eingang: Viale Vaticano*

Für den Besuch der „sehr empfehlenswerten" Abteilungen muß man 3 Stunden veranschlagen; für die Gesamtheit der Museen einen ganzen Tag.

Die Eingangshalle der Museen wurde 1932 eröffnet. Über eine Wendeltreppe mit einem Bronzegeländer gelangt man zu den Schaltern; von dort erreicht man die Museen entweder über den Cortile delle Corazze oder über das Atrio dei Quattro Cancelli und die von M. Simonetti im 18. Jh. erbaute Treppe (Ⓐ *auf den Plänen*).

Der Weg durch die Museen wird von der Museumsleitung festgelegt und kann von Zeit zu Zeit variieren. Man orientiere sich an dem unten aufgeführten Plan.

Der obligatorische Rundgang beginnt mit dem Museo Egizio (Ägyptisches Museum) und dem Museo Chiaramonti. Der Eingang zum Museo Pio Clementino befindet sich in der Nähe der Treppe des Bramante.

Museo egizio

Das von Papst Gregor XVI. gegründete ägyptische Museum wurde 1839 von Pater L. Ungarelli eingerichtet, einem der ersten italienischen Ägyptologen, die sich für die Forschungen Champollions interessierten.

Die Exponate der Sammlung sind unterschiedlicher Herkunft. Ein Teil der Denkmäler wurde von den Päpsten im 18. Jh. käuflich erworben; viele Statuen, die zur Zeit des Imperiums von Ägypten nach Rom gebracht worden waren, fand man in der Stadt und in der Umgebung; ausgestellt sind ebenfalls römische Kopien ägyptischer Originale aus dem 1. und 2. Jh.

In **Saal I** sind die antiken Inschriften zusammengefaßt; die ausgestellten Dokumente decken den Zeitraum vom Alten Reich (um 2650 v. Chr.) bis zum 6. Jh. ab. Thron der Statue mit fehlendem Oberkörper von Pharao Ramses II. (19. Dynastie; um 1250 v. Chr.). **Saal II** ist der Grabmalskunst im alten Ägypten gewidmet: Mumie einer Frau (um 1000 v. Chr.); Sarkophag aus bemaltem Holz und aus Stein; Kanopen (Krüge, in denen die Eingeweide der Mumie bestattet waren); Amulette.

Saal III zeigt Rekonstruktionen des Skulpturenschmucks, der den Canopus der Villa des Hadrian (*s. Villa Adriana unter TIVOLI*) zierte; Hauptthema des Dekors war die Erweckungszeremonie von Osiris-Apis, d. h. des Serapis (Doppelbüste auf Lotusblüte); der Kult dieses Gottes hatte sich im 4. Jh. v. Chr. unter dem Einfluß von Ptolemäus verbreitet. Im rückwärtigen Teil der Anlage, dort wo eine Kaskade den Nil symbolisierte, befand sich eine Kolossalbüste von Isis-Sothis-Demeter (Schutzgöttin der Nilquellen). Statuen des Antinous (Antinoos), der unter dem Namen Osirantinoos von Hadrian zum Gott erhoben worden war *(s. Museo Pio-Clementino, Sala rotonda),* ergänzen die Ausgestaltung des Saales.

In dem halbkreisförmigen Gang des **Hemicyclus (V)** sind ägyptische Statuen ausgestellt, die in Rom und Umgebung gefunden wurden: Der Kopf eines Pharao aus der 11. Dynastie (um 2100 v. Chr.) steht für die Kunst des Mittleren Reiches. Die Kolossalstatue der Königin Tuia (**1**), der Mutter von Ramses II. (19. Dynastie, um 1250 v. Chr.), repräsentiert das Neue Reich. Die Statuen aus rosafarbenem Granit stellen Ptolemaios Philadelphos (283-246 v. Chr.), den hellenistischen König Ägyptens, sowie seine beiden Schwestern Arsinoë und Philotera dar.

Museo Chiaramonti und Galleria lapidaria *(rechts)*

Das **Museo Chiaramonti** trägt den Familiennamen seines Gründers Pius VII.. Noch immer sieht es so aus, wie es von Canova 1807 gestaltet wurde. Das Museum birgt römische Kopien griechischer Werke, Porträts und Grabdenkmäler; das Grabmals eines Müllers (rechts, Joch X) ist an seinen Flachreliefs zu erkennen.

In der **Galleria Lapidaria** (Inschriftengalerie) *(Besichtigung nur mit Sondergenehmigung möglich)* werden über 3 000 Steine mit christlichen und profanen Inschriften aufbewahrt.

Über das Museo Chiaramonti gelangt man nun zum Braccio Nuovo.

Braccio Nuovo (römische Antiken)

Der Speerträger **Doryphoros** *(3. Nische links vom Eingang)* ist die Kopie einer Bronzeskulptur von Polyklet (440 v. Chr.). Das Original galt als Musterstatue („Kanon"), in der Polyklet seine Theorien zu den Proportionen in der Bildhauerkunst in die Praxis umgesetzt hatte.

Die **Statue des Augustus**★★ *(4. Nische rechts vom Eingang)* – nach ihrem Fundort auch „Augustus von Prima Porta" genannt – ist ein schönes Beispiel der römischen Staatskunst. Die feingearbeiteten Reliefs auf dem Panzer des Kaisers zeigen, wie der König der Parther die Feldzeichen zurückgibt, die Crassus 53 v. Chr. verloren hatte.

Der Nil (unter der Kuppel), ein römisches Werk aus dem 1. Jh., ahmt vielleicht eine griechische Skulptur aus der hellenistischen Epoche nach. Der Flußgott ist von seinen sechzehn Kindern umgeben; ihre Anzahl soll den 16 Ellen entsprechen, um die der Nil steigen muß, damit die Ebene durch sein Hochwasser fruchtbar wird.

Die **Statue des Demosthenes** *(letzte Nische links vom Eingang)* ist die römische Kopie eines griechischen Bronzestandbilds aus dem 3. Jh. v. Chr.

Zum Eingang des Museo Chiaramonti zurückkehren und über Treppe Ⓑ zum Museo Pio-Clementino gehen.

VATICANO – SAN PIETRO

★★★ Museo Pio-Clementino
(griechische und römische Antiken)

Das Museo Pio-Clementino ist im Palast des Belvedere und in den im 18. Jh. von Simonetti hinzugefügten Sälen untergebracht.

Vestibolo quadrato – Das Vestibül ist das Atrium des früheren Klementinischen Museums. Es birgt den **Peperinsarkophag des Scipio Barbatus** (2), der in seiner Schlichtheit typisch für die frühe römische Kunst ist. Die Form orientiert sich an griechischen Modellen, wie sie die Römer nach der Einnahme von Rhegium im Jahre 270 v. Chr. entdeckt hatten.

★★★ Gabinetto dell'Apoxyomenos
– *Apoxyomenos* (3) nannte man die Statue eines Athleten, der sich nach dem Wettkampf mit dem Schabeisen von Öl und Staub reinigt. Ein römischer Künstler schuf im 1. Jh. diese Kopie nach einem Werk des griechischen Bildhauers Lysipp (4. Jh. v. Chr.). In dem von Ermattung gezeichneten Körper wollte der Künstler den Mann in lebendiger Wirklichkeit darstellen und nicht, wie es im klassischen Zeitalter üblich war, das Idealbild eines Athleten entwerfen.

Scala di Bramante – Diese elegante Wendeltreppe, die man auch zu Pferde benutzen konnte, wurde zu Beginn des 16. Jh. von Bramante errichtet. Sie entstand im Rahmen der Neugestaltung der Vatikanischen Paläste, die Julius II. angeordnet hatte.

★ Cortile ottogonale del Belvedere
– Achteckig ist dieser Hof, den Simonetti mit einem Portikus umgab, erst seit dem 18. Jh.
Einst war hier der Innenhof des Belvedere-Palastes, ursprünglich quadratisch und mit Orangenbäumen bepflanzt.

Laokoongruppe

★★★ Laokoongruppe
(5) – An einem Januarmorgen 1506 eilte der Architekt Giuliano da Sangallo zu Michelangelo. Eine außergewöhnliche Skulptur sollte gerade von Bauern in der Nähe des Goldenen Hauses des Nero aus der Erde gegraben werden, und Sangallo lud Michelangelo ein, sich das Kunstwerk anzuschauen. Es handelte sich um eine Darstellung des Todes Laokoons, geschaffen von einer Künstlergruppe aus Rhodos (1. Jh. v. Chr.). Laokoon war Priester des Apoll und hatte den Zorn seines Gottes auf sich gezogen; er wurde mit seinen Söhnen von Schlangen getötet. Die hellenistische Kunst zeigt

VATICANO – SAN PIETRO

sich hier in höchster Intensität; da die Künstler das Leid in seiner Extremform darstellen wollten, entwickelten sie eine Emphase, die man manchmal mit dem Begriff „griechischer Barock" zu umschreiben versuchte.

★★★ **Apoll vom Belvedere** (6) – Julius II. stellte diese Statue im Jahre 1503 im Hof des Belvedere auf. Der Gott hielt wahrscheinlich in der linken Hand einen Bogen und in der rechten einen Pfeil. Der römische Bildhauer, der diese Statue (2. Jh.) schuf, hatte sich von dem griechischen Bronzeoriginal des Leochares inspirieren lassen; er gab seinem Werk das gelassene Selbstbewußtsein der griechischen Götter.

Werke von Canova (1757-1822) – Papst Pius VII. erwarb diese drei klassizistischen Statuen von Canova, nachdem das Museum durch den Vertrag von Tolentino eines großen Teils seiner Werke beraubt worden war: **Perseus**★★ (7), der Bezwinger der Medusa; die Faustkämpfer Kreugas (8) und Damoxenos (9), die sich in Nemea (Argolis) einen verbissenen Kampf lieferten.

Ara Casali (4) – Auf diesem Altar aus dem 3. Jh., den die Familie Casali Papst Pius VI. schenkte, ist die Sage von Mars und Venus dargestellt; die rückwärtige Seite zeigt Illustrationen zur Legende von Remus und Romulus.

★★★ **Hermes** (10) – Dieses römische Werk aus dem 2. Jh. ist die Kopie eines griechischen Originals aus Bronze; es zeigt den als Götterboten bekannten Sohn des Zeus.

Sala degli Animali – Zahlreiche restaurierte Tierplastiken aus dem 18. Jh. Die Statue des **Meleager**★ (11) ist eine römische Kopie (2. Jh.) einer Bronzeskulptur des Griechen Skopas (4. Jh. v. Chr.). Sie zeigt Meleager als Jäger mit dem Kopf des Ebers, der, von Diana geschickt, seinen Tod verursachte.

In den Boden eingelassen sind sehr fein gearbeitete römische Mosaiken. In einer Vitrine (12) ist ein Krebs aus seltenem grünem Porphyrgestein ausgestellt.

Galleria delle Statue – Die Loggia von Innozenz' VIII. Belvedere-Palast wurde im 18. Jh. in eine Skulpturengalerie umgewandelt.

★ **Schlafende Ariadne** (13) – Römische Kopie eines hellenistischen Originals (2. Jh. v. Chr.), mit typischen Merkmalen der Epoche – raffinierte Haltung und reicher Faltenwurf. Beim Aufwachen wird Ariadne Dionysos vorfinden; er wird sie heiraten und zum Olymp mitnehmen.

Kandelaber (14) – Sie schmückten einst die Villa des Hadrian in Tivoli (s. Umgebung von Rom). Schöne Beispiele des römischen Kunsthandwerks aus dem 2. Jh.

★ **Apollo gen. „Sauroctonos"** (15) – Es handelt sich um eine Statue des Apoll, der gerade eine Eidechse tötet; römische Kopie nach einem griechischen Bronzeoriginal von Praxiteles aus der Zeit um 350 v. Chr. Praxiteles, ein Spezialist für weibliche Formen, verlieh der Gestalt des jungen Gottes viel Anmut.

Sala dei Busti – Schöne Marmorsäulen teilen den Saal in drei kleinere Räume. Die aus einem Grab (1. Jh. v. Chr.) stammenden **Büsten der Eheleute Cato und Portia**★ (16) sind typisch für die republikanische Epoche.

Unter den zahlreichen Kaiserbildnissen fällt das von Julius Cäsar (17) durch seine besondere Ausdrucksstärke auf.

Gabinetto delle Maschere – Einem mit Masken geschmückten Mosaik aus dem 2. Jh., das aus der Villa des Hadrian hierher gebracht und in den Fußboden eingelassen wurde, verdankt dieser Raum seinen Namen. Die **Venus von Knidos**★★ (18) ist eine römische Kopie der Aphrodite, die Praxiteles für das Heiligtum von Knidos in Kleinasien geschaffen hatte (4. Jh. v. Chr.). Die griechische Skulptur war sehr berühmt, zum einen wegen ihrer hohen künstlerischen Qualität, zum anderen weil die Göttin hier zum ersten Mal nackt dargestellt wurde. Die Griechen, die ganz im Banne der Sage des Aktaion standen, waren entsetzt. Aktaion soll nämlich, so will es die Legende, getötet worden sein, weil er Artemis beim Baden zugesehen hatte.

Sala delle Muse – In diesem Saal sind nicht nur Statuen von Musen, sondern auch Bildnisse griechischer Philosophen ausgestellt.

★★★ **Torso von Belvedere** (19) – Die Statue ist wie das Standbild des Faustkämpfers aus dem Museo Nazionale Romano von dem Athener Apollonius, „dem Sohn des Nestor", signiert und der neoattischen Kunst des 1. Jh. v. Chr. zuzurechnen. Michelangelo bewunderte den ausdrucksstarken Torso, der, davon geht man gemeinhin aus, Teil einer Herkules-Statue war.

★ **Sala rotonda** – Simonetti hatte sich von der Architektur des Pantheons inspirieren lassen, als er diesen schönen Raum schuf (1780). Die **Porphyrschale** (20) soll aus dem Goldenen Haus des Nero kommen. Die **Herkulesstatue** (21) ist aus vergoldeter Bronze (Ende 2. Jh.). Die **Statue des Antinous** (22) zeigt Attribute des Dionysos und des Osiris – auf dem Kopf des Jünglings die Uräusschlange, die sonst auf der Stirn der Pharaonen zu zieren pflegte. Nach seinem tragischen Tod im Nil wurde der Geliebte Hadrians vom Kaiser unter dem Namen Osirantinoos vergöttlicht. Die **Büste des Jupiter von Otricoli**★ (23) ist eine römische Kopie nach griechischem Original aus dem 4. Jh. v. Chr.

Sala a Croce greca – Zwei große **Porphyrsarkophage**★ beherrschen diesen Saal. Der Sarkophag der hl. Helena (24), der Mutter Kaiser Konstantins, stammt aus dem Anfang des 4. Jh. Das Thema der Reliefs (Römer zu Pferde als Sieger; Gefangene) stellt keinen Bezug zum Leben der Heiligen her; daher geht man davon aus, daß der Sarkophag für Constantius Chlorus, den Gatten der Helena, bestimmt war.

VATICANO – SAN PIETRO

Möglicherweise wurde er aber auch im Auftrag ihres Sohnes Konstantin geschaffen, bevor dieser seinen Hof nach Konstantinopel verlegte. Der Sarkophag der Tochter Kaiser Konstantins, Constantia (25) (gegenüber), stammt aus der Mitte des 4. Jh.

Über die Simonetti-Treppe Ⓐ in den 2. Stock gehen.

★ Museo etrusco

In dem 1837 von Gregor XVI. gegründeten etruskischen Museum sind Fundstücke ausgestellt, die bei Ausgrabungen in Südetrurien zutage gebracht wurden. Saal I zeigt die ältesten Denkmäler (9.- 8. Jh. v. Chr.): Urnen in Hüttenform, in denen die Asche der Verstorbenen ruhte. Die Bigen (Zweigespanne) in Saal II waren das Transportmittel der Persönlichkeiten von Rang. In den Gräbern wurden auch zahlreiche griechische Vasen mit schwarzen und roten Figuren gefunden. Sie sind von hervorragender Qualität und lassen auf den Wohlstand der Verstorbenen schließen. Die Fundstücke aus der **Tomba Regolini-Galassi** sind besonders interessant. In dieser Grabanlage – benannt nach dem Erzbischof und dem General, die sie im Jahre 1836 entdeckten – waren zwei hochrangige Personen, ein Mann und eine Frau, beigesetzt. Ihre Grabbeigaben sind in den Vitrinen an der Wand rechts vom Eingang zu sehen. Die Reste eines Bronzethrons und mehrere Schmückstücke gehörten zu der Frau. Besonders interessant ist die große goldene **Fibel**★★ aus dem 7. Jh., die mit Löwen und aufgelöteten kleinen Enten geschmückt ist. Sie zeigt, zu welcher Meisterschaft die Etrusker es in der Goldschmiedekunst gebracht hatten. Den ziselierten Brustschild hatte man auf den Körper des Verstorbenen gelegt und mit Goldblättern (in Teilen erhalten) umgeben, die auf ihr Gewand genäht worden waren. Der Leichnam des Mannes ruhte auf dem ausgestellten Bronzebett; die Biga soll ihm ebenfalls gehört haben.

Man beachte das kleine „Bucchero"-Tintenfaß mit eingeritztem Alphabet und Syllabar *(gegenüber dem Fenstern, vorletzte vorstehende Vitrine vor dem Eingang zu Saal III)*. In dem **Sala dei Bronzi (III)** befindet sich die nach ihrem Fundort benannte Statue des **Mars von Todi**★★, das seltene Beispiel einer großen Bronzeplastik aus dem ausgehenden 5. Jh. In seiner formalen Strenge steht dieses Werk deutlich unter dem Einfluß der griechischen Klassik. Die ovale Ciste, ein Gefäß zur Aufbewahrung von Toilettenutensilien *(letzte Vitrine rechts vor der Marsstatue)*, ist hübsch dekoriert. Man erkennt einen Amazonenkampf und, auf dem Henkel, phantasievoll gestaltete Figuren.

Der halbrunde Raum (Hemicyclus) und die anliegenden Räume enthalten eine schöne Sammlung griechischer und etruskischer Vasen, darunter auch zahlreiche Exponate aus Großgriechenland (6.-3. Jh. v. Chr.).

Im Hemizyclus fällt die große, mit schwarzen Figuren geschmückte **Amphore**★★ in der zweiten mittleren Vitrine links vom Eingang auf. Dieses virtuos gestaltete Werk des Malers Exekias ist in bestem Zustand erhalten; dargestellt sind Achilles und Ajax beim Brettspiel.

Sala della Biga

Der Saal ist nach dem römischen **Zweigespann**★★ benannt, das in seiner Mitte ausgestellt ist. Die Biga stammt aus dem 1. Jh. und wurde im 18. Jh. wiederhergestellt. Der Wagenkasten war in der Basilica von S. Marco als Bischofssitz benutzt worden.

Galleria dei Candelabri

1785 wandelte Pius VI. die einstige Loggia in eine Galerie für kleinere antike Plastiken um. Sie ist durch Arkaden mit Säulen unterteilt und von römischen Marmorkandelabern aus dem 1./2. Jh. n. Chr. flankiert.

Galleria degli Arazzi

Die Galerie wurde 1838 von Gregor XVI. mit Bildteppichen *(arazzi)* geschmückt. Auf der den Fenstern gegenüberliegenden Seite: eine Folge von Teppichen der Neuen Schule, die unter Leo X. bei der Manufaktur von Pieter Van Aelst in Brüssel in Auftrag gegeben und dort nach Entwürfen von Raffaelschülern ausgeführt wurde. An der Fensterseite: Szenen aus dem Leben von Kardinal Maffeo Barberini, dem späteren Papst Urban VIII. (Manufaktur Barberini, Rom, 17. Jh.).

★ Galleria delle Carte geografiche

Das Gewölbe der Galerie ist von einer Gruppe manieristischer Künstler (16. Jh.) mit Stukkaturen und Gemälden geschmückt worden, die aus dem Leben der Heiligen erzählen. Die 80 Episoden der Heiligenlegende stehen in enger Beziehung zu den darunter gemalten Landkarten. Diese Karten sind nach Entwürfen des Dominikanermönchs Ignazio Danti in dreijähriger Arbeit (1580-1583) entstanden. Er teilte Italien längs des Apennin in zwei Teile ein: auf der einen Seite das Italien am Tyrrhenischen und Ligurischen Meer, auf der anderen Seite das Italien, das von der Adria und den Alpen begrenzt wird. Den insgesamt vierzig Landkarten fügte er Stadtansichten hinzu, eine Karte des Gebiets um Avignon (im Besitz des Heiligen Stuhls), eine Karte von Korfu und eine von Malta. Die Darstellungen gehen mit ihren zahlreichen dekorativen Elementen – Inschriften, Schiffe, bewegte See – über das rein Kartographische hinaus.

VATICANO – SAN PIETRO

Sala Sobieski, Sala dell'Immacolata Concezione

Im ersten Saal: Gemälde (19. Jh.) von Jan Matejko, auf dem der polnische König Johann III. Sobieski, Sieger in der Schlacht am Kahlenberg bei Wien (1683), die Türken zurückdrängt. Im zweiten Saal: Fresken aus dem 19. Jh. über die Verkündung des Dogmas der Unbefleckten Empfängnis durch Pius IX.; in einer Vitrine: reich geschmückte Bücher zu diesem Thema.

★★★ Stanze di Raffaello

Während eines Teils des Jahres werden die Besucher, um zu große Menschenansammlungen zu verhindern, im Einbahn-System vom Sala dell'Immacolata zu einem Balkon geführt; dann beginnt die Besichtigung der Zimmer Raffaels mit dem Sala di Constantino. In den anderen Monaten verläuft der Weg durch die Stanzen in umgekehrter Richtung.

Die Räume, die als Raffaels Stanzen bekannt sind, existierten bereits zur Zeit Nikolaus' V. (1447-1455). Alle waren damals mit Fresken von Piero della Francesca ausgeschmückt; eine Ausnahme bildete der Saal des Konstantin, der zu dem aus dem 13. Jh. stammenden Flügel des päpstlichen Palastes gehört. Als Julius II. 1503 den päpstlichen Thron bestieg, machte er daraus seine Gemächer und beauftragte mehrere Künstler – darunter Sodoma und Perugino – mit der Auffrischung der vorhandenen Ausstattung. 1508 ließ Julius II. auf Empfehlung Bramantes einen jungen Künstler aus Urbino kommen, Raffael. Der Papst war vom Talent des jungen Mannes begeistert. Er vertraute ihm die Ausschmückung seiner Gemächer an; seither tragen sie den Namen Raffaels. Die anderen Maler wurden entlassen, ihre Arbeiten entfernt. Die Fresken der Stanzen zählen zu den Meisterwerken der Renaissance. 1527 wurden sie beim Sacco di Roma von den Truppen Karls V. beschädigt, später restauriert.

Sala dell'Incendio di Borgo (1514-1517) – Raffaels überwältigender Erfolg und eine wahre Auftragsflut führten dazu, daß der Künstler seine Arbeit beschleunigte und seit 1515 eine große Anzahl von Gehilfen beschäftigte. Dieser letzte von Raffael dekorierte Raum wurde daher – nach seinen Zeichnungen und teilweise nach seinen Kartons – von Mitarbeitern seiner Werkstatt ausgeführt. Im Gewölbe sind die Fresken Peruginos erhalten.

Leo X., der Nachfolger Julius' II., bestätigte Raffael in seinem Auftrag. Zur Glorifizierung seines Pontifikats malte man nun Szenen aus seinem Leben und aus dem Leben Leos III. und Leos IV. In der Szene der **Krönung Karls d. Großen** (1) ist der Kaiser mit den Gesichtszügen Franz' I. dargestellt; Leo III. wiederum, der dem Kaiser die Krone aufsetzt, zeigt die Züge Leos X. (der 1516 mit Franz I. das Konkordat von Bologna schloß).

Der Brand im Borgo (2) – Nach dem *Liber Pontificalis* soll Papst Leo IV. im Jahre 847 mit dem Kreuzeszeichen den Brand beendet haben, der das Viertel um die Peterskirche, den Borgo, verwüstete. Raffael, der sich wie alle Renaissancekünstler für die Antike begeisterte, malte links die Kolonnade des Mars-Ultor-Tempels; die Gruppe junger Leute, die einen Greis trägt, erinnert an die Erzählung Vergils, in der die Flucht des Aeneas aus Troja beschrieben wird. Aeneas trägt seinen alten Vater Anchises, an seiner Seite geht der kleine Ascanius, seine Frau Creusa folgt ihm.

Die Benediktionsloggia der konstantinischen Basilika (im Hintergrund) ist genau so dargestellt, wie sie zu Raffaels Zeiten aussah.

Die Schlacht von Ostia (3) – Die Szene erinnert an den Sieg Leos IV. 849 in der Seeschlacht bei Ostia über die Sarazenen. Auch hier trägt Leo IV. die Züge Leos X.

Reinigungseid Leos III. (4) – Nach einer mittelalterlichen Chronik beschloß Leo III., sich gegenüber Anklagen, die man gegen ihn erhob, in der Peterskirche zu rechtfertigen. Da erscholl eine Stimme, die sagte: „Gott allein kommt es zu, über Bischöfe zu richten, nicht den Menschen." (lateinische Inschrift rechts vom Fenster). Das Gesicht Leos III. ist wieder das Leos X.

Stanza della Segnatura (1508-1511) – Der Sitz des Gerichts der Signatur diente dem Papst als Bibliothek und Arbeitskabinett; es wurde als erstes von Raffael ausgemalt. Leitmotiv des Dekors, das wahrscheinlich von einem in der Philosophie des Neuplatonismus bewanderten Gelehrten des päpstlichen Hofes vorgeschlagen wurde, sind die drei großen Grundlagen des menschlichen Geistes: das Wahre, das Gute und das Schöne.

Die Bedeutung der Deckenfresken (Medaillons) und Wandgemälde ist damit eng verbunden. Über dem *Triumph der Eucharistie (Disput um das Altarsakrament)* befindet sich die Allegorie der Theologie, über der *Schule von Athen* eine allegorische Figur der Philosophie; sie repräsentieren die übernatürliche und die rationale Seite der Wahrheit. Das Fresko zum geistlichen und zum weltlichen Recht und die Kardinaltugenden werden von der Allegorie der Gerechtigkeit bekrönt. Dieser Zyklus hat „das Gute" zum Thema.

VATICANO – SAN PIETRO

Dem *Parnaß* entspricht die Allegorie der Poesie als Ausprägung des Schönen. Die kleinen Gemälde in den Ecken – *Adam und Eva* (eine Frau setzt das Universum in Bewegung), das *Urteil Salomos, Apoll und Marsyas* – unterstreichen die Bedeutung der Allegorien. Ein Teil des Gewölbedekors wird Sodoma zugeschrieben, das achteckige Feld in der Mitte soll Bramantino (um 1465-1530) geschaffen haben.

Der Disput um das Altarsakrament (5) – Den Titel „Disputa" erhielt das Fresko, das den Triumph der Eucharistie illustrieren sollte, irrtümlicherweise. Es zeigt in einer oberen Zone zu beiden Seiten der Dreifaltigkeit die himmlische Kirche mit Maria, Johannes d. Täufer, Adam, Propheten, Aposteln, Märtyrern und Engeln.
In der unteren Zone, auf der Erde, sind rechts und links des Altars Kirchenlehrer, Päpste und Gläubige versammelt, darunter Dante (rechts, mit Lorbeerkranz), Savonarola, Sixtus IV., Fra Angelico und Julius II. in der Gestalt Gregors d. Großen. Die Bildlinien streben auf die Hostie zu, die als Verkörperung Christi die himmlische und die irdische Kirche miteinander vereinigt.

Die Schule von Athen (6) – Unter dem Gewölbe eines Gebäudes, das Raffaels Entwurf der Peterskirche darstellen soll, sind die bedeutendsten Vertreter der menschlichen Gelehrsamkeit versammelt. Die beiden griechischen Philosophen Plato und Aristoteles in der Mitte symbolisieren die beiden wichtigsten Traditionen des klassischen Denkens, den Idealismus und eine mehr empirische Philosophie. Platon zeigt mit dem Finger nach oben auf die Welt der Ideen, Aristoteles weist mit der Hand nach unten und bedeutet, daß die Idee nur in der Materie existieren könne. Raffael hat Plato mit den Gesichtszügen Leonardo da Vincis ausgestattet.
Sokrates, links, mit einer Tunika bekleidet, unterhält sich mit seinem Schüler, dem Feldherrn Alkibiades. Der Kyniker Diogenes liegt halb auf der Treppe und verleiht seiner Verachtung für die Welt Ausdruck; ein Schüler nimmt Anstoß daran. Der mit Weinlaub bekränzte Epikur schreibt über die Kunst, glücklich zu sein.. Euklid, mit den Zügen Bramantes, zeichnet geometrische Figuren auf eine Schiefertafel. Nicht weit von ihm entfernt, in der rechten Ecke des Freskos, hat Raffael sich selbst mit schwarzem Barett dargestellt; die Figur mit der weißen Tunika und dem weißem Barett neben ihm soll der Maler Sodoma sein.
Im Vordergrund erkennt man Heraklit; er sitzt isoliert auf den Stufen und stützt seinen Kopf auf den linken Arm. In ihm porträtierte Raffael Michelangelo, der damals gerade die Sixtinische Kapelle ausmalte. Raffael fügte die Figur als Hommage an seinen Rivalen hinzu, nachdem das Gemälde bereits abgeschlossen war.

Kardinaltugenden und Theologische Tugenden (7) – Über dem Fenster: die Kraft (Eichenzweig, Emblem der Familie della Rovere, der Julius II. entstammte), die Klugheit und die Mäßigkeit, der Glaube, die Hoffnung und die Liebe (in der Form von Putten). Erteilung des weltlichen und kirchlichen Rechts (1234); Gregor IX. trägt dabei die Züge Julius' II. Ihm zur Seite sind die Kardinäle Giovanni de' Medici (später Leo X.) und Alessandro Farnese (Paul III.) dargestellt.

Parnaß (8) – Gegenüber: Apoll und die neun Musen, umgeben von den großen Dichtern seit Homer und Vergil.

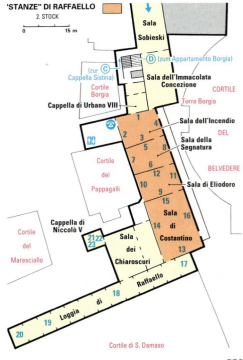

239

Raffael: Parnaß

Stanza d'Eliodoro (1512-1514) – Dies war das Vorzimmer der päpstlichen Gemächer. Die Szenen des Bildprogramms berichten von dem Schutz, den Gott der Kirche gewährt.

Die Vertreibung des Heliodor aus dem Tempel (9) – Das biblische Motiv aus dem Buch der Makkabäer (Heliodor, der den Schatz aus dem Tempel von Jerusalem rauben will, wird von Engeln vertrieben) wurde wahrscheinlich von Julius II. vorgegeben. Die Politik des Papstes zielte nämlich darauf ab, den Kirchenstaat von fremden Mächten zu befreien. Julius II. ließ sich auf der päpstlichen Sänfte (links) darstellen; das Bildnis drückt die außerordentliche Autorität dieses Papstes aus, der an der Seite seiner Truppen kämpfte und einmal sogar seinen Stock auf Michelangelos Rücken zerbrach. Die Figuren dieses Freskos sind von leidenschaftlicher Dynamik ergriffen (Heliodor, die drei Engel, die Person, die sich um die Säule windet), der Blick wird suggestiv in die Raumflucht hineingezogen.

Das Wunder der Messe von Bolsena (10) – Das Fresko erinnert an ein Wunder, das zur Ausbreitung des Fronleichnamsfests beitrug. Im Jahre 1263 zelebrierte ein Priester in Bolsena die Messe; insgeheim zweifelte er an der Präsenz des Leibes Christi in der Hostie. Da begann die Hostie während der Wandlung zu bluten. Julius II. ist gegenüber dem Priester kniend dargestellt. Der Papst, sein Gefolge und die Schweizergardisten zählen zu Raffaels Meisterwerken.
Die Komposition des Gemäldes ist bewunderungswürdig. Das Problem der halbkreisförmigen Lünette, die dezentral von einem Fenster durchbrochen ist, löste Raffael, indem er in seinem Fresko die Treppen auf beiden Seiten des Altars asymmetrisch anordnete; zudem versah er die auf der linken Seite versammelte Menge mit einer Bewegung, die die Beengtheit in diesem Teil des Gemäldes aufhob.

Die Befreiung Petri (11) – Die *Apostelgeschichte* erzählt, wie Petrus als Gefangener in Jerusalem im Traum einen Engel sah, der ihn erlöste. Als er aufwachte, war er tatsächlich frei. Das Licht spielt in diesem Gemälde eine wesentliche Rolle; es variiert je nach der Quelle, der es entspringt – sei es der Mond, die Fackel des Wächters oder ein Engel. Dieses Gemälde ist ein Meisterwerk der Lichtgestaltung; über hundert Jahre vor Caravaggio und Rembrandt kommt Raffael im spätesten seiner eigenhändigen Stanzen-Fresken zu geradezu barocken Effekten.

Die Vertreibung Attilas durch Leo d. Großen (12) – Leo I. trat den vorrückenden Hunnen unter dem berüchtigten Attila in eigener Person entgegen. Mit Hilfe einer Erscheinung der bewaffneten Apostel Petrus und Paulus gelang es ihm, sie aufzuhalten. Raffael stellt die Szene vor den Toren Roms dar; man erkennt das Kolosseum, eine Basilika und einen Aquädukt. Die ruhige Bestimmtheit des Papstes und seines Gefolges bildet einen Kontrast zu dem Durcheinander, das bei den Hunnen herrscht. Beim Tod Julius II. 1513 war das Fresko noch nicht vollendet. Raffael stattete daher Leo I. mit den Zügen Leos X. aus, obwohl dieser als Kardinal Giovanni de' Medici *(links;* mit Kardinalshut) schon auf dem Bild vertreten war.
Ein großer Teil des Werks *(rechts)* wurde von Raffaels Schülern ausgeführt.

Stanza di Costantino (1517-1524) – 1520 starb Raffael. Mit der Ausstattung der Stanze des Konstantin begann man unter dem Pontifikat Leos X.; während der Amtszeit Klemens' VII. schlossen die Maler der Raffael-Schule unter der Leitung von Giulio Romano und Francesco Penni die Arbeiten ab. Damals entwickelte sich der Manierismus. Das Erbe Raffaels und Michelangelos wog schwer; die Künstler versuchten, die beiden Vorbilder zu erreichen, wandelten deren Formensprache jedoch durch eigene Stilelemente ab.

VATICANO – SAN PIETRO

Vision des hl. Kreuzes (13) und **Die Schlacht an der Milvischen Brücke** (14) – Werke von Giulio Romano. Die Szene mit dem Sieg des Konstantin über Maxentius (312) wirkt überladen.

Taufe Konstantins (15) – Werk von Francesco Penni. Papst Sylvester, der Konstantin taufte, trägt die Züge Klemens' V.; den architektonischen Rahmen für die Szene bildet das Baptisterium von San Giovanni in Laterano.

Konstantinische Schenkung Roms (16) – Dieses Fresko wurde von Giulio Romano und Francesco Penni ausgeführt. Es erinnert an die Legende, nach der Kaiser Konstantin (306-337) die Stadt Rom dem Papst zum Geschenk gemacht haben soll. Die Szene des Schenkungsakts spielt sich in dem – genau wiedergegebenen – Inneren der alten Petersbasilika ab. Da durch die Schenkung, so glaubte man lange, die weltliche Macht des Papstes begründet worden war, wandte sich Dante in der *Göttlichen Komödie* heftig gegen sie: „Weh Konstantin, wie großes Unheil zeugte deine Bekehrung nicht, doch jene Schenkung, die du dem ersten Papst gemacht."

Gewölbe – Ende des 16. Jh. wurde die alte Balkendecke durch ein Gewölbe ersetzt.

★★ Loggia di Raffaello

Nur Fachleuten zugänglich. Man erreicht Raffaels Loggien von der Stanza di Costantino aus. Sie befinden sich im zweiten Stock des Gebäudes mit den drei übereinander angeordneten Loggienreihen.

Mit den Loggien, deren Bau Julius II. (1503-1513) veranlaßt hatte, sollte die monumentale, der Stadt Rom zugewandte Fassade (13. Jh.) des Palazzo Apostolico verkleidet werden. Anfang des 16. Jh. existierten der Cortile di San Damaso und die Gebäude, die den Platz im Süden, Osten und Norden säumen, nämlich noch nicht. Der Papst betraute Bramante mit der Errichtung der Loggien. 1508 begann man mit der Ausführung; als Bramante im Jahre 1514 starb, war nur der erste Loggienkorridor vollendet. Leo X. bestimmte Raffael als Nachfolger Bramantes.

Unter der „Raffael-Loggia" versteht man einen reich dekorierten (1517-1519) Gang, der sich aus dreizehn Jochen zusammensetzt. Die Stukkaturen und „Grotesken", die Wände und Arkaden zieren, zitieren antike Modelle, die Raffael und seine Freunde im Goldenen Haus des Nero entdeckt hatten. Zahlreiche Künstler haben mit Raffael zusammengearbeitet, darunter Francesco Penni und Giulio Romano, Giovanni da Udine und Perin del Vaga. Sie schufen eine phantasievolle spielerische Dekoration, in der sich Blumengirlanden, Früchte, Tiere und berühmte Statuen und Figuren mit Szenen aus dem Alltagsleben mischen.

Die Kreuzgewölbe der einzelnen Loggien sind mit jeweils vier Gemälden geschmückt. Die Fresken stellen – mit Ausnahme der ersten Loggia (17), die dem Neuen Testament gewidmet ist – Szenen aus dem Alten Testament dar. Daher nennt man sie manchmal auch die „Bibel Raffaels". Zu den besonders lebendig gestalteten Episoden zählen die *Bergung des Moses aus dem Fluß* (18), die *Erbauung der Arche Noah* (19) und die *Erschaffung der Tiere* (20).

★★ Sala dei Chiaroscuri und Cappella di Niccolò V

Der Saal der **Hell-Dunkel-Malereien** verdankt seinen Namen den Darstellungen von Aposteln und Heiligen, die 1517 nach Zeichnungen Raffaels von der Raffael-Schule ausgeführt wurden (Ende des 16. Jh. wiederhergerichtet und restauriert).

★★ **Cappella di Niccolò V** – Der kleine Raum, den Nikolaus V. in eine Kapelle umwandelte, gehörte zu einem Turm des ersten päpstlichen Palastes aus dem 13. Jh. Somit zählt die Kapelle zu den ältesten Bauten der vatikanischen Paläste. Mit der Ausschmückung war der Florentiner Mönch **Fra Angelico** (1447-1451) betraut, der bei der Ausführung der Gemälde von seinem Schüler Benozzo Gozzoli, auch er ein Florentiner, unterstützt wurde.

In den Ecken sind die Kirchenlehrer, im Gewölbe die Evangelisten dargestellt. Die (im 18. u. 19. Jh. stark restaurierten) Fresken an den Wänden erzählen in zwei übereinander angeordneten Registern vom Leben der hll. Stephanus und Laurentius.

Geschichte des hl. Stephanus – *Obere Bildfolge*. Rechts (21) zwei Episoden aus der Legende des Heiligen: Die Weihe zum Diakon durch den würdevollen Petrus und die Verteilung der Almosen. Über der Eingangstür (22): Predigt des hl. Stephanus an das Volk (dargestellt auf einem Platz in Florenz) und an die Rechtsdoktoren. Links (23): Gefangennahme und Steinigung.

Geschichte des hl. Laurentius – *Untere Bildfolge*. Sixtus II. (mit Zügen Nikolaus' V) weiht den hl. Laurentius zum Diakon (21); *Über der Tür* (22): Der hl. Laurentius erhält von Sixtus II. den Kirchenschatz und verteilt Almosen an die Armen; das Auftreten eines Blinden *(rechts)* stellt in der idealisierenden Kunst der Renaissance eine Ausnahme dar. Links (23): Kaiser Decius weist auf die Folterinstrumente; Martyrium des Heiligen. Die Vereinigung von melodischem Linienstil, frommer Versenkung und monumental-geschlossener Komposition machen das letzte Werk Fra Angelicos zu einem unschätzbaren Bindeglied zwischen Früh- und Hochrenaissance.

Von der Kapelle Nikolaus' V. in den Sala dell'Incendio di Borgo zurückgehen. Die Kapelle Urbans VIII. durchqueren und rechts zum Appartamento Borgia hinuntergehen.

VATICANO – SAN PIETRO

★ Appartamento Borgia

Die ehemaligen Privatgemächer des aus Spanien stammenden Papstes Alexander VI. (Borja) beherbergen heute moderne Kunstwerke. **Pinturicchio** stattete die Räume zwischen 1492 und 1494 aus. Der erste Raum, der **Sala delle Sibille**, ist mit Darstellungen von Sibyllen und Propheten geschmückt. Im **Sala del Credo** tragen Propheten und Apostel Schriftbänder mit Artikeln des Glaubensbekenntnisses. Der folgende Raum ist, wie die ihn schmückenden allegorischen Figuren zeigen, den **Freien Künsten** gewidmet; wahrscheinlich diente er Alexander VI. als Arbeitszimmer. An der Decke das Wappen der Borgia. Im Saal XIII starb unerwartet am 18. August 1503 Alexander VI. Zunächst dachte man an eine Fischvergiftung. Heute nimmt man an, daß die Malaria ihn dahinraffte. Der **Sala della Vita dei Santi**, der Saal der Heiligen, wurde wahrscheinlich von Pinturicchio selbst ausgemalt; in den anderen Räumen wurde er von zahlreichen Gehilfen unterstützt. Die Fresken zeigen, wie das in der Renaissance häufig geschah, Motive aus Heiligenlegende und Mythologie. *Die Disputation der heiligen Katharina von Alexandrien* auf der Seite gegenüber dem Fenster ist eines seiner besten Werke. In diesem Bild findet man die ihm eigene Landschaft aus zarten Bäumen, Felsen und Hügeln. In der Bildmitte erkennt man den Konstantinbogen. Die hl. Katharina führt vor dem Kaiser ihre Argumente zur Verteidigung des christlichen Glaubens an. Im Gewölbe mythologische Szenen.

Der **Sala dei Misteri della fede** ist den bedeutendsten Mysterien im Leben Christi und Mariens gewidmet. Auf der Wand mit der Eingangstür die Auferstehung und links ein sehr schönes Bildnis Alexanders VI.

Im **Sala dei Pontefici** fanden offizielle Zusammenkünfte statt. Die Decke, die im Jahre 1500 eingestürzt war und Alexander VI. beinahe unter sich begraben hätte, wurde während des Pontifikats Leos X. erneuert. Perin del Vaga und Giovanni da Udine schmückten das neue Gewölbe mit Stukkaturen und Grotesken. Früher sollen einmal Papstbildnisse den Raum geziert haben, daher sein Name (Saal der Päpste). Heute sind nur noch Inschriften erhalten. *(Die Säle VIII bis XII sind geschlossen.)*

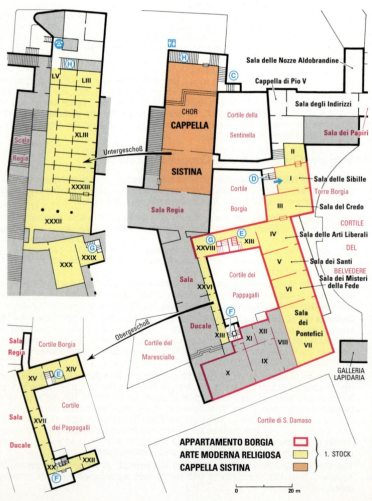

VATICANO – SAN PIETRO

★★ **Collezione d'Arte moderna religiosa** – Die umfassende Sammlung moderner religiöser Kunst besteht aus über 1000 Gemälden und Plastiken, die von Künstlern oder Sammlern gestiftet wurden. Die größten Künstler der Welt sind vertreten. In der oberen Etage gelangt man von der Friedenskapelle Giacomo Manzùs *(Saal XIV)* in einen Saal, der G. Rouault *(Saal XV)* gewidmet ist. Die daran anschließenden kleineren Räume, die Spuren des Palastes aus dem 13. Jh. aufweisen, bergen Werke von Chagall, Gauguin, Utrillo, Odilon Redon, Braque, Klee, Kandinsky, Moore, Morandi, De Pisis u.a. *Zur Treppe* Ⓔ *gehen.*

Dann zu den **Räumen XXIX-LV** *(Treppe* Ⓖ*)* hinuntergehen, die teilweise unter der Sixtinischen Kapelle liegen. Glasmalerei von Fernand Léger, Jacques Villon, Georg Meistermann. Es folgen zahlreiche Gemälde von Ben Shahn, Levine, Bernard Buffet, naiven Malern aus dem ehemaligen Jugoslawien, Skulpturen von Marini, Lipchitz, Mirko, Keramiken von Picasso, Wandteppiche von Bazaine.

★★★ **Cappella Sistina** *(Treppe* Ⓗ *hinaufgehen)*

Die Sixtinische Kapelle wurde zwischen 1477 und 1480 auf Anordnung von Papst Sixtus IV., erbaut. Sie war als Kapelle des päpstlichen Palastes konzipiert, spielte zunächst aber auch, wie die Zinnen an den Außenmauern zeigen, eine Rolle als Wehrbau.

Die Kapelle ist ein langgezogener Raum, der mit einem Tonnengewölbe gedeckt ist, in das kleinere gewölbte Dreiecke (Stichkappen) einschneiden. Zwölf Fenster lassen Licht in die Kapelle dringen. **Sixtus IV.** ließ umbrische und florentiner Maler kommen und übertrug ihnen die Bemalung der Seitenwände. Sein Neffe **Julius II.** (1503-1513) beauftragte Michelangelo mit der Umgestaltung des Gewölbedekors (ursprünglich ein Sternenhimmel). Als es zwanzig Jahre später um die Bemalung der Wand über dem Altar ging, wandten sich **Klemens VII.** und **Paul III.** erneut an Michelangelo. Die Sixtinische Kapelle, in der das Konklave zusammentritt (s. *VATICANO – SAN PIETRO, Der Papst, das Oberhaupt der katholischen Kirche*) und die feierlichsten Zeremonien des Apostolischen Stuhls durchgeführt werden, ist ein herausragendes Meisterwerk der Renaissancekunst. Ihre Ausmaße (Länge: 40,23 m, Breite: 13,41, Höhe: 20,70 m) entsprechen genau denjenigen, die die Bibel für den Tempel des Salomo angibt, und ihre Ausschmückung ist von hohem spirituellen Gehalt.

Restaurierung der Sixtinischen Kapelle – Dieses gewaltige Unternehmen nahm insgesamt 18 Jahre in Anspruch, von denen 14 (1980 bis 1994) allein den Fresken Michelangelos gewidmet waren. Die Arbeiten wurden von italienischen Fachleuten ausgeführt; ein japanischer Sponsor (Nippon Television) finanzierte sie; mit der Restaurierung des *Jüngsten Gerichts* im Jahre 1994 waren sie abgeschlossen. Die Restaurierung bestand vor allem darin, die von Kerzenruß und Staub stark nachgedunkelten Fresken mit einer Lösung auf der Grundlage von Natriumbikarbonat oder Ammoniumbikarbonat zu reinigen und in ihren ursprünglichen Zustand, so wie Michelangelo sie gemalt hatte, zurückzuversetzen. Tatsächlich entdeckt man nun, nahezu 500 Jahre nach der Entstehung der Fresken, die außerordentliche Farbpalette des Malers, seine klaren, kräftigen, „modern" wirkenden Farben.

Seitenwände – In der Bemalung der Seitenwände (1481-1483) erkennt man den Wunsch Sixtus' IV. wieder, die Tradition des Dekors der ersten christlichen Basiliken fortzusetzen. Im unteren Teil sind sie mit Draperien bemalt, die denjenigen nachempfunden sind, die man in den alten Basiliken zwischen den Säulen anzubringen pflegte. Die Räume zwischen den Fenstern zeigen Porträts der ersten Päpste von Petrus bis Marcellus I. (308-309). Die Christusfigur und die drei ersten Päpste wurden bei der Ausführung des Jüngsten Gerichts an der Altarwand entfernt. Auf halber Höhe finden sich auf der einen Seite Episoden aus dem Leben des Moses und auf der anderen Szenen aus dem Leben Christi; sie symbolisieren die Geschichte der Menschheit vor und nach der Ankunft des Messias.

Leben des Moses – *Ausgehend vom Jüngsten Gericht* – *auf der Südwand*. Das erste Fresko *(Auffindung des Moses)* wurde zerstört, um für das *Jüngste Gericht* Platz zu schaffen. Die Episode der *Reise nach Ägypten* stammt von **Perugino** (**I**). In dem folgenden Feld hat **Botticelli** Szenen aus der Jugend des Moses (**II**) dargestellt; die beiden Frauenfiguren, die Töchter Jethros, sind typisch für den zart-romantischen Stil des Malers. Die folgenden Gemälde, den *Zug durch das Rote Meer* und **Moses empfängt auf dem Berge Sinai die Gesetzestafeln** (**IV**) gehen auf **Cosimo Rosselli** (1439-1507) zurück. Die *Bestrafung der Rotte Korah* – die sich gegen Moses und Aaron aufgelehnt hatte (**V**) – stellte Botticelli vor dem Hintergrund römischer Monumente (Bogen des Konstantins, Septizonium und den Palatin *(s. FORO ROMANO – PALATINO)* dar. Der *Tod des Moses* (**VI**) ist ein Werk von **Luca Signorelli** (um 1445-1523).

Leben Christi – *Ausgehend vom Jüngsten Gericht* – *auf der Nordwand*. Auch hier fiel die erste Szene *(Geburt Christi)* dem Jüngsten Gericht **Michelangelos** zum Opfer. Der Zyklus beginnt mit der *Taufe Jesu* (**VII**) von **Perugino** und **Pinturicchio**, einem Gemälde mit Porträts aus dem Gefolge Sixtus' IV. Das folgende Feld, die *Versuchung Jesu und das Reinigungsopfer des Aussätzigen* (**VIII**), befindet sich direkt gegenüber dem päpstlichen Thron. Daher hob **Botticelli** der Reinigungsszene besonders hervor; er huldigte damit Sixtus IV., der zu diesem Thema ein theologisches Werk verfaßt hatte. Außerdem versah er den Tempel von Jerusalem mit der Fassade des Santo

Spirito-Spitals, das der Papst hatte erbauen lassen. Drei kleine Szenen im Hintergrund *(links in einem Wäldchen, auf dem Giebel des Tempels und, rechts, auf einem Felsen)* zeigen, wie Jesus in Versuchung geführt wurde. Das folgende Werk, die *Berufung der hll. Petrus und Andreas* (**IX**), malte **Ghirlandaio**. Die Sonnenuntergänge in der *Bergpredigt* und in der *Heilung des Aussätzigen* (**X**) von **Cosimo Rosselli** (und seinem Gehilfen **Piero di Cosimo**) zählen zu den ersten in der Geschichte der Malerei. Die *Übergabe der Schlüssel an den hl. Petrus* (**XI**) ist ein Meisterwerk **Peruginos**. Auf den beiden Seiten des recht eigenwillig gestalteten Tempels von Jerusalem erhebt sich der in der Renaissance sehr bewunderte Konstantinsbogen. Die Bilderfolge schließt mit dem *Letzten Abendmahl* (**XII**) von Cosimo Rosselli ab; man erkennt Judas, der, von den übrigen Aposteln getrennt, Christus gegenübersitzt.

Gewölbe – Michelangelo war, verletzt und unglücklich über den Entschluß Julius' II., die vorgesehenen Skulpturen für sein Grabmal nicht anfertigen zu lassen, nach Florenz zurückgekehrt. Im Jahre 1508 rief der Papst ihn wieder nach Rom und erteilte ihm den Auftrag, das Gewölbe der Sixtinischen Kapelle mit Fresken der zwölf Apostel zu bemalen. Kaum hatte Michelangelo mit der Arbeit begonnen, hatte er, schrieb er später, das Gefühl, das Resultat werde „ein armselig Ding". Der Papst ließ ihm daraufhin alle Freiheit, und Michelangelo machte aus der etwa 520 m² großen Gewölbefläche, bis dahin ein Sternenhimmel, ein Meisterwerk ersten Ranges. In einer mächtigen Bewegung, die den gesamten Raum erfaßt, erzählen die Figuren wie lebende Statuen das Epos von der Erschaffung der Welt und die Geschichte des Menschengeschlechts.

Julius II. fragte Michelangelo häufig, wann er fertig sei. Der Künstler antwortete dann regelmäßig von seinem Gerüst herab: „Sobald ich kann."

Am 14. August 1511 verlangte der Papst, der es vor Spannung nicht mehr aushalten konnte, das Fresko zu sehen; er war überwältigt. Es dauerte noch etwas mehr als ein Jahr, und die Arbeit war beendet.

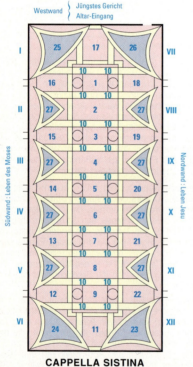

CAPPELLA SISTINA

Von der Erschaffung der Welt bis zur Sintflut – *Vom Altar (d. h. vom Jüngsten Gericht) ausgehend.*

1) Gott scheidet Licht und Finsternis.

2) Erschaffung von Sonne, Mond und Planeten.

3) Gott scheidet Wasser und Erde und erschafft das Leben in den Meeren.

4) Erschaffung Adams – **5)** Erschaffung Evas.

6) Sündenfall und Vertreibung aus dem Paradies.

7) Opfer des Noah. Im Gegensatz zur Chronologie der Bibel geht bei Michelangelo diese Szene der Sintflut voraus. Vielleicht wollte er den größeren Raum für die Gestaltung der Sintflut benutzen; oder aber er wollte die Treue Noahs zu Gott unterstreichen und seine Rettung in der Arche rechtfertigen.

8) Sintflut. Dieses Bild wurde von Michelangelo als erstes gemalt. Manche Figuren sind in Anbetracht der Höhe ihres Standortes viel zu klein ausgefallen.

9) Noahs Trunkenheit. Der Zyklus des Schöpfungsberichts hätte mit der Sintflut abgeschlossen werden können. Der Pessimist Michelangelo wollte jedoch mit dieser Szene, in der Noah von seinem Sohn verlacht wird, zeigen, daß das Leben auf Erden unter dem Zeichen des Bösen wiederbeginnt.

Die „Ignudi" (**10**) – So nennt man die männlichen Akte, die Michelangelo in die Ecken der Fresken im Mittelfeld plaziert hat. Diese Gestalten sind ein wahrer Hymnus auf den menschlichen Körper und erinnern an antike Skulpturen. Unzählige Künstler der Renaissance und des Manierismus sind von ihnen beeinflußt worden.

Propheten und Sibyllen – Diese zwölf Bildnisse sind sehr individuell gestaltet. Man erkennt: Zacharias, den Alten mit dem großen Bart (**11**); den kritischen Joel (**12**); die unentschlossene Eriträische Sibylle (**13**); den diskussionsfreudigen Ezechiel (**14**); die alte, bucklige und kurzsichtige Persische Sibylle (**15**); den melancholischen Jeremias (**16**); Jonas (**17**), das Symbol der Auferstehung Christi (die Bewegung, mit der er aus dem Wal geschleudert wird, inspirierte die Künstler des Barocks); die Libysche Sibylle (**18**), die nach dem Lesestudium mit solcher Anmut von ihrem Thron

VATICANO – SAN PIETRO

hinabsteigt, daß die Manieristen daran ihre besondere Freude hatten; Daniel (**19**), der einer Vision nachhängt; die Cumäische Sibylle (**20**), eine muskulöse Riesin – sie scheint etwas zu lesen, was sie nicht versteht; Jesaja (**21**), der von einem Engel gestört wird; die junge Delphische Sibylle (**22**).

Biblische Geschichten – Im Mittelpunkt dieser vier Szenen – Judith und Holofernes (**23**), David und Goliath (**24**), die Bestrafung Hamans (**25**), die Eherne Schlange (**26**) – stehen die Helden des Volkes Israel (David, Judith, Ester, Moses).

Die Vorfahren Christi (**27**) – Die Namen über den Fenstern entsprechen den Szenen, die in den dreieckigen Stichkappen dargestellt sind; sie zeigen die Familien Israels in der Erwartung des Erlösers.

Jüngstes Gericht – 1534, über zwanzig Jahre, nachdem er das Gewölbe ausgemalt hatte, wurde Michelangelo von Klemens VII. beauftragt, die Ausschmückung der Sixtinischen Kapelle abzuschließen. Der Papst, der gesehen hatte, wie die Truppen Karls V. im Jahre 1527 Rom verwüstet hatten, wollte, daß über dem Altar als deutliche Mahnung an alle das Jüngste Gericht dargestellt würde. Paul III. übernahm die Vorstellungen seines Vorgängers. Im Laufe der Arbeiten, die 1535 begannen, wurden die Fresken aus dem 15. Jh. wie auch zwei Gemälde aus der Reihe der Vorfahren Christi beseitigt. Als das Jüngste Gericht am 31. Oktober 1541 der Öffentlichkeit vorgestellt wurde, verstummten die Zuschauer und waren wie gelähmt vor Bewunderung. Das Werk war Ausdruck des Unglücks und der Umwälzungen, die die damalige Welt erschütterten: Rom war 1527 verwüstet worden, die Einheit des Christentums war durch die Reformation zerbrochen. Als symbolhafte Darstellung der in der Welt herrschenden Gewalt zeigte das Fresko in düsterem Licht eine Anhäufung nackter und getriebener Menschen. Im 16. Jh. wurden Teile des Freskos übermalt, ebenfalls im 18. Jh. unter Pius IV.; im Sinne der Gegenreformation wies der Papst Daniele da Volterra an, die nackten Gestalten zu bekleiden. Insgesamt sollen 30 Figuren mit Lendenschurzen versehen worden sein.

Die Komposition folgt einem strengen Schema. Auf Aufruf der Engel steigen die Gerechten (links) in den Himmel auf; die Verdammten stürzen in die Hölle (rechts). Links unten wachen die Toten langsam auf; Teufel versuchen vergebens, sie zurückzuhalten. Darüber die Auserwählten, die von der Bewegung des rechten Armes Christi angezogen werden. Neben Christus, der als zorniger Richter gezeichnet ist, Maria, die den Blick von dem gräßlichen Schauspiel abzuwenden scheint. Um herum Propheten und Heilige mit den Zeichen ihres Martyriums: zur Rechten Mariens der hl. Andreas mit dem Kreuz, darunter der hl. Laurentius und der Feuerrost, der hl. Batholomäus und seine Haut. In den Hautfalten porträtierte Michelangelo sich selbst mit entstelltem Gesicht. Die Verdammten werden von Charon in Empfang genommen, der sie von seinem Nachen in den Höllenfluß wirft. Michelangelo verlieh dem Höllenrichter Minos (rechte Ecke) – eine Schlange ist um seinen Körper gewunden – die Gesichtszüge des päpstlichen Zeremonienmeisters Biagio da Cesena. Der war entrüstet und beschwerte sich beim Papst, ein solches Werk dürfe den heiligen Ort nicht zieren. Paul III. antwortete nur, er habe leider nicht die Macht, jemanden aus der Hölle zu befreien. Beherrscht wird das Fresko von den Engeln, die das Kreuz, die Dornenkrone, die Säule und die anderen Leidensinstrumente Christi tragen.

Fußboden und Chorschranke – Im 15. Jh. wurde die Kapelle mit einem Fußboden im Cosmatenstil versehen. Die feingearbeitete Chorschranke sowie die Sängertribüne stammen von Mino da Fiesole (15. Jh.).

★ **Biblioteca Apostolica** (kostbare Gegenstände)

Cappella di San Pio V – Die Kapelle des hl. Pius V. birgt die Schätze, die aus der ehemaligen Hauskapelle der Päpste (Cappella Sancta Sanctorum) stammen.

Sala degli Indirizzi – Hier sind in erster Linie sakrale Gegenstände aus dem Zeitraum vom Mittelalter bis heute ausgestellt.

Sala delle Nozze Aldobrandine – Dieser Saal enthält antike Fresken, darunter die aus der augusteischen Zeit stammende Aldobrandinische Hochzeit. Dargestellt sind die Hochzeitsvorbereitungen. Das Gemälde ist nach seinem ersten Besitzer, dem Kardinal Pietro Aldobrandini, benannt.

Museo sacro – Das Museum wurde 1756 von Benedikt XIV. gegründet. Frühchristliche Altertümer.

Sale Sistine – Die sogenannten Sixtinischen Säle folgen auf die **Galleria di Urbano VIII**, in der astronomische Instrumente und Weltkarten aufbewahrt werden. Sixtus V. (1585-1590) richtete sie als Archivräume ein.

★ **Salone Sistino** – Diese große Halle wurde 1587 im Auftrag Sixtus' V. erbaut und als Lesesaal der Vatikanischen Bibliothek eingerichtet. Manieristische Maler unter der Leitung von C. Nebbia schmückten ihn aus. Die Fresken illustrieren das Pontifikat Sixtus' V., die Geschichte des Buches, die Konzilien, die Erfinder der Schrift (auf den Pfeilern). Die aus dem 17. Jh. stammenden Schränke wurden im 19. Jh. dekoriert.

Gewölbe der Sixtinischen Kappelle

VATICANO – SAN PIETRO

Die Apostolische Bibliothek setzt sich in den beiden **Sale Paoline** fort, die unter Paul V. (1605-1621) geschaffen wurden. Danach folgen der von Alexander VIII. (1690) erbaute **Sala Alessandrina** und die von Klemens XII. geschaffene **Galleria Clementina**. Schließlich erreicht man das 1767 von Klemens XIII. gegründete **Museo profano** (etruskische, römische und mittelalterliche Gegenstände).

★★★ Pinacoteca

Sala dei Primitivi – Mittelalter(I) – Das auf Holz gemalte *Jüngste Gericht* (12. Jh.) (**1**) ist von der byzantinischen Kunst beeinflußt.

Giotto und seine Schüler (**II**) – Um 1315 malte Giotto mit Hilfe mehrerer Schüler das **Triptychon Stefaneschi** (**2**); der Flügelaltar ist nach dem Kardinal, der ihn in Auftrag gab, benannt.

Die Florentiner Fra Angelico, sein Schüler Benozzo Gozzoli und Filippo Lippi (**III**) – Diese Künstler zählen zu den größten Malern des 15. Jh. Fra Angelico (1400-1455), den man aufgrund seiner etwas archaischen Malweise manchmal dem Mittelalter zuordnet, drückte in seinen Werken stets seine tiefe Religiosität aus, so auch in der kleinen *Madonna mit Kind* (**3**). Die beiden Tafeln mit *Geschichten des hl. Nikolaus von Bari* (**4**) gehörten zu der Predella eines Altaraufsatzes. Filippo Lippi (1406-1469) schuf die *Marienkrönung* (**5**); von Benozzo Gozzoli (1420-1497) stammt die *Gürtelspende Mariä* (**6**).

Melozzo da Forlì (1438-1494) – Die *musizierenden Engel* (**7**) bezaubern durch ihre kräftigen Farben und die Grazie ihrer Lockenpracht, sowie wie eine Aureole um ihre feinen Gesichter legt. Früher gehörten sie zum Apsisfresko der Basilica dei Santi Apostoli, eine Himmelfahrt Christi. Das auf Leinwand übertragene Fresko *Sixtus IV. ernennt Platina zum Präfekten der Bibilioteca Vaticana* (**8**) zierte einst die Bibliothek des Papstes. Der Kardinal trägt die Züge von Giuliano della Rovere (Neffe Sixtus' IV., der spätere Papst Julius II.).

Sala dei polittici (**VI**) – Man beachte die *Madonna mit Kind* (**9**) des Venezianers **Carlo Crivelli** (1430-1493). So wie es die Florentiner kennzeichnete, daß für ihre Studien die Zeichnung maßgebend war, so war für die Venezianer das besondere Interesse für die Farbgebung charakteristisch. Crivelli, der eine bedeutende Werkstatt in den Marken leitete, zeichnete sich durch die Originalität seiner Motivauswahl und durch seine Vorliebe für dekorative Elemente (sehr schöne gemalte Stoffe) aus.

Umbrische Schule des 15. Jh. (**VII**) – Die *Madonna mit Kind und vier Heiligen* (**10**) von **Perugino** und die *Marienkrönung* (**11**) von **Pinturicchio** sind typisch für die poetische, sanfte Kunst der umbrischen Maler.

★★★**Saal VIII : Raffael** (1483-1520) – Drei Gemälde veranschaulichen die Entwicklung des Malers der „Stanzen" (s. Stanze di Raffaello). Die 1503 geschaffene *Marienkrönung* (**12**) ist ein Jugendwerk, das noch den Einfluß Peruginos verrät. Als die *Madonna von Foligno* (**13**) entstand (1511-1512), lebte Raffael schon in Rom und stand auf dem Höhepunkt seines Ruhms; virtuos wird das hervorragende Porträt des knienden Sigismondo dei Conti, des Auftraggebers, die einzigartige Haltung der Maria und das sie umgebende Licht. Die *Verklärung Christi* (**14**) war für die Kathedrale von Narbonne bestimmt; Raffael vollendete das Gemälde kurz vor seinem Tod (1520).

Saal IX – Der *Heilige Hieronymus*★★ (**15**) von Leonardo da Vinci (1452-1519) zeigt anschaulich, wie meisterhaft der Künstler mit dem Licht umging, wie er seine anatomischen Studien umzusetzen und seinen Gestalten höchste Ausdrucksdichte zu verleihen wußte. Das Gemälde wurde wieder zusammengesetzt, nachdem man einen Teil bei einem Antiquitätenhändler und den anderen bei einem Schuhmacher gefunden hatte.

In seiner *Pietà* (**16**) verband der Venezianer Giovanni Bellini (um 1429-1516) schöne Farbtöne, genaue Zeichnung und tiefe Inspiration.

Salle X – Tizians *Madonna von San Nicola dei Frari* (**17**) ist in den herrlichen Farben der venezianischen Maler gemalt. In der *Marienkrönung* (**18**) von Giulio Romano (obere Partie) und Francesco Penni (unterer Teil), zwei Malern, die häufig Raffaels Werke vollendeten, kündigt sich die manieristische Pose an. In dem Porträt der *Heiligen Helena* (**19**) von Veronese ist die Heilige in einer ungewöhnlichen Haltung dargestellt: Sie stützt ihr Haupt auf ihre Hand.

VATICANO – SAN PIETRO

Die Manieristen (XI) – Man beachte die *Ruhe auf der Flucht* (20) von Federico Barocci (1528-1612); das Gemälde ist so hell und leicht wie eine Pastellzeichnung.

Caravaggio und sein Einfluß (XII) – Die *Grablegung*★★ (21) von Caravaggio (1573-1610) ist ein wunderbares Beispiel für die Art, wie dieser Maler auf den Manierismus reagierte. Seine Figuren sind immer Männer und Frauen aus dem Volk, selbst in Szenen von höchstem religiösen Gehalt. In seinen strengen Kompositionen setzt er das Licht ein, um den Realismus der Formen zu akzentuieren; man beachte die Art, in der Nikodemus und der Jünger Johannes den Leichnam Christi tragen. Der Franzose **Jean Valentin** (1591-1632) wurde stark von Caravaggio beeinflußt *(Martyrium der hll. Processus und Martinianus)* (22). Auch **Guido Reni** (1575-1642) ließ sich in der *Kreuzigung des Apostels Petrus* (23) von Caravaggio inspirieren.

Säle XIII-XIV – Sie enthalten Werke aus dem 17. und 18. Jh.; einen besonderen Platz nimmt **Pietro da Cortona** ein, der große Baumeister und Freskenmaler des Barocks. Man beachte das **Porträt Klemens' IX.** (25) von Carlo Maratta (1625-1713) und ein Modell der Kuppel von St. Peter.

★ Musei Gregoriano Profano e Cristiano

Das Museo Profano und das Museo Cristiano sind in einem modernen Gebäude (Baubeginn 1963) untergebracht; 1970 wurden die beiden Museen eröffnet. Sie enthalten die Sammlungen des Museums für antike Kunst, die Gregor XVI. (1831-1846) zusammengetragen hatte, sowie den Bestand des 1854 von Pius IX. gegründeten Museums für Christliche Kunst, das früher im Lateranpalast untergebracht war.

Besichtigung des Museo Gregoriano Profano

Das Museum ist in vier Abteilungen gegliedert: Kopien aus der Kaiserzeit (1. Jh. v. Chr.- 3. Jh.); römische Plastik aus dem 1. und 2. Jh.; Sarkophage; römische Plastik aus dem 2. und 3. Jh. Die moderne Präsentation der Exponate mit Hilfe von Metall-, Beton- und Holzelementen bringt die Werke – die man von allen Seiten betrachten kann – hervorragend zur Geltung.

Kopien aus der Kaiserzeit – Man beachte den **Basaltkopf** (1), schöne Kopie eines Werks von Polyklet (5. Jh. v. Chr.); die große Statue des **Sophokles** (2) stellt den tragischen Dichter aus Athen dar; schönes, phantasievoll gestaltetes **Mosaik** auf dem Fußboden (3); zahlreiche „**Hermen**" (4) (Statuen mit Schaftkörper). Das beschädigte, aber sehr elegante **Relief der Medea und der beiden Töchter des Pelias** (5) (römisches Werk aus dem 1. Jh. v. Chr., Kopie eines griechischen Originals aus dem ausgehenden 5. Jh.) illustriert die Geschichte der Töchter des Pelias, die von Medea getäuscht wurden. Die **Statuette ohne Kopf** (6) ist wahrscheinlich einem Original aus dem 5. Jh. nachempfunden; und die sogenannte „**Niobide von Chiaramonti**" (**7**) ist die Kopie einer Statue, die Teil einer Skulpturengruppe war, die den Tod der Niobe und ihrer Töchter darstellte.

Römische Plastik (1. Jh. und Anfang 2. Jh.) – Das im 1. Jh. entstandene Relief des **Altars der Vicomagistri** (**8**) ist besonders interessant. Es zierte wahrscheinlich die Basis eines Altars und zeigt eine Prozession. Zunächst sieht man die Opfertiere, die zum Tempel geführt werden; es folgen die vier Vicomagistri (Vorsteher eines röm. Stadtbezirks) und Assistenten mit Larenfiguren (Haus- und Straßengötter). Die Erzählfreude und die Natürlichkeit dieses Reliefs sind typisch römisch.

Schöne Sammlung von **Urnen und Grabaltären** (**9**) aus dem 1. Jh.; sie stammen vor allem von der Via Appia. Zu sehen ist ebenfalls die **Basis einer Säule** der Basilica Julia aus dem Forum Romanum (**10**).

Zu den bedeutendsten Stücken der Abteilung zählen die **Cancelleria-Reliefs**★, die unter dem Palast der Cancelleria gefunden wurden. Ein Relief (**11**) zeigt, wie Vespasian (rechts, würdevoll in eine Toga gehüllt) nach seiner Wahl zum Kaiser in Rom eintrifft. Er wird von seinem Sohn Domitian empfangen. Zwischen den beiden sieht man den Genius des römischen Volkes mit dem Füllhorn, einen Fuß auf einen Grenzstein gestützt. Damit ist angedeutet, daß das Treffen an dem symbolträchtigen „Pomerium", dem geheiligten Grenzbezirk Roms stattfand. Auf dem anderen Relief (**12**) ist der Aufbruch Domitians zu einem Feldzug dargestellt. Nachdem das öffentliche Gedenken an Domitian vom Senat verboten worden war, ersetzte man sein Haupt durch das seines Nachfolgers Nerva.

Die Fragmente des **Grabes der Haterier** stammen aus einem Familiengrab des ausgehenden 1. Jh. Vielleicht war es das Grab der Familie des Bauunternehmers Haterius Tychicus; zwei Flachreliefs, die in ihrem Realismus und Detailreichtum typisch für die römische Volkskunst sind, deuten auf diesen Beruf. Auf dem einen (**13**) sind antike Bauten aus Rom zu sehen – man erkennt das noch unvollendete Kolosseum. Das andere (**14**) zeigt ein Grabdenkmal in Gestalt eines Tempels; über dem Gebäude sieht man Szenen, die sich im Jenseits abspielen; sie sind mit großer Genauigkeit, aber ohne Sinn für Proportionen ausgearbeitet. Links hat der Bildhauer einen Baukran dargestellt. Vor allem die Porträts zeichnen sich durch ihren Realismus aus: Das Bildnis einer Frau mit schönem welligem Haar in einer Nische (**15**) zeugt von großer Kunstfertigkeit; auch die kleine Säule (**16**), um die sich reich modellierte Rosenranken, ist eine sehr feine Arbeit. Sehenswert sind noch mehrere **dekorative Bildhauerarbeiten**, z. B. zwei mit Rankenornamenten verzierte Säulen (**17**) sowie Fragmente von Friesen aus dem 2. Jh. (**18**, **19**, **20**).

Sarkophage – Viele sind mit mythologischen Szenen dekoriert. Man beachte das Fragment des „Philosophensarkophages" (etwa 270) (**21**), auf dem eine gelehrte Zusammenkunft zu sehen ist. Die Physiognomie der Figuren ist mit soviel Realismus herausgearbeitet worden, daß sie wie Porträts wirken.

Römische Plastik (2. und 3. Jh.) – Der **Porphyrtorso** (**22**) gehörte wahrscheinlich zu einem Kaiserstandbild (2. Jh.). Die Statue einer **jungen Frau in Gestalt der Omphale** (**23**) (Königin v. Lydien, die Herkules seine Attribute abnahm) ist kennzeichnend für eine Mode des 3. Jh.; damals ließ man sich gerne in dieser Verkleidung verewigen.

★ **Mosaiken der Caracalla-Thermen** (**24**) und (**25**) – Vom Museo Christiano aus zu sehen.

Die Mosaiken stammen aus dem 3. Jh.; sie zeigen Athleten, Gladiatoren und ihre Trainer; deren brutales Aussehen zeugt von der Vorliebe der Römer für gewalttätige Vorstellungen.

Besichtigung des Museo Cristiano *(die Treppe ① hinaufgehen)*

Statue des Guten Hirten (**26**) – Das stark restaurierte Standbild eines christlichen Künstlers geht vielleicht auf das 3. Jh. zurück. Vorbild war entweder die heidnische Vorstellung des Hirten, der sein bestes Tier einer Gottheit opfert, oder aber die Figur des Hermes, der die Seelen ins Jenseits geleitet. Diese Statue ist jedoch Trägerin christlicher Inhalte und Symbol für das Gleichnis vom verlorenen Schaf, das von dem guten Hirten errettet wird.

Sarkophage – In ihrem Aufbau entsprechen die christlichen Sarkophage den heidnischen; Relieffiguren reihen sich aneinander, die Wände sind strigiliert (mit geschwungenen Riefelungen versehen), durch Arkaden in Felder aufgeteilt und zeigen in ihrer Mitte häufig ein Medaillon. Die Künstler übernahmen die vorchristlichen Motive – Girlanden, Körbe, Kinderfiguren – und fügten die Symbole der Schafherde Christi sowie den Weinstock als Bild der Vereinigung von Mensch und Gott in der Eucharistie hinzu. Im 3. Jh. kamen Figuren und narrative Elemente dazu. Als Beispiel sei die Seitenwand eines **Sarkophages aus der Kirche San Lorenzo fuori le Mura** (**27**) genannt, auf dem neben der Schafherde Christus und die Apostel dargestellt sind.

Im 4. Jh. entwickelte man neue Themen. Auf einem **Sarkophag mit Deckel**, der in den **Calixtus-Katakomben** gefunden wurde (**28**), sieht man, wie auf dem **Sarkophag mit zwei Registern** (**29**), zwei Szenen, die häufig zusammen auftreten: die Gefangennahme des Petrus und das Quellwunder des Moses *(im rechten Teil des ersten und im unteren Teil des zweiten Sarkophages)*.

VATICANO – SAN PIETRO

Der aus dem 4. Jh. stammende **Sarkophag aus San Lorenzo fuori le Mura** (**30**) zeigt u. a. Adam und Eva, die von Gott, als Symbole für die Arbeit, zu der sie nach dem Sündenfall gezwungen sind, ein Ährenbündel und ein Schaf erhalten.
Auf einem weiteren **Sarkophag aus San Paolo fuori le Mura** (**31**), ebenfalls aus dem 4. Jh., erscheinen im Zentrum, als Symbol des Triumphes, das Kreuz und ein Lorbeerkranz mit Christus-Monogramm.
Man beachte den Gipsabguß des **Sarkophags von Junius Bassus** (**32**).

Museo missionario-etnologico

Die Treppe Ⓚ *hinuntergehen (s. Pläne).*

Pius XI. weihte das Museum 1927 ein. Es war zunächst im Lateranpalast untergebracht, erhielt aber unter dem Pontifikat Pauls VI. eine neue, moderne Behausung. Der Bestand umfaßt eine Vielzahl von Gegenständen, die von den Riten und Bräuchen der großen nichtchristlichen Religionen – Buddhismus, Hinduismus, Islam – zeugen, sowie christliche Kunstwerke, die aus den Missionsländern stammen.

Museo delle Carrozze – *Wegen Umbauarbeiten geschlossen*

Die Treppe Ⓛ *hinuntergehen (s. Pläne der Vatikanischen Paläste).*

Das Fahrzeugmuseum, das 1973 unter dem Pontifikat Pauls VI. eröffnet wurde, ist in unterirdischen Räumen untergebracht. Es zeigt die Karossen, Kutschen, Wagen und ersten Autos von Päpsten und Kardinälen.

★ STADT UND GÄRTEN DES VATIKAN ⊙

Man orientiere sich an dem Übersichtsplan zur Vatikanstadt. Durch den Glockenbogen (Arco delle Campane) (**R**) gelangt man zur Piazza dei Protomartiri Romani. Der Platz liegt ungefähr im Zentrum des Zirkus des Caligula und des Nero, in dem zahlreiche Christen den Märtyrertod starben. Ein weißumrandeter schwarzer Stein im Boden markiert den ehemaligen Standort des Obelisken *(s. Piazza San Pietro).* Der **Campo Santo Teutonico** (**S**) („Deutscher" Friedhof, *links*) soll nach einer frommen Legende mit Erde angelegt worden sein, die aus Jerusalem hierher gebracht wurde. In der kleinen, dem hl. Stephan geweihten Kirche *(links)* soll Karl der Große die Nacht vor seiner Kaiserkrönung (800) verbracht haben. Anschließend geht man an der **Mosaikschule** (Scuola del Mosaico) sowie an einer Reihe von Verwaltungs- und Regierungsgebäuden des Vatikanstaates vorbei. Immer wieder bieten sich schöne Blicke auf die Leoninische Mauer *(s. VATICANO – SAN PIETRO, Geschichtliches).* Der Besichtigungsgang führt nun durch die herrlichen **Gärten★★★**, in denen man die von Michelangelo entworfene Kuppel der Petersbasilika in ihrer ganzen majestätischen Pracht erfassen kann. Zahlreiche Brunnen, Denkmäler und Monumente, die von verschiedenen Ländern gestiftet wurden, schmücken die Gärten. Die „Casina" Pius' IV. ist ein hübsches, mit Stukkaturen und Gemälden geschmücktes Gebäude aus dem 16. Jh.
An diesen Rundgang können sich folgende Besichtigungsgänge anschließen: CASTEL S. ANGELO; GIANICOLO.

Vatikanische Gärten

VIA VENETO ★

Besichtigung: 2 1/2 Std.

Originelle Bouquets

In der winzigen Boutique **Florilegio** (Via Quattro Fontane 32) werden farbenfrohe Kompositionen aus Kreppapier angeboten – eine preiswerte und ungewöhnliche Variante herkömmlicher Blumensträuße!

Porta Pinciana – Das Tor war Teil der Aurelianischen Stadtmauer (3. Jh.); im 6. Jh. wurde es von Belisar, dem Feldherrn Justinians, befestigt.

Via Vittorio Veneto – Die nach 1879 erbaute Straße ist nach einer Ortschaft in Venetien benannt, die 1866 den Namen König Viktor Emanuels II. annahm. 1918 errangen die italienischen Truppen dort einen Sieg über Einheiten Österreich-Ungarns. Die Straße führt durch das schöne **Ludovisi-Viertel**, das ab 1833, nachdem Prinz Ludovisi seinen herrlichen Besitz aus dem 17. Jh. verkauft hatte, in Parzellen aufgeteilt wurde. Die berühmte, von Luxushotels, Boutiquen und großen Cafés gesäumte Straße ist noch immer ein beliebtes Ziel betuchter Touristen und hat Liebhabern mondäner Vergnügungen einiges zu bieten.

Rechts in die Via Lazio, dann in die Via Aurora und in die Via Lombardia gehen.

★ **Casino dell'Aurora** ⊙ – Das Casino dell'Aurora ist das einzige Gebäude, das vom Besitz der Ludovisi erhalten ist. So wie Kardinal Scipione Borghese, Neffe Paul V., das Casino seines Palastes von Guido Reni ausschmücken ließ, so beauftragte Kardinal Ludovico Ludovisi, Neffe Gregors XV., Guercino mit der Dekoration seines Casinos. Beide Künstler waren Carracci-Schüler und stellten Aurora, die Göttin der Morgenröte, dar.

Zur Via Veneto zurückgehen.

Palazzo Margherita – Der im Jahre 1886 von G. Koch erbaute Palast, heute Sitz der Botschaft der Vereinigten Staaten von Amerika, war die Residenz von Margarethe von Savoyen, der Witwe König Umbertos I.

Chiesa di Santa Maria della Concezione – Die Kirche wurde 1624 im Stil der Gegenreformation erbaut. Vor dem Chor Grabplatte des Kirchengründers Kardinal Antonio Barberini. Sie trägt die Inschrift „Hic jacet pulvis, cinis et nihil" (Hier ruht Staub, Asche und nichts). Unter der Kirche sind in mehreren Kapellen die Gebeine von Kapuzinermönchen „ausgestellt" *(Zugang rechts neben der Außentreppe; Spende erbeten).*

Fontana delle Api (Bienenbrunnen) – Bernini schuf diesen Brunnen (1644), der mit den Bienen aus dem Wappen der Barberini geschmückt ist.

Von hier aus gelangt man zur **Piazza Barberini**, auf der sich der Tritonenbrunnen befindet.

★ **Fontana del Tritone** – Der muskulöse, auf einer von vier Delphinen getragenen Muschel sitzende Triton ist ein schönes Beispiel für den kraftvollen, dynamischen Stil Berninis. Das Bienenwappen der Barberini erinnert daran, daß der Brunnen während des Pontifikats Urbans VIII. in Auftrag gegeben wurde.

★★ **PALAZZO BARBERINI**
Eingang Via delle Quattro Fontane Nr. 13

Kardinal Maffeo Barberini, der 1623 als Urban VIII. den päpstlichen Thron bestieg, ließ diesen barocken Palast als Residenz für seine Familie errichten. Die Bauarbeiten begannen 1627 unter der Leitung von Carlo Maderna. Borromini und Bernini vollendeten (1629 bis 1633) das Gebäude, dessen Grundriß sich an dem

Piazza Barberini – Fontana del Tritone

VIA VENETO

eines römischen Landsitzes orientiert. Bernini schuf die von den beiden Seitenflügeln gerahmte Fassade, die aus einem Portikus (im Erdgeschoß) besteht, über dem sich zwei von Säulen und Pilastern gegliederte Arkadengeschosse erheben. Auf Borromini gehen die beiden oberen kleinen Fenster mit den interessanten Giebeln zurück, die Fensterdekoration der rückwärtigen Fassade und die über ovalem Grundriß erbaute Wendeltreppe im rechten Flügel.

★★ **Galleria nazionale d'Arte antica** ⊙ – Bernini schuf die monumentale Treppe *(links unter dem Portalvorbau)*, die zur Gemäldegalerie führt. Der erste Stock ist in erster Linie Werken aus dem Zeitraum vom 13. bis ins 17. Jh. gewidmet.

Im zweiten Stock des Palastes finden zur Zeit umfangreiche Umbauarbeiten statt.

Saal I – *Madonna mit Kind* vom **Meister des Palazzo Venezia** (**1**); der Einfluß des Sieneser Malers Simone Martini (14. Jh.) ist deutlich erkennbar. Das *Kruzifix* (**2**) stammt von dem Lombarden **Bonaventura Berlinghieri** (gest. 1243).

Saal II – Die *Madonna mit Kind* (**3**) und die *Verkündigung* (**4**) wurden von **Filippo Lippi** (1437) geschaffen. Man beachte die architektonischen Elemente (Bogenfenster, Säulen), die dieser Künstler in seine Gemälde integrierte.

Saal III – *Anbetung der Engel* (**5**) von **Gentile da Fabriano**; *Maria Magdalena* (**6**) von **Piero di Cosimo**.

Saal IV – Die *Madonna zwischen Heiligen* (**7**) und der *hl. Sebastian* (**8**) stammen von **Antoniazzo Romano**, einem bedeutenden Vertreter der Malerei der Frührenaissance; der *hl. Nikolaus von Tolentino* (**9**) ist eine Arbeit Peruginos.

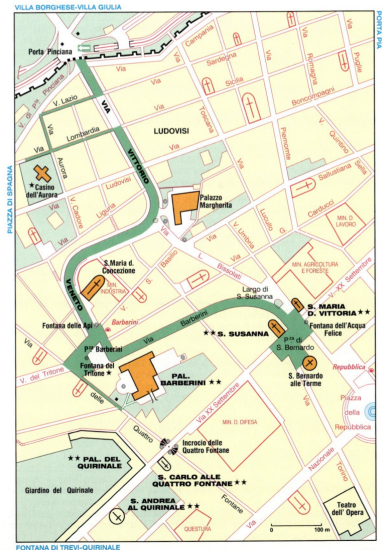

VIA VENETO

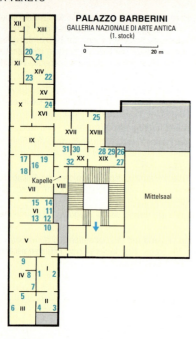

PALAZZO BARBERINI
GALLERIA NAZIONALE DI ARTE ANTICA
(1. stock)

Saal V – *Heilige Familie* (10) von **Andrea del Sarto**.

Saal VI – *La Fornarina*★★★ (11) galt lange als Werk **Raffaels**. Die Urheberschaft für dieses Gemälde, das in Raffaels Todesjahr entstand und dessen schöne Geliebte darstellt, ist umstritten. Es wurde u. a. einem Schüler Raffaels zugeschrieben, aber auch Sebastiano del Piombo. Daneben drei Werke von **Sodoma** (1477-1549): *Die drei Parzen* (12), *Der Raub der Sabinerinnen* (13) und *Die Verlobung der hl. Katharina* (14). Dieser Maler war ein großer Bewunderer Raffaels, mit dem er in Rom zusammenarbeitete. Das *Porträt des Stefano Colonna* (15) von **Bronzino** (1546) ist ein typisches Werk dieses herausragenden Porträtisten, der immer bemüht war, seine Figuren in der ihnen gebührenden würdevollen Haltung darzustellen.

Saal VII – Schönes Deckengemälde von Andrea Sacchi, das die göttliche Vorsehung darstellt; an den Wänden *Christus und die Ehebrecherin* (16) von **Tintoretto** sowie zwei kleine Gemälde von El Greco: *Geburt* (17) und *Taufe Christi* (18). Beachtenswert auch das sehr schöne Gemälde *Venus und Adonis* (19) von **Tizian**.

Saal XIV – *Narziß*★ (20) und *Judith und Holofernes* (21) von **Caravaggio** (1753-1610). Der Zeitgenosse von Guido Reni und Guercino verzichtete auf reine Dekorationselemente und stellte seine Bildsujets wirklichkeitsnah dar. Er nutzte das Licht, um Details seiner Kompositionen besonders zu betonen, hier z. B. das Knie des Narziß. Zahlreiche Maler wurden von Caravaggio beeinflußt, so auch **C. Saraceni**, der hier mit einem *hl. Gregor* (22) – herrlicher roter Umhang – vertreten ist, oder **Valentin de Boulogne** (*Vertreibung der Händler aus dem Tempel*) (23).

Saal XVI – Unter den ausländischen Künstlern, die von Caravaggio beeinflußt wurden, spielt der Flame **Van Honthorst** (24) eine besondere Rolle.

Saal XVIII – Feines *Porträt der Beatrice Cenci*★ (25) von **Guido Reni** (1575-1642).

Saal XIX – Dieser Saal ist den Malern des Barock gewidmet. Das *Berniniporträt*★ (26) von **Baciccia** (1639-1709) ist eines der wenigen Bildnisse von diesem – vor allem für seine Dekorationsmalerei bekannten – Künstler, das noch erhalten ist. Zwei weitere große Vertreter dieser Epoche, **Pietro da Cortona** und **Bernini** sind mit *Der Schutzengel* (27) bzw. mit *David mit dem Haupt Goliaths* (28) und mit dem *Bildnis Urbans VIII.* (29) zu sehen.

Saal XX – In diesem Saal werden einige anamorphotische, d. h. verzerrt gezeichnete Darstellungen (30) gezeigt, Werke französischer Künstler aus dem 17. Jh., die aus einem bestimmten Blickwinkel oder in einem gewölbten Spiegel betrachtet wieder „normal" aussehen. Das *Bildnis Heinrichs VIII.*★★★ (31) stammt von **Hans Holbein d. J.** (1540), der als der bedeutendste Porträtist seiner Zeit gilt. Das benachbarte sehr ausdrucksvolle *Porträt des Erasmus von Rotterdam*★★★ (32) von **Quentin Massys** (1517) zeugt von der großen Beobachtungsgabe dieses Malers.

★★★ **Salone** – *Wird z. Zt. restauriert.* Das zwischen 1633 und 1639 entstandene Deckenfresko ist das Hauptwerk von Pietro da Cortona. Es zeigt den Triumph der Familie Barberini, deren Bienenwappen (in einem Lorbeerkranz) von allegorischen Darstellungen der Tugenden getragen wird; links thront auf Wolken die göttliche Vorsehung, das Zepter in der Hand. Man beachte, wie geschickt der Maler die Szenen durch Grisaille-Partien voneinander zu trennen wußte.
An den Wänden des Großen Saales sind Skizzen und Kartons für die Mosaiken einer kleinen Kuppel der Peterskirche sowie für Wandteppiche der Manufaktur Barberini (17. Jh.) ausgestellt; sie stammen von verschiedenen Barockmalern (Andrea Sacchi, Lanfranco, Bernini).

Zweiter Stock – *Die Pinakothek ist wegen Restaurierung geschlossen.* Diese Etage ist Werken aus dem 17. und 18. Jh. gewidmet: Studien von **Andrea Pozzo** (s. *Pantheon und Chiesa del Gesù*) für Kirchen oder Paläste in Rom; Gemälde von **Angelika Kauffmann** (1741-1807), der Freundin Goethes, und Porträts von **Pompeo Batoni** (1708-1787). **Alessandro Magnasco** (1667-1749), *Il Lissandrino* genannt, zeigt in den Gemälden *Versuchung der Mönche durch Dämonen und Eremiten beim Gebet* seine Vorliebe für das dramatisch Romantische.

VIA VENETO

Der Ecksalon mit dem Kamin aus weißem Marmor ist mit klassizistischer Grisaille-Malerei verziert.
Es folgen einige „Vedute" – darunter hübsche Ansichten Roms oder einer imaginären Stadt, die auf den holländischen Maler **Gaspar Van Wittel** (1653-1736), auch Vanvitelli genannt, zurückgehen. Vertreten sind auch der „Ruinenmaler" **Hubert Robert** (1733-1808) sowie **Francesco Guardi** (1712-1793) und **Luca Carlevarijs** (1665-1731), die unzählige Ansichten von Venedig schufen, sowie **Canaletto** (1697-1768) – *Säle gegenüber dem Eingang*.
Im zweiten Stock des Südflügels des Palastes wurden Ende des 18. Jh. sieben niedrige Räume (Echoeffekte) im Barockstil ausgeschmückt.
Zur Piazza Barberini zurückgehen. Dort rechts in die Via Barberini einbiegen.

★★ CHIESA DI SANTA SUSANNA ⓥ

Die Kirche geht auf ein christliches Heiligtum zurück, das wahrscheinlich im 4. Jh. im Hause von Papst Caius errichtet wurde. Dort soll die heilige Susanna ihr Martyrium erlitten haben. Ende des 16. Jh. erhielt die Kirche, die im 9. Jh. von Leo III. umgebaut und Ende des 15. Jh. von Sixtus IV. restauriert worden war, ihre heutige Gestalt.

★★ **Fassade** – Die wunderbar ausgewogene Schauwand von Carlo Maderna wurde 1603 fertiggestellt. Sie orientiert sich an den Fassaden der Gegenreformation (Vorbild Il Gesù), wirkt jedoch (u. a.) dank der halb in die Wand eingelassenen Säulen und durch die Lichteffekte, die durch die Nischen und Giebel erzielt werden, weniger streng. Bemerkenswert die Harmonie zwischen den beiden Geschossen, in denen sich die übereinander angeordneten Giebel und die eleganten seitlichen Voluten wiederholen.

Inneres – Die mit wandteppichartigen Gemälden von Baldassare Croce (1558-1628) bedeckten Wände des einschiffigen Kirchenbaus sind charakteristisch für den römischen Manierismus. Sie stellen die Geschichte der biblischen Susanna dar. Im Chor erzählen von Cesare Nebbia (1536-1614) und Paris Nogari (1558-1628) gemalte Szenen die Legenden der hl. Susanna und anderer Märtyrer, deren Reliquien in der Kirche aufbewahrt werden. Die gewundenen Säulen, die die Gemälde des Langhauses rahmen, wurden wahrscheinlich im 17. Jh., nachdem Bernini den Baldachin der Peterskirche vollendet hatte (1624), hinzugefügt.

★★ CHIESA DI SANTA MARIA DELLA VITTORIA

Im Jahre 1608 wurde Carlo Maderna mit diesem Bau beauftragt. Zunächst war die Kirche Paulus geweiht, ab 1622 aber einem Madonnenbild, auf dessen Intervention man den Sieg der katholischen Seite am Weißen Berg bei Prag (1620) zurückführte; das Madonnenbild wurde mit großem Pomp hierhergebracht.

Fassade – Obwohl die Fassade etwa zwanzig Jahre nach der Fassade der Kirche Santa Susanna erbaut wurde (1624 bis 1626), besitzt sie nicht deren Kühnheit; mit ihren flachen Wandpfeilern und dem Verzicht auf Säulen entspricht sie mehr den Werken der Gegenreformation. Sie wurde von Giovanni Battista Soria errichtet; Kardinal Scipione Borghese gab sie in Auftrag.

★★★ **Inneres** – Der von Carlo Maderna entworfene Grundriß ähnelt dem der Chiesa del Gesù; an das einschiffige Langhaus schließt sich ein wenig hervortretendes Querschiff mit Vierungskuppel an. Vor der schlichten Architektur und ihren einfachen Linien tritt das elegant geschnittene Gesims als besonderer Akzent hervor. Im Laufe des 17. Jh. erhielt der Bau seinen prunkvollen Barockschmuck; das ursprünglich weiße, kassettierte Deckengewölbe und die Kuppel wurden mit Fresken in Trompe l'œil-Technik bemalt, die den *Triumph der Madonna* über die Häresie und Mariä Himmelfahrt darstellen; die Wände wurden mit farbigem Marmor verkleidet, dessen warme Farben sehr gut zu dem Gold der Stuckverzierungen und dem Weiß der Engel passen. Der Orgeldekor ist das Werk eines Berninischülers.
Die Apsis, die 1833 einem Brand zum Opfer fiel, bei dem das heilige Madonnenbild zugrundeging, wurde vollständig wiederaufgebaut.
Der Höhepunkt der Barockausstattung wird in der nach ihren Stiftern benannten **Cappella Cornaro** *(linker Querschiffarm)* erreicht. **Bernini** schuf die ganz mit dunklem Marmor ausgekleidete Kapelle zwischen 1646 und 1652. Dem Eingang gegenüber befindet sich die Marmorgruppe **Die Verzückung der hl. Theresa von Avila**★★★. Selten wurde der Marmor so meisterhaft bearbeitet (Gewänder der Karmeliterin und des Engels; Wolken). Hinter den Balustraden der Nischen wohnen die Mitglieder der Familie Cornaro – wie die Kapellenbesucher – der Szene bei, in der ein von Gott gesandter Seraph das Herz der Heiligen mit einem Pfeil durchbohrt. Der Besucher ist Teil einer barocken Inszenierung, in der die Grenze zwischen der Realität und der vom Künstler geschaffenen Illusion aufgehoben wird.
Um der Symmetrie Genüge zu tun, wurde Ende des 17. Jh. die Kapelle im rechten Kreuzarm errichtet.
In den Seitenkapellen des Langhauses sind die *Geschichten des hl. Franziskus* von Domenichino *(2. Kapelle rechts)* und die *Dreifaltigkeit* von Guercino *(3. Kapelle links)* von besonderem Interesse.

WEITERE SEHENSWÜRDIGKEITEN

Fontana dell'Acqua Felice – Dieser gewaltige Brunnen wurde 1587 von Domenico Fontana erbaut. Er bezieht sein Wasser aus dem Aquädukt, den Sixtus V. von der Gegend um Colonna bis zur Via Casilina führen ließ. Die Brunnenanlage ist nach dem Vornamen des Papstes, der bürgerlich Felice Peretti hieß, benannt.

Sie wird von einem großen Moses-Standbild beherrscht; wahrscheinlich dachte der Schöpfer der Statue, Prospero Bresciano, als er die Skulptur anfertigte, an Michelangelos *Moses*; als er aber sein Werk sah, soll er vor Enttäuschung gestorben sein.

Chiesa di San Bernardo alle Terme – Ende des 16. Jh. wurde diese Kirche in einem Rundbau an der Südwestecke der Diokletiansthermen eingerichtet. Das Innere und die schöne kassettierte Kuppel, die an die des Pantheons erinnert, strahlen eine gewisse Erhabenheit aus.

An diesen Rundgang könnten sich folgende Besichtigungsgänge anschließen: FONTANA DI TREVI – QUIRINALE; PIAZZA DI SPAGNA; PORTA PIA; VILLA BORGHESE – VILLA GIULIA.

VILLA BORGHESE – VILLA GIULIA★★

Dieser Spaziergang führt durch den größten öffentlichen Park Roms. Der Landschaftsgarten, der mit seinen Seen, Wiesen und Wäldchen an die schönen Viertel von Parioli grenzt, ist von Museen und Kunstakademien geradezu übersät. Besonders erwähnt sei die **Scuola Britannica d'Arte**, die britische Kunstakademie, an der Studenten und Dozenten aus Großbritannien ihre Kenntnisse in allen Bereichen der Kunst sowie in Geschichte und Altphilologie vertiefen können.

Als Kardinal Camillo Borghese im Jahre 1605 Papst wurde, bedachte er seine Familie mit großzügigen Schenkungen. Seinem Neffen Scipione Caffarelli gab er seinen Namen. Als dann Scipione Borghese Kardinal wurde, ließ er inmitten von herrlichen Gärten eine Stadtvilla errichten. Mit der Planung beauftragte er den Architekten Flaminio Ponzio und den Landschaftsarchitekten Savino da Montepulciano.

Die Villa Borghese wird von der Aurelianischen Mauer begrenzt. Die Römer nennen den Teil der sagen- und legendenumwobenen Stadtmauer, die sich von der Porta del Popolo zur Porta Pinciana schlängelt, auch „Muro torto" (von *torcersi* – sich winden). Als die Goten unter Wittich bei der Belagerung Roms (6. Jh.) nicht in der Lage waren, eine Bresche im Muro torto zu nutzen, schlossen die Römer daraus, daß dieser Ort unter dem besonderen Schutz des Apostels Petrus stehen müsse. Die Phantasie des Volkes erhielt weitere Nahrung, als im Mittelalter in der Umgebung ein Friedhof angelegt wurde, auf dem man Personen beisetzte, die einer christlichen Bestattung für unwürdig befunden worden waren.

> ### Ein Kino für Kids
> Abgesehen von Karussells, einer Mini-Eisenbahn und Ponyreiten bietet der Park der Villa Borghese im **Cinema dei Piccoli** (Viale della Pineta 15) Kinderfilme und Comics für kleine Filmfans an (15-20 Uhr).

BESICHTIGUNG *1/2 Tag, einschließlich der Museumsbesuche*

Via Flaminia – Diese moderne Verkehrsader folgt dem Verlauf der antiken Via Flaminia. Konsul Flaminius, der sie im Jahre 200 v. Chr. anlegen ließ, starb in der Schlacht gegen Hannibal am Trasimenischen See.
Vom Stadtzentrum aus verlief sie entlang der heutigen Via del Corso und führte in einer fast geraden, 314 km langen Linie nach Rimini.

Palazzina Pius' IV. – Papst Pius IV. (1559-1565) ließ diesen kleinen Palast mit der leicht konkaven Fassade erbauen und schenkte ihn seinem Neffen, dem Kardinal Karl Borromäus. Seit 1929 beherbergt das Gebäude die Botschaft der Republik Italien beim Heiligen Stuhl.

Chiesa di Sant'Andrea – Im 16. Jh. im Auftrag Julius' III. erbaut. Die kleine, von Gesimsen und Lisenen gegliederte Kirche mit ihrer ovalen Kuppel und den schlichten Backsteinmauern wurde von Vignola entworfen.

Die wichtigsten Museen für etruskische Kunst in Italien sind das Museo Archeologico in Florenz, das Museum in der Villa Giulia in Rom und das Museo Gregoriano im Vatikan.

VILLA BORGHESE – VILLA GIULIA

★★★ MUSEO NAZIONALE DI VILLA GIULIA ⓥ

Dieses schön gelegene Museum, das im Landhaus Julius' III. untergebracht wurde, ist ganz der **etruskischen Kultur** gewidmet und birgt außergewöhnlich interessante Exponate.

★ **Villa Giulia** – Das Pontifikat Julius' III. (1550-1555) fiel genau in die Zeit des Konzils von Trient. Für den Papst war dies jedoch kein Grund, auf die Annehmlichkeiten und die Eleganz eines Lebens im Sinne der Renaissance zu verzichten. 1551 beauftragte er Vignola mit dem Bau seiner Sommerresidenz. Die Fassade entspricht ganz dem nüchternen, schlichten Stil dieses Architekten, der sich auch als Theoretiker der Baukunst hervortat. Der erste Innenhof besitzt einen halbkreisförmigen Portikus.

Dahinter errichtete Bartolomeo Ammannati, der ab 1552 am Bau der Villa Giulia mitwirkte, ein herrliches Gebäude im Stil des Manierismus: Vor einer kleinen, von einer hufeisenförmigen Treppe flankierten Loggia – ein Meisterwerk an Ausgewogenheit und Eleganz – öffnet sich ein Nymphäum, das mit Rocailleschmuck, falschen Grotten und Karyatiden versehen ist und in dem einige römische Skulpturen ausgestellt sind.

Auf beiden Seiten der Villa erstrecken sich schöne Gärten, die von den modernen Sälen des Museums begrenzt werden. In dem Garten auf der rechten Seite wurde ein etruskischer Tempel rekonstruiert.

Die Etrusker – Dieses Volk unbekannter Herkunft kam gegen Ende des 8. Jh. v. Chr. auf die italienische Halbinsel und ließ sich zwischen Arno und Tiber (in der Toskana sowie in Teilen von Umbrien und Latium) nieder. Ende des 7. Jh. v. Chr. waren sie die Herren von Rom *(s. FORO ROMANO – PALATINO, Geschichtliches)* und schufen ein Imperium, das sich von Korsika bis zur adriatischen Küste und von Capua bis nach Bologna erstreckte. Ende des 6. Jh. v. Chr. begann ihr Niedergang. Rom befreite sich von ihrer Vorherrschaft und begann seinerseits, seine Einflußsphäre auszuweiten. Es griff die etruskischen Städte an. Im 1. Jh. v. Chr. schließlich waren die Etrusker zu römischen Bürgern geworden.

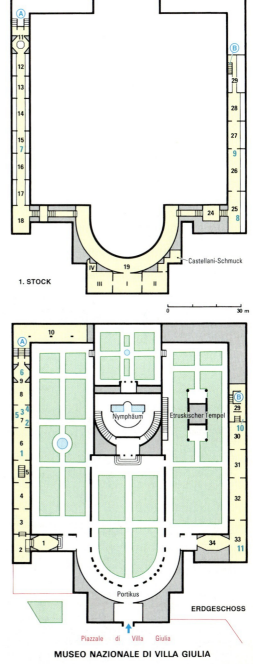

MUSEO NAZIONALE DI VILLA GIULIA

VILLA BORGHESE – VILLA GIULIA

Über die ausgelöschte etruskische Kultur und die etruskische Gesellschaft gaben und geben zahlreiche Grabfunde Aufschluß. Bis ins 18. Jh. sprach man der etruskischen Kunst keinen großen ästhetischen Wert zu; man sah sie nur als Abart der griechischen Kunst. Die Infragestellung der Überlegenheit des Kanons der griechischen Kunst, die elegante Stilisierung der etruskischen Werke und ihre große Expressivität trugen dazu bei, daß diese Kunst, deren Formen fast „modern" wirken, heute reges Interesse hervorruft.

Erdgeschoß

Italische Kulturen – *Saal 2.* Als Zeugnisse der voretruskischen italischen Kulturen sind Urnen ausgestellt, darunter Hüttenurnen, wie die Latiner sie herstellten, und Tonurnen, wie sie für die Villanovakultur charakteristisch sind. Diese nach dem Dorf Villanova bei Bologna benannte Kultur entwickelte sich um das Jahr 1000 v. Chr. in der Poebene, in der Toskana und im Norden Latiums, genau dort also, wo sich später die Etrusker niederließen.

Etruskisches Grab – *Unter Saal 5.*
Rekonstruktion eines Grabes aus dem 6. Jh. v. Chr. mit zwei Grabkammern; es ist dem in der Nekropole von Cerveteri (nordöstlich von Rom) entdeckten Grab nachempfunden.

Gräber von Bisenzio – *Saal 6.* Zwei kleine Bronzeobjekte (1) sind besonders bemerkenswert. Sie sind beispielhaft für die frühe etruskische Kunst (Ende des 8., Anfang des 7. Jh. v. Chr.): ein Miniaturwagen und eine mit kleinen Figuren verzierte Deckelvase. Diese Grabbeigaben schmückten, bevor sie ihren Platz an der Seite des Verstorbenen fanden, dessen Wohnung.

★★★ **Skulpturen von Veji** – *Saal 7.* Die *Statue einer Göttin mit einem Kind* (2), die wahrscheinlich Apoll und seine Mutter Leto darstellt, und die Statue des Apoll (3) entstanden Ende des 6. Jh. v. Chr., als die etruskische Kunst auf

PIAZZA DEL POPOLO   PIAZZA DI SPAGNA

VILLA BORGHESE – VILLA GIULIA

ihrem Höhepunkt stand. Ursprünglich befanden sie sich auf dem First eines Tempels, und man kann sich gut vorstellen, welch befremdenden Anblick diese in den Himmel ragenden Terrakottafiguren boten. Zu beachten sind weiterhin der schöne Hermeskopf (**4**), die Antefixe in Form von Gorgonenhäuptern sowie die Überreste von bemalten Giebelfeldern (**5**). Die Skulpturen stammen alle aus demselben Tempel. Wahrscheinlich wurden sie von Vulca, dem einzigen namentlich bekannten etruskischen Bildhauer, geschaffen; sein Ruhm war so groß, daß der König von Rom ihn im Jahre 509 nach Rom rief und mit der Ausführung der Statuen des Jupiter-Tempels betraute.

Museo Nazionale di Villa Giulia – Sarkophag der Eheleute

★★★ **Sarkophag der Eheleute** (**6**) – *Saal 9.* Dieser Ende des 6. Jh. v. Chr. entstandene Sarkophag ist eines der Hauptwerke der etruskischen Terrakotta-Plastik. Es stammt aus Cerveteri. Das Ehepaar nimmt an einem Bankett teil und scheint im Jenseits weiterzuleben. Bei den individuell gestalteten Gesichtern könnte es sich um Porträts handeln.

Erstes Obergeschoß

In den Sälen der Nordgalerie des Museums werden vor allem kleine **Bronzegegenstände**★ gezeigt. Bronze wurde von den Etruskern exportiert und stellte eine ihrer Haupteinnahmequellen dar. Die gezeigten Gegenstände – einfache **Fibeln** aus dem 6. bis 8. Jh. v. Chr., **Spiegel** mit fein gearbeiteten Rückseiten, auf denen Szenen aus Familienleben und Mythologie eingraviert sind, Statuetten – zeugen von der großen Kunstfertigkeit und Virtuosität dieses Volkes.

Die Vorliebe, die die Etrusker für das Material Bronze hegten, läßt sich mit dem Kupferreichtum der etrurischen Böden und der ebenfalls ihnen gehörenden Insel Elba erklären. Das Zinn wurde vielleicht aus Großbritannien und den umliegenden Inseln eingeführt.

In Saal 15 ist die berühmte **Chigi-Kanne**★★ (**7**) zu beachten. Sie wurde in Veji gefunden und ist eines der schönsten Stücke griechischer Kunst des sogenannten protokorinthischen Stils (Mitte 7. Jh. v. Chr.). In jener Zeit wurden in Korinth, das am Seeweg zum Orient lag, Keramiken durch Ritzung mit Miniaturszenen, detailgenau gestalteten Formen und fein gearbeiteten Silhouetten verziert, die man bänderartig anordnete. Im oberen Teil sind noch zwei Gruppen von Kriegern zu erkennen, die sich anschicken, gegeneinander zu kämpfen; im unteren Bereich mehrere Personen und Jagdszenen.

In derselben Vitrine sind zwei sogenannte „Buccheri"★ aus dem 6. Jh. v. Chr. ausgestellt. Dieser besondere Typus der schwarzen etruskischen Tonvase wurde in einer wenig bekannten Technik hergestellt. Eine Vase zeigt ein etruskisches Alphabet, die andere trägt eine lange Inschrift. Man hat das Alphabet der Etrusker entschlüsselt, ihre Sprache ist jedoch noch immer ein Rätsel.

★ **Sammlung Castellani** – *Saal 19. Wird zur Zeit neu geordnet.* In diesem Raum kann man die Entwicklung der griechischen und der etruskischen Keramikkunst vom 8. Jh. v. Chr. bis zur römischen Epoche verfolgen. Die Etrusker führten eine beträchtliche Anzahl von Keramiken aus Griechenland ein; nicht von ungefähr sagt man, daß die schönsten griechischen Vasen in den etruskischen Gräbern gefunden wurden.

Die Numerierung der Vitrinen entspricht dem beschriebenen Rundgang; sie stimmt nicht mit der Numerierung im Saal überein. Eventuelle Irrtümer sind auf die zur Zeit stattfindende Umstrukturierung des Saales zurückzuführen.

Vitrine 2 – Die schlanken Vasen aus dem 7.-6. Jh. v. Chr. sind ägyptischen Alabastervasen nachempfunden; sie enthielten das parfümierte Öl, das die Athleten benutzten. Die flache Öffnung dieser Vasen erleichterte es den Wettkämpfern, ihren Körper einzuölen; darüberhinaus sind „Bucchero"-Keramiken aus dem 7. und 6. Jh. v. Chr. zu sehen.

Vitrine 3 – Sie enthält zwei Wassergefäße, die zu den „Caeretaner Hydrien" gehören und aus der Zeit von 530 bis 520 stammen. Diese Art von Gefäßen wurde in einer Nekropole in Cerveteri (dem antiken Caere) gefunden. Sie sind mit pittoresken mythologischen Szenen verziert. Ein Gefäß zeigt die Entführung der Europa durch Zeus; auf dem anderen ist der in sein Löwenfell gehüllte Herkules dargestellt, er führt Kerberos zu Eurystheus, der sich voller Angst in einem Tonkrug versteckt.

Vitrine 4 – Schöner, mit orientalischem Lotusblüten-Motiv verzierter Krater, der gegen 570 in Sparta hergestellt wurde (lakonischer Stil).

Vitrinen 5 bis 7 – Der Übergang von der schwarzfigurigen zur rotfigurigen Technik, der sich um 540-530 v. Chr. vollzog und die attische Keramikkunst vollkommen veränderte, läßt sich anhand der hier ausgestellten Vasen beobachten. Nun signieren die Künstler ihre Werke, so z. B. jener Nikosthenes, von dem zwei Amphoren in Vitrine 5 ausgestellt sind; daneben Vasen, in denen beide Techniken miteinander kombiniert wurden.

Vitrine 7 enthält zwei Vasen des Kleophradesmalers; eine von ihnen zeigt Herkules und den Nemeischen Löwen.

Vitrine 8 bis 10 – Vom Anfang des 5. Jh. v. Chr. bis gegen 480 war Athen aufgrund der hier angewandten rotfigurigen Technik das Zentrum der attischen Vasenmalerei. In jener Zeit stellten die Künstler das Auge in einem im Profil gezeichneten Gesicht weiterhin von vorne dar. Zeichnungen und Form der Vasen und Schalen sind von beachtlicher Qualität. Die Innenzeichnung der Figuren, z. b. die Draperien, die zuvor durch Ritzung erfolgte, wird nun durch feine Pinselstriche angegeben.

Vitrine 9 – Der Stil hat sich geändert. In den hellenistischen Werken des ausgehenden 4. Jh. v. Chr. werden andere Techniken erprobt, sowohl in Athen als auch in Großgriechenland (Süditalien und Apulien). Auf die schwarze Glasur der Vasen malt der Künstler in Weiß, Gelb und Dunkelrot Blumen, Blattfriese und Ornamente. Die in Italien produzierte „Gnathia-Keramik" ist ein Beispiel für diese Periode. Die reliefverzierten Stücke ahmen Metallgeschirr nach.

★ **Schmuck aus der Sammlung Castellani** – *Wegen Restaurierung geschlossen.* Bemerkenswerte Sammlung mit über 1 000 Stücken (antiker Schmuck aus dem 8. und 7. Jh. v. Chr., Kopien oder umgearbeitete Schmuckstücke aus der Antike), die von der Juweliersfamilie Castellani zusammengetragen wurden.

Saal I bis IV – Etruskische Funde aus den Ausgrabungsstätten von Cerveteri, Veji, Vulci usw.

An den Enden der halbkreisförmigen Ausbuchtung führen zwei Treppen in die erste Etage des Südflügels des Museums hinunter.

Faliskische Gräber und Gräber von Capena – *Säle 24 bis 28.* In **Saal 25** verdient der mit einem Elefanten und seinem Jungen verzierte Teller in einer Vitrine (8) besondere Beachtung. Der Elefant wird von Bogenschützen geführt, die auf seinem Rücken in einem Turm sitzen. Diese „Gnathia-Keramik" wurde in Capena (etruskische Stadt nördlich von Rom) gefunden und stammt vom Anfang des 3. Jh. v. Chr. Sie zeigt, wie beeindruckt das etruskische Volk von den mit Elefanten ausgerüsteten Armeen des Pyrrhus war, die 280 v. Chr. im Krieg zwischen Rom und Tarent auftraten.

Saal 26 birgt vor allem Funde aus den Nekropolen von Falerii Veteres, der Hauptstadt der Falisker (ein dem etruskischen Städtebund angeschlossenes Volk), an deren Stelle sich heute Civita Castellana befindet. Die ständig aufbegehrende Stadt wurde 241 v. Chr. zerstört. Man beachte den schönen Krater (9) aus der Mitte des 4. Jh. v. Chr.; er zeigt Aurora und Kephalos auf ihrem Wagen und Peleus, der Thetis entführt; auf dem Kraterhals ein Hirsch und ein Stier, die von Greifen angegriffen werden.

VILLA BORGHESE – VILLA GIULIA

Erdgeschoß

★ **Tempel von Falerii Veteres** – *Saal 29, sowohl im 1. Stock als auch im Erdgeschoß.* Dank der Pläne, die der römische Architekt und Ingenieur Vitruv (1. Jh. v. Chr.) hinterließ, ist die Architektur dieser Bauwerke bekannt. Der Saal zeigt Rekonstruktionen von Dreiecksgiebeln, Stirnziegel (Antefixe) und Akroterien (Schmuckelemente, oft aus Terrakotta, die seit dem 4. Jh. Giebelspitze oder -ecken zierten). Besonders sehenswert ist die **Büste des Apoll**★ (**10**), die von der griechischen Spätklassik beeinflußt ist.

Barberini-Grab und Bernardini-Grab – *Saal 33.* Diese sehr reich ausgestatteten Gräber in der Nähe von Palestrina (dem antiken Praeneste) enthielten Gegenstände, die in der Mitte des 7. Jh. v. Chr. gefertigt wurden. Die herrlichen **Elfenbeinschnitzereien**, die man heute noch bewundern kann, gelangten aufgrund der regen Handelsbeziehungen zwischen Etruskern und Phöniziern nach Italien.
Die Etrusker waren einzigartige Goldschmiede. Vom 7. Jh. v. Chr. an bearbeiteten sie das Edelmetall in Filigran-Technik (Arbeit mit Golddrähten). Sie perfektionierten ebenfalls die Granulationstechnik, bei der das Gold in Körnchen aufgeteilt wurde, deren Durchmesser nur wenige Zehntelmillimeter betrug. Unter den ausgestellten **Schmuckstücken** fallen die schönen Broschen besonders auf.

★★★ **Ficoronische Ciste** (**11**) – In den Cisten, das sind zylindrische Deckelgefäße (überwiegend aus Bronze), wurden meist Toilettenartikel oder Kultgegenstände aufbewahrt. Vom 4. Jh. bis ins 2. Jh. v. Chr. schufen die Etrusker besonders schöne Exemplare. Praeneste war ein Zentrum der Cistenherstellung. Hier fand man im 18. Jh. die größte bekannte Ciste, die nach ihrem Besitzer Ficoroni benannt wurde. Der auf Katzenpfoten ruhende Zylinder ist mit feinen eingravierten Szenen aus der Argonautensage (Ankunft der Argonauten bei den Bebrykern; Pollux fesselt deren König Amykos an einen Baum) verziert. Die mittlere der drei kleinen Figuren auf dem mit Jagdszenen geschmückten Deckel stellt Dionysos dar.

Zur Viale delle Belle Arti zurückgehen.

★ GALLERIA NAZIONALE D'ARTE MODERNA ⊙

Diese in einem 1911 errichteten Gebäude untergebrachte Galerie ist im wesentlichen der italienischen Malerei und Bildhauerkunst des 19. und 20. Jh. gewidmet. In der Bibliothek können Werke über moderne und zeitgenössische Kunst eingesehen werden.

Nach der Schranke in der Eingangshalle nach rechts gehen.

Eingangskorridor und Sala Spadini – Werke von Galileo Chini, dem Vertreter des italienischen Jugendstils; Hauptthema der in Mischtechnik realisierten Werke ist der Frühling.

Das Museum wird gerade umstrukturiert. Manche Werke werden nur vorübergehend gezeigt, während andere noch nicht ausgestellt sind.

Saal 1 – Er birgt die Werke der **Balla**-Schenkung. Besonders interessant sind drei der vier Gemälde des *Polyptychons der Lebenden: Der Bettler* und *Die Kranken* sind nahezu einfarbig, während *Die Verrückte* sehr farbenprächtig ausgefallen ist.

Saal 2 – Licht, Farbe und die Suggestion von Bewegung und Geschwindigkeit sind die Grundlagen der Ästhetik des Futurismus. 1910, ein Jahr nach der Veröffentlichung des *Manifests* von Marinetti, entstand diese avantgardistische Bewegung, der unter anderem Balla und **Boccioni** angehörten.

Saal 3 – Dieser Saal bietet einen Überblick über das Werk **De Chiricos**: frühe Bilder *(Die Mutter)*, Gemälde aus der Zeit, in der der Maler wieder „traditionell" malte (20er Jahre) und Werke aus der metaphysischen Periode *(Hektor und Andromache)*. Ebenfalls vertreten sind der Kubist **Giorgio Morandi** sowie der Dadaist Marcel Duchamp.

Gläserner Salon – Skulpturen aus den 20er und 30er Jahren; Werke von Arturo Martini und Marino Marini.

Mittlerer Salon – Dieser Saal ist der italienischen Malerei der 20er und 30er Jahre gewidmet, die sich von früheren Epochen der italienischen Kunstgeschichte inspirieren ließ und insbesondere von der Ästhetik der Maler des Quattrocento geprägt war. Die Protagonisten dieser Richtung sind **Carrà** *(Pferde)*, **De Chirico**, **Mario Sironi** *(Einsamkeit)* – ein Künstler, der dem Faschismus nahestand –, **Guidi** *(In der Straßenbahn)*, **Trombadori**, **Felice Casorati** *(Äpfel)*, **Rosai** und Morandi, die vor allem durch eine Reihe von Landschaften vertreten sind. Die Maler der **Scuola Romana** widersetzten sich diesem archaisierenden Formalismus. Die „römische Schule" (Mafai, Scipione, Pirandello) brachte expressionistischere, unruhigere Werke hervor, von denen wiederum Bildhauer wie Mazzacurati, Mirko Basaldella und Leoncillo beeinflußt wurden.

Saal 4 – **Filippo De Pisis** griff für seine magisch-mystische Interpretation der Realität auf die Technik des Impressionismus zurück. In seinem *Quai de Tournelles* sind die Personen aus Farbtupfern zusammengesetzt; die Grenzen zwischen Häusern,

VILLA BORGHESE – VILLA GIULIA

L. Russolo: Gewitter

Bäumen, Straßen und Menschen sind beinahe aufgehoben.

Saal 5 – Römische Malerei aus den 30er und 40er Jahren.

Saal 6 – Besonders beachtenswert sind die Werke von **Kandinsky** und von der – stark von den Impressionisten sowie von Cézanne und Matisse beeinflußten – Künstlergruppe der „**Sechs von Turin**".
Die Treppe hinaufgehen.

Sala alta (Hoher Saal) – Er beherbergt die Werke der **Guttuso**-Schenkung *(Kreuzigung)* sowie italienische Werke aus der Zeit nach 1945. Dorazio, Perilli, Accardi und Consagra (von dem im Garten einige Skulpturen ausgestellt sind) stehen für eine Tendenz, die den kreativen Prozeß und die zentrale Position des Künstlers hervorhob; Vertreter einer anderen Richtung sind Vedova, Birolli, Corpora, Leoncillo und Franchina, die sich auf ihrer Suche nach neuen Wegen zum gegenständlichen Realismus oder zur Abstraktion hin entwickelten. In den 50er Jahren wandte sich die Gruppe *Origine* (Capogrossi, Colla) von den traditionellen Techniken ab und verwendete neue Materialien. Nach 1960 war der Bruch mit der Tradition vollkommen; dies wird an einem Künstler wie **Fontana** deutlich, der in seinem Streben nach „Verräumlichung" die Leinwände zu durchlöchern pflegte.

Die Abteilung links vom Haupteingang widmet sich im wesentlichen der Malerei des 19. und des frühen 20. Jh.

Vorbei an neoklassizistischen Werken (z.B. *Herkules und Lykos* von Canova) geht es zu den **Romantikern**. Hier sei insbesondere **Francisco Hayez** *(Sizilianische Vesper)* erwähnt. Die Maler der **Neapolitanischen Schule** (Toma mit *Luisa Sanfelice im Gefängnis*, Mancini, Morelli) schufen Werke, die eine gewisse Nähe zur Landschaftsmalerei der französischen Schule von Barbizon erkennen lassen.

Im oberen Stockwerk sind Werke italienischer und ausländischer Maler vom Ende des 19. und Anfang des 20. Jh. zu sehen, darunter *Die drei Lebensalter* von **Klimt**, ein *Porträt* von **Boldini**, *Seerosen* von **Monet**, *Der Gärtner* und die *Arlésienne* von **Van Gogh** sowie *Das Eherne Zeitalter* von **Rodin**.

Die **Divisionisten** erzielten mit ihrer Technik, Grund- und Komplementärfarben nebeneinander zu setzen, intensive Lichteffekte. Der italienische Hauptvertreter dieser Bewegung war **Giovanni Segantini**.

★★ RUNDGANG DURCH DIE VILLA BORGHESE

Dieser Weg führt durch eine romantische Landschaft aus kleinen Wäldern, Seen und Gärten, in der sich zahlreiche Nachbildungen antiker Statuen befinden.

Die Viale di Valle Giulia nehmen, dann die erste Straße rechts, die in die Viale Pietro Canonica mündet; dort nach links abbiegen.

In der kleinen **Burg** (castello medioevale), die einem Bauwerk aus dem Mittelalter nachempfunden ist, lebte und arbeitete der Bildhauer Pietro Canonica (1869-1959). Heute beherbergt sie ein Museum.

Der **Tempel des Antoninus und der Faustina** wurde Ende des 18. Jh. erbaut.
In die Viale dell'Uccelliera gehen.

Der von einem schmiedeeisernen Käfig bekrönte Bau (**B**) ist ein Vogelhaus aus dem 17. Jh. Der Viale dell'Uccelliera führt zum Museo Borghese.

★★★ MUSEO BORGHESE ⊙

Das Museum wird zur Zeit umgebaut. Die Gemäldesammlung (Quadreria) wurde in der Kirche San Michele a Ripa untergebracht (s. Kapitel TRASTEVERE).

Dieser kleine Palast – „**palazzina**", ein schönes Beispiel für die Residenz eines reichen kirchlichen Würdenträgers – wurde 1613 von Kardinal Scipione Borghese bei dem Holländer Jan van Santen, auf italienisch Vasanzio, in Auftrag gegeben. Ende des 18. Jh. entfernte man bei Renovierungsarbeiten, die Fürst Marcantonio Borghese in den Gärten durchführen ließ, einige Schmuckelemente der Fassade, die man als zu üppig erachtete. Außerdem wurde die Treppe umgestaltet.

VILLA BORGHESE – VILLA GIULIA

1801 bis 1809 nahmen die Bestände der Sammlung Borghese beträchtlich ab, weil Fürst Camillo, der Ehemann Pauline Bonapartes, mehr als 200 Skulpturen an den Louvre in Paris verkaufen mußte. 1891 wurde die Gemäldesammlung, die lange ihren Platz im Palazzo Borghese hatte, in die „Palazzina" verlegt, daher die offizielle Unterscheidung zwischen dem „Museo Borghese", dem Skulpturenmuseum im Erdgeschoß, und der Gemäldesammlung der „Galleria Borghese", die im ersten Obergeschoß untergebracht ist. Das in der idyllischen Umgebung des Parks der Villa Borghese liegende Museum mit seinen eleganten Innenräumen (18. Jh.) und den reichen, interessanten Sammlungen gilt als eines der schönsten Roms.

Der mit antiken Statuen, mit Originalen und Repliken, Gemälden und Reliefs geschmückte **Salone d'onore** (Ehrensaal) illustriert anschaulich den Geschmack des Neoklassizismus. Die Mosaikfragmente (3. Jh.) im Fußboden fand man auf einem Besitz der Familie Borghese in der Nähe von Tusculum.

Erdgeschoß

Saal I – Der Raum wird von der **Statue der Paolina Borghese**★★★ beherrscht, die Canova als Venus darstellte. Der Ruhm des Bildhauers und die Bekanntheit des Modells, der Schwester Napoleons, führten dazu, daß das Werk mit Begeisterung aufgenommen wurde.

Saal VIII – Werke von Raffael und dem Raffaelschüler Giulio Romano.

★★★ **Werke von Bernini** – Den **David** *(Saal II)* schuf der Künstler im Alter von 21 Jahren. Im Gegensatz zu Michelangelo, der in der Renaissance den Helden ruhig und nach errungenem Sieg darstellte, zeigt Bernini ihn im Augenblick höchster Anstrengung.

In der Statue **Apoll und Daphne** *(Saal III)* hielt Bernini den Zeitpunkt fest, in dem die Nymphe Daphne sich bei der Verfolgung durch Apoll in einen Lorbeerbaum verwandelt.

Der **Raub der Proserpina** *(Saal IV)*, ein Frühwerk Berninis, entstand wahrscheinlich in Zusammenarbeit mit dem Vater, Pietro Bernini. Der prunkvolle Saal, in dem die Marmorgruppe steht, wird wegen der achtzehn aus dem 17. Jh. stammenden Porphyr- und Alabasterbüsten auch Kaisersaal genannt.

Die Gruppe **Äneas trägt Anchises fort** *(Saal VI)* wurde lange Bernini allein zugeschrieben; heute weiß man, daß sie in Zusammenarbeit mit seinem Vater entstand. Die **Wahrheit** – man erkennt sie an der Sonne, die sie in der Hand hält – ist ein ziemlich protziges Werk, das Bernini im Jahre 1645 begann. Er war, als Innozenz X.

Bernini: Raub der Proserpina
(Museo Borghese)

Papst wurde, in Ungnade gefallen und wollte „die Wahrheit, die von der Zeit enthüllt wird", darstellen; die zweite Statue wurde nicht ausgeführt.

Erstes Obergeschoß *(Zugang durch Saal IV)*.

Saal IX – Christus am Kreuz zwischen den Heiligen Hieronymus und Christophorus (1) von **Pinturicchio** (1454-1513). Das kraftvolle *Bildnis eines Mannes* (2) von **Raffael** (1483-1520) ist noch von der Kunst des 15. Jh. geprägt (frontale Darstellung, fast kein Hintergrund). Die *Dame mit Einhorn* (3), die durch die Umwandlung in ein Katharinenbild beschädigt und 1935 restauriert wurde, ist ein schönes Beispiel für Raffaels edle Kunst (man beachte die feine Ausarbeitung von Kette und Anhänger).

Die *Madonna mit Kind, Johannes d. Täufer und Engeln* (4) stammt von **Botticelli**. In der *Madonna mit Jesus und Johannes d. Täufer* (5) von **Lorenzo di Credi** (1459-1537) und in der *Heiligen Familie* (6) von **Fra Bartolomeo** (1475-1527) ist der Einfluß Leonardo da Vincis und der Renaissance erkennbar – bei

263

Credi in der feinen Zeichnung des Gesichtsausdrucks der Maria, bei Fra Bartolomeo in der Landschaftsdarstellung. Die *Grablegung*★★★ (7) malte **Raffael** im Jahre 1507 in Florenz.

Saal X – In seiner *Madonna mit Kind und Johannes d. Täufer* (8) wurde **Andrea del Sarto** (1486-1531) von Michelangelos Art der Zeichnung wie auch vom „sfumato" Leonardo da Vincis beeinflußt. Die *Venus* (9) von **Lucas Cranach** (1472-1553) ist eines der wenigen nordeuropäischen Werke in den Sammlungen des Kardinals Borghese. Das *Bildnis eines Mannes* (10) von Dürer ist von großer psychologischer Intensität.

Saal XI – Die *Sacra Conversazione (Madonna mit Jesuskind und Heiligen)* (11) und das *Bildnis eines Mannes* (12) geben einen Eindruck von der Vielseitigkeit des venezianischen Malers **Lorenzo Lotto** (um 1480-1556). Die *Sacra Conversazione* (13) von **Palma d. Ä.** (1480-1528) fällt besonders durch ihre Farbgebung auf; bemerkenswert auch das Porträt der frommen Frau *(links im Bild)*. Das Gemälde *Tobias und der Engel* (14) von **Girolamo Savoldo** (1480-1548) zeigt in den kühnen Lichteffekten und den kraftvollen Figuren bereits Elemente, die die Malerei des Barock kennzeichnen sollten.

Saal XIII – Man betritt diesen Saal durch eine Tür, deren Flügel mit schönen Landschaftsmalereien (18. Jh.) geschmückt sind. Das von Ebenholz und Halbedelsteinen gerahmte Flachrelief der **Kreuzigung**★ (15) (Wachs auf Schieferplatte) von Guglielmo della Porta verdient besondere Beachtung.

Saal XIV – Nach den Übersteigerungen des Manierismus leiteten zwei Strömungen zum Barock über. In Bologna entwickelte sich rund um die Familie Carracci eine neue Kunsttheorie, die u. a. von **Domenichino** (1581-1641) weiterverbreitet wurde. Die *Jagd der Diana*★★★ (16) ist ein schönes Beispiel für diese Bologneser Richtung (man beachte die genaue Darstellung der Bäume, des von den Pfeilen getroffenen Vogels). Neben den Carracci stieg **Caravaggio** (1573-1610) als neuer Stern am Himmel auf. Er ließ sich von der Natur inspirieren und setzte, um die Formen zu betonen, kühne Lichteffekte ein. Damit stand er am Anfang einer wahren Revolution der Malerei. Die ***Madonna dei Palafrenieri***★★★ *(Madonna, Jesus und die hl. Anna)* (17) war für einen Altar in der Peterskirche vorgesehen; man nahm jedoch an der realistischen Darstellung der drei Personen Anstoß. Ebenfalls von Caravaggio sind: *David mit dem Haupt Goliaths* (18), *Johannes d. Täufer* (19) und der *hl. Hieronymus* (20). Der Saal birgt darüberhinaus zwei herrliche **Bildnisbüsten** des Kardinals Scipione Borghese von **Bernini**. Die zweite schuf Bernini (21), nachdem eine Marmorader an der ersten (22) die Stirn des Kardinals verunziert hatte. Die Gruppe des *Jungen Jupiter mit der Ziege Amalthea* (23) war wahrscheinlich das erste Werk des Künstlers (etwa 1615); etwa sechzig Jahre später, 1673, schuf er das Terrakottamodell für das Reiterstandbild Ludwigs XIV. (24), das für den Park von Versailles bestimmt war. Nach einer Reihe von Intrigen wurde jedoch der französische Bildhauer Girardon mit der Ausführung beauftragt.

Saal XV – **Bernini** war zwar in erster Linie Bildhauer, er betätigte sich jedoch auch als Maler. Eines seiner Porträts (25) hält einem Vergleich mit Velasquez stand. Das *Selbstbildnis* (26) und das *Porträt eines Mannes*, in dem der jüngere Bruder Berninis erkannt wurde (27), sind besonders interessant. Die schlichte Darstellungsweise im *Porträt des Monsignore Merlini* (28) von **Andrea Sacchi** (1599-1661) ist für diese Phase des Barock ungewöhnlich. Die *Grablegung* (29) von **Rubens** entstand Anfang des 17. Jh. in Rom.

Saal XVI – In diesem Raum werden im wesentlichen Werke von **Jacopo Bassano** (1516-1592) gezeigt. Der Venezianer Bassano liebte das Landleben und ergötzte sich an beschaulichen Szenen, die er sogar in seine religiösen Bilder einbaute (*Abendmahl* – 30).

Saal XVII – Werke der Spätrenaissance; der *hl. Stephan* (31) von **Francesco Francia** (1450-1517) verdient besondere Beachtung.

Saal XIX – Der Saal wird von der ***Danae***★★★ (32) Correggios (etwa 1489-1534) beherrscht; dargestellt ist, und dies in feinstnuancierter Farbgebung, wie Zeus sich der Danae in Gestalt einer Wolke nähert. **Dosso Dossi** (etwa 1489-1542), ein Zeitgenosse von Bassano und Correggio, stellte in *La Maga Circe* (**33**) sein großes Können als Kolorist unter Beweis.

Saal XX – **Antonello da Messina** (1430-1479) malte das ***Bildnis eines Mannes*★★★** (**34**), dessen überaus ausdrucksstarker Blick die Aufmerksamkeit auf sich zieht – ein Meisterwerk an Präzision (Faltenwurf der Kleidung; feine Ausgestaltung des Gesichts). Die lichte *Madonna mit Kind* (**35**) des Venezianers **Giovanni Bellini** (etwa 1429-1516) zeigt kraftvolle Figuren. Das Gemälde ***Himmlische und irdische Liebe*★★★** (**36**) von **Tizian** (um 1490-1576) drückt das Schönheitsideal des damals jungen Künstlers aus. Als er im Alter von 88 Jahren die *Erziehung Amors* (**37**) schuf, hatte sich sein Stil von Grund auf gewandelt.

Von **Veronese**, einem weiteren großen venezianischen Maler des 16. Jh., stammen die *Predigt Johannes' des Täufers* (**38**) und die *Fischpredigt des hl. Antonius von Padua* (**39**) (nachdem die Einwohner Riminis ihn nicht hören wollten, sprach der Heilige zu den Fischen); in beiden Bildern wird Veroneses narratives Talent deutlich.

Auf die Viale dei Pupazzi gehen.

Die **Fontana dei Cavalli Marini** wurde 1791 von Prinz Marcantonio Borghese in Auftrag gegeben. Die **Piazza di Siena** erinnert an die ursprüngliche Heimat der Borghese. Auf dem von Pinien überschatteten Platz werden internationale Reitturniere ausgetragen. Rechts davon erhebt sich die **Casina dell'Orologio**, die Ende des 18. Jh. erbaut wurde. Die Viale dei Pupazzi endet an einem kleinen **Diana-Tempel**, der ein antikes Bauwerk nachahmt. Von dort führt rechts eine Allee zu dem beliebten **Giardino del Lago**. Der „Seegarten" wurde von dem Architekten Asprucci angelegt, der an der Erweiterung der Villa Borghese Ende des 18. Jh. beteiligt war. Im See spiegeln sich die Säulen des kleinen Äskulap-Tempels, der einem antiken Vorbild nachempfunden ist.

An diesen Rundgang können sich folgende Besichtigungsgänge anschließen: PIAZZA DEL POPOLO; PIAZZA DI SPAGNA; VIA VENETO.

Die GRÜNEN MICHELIN-REISEFÜHRER informieren über:
Landschaften
Kunst- und Naturdenkmäler
malerische und interessante Strecken, Rundfahrten
Erdkunde
Geschichte, Kunst
Ferienorte.
Ihre Stadt- und Gebäudepläne
und die vielen praktischen Hinweise
leisten vor Ort gute Dienste.

Garten der villa d'Este

Umgebung

Lago di BRACCIANO★★

Michelin-Karte Nr. 430, P 18. 39 km nordöstlich von Rom. Mit dem Bus (A.CO.TRA.L.): Abfahrt von der Via Lepanto. Mit der Eisenbahn (F.S.): Abfahrt von den Bahnhöfen Ostiense, Termini oder Tiburtina

Mit dem Auto – auf der Nationalstraße S.2, der Via Cassia, in Richtung Viterbo fahren; nach dem Gran Raccordo Anulare (Autobahnring um Rom) und dem Ort Giustiniana an der nächsten Abzweigung links abbiegen in Richtung Bracciano-Anguillara. Nach ungefähr 7,5 km rechts in die Via Anguillarese einbiegen und in Richtung Anguillara-Sabazia fahren.

Der 164 m über dem Meeresspiegel gelegene, fast kreisförmige **Lago di Bracciano** ist wie alle Seen der Region der „Castelli Romani" vulkanischen Ursprungs. Er bedeckt eine Reihe von Kratern der Sabiner Berge. Mit einer Fläche von 57,5 km² ist er der achtgrößte See Italiens. In dem fischreichen See, der bis zu 160 m tief ist, gibt es Hechte, Aale, Karpfen und andere Weißfische. Der „Lacus Sabatini", wie die Römer ihn nannten, spielte seit jeher eine wichtige Rolle bei der Trinkwasserversorgung Roms. 109 ließ Trajan einen Aquädukt bauen, der das Wasser des Sees in das Stadtviertel Trastevere leitete.

Das etwa 30 km lange Bauwerk endete am Gianicolo. Der mehrmals zerstörte Aquädukt wurde 1609 von Paul V. restauriert. Seither trägt er den Namen des Papstes, auf den auch die Fontana Paola auf dem Gianicolo *(s. dort)* zurückgeht. Diese monumentale Brunnenanlage wurde ebenfalls mit dem Wasser des Bracciano gespeist. Rom war damals über die Via Claudia mit dem Bracciano verbunden. Heute folgt die Via Braccianese in der Nähe des Sees ungefähr dem Verlauf der alten Straße.

Lago di Bracciano

RUNDFAHRT UM DEN SEE *36 km*

- ★ **Anguillara-Sabazia** – 185 m über dem Meeresspiegel auf einem kleinen Felsvorsprung gelegen. Man betritt den mittelalterlichen Marktflecken durch ein imposantes Tor, das von einer Uhr aus dem 16. Jh. bekrönt wird. Von dort führt die Via Umberto I zum höchsten Punkt des Dorfes. Direkt hinter dem Tor, links, befindet sich ein kleiner, mit Aalen verzierter Aussichtspunkt. Am Ende der Via Umberto I führt auf der linken Seite eine Straße zur Stiftskirche Collegiata dell'Assunta (18 Jh.). Von dem kleinen Platz bietet sich ein herrlicher Blick über den See. Nun geht es durch bezaubernde Gäßchen zum See hinunter. Von dort kann man den alten Marktflecken noch einmal aus anderer Perspektive betrachten.

  Den Ort verlassen und direkt nach der Parkanlage links in die Via Trevignanese einbiegen.

  Trevignano Romano – Typisches kleines Dorf am Seeufer, das sich an einem Basaltfelsen ausdehnt. Der Marktflecken wird von den Ruinen der alten Orsini-Burg beherrscht. Von der Via Umberto I gelangt man *(rechts)* hinauf zur Kirche dell'Assunta (Mariä Himmelfahrt), die interessante, von der Raffaelschule inspirierte Fresken birgt. Hinter dem Uhrturm liegt die Piazza Vittorio Emanuele III; rechts das Rathaus mit einem Portikus aus dem 16. Jh.

  Auf der Via IV Novembre in Richtung Bracciano fahren.

- ★ **Bracciano** – Alle großen Straßen münden in die Piazza 1° Maggio; rechts die Piazzetta IV Novembre mit dem Rathaus. Links führt die Via Umberto I auf die Piazza Mazzini, die einen schönen Blick auf das imposante **Castello Orsini-Odescalchi** mit seinen zylindrischen Türmen bietet.

Lago di BRACCIANO

★★★ **Castello Orsini-Odescalchi** ⊙ – Die Burg ging aus der mittelalterlichen Festung der Prefetti di Vico hervor, die bis ins 13. Jh. hier herrschten. 1419 gelangte die Festungsanlage in den Besitz der Familie Orsini. Ausgebaut wurde das Kastell, das in Aussehen und Funktion einem Palast glich, im Jahre 1470 von Napoleone Orsini. 1696 erwarb die Familie Odescalchi die Burg, 1803 ging sie an die Torlonia und schließlich wieder an die Odescalchi (1848) über, in deren Besitz sie sich noch heute befindet. Die fast vollständig aus Lavagestein erbaute Anlage steht auf einem Tuff-Felsen. Ihre unregelmäßige Silhouette wird von sechs imposanten zylindrischen Türmen begrenzt. Zwei Ringwälle umgeben das Kastell und den mittelalterlichen Marktflecken. Wenn man den Schalter für die Eintrittskarten passiert hat, gelangt man auf eine Esplanade; dort befindet sich (links) das ehemalige Waffenlager; anschließend geht man (rechts) durch eine Tür, die mit den Rosen aus dem Orsini-Wappen verziert ist.

Die Besichtigung der **Innenräume**★ beginnt am zweiten Nordturm, durch den man auf einen Vorhof mit Brunnen und Arkaden aus behauenen Natursteinen gelangt. Eine Wendeltreppe führt in das elegante erste Stockwerk. **Saal I** (Bibliothek) – auch „Sala papalina" genannt, nachdem Sixtus IV. 1481 vor der in Rom grassierenden Pest hierher geflohen war: Deckenfresken von Taddeo Zuccari (1529-1566); die Möbel stammen aus späteren Epochen – dies gilt auch für die anderen Säle. **Saal II** (geschlossen): kleines Studierzimmer. **Saal III**: interessante Decken (15. Jh.) mit bemalten Balken und Kassetten; alle Decken dieses Stockwerks sind im Originalzustand erhalten. **Saal IV**: großes Triptychon der umbrischen Schule (15. Jh.), eine Darstellung der *Verkündigung Mariä* (der mittlere Flügel fehlt). In **Saal VI** sind zahlreiche Jagdtrophäen ausgestellt; links ein Antoniazzo Romano zugeschriebenes Fresko, das einst das Tor zum mittleren Hof zierte. Kleiner Balkon mit Blick über den See. **Saal VII**: zwei Büsten – Bildnis des Paolo Giordano II Orsini, von Bernini, und Porträt der Isabella de' Medici, von einem Berninischüler. **Saal IX**: letzter Saal des ersten Stocks, von hier geht es über eine Wendeltreppe in das zweite Obergeschoß. **Saal XIII** – auch Waffensaal genannt: Rüstungen und Waffen (15.-17. Jh.). **Saal XV**: schönes schmiedeeisernes Bett aus Sizilien (16. Jh.). Vor dem letzten Saal (**XVII**) befindet sich eine Loggia, von der man die alte Festung überblicken kann. Weiter geht es über den **Wehrgang**, der die schönen Türme des Schlosses miteinander verbindet; herrlicher Blick über den Ort und den See. Anschließend steigt man hinab zum **mittleren Burghof**★. Eine doppelte Arkadenreihe kreuzt eine sehr elegante Außentreppe aus Lavagestein. Nach einer kurzen Besichtigung der Küchenräume gelangt man wieder in den Vorhof, und die Führung ist zuende.

Zur Piazza Mazzini zurückgehen; dort links in die Via della Collegiata einbiegen.

Durch einen Torbogen erreicht man einen Platz, auf dem sich die **Kirche S. Stefano** erhebt, die einst Teil der alten Festung (Rocca dei Prefetti) war. Weiter geht es durch die malerischen Gäßchen des Dorfes.

Rückfahrt nach Rom über die Via Agostino Fausti und die Via Braccianese.

CASTELLI ROMANI★★
Michelin-Karte Nr. 430, Q 19-20

Die Region der Castelli Romani (Römische Festungen) liegt südöstlich von Rom. Im Mittelalter wurden 13 Dörfer von Adelsfamilien, die vor der in Rom herrschenden Anarchie Zuflucht suchten, mit Befestigungsanlagen versehen: Frascati, Grottaferrata, Marino, Castel Gandolfo, Albano, Ariccia, Genzano, Nemi, Rocca di Papa, Rocca Priora, Montecompatri, Monte Porzio Catone und Colonna.

Auch heute flüchten die Römer gerne in diese Region, um die frische Luft, das großartige Panorama und das schöne Licht zu genießen und es sich in den kleinen Landgasthöfen mit den schattigen Lauben wohlergehen zu lassen.

Geographischer und geschichtlicher Überblick – Die Castelli liegen in den **Albaner Bergen** (Colli Albani), einem Gebirge vulkanischen Ursprungs. Die Berge bilden einen Kreis am Rand eines riesigen Kraters, der wiederum aus zahlreichen kleineren Kratern besteht, in denen Seen entstanden sind.

Die Gipfel sind mit Weiden und Kastanienhainen bedeckt, während auf den Hängen vor allem Olivenhaine und Weingärten liegen, in denen die Trauben für die berühmten Weine der Region gedeihen. Die vulkanische Erde in den Niederungen eignet sich hervorragend für den Anbau von Frühgemüse.

Die Geschichte der Albaner Berge war immer eng mit der römischen verbunden. Cicero, die Kaiser Tiberius, Nero und Galba besaßen dort Landgüter; im Jahre 234 v. Chr. wurde in der Nähe von Camaldoli Cato Censorius geboren.

★★ RUNDFAHRT AB ROM

122 km – einen Tag veranschlagen – s. untenstehende Karte.

Rom über die Via Tuscolana verlassen. Von der Piazza Re di Roma in die Via Aosta fahren und in die erste Straße rechts, die Via Tuscolana, einbiegen. Nach dem Gran Raccordo Anulare (Autobahnring um Rom) in Richtung Frascati fahren.

Die Straße führt an der Filmstadt **Cinecittà**, dem italienischen „Hollywood", vorbei.

CASTELLI ROMANI

★ **Frascati** – Die Stadt war beliebter Treffpunkt der „Jeunesse dorée" des antiken Rom. Vom Hauptplatz hat man eine weite Sicht bis nach Rom und einen schönen Blick auf die Villa Aldobrandini.

Frascati ist berühmt für seinen Weißwein und für die schönen Villen aus dem 16. und 17. Jh., unter denen die **Villa Aldobrandini**★ ⊙ mit ihren Terrassen, Alleen, Brunnen und Steingärten einen besonderen Platz einnimmt.

Von der Piazza G. Marconi in Richtung Tusculo und Monte Porzio Catone fahren.

Auf der Fahrt ergeben sich herrliche Blicke auf **Monte Porzio Catone** und **Monte Compatri**. Schließlich erreicht man das am Nordrand des großen Kraters der Albaner Berge gelegene **Rocca Priora** (768 m).

Bis zur Via Latina wieder hinabfahren; nach ungefähr 4 km rechts in Richtung Tuscolo abbiegen – es gibt kein Hinweisschild. Eine Serpentinenstraße führt zu der Ruinenstätte.

Tuscolo – In einer Villa des antiken Tusculum hielt Cicero eine Reihe von Reden, die als *Tuscolanes* in die Geschichte eingingen.

Der Ort war das Lehensgut der Grafen von Tusculum; vom 10. bis zum 12. Jh. waren die meisten der Castelli im Besitz dieser mächtigen Familie, die ihre Herrschaft bis nach Rom ausdehnte und aus deren Reihen zahlreiche Päpste kamen. Im Jahre 1191 wurde Tusculum während einer Schlacht gegen die Römer zerstört; man hat es nicht wiederaufgebaut. Einige Überreste der antiken Stadt sind erhaltengeblieben. Auf dem Weg zum Gipfel des Hügels, auf dem einst die Zitadelle lag – dort hat man ein Kreuz aufgestellt, das teilweise von der Vegetation überwuchert ist – sieht man z. B. die Ruinen eines kleinen Theaters und dahinter die einer Zisterne.

Zur Via Latina zurückfahren und nach rechts abbiegen. In Grottaferrata durch den Corso del Popolo (Hauptstraße) fahren.

Grottaferrata – 1004 gründeten aus Kalabrien kommende griechische Mönche hier ein Kloster über den Ruinen einer römischen Villa, die Cicero gehört haben soll.

★ **Abbazia** – Die am Ende der Hauptstraße des Ortes gelegene Abtei, eine Niederlassung griechisch-katholischer Mönche, stellt sich als Festungsanlage dar, mit Schutzwällen und Gräben, die im 15. Jh. auf Befehl des Kardinals Giuliano della Rovere, des späteren Julius II., hinzugefügt wurden.

Im Burghof eine Bronzestatue des hl. Nilus und, links, der Eingang zu Kloster und Abteimuseum.

Museum ⊙ – Durch das große Tor betritt man einen schönen Hof, der an einer Seite von der Kirche S. Maria di Grottaferrata und dem von Sangallo entworfenen Portikus beherrscht wird. Die Räume des Museums, die einst von den Kommendataräbten

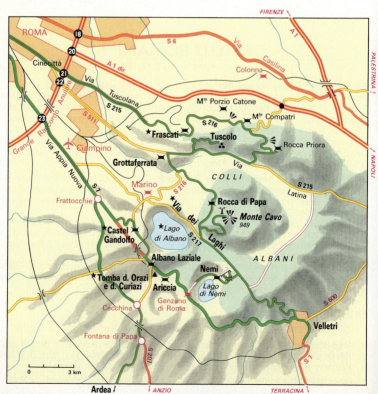

CASTELLI ROMANI

bewohnt wurden, zeigen archäologische Fundstücke römischer und griechischer Provenienz sowie Fresken mit Szenen aus dem Alten Testament, die einst das Mittelschiff der Kirche zierten. Einer der Räume wurde 1547 von Francesco da Siena mit Fresken ausgeschmückt.

★ **Chiesa di S. Maria di Grottaferrata** – *2. Burgterrasse.*

Im Narthex *(links)* schöne Taufbecken aus Marmor (10. Jh.). Der Rahmen des schönen byzantinischen Portals mit den geschnitzten Holztüren aus dem 11. Jh. ist mit Tierdarstellungen und Laubwerk geschmückt und wird von einem ebenfalls aus dem 11. Jh. stammenden Mosaik bekrönt. In dem – im 18. Jh. restaurierten – inneren Triumphbogen zeigt ein großes Mosaik (Ende 12. Jh.) die Apostel zu Pfingsten. Die Kapelle des hl. Nilus (rechts) ist mit einer Kassettendecke (17. Jh.) und mit Fresken (1608-1610) von Domenichino versehen. Im rechten Seitenschiff befindet sich außerdem die „Crypta Ferrata", ein Raum der römischen Villa, der schon im 5. Jh. als christliches Oratorium diente. Nach ihm sind die Kirche und auch der Ort Grottaferrata benannt.

Die Abtei verlassen und links in die Viale San Nilo fahren. Nach der Ampel rechts in die Via Roma einbiegen und in Richtung Rocca di Papa weiterfahren.

Rocca di Papa – In malerischer **Lage★**, gegenüber den Seen und den Albaner Bergen, schmiegt sich Rocca di Papa fächerartig an die Hänge des Monte Cavo.

Das im Herzen einer wildreichen Region gelegene Rocca di Papa ist unter Wildliebhabern für seinen Hasenpfeffer und sein Kaninchen auf Jägerart (Coniglio alla cacciatora) berühmt.

Vor der Via dei Laghi links zum Monte Cavo mit seinen zahlreichen Sendemasten abbiegen.

Monte Cavo ⓥ – *949 m.* Am Rand der ansteigenden Straße fallen die großen Pflastersteine der antiken Sacra Via auf. Dieser Weg führte einst zum Jupiter-Tempel, der auf dem Gipfel des Monte Cavo stand. Hier versammelten sich im 5. Jh. v. Chr. die Vertreter des Latinischen Städtebundes. Rom gehörte diesem Bündnis an, unterwarf die anderen Städte jedoch im 4. Jh. v. Chr. Dies war der Beginn seiner Ausdehnung auf der italienischen Halbinsel und die Geburtsstunde Latiums.

Der Jupiter-Tempel wurde durch ein Kloster ersetzt, das wiederum in ein Hotel-Restaurant umgewandelt wurde. Von der benachbarten Esplanade hat man einen herrlichen **Blick★** über den Apennin, die Castelli Romani und die Seen (Lago di Albano und Lago di Nemi), auf Rom und die römische Campagna.

Zur Via dei Laghi fahren und nach links in Richtung Velletri abbiegen.

★ **Via dei Laghi** – Diese schöne Straße schlängelt sich durch Kastanien- und Eichenwälder.

Nach 3,5 km rechts in Richtung Nemi abbiegen.

Nemi – Das in einer zauberhaften **Landschaft★★** gelegene Nemi dehnt sich wie ein Amphitheater auf den steilen Hängen des vom gleichnamigen See bedeckten Kraters aus. Vom Castello Ruspoli ist noch ein Turm der mittelalterlichen Burg erhalten. Im Juni kann man in Nemi köstliche Walderdbeeren genießen.

Durch den Ort in Richtung See fahren.

Lago di Nemi – Die talwärts führende Straße schlängelt sich durch eine idyllische Landschaft. Der See wird auch „Spiegel der Diana" genannt, weil sich der heilige Wald in der Nähe des Tempels der Jagdgöttin in ihm spiegelte. 1929 wurde der Wasserspiegel um 9 m gesenkt, damit zwei Schiffe aus der Zeit Caligulas (37-41) gehoben werden konnten. Während des Krieges fielen sie einem Brand zum Opfer, so daß man in dem nahegelegenen **Museum** ⓥ nur noch einige Überreste dieser wertvollen Funde sehen kann.

Auf der Via dei Laghi nach Velletri fahren.

Velletri – Der Ort war Schauplatz bedeutender Ereignisse, die mit der italienischen Geschichte verbunden sind; er widerstand Giacchino (Joachim) Murat, wurde von Fra Diavolo, dem Anführer der kalabrischen Räuber, eingenommen, erlebte die Kämpfe zwischen den Anhängern Garibaldis und den neapolitanischen Truppen und wurde im Zweiten Weltkrieg durch Bomben beschädigt. Heute macht die Stadt, die inmitten eines Weinbaugebiets am Südhang des Kraters der Albaner Berge liegt, einen wohlhabenden Eindruck.

An der Piazza Cairoli steht der mächtige **Trivio-Turm** (14. Jh.).

Velletri verlassen und in Richtung Ariccia fahren.

Ariccia – Der Hauptplatz mit den beiden Brunnen wurde von Bernini (1664) gestaltet: links der Palazzo der römischen Bankiersfamilie Chigi, die im 17. Jh. in den Besitz des Gebäudes kam; rechts die Kirche **Santa Maria dell'Assunzione**, die von zwei eleganten Portiken eingefaßt wird. Das Kircheninnere – kreisförmiger Grundriß und Kuppel – ist einen Besuch wert.

Ariccia verlassen und kurz nach dem Ortsschild anhalten.

CASTELLI ROMANI

- ★ **Tomba degli Orazi e dei Curiazi (Grab der Horatier und der Curiatier)** – Kurz vor dem Ortseingang von Albano, links hinter einer Mauer unterhalb der Straße. Dieses Grab, das aus großen Peperinblöcken besteht und an den Ecken mit stumpfen konischen Säulen geschmückt ist, stammt in Wirklichkeit aus der Zeit der ausgehenden Republik.

  Albano Laziale – Der Name soll auf den der Villa des Domitian, Villa Albana genannt, zurückgehen.

  Zunächst in die Via Cavour, dann rechts in die Via A. Saffi gehen; anschließend in die erste Straße links, die Via della Rotonda, einbiegen.

- ★ **Chiesa di Santa Maria della Rotonda** – Die Kirche wurde in einem Nymphäum der Villa des Domitian errichtet. Das antike Ziegelmauerwerk ist bei Restaurierungsarbeiten wiederhergestellt worden. Wuchtiger romanischer Glockenturm (13. Jh.).

  Zur Via Cavour zurückgehen und dann in die Via A. De Gasperi einbiegen.

  Porta Pretoria – *Unterhalb der Via A. Saffi in der Via Alcide De Gasperi.* Überreste des Eingangstores einer Festung, die Septimius Severus erbauen ließ (193-211).

- ★ **Villa communale** – *Piazza Mazzini.* In der weitläufigen Parkanlage finden sich hier und da Überreste einer Villa, die Pompeius gehörte (106-48 v. Chr.).

  In Richtung Castel Gandolfo weiterfahren.

- ★ **Castel Gandolfo** – Castel Gandolfo ist in der ganzen Welt als Sommerresidenz des Papstes bekannt.

  Alba Longa – Dort, wo sich heute der Ort Castel Gandolfo ausdehnt, lag in der Antike das berühmte Alba Longa, die älteste Stadt Latiums. Sie wurde der Legende nach um 1150 v. Chr. gegründet. Die Rivalität zwischen Alba Longa und Rom gipfelte in dem berühmten Kampf der Horatier und der Curiatier. Die beiden Städte wollten nicht länger gegeneinander Krieg führen und beschlossen, ihre Streitigkeiten von drei Helden austragen zu lassen; Rom schickte die drei Horatier in den Kampf, Alba die drei Curiatier. Direkt am Anfang starben zwei Horatier, die drei Curiatier wurden verwundet; der letzte Horatier täuschte eine Flucht vor, damit seine Feinde sich trennten, kehrte um und erschlug sie dann, einen nach dem anderen. Zurück in Rom, traf Horatius an der Porta Capena *(s. TERME DI CARACALLA)* auf seine Schwester Camilla, die um ihren Verlobten Curiatius weinte und Rom verfluchte. Er tötete sie, kam vor Gericht – und wurde freigesprochen.

  Palazzo papale – *Keine Besichtigung möglich.* Der Eingang zum Papstpalast befindet sich am Hauptplatz. Ende des 16. Jh. ging das „Castello" Gandolfo in den Besitz des Heiligen Stuhls über. An der Stelle der Villa des Domitian (81-96), die sich bis zum heutigen Albano Laziale erstreckte, ließ Urban VIII. 1628 von Maderna eine Villa bauen. In der Residenz ist seit dem Pontifikat Pius' XI. die Vatikanische Sternwarte (Specola Vaticana) untergebracht.

- ★ **Lago di Albano** – Von Castel Gandolfo führt eine Straße zum See; von der Terrasse am Ortsausgang herrlicher **Blick**★ auf den See.

  Rückfahrt nach Rom über die Via Appia Nuova, die eine gute Aussicht über die römische Campagna bietet (Überreste von Aquädukten sowie von der Villa dei Quintilii an der Via Appia Antica).

  Die Rundfahrt kann durch den Besuch von **Ardea** *(30 km) und des Museums der Sammlung Manzù erweitert werden. Auf der SS.7 Appia Nuova in Richtung Rom fahren und an der Kreuzung mit der Via Nettunense nach links in Richtung Anzio abbiegen. Gleich nach dem Dorf Cecchina rechts die Straße nach Ardea nehmen (Anfahrt von Rom: Via Laurentina bis km 31,8).*

  Ardea – Ardea liegt im früheren Siedlungsgebiet der Rutuler; es war deren Hauptstadt. Die Stadt schmiegt sich an einen Felsen aus Tuffgestein. An manchen Stellen sieht man noch Überreste des Ringwalls aus Tuffquadern.

  Das Museum liegt kurz hinter der Kreuzung (100 m) mit der Via Laurentina, in Richtung Rom, auf der linken Seite.

- ★★ **Museo della Raccolta Manzù** ⓥ – Dieses Museum ist der Ehefrau Manzùs und Freunden des Künstlers zu verdanken. Es wurde 1969 eingeweiht. 1979 schenkte Manzù es dem Staat, 1981 wurde es für die Öffentlichkeit zugänglich gemacht. Die überwiegende Mehrzahl der Werke stammt aus der Zeit der Reife (1950-1970), in der der Künstler manche Themen seiner ersten Schaffensperiode wiederaufgriff. Das Museum, in dem auch zeitlich begrenzte Ausstellungen stattfinden, zeigt nur wenige der großen Werke aus dieser ersten Periode. Insgesamt werden hier 462 Objekte, darunter Skulpturen, Zeichnungen, Grafiken und Schmuck aufbewahrt.

In der Region der Castelli Romani werden hervorragende Weine angebaut – die Namen Frascati oder Marino, Vini dei Colli Albani oder Velletri sind allen Weinliebhabern ein Begriff.

OSTIA ANTICA★★

Michelin-Karte Nr. 430, Q 18. 24 km südöstlich von Rom

Anfahrt: *Mit dem Auto über die Via del Mare (s. Stadtplan im Michelin-Hotelführer „Italia" – Hotels und Restaurants). Mit der Metro (Linie B) in Richtung Laurentina; an der Station Magliana aussteigen, dann mit der Eisenbahn von Magliana bis zum Bahnhof Ostia Antica fahren. Mit dem Acquabus (Boot) s. Praktische Hinweise am Ende des Bandes.*

Der große **Lido di Ostia** ist der nächstgelegene und meistbesuchte Badestrand von Rom.

DIE ANTIKE STADT

Von dem alten Dorf Ostia ist nur noch die **Festung** erhalten, die Kardinal Giuliano della Rovere (der spätere Julius II.) im 15. Jh. errichten ließ, um Rom gegen vom Meer kommende Feinde zu schützen. Interessant ist Ostia Antica vor allem wegen des eindrucksvollen Ruinenbezirks der antiken Stadt, die der wichtigste Hafen Roms war.

Geschichtliches

Ostia (von lat. „ostium" – Mündung) verdankt seinen Namen seiner geographischen Lage an der Tibermündung. Der römischen Gründungslegende zufolge soll Aeneas an dieser Stelle an Land gegangen sein. Laut Livius war er der vierte König Roms nach Romulus, Ancus Marcius (640-616 v. Chr.), der Ostia gründete und rundherum Salinen anlegen ließ. Archäologischen Forschungen zufolge liegt der Ursprung Ostias im 4. Jh. v. Chr.; es wird jedoch nicht ausgeschlossen, daß bereits vorher ein kleines Salzsiederdorf existierte. Die Entwicklung Ostias war immer Spiegel der Entwicklung Roms. Als Rom sich an die Eroberung des Mittelmeers machte, war es ein kleiner Kriegshafen; als das siegreiche Rom wirtschaftlich aufblühte, entwickelte es sich zu einem Handelshafen.

Kriegshafen – Die Inbesitznahme der Tibermündung durch die Römer (um 335 v. Chr.) geht mit deren Ausbreitung im Mittelmeerraum einher; einige Jahre zuvor (338) hatte Rom in Antium seinen ersten Sieg in einer Seeschlacht davongetragen. Im Krieg gegen Pyrrhus (278 v. Chr.) landete die von Karthago entsandte, den Römern zu Hilfe eilende Flotte in Ostia. Während der Punischen Kriege (264-241 und 218-201) diente Ostia als Waffenarsenal. Von hier aus machte sich die Armee der Scipionen nach Spanien auf (217), um die Truppen aufzuhalten, die Hannibals Armee unterstützen sollten; dieser hatte bereits die Alpen überquert und am Trasimenischen See Flaminius geschlagen. Zwei Jahre später verließen dreißig Schiffe Ostia in Richtung Tarent, das sich mit Hannibal verbündet hatte. Im Jahre 211 brach P. Cornelius Scipio nach Spanien auf, entschlossen, die Niederlage der aus seiner Familie stammenden Feldherren wiedergutzumachen; er war – kaum 25jährig – zum Prokonsul ernannt worden und erwarb großen Ruhm. Aus den eroberten Gebieten wurden Lebensmittel nach Rom gebracht. Man weiß, daß bereits im Jahre 212 v. Chr. eine Ladung Weizen aus Sardinien gelöscht wurde.

Ostia, der Handelshafen – Im 1. Jh. v. Chr. wurde Ostia, das zunächst nur aus einem Kastell (castrum) zum Schutz des Hafens vor Piraten bestand, zu einer richtigen Stadt. 79 v. Chr. ließ Sulla eine Befestigungsmauer errichten, die im Norden der Stadt den Tiber miteinbezog. Dessen letzte Schleife befand sich damals östlich der heutigen Windung, so daß der Fluß nördlich der Stadt in einer geraden Linie verlief *(s. Plan)*. Rom importierte zu dieser Zeit seine Nahrungsmittel aus zahlreichen überseeischen Provinzen. Diese Lebensmitteltransporte mußten unbedingt geschützt werden. Im Jahre 67 v. Chr. hatte Pompeius – und später Agrippa (63-12 v. Chr.) – die Meere von Piraten befreit. Schwierigkeiten bereitete jedoch der Zugang zum Hafen. Aufgrund der ungünstigen Windverhältnisse konnten die Frachtschiffe nur in der warmen Jahreszeit anlegen, und die benachbarte Küste bestand überwiegend aus Dünen, Lagunen und Untiefen. Daher kamen die Waren zumeist in den Häfen der neapolitanischen Küste an und mußten anschließend in die Hauptstadt transportiert werden.

Hafen des Claudius – In der Antike verlief die Küstenlinie an der Westseite des heutigen Ausgrabungsbezirks *(s. Plan: Porto di Claudio)*. Da sich in der eigentlichen Tibermündung eine Sandbank befand, wählten die Ingenieure des Claudius einen Ort am rechten Flußufer, nördlich der Siedlung Ostia und des Tiberarms Fiumicino (ungefähr dort, wo sich heute der internationale Flughafen Leonardo da Vinci befindet), als Standort für ihren Hafen. Der Hafen des Claudius bestand aus einem 70 ha großen Hafenbecken, das an den Seiten von zwei halbkreisförmigen Molen umschlossen wurde. Das Becken, in dessen Einfahrt ein weiterer kleiner Damm mit Leuchtturm lag, öffnete sich nach Nordwesten hin und war somit vor den heftigen Winden, die aus Südosten (Libeccio) oder aus Südwesten (Scirocco) kamen, geschützt.

Hafen des Trajan – Als der Hafen des Claudius zu klein geworden war, ließ Trajan (98-117) dahinter ein zweites Hafenbecken bauen *(Porto di Traiano)*. Der sechseckige, 30 ha große Hafen war mit dem Porto di Claudio über eine breite Fahrrinne verbunden und von Docks und Speichern gesäumt. Ein Kanal, die sogenannte Fossa Traiana, führte zum Tiber; er soll mit dem Tiberarm Fiumicino, der heute den Fluß mit dem Meer verbindet, identisch sein.

OSTIA ANTICA

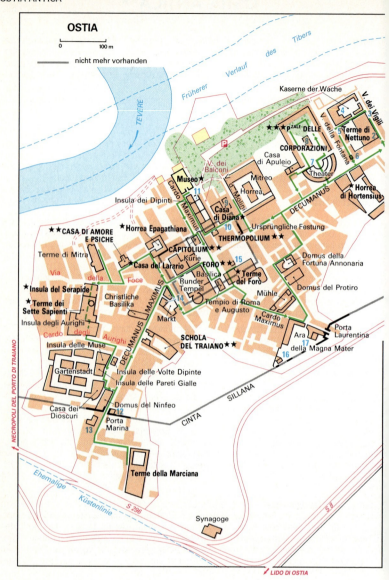

Der Niedergang, die Ausgrabungsstätten Ostia Antica und Isola Sacra – Mit dem Niedergang Roms im 4. Jh. begann auch der Abstieg Ostias. Der Hafen versandete, die Anschwemmungen des Tibers ließen das Festland vorrücken, die Malaria entvölkerte die Stadt. Wie alle anderen römischen Ruinenbezirke wurde auch Ostia geplündert. Im Jahre 1909 begann man mit systematischen Ausgrabungen; von 1938 bis 1942 wurden die Stadtteile im Westen freigelegt. Derzeit werden die Ausgrabungsarbeiten, insbesondere im Bereich um den Hafen des Claudius, fortgesetzt.
Zwischen Stadt und Hafen wurde die **Nekropole des Porto di Traiano** auf der Isola Sacra, einer durch den Tiber und den Fiumicino gebildeten Insel, entdeckt; seit der Antike ist das Meer um mehrere Kilometer zurückgewichen.

Das Leben in Ostia – Als reges Handelszentrum hatte Ostia in der Kaiserzeit 100 000 Einwohner. Eine Vielzahl von Geschäften säumte die Hauptstraßen, die Verwaltungsgebäude lagen in der Nähe des Forums, Speicher und Industriegebäude an den Ufern des Tibers. Die Wohnviertel dehnten sich zum Meer hin aus.
Als kosmopolitische Stadt nahm Ostia eine große Anzahl fremder Religionen auf, deren Heiligtümer man gefunden hat. Dazu gehörten orientalische Kulte um die Magna Mater, um Isis und Serapis, den Jupiter Dolichenus und vor allem der Mithras-Kult. Auch Christen ließen sich in Ostia nieder. Im Jahre 387 starb die hl. Monika, die Mutter des hl. Augustinus, in Ostia; sie hatte von hier in ihre Heimat Afrika aufbrechen wollen.
Eine große, im 1. Jh. gebaute Synagoge zeugt von einer bedeutenden jüdischen Gemeinde.

OSTIA ANTICA

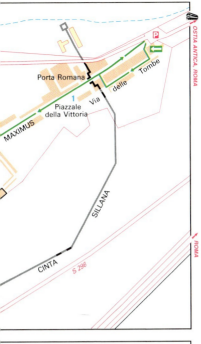

DAS TIBERDELTA IM 2. JH. UND HEUTE
– – – – Die Küste Anfang des 2. Jh.

Die Wohnhäuser Ostias – Ihre Entdeckung trug viel zum heutigen Wissen über die Wohnverhältnisse des Bürgertums und des einfachen Volkes in der Antike bei. Die in dieser Stadt am häufigsten vertretene Wohnform war die **Insula**, ein mehrstöckiges Mietshaus; die reicheren Bürger wohnten in einem **Domus**, einem Privathaus mit Atrium und Garten. Alle Häuser waren aus Ziegeln gemauert und wahrscheinlich unverputzt. Der Eingang war häufig elegant, mit einem von zwei Säulen getragenen Dreiecksgiebel versehen. Die der Straße zugewandte Fassade war mit einem Säulengang oder einem kleinen Balkon ausgestattet. Dekorative Mauerverblendungen zogen die Aufmerksamkeit der Besucher auf sich. Häufig anzutreffen war das **opus reticulatum**, bei dem kleine, dunkle Tuffstein- und helle Kalksteinblöcke rautenförmig angeordnet wurden und ein netzartiges Muster ergaben. Dieses Verfahren wurde vom 1. Jh. v. Chr. bis ins 2. Jh. angewandt. Vom 1. Jh. an wurden manchmal die Ecken mit Ziegeln verstärkt. Ein weiteres in Ostia übliches Verfahren war das vor allem im 2. Jh. angewandte **opus testaceum**. Dabei wurden flache, dreieckige Ziegel regelmäßig mit der Spitze nach innen angeordnet. Zur Verstärkung wurden nach einigen Reihen dreieckiger Ziegel große rechteckige Flachziegel eingelegt.

Besichtigung der Ausgrabungen (SCAVI)

Die Besichtigung dieses ausgedehnten Ruinenbezirks ist gleichzeitig ein schöner Spaziergang zwischen Pinien und Zypressen unter einem häufig strahlend blauen Himmel.

In der **Via delle Tombe**, der Gräberstraße hinter dem Eingang *(links, außerhalb der Stadtmauer)*, wurden die unterschiedlichsten Grabstätten und deren Überreste – Sarkophage, Kolumbarien oder Kapellen – gefunden.

Porta Romana – Die Porta Romana bildete den Hauptzugang zur Stadt. Sie führte auf den **Decumanus Maximus**, die Ost-West-Achse in allen römischen Städten. Der Decumanus, die mit großen Steinen gepflasterte Hauptstraße Ostias, war von Häusern mit Portiken und von Speichern (horrea) gesäumt.
An diesem Tor begann (oder besser endete, wenn man von Rom kam) die Via Ostiense, die große Verbindungsstraße mit Rom.

Piazzale della Vittoria – Der Platz ist nach der **Statue der Minerva Victoria** (1. Jh.) (**1**) benannt. Sie wurde nach einem griechischen Vorbild ausgeführt und schmückte wahrscheinlich das Eingangstor.

Terme di Nettuno – Im 2. Jh. erbaut. Von einer Terrasse *(Zugang über die Treppe am Decumanus Maximus)* Blick auf die herrlichen **Mosaiken**★★, die die Hochzeit von Neptun und Amphitrite zeigen (**2**).

Via dei Vigili – Dieser Straße (2. Jh.) fielen, als sie angelegt wurde, mehrere ältere Gebäude zum Opfer. Das **Mosaik**★ (**3**) mit den Köpfen, die die Winde und die 4 römischen Provinzen (Sizilien, Ägypten, Afrika, Spanien) symbolisieren, gehört zu diesen Gebäuden. Die Straße verläuft oberhalb des Mosaiks. Die **Kaserne der Vigiles** (Caserna dei Vigili) am Ende der Straße wurde im 2. Jh. für eine Feuerwehreinheit gebaut. Im hinteren Teil des Hofes das Augusteum (Heiligtum für die Verehrung der Kaiser) (**4**); Mosaikboden mit der Darstellung eines Stieropfers.

Die Via della Palestra entlanggehen; sie mündet in die Via della Fontana.

OSTIA ANTICA

Via della Fontana – In der gut erhaltenen Straße steht noch der öffentliche Brunnen (5). Das Bodenmosaik der Taverne des Fortunatus (6) trägt die Inschrift: „Dicit Fortunatus: Vinum cratera quot sitis Bibe" (Fortunatus sagt: Trinke, wenn du Durst hast, den Wein aus dem Krug).

★ **Horrea di Hortensius** – Riesiges Lagergebäude aus dem 1. Jh. mit einem von Läden gesäumten Säulenhof; ein bemerkenswertes Beispiel für die Bauweise des Opus reticulatum. Rechts vom Eingang kleines, dem Hortensius gewidmetes Heiligtum (Mosaikfußboden).

Teatro – Wahrscheinlich unter Augustus erbaut; stark restauriert. Die drei schönen Masken (7) zierten einst die Scena.

★★★ **Piazzale delle Corporazioni** – Der Platz der Zünfte, das Handelszentrum des Römischen Reiches, war von einem Portikus umgeben, unter dem 70 Handelsvertretungen ihre Büros hatten. Auf dem Mosaikboden sind noch Darstellungen und Symbole erhalten, die auf Tätigkeit und Herkunft der Handels- und Kaufleute – Getreidewieger, Kalfaterer, Seiler, Reeder aus Alessandria, Arles, Narbonne, Karthago usw. – hinweisen. Vom **Tempel** (8) in der Mitte des Platzes ist das Podium mit zwei Säulen erhalten. Er war entweder der Ceres geweiht oder der „Annona Augusta", der Gottheit der Lebensmittelversorgung des Imperiums (Ostia war eines der Zentren der Lebensmittelversorgung Roms und einer der Sitze des dafür zuständigen Amtes, der Annona.).

Casa di Apuleio – Domus mit Säulenhof und Mosaikfußböden.

Mitreo delle sette Sfere – Dies ist das besterhaltene der zahlreichen Mithras-Heiligtümer, die in Ostia gefunden wurden. Zu erkennen sind noch die beiden für die Gläubigen reservierten Seitenbänke sowie ein Relief, das die Opferung des Stiers darstellt.

Auf den Decumanus Maximus zurückgehen und rechts in die Via dei Molini einbiegen.

Via dei Molini – Rechts Überreste großer Getreidespeicher und Lagerhallen *(horrea)*. Der Name der Straße geht auf die Getreidemühlen (9) zurück, die in einem der Gebäude gefunden wurden.

Umkehren und rechts in die Via di Diana einbiegen.

Piazza dei Lari (10) – Auf diesem Platz ist ein Altar erhalten, der den Laren geweiht war. Die großen Tuffblöcke sind Überreste des ersten befestigten Ortes (castrum).

★ **Casa di Diana** – Bemerkenswertes Beispiel einer Insula. Räume und Flure sind rund um einen Hof angeordnet; schöne Balkons an der Via dei Balconi.

★★ **Thermopolium** – Dieses Gebäude war eine Bar. Man erkennt die Marmortheke, Regale und gemalte Obst- und Gemüsedarstellungen. Das Wort Thermopolium kommt aus dem Griechischen und bedeutet „Verkauf heißer Getränke".

Rechts in die Via dei Dipinti einbiegen.

Insula dei Dipinti – Wohnblock aus mehreren Häusern mit begrüntem Innenhof. Schönes Wandmosaik.
Am Ende der Via dei Dipinti wurde auf der rechten Seite ein Öllager (11) mit riesigen, halb in den Boden eingelassenen Tonkrügen entdeckt.

★ **Museo** – Dieses klar und übersichtlich aufgebaute Museum zeigt Objekte, die in Ostia gefunden wurden. Die **Säle I** bis **IV** sind den Berufen (Flachreliefs) und den orientalischen Kulten gewidmet, die in der Handelsstadt ausgeübt wurden; die Mithrasgruppe **(Saal III)** mit Darstellung eines Stieropfers ist ein Zeugnis für die Lebendigkeit dieses Kultes, von dem es in Ostia fünfzehn Heiligtümer gab. **Saal VIII** zeigt neben der schönen Skulptur (1. Jh. v. Chr.) eines ruhenden Mannes (Cartilius Poplicola), die Herkules geweiht ist, eine Reihe von **Porträts★**, insbesondere von antoninischen Kaisern; deren Ausdruckskraft und die feine Detailbearbeitung zeugen vom hohen Niveau der römischen Bildniskunst des 2. Jh. **Saal IX** beherbergt Sarkophage aus dem 2. und 3. Jh., die in den Nekropole der Stadt gefunden wurden, **Saal X** Porträts von Kaisern späterer Epochen. **Die Säle XI** und **XII** vermitteln einen Eindruck von den reich ausgestatteten Innenräumen Ostias; sie zeigen mosaikgeschmückte Wände *(opus sectile – s. Kapitel Die Kunst in Rom)*, Gemälde und Fresken aus dem 1. bis 4. Jh.
Über die Via del Capitolium gelangt man auf den quer zum Decumanus verlaufenden **Cardo Maximus**, eine wichtige Verkehrsader der Stadt. Von hier aus Blick auf die rückwärtige Fassade des mächtigen Kapitol-Tempels (Capitolium).

Am Kapitol vorbei zum Forum gehen.

★★ **Capitolium und Forum** – **Das Kapitol** war der größte Tempel Ostias. Er entstand im 2. Jh. und war der „kapitolinischen Trias" – Jupiter, Juno und Minerva – geweiht. Früher war er mit Marmor verkleidet; heute sieht man noch imposante Backsteinreste und die zum Pronaos hinaufführende Treppe; vor der Treppe steht der teilweise wiederaufgebaute Altar. Vom **Forum**, das im 2. Jh. erweitert wurde, sind einige Säulen des Portikus erhalten. Der **Tempel der Roma und des Augustus** (1. Jh.), ein

OSTIA ANTICA

Ostia Antica – Capitolium und Forum

monumentaler Marmorbau, zeugt von der Treue, mit der Ostia als erste römische Kolonie zu Rom hielt. Wie in allen römischen Städten besaß das Forum eine **Basilika**, in der sich die Bürger versammelten, und eine **Kurie**, in der die Stadtverwaltung ihren Sitz hatte.

Zum Decumanus Maximus zurückgehen.

Tempio rotondo – Der Rundtempel diente im 3. Jh. wahrscheinlich dem Kaiserkult.

★ **Casa del Larario** – In dem „Haus des Larariums" waren, um den Innenhof angeordnet, Geschäfte untergebracht. Die hübsche Nische aus ockerfarbenen und roten Ziegeln barg die kleinen Statuen der Hausgötter (Laren).

Den Decumanus entlanggehen und rechts in die Via Epagathiana einbiegen.

★ **Horrea Epagathiana** – Diese großen Lagerhallen aus dem 2. Jh. sind mit einem schönen, von Säulen und Dreiecksgiebel gerahmten Eingangsportal versehen. Sie gehörten zwei reich gewordenen Freigelassenen – Epagathus und Epaphroditus.

★★ **Casa di Amore e Psiche** – Haus aus dem 4. Jh. Beachtenswerte Überreste von Mosaik- und Marmorböden; Reste eines Nymphäums mit Nischen, Arkaden und Säulen.

Links in die Via del Tempio d'Ercole, anschließend rechts in die Via della Foce gehen. Nun rechts in die Via delle Terme di Mitra einbiegen.

Terme di Mitra – 2. Jh. Die Thermen des Mithras besaßen eine von Arkaden durchbrochene Fassade. Zu sehen sind die Treppe, die zum Hypokaustum, der Warmluftheizung unter dem Fußboden, hinunterführte, sowie Überreste des Frigidariums (Schwimmbad und Säulen mit korinthischen Kapitellen) und Reste von Mosaiken.

In die Via della Foce zurückkehren und durch die Insula del Serapide gehen.

★ **Insula del Serapide** – Das aus dem 2. Jh. stammende Mietshaus besteht aus zwei Gebäuden mit Säulenhöfen. Stuckreste eines Portals.

★ **Terme dei Sette Sapienti** – Die Thermen der 7 Weisen sind in einen Gebäudekomplex integriert. In dem großen runden Saal ist das schöne Fußbodenmosaik erhalten. In einem der ihn umgebenden Säle Kuppel mit Mosaiken auf weißem Grund.

Insula degli Aurighi – In der Mitte dieses Mietshauses befindet sich ein schöner Hof mit Portikus; in einigen Räumen sind Überreste von Gemälden erhalten.

Durch den Cardo degli Aurighi, dann weiter in die Via delle Volte Dipinte gehen.

Insula delle Volte Dipinte; Insula delle Muse; Insula delle Pareti Gialle – *Besichtigung nur Fachleuten gestattet; Genehmigungen erteilt die „Soprintendenza di Ostia".*
Häuser aus dem 2. Jh. mit Überresten von Mosaiken und Gemälden.

Città-Giardino – Beispiel einer Wohnanlage aus dem 2. Jh. Die Häuser standen in einem großen Garten mit mehreren Brunnen, deren Standorte man heute noch erkennen kann (an einem Brunnen Mosaikreste).

OSTIA ANTICA

Casa dei Dioscuri – Das Haus der Dioskuren entstand im 4. Jh. in einem Gebäude der Città-Giardino; schöne polychrome Mosaikfußböden, Darstellung der Dioskuren.

Domus del Ninfeo – Im 4. Jh. in einer aus dem 2. Jh. stammenden Anlage errichtet. Saal mit dreibögiger Arkade, die von kleinen Säulen mit feinen Kapitellen getragen wird.

Zum Decumanus Maximus zurückkehren; dort nach rechts gehen.

Porta Marina – Das Tor, von dem große Tuffblöcke erhalten sind, öffnete sich in der dem Meer zugewandten Seite der Stadtmauer. Links eine Taverne (**12**); außerhalb der Stadtmauer, rechts, Überreste eines Grabes (**13**). Jenseits des Tores endet der Decumanus mit einem großen, von Kolonnaden umschlossenen Platz.

Die Via Cartilio Poplicola (links) nehmen und bis zum Ende der Straße gehen.

Terme della Marciana – Hinter den mächtigen Pilastern der Apsis des Frigidariums zeigt ein herrliches **Mosaik**★ Athleten bei der Ausübung der verschiedenen in der Antike vorherrschenden Sportarten. In der Mitte ein Tisch mit Trophäen und Sportgeräten. In der Ferne sind die Säulen und Kapitelle der im 1. Jh. erbauten Synagoge zu erkennen.

Zur Porta Marina zurückkehren – und dann wieder den Decumanus Maximus entlanggehen.

★★ **Schola del Traiano** – *Rechts.*

Dieses imposante Gebäude aus dem 2.-3. Jh. war Sitz einer Kaufmannsgilde. Links hinter dem Eingang Abguß einer Trajansstatue, die im Gebäude gefunden wurde. Es folgt ein von Backsteinsäulen gesäumter Hof mit einem rechteckigen Brunnenbecken in der Mitte, an dessen Ende der Speisesaal liegt. Vor dem Saal, der einen schönen Mosaikfußboden enthält, stehen zwei Säulen. An der Ostseite des Brunnens stieß man bei Ausgrabungen auf ein Haus (1. Jh.) mit Nymphäum (Gemälde und Mosaiken) und Peristyl.

Basilica cristiana – *Links.* Christliche Kirche aus dem 4. Jh. Man erkennt die durch Säulen getrennten Schiffe, die Apsis und die Taufkapelle (Inschrift auf dem Architrav der sie abschließenden Kolonnade).

Mercato – Die beiden Fischläden (**14**) waren Teil dieses Marktes. Die Allee zwischen den beiden Geschäften führt zum Marktplatz, an dessen Westseite ein Säulenpodium liegt. Die dritte Säule von links trägt die (lateinische) Inschrift „lies und wisse, daß auf dem Markt viel geschwätzt wird".

In die Via del Pomerio, anschließend links in die Via del Tempio rotondo gehen. Am Roma- und-Augustus-Tempel (links) vorbeigehen und den Cardo Maximus (rechts) überqueren.

★ **Terme del Foro** – Die Thermen des Forums waren die größte Themenanlage Ostias; an den Wänden sind noch die Heizungsrohre erhalten.

Ganz in der Nähe befand sich eine öffentliche Latrinenanlage (**15**).

Zum Cardo Maximus gehen; links abbiegen.

Mulino – Auf der linken Seite des Cardo Maximus Überreste einer antiken Getreidemühle (Mahlsteine unter einem Tonnengewölbe).

Ara della Magna Mater – Dreieckiger Platz mit Überresten des Tempels der Magna Mater Kybele (**16**). An der Ostseite befindet sich ein kleines Attis-Heiligtum (**17**), dessen Apsis die Statue der Göttin birgt. Der Eingang wird von den Statuen zweier Faunen gerahmt.

Am Ende des Cardo Maximus lag – in der Stadtmauer des Sulla – die **Porta Laurentina**.

Links in die Via Semita dei Cippi einbiegen.

Auf dem Weg liegt die **Domus del Protiro**, deren mit einem Dreiecksgiebel aus Marmor bekröntes Portal in Ostia eine Besonderheit darstellt *(wegen Restaurierung geschlossen).*

Domus della Fortuna Annonaria – Haus aus dem 3.-4. Jh. mit brunnengeschmücktem Garten und Mosaikfußböden in den Sälen; einer der Säle öffnet sich in einer dreibögigen Arkade zum Garten hin.

Durch die Via del Mitreo dei Serpenti zum Decumanus Maximus zurückgehen.

★ NECROPOLI DEL PORTO DI TRAIANO ⊙

5 km vom Ausgrabungsfeld entfernt. Anfahrt mit dem Auto über die Straße S 296 (Richtung Flughafen Leonardo da Vinci, Fiumicino), dann rechts über die Via Cima Cristallo. Eingang zum Gräberfeld links von der Zufahrtsstraße. Der Bus Nr. 02, der in der Via panoramica Guido Calza vor dem Bahnhof von Ostia Antica hält, fährt alle 15 Min. in Richtung der Nekropole. An der Ecke Via Cima Cristallo aussteigen. Bei der Rückfahrt in Richtung Ostia Lido einsteigen.

Diese inmitten von Pinien, Zypressen und Lorbeerbäumen liegende Gräberstadt ist beeindruckend. Hier bestatteten die Bewohner der Hafensiedlung vom 2. bis zum 4. Jh. ihre Toten. Die Bewohner Ostias setzten ihre Verstorbenen außerhalb ihrer Stadtmauern bei.

Alle Arten von Grabstätten sind anzutreffen. Die Gräber der Armen sind schlicht, nur mit einer in die Erde eingelassenen Amphore, mit mehreren, oval angeordneten Amphoren oder mit einem kleinen Ziegeldach verziert. Andere Gräber bestanden aus Ziegelsteinen und enthielten eine oder mehrere Kammern für die Sarkophage. Manchmal befand sich vor der Grabkammer eines Besitzenden ein Hof mit einem Kolumbarium (mit Hohlräumen für die Aschenurnen), in dem die sterblichen Überreste seines Personals beigesetzt wurden. Meistens gelangte man durch eine niedrige Tür, deren Sturz direkt auf die Türpfosten gesetzt war, in die Gruften. Eine Inschrift gab den Namen des Verstorbenen an; manchmal informierte ein Flachrelief über seinen Beruf.

MUSEO DELLE NAVI Fiumicino ⊙

Anfahrt – Von Ostia Antica aus, mit dem Bus Nr. 02 in Richtung Fiumicino Paese. Von Rom aus, mit der Metro von der Station Roma Ostiense zum Flughafen Leonardo da Vinci, von dort weiter mit dem Bus.

Das Schiffsmuseum liegt an der Stelle, an der sich der Porto di Claudio befand. Als Ende der 50er Jahre der internationale Flughafen gebaut wurde, stieß man auf die Überreste eines römischen Schiffes. In der Folgezeit wurden weitere Boote zutage gefördert. Im Museum sind die Kiele, aber auch ganze Schiffsrümpfe von fünf Schiffen zu sehen; es handelt sich um drei Lastkähne oder „Frachter" mit geringem Tiefgang, die von Ochsen tiberaufwärts gezogen wurden, um Waren nach Rom zu bringen; ein Hochseesegelschiff; ein gut erhaltenes Fischerboot mit Rudern und einem Fischbehälter in der Mitte. An der rückwärtigen Wand zeigen Vitrinen Takelwerk und andere in den Booten gefundene Objekte wie Schwimmer von Fischernetzen, Taue, Nägel, Holzdübel, Nadeln und Münzen. Zwei Wandtafeln geben einen Überblick über die Einfuhr von Waren (1. bis 4. Jh.) ins Römische Reich und zeigen die Fundorte aller römischen Schiffe, die in Europa entdeckt wurden. Ein Flachrelief zeigt das Schiff, auf dem der Obelisk des Caligula, der heute auf dem Petersplatz steht, transportiert wurde.

Nordwestlich des Museums erkennt man noch die Mole, auf der der Leuchtturm stand. In Nordosten wurden die Zollgebäude und im Südosten weitere Hafengebäude freigelegt.

PALESTRINA

Michelin-Karte Nr. 430 Q 20 – 42 km südöstlich von Rom
Rom über die Via Prenestina verlassen

Palestrina, das frühere Praeneste, liegt am Südhang des Monte Ginestro, der zur Gebirgskette der Monti Prenestini gehört. Diese kleine Stadt ist aus mehreren Gründen sehenswert. Sie wirkt noch ganz mittelalterlich, besitzt ein schönes Panorama, und birgt die Überreste des berühmten Tempels der Fortuna Primigenia, die aus Palestrina einen Ort von höchstem archäologischem Interesse machen.

Praeneste erlebte seine Glanzzeit im 8. und 7. Jh. v. Chr. Im Laufe der Jahrhunderte wurde es aufgrund seiner strategisch günstigen Lage häufig besetzt. Im 4. Jh. v. Chr. gelangte der Ort in den römischen Herrschaftsbereich; er entwickelte sich zu einer kaiserlichen Sommerresidenz, die auch von den Patriziern Roms gern aufgesucht wurde. Der Kult der Göttin Fortuna lebte hier bis ins 4. Jh. n. Chr. fort; dann verfiel der Tempel, und die mittelalterliche Stadt entstand.

Die berühmten Grabbezirke aus dem 8. Jh. und die Gräber der Familien Barberini und Bernardini, in denen herrlicher Grabschmuck entdeckt wurde (wird heute im Museo nazionale di Villa Giulia aufbewahrt), legen von der illustren Vergangenheit Palestrinas Zeugnis ab.

* **Tempio della Fortuna Primigenia** – Dieser großartige Tempel, der der Göttin Fortuna geweiht ist, geht auf das 2. bzw. 1. Jh. v. Chr. zurück. Er ist eines der bedeutendsten Beispiele hellenistisch beeinflußter Architektur in Italien. Die terrassenförmige Tempelanlage nahm fast die gesamte Fläche der heutigen Stadt ein. Über Rampen und Treppen waren die einzelnen Terrassen miteinander verbunden. Von dem unteren Heiligtum auf dem früheren Forum (zweite Tempelterrasse) sind ein Saal von basilikalem Grundriß, zwei Seitengebäude, eine Grotte und die Apsis, deren Fußboden das berühmte Nil-Mosaik zierte *(heute im Museo archeologico prenestino zu besichtigen)*, erhalten. Das obere Heiligtum erhob sich auf der 4. und letzten Ebene des Tempels, dort wo sich heute die Piazza della Cortina befindet. Auf dieser Esplanade, deren Zentrum von halbkreisförmig angeordneten Stufen eingenommen wurde, erbaute man im 11. Jh. den Palazzo Colonna, der 1640 zum Palazzo Barberini wurde. Dieses Gebäude beherbergt heute das Museo archeologico prenestino. Die Fassade zeigt das Bienenwappen der Barberini.

Am Fuße der monumentalen Treppe parken. Die Kasse befindet sich auf der rechten Seite des Gebäudes, der Eingang des Museums am oberen Ende der Treppe, an der Terrazza degli Emicicli.

Museo archeologico prenestino ⊙ – Das Archäologische Museum von Praeneste zeigt Fundstücke aus den Nekropolen der Umgebung sowie verschiedene Objekte aus den Sammlungen der Familie Barberini. Der Saal rechts vom Eingang enthält Cisten, Bronzespiegel, Toilettenartikel aus Holz, Elfenbein und Keramik, die man den Verstorbenen, die in einem Sarkophag oder einer Tuffsteinurne beigesetzt wurden, beigab. Im Saal links sind mehrere Sulpturen zu sehen, darunter ein großer Marmorkopf, ein hellenistisches Werk aus dem 2. Jh. v. Chr. Wahrscheinlich handelt es sich um ein Fragment der Fortuna-Statue. Im Erdgeschoß ist ein Lapidarium untergebracht.

Die beiden interessantesten Exponate des Museums befinden sich im ersten Stock. Das **Nil-Mosaik**★★ zeigt das vom Nil überflutete Ägypten. Es ist das größte Mosaik der hellenistischen Periode, das in unsere Zeit gerettet wurde. Ihm gegenüber steht das große, äußerst detailgetreue Modell des Fortuna-Tempels. An den übereinander angeordneten Säulen mit dorischen, ionischen und korinthischen Kapitellen läßt sich die architektonische Entwicklung der Tempelanlage ablesen.

Nach dem Besuch des Museums die Straße überqueren und die imposante Treppe zu den Terrassen hinabsteigen. Nun mit dem Auto über die Via Anicia ins – verkehrsberuhigte – Stadtzentrum fahren.

Zentrum – Zahlreiche Gebäude des historischen Zentrums von Palestrina enthalten Überreste der alten Stadtmauern. Dort, wo sich heute der Hauptplatz, die Piazza Regina Margherita, befindet, lag in der Antike das Forum. Der Dom wurde im 11. Jh. am Standort eines römischen Tempels von rechteckigem Grundriß erbaut (im Inneren sind noch Überreste zu erkennen); er ist dem hl. Agapitus, dem Schutzpatron der Stadt, geweiht und wird von einem schönen romanischen Campanile überragt. In der Mitte des Platzes erhebt sich die Statue von Giovanni Pierluigi da Palestrina (1524-1594), dem berühmten Komponisten polyphoner Kirchenmusik.

TIVOLI★★★

Michelin-Karte Nr. 430, Q 20 – 31 km östlich von Rom.
Mit dem Bus Anfahrt ab Rebibbia (Endstation der Metrolinie B);
mit dem Auto verläßt man Rom über die Via Tiburtina.

Die kleine Stadt Tivoli liegt an den Kalkausläufern des Apennins (Monti Simbruini), dort, wo der Aniene in mehreren Kaskaden in die römische Campagna stürzt, bevor er schließlich in den Tiber mündet. Im Wirtschaftsleben der Region spielen Steinbrüche, Wasserkraftwerke, Papierfabriken und Chemieunternehmen eine bedeutende Rolle.

Von einem griechischen Seher zur Sibylle von Tibur – Tivoli, das antike Tibur, soll noch vor Rom von Tiburtus, einem Enkel des griechischen Sehers Amphiaraos, gegründet worden sein.

Im 4. Jh. v. Chr. wurde Tibur von den Römern erobert; in der Kaiserzeit war es ein beliebtes Ziel der Sommerfrische.

Einige Jahrhunderte später soll nach einer mittelalterlichen Legende eine Sibylle zwei bedeutende Weissagungen verkündet haben. Auf dem Kapitol in Rom zeigte sie dem Augustus, der sie gefragt hatte, ob es je einen größeren Menschen geben werde als ihn, die Jungfrau Maria mit dem Jesuskind in einer Vision. Sie prophezeite außerdem, daß am Tage der Geburt dieses Kindes eine Ölquelle aus der Erde hervorsprudeln werde, und genau das, so wird erzählt, geschah in Trastevere.

Der Aufstand von Tivoli oder der Sturz eines Kaisers und eines Papstes – 1001 lehnte sich Tivoli gegen den deutschen Kaiser Otto III. auf, der als Verbündeter Papst Sylvesters II. in Italien weilte. Die Römer, die ihre tiburtinischen Nachbarn verabscheuten, machten mit dem Kaiser gemeinsame Sache. Auf Betreiben des Papstes verschonte der Kaiser jedoch die Stadt und die Aufständischen. Als Papst und Kaiser nach Rom zurückkehrten, warfen die Römer ihnen ihre Milde vor, und beide mußten fliehen. Otto starb im darauffolgenden Jahr, Sylvester im Jahre 1003. Tivoli blieb bis zum Jahre 1816, als es dem Kirchenstaat einverleibt wurde, unabhängig.

Villa Adriana – Canopo

TIVOLI

★★★ VILLA ADRIANA ⊙

Anfahrt per Bus: 4,5 km vor Tivoli an der Haltestelle (Fermata) „Bivio Villa Adriana" aussteigen. Von der Kreuzung bis zum Eingang des Ausgrabungsbezirks: 1,5 km. Anfahrt mit dem Auto: den Hinweisschildern folgen.

Die Villa Adriana war eine der großartigsten Villenanlagen der Antike. Sie dehnte sich auf etwa 5 ha aus und bestand aus dem Kaiserpalast, aus Thermen, Bibliotheken, Theatern sowie aus weitläufigen, mit Kunstobjekten geschmückten Gärten. Sie ist ein Spiegel der Imagination und der Erfahrungen Kaiser Hadrians, der das ganze Imperium bereiste. Nach seiner Rückkehr aus den Ostprovinzen im Jahre 126 begannen die Bauarbeiten. Der kunstsinnige Architekturliebhaber Hadrian wollte hier Bauwerke und Orte wiedererstehen lassen, die er auf seinen Reisen gesehen hatte. Im Jahre 134, als die Villa praktisch fertiggestellt war, war der Kaiser 58 Jahre alt. Krank und voller Trauer über den Tod seines Günstlings Antinous starb er 138 in Baiae. Sein Leichnam wurde in seinem monumentalen Mausoleum (der späteren Engelsburg) an den Ufern des Tibers in Rom

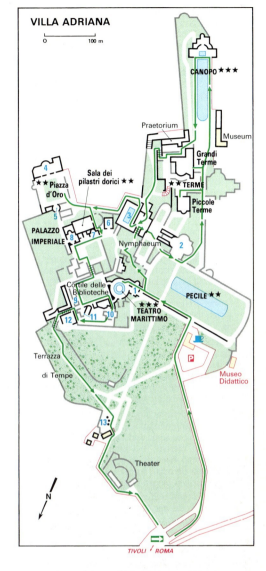

beigesetzt. Wahrscheinlich begaben sich auch die nachfolgenden Kaiser nach Tivoli. In der Villa starb Zenobia, die Königin von Palmyra, als Gefangene des Aurelian.
Dann folgte der Niedergang. Vom 15. bis ins 19. Jh. wurde die Villa des Hadrian erforscht. Mehr als 300 Objekte wurden entdeckt und bereicherten private Sammlungen und Museen in Rom, London, Berlin, Dresden, Stockholm und Leningrad. 1870 ging die Anlage an den italienischen Staat über, der dort Ausgrabungen durchführen ließ. Nach und nach wurden kühne Gewölbe freigelegt, Mauerreste und Säulen zutage gebracht, Stuckarbeiten und Mosaiken von der sie verbergenden Vegetation befreit.
Der heutige Eingang entspricht vermutlich nicht dem zu Hadrians Zeiten benutzten. Da diese Villa den gängigen Villenkonzepten der Antike kaum entspricht, konnten die Archäologen bisher weder die Gebäude noch ihre Funktion eindeutig bestimmen.
Vor der Besichtigung sollte man sich in einem Raum neben dem Café das Modell der Anlage anschauen. Das didaktisch aufgebaute Museum bietet thematische Rundgänge an.

★★ **Pecile** – Mit diesem Namen wollte Hadrian an eine Säulenhalle in Athen (Poikile) erinnern. Von der Poikile der Hadriansvilla ist insbesondere die Nordwand erhalten, von der aus man in den eigentlichen Ausgrabungsbezirk gelangt. Man beachte das im System des opus reticulatum (rautenförmig angeordnete kleine Tuffsteinstücke, die ein netzartiges Muster ergeben) gesetzte Mauerwerk. Die Villa des Hadrian ist eines der letzten Beispiele für dieses Verfahren, das im 2. Jh. in Vergessenheit geriet. Auch dieses antike Gebäude wurde als Steinbruch benutzt; so verwendete man z. B. Ziegel der Villa Adriana beim Bau der Villa d'Este in Tivoli.

TIVOLI

Die Poikile hatte die Form eines großen Rechtecks mit abgerundeten Schmalseiten. Sie war von Portiken umgeben, die so konstruiert waren, daß immer eine Seite des Hofes im Schatten lag.

Der mit einer Apsis versehene sogenannte „Philosophensaal" (1) könnte ein Lesesaal gewesen sein.

★★★ **Teatro marittimo** – Dieses kreisförmige Gebäude setzte sich aus einem Portikus und einem kleinen Villengebäude zusammen; zwischen den beiden Bauteilen floß ein Kanal. Zweifellos war dies der ideale Ort für den Misanthropen Hadrian. Hier konnte er ungestört und zurückgezogen seinen Gedanken nachhängen; man erreichte die Insel über kleine bewegliche Brücken.

In Richtung Nymphäum (Süden) gehen.

Am oberen Ende der Treppe befinden sich Ruinen, die von einem Nymphäum bekrönt werden, zu dem einer der **Kryptoportiken** der Villa Zugang gewährt. Diese halb in die Erde eingelassenen Gänge sollen so zahlreich gewesen sein, daß man von einem Ende der Anlage zum anderen gelangen konnte, ohne sie jemals verlassen zu müssen.

Rechts durch den Kryptoportikus gehen.

Ninfeo – Man hielt diese von hohen Mauern gesäumte Esplanade zunächst für ein Stadion; heute weiß man, daß es sich um ein Nymphäum handelt. Die großen Säulen gehörten zu einem Komplex aus drei halbrunden Sälen (Exedren) (2), die sich zu einem Hof hin öffneten.

★★ **Terme** – Man unterscheidet die Großen und die Kleinen Thermen. Die Überreste der Thermenbauten lassen auf die vergangene Pracht der Villa schließen; es gibt rechteckige Räume mit konkaven Wänden, achteckige Räume mit alternierend konkaven und konvexen Wänden, runde Räume, in denen sich Nischen mit Türen abwechseln. Einer der beeindruckendsten Säle befindet sich in den Großen Thermen. Er besitzt eine Apsis und ist noch teilweise mit den Überresten eines herrlichen Gewölbes gedeckt.

Das aufragende **Prätorium** diente wahrscheinlich als Lagerhalle.

Museo – *Wegen Restaurierung geschlossen.* Das Museum birgt die zuletzt in der Villa Adriana gefundenen Objekte. Besonders beachtenswert sind: römische Kopien der Amazone von Phidias und von Polyklet; die Karyatiden, Kopien der Statuen aus dem Erechtheion auf der Akropolis in Athen; Werke, die einst den Kanopos zierten. Westlich des Museums erstreckt sich ein weitläufiger Olivenhain mit Überresten von Bauten, die einst zur Villa gehörten und heute in Privatbesitz sind.

★★★ **Canopo** – Auf einer Ägyptenreise kam Hadrian der Gedanke, die für ihren Serapis-Tempel bekannte Stadt Kanopos nachzubilden. In diese Stadt gelangte man von Alexandria aus über einen von Tempeln und Gärten gesäumten Kanal. Der Kaiser ließ das Gelände in diesem Teil seines Besitzes nach dem Vorbild der ägyptischen Stadt gestalten und einen Kanal anlegen. Am südlichen Ende ließ er ein Gebäude errichten, das an den Serapis-Tempel erinnerte. Neben dem Serapis-Kult pflegte Hadrian den Kult um seinen jungen Freund Antinous, der sich angeblich im Nil ertränkt hatte.

Zum Prätorium und zu den Großen Thermen zurückgehen; nun geht es weiter zu den Ruinen, die das Nymphäum beherrschen. Dort rechts abbiegen.

Man kommt an einem großen **Teich** mit Portikus vorbei (Quadriportico con peschiera) (3).

Palazzo imperiale – Der kaiserliche Palast erstreckte sich von der Piazza d'Oro bis zu den Bibliotheken.

★★ **Piazza d'Oro** – Der rechteckige Platz war von einer Säulenhalle umgeben. Im rückwärtigen Teil sind die Überreste eines achtseitigen Saales (4) zu erkennen; den acht abwechselnd konvexen und konkaven Seiten waren kleine Portiken – einer von ihnen wurde rekonstruiert – vorgelagert. Auf der gegenüberliegenden Seite des Platzes befand sich ein Kuppelsaal (5), der von zwei kleineren Sälen flankiert wurde. In dem linken Saal sind einige Mauerreste und ein schöner Mosaikfußboden erhalten.

★★ **Sala dei pilastri dorici** – Dieser Saal ist nach seinem Portikus benannt, der aus Pilastern mit dorischen Kapitellen und Basen bestand, auf denen ein ebenfalls dorischer Architrav ruhte (in einer Ecke teilweise wiederaufgebaut).

Links die **Kaserne der Feuerwehr** (Caserma dei vigili) (6).

Das große halbrunde Mauerstück, das sich an die dorische Säulenhalle anschließt, könnte zu einem Sommer-**Speisesaal** (triclinio estivo) (7) gehört haben; Überreste der ovalen Becken eines **Nymphäums** (ninfeo di palazzo) (8). Diese Bauten lagen an einem Hof, der von dem **Hof der Bibliotheken** (cortile delle Biblioteche) durch einen Kryptoportikus getrennt war. Eine Seite dieses Hofes wurde von den zehn einander gegenüberliegenden Räumen einer Krankenstation eingenommen (9); jedes der Zimmer konnte drei Betten aufnehmen; der **Fußboden**★ ist mit feinen Mosaiken geschmückt.

Vom Cortile delle Biblioteche herrlicher **Blick**★ über die schöne, von Ruinen, Zypressen und Pinien geprägte Landschaft.

Biblioteche – Die Überreste der griechischen (10) und der lateinischen Bibliothek (11) erheben sich an der nordwestlichen Seite des Platzes.

Auf dem Weg zur Tempe-Terrasse durchschreitet man eine Reihe von Sälen mit Mosaikfußböden, die Teil eines **Speisesaals** (triclinio imperiale) (12) waren.

TIVOLI

Terrazza di Tempe – Dieses Wäldchen liegt über dem kleinen Tal, in dem der Kaiser das Tempetal in Thessalien nachbildete. Von der Terrasse geht es in Richtung Eingangsbereich der Villa zurück. Der rekonstruierte **Rundtempel (13)** wurde aufgrund einer hier entdeckten Statue der Göttin Venus zugeschrieben. Etwas weiter talwärts sind links die Überreste eines **Theaters** zu erkennen.

Nach Tivoli zurückkehren; einen Stadtplan enthält der Michelin-Hotelführer Italia (Hotels und Restaurants).

Vom Garibaldi-Platz Blick auf die von Pius II. (1458-1464) erbaute Festung **Rocca Pia.**

★★★ VILLA D'ESTE ⊙

Die Villa d'Este geht auf den Kardinal Ippolito II d'Este zurück, der sich im Jahre 1550, nachdem er beim französischen König Heinrich II. in Ungnade gefallen war, nach Tivoli zurückzog. Er beauftragte den neapolitanischen Architekten Pirro Ligorio mit dem Bau eines Lustschlosses, das an der Stelle eines Benediktinerklosters entstehen sollte. Die äußerlich eher schlichte Villa wurde mit prachtvollen Gärten versehen, deren unzählige Wasserspiele, Brunnen und Statuen ganz im Geiste des Manierismus stehen. Die am Westhang der Stadt terrassenförmig angelegten Gärten nehmen eine Fläche von über 3 ha ein. Herausragende Persönlichkeiten waren in der Villa zu Gast – die Päpste Pius IV. und Gregor XIII., nach dem Tod des Kardinals, Paul IV., Paul V. und Pius IX. sowie Schriftsteller und Künstler, z. B. Benvenuto Cellini, Tizian, Tasso und Montaigne. Im Jahre 1759 – die Alleen waren von Sträuchern überwuchert und die Brunnen versiegt – verbrachten die Maler Fragonard und Hubert Robert den ganzen Sommer in der Villenanlage. Es gibt kaum ein Fleckchen in den Gärten, in denen nicht ihre Staffelei gestanden hätte, kaum eine Ansicht, die nicht auf ihren Bildern festgehalten worden wäre.

Nach den Bombenangriffen des Jahres 1944 wurde die Villa wieder instandgesetzt.

Chiesa di Santa Maria Maggiore (Groß Sankt Marien) – Die ehemalige Kirche des Benediktinerklosters besitzt eine hübsche gotische Fassade und einen Glockenturm aus dem 17. Jh. Im Inneren zwei Triptychen aus dem 15. Jh. *(im Chor);* das Madonnenbild über dem linken Triptychon stammt von Jacopo Torriti, einem Maler und Mosaizisten aus dem späten 13. Jh.

★★★ **Palast und Gärten** – *Zugang über den Kreuzgang des alten Benediktinerklosters.* Im **Appartamento Vecchio,** den ehemaligen Fürstengemächern im 1. Obergeschoß, werden Ausstellungen gezeigt.

In das untere Stockwerk hinuntergehen.

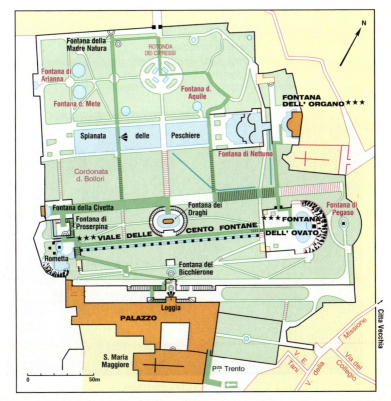

Sala grande – Manieristische Gemälde von Schülern Girolamo Muzianos und Federico Zuccaris. Auf den Wänden sind die Gärten des 16. Jh. dargestellt; gegenüber ein Brunnen mit Mosaiken und Rocailleschmuck; an der Decke das *Bankett der Götter*. Von der Loggia des Salons herrlicher **Blick★** auf die Gärten und auf Tivoli.

Die mythologischen Szenen *(Rat der Götter, Herkulessage – Deckengemälde)*, die den ersten Saal zieren, werden den Malern Muziano und Luigi Karcher zugeschrieben. Aus der Schule F. Zuccaris stammen die Fresken im darauffolgenden Salon der Philosophen und die Gemälde in der sogenannten Gloria d'Este (dritter Raum). Im Jagdzimmer malte Tempesta Trophäen sowie Jagdszenen aus der Gegend um Tivoli.

Nun geht es über die Doppeltreppe in die obere Allee der Gärten.

Fontana del Bicchierone – Der Entwurf für diesen Brunnen geht wahrscheinlich auf Bernini zurück. Er besteht aus einer muschelförmigen Konstruktion und einer großen moosbedeckten Vase, aus der sich das Wasser ergießt.

Die „Rometta" – In seinem Garten wollte der Kardinal einige typische Monumente des antiken Rom nachbilden. In einem Becken tauchen ein Nachen (Tiberinsel) und ein Obelisk auf. Weiter oben steht neben künstlichen Ruinen eine allegorische Statue der Roma und der Wölfin.

★★★ **Viale delle Cento fontane** (Allee der hundert Brunnen) – An dieser geradlinig verlaufenden Allee sprudelt das Wasser aus kleinen Booten, aus Obelisken und Tierköpfen, aus Adlern und aus Lilien (die an das Wappen der Este erinnern).

★★★ **Fontana dell'Ovato** – Eine Sibylle steht im Zentrum dieses Brunnens; zu beiden Seiten allegorische Statuen von Flüssen. Am Beckenrand sprudelt, zwischen bemoosten Balustraden und Rocaille-Verzierungen, das Wasser des Aniene aus Najadenfiguren. Schöne Keramikverzierung auf der Frontseite des ovalen Beckens.

★★★ **Fontana dell'Organo** – Eine im oberen Teil des „Orgelbrunnens" verborgene, hydraulisch betriebene Orgel, die von dem Franzosen Claude Venard (16. Jh.) entworfen worden war, erzeugte einst musikalische Klänge.

Spianata delle Peschiere (Fischteiche) – In diesen Fischteichen schwammen die Fische, die in mageren Zeiten für den Tisch des Kardinals bestimmt waren. Von hier aus schöner **Blick★★** auf den Orgelbrunnen.

Fontana della Madre Natura (Brunnen der Mutter Natur) – Diesen Brunnen schmückt eine Statue der Diana von Ephesus, der Göttin der Fruchtbarkeit.

Rechts davon befand sich, hoch über dem Tal, der Haupteingang der Villa.

Fontana dei Draghi (Drachenbrunnen) – Er wurde zu Ehren Gregors XIII. erbaut, der 1572 in der Villa zu Gast war; die Drachen erinnern an das Wappen der Familie Buoncompagni, der der Papst entstammte.

Fontana della Civetta (Eulenbrunnen) – Der Name des Brunnens beruht auf einem hydraulischen Mechanismus, mit dem Vogelstimmen erzeugt wurden; dabei erschien eine Eule und stieß ihren Schrei aus.

Links der modernisierte **Brunnen der Proserpina.**

Durch die Gäßchen der Altstadt (Città vecchia) gelangt man zur Villa Gregoriana.

Der im 17. Jh. wiederaufgebaute **Dom** mit seinem romanischen Glockenturm (12. Jh.) birgt eine herausragende holzgeschnitzte **Kreuzabnahme★** (13. Jh.).

Villa d'Este – Fontana dell'Ovato

TIVOLI

★ VILLA GREGORIANA ⊙

Dieser weitläufige, bewaldete Park auf hügeligem Gelände ist von zahlreichen Wegen und Pfaden durchzogen. Der Aniene stürzt hier in einem engen Tal als Wasserfall in die Tiefe.
Nach der abwärts führenden Treppe rechts zur **Grande Cascata**★★ gehen.
Zunächst erreicht man eine Terrasse über dem Wasserfall, dann ergibt sich von einem Aussichtspavillon aus ein eindrucksvoller Blick auf das in die Schlucht hinabbrausende Wasser.
Umkehren und an dem Schild „Grotte di Nettuno e Sirena, cascata Bernini" über die kleine Treppe ins Tal hinabsteigen.
So kommt man zu der sogenannten **Grotta della Sirena**, wo die Wassermassen tosend in eine Höhle stürzen.
Nun zum Schild „Grotte di Nettuno e tempio di Vesta" zurückgehen und den Weg zu dem gegenüberliegenden Abhang der Schlucht einschlagen. An der Abzweigung links zur „Grotta di Nettuno" gehen (rechts geht es zum „Tempio di Vesta e Sibilla"). Man durchquert zwei aufeinanderfolgende Tunnel, an deren Ende links ein Weg zur **Neptungrotte** hinabführt. Dort stürzt in bizarrer Felslandschaft ein weiterer mächtiger Wasserfall hernieder.
Umkehren und am Ende der Tunnel links den Hang hinaufgehen, der die Schlucht und einige kleinere Wasserfälle überragt. Man verläßt die Villa beim Tempel der Sibylle.

Tempel der Sibylle – *Zugang über das Restaurant Sibilla.*
Der antike Tempel wird auch Vesta-Tempel genannt, da die dieser Göttin geweihten Tempel in der Regel rund waren. Der elegante korinthische Bau stammt aus der Zeit der ausgehenden Republik. Der daneben liegende zeitgenössische Tempel ionischen Stils wird von einigen Forschern ebenfalls der Sibylle zugeschrieben. Beide sind aus Travertin erbaut.

Piazza di Spagna

Praktische Hinweise

Vor der Abreise

Nützliche Adressen

Fremdenverkehrsämter – Für die Reiseorganisation, die notwendigen Unterlagen und zur Überprüfung bestimmter Informationen wenden Sie sich zuerst an das Italienische Fremdenverkehrsamt ENIT **(Ente Nazionale Italiano per il Turismo):**
in Deutschland:
- Karl-Liebknecht-Str. 34, 10178 Berlin, ☎ 0 30/2 47 83 97;
- Kaiserstr. 65, 60329 Frankfurt/Main, ☎ 0 69/23 74 34;
- Goethestr. 20, 80336 München, ☎ 0 89/53 03 60;
in Österreich:
- Kärntnerring 4, 1020 Wien, ☎ 01/5 05 16 30;
in der Schweiz:
- Uraniastraße 32, 8001 Zürich, ☎ 01/211 36 33.
Sie können sich auch an die **Italienische Tourismusgesellschaft CIT** wenden. Im deutschsprachigen Raum befindet sich ein CIT-Reisebüro in der Komödienstr. 49, 50667 Köln, ☎ 02 21/20 70 90.

Einreiseformalitäten

Ausweis – Für eine Reise bis zu 3 Monaten müssen Besucher aus den Mitgliedsstaaten der Europäischen Union einen gültigen Personalausweis oder einen Reisepaß vorweisen (dieser darf nicht länger als fünf Jahre abgelaufen sein).

Autofahrer – Sie benötigen Ihren nationalen oder einen internationalen Führerschein.

Fahrzeugpapiere – Fahrzeugschein und grüne Versicherungskarte.

Gesundheit – Damit die ärztliche Behandlung in Italien nicht teurer ist als im Herkunftsland, müssen Reisende aus den Mitgliedsstaaten der EU einen internationalen Krankenschein (Formular E 111) mitführen, der bei den deutschen Krankenkassen erhältlich ist. Bei Autounfällen gilt für Schweizer Staatsbürger die Konvention des Formulars ICH.

Die Reise

Zu welcher Jahreszeit? – 28 km vom Meer entfernt, herrscht in Rom das ganze Jahr über ein relativ mildes Klima. Besonders angenehm ist es im Mai, Juni, September und Oktober.

Mit dem Auto – Aus den östlichen und südlichen Teilen Deutschlands führt eine Hauptroute von Berlin (Entfernung ca. 1 500 km) über Leipzig, Nürnberg, München, Innsbruck, die Brennerautobahn, Verona, Bologna und Florenz nach Rom. Aus dem Norden fährt man von Hamburg (Entfernung ca. 1 700 km) über Hannover, Kassel, Nürnberg, München, dann weiter wie oben. Aus den westlichen Landesteilen führt die Strecke von Köln (Entfernung ca. 1 400 km) über Wiesbaden, Mannheim, Karlsruhe, Freiburg, Basel, Luzern, Chiasso, Mailand, Parma, Bologna und Florenz. Aus Richtung Genf (Entfernung ca. 870 km) kommend kann man alternativ über Frankreich (Mont-Blanc-Tunnel), Alessandria, Genua, Lucca und Florenz fahren. Eine weitere Strecke aus Österreich führt von Wien über Klagenfurt, Villach, Ferrara, Bologna und Florenz. Ausführliche Informationen über Strecken und Entfernungen sowie weitere nützliche Hinweise bietet der Informationsdienst für Autofahrer von MICHELIN im Internet an. Sie können unter der Adresse www.michelin-travel.com abgerufen werden.

Für die Route zwischen Ihrem Abfahrtsort und Rom sind folgende Karten zu empfehlen:
- die **Michelin-Karten:** Nr. 970 Europa im Maßstab 1:3 000 000, Nr. 987 und 988 Deutschland und Italien im Maßstab 1:1 000 000, Nr. 430 Mittelitalien im Maßstab 1:400 000.

Die **Gebühren für die italienischen Autobahnen** können in bar oder mit der **Viacard** bezahlt werden. Diese Magnetkarte über 50 000 oder 90 000 Lire ist bei den örtlichen Geschäftsstellen der Automobilklubs erhältlich (die bundesweite Service-Rufnummer des ADAC Deutschland ist ☎ 01 80/5 10 11 12); in Italien an den Autobahnauffahrten, in den Autogrill-Raststätten, in den Geschäftsstellen des ACI (Automobile Club Italiano).

In die Stadt gelangt man im wesentlichen über zwei große Verkehrsringe. Der *Grande Raccordo Anulare* (oder G.R.A.) liegt außerhalb des Stadtgebiets; in ihn münden die Autobahnen A 1, A 2, A 18 und A 24 und die Nationalstraßen *(strate statali)*. Der zweite Ring, der *Tangenziale Est,* ist die direkte Verbindung zwischen dem Stadio Olimpico und der Piazza San Giovanni in Laterano und führt durch die östlichen Stadtviertel (Nomentano, Tiburtino, Prenestino usw.).

Wenn man von der Autobahn A1 (Florenz-Rom) kommend in die nördlichen (Cassia, Flaminia, Salaria) oder westlichen Stadtviertel Roms (Aurelia) möchte, sollte man die Autobahn an der Mautstelle Roma Nord verlassen und auf dem G.R.A weiterfahren. Wenn man dagegen in die östlichen und südlichen Stadtviertel möchte, fährt man weiter in Richtung Roma Est-Napoli bis zur Mautstelle Roma Est und von hier aus ebenfalls auf den G.R.A.

Will man von der A 2 (Neapel-Rom) aus in die südlichen (Pontina, Appia, Tuscolana, Casilina usw.) oder westlichen Stadtviertel (Aurelia), verläßt man die Autobahn an der Mautstelle Roma Sud und fährt auf dem G.R.A. weiter. In die östlichen und nördlichen Stadtviertel fährt man weiter in Richtung Roma Est-Firenze und an der Mautstelle Roma Est auf den G.R.A.
Von den Autobahnen A 16 und A 24 kommend fährt man auf den G.R.A. und weiter in der gewünschten Richtung.

Mit dem Zug – Es bestehen in der Sommersaison einige direkte Zugverbindungen von den größten deutschen Städten nach Rom, teilweise mit günstigen Nachtzügen. Außerhalb der Saison gibt es Direktverbindungen von München aus; von Köln, Hamburg, Berlin und Dresden kommend muß man in Basel, Mailand oder Florenz umsteigen.
Auch von den größeren Städten in der Schweiz und in Österreich bestehen günstige Verbindungen nach Rom.
Auskünfte über die Preise und eventuelle Ermäßigungen erhalten Sie bei den verschiedenen Eisenbahngesellschaften: DB in Deutschland, ÖBB in Österreich, CFF in der Schweiz.
Die internationalen Züge kommen auf dem Bahnhof *(stazione)* Termini an, der günstige Metro-Anschlüsse bietet, da dort auch die beiden Linien A und B halten. Am Busbahnhof direkt vor Termini halten außerdem fast alle in Rom verkehrenden Busse.

Mit dem Flugzeug – Es gibt direkte Flugverbindungen von Düsseldorf, Frankfurt, Hamburg, Köln/Bonn, München, Salzburg, Wien, Genf und Zürich aus. Auskunft erteilen die Fluggesellschaften Lufthansa, Austrian Airlines, Swissair, Alitalia. Charterflüge werden ebenfalls angeboten, erkundigen Sie sich in den Reisebüros.
Die Flugzeuge landen auf dem Flughafen Leonardo da Vinci in Fiumicino, 26 km südwestlich von Rom. Zwei Eisenbahnlinien verbinden ihn mit der Hauptstadt:
- Der Direktzug **Fiumicino-Roma Termini** verkehrt stündlich (in den Hauptverkehrszeiten alle 30 Min). Die Fahrkarte kostet 13 000 L, die Fahrt dauert etwa 30 Min. Abfahrt am Flughafen von 7.50 – 22.05 Uhr; am Bahnhof Termini von 7 – 21.15 Uhr;
- Der Zug der Linie FM1 **Fiumicino-Fara Sabina** fährt alle 20 Min. und hält u.a. an den Bahnhöfen Roma Trastevere, Roma Ostiense, Roma Tuscolana und Roma Tiburtina. Die Fahrkarte kostet 7 000 L, die Fahrt dauert insgesamt 1 1/4 Std. (40 Min. vom Flughafen nach Roma Tiburtina). Abfahrt am Flughafen von 6.15 – 0.15 Uhr (ab 20.15 Uhr endet der Zug in Roma Tiburtina); Abfahrt am Bahnhof Roma Tiburtina von 6 – 23 Uhr. An Feiertagen verkehren die Züge im Stundentakt.
Viele Charterflüge landen am Flughafen Ciampino (15 km südöstlich). Von dort aus gibt es Busse zur Metrostation „Anagnina" (Linie A).
Büros der ausländischen Fluggesellschaften in Rom: Lufthansa, Via San Basilio 41, ☏ 06 4 66 01; Austrian Airlines, Via Barberini 68, ☏ 06 4 88 33 03; Swissair, Via Po 10, ☏ 06 8 47 05 02.

Unterkunft

Hotels – Die jährlich aktualisierten **Michelin-Hotelführer Italia** und **Main cities Europe** enthalten eine große Auswahl an Unterkünften mit Angabe von Kategorie und Komfort, Lage, Ausstattung und Preis.
Nicht vergessen:
- die im Führer durch rote Symbole gekennzeichneten Häuser bieten einen besonders angenehmen oder erholsamen Aufenthalt
- ⌂ kennzeichnet besonders ruhige Hotels
- ⌂ kennzeichnet einfache, aber saubere Hotels.
Unter ☏ 06 69 91 000 (täglich von 9-21 Uhr) kann man auch direkt ein Zimmer reservieren. Diesem Service *(Hotel Reservation)* sind mehr als 200 Hotels in der Hauptstadt angeschlossen. Hier erhält man das günstigste Preis-Leistungs-Verhältnis in jeder Kategorie.

Jugendherbergen und Jugendreiseorganisationen – Der zentrale Jugendherbergsverband (Associazione Italiana Alberghi per la gioventù: AIG) befindet sich am Lungotevere Maresiallo Cadorna 61 (nahe dem Foro Italico, BU) ☏ 06 32 36 267.
Sitz der AIG: Via Cavour 44 (DX), ☏ 06 48 71 152.
Das Ostello per la Gioventù „Foro Italico" liegt am Viale delle Olimpiadi 61, ☏ 32 36 279. Übernachtungsmöglichkeiten für Jugendliche gibt es auch beim Eserito della Salvezza, Via degli Apuli 39/41, ☏ 06 44 65 236 oder 06 44 67 482. Ein AIG-Ausweis ist nicht erforderlich.
Nur für Mädchen gibt es außerdem die folgenden Übernachtungsmöglichkeiten (auch hier ist kein AIG-Ausweis erforderlich): Protezione della giovane, Via Urbana 158, ☏ 06 48 81 489 oder 06 48 80 056, und YWCA, Via Balbo 4, ☏ 06 48 80 460 oder 06 48 83 917.

Camping – Auskunft beim EPT, Via Parigi 5 (DV), ☏ 06 48 83 748. Die meisten Campingplätze liegen im Norden der Stadt, einer im Westen und einige außerhalb von Rom in Ostia, Castel di Guido, Acilia usw.

Klöster – Hier kann man recht günstig übernachten, doch muß man dafür in Kauf nehmen, daß gegen 22.30 Uhr abgeschlossen wird. Die Liste der öffentlich zugänglichen Klöster ist erhältlich beim Zentrum Peregrinatio ad Petris Aedem, Piazza Pio Dodicesimo 4 (Vatikan-Stadt), ☏ 06 69 88 48 96, Fax 06 69 88 56 17; ein Anruf oder Fax genügt, und das Zentrum reserviert selbst eine Übernachtung in einem Kloster.

Gastronomie

Die **Michelin-Hotelführer Italia** und **Main cities Europe** enthalten eine große Auswahl an Restaurants, in denen die köstlichsten italienischen und römischen Spezialitäten angeboten werden. Die wegen ihrer ausgezeichneten Küche besonders empfehlenswerten Restaurants sind durch Sterne gekennzeichnet (einer bis drei Sterne).

Restaurants und Cafés – In Rom gibt es zahlreiche Cafés, in denen man in der warmen Jahreszeit auf der Terrasse an kleinen runden Tischchen den Blick über die Stadt mit ihren reizenden kleinen Plätzen genießen kann. Die wichtigsten sind auf dem Stadtplan auf Seite 10 und 11 eingetragen.

Dasselbe gilt für die Restaurants, bei denen man nur die Qual der Wahl hat. Besonders bekannt sind die Stadtviertel Trastevere für seine *trattorie* und *pizzerie* und Testaccio für seine *osterie*, in denen man römische Spezialitäten kosten kann.

Berühmte Cafés: *Caffè Greco*, Via dei Condotti 86, *Antico Caffè della Pace*, Via della Pace, *Doney* und *Caffè de Paris*, Via Veneto, *Bar Tre Scalini*, Piazza Navona, *Caffè Rosati* und *Caffè Canova*, Piazza del Popolo.

Ebenfalls zu empfehlen sind das *Caffè S. Eustachio*, Piazza S. Eustachio, wegen seines ausgezeichneten Kaffees und das *Caffè Giolitti*, Via Uffici del Vicario, das für sein Eis berühmt ist.

Caffè Greco

Die Bars – In der Regel wird zuerst das Getränk an der Kasse bezahlt, bevor man es mit dem Kassenzettel an der Theke bestellen kann. Die Kellner tragen kein Geld bei sich.

Nudeln, Nudeln, Nudeln – Die berühmten **fettuccine** oder Bandnudeln sind eine römische Spezialität. Außerdem gibt es:
– **cannelloni:** dicke Röhrennudeln, gefüllt mit Hackfleisch- oder einer anderen Soße,
– **farfalle:** Nudeln in Schmetterlingsform,
– **fusilli:** kleine Spiralnudeln,
– **lasagne:** große Nudelplatten, zwischen die abwechselnd Bechamelsoße, Tomaten-Hackfleisch-Soße und Parmesan geschichtet werden,
– **maccheroni:** Nudeln in Form von kleinen Röhren,
– **ravioli:** kleine Teigtaschen, gefüllt mit Hackfleisch oder Spinat und Ricotta,
– **spaghetti:** der große Klassiker, dünne, lange Nudeln,
– **tagliatelle:** breite, lange Bandnudeln, im allgemeinen in Rom eher fettucine genannt,
– **tortellini:** Nudelröllchen, gefüllt mit Fleisch oder Käse und in einer Bouillon serviert.

Frühstücken auf Römisch

Nach einer Tasse Kaffee zu Hause geht der Römer zum richtigen Frühstück in eine Bar und bestellt einen *caffè* oder einen *cappuccino*, dazu unbedingt ein *cornetto* (süßes Hörnchen) oder die traditionelle *bomba* (sahnegefülltes Beignet), die im Norden *krapfen* genannt wird. Besucher, die einige Tage in Rom weilen, sollten sich diesem höchst angenehmen Brauch nicht entziehen.

Weitere römische Spezialitäten – Probieren sollte man die *gnocchi alla romana*, aus Grießteig mit Milch und Eiern; *saltimbocca*, Kalbsschnitzel, belegt mit Schinken und Salbei; *abbacchio*, Milchlamm, gegrillt über der Holzglut, als Kotelett *(a scottadito)* oder auf Jägerart *(alla cacciatora)*. Unter den Gemüsebeilagen seien besonders erwähnt: *puntarelle*, ein mit Knoblauch und Sardellen gewürzter Salat, und *carciofi* (Artischocken) *alla giudia*, in Öl gebraten, mit Knoblauch und Petersilie gewürzt. Weitere typische Gerichte: *trippa*, *coda* (Ochsenschwanz) *alla vaccinara*, *pagliata* (Darm vom Milchlamm) und *baccalà* (Kabeljau).
Zum Käse (*caciocavallo*, *pecorino*, *ricotta*, usw.) ißt man oft dicke Bohnen. Dazu trinkt man Wein aus der Region der Castelli, z.B. einen Frascati.

Die Sandwiches – Zunächst sollte man die Butter vergessen, mit ein paar Tropfen Öl wird das Brot genauso saftig. Probieren Sie den hauchdünn geschnittenen rohen oder gekochten Schinken *(prosciutto crudo* oder *cotto)* mit Artischockenherzen, Tomaten, kleinen Champignons oder Spinat. Häufig gibt es auch *mortadella*, manchmal Sardellen, ganz zu schweigen vom Frischkäse wie z.B. *mozzarella* oder *stracchino*. Sie können die fertig zubereiteten Sandwiches in kleinen Vitrinen (wie bei unseren Bäckern) auswählen oder sich Ihr eigenes ganz nach Lust und Laune zusammenstellen lassen.
Schluß mit dem langweiligen Schinkensandwich! Die kleineren italienischen Sandwiches gibt es in drei Formen:
– als **schiacciata** oder **focaccia**: die Grundlage bilden große, leicht salzige Ölteigfladen, die wie Kuchenstücke aussehen;
– als **tramezzino**: dreieckiges Sandwich aus diagonal durchgeschnittenem Toastbrot;
– als **panino**: aus einem runden oder länglichen Brötchen.
Im Lande der Pizza kann man mit einem **trancio di pizza** den größten Hunger stillen. In den Bars wird die Pizza nämlich auf großen Metallblechen zubereitet und daher als Stück *(trancio)* verkauft.

Die Getränke – Das **Wasser** aus dem Wasserhahn, in der Karaffe serviert, ist wenig verbreitet (man kann trotzdem *acqua naturale* bestellen), daher bestellt man Mineralwasser, *acqua minerale*, *gassata* (mit Kohlensäure) oder *non gassata* (still). Der **Wein** wird im allgemeinen à la carte bestellt, als Flasche *(bottiglia)* oder halbe Flasche *(mezza bottiglia)*. Viele Restaurants bieten jedoch auch Wein in der Karaffe an (bestellen Sie *vino in caraffa*, *bianco* – weiß, *rosso* – rot; *un quartino*, 0,25 l, *mezzo litro*, 0,5 l) oder den Hauswein *(vino della casa)*. Als Rotwein findet man Chianti, Valpolicella, Barolo, Amarone, Barbera, Brunello Montalcino, den perlenden Lambrusco; als Weißwein Soave, Verdicchio, Pinot, Frascati.
Das **Bier** *(birra)* wird in der Flasche oder vom Faß *(alla spina)* getrunken.

Der Kaffee – Die Italiener sind große Kaffeetrinker, sie trinken ihn zu jeder Tageszeit. Der *espresso* ist besonders stark und bedeckt gerade den Boden der Tasse. Für weniger konzentrierten Kaffee bestellen Sie **caffè lungo**. Der **caffè corretto** ist mit Schnaps „korrigiert". Der **caffellatte** ist Milchkaffee, nicht zu verwechseln mit **caffè macchiato**, der in einer kleinen Tasse serviert wird und nur einen Hauch Milch enthält. Der **cappuccino** (oder **cappuccio**) ähnelt dem Kaffee mit Sahne, doch ist die Milch zu Schaum geschlagen und mit Kakao bestäubt.

Das Eis – Das italienische Eis und die Sorbets (**gelato**) sind unvergleichlich. Ein köstliches Eis während oder nach einem kleinen Spaziergang macht die Ferienstimmung perfekt. Neben den originellen Sorbets gibt es Eissorten, die bei uns teilweise weniger bekannt sind: **stracciatella** ist ein Milcheis mit kleinen Schokoladensplittern; **gianduia** erinnert an Milchschokoladeriegel mit Noisette-Geschmack; **bacio** ist ein Milchschokoladeneis, **fior di latte** (oder **panna**, das zum Verwechseln ähnlich schmeckt) Sahneeis und **crema** eine (gelbe) Vanillecreme; **tiramisù** schmeckt nach dem berühmten Kaffee-Dessert; und nicht zu vergessen **cassata**, das typisch sizilianische Eis mit kandierten Früchten und Krokant.

Tips und Adressen

Nützliche Adressen und Hinweise

Fremdenverkehrsämter – Das Fremdenverkehrsamt oder EPT (Ente Provinciale per il Turismo) in der Via Parigi 11 unterhält **Informationsbüros**, in denen kostenlose Broschüren und Stadtpläne von Rom erhältlich sind:
- am Flughafen Fiumicino, ☎ 06 65 95 60 74;
- am Bahnhof Termini, Bahnsteig 4, ☎ 06 48-71-270;
- in der Via Parigi 5, ☎ 06 48 89 92 53.

Botschaften und Konsulate
- Botschaft der Bundesrepublik Deutschland: Via Po 25c, ☎ 06 88 47 41; Deutsches Konsulat, Via F. Siacci 2c, ☎ 06 88 47 41;
- Botschaft der Bundesrepublik Österreich: Via Pergolesi 3, ☎ 06 8 55 82 41;
- Botschaft der Schweiz: Via Barnaba Oriani 61, ☎ 06 8 08 36 41.

Deutsche Buchhandlung – Herder Buchhandlung, Piazza di Montecitorio 117/120, ☎ 06 79 46 28.

Deutsche Akademie Villa Massimo – Largo di Villa Massimo 1-2, ☎ 06 44 23 63 94.

Goethe-Institut – Via Savoia 15, ☎ 06 8 84 17 25.

Istituto Dante Alighieri – Piazza Firenze 27, ☎ 06 6 87 37 22.

Deutsches Kunsthistorisches Institut (Bibliotheca Hertziana) – Via Gregoriana 28, ☎ 06 6 79 07 40.

Österreichisches Kulturinstitut – Viale Bruno Buozzi 113, ☎ 06 3 32 47 93.

Schweizer Institut – Via Ludovisi 48, ☎ 06 4 81 42 34.

Deutsches Historisches Institut (Fachbibliothek) – Via Aurelia Antica 391, ☎ 06 6 63 30 11.

Währung – Lire (L). Scheine à 100 000, 50 000, 20 000, 10 000, 5 000, 2 000 und 1 000 Lire. Münzen zu 500, 200, 100, 50, 20, 10 und 5 Lire.

Geldwechsel – Die **Banken** sind in der Regel von Montag bis Freitag von 8.35-13.35 Uhr und von 14.45-16 Uhr geöffnet. Samstags, sonntags und feiertags sind sie geschlossen. Man kann auch in den Postämtern (keine Reiseschecks) und in den Wechselstuben Geld wechseln. Häufig wird eine Kommission erhoben.

Zeit – In Italien gilt dieselbe Zeit wie in Deutschland, Österreich und der Schweiz. An denselben Tagen wird auch auf Sommer- bzw. Winterzeit umgestellt. Die Italiener nennen die Sommerzeit „gesetzliche Zeit", die Winterzeit „Sonnenzeit".

Feiertage – Ein Feiertag heißt auf italienisch *giorno festivo*, ein Werktag *giorno feriale*. Feiertage sind der 1. und 6. Januar, Ostersonntag und Ostermontag, 21. April (Jahrestag der Gründung Roms), 25. April (Jahrestag der Befreiung 1945), 1. Mai, 15. August (Ferragosto), 1. November, 8., 25. und 26. Dezember. Außerdem gibt es in jeder italienischen Stadt das Fest des Schutzpatrons. In Rom findet das Fest der Schutzheiligen Petrus und Paulus am 29. Juni statt.

Kreditkarten – Die Zahlweise per Kreditkarte wird in Geschäften, Hotels und Restaurants immer üblicher. In den **Michelin-Hotelführern Italia** und **Main cities Europe** sind Häuser, in denen Kreditkarten akzeptiert werden, wie auch die einzelnen Karten aufgeführt. Achtung, in Italien gibt es zwei Systeme: den „Bancomat" und die „Kreditkarte" (deshalb haben die meisten Italiener auch zwei verschiedene Karten). Am **Bancomat** muß man seine Geheimzahl eingeben, außerdem wird eine Gebühr von 3 000 L pro Buchung erhoben. Dagegen ist das **Kreditkartensystem** gebührenfrei. Man muß nur auf dem Beleg unterschreiben. Man sollte also die Zahlung per *carta di credito* verlangen, wenn man nach der Geheimzahl gefragt wird, egal ob im Hotel, im Restaurant oder beim Einkaufen. So kann man die *Bancomat*-Gebühr vermeiden.

Dagegen kann man nur über das Bancomat-System an Geldautomaten (in allen großen Städten zahlreich vorhanden) Geld abheben. Dies bedeutet, daß die Gebühr von 3 000 L für eine Abhebung in Lire oft niedriger ist als eine Wechselgebühr, und der Wechselkurs am Bancomat ist in jedem Falle günstiger.

Post – Die italienische Post und die Telekommunikationsdienstleistungen (Telecom Italia) sind unabhängig voneinander. Die Postämter sind von 8.30-14 Uhr geöffnet (samstags und am letzten Tag des Monats bis 12 Uhr).

Postlagernde Sendungen können auf der Hauptpost abgeholt werden: Piazza San Silvestro (**CV**).

Telefon – Für die Telefondienstleistungen ist Telecom Italia (früher: SIP) zuständig. Jede

Niederlassung ist mit **öffentlichen Telefonzellen** ausgestattet, bezahlt wird an der Kasse. Neben den Münzfernsprechern (manchmal auch noch Telefonzellen mit Telefonmarken) findet man immer mehr **Kartentelefone**. Die Telefonkarten gibt es in den Telecom Italia-Niederlassungen und in den Tabakläden (zu erkennen an einem weißen T auf schwarzem Grund).
Für Telefongespräche oder Telegramme ins Ausland wendet man sich an die Hauptpost: Piazza San Silvestro *(Tag und Nacht geöffnet)* (CV) oder an Telecom Italia (früher: SIP), Via Santa Maria in Via *(bis 22 Uhr geöffnet)* (CX).
Ab 18.30 Uhr wird das Telefonieren billiger, am günstigsten ist es zwischen 22 Uhr und 8 Uhr morgens.

Auslandsgespräche – Von Italien nach Deutschland: 00 + 49 + Nummer des Teilnehmers ohne die 0 der Ortsnetzvorwahl. Nach Österreich: 00 + 43 + Vorwahl ohne die 0 + Nummer. In die Schweiz: 00 + 41 + Vorwahl ohne die 0 + Nummer.
Aus Deutschland, Österreich und der Schweiz nach Rom: 00 + 39 + 6 + Nummer des Teilnehmers.

Inlandsgespräche – In Rom selbst ist nur die Nummer des Teilnehmers zu wählen. In eine andere Stadt wählt man die Ortsnetzvorwahl, die immer mit 0 beginnt + die Nummer des Teilnehmers.

Einige wichtige Telefonnummern
12: Auskunft
15: R-Gespräche
116: Pannendienst des ACI.

Apotheken – Sie sind an dem rot-weißen Kreuz zu erkennen. Die **Farmacia della Stazione** in der Nähe des Bahnhofs Termini ist Tag und Nacht geöffnet. Ebenfalls durchgehend geöffnet sind folgende Apotheken: Piazza Risorgimento 44, Piazza Barberini 49, Via Arenula 73.

Elektrogeräte – Wie in Deutschland beträgt die Spannung 220 V, aber die Steckdosen unterscheiden sich manchmal von den deutschen. Daher sollte man einen Adapter kaufen.

Tabakläden – Manche Tabakläden sind die ganze Nacht geöffnet, wie z.B. in der Via del Corso 11 und auf dem Viale Trastevere 275.

Tankstellen – Die Tankstellen am G.R.A. und einige andere auf dem Lungotevere Ripa, dem Piazzale della Radio und der Via Salaria 504 sind durchgehend geöffnet.

Shopping

Schuhe und Kleider – Denken Sie vor dem Anprobieren daran, daß die italienischen Konfektionsgrößen nicht der deutschen entsprechen: Ziehen Sie für die deutsche Größe 3 Größen ab (die italienische Größe 44 entspricht der deutschen Größe 38). Bei den Schuhgrößen gibt es keine Unterschiede.

Videokassetten – Wie in Deutschland, Österreich und der Schweiz wird auch in Italien die PAL-Norm verwendet.

Luxusartikel – Die **Luxusgeschäfte** (Haute Couture, Juweliere usw.) liegen in der Via dei Condotti (CV) oder in den angrenzenden Straßen (Via Borgognona, Via Bocca di Leone) und entlang der Via Veneto (CDV). In der Via del Corso (CVX), der Via Nazionale (DX), der Via del Tritone (CVX) und der Via Cola di Rienzo (BV) gibt es zahlreiche Geschäfte für die Jugend. **Antiquitäten** findet man in der Via del Babuino (CV), **Kunstgalerien** in der angrenzenden Via Margutta. In der Via dei Coronari (BX) liegen Antiquitätengeschäfte und Trödler.

Einkaufszentren – Hier eine Auswahl der größten und am besten sortierten Einkaufszentren. Das **Cinecittà Due** auf dem Viale Palmiro Togliatti 2, Ecke Via Tuscolana (Metro A, Station Cinecittà) ist täglich außer sonntags von 9.30-20 Uhr geöffnet; man kann 2 Std. kostenlos parken. Hier findet man eine Vielzahl von Geschäften, Restaurants und Bars. Das **I Granai** in der Via Tazio Nuvolari 100 (Ardeatino) mit seinen 130 Geschäften ist von 10-20 Uhr geöffnet; Parken ist kostenlos. Hier befindet sich auch der Panorama-Supermarkt, der täglich außer sonntags und montags morgens von 9-21 Uhr geöffnet ist. Das **Tiburtina Shopping Center 30**, Via Tiburtina 515-543 (Tiburtino), erreicht man mit den Bussen Nr. 9, 11, 163, 448, 490, 492, 495 und mit der Metro (Linie B, Station Tiburtina). Es ist von 9-19.30 Uhr geöffnet und umfaßt Geschäfte, eine Bar, ein Restaurant, ein Reisebüro, einen Mac Donald's und ein Sonnenstudio (auch sonntags geöffnet). Am **Centro Euclide** auf der Via Flaminia bei km 8,2 (Cassia) halten ebenfalls einige Busse (Nr. 033, 034, 035, 039). Es ist von 10-20 Uhr geöffnet und montags geschlossen.

Märkte — Auf dem **Markt an der Porta Portese** *(sonntags von Tagesanbruch bis ca. 14 Uhr)* findet man fast alles, deshalb wird er auch als Flohmarkt bezeichnet. Offiziell existiert er seit Ende des Zweiten Weltkriegs, nachdem sich mehrere Stadtviertel-Märkte zusammengeschlossen hatten. Entlang der Via Portuense gibt es vor allem neue und Second-Hand-Kleider, Trödel, Fotoartikel, Bücher und Schallplatten.

Der **Markt auf dem Campo de' Fiori** *(jeden Vormittag)* war einstmals der größte Markt der Stadt. Mittlerweile ist es ein kleiner Stadtviertel-Markt mit einigen Ständen auf dem Platz mit der Statue von Giordano Bruno.

Campo dei Fiori - Marktszene

Der **Markt auf der Piazza Vittorio Emanuele** *(jeden Vormittag)* ist einer der billigsten der Stadt. Er ist berühmt für seinen frischen Fisch, die großen Käsestände, das Pferdefleisch und die zahlreichen orientalischen Gewürze. Der **Markt auf dem Viale Parioli** beginnt in dieser Straße mit Schmuck, Kleidern und Haushaltsgegenständen. In dem Abschnitt auf der Via Locchi findet man die Lebensmittelhändler. Für Blumenliebhaber besonders interessant ist der **gedeckte Blumenmarkt** in der Via Trionfale *(von 10.30-16 Uhr)*.

Wer Briefmarken oder antiquarische Bücher sucht, sollte auf keinen Fall den **Mercato dell'antiquariato di Fontanella Borghese** an der Piazza Borghese auslassen *(von 9-17.30 Uhr; samstags und sonntags von 9-19 Uhr)*. Der **Markt auf der Piazza Alessandria** *(jeden Vormittag außer sonntags)*, ein Lebensmittelmarkt, wird in einem Bauwerk im Art-Nouveau-Stil abgehalten. **Underground**, Ludovisi-Tiefgarage, Via Crispi 96 *(geöffnet samstags von 15-22 Uhr und sonntags von 10.30-19.30 Uhr. Eintritt: 2 000 L)*, ist ein unterirdischer Flohmarkt auf einer Fläche von 5 000 m², mitten im historischen Zentrum, mit einem riesigen Angebot an Alt- und Neuwaren, Sammlerstücken und Schmuck.

Auf den **Bancarelle dell'usato di Ponte Milvio**, Piazzale Ponte Milvio *(jeden Vormittag außer sonntags)*, werden Kleider in den Straßenverkauf angeboten. Montags, mittwochs und samstags gibt es nur Waren aus den amerikanischen Heeresbeständen. Für Liebhaber klassischer Musik gibt es die **Bancarella di Compact Disc**, Via dei Baullari *(9.30-19.30 Uhr, außer sonntags)*.

Und schließlich die **Bancarelle di scarpe a Testaccio**, Piazza di Testaccio *(jeden Vormittag außer sonntags)*, mit einer großen Auswahl an Markenschuhen zu besonders günstigen Preisen.

Nachts einkaufen — In der Regel schließen die Geschäfte gegen 19.30 Uhr im Winter und 20 Uhr im Sommer, einige Läden sind jedoch auch nachts geöffnet. In einigen Kiosken (Piazza di Spagna, Piazza dei Cinquecento, Piazza Cavour, Via Nomentana 587 und Piazza Sonnino) kann man spätabends noch Zeitungen kaufen oder früh am Morgen die ersten Ausgaben der Tageszeitungen finden.

In den Straßen im Zentrum entdeckt man zwischen den geschlossenen Geschäften die erleuchteten Schaufenster von Buchhandlungen, die bis in die Nacht für ihre späten Leser geöffnet bleiben: **Mel Bookstore**, Via Nazionale (bis 22 Uhr geöffnet), **Rinascita**, Via delle Botteghe Oscure 1/2 (bis 24 Uhr geöffnet), **Invito alla lettura**, Corso Vittorio Emanuele II (bis 2 Uhr morgens geöffnet), und **Farenheit** auf der Piazza Campo de' Fiori 451 (bis 23 Uhr geöffnet).

Einer der ältesten Bräuche Roms ist wohl ein *cornetto* am frühen Morgen, der krönende Abschluß einer durchtanzten Nacht in den Nachtclubs oder Diskotheken oder auch nach stundenlangen Spaziergängen durch die schlafende Stadt. Es ist schwierig, die Bäckereien zu erkennen, die diese Backwaren für die Bars herstellen, denn es gibt keinerlei Hinweis darauf. Manche von ihnen öffnen jedoch bereits im Morgengrauen. Die bekanntesten finden sich in den Stadtvierteln Trastevere (Vicolo del Cinque) und Testaccio (Via Volta). Wenn man zu diesem morgendlichen *cornetto* etwas Warmes oder Kaltes trinken möchte, so kann man dies in einigen Bars tun, die bis zum Morgen geöffnet haben. Dazu zählen insbesondere das berühmte **Quelli della notte** (Via Leone IV 48 im Stadtviertel Prati) mit seinen köstlichen Nutella-*cornetti* und **Bambu's Bar** (Viale Parioli 79), das eine große Auswahl an gefüllten *fagottini* (eine Art Ravioli) anbietet.

An den Ständen auf dem Lungo Tevere Milvio, dem Piazzale degli Eroi und dem Viale Parioli werden Tag und Nacht Blumen verkauft.

Besichtigung Roms

Verkehrsmittel

Taxi – Unter den folgenden Nummern kann man telefonisch ein Taxi bestellen: 3570, 4994, 6645, 4157. Die Grundgebühr beträgt 4 500 L, dazu kommen 200 L etwa alle 50 Sekunden. Der Nachtzuschlag (von 22-7 Uhr) beträgt 5 000 L, der Feiertagszuschlag 2 000 L (von 7-22 Uhr). Pro Gepäckstück muß man 2 000 L rechnen. Für die Fahrt von Rom nach Fiumicino wird ein Aufschlag von ca. 14 000 L erhoben, zum Flughafen Ciampino ca. 10 000 L.

Bus, Straßenbahn und Metro – In den Buchläden oder Kiosken kann man einen Plan der öffentlichen Verkehrsmittel kaufen. Der Plan *Rete dei Trasporti Urbani di Roma*, herausgegeben von der ATAC (Azienda Tramvie e Autobus del Comune di Roma), ist am Informationskiosk an der Piazza dei Cinquecento (**DX**) erhältlich (1 000 L). Die Bus- und Straßenbahnhaltestellen sind an dem Schild *Fermata* zu erkennen. Kaufen Sie Ihren Fahrschein, bevor Sie in den Bus einsteigen.

Fahrpreise – Die Aufschrift **Metrebus** auf den Fahrscheinen bedeutet, daß diese in allen öffentlichen Verkehrsmitteln der Hauptstadt benutzt werden können: im Bus, in der Straßenbahn, der Metro und in den Zügen der F.S. *(Ferrovie Statali)*, aber nur in der 2. Klasse, in einer einzigen Richtung und nicht für die Direktverbindungen Roma Termini-Fiumicino aeroporto und Ponte Galleria-Fiumicino aeroporto.
- Das BIT-Ticket gilt 75 Min. und kostet 1 500 L.
- Das BIG-Ticket gilt 24 Std. ab Entwertung und kostet 6 000 L.
- Die Wochenkarte CIS kostet 24 000 L.
- Außerdem gibt es eine Monatskarte für 50 000 L.

Die Fahrscheine sind in den Tabakgeschäften und Zeitungskiosken erhältlich, außerdem an den Fahrkartenautomaten der Metrostationen und an den Endhaltestellen der Busse.

Bus – Die meisten Linien verkehren von 5.30-24 Uhr. Manche Linien sind für Touristen besonders reizvoll:
- Die Nr. **64** Termini-Vaticano fährt über die Via Nazionale, die Piazza Venezia, vorbei an der Chiesa del Gesù, den Largo di Torre Argentina und den Corso Vittorio Emanuele II entlang (diese Linie ist berühmt-berüchtigt für ihre Taschendiebe; achten Sie deshalb auf Ihre Wertsachen, besonders in den Hauptverkehrszeiten).
- Die Nr. **319** verkehrt zwischen dem Bahnhof Termini und dem Park der Villa Ada (Catacombe di Priscilla) im Norden.
- Die Nr. **118** fährt fast die gesamte Via Appia Antica entlang, durch die Via delle Terme di Caracalla, in der Nähe des Kolosseums und an S. Giovanni in Laterano vorbei.
- Die Nr. **218** verbindet die Piazza San Giovanni in Laterano mit der Via Ardeatina (von dort aus gelangt man zum Anfang der Via Appia Antica).
- Die Nr. **85** fährt am Kolosseum, den Kaiserforen, der Piazza Venezia und der Via del Corso vorbei.

Die meisten Busse durch die Stadt fahren an der Piazza dei Cinquecento ab. Am besten kauft man einen Plan der Linien der ATAC, der am Informationsschalter auf diesem Platz erhältlich ist.

Straßenbahn – Von den 8 Straßenbahnlinien in Rom sind einige für Touristen besonders interessant:

Die Nr. **13** verkehrt zwischen der Piazza Preneste und der Piazza San Giovanni di Dio; die Strecke ähnelt der der Nr. 30 b, bindet jedoch das Stadtviertel Trastevere an.
- Die Nr. **14** fährt von den östlichen Vierteln der Stadt in Richtung Bahnhof Termini.
- Die Nr. **19** durchquert Rom in West-Ost-Richtung von der Piazza dei Gerani zur Piazza del Risorgimento; die Bahn fährt unterhalb der Villa Borghese vorbei, anschließend hinunter zur Piazza di Porta Maggiore und schließlich weiter nach Osten.
- Die Nr. **30 b** fährt vom Piazzale Ostiense (Cestius-Pyramide) zur Piazza Thorwaldsen (nicht weit von der Galleria Nazionale d'Arte Moderna und der Viale delle Belle Arti, nahe der Villa Borghese); die Strecke führt durch die Viertel im Zentrum, vorbei am Kolosseum, der Kirche S. Giovanni in Laterano und der Piazza di Porta Maggiore.

Metro – Es gibt zwei Metrolinien, die **Linie A** von der Via Ottaviano (**AV**) zur Via Anagnina und die **Linie B** von Rebibbia zur Via Laurentina *(durch das EUR-Gelände)*. Die Züge verkehren von 5.30-23.30 Uhr, auf dem Teilabschnitt Termini-Rebibbia werktags von 5.30-21 Uhr und an Sonn- und Feiertagen bis 23 Uhr. Hier die wichtigsten Stationen:
- **Linie A Ottaviano-Anagnina:** Flaminio (Piazza del Popolo), Spagna (Piazza di Spagna), Barberini (Piazza Barberini), Termini (Bahnhof Termini), S. Giovanni (Laterankirche) und Cinecittà.
- **Linie B Laurentina-Rebibbia:** EUR Fermi (EUR-Gelände), S. Paolo (Basilika Sankt Paul vor den Mauern), Piramide (Cestius-Pyramide), Circo Massimo (Circus Maximus und Caracalla-Thermen), Colosseo (Kolosseum), Cavour (Piazza Cavour) und Termini (Bahnhof Termini).

Auto – Nicht zu empfehlen. Das Zentrum der Stadt ist mit dem Auto nur schwer zu erreichen, da zahlreiche Straßen nur für Fußgänger, Taxis, Busse und Anwohner geöffnet sind. Das historische Zentrum gehört zur *fascia blu* (blaue Zone), die von 6-19.30 Uhr für Privatfahrzeuge gesperrt ist (außerdem freitags und samstags von 22 Uhr-2 Uhr morgens). Im eigentlichen Zentrum Roms gibt es zwei große Tiefgaragen, eine unter der Villa Borghese (**CV**) nahe der Porta Pinciana; die andere ist die Ludovisi-Tiefgarage (**CV**), Via Ludovisi 60. Überall in der Stadt gibt es Parkplätze des ACI.

Motorrad – Motorradverleih auf dem 3. Deck der Tiefgarage an der Villa Borghese (von 9-19 Uhr), nahe der Peterskirche (Via di Porta Castello), beim Bahnhof Termini (Via Filippo Turati) und in der Nähe der Piazza Barberini (Via della Purificazione).

Fahrrad – Fahrräder kann man an verschiedenen Stellen im Zentrum leihen, insbesondere: Piazza di Spagna (**CV**), am Metroausgang; Piazza del Popolo, an der Ecke beim Caffè Rosati (**BV**) im Sommer von 18-1 Uhr, sonst nur sonntags vormittags; Piazza San Lorenzo in Lucina (Via del Corso, **CV**) von März bis Oktober von 10-18 Uhr (im Sommer von 10-2 Uhr morgens); im Parkhaus an der Villa Borghese, Sektor III.

Kutsche – Die **carrozzelle** (oder **botticelle** im römischen Dialekt) gehören zum volkstümlichen Bild der Stadt. Diese Kutschen halten in der Nähe der Peterskirche, vor dem Kolosseum, an der Piazza Venezia, der Piazza di Spagna, nahe der Fontana di Trevi, auf der Via Veneto, an der Villa Borghese und an der Piazza Navona.

Acquabus – Von Mai bis Oktober werden Bootsausflüge auf dem Tever angeboten. Abfahrt jeweils 10.30 Uhr und 12.45 Uhr vom „Ponte Umberto", Ankunft am „Ponte Duce d'Aosta". Der Ausflug dauert ungefähr 1 Std. 30 Min.
Für weitere Informationen wenden Sie sich bitte an Tourvisa ☎ 06 44 63 481.

Pferdedroschke

Flugzeug – Für einen Blick auf Rom aus der Vogelperspektive bietet der Flughafen till'Urbe (Via Salaria 825) Rundflüge an Bord einer Cessna oder einer B 66 an. Die Flüge finden vor allem samstags und sonntags von 9-13 Uhr und von 14-16 Uhr statt. In der Regel ist eine Reservierung nicht erforderlich, allerdings sollte man telefonisch die Flugzeiten erfragen. ☎ 06 88 64 14 41. Der Flug dauert 20 Min. und kostet ca. 95 000 L.

Die Besichtigungen

Die Stadt Rom unterhält im historischen Zentrum der Hauptstadt drei Informationskioske, die über alle touristischen, künstlerischen und kulturellen Ereignisse in der Stadt Auskunft erteilen. Sie befinden sich in der Via Nazionale, gegenüber vom Palazzo delle Esposizioni (Ausstellungspalast); auf dem Largo Corrado Ricci vor den Kaiserforen; auf dem Largo Goldoni zwischen der Via del Corso und der Via dei Condotti. Sie sind von Dienstag bis Samstag von 10-18 Uhr und sonntags von 10-13 Uhr geöffnet. Die täglich aktualisierten Informationen werden in Italienisch und in Englisch erteilt.
Im **Internet** finden Sie unter der folgenden Adresse einen Informationsdienst: http://www.comune.roma.it/.

Stadtrundfahrten mit dem Bus – Mit einigen neuen Linien der öffentlichen Verkehrsbetriebe kann man bequem von einem Bus aus die historischen Stätten Roms entdecken. **Bus Nr. 110** fährt um 14, 15, 17 und 18 Uhr am Bahnhof Termini ab. Die gut drei Stunden dauernde Rundfahrt kostet 15 000 L. Den Fahrschein kaufen Sie an der Piazza dei Cinquecento gegenüber dem Bahnhof 1/2 Std. vor der Abfahrt.

Stadtführungen – Auskunft erteilen die Reisebüros und die städtischen Verkehrsbetriebe (ATAC), Piazza dei Cinquecento (DX). Außerdem kann man sich an das Sindicato Nazionale CISL, Centro Guide Turistiche, via S. Maria alle Fornaci, 8, wenden. ☎ 06 63 90 409.

Museen – Die Museen sind in der Regel montags geschlossen. An den anderen Tagen schließen die meisten um 14 Uhr, die Kasse wird jedoch grundsätzlich eine halbe Stunde vorher geschlossen. Diese Vorschrift wird strikt eingehalten, so daß es praktisch unmöglich ist, einige Minuten vor Schließung noch in ein Museum zu schlüpfen.
Die antiken Monumente, Ausgrabungsstätten und öffentlichen Parks (Forum Romanum, Kolosseum usw.) schließen ca. eine Stunde vor Sonnenuntergang. Es gelten folgende Öffnungszeiten:
- vom 1. November bis 15. Januar: von 9-15 Uhr,
- vom 16. Januar bis 15. Februar: von 9-15.30 Uhr,
- vom 16. Februar bis 15. März: von 9-16 Uhr,
- vom 16. März bis zum letzten Tag mit Winterzeit: von 9-16.30 Uhr,
- vom ersten Tag mit Sommerzeit bis 15. April: von 9-17.30 Uhr,
- vom 16. April bis 1. September: von 9-18 Uhr,
- vom 2. September bis zum letzten Tag mit Sommerzeit: von 9-17.30 Uhr,
- vom ersten Tag mit Winterzeit bis 30. September: von 9-16.30 Uhr,
- vom 1. bis 31. Oktober: von 9-16 Uhr.
In vielen Museen müssen Taschen an der Garderobe am Eingang abgegeben werden. Außerdem ist das Fotografieren mit Blitzlicht generell verboten.

Kirchen – Die Kirchen sind in der Regel von 12-16 Uhr geschlossen. Gelten andere Öffnungszeiten, so sind diese im Führer angegeben. Die Patriarchalbasiliken (Sankt Peter, Laterankirche, Sankt Paul vor den Mauern, Groß Sankt Marien) sind von 7-18 Uhr geöffnet. Korrekte Kleidung ist vorgeschrieben (Hosen für Männer, ausreichend lange Röcke und bedeckte Schultern für Frauen). Das Aufsichtspersonal kann Besuchern, die sich nicht an diese Vorschrift halten, den Zutritt verweigern.
Es wird empfohlen, ein Fernglas mitzunehmen, um auch weiter oben gelegene Kunstwerke besser betrachten zu können. Außerdem sollte man immer Kleingeld für die Beleuchtung mancher Werke bei sich haben.

Besichtigungsprogramme

Da Rom eine geradezu überwältigende Fülle an Sehenswürdigkeiten bietet, stellt man sich am besten für die erste Reise je nach der zur Verfügung stehenden Zeit und je nach Interessensschwerpunkten ein Besichtigungsprogramm zusammen. Man kann sich nach den beiden folgenden Vorschlägen richten.
Sehen Sie dabei auf den drei allgemeinen Übersichtsplänen auf den ersten Seiten und auf den detaillierten Plänen der Stadtviertel in den einzelnen Kapiteln des Führers nach.

DREI TAGE IN ROM

1. Tag – **Forum romanum**★★★ und **Palatin**★★★ (besichtigen Sie nur die Sehenswürdigkeiten mit Sternen), **Kaiserforen**★★★, **Kolosseum**★★★, **Triumphbogen des Konstantin**★★★, **S. Pietro in Vincoli**★ (**Moses**★★★ von Michelangelo), **S. Maria Maggiore**★★★. Bummel und Abendessen auf der Via Veneto.

2. Tag – **Castel Sant'Angelo**★★★, **Vatikanische Museen** und **Vatikanischer Palast**★★★ (beschränken Sie sich bei der Besichtigung auf die herausragenden Meisterwerke), **Petersplatz**★★★ und **Peterskirche**★★★. Bummel durch die alten Viertel in der Tiberschleife mit **Piazza Navona★★★**, **S. Luigi dei Francesi★★** (wegen der Gemälde★★★ von Caravaggio) und dem **Pantheon★★★** *(Kapitel PIAZZA NAVONA und PANTHEON)*. Abendessen im Trastevere.

3. Tag – **Kapitol★★★** (beschränken Sie sich in den Museen auf die wichtigsten Werke), **Piazza Venezia★★** und Denkmal für Victor Emanuel II., Chiesa del **Gesù★★★**, **Trevi-Brunnen★★★**, **Piazza di Spagna★★★**, **Spanische Treppe★★★** und Kirche **Trinità dei Monti★**, **Piazza del Popolo★★** und Kirche **S. Maria del Popolo★★** (Werke★★★ von Caravaggio). Shopping und Spaziergang durch die Fußgängerzone um die Via del Corso, die Via dei Condotti und die Piazza di Spagna.

EINE WOCHE IN ROM

1. Tag – **Piazza Venezia★★** und Denkmal für Victor Emanuel II. **Kapitol** *(Kapitel CAMPIDOGLIO – CAPITOLINO):* **S. Maria d'Aracœli★★**, Kapitolsplatz★★★, Museum im Konservatorenpalast★★★, Kapitolinisches Museum★★, Marcellus-Theater★★, Tempel des Apollo★★, **Forum romanum★★★** und **Palatin★★★**. Abends Via Veneto.

2. Tag – **Ara Pacis★★** und Mausoleum des Augustus. **Piazza Colonna★**. **Pantheon★★★** und umliegendes Viertel mit der Kirche Sant'Ignazio★★, dem Palazzo★ und der Galleria★★ Doria Pamphili und S. Maria sopra Minerva★★ *(Kapitel PANTHEON).* **Piazza Navona★★★** und die Kirchen in der Umgebung, z.B. S. Maria della Pace★ und S. Luigi dei Francesi★★ *(Kapitel PIAZZA NAVONA).* Palazzo della Cancelleria★★, **Campo dei Fiori★**, Palazzo Farnese★★ *(Kapitel CAMPO DEI FIORI).* Abendessen in einer Trattoria in diesem alten Viertel an der Tiberschleife.

3. Tag – **Castel Sant'Angelo★★★**, **Vatikanische Museen★★★**, **Petersplatz★★★** und **Peterskirche★★★**. Spaziergang auf dem **Gianicolo** (schöner **Blick★★★** über Rom) bis S. Pietro in Montorio, eventuell bis zur Villa Farnesina★★ *(Kapitel GIANICOLO).* Besichtigung von **Trastevere** und Abendessen in dem Viertel.

4. Tag – **Kaiserforen★★★**, S. Pietro in Vincoli★, S. Clemente★★, **Laterankirche★★★**, **Caracalla-Thermen★★★**. Porta San Sebastiano. **Via Appia Antica★★** und die **Katakomben★★★** bis zum Grabmal der Cäcilia Metella *(Kapitel APPIA ANTICA).*

5. Tag – Ein Tag in **Tivoli★★★** *(31 km von Rom).* Villa Adriana, Villa d'Este und Villa Gregoriana.

6. Tag – Chiesa del **Gesù★★★**, Area Sacra★★ am Largo Argentina, Tiberinsel★. Beginn des Rundgangs **Bocca della Verità★★**: S. Maria in Cosmedin★★, Vesta-Tempel★, Tempel der Fortuna Virilis★, **Aventin★**: Circus Maximus, S. Sabina★★, Piazza dei Cavallieri di Malta. Cestius-Pyramide★ Porta San Paolo, Basilika **Sankt Paul vor den Mauern★★**. Abend im volkstümlichen Testaccio-Viertel.

7. Tag – Villa Giulia mit dem Etruskischen Museum★★★, Museo Borghese★★★ und Rundgang durch die **Villa Borghese★★** *(Kapitel VILLA BORGHESE – VILLA GIULIA),* Pincio (**Blick★★★** über Rom), **Piazza del Popolo★★**, S. Maria del Popolo★★. Nachmittags Besichtigung des **EUR**-Geländes oder von **Ostia Antica** *(leicht mit der Metro zu erreichen: mit der Linie A ab Flaminio oder Piazza di Spagna, am Bahnhof Termini in die Linie B Richtung Laurentina umsteigen; zur Besichtigung des EUR steigen Sie an der Station „EUR Fermi" aus, für Ostia an der Station „Magliana").*

8. Tag – **S. Maria Maggiore★★★**, Museo Nazionale Romano★★★, S. Maria degli Angeli★★, S. Maria della Vittoria★★, Tritonenbrunnen★, **Palazzo Barberini★★** mit der Gemäldegalerie★★, S. Carlo alle Quattro Fontane★★, Sant'Andrea al Quirinale★, **Trevi-Brunnen★★★**, **Piazza di Spagna★★★**, **Spanische Treppe★★★** und Kirche **Trinità dei Monti★**. Bummel durch die Fußgängerzone mit ihren schönen Geschäften im Dreieck Piazza del Popolo, Via del Corso, Via del Tritone und Via del Babuino.

Denkmäler, Museen, Kirchen.
Die meisten Museen schließen um 14 Uhr, und die Kirchen sind normalerweise von 12-16 Uhr geschlossen.
Zuweilen hängt ein Schild mit der Aufschrift „Chiuso per restauri" oder „Chiuso per mancanza di personale"an der Eingangstür. In beiden Fällen steht man vor einer verschlossenen Tür (wegen Restaurierung oder aus Personalmangel).

Unterhaltung

Was liest man in Rom? – Die römische Tageszeitung ist **Il Messaggero**. Diese Zeitung informiert insbesondere über die wichtigsten Veranstaltungen in der Hauptstadt. Donnerstags gibt es eine Beilage: *Metro*, die gekürzte Ausgabe des unumgänglichen, wöchentlich erscheinenden Veranstaltungskalenders **Roma c'è**. Dieses seit 1995 jeden Donnerstag erscheinende Magazin ist an den Kiosken in Rom erhältlich und bietet eine Auswahl nützlicher Hinweise zu Kino, Theater, Nachtclubs, Restaurants, Shopping sowie Kunstveranstaltungen.
La Repubblica, die andere große Tageszeitung der Hauptstadt, informiert in ihrer Donnerstagsbeilage *Trovaroma* schwerpunktmäßig über die Neuheiten der Woche.

Die Theater – Die Theater von Rom bieten eine Programmvielfalt, die jeden italienischsprechenden Zuschauer zufriedenstellt und auch den höchsten Ansprüche befriedigt. Die traditionsreichen Stücke stehen vor allem im historischen Zentrum der Stadt auf dem Spielplan. Mehrere Säle zeigen moderne und avantgardistische Stücke.
Die nachfolgenden Theater haben in der Regel ein klassisches Repertoire:
Das **Teatro di Roma**, Largo Argentina 52, ☎ 06 68 80 46 01; das **Teatro Valle**, Via del Teatro Valle 23/A, ☎ 06 68 80 37 94, das dem Theaterverband E.T.I. (Ente Teatrale Italiano) angehört, ebenso wie das **Teatro Quirino**, Via M. Minghetti 1, ☎ 06 67 94 585; das **Teatro Sistina**, Via Sistina 129, bietet Musical-Gastspiele von Ensembles aus der ganzen Welt.
Hier eine Auswahl an Avantgarde-Theatern:
Colosseo Ridotto, Via Capo d'Africa 5/A, ☎ 06 70 04 932; **Dei Cocci**, Via Galvani 69, ☎ 06 57 83 502; **Dei Satiri**, Via di Grottapinta 19, ☎ 06 68 71 639; **Dell'Orologio**, Via dei Filippini 17/A, ☎ 06 68 30 87 35.
In zahlreichen Sälen finden außerdem Kabarett-Abende und Varieté-Veranstaltungen statt, so z.B. in dem berühmten **Alfellini**, Via F. Carletti 5, ☎ 06 57 57 570, und im **Famo Tardi**, Via G. Libetta 13, ☎ 06 57 44 319.
Für Liebhaber klassischer Musik, Oper, Operette und Ballett sind folgende Adressen interessant: **Teatro dell'Opera**, Piazza Beniamino Gigli, ☎ 06 48 16 01, **Teatro Brancaccio**, Via Merulana 244, ☎ 06 48 74 563, **Teatro Olimpico**, Piazza G. da Fabriano 17, ☎ 06 32 34 890 und **Auditorium dell'Accademia Nazionale di Santa Cecilia**, Via della Conciliazione 4, ☎ 06 68 80 10 44.

Die Kinos – Die Preise der Kinokarten sind vom Wochentag abhängig. Unter der Woche kosten sie 10 000 L außer mittwochs (8 000 L), am Wochenende allerdings 12 000 L. Neben zahlreichen Kinokomplexen, die in den letzten Jahren aus dem Boden geschossen sind und in denen die neuesten Filme laufen, gibt es einige Kunst- und Experimentalkinos sowie Programmkinos, die jeden Tag einen anderen Film zeigen, bisweilen auch in der Originalversion (**Azzurro Scipioni, Labirinto, Cinema dei Piccoli Sera**).
Ein Kino zeigt ausschließlich Filme in englischer Sprache: das **Pasquino** (Trastevere-Viertel).

Wußten Sie das? Jedes Jahr am 21. April feiert die Ewige Stadt Geburtstag, mit zahlreichen Festivitäten, Konzerten, Aktivitäten für junge Leute, Gratisführungen durch die städtischen Museen und Festbeleuchtung der wichtigsten Monumente. Die 2 750-Jahr-Feier Roms fand 1997 statt.

Parks

Bisweilen kann Rom den Eindruck erwecken, eine vollkommen dem Chaos ausgelieferte Stadt ohne Grünflächen zu sein. Mitnichten! Tatsächlich gibt es in der Hauptstadt zahlreiche Parks, in denen die Großstädter der Hektik entfliehen und Sauerstoff tanken können.
Neben den berühmten Gärten der **Villa Borghese** gibt es eine große Anzahl weniger bekannter, über die Stadtviertel verstreuter Parks, die von Tagesanbruch bis zur Abenddämmerung geöffnet sind.
Der **Roseto comunale**, ein städtischer Rosengarten auf dem Aventin, ist nur während der Blütezeit der Rosen (von Ende April bis Ende Juni) geöffnet. Bei dem alljährlich stattfindenden Wettbewerb werden neue Sorten ausgezeichnet. Die Preisübergabe am Ende der Veranstaltung ist jedes Jahr ein Publikumsmagnet.
Der Park der **Villa Sciarra** (Stadtviertel Monteverde Vecchio) mit seinen Statuen, Springbrunnen und Antiquitäten erstrahlt seit Anfang dieses Jahrhunderts wieder in seinem ursprünglichen barocken Glanz. Er ist berühmt für seine Pflanzen. Außerdem befindet sich hier das Istituto Italiano di Studi germanici (Italienisches Institut für germanische Studien).
Villa Celimontana (Celio-Viertel) ist einer der wenigen Parks in Rom mit einer Eislaufbahn. Jungverheiratete lassen sich oft in dieser herrlichen Umgebung fotografieren.
Im Park der **Villa Ada** (Salario-Viertel) mit einem künstlichen See und einem kleinen Tempel befindet sich die Niederlassung des WWF sowie einige Karussells für die Kleinen.
Villa Torlonia (Nomentano-Viertel) ist die ehemalige Residenz der Familie Mussolini. Dieser Park ist als einziger bis Mitternacht geöffnet (ein Teil der Gärten der Villa Borhese ist die ganze Nacht geöffnet).

Villa Glori (Parioli-Viertel) ist ein weitläufiger Garten mit Olivenhainen. Hier können die Kinder noch auf Ponys und kleinen Eseln reiten, die heute ansonsten praktisch verschwunden sind.

Villa Doria Pamphili (Aurelia-Viertel) gilt als die grüne Lunge des Westteils der Stadt. Abends wird er von vielen Sportlern bevölkert, und in der Luft wimmelt es von Flugdrachen. Man entdeckt zahlreiche Gebäude (die kleine Villa Corsini, die Arkaden des Aquädukts von Papst Paul V., den Pavillon Bel Respiro und eine alte Villa), Treibhäuser, einen kleinen See aus dem 18. Jh. sowie eine große Pflanzenvielfalt.

Buch- und Filmvorschläge für die Reisevorbereitung oder Reiseerinnerungen

Allgemeine Reiseliteratur

C. Chiellino: **Kleines Italien-Lexikon.** Beck Verlag, München.
H.J. Fischer: **Rom – Ein Reisebegleiter.** DuMont Buchverlag, Köln.
L. v. Matt/F. Barelli: **Rom in 1000 Bildern.** DuMont Buchverlag, Köln.
I. Palladino: **Mein Rom.** Droemer Verlag, München.
Vis-à-vis Rom. RV-Verlag, München.
Merian-Heft Rom. Hoffmann und Campe, Hamburg.

Geschichte

T.W. Potter: **Das römische Italien.** Reclam Verlag, Stuttgart.
M. Seidlmeyer: **Geschichte Italiens.** Kröner Verlag, Stuttgart.
J.F. Gardner: **Frauen im antiken Rom.** Beck Verlag, München.
F. Gregorovius: **Geschichte der Stadt Rom im Mittelalter.** dtv Verlag, München.
R. Krautheimer: **Rom. Schicksal einer Stadt 312-1308.** Beck Verlag, München.
Th. Mommsen: **Römische Geschichte.** dtv Verlag, München.
J. Schwarzkopf: **Italien-Ploetz.** Ploetz Verlag, Freiburg.
H.A. Stützer: **Das antike Rom. Geschichte und Leben im alten Rom.** DuMont Buchverlag, Köln.

Kunst und Architektur

Kunstführer Rom. Reclam Verlag, München.
S. Grundmann: **Architekturführer Rom.** Edition Axel Menges, Stuttgart.
H. Keller: **Die Kunstlandschaften Italiens.** Insel Verlag, Frankfurt/Main.
L. Partridge: **Renaissance in Rom.** DuMont Buchverlag, Köln.
H.A. Stützer: **Kleine Geschichte der römischen Kunst.** DuMont Buchverlag, Köln.

Literatur, Reisebeschreibungen, Erinnerungen

Viele deutsche Schriftsteller haben sich von Reisen nach Rom inspirieren lassen, einige haben zeitweise oder länger dort gelebt und haben ihre Eindrücke und Erfahrungen in ihren Werken zum Ausdruck gebracht. Einige Beispiele seien hier genannt (ausgewählte Werke der erwähnten Autoren finden sich in der untenstehenden Liste): Johann Wolfgang **von Goethe**, der Italien von September 1786 bis Mitte 1788 bereiste und in Rom seine Unterkunft bei Maler Tischbein in der Via del Corso 18 hatte. Dieses Haus wurde als Museum hergerichtet und 1997 nach Renovierungsarbeiten wieder eröffnet. Ein Zeitgenosse Goethes, der Schriftsteller, Philosoph und Theologe Johann Gottfried **Herder**, unternahm ebenfalls eine ausgedehnte Italienreise.

Der Schriftsteller und Kulturhistoriker Ferdinand **Gregorovius** (1821-1891) ging 1852 nach Italien. Das Land wurde seine zweite Heimat, und ihm verdanken wir die großartige Geschichte der Stadt Rom im Mittelalter.

Als Vertreterinnen der Literatur des 20. Jh. seien Ingeborg **Bachmann** (1926-1973) und Marie-Luise **Kaschnitz** (1901 – 1974) genannt, die beide lange Jahre bis zu ihrem Tode in Rom lebten und arbeiteten.

I. Bachmann: **Was ich in Rom sah und hörte.** Piper Verlag, München.
W. Bergengruen: **Römisches Erinnerungsbuch.** Herder Verlag, Freiburg.
R.D. Brinkmann: **Rom. Blicke.** Rowohlt Verlag, Reinbek.
J.W. v. Goethe: **Italienische Reise.** Insel Verlag, Frankfurt/Main.
F. Gregorovius: **Wanderjahre in Italien.** Beck Verlag, München.
J.G. Herder: **Italienische Reise 1788-1789.** dtv Verlag, München.
M.L. Kaschnitz: **Engelsbrücke. Römische Betrachtungen.** Claassen Verlag, Hildesheim.
D. Mariani: **Stimmen.** Piper Verlag, München.
E. Morante: **La storia.** Fischer Taschenbuchverlag, Frankfurt/Main.
A. Moravia: **Römische Erzählungen.** Rowohlt Verlag, Reinbek.
R. Raffalt: **Concerto Romano.** Prestel Verlag, München.
H. Rosendorfer: **Rom. Eine Einladung.** Kiepenheuer und Witsch, Köln.
Stendhal: **Reisen in Italien.** Diederichs Verlag, München.
F.P. Waiblinger (Hrsg.): **Dtv-Reise Textbuch Rom.** dtv Verlag, München.
M. Worbs (Hrsg.): **Rom. Städtelesebuch.** Insel Verlag, Frankfurt/Main.

Bildbände

G. Gasponi: **Strahlendes Rom**. Schüler Verlag, München.
B.L. Richter: **Sempre Roma**. Artcolor Verlag, Hamm.
M. Thomas/B. Benedikt: **Rom sehen und erleben**. Südwest Verlag, München.

Videos

Alle Wege führen nach Rom, Vista Video
Rom, Falken Verlag
Rom, DuMont Verlag

Filme

Das antike Rom wird in zahlreichen Monumentalfilmen behandelt: **Quo Vadis?** von Mervyn Le Roy (1951), **Julius Cäsar** von Josep Mankiewicz (1953), **Ben Hur** von William Wyler (1959), **Spartacus** von Stanley Kubrick (1960), **Satyricon** von Federico Fellini (1969)...
1945, **Rom – offene Stadt** von Roberto Rossellini
1948, **Fahrraddiebe** von Vittorio de Sica
1951, **Bellissima** von Luchino Visconti
1953, **Ein Herz und eine Krone** von William Wyler
1957, **Die Nächte der Cabiria** von Federico Fellini
1960, **Das süße Leben** von Federico Fellini
1960, **Es war Nacht in Rom** von Roberto Rossellini
1963, **Die Gleichgültigen** von Francesco Maselli
1971, **Fellinis Rom** von Federico Fellini
1974, **Wir hatten uns so geliebt** von Ettore Scola
1977, **Ein besonderer Tag** von Ettore Scola
1979, **La Luna** von Bernardo Bertolucci
1987, **Der Bauch des Architekten** von Peter Greenaway
Siehe auch im Kapitel „Kino" in der Einleitung des Führers.

Veranstaltungskalender

Ein ausführlicher Veranstaltungskalender ist auf Anfrage beim Ufficio Informazioni Pellegrini e Turisti (im Vatikan) und beim EPT *(siehe Praktische Hinweise und Romkarte)* erhältlich.

6. Januar
Das „Befana"-Fest auf der Piazza Navona *(s. dort)* bildet den Abschluß der Weihnachtsfeierlichkeiten. Die Stände biegen sich unter dem Spielzeug und Naschwerk für die Kinder.

21. Januar
In der Kirche Sankt Agnes vor den Mauern *(siehe Sant'Agnese Fuori le Mura)* werden anläßlich des Festes der Heiligen zwei Lämmer gesegnet und anschließend den Benediktinerinnen von Santa Cecilia überreicht. Diese weben aus ihrer Wolle die sogenannten „Pallien", die die Erzbischöfe vom Papst erhalten.

9. März
Autoweihe bei der Kirche Santa Francesca Romana *(s. Chiesa Santa Francesca Romana)*, der Schutzpatronin der Autofahrer.

Menschenmenge auf dem Petersplatz am Ostersonntag

19. März
Anläßlich des Fests des hl. Josef kann man an Ständen im Stadtviertel Trionfale die typischen „bignè" und „frittelle" kaufen, eine Art Krapfen und Windbeutel, die speziell zu diesem Anlaß hergestellt werden.

Karfreitag
Nächtlicher Kreuzweg zwischen dem Kolosseum und dem Palatin.

Ostern
Mittags spricht der Papst auf dem Petersplatz den Segen „Urbi et Orbi".

April
Für das Frühlingsfest wird die Spanische Treppe mit Azaleen geschmückt, was einen zauberhaften Anblick bietet.

21. April
Jahrestag der Gründung der Ewigen Stadt (753 v. Chr.). Diesem Ereignis wird in feierlichen Zeremonien auf dem Kapitol gedacht.

Mai
Internationales Reitturnier auf der Piazza di Siena (Villa Borghese).
Freiluft-Kunstausstellung in der Via Margutta *(s. dort)*.
Antiquitätenmesse in der Via dei Coronari *(s. dort)*.
Rosenblüte im städtischen Rosengarten (Roseto di Roma, Via di Valle Murcia – *s. Aventino)*.

23. und 24. Juni
Fest des Apostels Johannes. In dem nach ihm benannten Viertel findet aus diesem Anlaß ein großes Volksfest mit Spielen und öffentlichen Veranstaltungen statt. Man kann hier Schnecken in Bouillon und gebratenes Spanferkel kosten.

29. Juni
Messe in Sankt Peter im Vatikan anläßlich des Festes Peter und Paul, des höchsten religiösen Festes in Rom.

Juni-Juli
Tevere-Expo: Ausstellung von italienischen und internationalen Produkten an den Ufern des Tiber.

Vom 15. bis 30. Juli
„Fiesta de Noantri" im Trastevere, ein Volksfest in den Straßen des Viertels.

Juli-August
Römischer Sommer: Konzerte und verschiedene Veranstaltungen in der ganzen Stadt *(siehe auch Terme di Caracalla)*.

5. August
In Groß Sankt Marien wird des wundersamen Schneefalls gedacht, der Anlaß zum Bau der Basilika war *(siehe Basilica di Santa Maria Maggiore)*. In der Paolinischen Kapelle werden weiße Blüten geworfen.

8. Dezember
Auf der Piazza di Spagna Fest der Unbefleckten Empfängnis in Anwesenheit des Heiligen Vaters.

Dezember
Zu **Weihnachten** wird in der Kirche Santa Maria d'Aracœli feierlich das Santo Bambino ausgestellt *(siehe Chiesa Santa Maria d'Aracœli)*.
Via Giulia, jedes Jahr: Krippenausstellung mit mehr als 50 Exponaten. Schöne Krippen sind auch in Santi Cosma e Damiano, Santa Maria in Via, Sant'Alexis auf dem Aventin, in der Basilika Santi Apostoli, San Marcello, in der Chiesa del Gesù, Santa Maria d'Aracœli, Santa Maria del Popolo, Santa Maria Maggiore (Krippe aus dem 13. Jh.) zu sehen. Ganz besonders feierliche Christmetten gibt es in den Kirchen Santa Maria Maggiore und Santa Maria d'Aracœli. Auf dem Petersplatz Papstsegen „Urbi et Orbi".
In der gesamten Weihnachtszeit sind rote Teppiche in den Straßen und vor den Läden ausgerollt.

Besichtigungsbedingungen

Die Informationen entsprechen dem Stand zur Zeit der Redaktion. Preise und Öffnungszeiten ändern sich jedoch sehr häufig – für eventuelle Unstimmigkeiten bitten wir daher um Verständnis. War es nicht möglich, die aktuellen Besichtigungsbedingungen zu erhalten, wurden die der vorhergehenden Ausgabe übernommen. In diesem Falle erscheinen sie in Kursivschrift. Man sollte sich in jedem Fall vor der Besichtigung telefonisch erkundigen.

Die Angaben gelten für Einzelbesucher (ohne Ermäßigung); in einigen Einrichtungen ist der Eintritt allerdings für Besucher unter 18 und ab 60 Jahren ermäßigt oder kostenlos. Wenn die Redaktion darüber in Kenntnis gesetzt wurde, findet man diesen Hinweis in den Besichtigungsbedingungen; andernfalls sollte man an der Kasse vorher nachfragen. Für Gruppen können im allgemeinen bei Voranmeldung besondere Eintrittspreise und Besichtigungsbedingungen vereinbart werden.

In der Woche des Kulturerbes (Settimana die Beni Culturali), die alljährlich festgesetzt wird, ist in einigen Einrichtungen der Eintritt frei. Nähere Auskunft erhält man in den Fremdenverkehrsämtern.

Es ist nicht ratsam (und häufig auch nicht statthaft), Kirchen mit kurzen Hosen, Miniröcken, weitausgeschnittenen oder ärmlosen T-Shirts zu betreten. Auch sollte man von einer Besichtigung während der Gottesdienste absehen. Da manche Kirchen aufgrund des Personalmangels nachmittags geschlossen sind, empfiehlt es sich, Besichtigungen immer auf den Vormittag zu legen, dann herrschen im Innern auch bessere Lichtverhältnisse; man sollte 100, 200 und 500 Lire-Stücke für die Beleuchtungsvorrichtung von Kunstwerken bereit halten.

Findet die Besichtigung von Museen, Kirchen und anderen Einrichtungen im Rahmen einer Führung statt, gibt man dem Führer gewöhnlich Trinkgeld.

Sehenswürdigkeiten mit einem behindertengerechten Zugang sind mit dem Symbol ♿ kenntlich gemacht.

APPIA ANTICA

Catacombe di San Callisto – Führungen (1 Std.): täglich außer Mittwoch 8.30-12 und 14.30-17.30 Uhr (17 Uhr im Winter). Geschlossen: im Febr. Erfrischungsbar. ☎ 06 51 36 725.

Catacombe di Domitilla – Führungen (1 Std.): täglich außer Dienstag 8.30-12 und 14.30-17.30 Uhr (17 Uhr im Winter). Geschlossen: im Jan. 8 000 L. ☎ 06 51 10 342.

Catacombe di San Sebastiano – Geöffnet: täglich außer Sonntag 8.30-12 und 14.30-17.30 Uhr (17 Uhr im Winter). Geschlossen: Mitte Nov. bis Mitte Dez. ☎ 06 78 50 350.

Circo di Massenzio et Tomba di Romolo – Geöffnet: April bis Sept. täglich außer Montag 9-19 Uhr; sonst 9-17 Uhr; an Sonn- und Feiertagen 9-14 Uhr. Geschlossen: 1. Jan., 1. Mai und 25. Dez. 3 750 L, an jedem letzten Sonntag des Monats, in der Woche des Kulturerbes sowie für Besucher unter 18 und ab 60 Jahren Eintritt frei. ☎ 06 78 01 324.

Tomba di Cecilia Metella – Geöffnet: Dienstag bis Samstag 9 bis 1 Stunde vor Sonnenuntergang, Montag sowie an Sonn- und Feiertagen 9-13 Uhr. Geschlossen: 1. Jan., 1. Mai und 25. Dez. Eintritt frei. ☎ 06 78 02 465.

AVENTINO

Santuario di Mitra in der Kirche Santa Prisca – Wegen Restaurierungsarbeiten geschlossen.

BOCCA DELLA VERITÀ

Oratorio di San Giovanni Decollato – Führungen: Montag, Mittwoch und Freitag um 10.30 Uhr nur auf Voranmeldung 14 Tage im voraus beim Governatore dell'Arciconfraternità di San Giovanni Decollato, Via San Giovanni Decollato, 22 00186 Roma. ☎ 06 67 91 890.

CAMPIDOGLIO – CAPITOLINO

Museo del Palazzo dei Conservatori – Der Palast wird größtenteils umgebaut. Das Atrium, einige der Gemächer der Konservatoren und die Pinakothek sind für den Publikumsverkehr zugänglich. Geöffnet: Dienstag bis Samstag 9-19 Uhr, Sonntag 9-18.45 Uhr, an Feiertagen 9-13.45 Uhr. Letzter Einlaß eine halbe Stunde vor Schließung. Geschlossen: 1. Jan., 1. Mai und 25. Dez. 10 000 L, an jedem letzten Sonntag des Monats, 21. April, 15. Dez., in der Woche des Kulturerbes sowie für Besucher unter 18 und ab 60 Jahren Eintritt frei. ☎ 06 67 10 20 71.

CAMPIDOGLIO – CAPITOLINO

Museo Capitolino – Wird z. Z. umgebaut. ☎ 06 67 10 20 71.

Ausgrabungen in der Chiesa di San Nicola in Carcere – Geöffnet: 7-12 und 16-19 Uhr, an Sonn- und Feiertagen 9.30-13 Uhr. Geschlossen: im Aug. ☎ 06 68 69 972.

CAMPO DEI FIORI

Palazzo della Cancelleria – Geöffnet: täglich außer Samstag und Sonntag auf Anfrage bei der Amministrazione del patrimonio della Sede Apostolica – Città del Vaticano. Geschlossen: an Feiertagen, im Juli und Aug. ☎ 06 69 88 47 67.

Museo Barracco – Geöffnet: täglich außer Montag 9-19 Uhr (13 Uhr an Sonn- und Feiertagen). 3 750 L. ☎ 06 68 80 68 48.

Cappella del Monte di Pietà – Besichtigung nur auf schriftliche Anfrage 20 Tage im voraus bei der Banca di Roma – Area Legale Affari generali, Comparto Rappresentanza e Beni Storico-artistici – Via M. Minghetti 17, 00187 Roma. ☎ 06 51 721.

Galleria Spada – Führungen (ca. 1 Std.) möglich: täglich außer Montag 9-19 Uhr (13 Uhr am Sonntag). Letzter Einlaß 1/2 Std. vor Schließung. Geschlossen: 1. Jan., 1. Mai und 25. Dez. 8 000 L. ☎ 06 68 61 158.

CASTEL SANT'ANGELO

Castel Sant'Angelo – Geöffnet: 9-14 Uhr. Kassenschluß 1 Std. vor Schließung des Museums. Geschlossen: 1. Jan., 1. Mai und 25. Dez. 8 000 L. ☎ 06 68 75 036.

Oratorio dei Filippini – Besichtigung nur auf Anfrage bei Signora la dottoressa Anna Lisa Pacini. ☎ 06 68 80 30 81.

CATACOMBE DI PRISCILLA

Catacombe di Sant'Agnese fuori le Mura – Führungen (ungefähr 30 bis 40 Min.): Dienstag bis Samstag 9-12 und 16-18 Uhr, Montag 9-12 Uhr, an Sonn- und Feiertagen 16-18 Uhr. Erfrischungsbar. 8 000 L. ☎ 06 86 20 54 56.

Mausoleo di Santa Costanza – Führungen: Dienstag bis Samstag 9-12 und 16-18 Uhr, Montag 9-12 Uhr, an Sonn- und Feiertagen 16-18 Uhr. Voranmeldung eine Woche im voraus erforderlich. ☎ 06 86 20 54 56.

Catacombe di Priscilla – Führungen (1 Std.): täglich außer Montag 8.30-12 und 14.30-17.30 Uhr (17 Uhr im Winter). Geschlossen: 25. Dez., Ostern und im Jan. ☎ 06 86 20 62 72.

COLOSSEO – CELIO

Colosseo – Geöffnet: 9 Uhr bis 1 Std. vor Sonnenuntergang (14 Uhr an Sonn- und Feiertagen). Geschlossen: 1. Jan., 1. Mai und 25. Dez. Tonbandführungen möglich. 10 000 L., in der Woche des Kulturerbes sowie für Besucher unter 18 und ab 60 Jahren Eintritt frei. ☎ 06 70 04 261.

Basilica di San Clemente: Unterirdische Bauten – Geöffnet: 9-12.30 und 15-18 Uhr, an Sonn- und Feiertagen 10-12 und 14-18 Uhr. Geschlossen: 25. Dez. 4 000 L. ☎ 06 70 45 10 18.

Chiesa di Santo Stefano Rotondo – Geöffnet: im Sommer Dienstag bis Samstag 9-13 und 15.30-18 Uhr, Montag 9-13 Uhr; im Winter Dienstag bis Samstag 13.50-16.20 Uhr. Geschlossen: an Feiertagen. ☎ 06 70 49 37 17.

Chiesa di San Gregorio Magno – Geöffnet: täglich außer Montag 9.30-12.30 und 14.30 bis 17.30 Uhr. 5 000 L. ☎ 06 700 82 27.

E.U.R.

Museo Luigi Pigorini – ♿ Geöffnet: täglich außer Montag 9-14 Uhr (13.30 Uhr an Sonn- und Feiertagen). Geschlossen: 1. Jan., 1. Mai und 25. Dez. Führungen (1/2 Std.) möglich, auch auf Englisch. 8 000 L, in der Woche des Kulturerbes sowie für Besucher unter 18 und ab 60 Jahren Eintritt frei. ☎ 06 54 95 23 10.

Museo dell'Alto Medioevo – Geöffnet: 9 -14 Uhr (13 Uhr an Sonn- und Feiertagen). Geschlossen: 1. Jan., 1. Mai und 25. Dez. 4 000 L, für Besucher unter 18 und ab 60 Jahren Eintritt frei. ☎ 06 54 22 81 99.

Museo della Civiltà Romana – Geöffnet: täglich außer Montag 9-19 Uhr (13.30 Uhr am Sonntag). Geschlossen: 1. Jan., 1. Mai und 25. Dez. 5 000 L, an jedem letzten Sonntag des Monats sowie für Besucher unter 18 und ab 60 Jahren Eintritt frei. ☎ 06 59 26 135.

E.U.R.

Museo delle Arti e Tradizioni popolari – Führungen möglich: Montag, Dienstag, Donnerstag, Freitag und Samstag 9-14 Uhr, Mittwoch 9-18 Uhr, Sonntag 9-13 Uhr. Geschlossen: 1. Jan., 1. Mai und 25. Dez. 4 000 L, in der Woche des Kulturerbes sowie für Besucher unter 18 und ab 60 Jahren Eintritt frei. ☎ 06 59 10 709.

FONTANA DI TREVI – QUIRINALE

Museo Nazionale delle Paste Alimentari – ♿ (zum Teil). Geöffnet: 9.30-17.30 Uhr. Geschlossen: an Feiertagen und 31. Dez. bis 6. Jan. Besichtigung mit Tonbandführung möglich (ungefähr 1/2 Std.) auf Italienisch, Englisch, Französisch, Spanisch, Deutsch und Japanisch. Videovorführungen. 12 000 L. ☎ 06 69 91 119.

Palazzo del Quirinale – Geöffnet: an jedem 2. und 4. Sonntag des Monats 8-12.30 Uhr nur auf Voranmeldung. Geschlossen: 25. Dez., Ostern und im Aug. Eintritt frei. ☎ 06 46 991 (Servizio Intendenza).

Chiesa di Sant'Andrea al Quirinale – Geöffnet: täglich außer Dienstag 8-12 und 16-19 Uhr; im Aug. nur 10-12 Uhr. ☎ 06 48 90 31 87.

Chiesa di San Carlo alle Quattro Fontane – Geöffnet: Montag bis Freitag 9.30-12.30 und 16-18 Uhr, Samstag 9.30-12.30 Uhr. Geschlossen: an Feiertagen. ☎ 06 48 83 261.

Pallazo Pallavicini – Casino – Geöffnet an jedem 1. des Monats (außer am 1. Jan.) 10-12 und 15-17 Uhr. Eintritt frei. ☎ 06 48 27 224

Chiesa di San Silvestro al Quirinale – Führungen möglich: 9-12 Uhr; nachmittags nur auf Voranmeldung. Eingang in der Via 24 Maggio Nr. 10. ☎ 06 67 90 240.

Galleria di Palazzo Colonna – Geöffnet: nur Samstag 9-13 Uhr. Geschlossen: im Aug. 10 000 L. ☎ 06 67 94 362.

Museo delle Cere – Geöffnet: 9-20 Uhr. 7 000 L. ☎ 06 67 96 482.

Basilica dei Santi Dodici Apostoli – Geöffnet: 9.30-12 und 16.30-18 Uhr nur auf Voranmeldung eine Woche im voraus. ☎ 06 69 95 71.

Galleria dell'Accademia di San Luca – Geöffnet: Montag, Mittwoch und Freitag 10-13 Uhr. Geschlossen: an Feiertagen, im Juli und Aug. Eintritt frei. ☎ 06 67 98 850.

FORI IMPERIALI

Carcere Mamertino – Führungen möglich (ca. 1/4 Std.): im Sommer 9-12 und 14.30-18 Uhr (17 Uhr im Winter). Trinkgeld nicht vergessen. ☎ 06 67 92 902.

Mercati Traianei – ♿ (zum Teil). Geöffnet: im Sommer täglich außer Montag 9-18.30 Uhr (16 Uhr im Winter). Letzter Einlaß 1/2 Std. vor Schließung. Geschlossen: an Feiertagen. 3 750 L, an jedem letzten Sonntag des Monats sowie in der Woche des Kulturerbes Eintritt frei. ☎ 06 67 90 048.

Casa dei Cavalieri di Rodi – Geöffnet: 9-13 Uhr auf schriftliche Voranmeldung bei der Sovrintendenza – Ripartizione X, Piazza Campitelli 1, 00186 Roma.

FORO ROMANO – PALATINO

Foro Romano – Palatino – Geöffnet: 9 Uhr bis 1 Std. vor Sonnenuntergang (bis 14 Uhr an Sonn- und Feiertagen). Geschlossen: 1. Jan., 1. Mai und 25. Dez. Foro Romano: Eintritt frei; Palatino: 12 000 L, am 21 April, in der Woche des Kulturerbes sowie für Besucher unter 18 und ab 60 Jahren Eintritt frei. ☎ 06 69 90 110.

Chiesa di Santa Maria Antiqua – Geöffnet: täglich außer Sonntag 9-11 Uhr nur auf schriftliche Voranmeldung 30 Tage im voraus bei der Soprintendenza archeologica di Roma, Piazza Santa Maria Nova 53, 00186 Roma. ☎ 06 69 90 110.

Antiquarium – Führungen (40 Min.) möglich: 9 Uhr bis 1 Std. vor Sonnenuntergang (bis 14 Uhr an Sonn- und Feiertagen). Geschlossen: 1. Jan., 1. Mai und 25. Dez. Eintritt frei. ☎ 06 69 90 110.

Unterirdische Räume (Haus des Greifen) – Geöffnet: 9 Uhr bis 1 Std. vor Sonnenuntergang (bis 14 Uhr an Sonn- und Feiertagen). Geschlossen: 1. Jan., 1. Mai und 25. Dez. Eintritt frei. ☎ 06 69 90 110.

Casa di Livia – *Wegen Restaurierungsarbeiten z. Z. geschlossen.*

GIANICOLO

Galleria Nazionale d'Arte Antica im Palazzo Corsini – Führungen (1 1/2 Std.) möglich: Sept. bis Juli Dienstag bis Freitag 9-19 Uhr, Samstag 9-14 Uhr; im Aug. Dienstag bis Samstag 9-14 Uhr, Sonntag 9-13 Uhr. Geschlossen: 1. Jan., 1. Mai und 25. Dez. 8 000 L, in der Woche des Kulturerbes Eintritt frei. ☎ 06 68 80 23 23.

Villa Farnesina – Geöffnet: täglich außer Sonntag 9-13 Uhr. Letzter Einlaß um 12.40 Uhr. Geschlossen: an Feiertagen. 6 000 L. ☎ 06 68 80 17 67. Internet-Site: http://www.lincei.it.

GIANICOLO

Gabinetto nazionale delle Stampe – Zur Einsicht in die Datenbank Voranmeldung erforderlich unter ☎ 06 69 98 02 42.

Orto Botanico – Geöffnet: im Sommer täglich außer Sonntag 9-18.30 Uhr (17.30 Uhr im Winter). Geschlossen: an Feiertagen. 4 000 L. ☎ 06 68 64 193.

Chiesa di Sant'Onofrio – Geöffnet: Sonntag 9-13 Uhr. Geschlossen: im Aug.

ISOLA TIBERINA – TORRE ARGENTINA

Museo di Arte ebraica – Führungen (ca. 1 Std.) möglich: Montag bis Donnerstag 9-17 Uhr, Freitag 9-14 Uhr, Sonntag 9-12.30 Uhr. Geschlossen: an jüdischen Feiertagen. 8 000 L. ☎ 06 68 40 06 61.

Casa del Burcardo – Das Museum des Theaterlebens ist z. Z. wegen Restaurierungsarbeiten geschlossen. Die Bibliothek ist zu besichtigen: Montag, Mittwoch und Freitag 9-13.30 Uhr, Dienstag und Donnerstag 9-16 Uhr. Geschlossen: im Aug. ☎ 06 68 80 67 55.

MONTECITORIO

Palazzo di Montecitorio – Führungen (1/2 Std.) im Abgeordnetenhaus: an jedem 1. Sonntag des Monats 10-16.30 Uhr (max. 50 Personen). Eintritt frei. ☎ 06 67 601.

Chiesa di Sant'Antonio dei Portoghesi – Geöffnet: 8.30-13 Uhr und 15-18 Uhr. ☎ 06 68 80 24 96.

Museo Napoleonico – Geöffnet: täglich außer Montag 9-19 Uhr (13.30 Uhr an Sonn- und Feiertagen). Geschlossen: 1. Jan., 1. Mai und 25. Dez. 3 750 L, am 1. Sonntag des Monats sowie für Besucher unter 18 und ab 60 Jahren Eintritt frei. ☎ 06 68 80 62 86.

Casa di Mario Praz – ♿ (zum Teil). Führungen (_ Std.): Dienstag bis Sonntag 9-13 und 14.30-19.30 Uhr, Montag 14.30-19.30 Uhr. Letzter Einlaß 1/2 Std. vor Schließung. Geschlossen: 1. Jan., 1. Mai und 25. Dez. 4 000 L, in der Woche des Kulturerbes Eintritt frei. ☎ 06 68 61 089.

Palazzo Altemps – Geöffnet: täglich außer Montag 9-21.45 Uhr (bis 19.45 Uhr an Sonn- und Feiertagen). Letzter Einlaß 1/2 Std. vor Schließung. Geschlossen: 1. Jan., 1. Mai und 25. Dez. Führungen (ca. 1 Std.) möglich, auf Englisch, Französisch, Deutsch und Spanisch. 10 000 L, für Besucher unter 18 und ab 60 Jahren Eintritt frei. ☎ 06 68 33 759.

Chiesa della Maddalena – Geöffnet: Montag bis Samstag 8.30-12 und 17-18 Uhr, am Sonntag 16-18.30 Uhr. ☎ 06 67 97 796.

MONTE MARIO

Villa Madama – Führungen (ca. 1 Std.): Montag bis Samstag 9-13 Uhr, auf Voranmeldung beim Ministero degli Affari Esteri – Cerimoniale diplomatico della Repubblica, Servizio Segreteria. ☎ 06 36 91 42 84.

PANTHEON

Pantheon – Geöffnet: 9-18.30 Uhr (13 Uhr am Sonntag). Geschlossen: 1. Jan., 1. Mai und 25. Dez. Eintritt frei. ☎ 06 68 30 02 30.

Galleria Doria Pamphili – ♿ Geöffnet: täglich außer Donnerstag 10-17 Uhr. Geschlossen: 1. Jan., 1. Mai und 25. Dez. und Ostern. Tonbandführungen möglich auf Italienisch, Englisch und Französisch. Videovorführung (ca. 1 Std.). 13 000 L. Auskunft und Fragen zu Besichtigungsmöglichkeiten außerhalb der Öffnungszeiten unter ☎ 06 67 97 323.

PIAZZA NAVONA

Chiesa di Sant'Agnese in Agone – Geöffnet: Dienstag bis Freitag 16.30-19 Uhr, Samstag 16.30-18.30 Uhr, Sonntag 10-13 Uhr. ☎ 06 67 94 435.

Chiesa di Santa Maria della Pace – *Wegen Restaurierungsarbeiten geschlossen.*

Museo di Roma im Palazzo Braschi – *Wegen Restaurierungsarbeiten geschlossen.*

Chiesa Sant'Ivo alla Sapienza – Geöffnet: Sonntag 9-12 Uhr, an Werktagen 9-14 Uhr nur auf Voranmeldung (auch per Fax) beim Rettore di Sant'Ivo alla Sapienza, corso Rinascimento 40, 00186 Roma. ☎ 06 68 64 987, Fax 06 69 88 64 35.

Chiesa di San Luigi dei Francesi – Geöffnet: täglich außer Donnerstagnachmittag. ☎ 06 68 82 71.

PIAZZA DI SPAGNA

Casina di Keats – Geöffnet: Mai bis Sept. täglich außer Samstag und Sonntag 9-13 und 15-18 Uhr; sonst 9-13 und 14.30-17.30 Uhr. Geschlossen: an Feiertagen. 5 000 L. ☎ 06 67 84 235. Internet-Site: www.denon.co.uk/heritage/keats.house.rout.

PIAZZA DI SPAGNA

Galleria Comunale d'Arte Moderna e Contemporanea – ♿ Führungen (1 Std.) möglich: täglich außer Montag 9-19 Uhr (14 Uhr am Sonntag). Geschlossen: 1. Jan., 1. Mai und 25. Dez. 10 000 L, in der Woche des Kulturerbes und an jedem letzten Sonntag des Monats Eintritt frei. ☎ 06 47 42 84 84.

Chiesa dei Re Magi im Palazzo di Propaganda Fide – Geöffnet: auf Voranmeldung bei den Superiori della Congregazione di Propagande Fide, Piazza di Spagna 48, 00187 Roma.

Ara Pacis Augustæ – Geöffnet: täglich außer Montag 9-18 Uhr (13 Uhr an Sonn- und Feiertagen). Geschlossen: 1. Jan., 1. Mai und 25. Dez. 3 750 L, an jedem letzten Sonntag des Monats Eintritt frei. ☎ 06 36 00 34 71.

PIAZZA VENEZIA

Museo di Palazzo Venezia – ♿ Geöffnet: täglich außer Montag 9-14 Uhr (13 Uhr an Feiertagen). Geschlossen: 1. Jan., 1. Mai und 25. Dez. 8 000 L, in der Woche des Kulturerbes sowie für Besucher unter 18 und ab 60 Jahren Eintritt frei. In den Salons finden wechselnde Ausstellungen und Veranstaltungen statt. ☎ 06 69 99 43 19.

Chiesa del Gesù – Räume, in denen der hl. Ignatius von Loyola lebte – Geöffnet: 16-18 Uhr (10-12 Uhr am Sonntag). ☎ 06 67 93 495.

PORTA PIA

Villa Paolina – Besichtigung (nur für Gruppen) auf Voranmeldung mindestens 14 Tage im voraus beim Herrn Gesandten, Via Piave 23, 00187 Roma. ☎ 06 48 83 841.

Museo numismatico della Zecca Italiana – Führungen (1 1/2 Std.) möglich: täglich außer Montag 9.30-12.30 Uhr. Eintritt frei. Erfrischungsbar. ☎ 06 47 61 33 17.

Museo Nazionale Romano – ♿ (zum Teil). Geöffnet: täglich außer Montag 9-14 Uhr (13 Uhr an Sonn- und Feiertagen) Geschlossen: 1. Jan., 1. Mai und 25. Dez. 12 000 L. ☎ 06 48 90 35 00.

SAN GIOVANNI IN LATERANO

Basilica di San Giovanni in Laterano – Geöffnet: April bis Sept. 7-19 Uhr; sonst 7-18 Uhr. ☎ 06 69 88 64 33.

Museo della Basilica di San Giovanni in Laterano – s. Basilica. 4 000 L.

Museo Storico Vaticano – Geöffnet: Samstag und an jedem ersten Sonntag des Monats 8.45-13 Uhr. 6 000 L. ☎ 06 69 88 49 47.

Scala Sancta und Sancta Sanctorum – Geöffnet: im Sommer 6.15-12.15 und 15.30-19 Uhr; im Winter 6.15-12.15 und 15-18.30 Uhr.

Museo degli Strumenti Musicali – ♿ Geöffnet: täglich außer Montag 9-14 Uhr, an Sonn- und Feiertagen Einlaß nur um 9 und 11.15 Uhr. Geschlossen: 1. Jan., 1. Mai und 25. Dez. 4 000 L, in der Woche des Kulturerbes sowie für Besucher unter 18 und ab 60 Jahren Eintritt frei. ☎ 06 70 14 796.

Chiesa di Santa Croce in Gerusalemme – Geöffnet: 7-12.15 und 15-19.15 Uhr. ☎ 06 70 14 769.

SAN PAOLO FUORI LE MURA

Basilica di San Paolo fuori le mura – Geöffnet: 7-18.30 Uhr.

SANTA MARIA MAGGIORE – ESQUILINO

Basilica di Santa Maria Maggiore – Geöffnet: 7-18.45 Uhr. Geschlossen: während religiöser Zeremonien. ☎ 06 488 10 94.

Loggia di Santa Maria Maggiore – Geöffnet: 9.30-17.30 Uhr. 5 000 L. ☎ 06 48 81 094.

Ausgrabungen in der Chiesa di Santa Prudenziana – Für den Publikumsverkehr z. Z. nicht geöffnet.

Chiesa di San Martino ai Monti – Geöffnet an Werktagen 9-12 und 16.30-17.30 Uhr auf Voranmeldung mindestens 10 Tage vorher beim Ufficio parrocchiale di San Martino ai Monti, Via Monte Oppio 28, 00184 Roma oder telefonisch unter ☎ 06 48 73 126.

Auditorium di Mecenate – Geöffnet: im Sommer täglich außer Montag 9-19 Uhr; im Winter 9-17 Uhr; sonst Sonntag ganzjährig 9-13.30 Uhr. Geschlossen: 1. Jan., 1. Mai und 25. Dez. 3 750 L, an jedem 1. Sonntag des Monats, in der Woche des Kulturerbes sowie für Besucher unter 18 und ab 60 Jahren Eintritt frei. ☎ 06 48 73 262.

TERME DI CARACALLA

Chiesa di Santa Balbina – Besichtigung 7.00-17.30 Uhr (Zugang über den Garten). ☎ 06 57 80 207.

Terme di Caracalla – Geöffnet: Dienstag bis Samstag 9 Uhr bis 1 Std. vor Sonnenuntergang, Montag sowie an Sonn- und Feiertagen 9-14 Uhr. Letzter Einlaß 1 Std. vor Schließung. Geschlossen: 1. Jan., 1. Mai und 25. Dez. 8 000 L, in der Woche des Kulturerbes sowie für Besucher unter 18 und ab 60 Jahren Eintritt frei. ☎ 06 57 58 626.

Chiesa di Santi Nereo e Achilleo – Geöffnet: ein Woche nach Ostern bis Okt. täglich außer Dienstag 10-12 und 16-18 Uhr. Geschlossen: im Aug. ☎ 06 57 57 996.

Casa del Cardinale Bessarione – *Wegen Restaurierungsarbeiten geschlossen.*

Sepolcro degli Scipioni – *Wegen Restaurierungsarbeiten geschlossen.*

Colombario di Pomponio Hylas – Geöffnet: auf Voranmeldung bei Comune di Roma (Stadtverwaltung von Rom), X ripartizione – Ufficio Monumenti antichi e scavi, Via Del Portico d'Ottavia 29, 00186 Roma. ☎ 06 67 10 38 19 und 06 70 47 52 84 (Museo delle Mura).

Museo delle Mura – Geöffnet: Dienstag bis Samstag 9-19 Uhr, Sonntag 9-17 Uhr (19 Uhr April bis Okt.), an Feiertagen 9-14 Uhr. Geschlossen: 1. Jan., 1. Mai und 25. Dez. Videovorführung. 3 750 L, an jedem letzten Sonntag des Monats, in der Woche des Kulturerbes sowie für Besucher unter 18 und ab 60 Jahren Eintritt frei. ☎ 06 70 47 52 84.

TRASTEVERE

Chiesa Paleocristiana di San Crisogono in Trastevere: Unterkirche – Geöffnet: 7-11 und 16-19 Uhr, an Sonn- und Feiertagen 8-13.30 und 16-19 Uhr. Geschlossen: während der Gottesdienste. 3 000 L. Eingang in der Sakristei über eine schwer begehbare Eisentreppe.

Chiesa di Santa Cecilia in Trastevere – Geöffnet: 10-11.45 und 16-17 Uhr.

Krypta – *s. Kirche.* 2 000 L. – Geöffnet: Dienstag und Donnerstag 10-11.30 Uhr. Spende nicht vergessen.

Museo del Folklore – Geöffnet: täglich außer Montag 9-19 Uhr (an Sonn- und Feiertagen 9-13.30 Uhr). Letzter Einlaß 1/2 Std. vor Schließung. Geschlossen: 1. Jan., 1. Mai und 25. Dez. 3 750 L, an jedem letzten Sonntag des Monats sowie für Besucher unter 18 und ab 60 Jahren Eintritt frei. ☎ 06 58 99 359.

VATICANO – SAN PIETRO

Basilica di San Pietro – Geöffnet: im Sommer 7-19 Uhr, im Winter 7-18 Uhr und wenn die Abfolge der liturgischen Pontifikalämter es zeitlich zuläßt. ☎ 06 69 88 33 33.

Museo Storico, Tesoro – ♿ Geöffnet: April bis Sept. 9-19 Uhr; sonst 9-18 Uhr. Letzter Einlaß 1/2 Std. vor Schließung. Geschlossen: Ostern und 25. Dez. 8 000 L. ☎ 06 69 88 18 40.

Vatikanische Grotten – Geöffnet: im Sommer 8-18 Uhr; im Winter 8-17 Uhr. Geschlossen: Mittwoch (im Falle einer öffentlichen Audienz) und bei Pontifikalämtern im Petersdom.

Aufstieg zur Kuppel – *s. Vatikanische Grotten.* 6 000 L mit dem Aufzug, 5 000 L zu Fuß.

Necropoli vaticana – Führungen (1 1/2 Std.): täglich außer Sonntag. Geschlossen: an kirchlichen Feiertagen. 10 000 L. Kinder unter 14 Jahren kein Einlaß. Voranmeldung lange Zeit im voraus erforderlich beim Delegato della Fabbrica di San Pietro – Ufficio scavi – 00120 Città del Vaticano (Bürozeiten für den Publikumsverkehr Montag bis Samstag 9-17 Uhr). ☎ 06 69 88 53 18.

Musei vaticani – ♿ Geöffnet: Mitte März bis Okt. täglich außer Sonntag (mit Ausnahme des letzten Sonntags im Monat) 8.45-16.45 Uhr; sonst 8.45-13.45 Uhr; Samstag und an jedem letzten Sonntag des Monats ganzjährig 8.45-13.45 Uhr. Geschlossen: 1. und 6. Jan., 11. Febr., 19. März, 1. Mai, 29. Juni, 15. Aug. 1. Nov., 8., 25. und 26. Dez., Ostermontag, Himmelfahrt, Fronleichnam. Führungen möglich: 4 Abschnitte zwischen 1 1/2 und 5 Std. Tonbandführungen auf Französisch, Englisch, Deutsch, Spanisch und Japanisch. Für behinderte Besucher sind vier Abschnitte eingerichtet. Ferner stehen Rollstühle zur Verfügung. Erfrischungsbar, Cafeteria und Selbstbedienungsrestaurant. 15 000 L (ab 1. Jan. 1999 18 000 L), an jedem letzten Sonntag des Monats Eintritt frei. ☎ 06 69 88 33 33.

Vaticano: Stadt und Gärten des Vatikans – Führungen (2 Std.): März bis Okt. täglich außer Mittwoch und Sonntag um 10 Uhr; Nov. bis Febr. nur Samstag. Geschlossen: 1. und 6. Jan., 11. Febr., 19. März, 1. Mai, 29. Juni, 15. Aug. 1. Nov., 8., 25. und 26. Dez., Ostermontag, Himmelfahrt, Fronleichnam. 18 000 L. Voranmeldung erforderlich beim Ufficio Informazioni: ☎ 06 69 88 44 66.

VIA VENETO

Casino dell'Aurora – Wegen Restaurierungsarbeiten bis Mitte 2 000 geschlossen. Auskunft: ☎ 06 48 39 42.

Galleria nazionale d'Arte antica – ♿ Geöffnet: täglich außer Montag 9-19 Uhr (13 Uhr an Sonn- und Feiertagen). Geschlossen: 1. Jan., 1. Mai und 25. Dez. Geschlossen: 1. Jan., 1. Mai und 25. Dez. 18 000 L. ☎ 06 48 14 591.

Chiesa di Santa Susana – Geöffnet: täglich außer Sonntagnachmittag. Amerikanische Landeskirche. Gottesdienst auf Englisch. ☎ 06 48 82 748.

VILLA BORGHESE – VILLA GIULIA

Museo Nazionale di Villa Giulia – Geöffnet: täglich außer Montag 9-19 Uhr (14 Uhr an Sonn- und Feiertagen). Geschlossen: 1. Jan., 1. Mai und 25. Dez. Erfrischungsbar. 8 000 L, in der Woche des Kulturerbes Eintritt frei. ☎ 06 32 26 571.

Galleria Nazionale d'Arte Moderna – ♿ Führungen möglich: täglich außer Montag 9-22 Uhr (20 Uhr an Sonn- und Feiertagen). Geschlossen: 1. Jan., 1. Mai und 25. Dez. Erfrischungsbar und Restaurant. 8 000 L, in der Woche des Kulturerbes Eintritt frei. ☎ 06 32 29 82 25.

Museo Borghese – ♿ Geöffnet täglich außer Montag 9-22 Uhr (20 Uhr am Sonntag) nur auf Voranmeldung. Die Öffnungszeiten gelten bis zum 15. Okt. 1998; anschließend könnten folgende Öffnungszeiten gelten: 9-19 Uhr (13 Uhr am Sonntag). 10 000 L, zzgl. 2 000 L für die Reservierung. Telefonische Reservierung: ☎ 06 32 810 (Bürozeiten: Montag bis Freitag 9.30-18 Uhr). ☎ 06 85 48 577.

Umgebung

BRACCIANO

Castello Orsini Odescalchi – Führungen (1 Std.): im Sommer täglich außer Montag (Aug. ausgenommen) 9-12.30 und 15-19 Uhr; im Winter 10-12 und 15-17 Uhr. Führungsbeginn: Dienstag bis Freitag stündlich, Samstag sowie an Sonn- und Feiertagen halbstündlich. Geschlossen: 1. Jan. und 25. Dez. 11 000 L. ☎ 06 99 80 43 48.

CASTELLI ROMANI

Villa Aldobrandini (Gärten) – Geöffnet: im Sommer täglich außer Samstag und Sonntag 9-13 und 15-18 Uhr (17 Uhr im Winter). Geschlossen: an Feiertagen. Voranmeldung erforderlich (auch am Tag der Besichtigung selbst) beim I. A. T., Piazza Marconi, 1 oder telefonisch unter ☎ 06 94 20 331.

Grottaferrata: Museum – Geöffnet: täglich außer Montag 8.30-12 und 16.30-18 Uhr, an Sonn- und Feiertagen 8.30-13 und 16-18 Uhr. Geschlossen: an kirchlichen Feiertagen. Trinkgeld nicht vergessen. ☎ 06 94 59 309.

Monte Cavo – Mautgebühr: 2 000 L pro Person.

Museo di Nemi – ♿ (zum Teil). Führungen (1 Std.) möglich: 9-14 Uhr. Letzter Einlaß um 13 Uhr. Geschlossen: 1. Jan., 1. Mai und 25. Dez. 4000 L, in der Woche des Kulturerbes Eintritt frei. Videovorführung (1/2 Std.). Erfrischungsbar und Restaurant. ☎ 06 93 98 040.

Ardea – Museo della Raccolta Manzù – Geöffnet: Dienstag bis Sonntag 9-19 Uhr, Montag 14-19 Uhr. Geschlossen: 1. Jan., 1. Mai und 25. Dez. 4 000 L, in der Woche des Kulturerbes Eintritt frei. ☎ 06 91 35 022.

OSTIA ANTICA

Scavi (Archäologische Ausgrabungen) – Geöffnet: 9-18 Uhr. Geschlossen: 1. Jan., 1. Mai und 25. Dez. 8 000 L, für Besucher unter 18 und ab 60 Jahren Eintritt frei.

Necropoli del porto di Traiano – Geöffnet: täglich außer Montag 9-18 Uhr. Geschlossen: 1. Jan., 1. Mai und 25. Dez. Eintritt frei. ☎ 06 65 83 888.

Fiumicino : Museo delle Navi – Geöffnet: Mittwoch, Freitag, Samstag und Sonntag 9-13.30 Uhr, Dienstag und Donnerstag 9-13.30 und 14.30-16.30 Uhr. Geschlossen: 1. Jan., 1. Mai und 25. Dez. 4 000 L, in der Woche des Kulturerbes sowie für Besucher unter 18 und ab 60 Jahren Eintritt frei. ☎ 06 65 29 192.

PALESTRINA

Museo archeologico prenestino – ♿ Geöffnet: 9 Uhr bis 1 Std. vor Sonnenuntergang. Geschlossen: 1. Jan., 1. Mai und 25. Dez. 4 000 L. An Feiertagen Voranmeldung angebracht unter ☎ 06 95 38 100 (Signora Curzi).

TIVOLI

Villa Adriana – Geöffnet: 9 Uhr bis Sonnenuntergang. Letzter Einlaß 1 Std. vor Schließung. Geschlossen: 1. Jan., 1. Mai und 25. Dez. 8 000 L, für Besucher unter 18 und ab 60 Jahren Eintritt frei. ☎ 07 74 53 02 03.

Villa d'Este – Geöffnet: täglich außer Montag 9 Uhr bis Sonnenuntergang. Geschlossen: 1. Jan., 1. Mai und 25. Dez. 8 000 L, in der Woche des Kulturerbes Eintritt frei. Erfrischungsbar. ☎ 07 74 31 20 70.

Villa Gregoriana – Geöffnet: 10 Uhr bis 1 Std. vor Sonnenuntergang. Geschlossen: bei Regenwetter sowie 1. Jan., 1. Mai und 25. Dez. 3 500 L. Führungen (1 Std.) möglich, auch auf Englisch. ☎ 07 74 31 12 49.

Wörterverzeichnis

UNTERWEGS UND IN DER STADT

a destra, a sinistra	rechts, links	neve	Schnee
banchina	Straßenrand	passaggio a livello	Bahnübergang
binario	Bahnsteig	passo	Paß
corso	Straße	pericolo	Gefahr
discesa	Gefälle	piazza, largo	Platz
dogana	Zoll	piazzale	Esplanade
fermata	Haltestelle (Bus)	stazione	Bahnhof
fiume	Fluß	stretto	eng, schmal
frana	Erdrutsch	uscita	Ausgang
ghiaccio	Glatteis	viale	Allee
ingresso	Eingang	vietato	verboten
lavori in corso	Bauarbeiten		

LANDSCHAFTEN UND SEHENSWÜRDIGKEITEN

abbazia, convento	Kloster	lungomare	Strandpromenade
affreschi	Fresken	mercato	Markt
aperto	geöffnet	navata	Kirchenschiff
cappella	Kapelle	palazzo	Palast
casa	Haus	passeggiata	Spaziergang
castello	Schloß, Burg	piano	Stockwerk
chiesa	Kirche	quadro	Gemälde
chiostro	Kreuzgang	rivolgersi a	man wende sich an …
chiuso	geschlossen		
città	Stadt	rocca	Burg
cortile	Hof	rovine, ruderi	Ruinen
dintorni	Umgebung	sagrestia	Sakristei
duomo	Dom	scavi	Ausgrabungen
funivia, seggiovia	Standseilbahn, Schwebebahn	spiaggia	Strand
		tesoro	Schatz
giardino, giardini	Garten, Gärten	torre	Turm
gola, gole	Schlucht, Schluchten	vista	Aussicht, Blick
lago	See		

ALLGEMEINES

si, no	ja, nein	molto, poco	viel, wenig
signore	Herr	più, meno	mehr, weniger
signora	Frau	caro	teuer
signorina	Fräulein	quanto?	wieviel
ieri	gestern	grande, piccolo	groß, klein
oggi	heute	la strada per …?	die Straße nach
domani	morgen	dove? quando?	wo? wann?
mattina	der Morgen	dov'è …?	wo befindet sich …?
sera	der Abend		
pomeriggio	der Nachmittag	si puo visitare?	Kann man … besichtigen?
per favore	bitte		
grazie tante	vielen Dank	che ora é?	Wie spät ist es?
scusi	Entschuldigung	non capisco	Ich verstehe nicht
basta	genug		
buon giorno	Guten Tag	tutto, tutti	alles, alle
arrivederci	Auf Wiedersehen		

ZAHLEN

0	zero	8	otto	16	sedici	60	sessanta
1	uno	9	nove	17	diciassette	70	settanta
2	due	10	dieci	18	diciotto	80	ottanta
3	tre	11	undici	19	diciannove	90	novanta
4	quattro	12	dodici	20	venti	100	cento
5	cinque	13	tredici	30	trenta	1000	mille
6	sei	14	quattordici	40	quaranta		
7	sette	15	quindici	50	cinquanta		

EINIGE KUNSTBEGRIFFE

Ambo: erhöhtes Lesepult in frühchristlichen Kirchen, Vorläufer der Kanzel
Apsidiole: Kapelle im Kapellenkranz der Apsis
Archivolte: plastisch gestaltete Einfassung eines Rundbogens
Auskragung: Vorsprung in einer Fassade
Bossenwerk: Mauerwerk aus roh bearbeiteten Natursteinquadern
Chorumgang: verlängertes Seitenschiff um den Altarraum
Erker: auf Konsolen ruhender Anbau an einer Fassade oder Ecke
Frauenetage: in einer Kirche den Frauen vorbehaltene Tribüne
Kragstein: Konsole am Gesims
Laubwerk: Ornamente in Form von ineinander verschlungenen Stengeln und Blättern
Lisenen: leicht vorspringende Pilaster einer Fassade, die oben durch eine Rundbogenarkade mit den Nachbarpilastern verbunden sind
Maschikulis: kleiner, unten offener Balkon oder Vorsprung an den oberen Stockwerken einer Befestigung; auch Pechnase genannt.
Maskaron: Ornament in der Baukunst, das ein Menschengesicht oder eine Fratze darstellt
Maßwerk: Schmuckform der Gotik aus behauenem Stein, die einen Teil oder die Gesamtheit einer Maueröffnung, einer Rosette beziehungsweise des oberen Teils eines Fensters ausfüllt
Mauerverband: Anordnung der Steine oder Mauerziegel in einer Konstruktion
Miserikordie: an der Unterseite der Klappstühle des Chorgestühls angebrachte Gesäßstütze
Narthex: Vorhalle einer Kirche
Okulus: Rundfenster
Pilaster: flacher Wandpfeiler
Polyptychon: malerisch oder plastisch gestalteter Altar mit mehreren Flügeln (Triptychon: Altaraufsatz mit drei Flügeln)
Predella: Sockel eines Flügelaltars
Querhaus: in der Basilika das dem Langhaus im Osten oder im Westen quer vorgelagerte oder dieses durchkreuzende Schiff
Stuck: formbare Masse aus Gipsmörtel
Stuckatur: aus Stuck hergestellte plastische Verzierung
Sturz: waagrechter Abschluß über einem Fenster oder einer Tür
Triforium: Laufgang in der Zone zwischen Arkaden und Fenstern einer Kirche
Tympanon: Bogenfeld zwischen Türsturz und Bogenläufen eines Portals
Wange: seitlicher Abschluß der Bank eines Chorgestühls, einer Treppe, eines Kamins
Widerlager: Auflager eines Gewölbes oder Bogens
Wimperg: Ziergiebel über Portalen und Fenstern
Ziborium: frei stehender, meist mit einem Pyramidendach abgedeckter Viersäulenbau oder Baldachin über dem Altar; Tabernakel
Zinne: als Brustwehr dienender abgetreppter oberer Abschluß von Wehrmauern und -bauten mit einem mittleren Einschnitt zum Einlegen der Schußwaffe (Schießscharte)

Register

Coliseo — Sehenswürdigkeit
Cicero — Persönlichkeit, Begriff aus Kunst oder Geschichte

A

Abbazia:
  delle Tre Fontane.................................. 202
Académie de France..................... 171
Acqua Claudia............................... 196
Adoptivkaiser................................ 23
Ager Vaticanus.............................. 219
Agro Romano................................ 47
Alexander VI..................... 19, 28, 231
Alexander VII............................... 28
Alexander Severus..................... 18
Algardi (Alessandro) 43, 156, 229
Altare di Vulcano........................ 125
Ammanati..................................... 40
Anfiteatro Castrense................... 196
Anguillara-Sabazia...................... 268
d'Annunzio (Gabriele).................. 45
Antico Caffè della Pace................ 161
Antiquarium........................ 129, 134
Antoninus Pius....................... 18, 129
Antonio da Sangallo (d. Jüngere) .. 39
Antonius...................................... 17
Apollo... 27
Apollo-Tempel:
  des Sosianus............................ 75
Apotheken.................................. 293
Appia Antica............................... 50
Apsismosaik................................ 100
Apuleius...................................... 18
Aracœli-Treppe........................... 63
Ara Pacis Augustae...................... 173
Arcadia....................................... 44
Arco:
  degli Argentari........................... 61
  di Augusto................................ 127
  dei Banchi................................. 88
  di Dolabella............................... 99
  di Druso................................... 213
  di Gallieno................................ 208
  di Giano.................................... 61
  di Settimio Severo...................... 124
  di Tito..................................... 130
  di Trionfo di Constantino............... 94
Arcosolium................................... 51
Ardea....................................... 272
Argiletum.................................. 122
Ariccia..................................... 271
Arnold von Brescia...................... 190
Arnolfo di Cambio................. 38, 68
Arx... 62
Auditorium di Mecenate.............. 208
Augustus............................... 17, 23
Aula ottagona............................ 189
Aventino.................................... 55

B

Bachmann................................... 300
Baciccia
  (Giovanni Battista Gaulli)........ 43, 180
Baldini (Antonio)......................... 45

Barberini.................................... 28
Barroccio.................................... 40
Basilica:
  Emilia...................................... 121
  Giulia...................................... 126
  Massenzio e Constantino............. 129
  Porcia...................................... 120
  Ulpia....................................... 115
  San, Santa, Santi
    Clemente............................... 97
    Cosma e Damiano................... 136
    Dodici Apostoli....................... 110
    Giovanni in Laterano................ 190
    Giovanni e Paolo..................... 100
    Lorenzo fuori le Mura............... 196
    Marco.................................... 179
    Maria Maggiore....................... 203
    Maria in Trastevere................. 217
    Nereo e Achilleo...................... 53
    Paolo fuori le Mura.................. 199
    Pietro.................................... 222
Battistero.................................. 193
Belli (Giuseppe Gioacchino)........... 44
Bergen:
  Albaner................................... 269
Bernini (Gian Lorenzo)................ 41,
                                223, 227, 263
Bernini (Pietro).................. 40, 223
Bertolucci.................................. 46
Bocca Della Verita........................ 59
Bologna (Schule von).................. 40
Borgia....................................... 28
Borromini (Francesco)............. 41, 191
Botschaften und
  Konsulate............................... 292
Botticelli.................................... 39
Bracciano................................... 268
Bramante............................ 39, 235
Bregno (Andrea).......................... 39
Brunnen:
  Facchino................................. 156

C

Cairoli (Enrico)............................ 168
Cairoli (Giovanni)......................... 168
Caligula............................... 17, 23
Calixtus..................................... 52
Callixtus II................................. 19
Callixtus III................................ 28
Campidoglio................................. 62
Camping..................................... 289
Campo dei Fiori............................ 75
Canova (Antonio).................... 43, 229
Capitolino.................................... 62
Cappella:
  del Monte di Pietà....................... 79
  Sistina................................... 243
Caracalla................................... 18
Caravaggio............... 40, 149, 161,
                                  163, 166
Carcere Mamertino....................... 112
Cardarelli (Vincenzo)..................... 45
Carducci (Giosue)......................... 45

313

Carissimi (Giacomo) 45
Carracci 40
Casa:
   del Burcardo 145
   del Cardinale Bessarione 212
   dei Cavalieri di Rodi 117
   dei Crescenzi 62
   dei Grifi 134
   di Livia 134
   di Lorenzo Manilio 146
   di Mario Praz 148
   dei Mostri 171
Casal Rotondo 55
Cäsar (Julius) 17, 22, 44
Casina:
   di Keats 170
   dell'Orologio 265
Casino 108
Casino:
   dell'Aurora 252
Castel:
   Gandolfo 272
   Sant Angelo 82
Castelli Romani 269
Castello Orsini-Odescalchi 269
Catacombe:
   di Domitilla 53
   di Priscilla 89, 90
   di San Callisto 52
   di San Sebastiano 54
Catilina 113
Cavaliere d'Arpino 40
Cavallini (Pietro) 38, 217
Celio 92
Ceres 27
Cesare Nebbia 40
Chalkographie 111
Chiesa:
   Anglicana di All Saints 168
   Domine, Quo vadis 50
   del Gesù 179
   della Maddalena 149
   Nuova 86
   dei Re Magi 172
   San, Sant', Santa, Santi
      Agnese fuori le Mura 90
      Agnese in Agone 159
      Agostino 149
      Alessio 59
      Andrea 256
      Andrea delle Fratte 172
      Andrea al Quirinale 107
      Andrea della Valle 78
      Angelo in Pescheria 144
      Antonio dei Portoghesi 148
      Balbina 208
      Bartolomeo 142
      Bernado alle Terme 256
      Bibiana 208
      Carlo ai Catinari 145
      Carlo al Corso 175
      Carlo alle Quattro Fontane 107
      Caterina dei Funari 144
      Cecilia 216
      Cesaro 212
      Crisogono 215
      Croce in Gerusalemme 195
      Domenico e Sisto 117
      Eustachio 162
      Francesca Romana 136
      Francesco a Ripa 216
      Giorgio in Velabro 61
      Giovanni dei Fiorentini 86
      Giovanni a Porta Latina 213
      Gregorio Magno 101
      Ignazio 157
      Ivo alla Sapienza 162
      Lorenzo in Damaso 77
      Lorenzo in Lucina 173
      Lorenzo in Panisperna 118
      Luca e Martina 113
      Luigi dei Francesi 163
      Marcello 156
      Maria degli Angeli 186
      Maria dell'Anima 160
      Maria Antiqua 127
      Maria d'Aracœli 63
      Maria in Campitelli 75
      Maria della Concezione 252
      Maria della Consolazione 62
      Maria in Cosmedin 60
      Maria in Dominica 100
      Maria di Grottaferrata 271
      Maria di Loreto 116
      Maria Maggiore 283
      Maria dei Miracoli 165
      Maria di Monserrato 82
      Maria di Montesanto 165
      Maria della Morte 82
      Maria della Pace 161
      Maria del Popolo 165
      Maria 'Scala cœli' 202
      Maria sopra Minerva 153
      Maria in Via 111
      Maria in Via Lata 156
      Maria della Vittoria 255
      Martino ai Monti 207
      Nereo e Achilleo 211
      Nicola in Carcere 74
      Onofrio 141
      Pantaleo 162
      Paolo alle Tre Fontane 202
      Pietro in Montorio 140
      Pietro e Paolo 104
      Pietro in Vincoli 95
      Prassede 207
      Prisca 57
      Pudenziana 206
      Quattro Coronati 99
      Saba 182
      Sabina 57
      Silvestro al Quirinale 109
      Spirito in Sassia 88
      Stefano Rotondo 100
      Susanna 255
      Tommaso di Canterbury 82
      Vincenzo e Anastasio 106, 202
   della Santissima Annunciata 88
   della Trinità dei Monti 171
Chigi 28
Cicero 44
Cimetero Protestante 183
Cinecittà 46, 269
Cinta sacra di Giuturna 127
Circo di Massenzio 55
Circo Massimo 56
Cispius 202
Città Universitaria 198
Claudius 17, 23
Clementi (Muzio) 45
Clivus 35
Clivus Palatinus 132
Cloaca Maxima 32, 142
Cola di Rienzo 63
Collegium Romanum 154
Colombario
di Pomponio Hylas 213
Columbarium 26
Colonna 28
Colonna:
   di Foca 126
   Miliare d'Oro 125
   Traiana 115
Colosseo 92
Comitium 120, 124
Commodus 18
Constantinus Chlorus 18
Cordonata 64
Da Cortona (Pietro) 42, 43

Di Cosimo (Piero)	39
Cosmaten	38
Crassus	17
Criptoportico	135
Cubicula	51
Curia	122

D

Daniele da Volterra	40
D'Azeglio (Massimo)	44
Decennalia Caesarum	124
Decius	18
Della Porta (Giacomo)	42, 179
Della Rovere	29
Della Porta (Guglielmo)	40
Denkmal (Monumento)	
der Anita Garibaldi	140
den Gebrüdern Enrico und Giovanni Cairoli	168
des Giuseppe Garibaldi	140
für Giuseppe Mazzini	56
des Giacomo Matteotti	150
des hl. Franz von Assisi	190
des Victor Emanuel II	176
De Santis	46
De Sica (Vittorio)	46
Diakonien	60
Diana	27
Diokletian	18
Dioskuren-Statuen	65
Domitian	18, 23, 130
Domus:	
Augustana	134
Aurea	96
Flavia	132
Drusus	17

E

ENIT:	
(Ente Nazionale Italiano per il Turismo)	288
Erstes Triumvirat	17
Esquilin	202
Eugen III	19
Eusebius	52

F

Fagutal	202
Farnese	29
Feiertage	292
Fellini (Federico)	46
Filippino Lippi	39
Flohmarkt	214
Fontana:	
dell'Acqua Felice	256
delle Api	252
della Barcaccia	170
della Botticella	173
dei Cavalli Marini	265
del Facchino	156
dei Fiumi	158
del Mascarone	81
del Moro	159
de la Navicella	100
del Nettuno	159
Paola	140
di Piazza d'Aracoeli	75
delle Tartarughe	144
della Terrina	87
di Trevi	105
del Tritone	252
Fontana Domenico	225, 229
Fori Imperiali	111
Foro:	
di Augusto	113
Boario	59
di Cesare	112
Italico	149
di Nerva	113
Olitorio	59
Romano	119
Traiano	115
di Vespasiano	113
Forum:	
Boarium	59
Holitorium	59
Fosse Ardeatine	54
Fra Angelico	39
Francesco Penni	40
Frascati	270
Fremdenverkehrsämter	292
Fresken von Baciccia	180
Fuga (Ferdinando)	203

G

Galleria di palazzo Colonna	109
Galerie Sciarra	111
Galerius	18
Galleria:	
dell'Accademia di San Luca	111
Colonna	111
communale d'Arte moderna e contemporanea	172
Doria Pamphili	155
lapidaria	234
Nazionale d'Arte Antica	138, 253
Nazionale d'Arte Moderna	261
di Palazzo Colonna	109
Sciarra	111
Spada	80
Gänse des Kapitols	63
Garibaldi	137
Geldwechsel	292
Gentile da Fabriano	39
Ghetto	143
Ghirlandaio	39
Gianicolo	137
Giulio Romano	40
Goethe	44, 300
Gracchen	56
Gregorovius	300
Gregor I. (der Große)	19
Gregor VII	19, 29
Gregor X	221
Gregor XV	19
Grotesken	96
Grottaferrata	270

H

Hadrian	18, 26
Hadrian IV	19
Heilige Römische Reich	19
Heiliges Jahr	222
Heliogabal	18

Herder	300
Hostaria della Vacca	76
Horatius Cocles	142
Hotels	289
Hypogäum	51

I

Incrocio alle Quattro Fontane	108
Innozenz II	19
Innozenz X	20, 29
Isola Tiberina	141

J

Jacopo Sansovino	149
Johannes XII	19
Jugendherbergen	289
Julian Apostata	18, 126
Julius II	19, 29, 223, 231, 243
Juno	27
Jupiter	27
Justinian	18
Juvenal	18

K

Kaschnitz	300
Katakomben	50
Keats	170
Klemens VII	19, 29
Klöster	289
Kolumbarium	51, 213
Konklave	221
Konstantin	18
Konzilien	221
Kreditkarten	292

L

Lago:	
di Albano	272
di Bracciano	268
di Curzio	126
di Nemi	271
Lanfranco (Giovanni)	43, 79
Lapis Niger	124
La Ronda	45
Laterankonzilien	190
Lateranverträge	220
Leo X	19, 29, 30
Leo XI	29
Leoninische Stadt	220
Leopardi	44
Lido di Ostia	273
Lippi (Filippino)	39
Locanda dell'Orso	148
Loculi	51
Loggia di Raffaello	241
Ludus Magnus	94
Luzernarium	51

M

Maderno (Carlo)	42, 225
Mailänder Edikt	29
Manierismus	40
Maratti (Faustina)	44
Marc Aurel	18, 147
Marforio	72
Marius	17
Marius-Trophäen	65
Mars	21, 27
Marsfeld	151
Martial	18
Martin V	19, 28, 38
Masolino	39
Mausoleo:	
di Augusto	173
di Santa Costanza	90
Maximian	18
Mazzini (Giuseppe)	56
Medici	29
Melozzo da Forlì	39
Mercati Traianei	116
Mercato:	
dell'Antiquariato	173
Merkur	27
Metastasio (Pietro)	44
Meta Sudans	94
Michelangelo	39, 65, 184, 223, 226
Minerva	27
Mino da Fiesole	39
Monte:	
Cavo	271
Compatri	270
Mario	149, 150
Porzio Catone	270
Montecitorio	146
Morante (Elsa)	45
Moravia (Alberto)	45
Moretti (Nanni)	46
Moschea	91
Mura:	
Aureliane	213, 214
Serviane	183, 256
Muro torto	256
Musei:	
Gregoriano Profano e Cristiano	249
Vaticani	231
Museo:	
dell'Alto Medioevo	101
delle Arti e Tradizioni popolari	104
Barracco	77
Borghese	262
Capitolino	72
delle Carrozze	251
Chiaramonti	234
della Civiltà Romana	102
egizio	234
etrusco	237
del Folklore	218
Luigi Pigorini	101
missionario etnologico	251
delle Mura	213
Napoleonico	148
delle Navi	279
nazionale d'Arte orientale	208
nazionale delle Paste alimentari	106
Nazionale Romano	187
nazionale di Villa Giulia	257
Numismatico della Zecca italiana	185
del Palazzo dei Conservatori	67
di palazzo Venezia	178
Pio-Clementino	235

di Roma	162
storico Vaticano	194
degli Strumenti musicali	195
Mucius Scaevola	137
Mussolini	20, 31

N

Naevius	44
Necropoli del Porto di Traiano	278
Nemi	271
Neptun	27
Neri (Filippo)	45
Nero	17, 23
Nerva	18
Nikolaus V	19, 231

O

Oktavian	23
Oktavian-Augustus	23
Oratorio:	
del Crocifisso	110
dei Filippini	87
dei Martiri	127
di San Giovanni Decollato	61
Origenes	18
Orti Farnesiani	136
Orto Botanico	139
Ospedale di Santo Spirito	88
Ostia Antica	273
Ostia, der Handelshafen	273

P

Palatino	130
Palazzetto:	
dello Sport	150
Palazzina:	
Pius' IV	256
Palazzo:	
Alberini	88
Altemps	148
delle Assicurazioni Generali di Venezia	178
Balestra	110
del Banco di Roma	156
del Banco di Santo Spirito	88
Barberini	252
Bonaparte	177, 181
Borghese	173
Brancaccio	208
Braschi	162
della Cancelleria	77
Cenci	146
Chigi	147
Chigi-Odescalchi	110
della Civiltà del Lavoro	104
dei Conservatori	67
della Consulta	107
Corsini	138
Doria Pamphili	155
delle Esposizioni	108, 185
Farnese	80
della Farnesina ai Baullarri	77
di Giustizia	88
del Governo Vecchio	87
Lateranense	194
Maccarini	162
Madama	163
Margherita	252
Massimo	188
Massimo alle Colonne	162
Mattei	144
di Montecitorio	146
Niccolini-Amici	88
Nuovo	67
Pallavicini	108
Pamphili	160
di Propaganda Fide	172
del Quirinale	106
Ricci	82
Ruspoli	175
Sacchetti	86
Salviati	156
della Sapienza	162
Senatorio	66
Sessorianum	195
Sforza Cesarini	86
Spada	79
di Spagna	170
dello Sport	101
di Tiberio	135
Venezia	177
Vidoni	145
Palestrina	279
Da Palestrina (Giovanni Pierluigi)	45
Pamphili	29
Pantheon	151
Parco:	
Oppio	96
Savello	57
di Villa Ada	91
di Villa Glori	150
Pascarella (Cesare)	45
Pascoli (Giovanni)	45
Pasolini (Pier Paolo)	45, 46
Pasquino	161
Paul III	19, 29
Paulus (San)	199
Paul V	28
Peperin	32
Perugino	39
Peruzzi (Baltassare)	39
Petrarca	63
Petronius	44
Piazza:	
d'Aracœli	75
della Bocca della Verità	60
del Campidoglio	65
Campo dei Fiori	76
di Cavalieri di Malta	59
Colonna	147
dell'Esquilino	206
Marconi	104
Mincio	89
della Minerva	153
di Montecitorio	146
Navona	158
dell'Orologio	87
di Pasquino	161
di Pietra	157
del Popolo	164
del Quirinale	106
della Repubblica	185
della Rotonda	152
di San Giovanni in Laterano	194
San Pietro	224
San Silvestro	173
Sant'Andrea della Valle	78
Sant'Ignazio	157
di Santa Maria Maggiore	202
Santa Maria in Trastevere	217
di Siena	265
di Spagna	169
Venezia	175
Vittorio	208
Pincio	168
Pinturicchio	39, 166
Pippinische Schenkung	219

Piramide:
  di Caio Cestio 181
  Cestia 181
Piranesi (Giovanni Battista) 43
Pisanello 39
Pius IV 19, 29, 231
Pius V 19
Pius VI 20
Pius VII 20
Plinius d.Ä. 18
Plinius d. Jüngere 44
Pomarancio 40
Pompeius 17
Ponte:
  Cestio 143
  Fabricio 143
  Milvio oder Molle 150
  Rotto 142
  Sant'Angelo 86
  Sisto 218
  Sublicius 142
  Vittorio Emanuele II 88
Ponzio (Flaminio) 42
Porta:
  Capena 208
  Latina 213
  Maggiore 196
  Pia 184
  Pinciana 252
  del Popolo 165
  Portese 214
  San Paolo 181
  San Giovanni 190
  San Sebastiano 213
  Settimiana 138
Portico:
  degli Dei Consenti 126
  di Ottavia 143
Post 292
Postamt 183
Pozzo (Andrea) 43, 157, 181
Propertius 17

Q

Quartieri 47
Quirinale 105

R

Raffael 39
R.A.I. (Funkhaus der R.A.I) 150
Rainaldi (Carlo) 42, 165
Raub der Sabinerinnen 63
Refrigerium 51
Regia 128
Reiterstandbild:
  Viktor Emanuels II 176
Respighi (Ottorino) 45
Rioni 47
Rocca:
  di Papa 271
  Priora 270
Rolli (Paolo) 44
Römische Kurie 221
Romulus 16
Roseto di Roma 57
Rosi 46
Rosselli (Cosimo) 39
Rossellini (Roberto) 46
Rostra 124
Rupe Tarpea 73
Rusuti (Filippo) 203

S

Sacconi 176
Sallust 44
San Martino 207
San Giovanni in Laterano 190
San Lorenzo Fuori le Mura
  (Basilica) 196
Sansovino (Andrea) 39
Sansovino (Jacopo) 39
San Tommaso di Monserrato 82
Santuario:
  di Venere Cloacina 121
Saturnalien 125
Scala di Caco 135
Scala Sancta 194
Scipio d.Ä. 16
Scola (Etore) 46
Scuola Britannica d'Arte 256
Sepolcro:
  Marco Virgilio Eurisace 196
  degli Scipioni 212
Septimus Severus 18
Sermoneta 40
Signorelli 39
Sinagoga 143
Sixtus IV 29, 30, 231
Sixtus V 30
Sodoma 39
Soria (Battista) 42
Stadio 134
Stanze di Raffaello 238
Statua de l'Abate Luigi 145
Statue der Madama Lucrezia 178
Stazione Termini 187
Stephan II 19
Stephan IX 19
Stuarts 229
Suburbi 47
Suburra 118
Sueton 18, 44

T

Tabularium 125
Tacitus 18, 44
Tarpejische Fels 62
Tarpeia 63
Tasso 141
Teatro:
  Argentina 145
  di Marcello 74
Telefon 292
Tempel (Tempio):
  des Forum Olitorium 74
  des Mars Ultor 114
  des Jupiter Capitolinus 63
  der Venus Genitrix 112
Tempietto:
  di San Giovanni in Oleo 213
Tempio:
  di Adriano 157
  di Antonino e Faustina 129, 262
  di Apollo 74, 134
  e Atrio delle Vestali 127
  di Castore e Polluce 127
  di Cesare 127
  di Cibele 135
  della Concordia 125

della Fortuna virile 62
di Giove Statore 130
di Minerva Medica 196
di Romolo 129
di Saturno 125
di Venere e Roma 136
di Vespasiano 125
di Vesta 62

Terme:
di Caracalla 208
di Diocleziano 185, 187
di Traino 96

Tertulian 18
Testaccio 183
Theodosius
  (der Große) 18
Thermen des Diokletian 185
Tiberius 17, 23
Titulus 28
Titus 18, 23
Titus Livius 17, 44
Tivoli 280
Toleranzedikt
  von Mailand 18
Tomba:
di Bibulo 176
di Cecilia Metella 55
degli Orazi e dei Curiazi 272
di Romolo 55

Torre:
degli Anguillara 214
Argentina 141
delle Milizie 117
della Scimmia 148

Torriti (Jacopo) 192
Trajan 18, 23
Trastevere 213
Travertin 32
Trevignano Romano 268
Tridente 167
Trilussa
  (Carlo Alberto Salustri) 218
Tuff 32
Türme Cappocci 207
Tuscolo 270
Twain (Mark) 44

U

da Udine (Giovanni) 40
Umbilicus Urbis 125
Urban VIII 20

V

Valadier (Giuseppe) 43, 165, 168
Valerian 18
Vaticano 219
Vatikanische Grotten 230
Velabro 61
Velletri 271
Venus 21, 27
Verri (Alessandro) 44
Vespasian 18, 23

Via:
Appia Antica 32, 50
dei Baullari 77
del Babuino 168
dei Banchi Nuovi 88
dei Banchi Vecchi 86
Banco di Santo Spirito 88
Biberatica 117
dei Burrò 157
della Conciliazione 219
dei Condotti 175
dei Coronari 88
del Corso 167
Flaminia 256
dei Fori Imperiali 111
Giulia 86
del Governo Vecchio 87
Gregoriana 171
di Grotta Pinta 79
dei Laghi 271
Margutta 167
della Maschera d'Oro 161
di Monserrato 82
Nazionale 185
Ostiense 182
Papalis 82
del Pelegrino 82
di Ripetta 167
Sacra 121
Sant'Angelo in Pescheria 144
Tor de' Conti 118
del Tritone 111
dei Villini 184
Vittorio Veneto 252
XX Settembre 184

Vicolo d'Alibert 167
Vicus 35
Vicus:
Jugarius 126
Tuscus 127
Viertel:
Ludovisi 252
Villa:
Adriana 281
Aldobrandini 117, 270
Borghese 256
Doria Pamphili 140
d'Este 283
Farnesina 138
Giulia 256, 257
Gregoriana 285
Madama 150
Medici 171
Paolina 184
dei Quintili 55
Villino Ximenes 184
Viminal 118
Visconti (Luchino) 46
Votivsäule 126
Vulkanus 27

W

Währung 292

Z

Zappi (Giambattista Felice) 44
Zuccari (Frederico, Taddeo) 40

Notizen

Manufacture française des pneumatiques Michelin
Société en commandite par actions au capital de 2 000 000 000 de francs
Place des Carmes-Déchaux – 63 Clermont-Ferrand (France)
R.C.S. Clermont-Fd B 855 200 507

Michelin et Cie, propriétaires-éditeurs, 1999
Dépôt légal Mars 1999 – ISBN 2-06-253901-1 – ISSN 0763-1375

Jede Reproduktion, gleich welcher Art, welchen Umfangs und mit
welchen Mitteln, ohne Erlaubnis des Herausgebers ist untersagt.

Printed in the EU 3/99/1

Illustration de la couverture par Nathalie BENAVIDES/Gérard RADEGONDE

Vereinfacht Ihre Routenplanung

internet
http://www.michelin-travel.com

Kollektion der Grünen Michelin Reiseführer

Frankreich

- *Atlantikküste*
- *Auvergne, Perigord*
- *Bretagne*
- *Burgund, Französischer Jura*
- *Côte d'Azur Französische Riviera*
- *Elsaß, Lothringen, Champagne*
- *Korsika*
- *Nordfrankreich, Umgebung von Paris*
- *Normandie*
- *Paris*
- *Provence*
- *Pyrenäen, Roussillon, Gorges du Tarn*
- *Schlösser an der Loire*

Europa

- *Berlin*
- *Deutschland*
- *Frankreich*
- *Holland*
- *Italien*
- *London*
- *Oberrhein*
- *Österreich*
- *Rom*
- *Schweiz*
- *Spanien*
- *Wien*